THE ARCHIVE OF YOGYAKARTA
VOLUME II

Documents relating to Economic and Agrarian Affairs

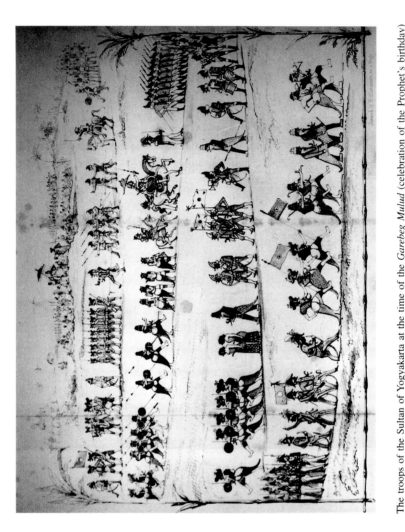

The troops of the Sultan of Yogyakarta at the time of the *Garebeg Mulud* (celebration of the Prophet's birthday) during the reign of Hamengkubuwana V (1822-55). From *Tijdschrift voor Nederlandsch-Indië*, vol.19 pt.1 (1857), p.301 facing.

ORIENTAL DOCUMENTS · XI

THE ARCHIVE OF YOGYAKARTA, VOLUME II:
Documents relating to Economic and Agrarian Affairs

Edited by
PETER CAREY & MASON C. HOADLEY

Published for THE BRITISH ACADEMY
by OXFORD UNIVERSITY PRESS

Oxford University Press, Great Clarendon Street, Oxford OX2 6DP

Oxford New York
Athens Auckland Bangkok Bogota Bombay
Buenos Aires Calcutta Cape Town Dar es Salaam
Delhi Florence Hong Kong Istanbul Karachi
Kuala Lumpur Madras Madrid Melbourne
Mexico City Nairobi Paris Singapore
Taipei Tokyo Toronto Warsaw

and associated companies in
Berlin Ibadan

Published in the United States by
Oxford University Press Inc., New York

British Library Cataloguing in Publication Data
Data available

ISBN 0-19-726185-X

Typeset by the editors
Printed in Great Britain
on acid-free paper by
Bookcraft (Bath) Ltd.
Midsomer Norton, Avon

TABLE OF CONTENTS

List of Plates

Frontispiece: The troops of the Sultan of Yogyakarta at the time of the *Garebeg Mulud* (celebration of the Prophet's birthday) during the reign of Hamengkubuwana V (1823-55). From *Tijdschrift voor Nederlandsch-Indië*, vol.19 pt.1 (1857), p.301 facing.

Plates 1-18 are reproduced by permission of the British Library.

following p. 182

Plate 1: BL Add. MS. 12341 f.66r, letter of appointment from Sultan Hamengkubuwana II to Kyai Tumenggung Mangundipura II dated Thursday, 17 Sura A.J. 1713 (9 November 1786) promoting him as an Assistant (*Kliwon*) to the Yogya patih, Radèn Adipati Danureja I (in office, 1755-99), and as an Inner Bupati (*Bupati Jero*) of the court (Sec.I pt.1 no.2, p.8).

Plate 2: BL Add. MS. 12342 f.246r, appanage grant from Sultan Hamengkubuwana I to one of his daughters, Bendara Radèn Ayu Sulbiyah, dated Monday, 15 Rejeb A.J. 1717 (21 March 1791) (Sec.I pt.1 no.9, p.14).

Plate 3: BL Add. MS. 12342 f.253r, appanage grant from Sultan Hamengkubuwana II to Bendara Radèn Ayu Srenggara, the principal unofficial wife of the first sultan and the mother of Pakualam I, dated Monday, 21 Sura A.J. 1721 (18 August 1794) granting her 56 manpower units (*cacah*) in named villages (Sec.I pt.1 no.10, p.14).

Plate 4: BL Add. MS. 12342 f.233r, letter of appointment of Sultan Hamengkubuwana II to Ngabèhi Wonadriya dated Monday, 5 Jumadilawal A.J. 1733 (21 July 1806), appointing him as a mantri in Gunung Kidul responsible for the production of teak logs (Sec.I pt.1 no.29, p.48).

Plate 5: BL Add. MS. 12342 f.204r, letter of appointment of Sultan Hamengkubuwana II to Purawijaya dated Thursday, 5 Jumadilakir A.J. 1738 (27 June 1811), promoting him to the rank of *Mantri Miji* with the title of Ngabèhi Nitipura (Sec.I pt.1 no.32, pp.50-1).

Plate 6: BL Add. MS. 12342 f.256r, letter of appointment of Sultan Hamengkubuwana II to Mas Tumenggung Sasrawinata II dated Monday, 15 Saban A.J. 1723 (Monday, 13 February 1797), appointing him as Bupati of Magetan in the eastern *mancanagara* with the title of Kyai Adipati Purwadiningrat (Sec.I pt.1 no.42, p.65).

Plate 7: BL Add. MS. 12341 f.180r, letter of appointment from Radèn Arya Sindureja, the Second Inner Bupati (in office, 1786-1812), to his subordinate Kyai Trunamenggala dated Monday, 12 Sapar A.J. 1721 (8 September 1794), promoting him to the rank of assistant mantri (*mantri pamburi*) (Sec.I pt.1 no.58, p.74).

Plate 8: BL Add. MS. 14397 f.44r, royal order concerning the opening days of gambling dens (*patopan*) run by religious officials in Seséla, a Yogyakarta enclave on the north coast (Sec.I pt.2 no.24, p.86).

Plate 9: BL Add. MS. 14397 f.4r, memo on tailed pepper (*kumukus*) and chili (*cabé*) contingents from Lowanu and Pacitan which are to be transported from Yogyakarta to Semarang (Sec.II pt.1 no.6, p.121).

Plate 10: BL Add. MS. 12341 f.110r, memo concerning the division of royal landholdings in Mataram, Pajang, Kedhu and Bagelèn which had formed part of the appanage of the *Mantri Miji*, Ngabèhi Nitipura (Sec.II pt.2 no.21, p.226).

Plate 11: BL Add. MS. 12341 f.132r, memo concerning suspended royal lands which were to be given as an allowance in exchange for royal rice fields scratched out in error by royal scribes in an appanage grant to Kyai Tumenggung Mangundipura II, the head of the *Gedhong Kiwa* department. Undated, but *c.* 1786-97 (Sec.II pt.3 no.23, p.228).

Plate 12: BL Add. MS. 12342 f.34r, list of villages, tax collectors (*demang, bekel*) and tribute obligations on lands in Jipang-Bauwerna and Jipang-Pasekaran (Sekaran) which form part of the appanage of Radèn Tumenggung Prawirasentika, the Joint *Bupati Wedana* of Madiun (in office, 1811-26). Undated, but *c.* 17 January 1811 (Sec.II pt.4 no.6, p.245).

Plate 13: BL Add. MS. 12342 f.159r, list of villages, tax collectors (*demang*), cash tax (*paos yatra*), rice harvest shares (*pantun*) and inhabitants (*tiyang*) on lands in Grobogan-Wirasari which form part of the appanage of the First Bupati of Grobogan-Wirasari, Radèn Tumenggung Yudakusuma (in office, *c.* 1790s-1812). Undated, but *c.*1811 (Sec.II pt.4 no.12, p.264).

Plate 14: BL Add. MS 12341 f.30r, notice from Radèn Tumenggung Sumadiwirya to an unnamed superior regarding the division of some of the appanage lands of the Wiryanegaran and Sindupatèn families (Sec.III pt.1 no.44, p.310).

Plate 15: BL Add. MS. 12342 f.181r, letter in the form of a contract or title deed (*layang piagem*) from Pangéran Tepasana to Mr de Klerck, a Dutch landrenter, concerning the rental conditions for his lands at Margawangsan and Kebondalem in Mataram. Dated Monday, 18 Sawal A.J. 1736 (27 November 1809) (Sec.III pt.2 no.21, pp.317-8).

Plate 16: BL Add. MS. 14397 f.15r, notice concerning the debts of Radèn Tumenggung Sasradiningrat I, Bupati of Jipang-Rajegwesi (in office, 1794-1807), dated Monday, 28 Jumadilawal A.J. 1731 (4 September 1804), giving the level of half-yearly interest payments due following the *Garebeg Mulud* and *Puwasa* (Sec.IV pt.3 no.9, p.360).

Plate 17: BL Add. MS. 12341 f.147r, notice concerning the debt and interest payments due from Radèn Tumenggung Pringgalaya, Bupati of Kertasana (in office, *c.*1803-12), following the *Garebeg Mulud* and *Puwasa*. Dated Friday, 9 Jumadilakir A.J. 1731 (14 September 1804) (Sec.IV pt.3 no.16, p.366).

Plate 18: BL Add MS 12303, f.157v-158r, memo of cash allowances (with unique Javanese accountancy notations) made by the court in the 1790s for the entertainment and reception of European officials and visiting dignitaries, along with a list of purchases of gold leaf (*praos*) for the repair of kraton pavilions and halls (*pendhapa, bangsal*) (Sec.V pt.5 nos.5-7 and 11, pp.399-401).

PREFACE

Exactly twenty years have now passed since I met with the British Academy's Oriental Documents Committee and was asked to prepare the Javanese manuscripts of a non-literary nature in the John Crawfurd collection for publication in the British Academy's recently launched Oriental Documents series. That request led soon afterwards to the publication of *The Archive of Yogyakarta, Volume I: Documents Relating to Politics and Internal Court Affairs* (London: Oxford University Press for the British Academy, 1980). The work contained all the documents not directly touching on economics and agrarian affairs which were set aside for a subsequent volume. Due to circumstances beyond my control the intention to embark immediately on the preparation of this second volume could not be realized.

At this point, I turned to my friend and colleague, Dr Mason C. Hoadley, of Lund University, like myself an historian of pre-colonial Java, to join me as collaborator on the project. What began in 1987 as a tentative collaboration has taken another ten years to bring to fruition with Hoadley moving from consultant to full partner in the enterprise on account of his expertise in Javanese economic and legal matters which made possible the organization of the book, including the introduction and closing essay (Appendix I). During this time I continued to research the political history of the early nineteenth-century Yogyakarta court, research which ultimately resulted in the publication of a Javanese chronicle on the short-lived British period in Java (1811–16) in this selfsame British Academy Oriental Documents series and an article in *Modern Asian Studies* (see bibliography). Now, with the publication of this second volume of *The Archive of Yogyakarta*, both the series and the Yogyakarta editorial project have been brought to a successful conclusion. Here I acknowledge the patience and support of the erstwhile chair of the Oriental Documents Committee, Professor P.M. Holt, and of James Rivington and Janet English of the British Academy's Publications Office. Once again, I wish to thank my original Javanese assistant, the late K.R.T. Puspaningrat (sometime Wedana of Bantul), who undertook the preliminary transliterations of all the relevant documents in the Crawfurd collection during the mid-1970s. May this volume be a fitting memorial to his diligence and skill as a local historian of his beloved Yogyakarta.

Matur sembah nuwun!

Peter Carey
Trinity College
Oxford

February 1997

ACKNOWLEDGEMENTS

A number of organizations have made possible this co-editor's contribution. Awards from the Swedish Council for Research in the Humanities and Social Sciences (HSFR) (1995-97) and Lund University's Faculty of Humanities (1993-95) have allowed respite from a heavy teaching load in order to devote time to the Yogyakarta project. In addition to this has been the unfailing support of Dr Peter Carey, the project's prime mover. Work on the now completed present volume has been combined with research into the contents of the Archive of Yogyakarta necessary for a companion volume entitled *Financing the Realm and Javanese Economics,* which is now under preparation. Lund University's Department of East Asian Languages has been generous with material and computer support, while grants from the Nordic Institute for Asian Studies, Copenhagen (NIAS), have made possible field research in Yogyakarta, as well as a short but intensive tenure at the International Institute for Asian Studies in Leiden (IIAS), Holland.

Mason C. Hoadley
Lund University

March 1997

Introduction

The publication of the present volume brings to completion the British Academy Oriental Committee's plans for publication of the four 'non-literary' Javanese manuscripts in the John Crawfurd collection of the British Library. Under the joint name *The Archive of Yogyakarta*, volume I focuses on politics and internal court affairs,[1] and volume II on economic and agrarian ones. Both draw upon the contents of four unpublished Javanese manuscripts—British Library Additional Manuscripts nos. 12303, 12341-2, and 14397—taken from the Sultan's palace after its fall to the British expeditionary forces on 20 June 1812. While every effort has been made to follow the format of *The Archive of Yogyakarta*, volume I, pressure of space has dictated certain modifications. Amongst the most important are the omission of historical notes and descriptions of the separate styles of paper, watermarks, scripts, paper sizes, and original seals. The only exception here are the references made in the English synopses of the individual documents to those few folios which were written on Javanese tree-bark (*dluwang*) or locally manufactured Chinese rice-pulp paper (*kertas dhedhak*). These include all the folios in BL Add. MS. 12303 which are on *dluwang*. As regards the remainder, it can be assumed that they are all on heavy Dutch import paper or, in a few instances, on English, French, and Italian varieties.[2] In all else the two volumes share a common format, orthography, and spelling, the standardization being motivated by the large number of cross-references between volumes I and II. Maps of the Yogyakarta area and the Central Javanese courts' outlying provinces can be found in *The British in Java, 1811-16. A Javanese Account* in this selfsame British Academy Oriental Documents series (volume X).

The two *Archive* volumes can be seen as complementary rather than sequential. Whereas volume I reproduces selected documents in order to provide insights into the political and internal affairs of central Java during the last decades of the eighteenth century and the first of the nineteenth, volume II takes a different approach. Due to the predominance of economic documents in the archive of Yogyakarta as a whole, it takes as its point of departure the fact that they constitute an 'archive' in the professional sense of the term. They are governmental records produced by the day-to-day activities of the Yogyakarta sultanate between 1771 and 1812. This unity of origin is unaffected by the documents having been subsequently bound together to form the present-day manuscripts apparently without consideration for the order of the originals.[3]

Recognition of their origins as products of administrative functions has an important implication, namely that the documents in question were instruments of governmental policy. They contain the decisions of the highest governmental functionaries, register the realm's economic potential, regulate external contacts and contracts, and account for incomes and expenditures. From this follows two practical considerations. First, their archival character strengthens the selection of just these four manuscripts for publication from the cart-loads of manuscripts taken from the Sultan's palace and transferred to the British residency after 20 June 1812.[4] The problem takes on its proper perspective when it is realized that, despite possible loss of manuscripts *en route* from Java to their ultimate destinations in London, the archival collection numbers hundreds of manuscripts. Thus they are not only 'non-literary', a characteristic not limited to these four manuscripts, but more importantly they are the concrete results of conducting governmental business at that time.

Second, their unique character provides the means of organizing the sizeable number of documents into the present volume. As a logical consequence of the way in which they came into being, the 420-odd documents can be ordered in such a manner as to contribute to knowledge of the period from which they originate. The working assumption is that the administrative structure producing these documents functioned in a manner consistent with similar structures from different times and places. Therefore, the results of such activities, i.e. archival documents, fall into more or less standard categories, each reflecting an identifiable phase or moment. The extant documents from the archive of Yogyakarta have thus been arranged in this volume following such a schema.

Section I revolves around the activities of the highest governmental functionaries. These should have included the deliberations of the ruler and his councillors. However, written documentation of the deliberations of the Sultan of Yogyakarta and his advisors is absent in the archive. The closest we come to them are the documents relating to their decisions in the form of appointments and royal orders. These are complemented by internal regulations and the codified behavioral norms prevailing within the realm in the form of legal custom and tradition, statute law, as well as contracts and treaties with foreign powers, including the realms governed by the Susuhunan of Surakarta, the Dutch East India Company, and, after August 1811, the British.

Section II comprises by far the most numerous documents, almost one third of the total. These registers provide support for the documents in Section I. Of special note here are surveys concerning the distribution and location of the realm's economic resources, land areas and labour resources temporarily alienated to officials in lieu of salary, along with adjustments in their extent, and lists of troops, weapons, and accoutrements.

Section III comprises the realm's correspondence, ordered as far as possible chronologically. It is further divided into Incoming Correspondence, i.e. letters and reports received by the royal administration, and Outgoing Correspondence, i.e. the letters sent on the Sultan's behalf to European and Javanese potentates, semi-official correspondence among Javanese, and those between Javanese and Europeans. As it is just in this category that the bulk of the material has been printed in *The Archive of Yogyakarta,* vol. I, its contents have been summarized instead of being reproduced in full.[5]

Section IV, the fourth and final category, consists of a collection of unique Javanese accountancy records. They are concerned with cash flow; namely, either with deductions made directly from the income before receipt of the entire sum registered at the kraton for use there or for subsequent disbursements. The fact that these documents deal with cash differentiates them from the registers listing the realm's potential productive resources. In addition to the balance sheets for the entire realm, on the credit side of the ledger belongs income derived from various types of taxation, presents to the Sultan, cash derived from loans and interest; while on the debit side belong the royal allowances and cash outlays to the royal family, subordinates, and officials.

A complementary aspect of the archival nature of the documents published in the present volume is to increase the historical veracity of their contents vis-à-vis that of the non-archival documents, including European reports. Recognition of the archival nature of the documents in question is crucial. The documents not only contain more or less unique pieces of information, they came into existence in order to convey certain specific data from one person or persons to themselves or to others, usually specified by the contents of the document itself. Once produced they subsequently became instruments of governmental policy through their character as a form of collective memory. Hence they constitute the by-product of Yogyakarta court officials' activities rather than their goals. These features set the documents comprising the archive of Yogyakarta apart from Javanese literary products, historical narratives, and so on, as well as from other contemporaneous sources of historical information be they Javanese, Dutch, or English. All of the latter constitute a goal in themselves in that they consciously conveyed the author's or composer's point of view. They were composed with the intention of entertaining, exulting, or persuading. In contrast, archival documents came into existence to further governmental business at hand, not to explain or defend those actions. The political and economic health of the realm was to a large extent dependent upon the effective working of the administration of which they were a product.

The great volume of documents transliterated in the present work is a natural consequence of the documents' archival nature. Because the activities of a given organization are reflected in the documents it produced, the quantity of these documents is crucial; each provides a particular insight into those activities. To the extent that it is possible, completeness of the archive becomes a *sine qua non*. The result is, at first glance, an unsavory *mélange* of documents, documents, and even more documents. Moreover, they vary in content from the precisely dated, functionally specific, and for us easily understandable 'appointments', through those which are dated but as yet unused in the form of draft treaties or sumptuary laws. At the extreme end of the scale of utility are the undated, esoteric, and little understood 'traditional' legal digests such as the '*padu-pradata*' or the '*Jaya Lengkara*' texts found in BL Add. MS 12303.[6] Despite temptation to the contrary, internal logic within an archive is not compatible with unsystematic selection on the part of the authors. 'Unsystematic' because so long as our knowledge of the workings of Javanese administrative and governmental functions remains incomplete, there are no relevant Javanese criteria for excluding certain documents or including others. This has resulted in the present work's length, despite the fact that some seventy of these documents have already appeared in vol. I.

What remains to be done is no more and no less than to convert this corpus of original Javanese-language archival material into a comprehensive reconstruction of the administration of Yogyakarta during the late eighteenth and early nineteenth centuries. Such a study would be even more valuable as the time period was one in which Europeans played more of a *primus inter pares* role than the dominant one which they would succeed to in the course of the nineteenth century. The realization of this goal is thus left for another study.[7] Here we can content ourselves with an exploratory essay on interpretation of the materials contained in volumes I and II of the archive of Yogyakarta entitled 'The Archive of Yogyakarta and Javanese Administrative History' (Appendix I). In it a number of features stand out, among them the autonomous and self-financing nature of the administrative structure, the diffusion of governmental power, reciprocal obligations, and, most of all, the lack of correspondence between what contemporary European accounts deemed important and what the contents of *The Archive of Yogyakarta* seem to suggest is vital from a Javanese perspective.

NOTES

[1]P.B.R. Carey (ed.), *The Archive of Yogyakarta, Volume I: Documents Relating to Politics and Internal Court Affairs* (published for the British Academy by Oxford University Press, 1980).

[2]See further *Ibid.*, pp. 2-3.

[3]*Ibid.*, p. 3. With reference to the contents of Appendix II in the present volume, it can be noted that certain types of documents tend to be concentrated in a single manuscript. This is not just confined to the dominance of what has been termed 'traditional' legal digests, treaties, and accountancy records in BL Add. MS. 12303. Appointments tend to be concentrated in BL Add. MS. 12342 and correspondence to BL Add. MS. 12341, while documents relating to distribution of the realm's material resources are reasonably well distributed between the four manuscripts.

[4]Peter Carey (ed.), *The British in Java 1811-1816. A Javanese Account* (published for the British Academy by Oxford University Press, 1992), pp. 94-5.

[5]In contrast to *The Archive of Yogyakarta*, vol. I, letters received and posted by Europeans, i.e. servants of the Dutch and English East India companies contained in the India Office Library collections, have not been included here.

[6]These the British Academy Oriental Committee wisely decided to omit from the publication series in favour of a more specialized study.

[7]Mason C. Hoadley, 'Periodization, Institutional Change, and Eighteenth-century Java', in Leonard Blussé and Femme Gaastra (eds.), *On the Eighteenth Century as a Category of Asian History. Van Leur in Retrospect* (Aldershot: Ashgate, 1998), pp. 83-105 and *Financing the Realm and Javanese Economics, 1786-1812* (in preparation).

Section I

GOVERNMENTAL DECISIONS

PART 1

Appointments

Central Administration

1

BL Add. MS. 12342
f. 231r–v

Onggadipa is raised as a court mantri, becoming *lurah* (commander) of the Brajanala infantry regiment. Retaining the title of Ngabèhi, he is hereby allowed the attire (*saanggon-anggoning*) of a *Mantri Lurah*. As appanage (*lungguh*) he is granted lands—measured in manpower units (*cacah gawéning wong*)—in the listed villages, amounting to twenty-five units, an additional 108 units being granted his subordinates. Dated 30 October 1786.

*31r Pènget iki nawalaningsun Kangjeng Sultan Hamengkubuwana Sénapati Ingalaga Ngabdur-(r)ahman Sayidin Panatagama Kalifatolah ing Nusa Jawa,

Sun gadhuhaken marang bocah-Ingsun si Onggadipa, lumraha ing sira sarupané éya wong kawulaningsun para Niyaka Bupati-Bupati Mantri-Mantriningsun ing Ngayogyakarta Adiningrat kabèh,

marmané bocah-Ingsun si Onggadipa, Sun gadhuhi nawalaningsun déné ing mengko Sun jungjung teka ngisor Sun sengkakaken ngaluhur, sarta Sun kula-wisud(h)a Sun gawé mantri dadi lulurahé bocah-Ingsun Brajanala arané tetepa kaya lawas si Angabèhi Onggadipa lan Sun kawenangaken anggo(w)a apa saanggon-a(ng)goning Mantri Lulurah, Ingsun patedhani lilinggih bumi désa cacah gawéning wong selawé,   iki arané désané, ing Patra gawéning wong nembelas, ing Samakaton gawéning wong walu, dadi genep cacah gawéning wong selawé,

ana déné kang dadi lulungguhé kancané cacah gawéning wong rong-atus walu,   iki arané désané,   ing Puluhan Pajarak gawéning wong walu, ing Marédan gawéning wong papat, ing Kalisoga gawéning wong papat, ing Galagah gawéning wong papat, ing Wanasari gawéning wong papat, ing Babadan gawéning wong papat, ing Kalisoga maning gawéning wong papat, ing Wanasari maning (gawéning) wong walu, ing Mangunèca ing Melangsèn gawéning wong walu, ing Melangsèn maning gawéning wong papat, ing Mantub ing Pasalakan gawéning wong walu, ing Melangsèn maning gawéning wong papat, ing Pajangkungan gawéning wong papat, ing Ngongkèk ing Giyantèn gawéning wong walu, ing Tatapan gawéning wong papat, ing Kalisoga maning gawéning (wong) papat, ing

231v Pangukan gawéning wong papat, ing Dalisem gawéning wong papat, ing Ka/ba-turan gawéning wong papat, ing Kajenon Salégrèngan gawéning wong walu, ing Palu(m)bon gawéning wo(ng) walu, ing Sideta gawéning wong wewalu, ing Kamuningan Katuwuhan gawéning wong walu, ing Karéndingan Kalisoga gawéning wong walu, ing Kalisoga maning gawéning wong walu, ing Talang gawéning wong papat, ing Pangukan gawéning wong roro, ing Kalumprih gawéning wong roro, ing Talang maning gawéning wong papat, ing Kamlasèn gawéning wong walu, ing Margasan Karajan gawéning wong walu, ing Tepasaran Kaborosan gawéning wong walu, ing Putat ing Dhèpakan gawéning (wong) tetelu, ing Putat maning gawéning wong papat, ing Bedhoyokemiri gawéning wong pitu, ing Samakaton gawéning wong walu,   kalebu lulungguh ing lurah dadi genep cacah ga(wéning) wong rong-atus telung-puluh,

dhawahing timbalan-Dalem ing dinten Kemis tanggal ping pitu sasi Sura anuju ing taun Wawu, angkaning warsa, 1 7 1 3 [Thursday [*sic*] (in fact, Monday), 30 October 1786].

2   BL Add. MS. 12341
f. 66r–68v

Mangundipura II is raised to Inner Bupati (*Bupati Jero*) becoming an assistant (*Kliwon*) to Radèn Adipati Danureja I. Retaining the title of Tumenggung, he is hereby allowed the attire of a *Bupati Nayaka* under the Patih. As appanage he is granted lands in the listed villages, amounting to 1,100 manpower units with a further 300 assigned as appanage for eight subordinate mantri. Dated 9 November 1786. See Plate 1.

f. 66r   Pènget iki nawalaningsun Kangjeng Sultan Hamengkubuwana Sénapati Ingalaga Ngabdur-rahman Sayidin Panatagama Chalifatolah ing Nusa Jawa,

Sun gadhuhaken marang bocah-Ingsun si Mangundipura, lumraha ing sira sarupané éya wong kawulaningsun para Nayaka Bupati-Bupati Mantri-Mantriningsun ing Ngayugyakarta Adiningrat kabèh, apa déné Bupati-Bupati Mantri-Mantriningsun moncanagara kabèh,

marmané si Mangundipura Sun gadhuhi nawalaningsun déné ing mengko Sun jungjung teka ngisor Sun sengkakaken ing ngaluhur maning, sarta Sun kula-wisud(h)a, Sun gawé Bupati Jero dadi Kaliwoné si Adipati Danureja, kang ngrèhen sarupané kawulaningsun Jero kabèh, arané tetepa kaya lawas si Tumenggung Mangundipura, lan Sun kawenang-aken anggo(w)a apa saanggon-anggoning Bupati sasoraning Papatih, sarta Sun patedhani lilinggih bumi désa cacah gawéning wong sèwu satus,   iki arané désané,   ing Katégan gawéning wong nenem, ing Pakiringan gawéning wong nenem, ing Katandhan gawéning wong walu, ing Butuh gawéning wong rolas, ing Sendhangpitu gawéning wong sèket, ing Patrabayan gawéning wong walu, ing Pakanthongan gawéning wong papat, ing Kalipethung gawéning wong papat, ing Kedhungpring Paguyangan gawéning wong rolas, ing Gempolan gawéning wong limalas, ing Kedhungbulé gawéning wong walu, ing Kersan Sumurgumuling gawéning wong roro, ing Tuban Gulon gawéning wong papat, ing Tuban Sendhèn gawéning wong papat, ing Gunturgeni gawéning wong papat, ing Jadhan Watu-kambang gawéning wong papat, ing Pasèkan gawéning wong papat, ing Jethis gawéning wong papat, ing Tumuwuh gawéning wong papat, ing Sumber gawéning wong walu, ing Kawedhèn gawéning wong walu, ing Barecak gawéning wong walu, ing Kalipakis gawéning wong rolas, ing Ledhok Kembangarum gawéning wong walu, ing Kabenikan

f. 66v   gawéning wong papat, ing Genitem gawéning wong papat, ing / Gresa gawéning wong roro, ing Kapundhung gawéning wong roro, ing Kalurahan gawéning wong papat, ing Kabangan gawéning wong roro, ing Sulur gawéning wong roro, ing Kacandhèn gawéning wong siji, ing Girinyana gawéning wong salawé, ing Gadhing Sirap gawéning wong roro, ing Kacubung Dharat gawéning wong papat, ing Gunungsarèn gawéning wong papat, ing Lopati gawéning wong roro, ing Kulur Kajombokan gawéning wong sèket, ing Taruman gawéning wong walu, ing Banjarwaron gawéning wong rolas, ing Jenu gawéning wong walu, ing Péngkol gawéning wong siji, ing Kebondalem gawéning wong papat, ing Kudu(r)brubuh gawéning wong sèket, ing Tulung gawéning wong rolikur, ing Mrisèn

gawéning wong rolas, ing Paladadi gawéning wong papat, ing Simping gawéning wong walu, ing Prawatan gawéning wong papat, ing Palumbon gawéning wong rolas, ing Bureng gawéning wong salawé, ing Wungking gawéning wong sèket, ing Dhuwet gawéning wong papat, ing Patambakan gawéning wong rolas, ing Gruwakandhan gawéning wong roro, ing Logedhé gawéning wong walu, ing Majainggil gawéning wong roro, ing Butuh gawéning wong papat, ing Pelasa gawéning wong nenem, ing Sérangan gawéning wong roro, ing Babadan gawéning wong papat, ing Ngliwu gawéning wong papat, ing Kemirikerep gawéning wong walu, ing Kalikotès gawéning wong rolas, ing Kadhawon(g)an gawéning wong rolas, ing Gunungsarèn gawéning wong papat, ing Colok-darmajati gawéning wong walu, ing Tembelang gawéning wong walu, ing Padhalangan gawéning wong papat, ing Jethak gawéning wong papat, ing Pakerengan gawéning wong papat, ing Pakarèn gawéning wong papat, ing Pakis gawéning wong rolas, ing Tumbu gawéning wong rolas, ing Tiyasa gawéning wong walu, ing Saba gawéning wong walu,
57r ing Kacitran Pajambéyan gawéning wong papat, / ing Sigug gawéning wong papat, ing Sodhongan gawéning wong papat, ing Bedhilan gawéning wong papat, ing Bajong Karangmalang Kasendhèn gawéning wong papat, ing Kabumèn Katidharan ing Gondhangan gawéning wong papat, ing Kabelukan gawéning wong papat, ing Kamal gawéning wong siji, ing Badhiyangan gawéning wong siji, ing Lereb gawéning wong papat, ing Jagan Prangkokan gawéning wong papat, ing Jagan Dhukuh Kabelukan gawéning wong roro, ing Bogawanti gawéning wong roro, ing Regayun gawéning wong roro, ing Genthan Sriyasan gawéning wong papat, ing Rata gawéning wong siji, ing Gompalan gawéning wong roro, ing Sembungan gawéning wong roro, ing Kedhung-r(i)nggit gawéning wong nenem, ing Kacakran gawéning wong roro, ing Kalipinggan gawéning wong roro, ing Pungangan gawéning wong roro, ing Bendha Karagilan gawé-ning wong walu, ing Kedhungdhiri gawéning wong roro, ing Kamacanan gawéning wong roro, ing Kantèn gawéning wong roro, ing Krapyak Pajagalan gawéning wong papat, ing Kendhayakan gawéning wong papat, ing Pranggongan gawéning wong papat, ing Kemiri Omba gawéning wong roro, ing Lebuh gawéning wong walu, ing Kemiri gawéning wong roro, ing Mijèn gawéning wong papat, ing Pacekelan gawéning wong rolas, ing S(e)bara Mutiyan gawéning wong roro, ing Banyumeneng gawéning wong sapuluh, ing Welahar gawéning wong rolas, ing Pucangkerep gawéning wong patang-puluh, ing Sumberan gawéning wong walulikur, ing Terwatang gawéning wong salawé, ing Kedhungpoh gawéning wong nembelas, ing Panungkulan gawéning wong salawé, ing Lowanu Welaran gawéning wong patang-puluh papat, ing Puncu gawéning wong papat, ing Ngawu-awu gawéning wong roro, ing Gadhing Enthak gawéning wong nembelas, ing Gadhing K(e)rta-wongsa gawéning wong nenem, ing Gadhing Sarèh gawéning wong roro, ing Gadhing Pakéyongan Wanamenggalan Resatrunan Resagantèn gawéning wong rolas, ing Gadhing Kaburuwan Bongsayudan Naladriyan Wanagantèn gawéning wong nenem, ing Gadhing
57v Gunung / wawar gawéning wong nenem, ing Palawidi gawéning wong rolas,   dadi genep cacah gawéning wong sèwu satus,

58r / ana déné ka(ng) dadi lilinggihé bocah-Ingsun mantri wawalung, cacah gawéning wong telung-atus, iki arané désané, ing Kembangsanga gawéning wong papat, ing Ngariman gawéning wong papat, ing Gadibal gawéning wong papat, ing Gombang Kalèsan gawéning wong papat, ing Majir gawéning wong papat, ing Pakuwukan gawéning papat, ing Dubalan gawéning wong lima, ing Gombang Saradanan Palawonan gawéning wong papat, ing Ngriweg gawéning wong walu, ing Piyungan gawéning wong roro, ing J(e)rébéng gawéning wong papat, ing Pakuwukan maning gawéning wong papat, ing Gunungan

gawéning wong papat, ing Karadènan gawéning wong papat, ing Ngalastuwa gawéning wong walu, ing Treban gawéning wong roro, ing Balimbing gawéning wong walu, ing Lètèr gawéning wong walu, ing Bodhèh gawéning wong papat, ing Majir gawéning wong papat, ing Babakan gawéning wong papat, ing Sundhi gawéning wong rolas, ing Pananggulan gawéning wong papat, ing Pohkombang gawéning wong papat, ing Seragèn gawéning wong walu, ing Dhilagu gawéning wong walu, ing Katemas ing Endho gawéning wong walu, ing Putatsoga gawéning wong papat, ing Pagedhangan gawéning wong walu, ing Taraudan gawéning wong papat, ing Winong gawéning wong papat, ing Udasrep gawéning wong papat, ing Katemas maning gawéning wong papat, ing Wingka gawéning wong rolas, ing Guyangan gawéning wong papat, ing Palumbon gawéning wong roro, ing Tigawanu gawéning wong nenem, ing Garémbyang gawéning wong walu, ing Camethuk gawéning wong roro, ing Kokap gawéning wong walu, ing Sabara gawéning wong selawé, ing Ngariman gawéning wong papat, ing Wedhi Karangkopèk gawéning wong papat, ing Sepanginan gawéning wong papat, ing Lakragon gawéning wong telu, ing Kayuteki gawéning wong papat, ing Cepaka gawéning wong papat, ing Sumber gawéning wong pa-
f. 68v pat, ing Kalipèh gawéning wong papat, ing Patang/pujidan gawéning wong siji, ing Mendira gawéning wong roro, ing Medayu gawéning wong papat, ing Resagamping gawéning wong papat, ing Pagedhangan gawéning wong papat, ing Tinjomaya gawéning wong nenem, ing Kajebugan gawéning wong papat, dadi genep cacah gawéning wong telung-atus,

dhawahing timbalan-Dalem ing dinten Kemis tanggal ping pitulas sasi Sura taun Wawu angkaning warsa, 1 7 1 3   [Thursday, 9 November 1786].

3   BL Add. MS. 12342
                                               f. 249r–v

Bok Jayaningrat (aka Bendara Radèn Ayu Jayaningrat, a daughter of HB I and wife of Radèn Tumenggung Jayaningrat) is granted appanage lands in the listed villages amounting to 114 manpower units. She is furthermore allotted usufruct (*gadhuhi*) over taxable lands (*bumi pamajegan*) amounting to 200 manpower units burdened (*diladèkena*) with a biannual tax of 156.5 real, or 313 real a year. Dated 9 November 1786.

f. 249r Pènget iki nuwalaningsun Kangjeng Sultan Hamengkubuwana Sénapati Ingalaga Ngabdurrahman Sayidin Panatagama Kalifatolah ing Nusa Jawa,

Sun gadhuhaken marang putraningsun, Bok Jayaningrat, lumraha ing sira sarupané éya wong kawulaningsun para Nayaka Bupati-Bupati Mantri-Mantriningsun ing Ngayugyakarta Adiningrat kabèh,

marmané putraningsun Bok Jayaningrat Sun gadhuhi nuwalaningsun, déné ing mengko Sun patedhani lilinggih bumi désa cacah gawéning wong satus patbelas,   iki arané désané,   ing Piyudan ing Nglarug Pacakran Kalimati gawéning wong sèket, ing Luyu ing Pabrekan ing Kapundhung ing Ngara-ara Omba ing Kamurangan ing Wrangutan Jeblog Dhukuh Papringan ing Jokang Pakispatarukan gawéning wong sèket, ing Jebèngan ing Kalipethung ing Karanglo gawéning wong patbelas,   dadi genep cacah gawéning wong satus patbelas, lan Sun gadhuhi kagungan-Ingsun bumi pamajegan cacah gawéning wong rong-atus,   iki arané désané,   ing Jatisawit gawéning wong papat, ing Pasèwon Pademakan gawéning wong papat, ing Pijènan gawéning wong rolas, ing Pasayangan gawéning wong sapuluh, ing Mutiyan gawéning wong papat, ing Kaliputih gawéning wong telu, ing Kanitèn Bo(ng)kotan gawéning wong walu, ing Dhadhapan gawéning wong rong-

9v puluh, ing Widara gawéning wong walu, ing Jombor gawéning / wong walu, ing Cepaka gawéning wong nembelas, ing Jalegongan gawéning wong rolas, ing Pijènan gawéning wong papat, ing Sepirak gawéning wong walu, ing Kembangsanga gawéning wong rolas, ing Pudhong gawéning wong salawé, ing Jebugan gawéning wong sapuluh, ing Sudimara gawéning wong roro, ing Tingas gawéning wong walu, ing Sangkèh gawéning wong sapuluh, ing Kutu gawéning wong nenem,   dadi genep cacah gawéning wong rong-atus,

pajegé ing dalem sataun telung-atus telulas réyal, diladèkena ping pindho sataun, Garebeg Pasa satus sèket nem réyal punjul sajampel, Garebeg Mulud iya satus sèket nem réyal punjul sajampel, réyalan anelung-puluh uwang saréyalé,

dhawahing timbalan-Dalem ing dinten Kemis tanggal ping pitulas sasi Sura ing taun Wawu angkaning warsa, 1 7 1 3   [Thursday, 9 November 1786].

4   BL Add. MS. 12342
                                    f. 245r–v

Resayuda is raised as a *Mantri Pamajegan* (senior tax official). As appanage he is granted lands in the listed villages, amounting to twelve manpower units. He is furthermore allotted usufruct over 'flawed' royal taxable lands (*kagungan-Ingsun pamajegan bumi rurusakan*) amounting to fifty manpower units—thirty-six of which are deemed to be functioning (*urip* i.e. 'living')—burdened with a biannual tax of thirteen-and-a-half real. Dated 4 February 1788.

45r Pènget iki nuwalaningsun Kangjeng Sultan Hamengkubuwana Sénapati Ingalaga Ngabdur-rahman Sayidin Panatagama Chalifatolah ing Nusa Jawa,

Sun gadhuhaken marang bocah-Ingsun si Resayuda, lumraha ing sira sarupané éya wong kawulaningsun para Nayaka Bupati-Bupati Mantri-Mantriningsun ing Ngayugyakarta Adiningrat kabèh,

marmané si Resayuda Sun gadhuhi nuwalaningsun, déné ing mengko Sun ju(n)jung teka ngisor Sun sengkakaken ing ngaluhur sarta Sun kula-wisud(h)a, Sun gawé Mantri Pamajegan, sarta Sun patedhani lilinggih bumi désa cacah gawéning wong rolas,   iki arané désané,   ing Sarisig gawéning wong papat, ing Piranti gawéning wong lima, ing Kadaleman gawéning wong telu,   dadi genep cacah gawéning wong rolas,

lan Sun gadhuhi kagungan-Ingsun bumi pamajegan rurusakan, cacah gawéning wong sèket, urip cacah gawéning wong telung-puluh nenem,   iki arané désané,   ing Bubak-Bubakan Rawa-ujung gawéning wong walu, ing Gadhing Pakauman gawéning wong nenem, ing Kacipon gawéning wong walu, ing Jaha gawéning wong telu, ing Jebugan gawéning wong lima, ing Serabahan gawéning wong nenem, ing Pakancilan gawéning wong papat, ing Karangpakèl gawéning wong papat, ing Sangkèh Wuluhadeg Talurèn Pakarèn gawéning wong papat,   dadi genep cacah gawéning wong sèket, uripa cacah gawéning wong telung-puluh nenem, diladèkena pajegé ping pindho sataun, ing Bakda Garebeg Pasa telulas réyal punjul sajampel, ing Bakda Garebeg Mulud iya telulas réyal punjul sajampel,

245v / dhawahing timbalan-Dalem ing dinten Senèn tanggal ping nemlikur sasi Rabingulakir ing taun Jimakir angkaning warsa, 1 7 1 4   [Monday, 4 February 1788].

5

BL Add. MS. 12342
f. 244r–v

Resawijaya is raised as a *Mantri Pamajegan* (senior tax official). As appanage he is granted lands in the listed villages amounting to twelve manpower units. He is also allotted usufruct over 'flawed' royal taxable lands amounting to fifty manpower units— thirty-six functioning—burdened with a biannual tax of thirteen-and-a-half real, or twenty-seven real per year. Dated 4 February 1788.

f. 244r   Pènget iki nuwalaningsun Kangjeng Sultan Hamengkubuwana Sénapati Ingalaga Ngabdur-rahman Sayidin Panatagama Chalifatolah ing Nusa Jawa,

Sun gadhuhaken marang bocah-Ingsun si Resawijaya, lumraha ing sira sarupané éya wong kawulaningsun para Nayaka Bupati-Bupati Mantri-Mantriningsun ing Ngayogyakarta Adiningrat kabèh,

marmané si Resawijaya Sun gadhuhi nuwalaningsun, déné ing mengko Sun ju(n)jung teka ing ngisor Sun sengkakaken ing ngaluhur, Sun gawé Mantri Pamajegan, sarta Sun patedhani lilinggih bumi désa cacah gawéning wong rolas,   iki arané désané,   ing Sokàdalem gawéning wong papat, ing Piranti gawéning wong papat, ing Piring gawéning wong papat,   dadi genep cacah gawéning wong rolas,

lan Sun gadhuhi kagungan-Ingsun bumi pamajegan rurusakan cacah gawéning wong sèket, nanging uripa cacah gawéning wong telung-puluh nem,   iki arané désané,   ing Muneng Gusaran gawéning wong papat, ing Jethis gawéning wong loro, ing Gadhing gawéning wong loro, ing Rawa-ujung gawéning wong walu, ing Kaburuwan gawéning wong walu, ing Kamayungan gawéning wong nenem, ing Dengokan gawéning wong loro, ing Serabahan gawéning wong nenem, ing Pucanganom gawéning wong papat, ing Mangunranan Talurèn Kademakan gawéning wong papat, ing Beracan gawéning wong loro,   dadi genep cacah gawéning wong sèket, kang urip cacah gawéning wong telung-puluh nenem, diladèkena pajegé ping pindho sataun, ing Bakda Garebeg Pasa telulas réyal punjul sajampel, ing Bakda Garebeg Mulud iya telulas réyal punjul sajampel,

f. 244v   dhawahing timbalan-Dalem ing dinten Senèn tanggal ping nemlikur sasi Rabingulakir ing taun Jima/kir, angkaning warsa, 1 7 1 4   [Monday, 4 February 1788].

6

BL Add. MS. 12342
f. 230r–v

Wanadipa is raised as a *Mantri Pamajegan* (senior tax official). Retaining the title of Ngabèhi, he is hereby allowed the attire of a *Mantri Pamajegan*. As appanage he is granted lands in the listed villages of Gunung Kidul amounting to fifty-eight manpower units. He is furthermore granted two subordinates (*pamburi*), Trunadipa and Wanasantika, each allotted usufruct over fifty manpower units for which they are taxed twenty-seven and twenty-nine real yearly. Wanadipa as a mantri is burdened (*anyowoka*) with an extra tax obligation amounting to sixteen real a year. Dated 21 January 1790.

f. 230r   Pènget iki nawalaningsun Kangjeng Sultan Hamengkubuwana Sénapati Ingalaga Ngabdur-rahman Sayidin Panatagama Chalifatolah,

Sun gadhuhaken marang bocah-Ingsun si Wanadipa, lumraha ing sira sarupané éya wong kawulaningsun para Nayaka Bupati-Bupati Mantri-Mantriningsun ing Ngayugyakarta Adiningrat kabèh, apa déné Bupati-Bupati Mantri-Mantriningsun ing moncanagara kabèh,

marmané si Wanadipa Sun gadhuhi nuwalaningsun, déné ing mengko Sun ju(n)jung teka ngisor Sun sengkakaken ing ngaluhur, sarta Sun kula-wisud(h)a, Sun gawé Mantri Pemajegan, arané tetep kaya lawas, si Ngabèhi Wanadipa, lan Sun kawenangaken anggowa apa saanggon-anggoning Mantri Pemajegan, sarta Sun gadhuhi kagungan-Ingsun bumi luluwihané ing Gunung Kidul cacah gawéning wong sèket walu, lan maning Ingsun patedhani pamburi roro, si Trunadipa lan si Wanasantika, kang anguningani kagungan-Ingsun bumi cacah gawéning wong sèket walu ika mau,   iki arané désané gegadhuhané si Trunadipa, ing Pungangan Jaranmati gawéning wong walu, ing Dhuwet gawéning wong papat, ing Karangmaja gawéning wong nenem, ing Balakertasari gawéning wong nenem, ing Ngagel gawéning wong papat,   dadi cacah gawéning wong walulikur, pajegé ing dalem satengah taun telulas réyal punjul sajampel,

ana déné kang dadi gadhuhané si Wanasantika, ing Playen Wiladeg gawéning wong nenem, ing Pucanganom gawéning wong roro, ing Karangmaja gawéning wong nemem,
30v   ing Katongan gawéning wong roro, ing Melambang gawéning wong / walu, ing Cuwèla gawéning wong papat, dadi cacah gawéning wong walulikur, pajegé ing dalem satengah taun patbelas tengah réyal,   dadi genep kabèh cacah gawéning wong sèket wau, pajegé ing dalem satengah taun dadi pitulikur réyal, ing dalem sataun sèket réyal punjul patang réyal, pad(h)a réyalan anelung-puluh uwang saréyal,

ana déné kang Sun patedhakaken dadi lilinggih ing mantri, anyowoka kagungan-Ingsun pajeg ing dalem satengah tauné walung réyal, ing dalem sataun dadi nembelas réyal, réyalan anelung-puluh uwang saréyalé, kagungan-Ingsun pajeg kang diladèkaké ing dalem satengah taun dadi kari sangalas réyal, ing dalem sataun dadi telung-puluh réyal punjul walung réyal pad(h)a réyalan anelung-puluh uwang saréyalé,

dhawahing timbalan-Dalem ing dinten Kemis tanggal ping gangsal Sasi Jumadilawal ing tauné Éhé angkaning warsa 1 7 1 6   [Thursday, 21 January 1790].

7   BL Add. MS. 12342
                                                                        f. 202r

Ni Sutiyah (aka Bendara Radèn Ayu Jayadiwirya, a daughter of HB I and wife of Radèn Tumenggung Jayadiwirya) is granted an appanage of village lands amounting to fifty manpower units. Dated 21 March 1791.

02r   Pènget iki nuwalaningsun Kangjeng Sultan Hamengkubuwana Sénapati Ingalaga Ngabdur-rahman Sayidin Panatagama Chalifatolah,

Sun gadhuhaken marang putraningsun Ni Sutiyah, rayi-Ingsun Bok Jayadiwirya, marmané putraningsun Ni Sutiyah Sun gadhuhi nuwalaningsun déné ing mengko Sun patedhani lilinggih bumi désa, cacah gawéning wong sèket,   iki arané désané,   ing Warangan gawéning wong telung-puluh nenem, ing Trucuk gawéning wong papat, ing Temanggung, ing Kaborosan gawéning wong walu, dadi genep cacah gawéning wong sèket,

dhawahing timbalan-Dalem ing dinten Senèn tanggal ping gangsalwelas sasi Rejep ing taun Jimawal angkaning warsa, 1 7 1 7   [Monday, 21 March 1791].

8
BL Add. MS. 12341
f. 53r

Bok Dayaasmara (aka Bendara Radèn Ayu Dayaasmara, an unofficial wife [*garwa ampéyan*] of HB I), is granted appanage lands amounting to fifty manpower units. Dated 21 March 1791.

f. 53r Pènget iki nawalaningsun Kangjeng Sultan Hamengkubuwana Sénapati Ingalaga Ngabdurrahman Sayidin Panatagama Kalifatolah,

Sun gadhuhaken marang Bok Dayaasmara, marmané Bok Dayaasmara Sun gadhuhi nuwalaningsun, déné ing mengko Sun patedhani lilinggih bumi désa cacah gawéning wong sèket, iki arané désané, ing Sruni gawéning wong sèket,

dhawahing timbalan-Dalem ing dinten Senèn tanggal ping gangsalwelas sasi Rejep ing taun Jimawal angkaning warsa, 1 7 1 7 [Monday, 21 March 1791].

9
BL Add. MS. 12342
f. 246r

Ni Salmiyah (aka Bendara Radèn Ayu Salmiyah, a daughter of HB I) is granted appanage lands amounting to fifty-and-a-half manpower units. Dated 21 March 1791. See Plate 2.

f. 246r Pènget iki nuwalaningsun Kangjeng Sultan Hamengkubuwana Sénapati Ingalaga Ngabdurrahman Sayidin Panatagama Chalifatolah,

Sun gadhuhaken marang putraningsun Ni Salmiyah, marmané putraningsun Ni Salmiyah Sun gadhuhi nuwalaningsun, déné ing mengko Sun patedhani lilinggih bumi désa cacah gawéning wong sèket punjul salupit, iki arané désané, ing Sulastri gawéning wong rong-puluh punjul salupit, ing Ketug gawéning wong walulikur, dadi genep cacah gawéning wong sèket punjul salupit,

dhawahing timbalan-Dalem ing dinten Senèn tanggal ping gangsalwelas sasi Rejep ing taun Jimawal angkaning warsa, 1 7 1 7 [Monday, 21 March 1791].

10
BL Add. MS. 12342
f. 253r

Bok S(r)enggara (aka Bendara Radèn Ayu S[r]enggara, principal unofficial wife of HB I and mother of Pakualam I) is granted appanage lands amounting to fifty-six manpower units in the named villages. Dated 18 August 1794. See Plate 3.

f. 253r Pènget iki nawalaningsun Kangjeng Sultan Hamengkubuwana Sénapati Ingalaga Ngabdurrahman Sayidin Panatagama Chalifatolah ing Nusa Jawa,

Sun gadhuhaken marang Bok S(r)enggara, marmané Bok S(r)enggara Sun gadhuhi nawalaningsun, déné ing mengko Sun patedhani lilinggih bumi désa, cacah gawéning wong sèket nenem, iki arané désané, ing Sumber gawéning wong telung-puluh nenem, ing Kabekelan gawéning wong loro, ing Sampang gawéning wong nembelas, dadi genep cacah gawéning wong sèket nenem,

dhawahing timbalan-Dalem ing dinten Senèn tanggal ping salikur wulan Sura taun Wawu angkaning warsa, 1 7 2 1 [Monday, 18 August 1794].

11 BL Add. MS. 12342
f. 252r-v

Bok Ayu Jayaningrat (aka Bendara Radèn Ayu Jayaningrat, a daughter of HB I and wife of Radèn Tumenggung Jayaningrat) is granted appanage lands in the listed villages amounting to 114 manpower units. She is further allotted usufruct over 'flawed' royal taxable lands amounting to 200 manpower units which are burdened with a biannual tax of 156.5 real, or 313 real per year (cf. no. 3 above). Dated 18 August 1794.

52r Pènget iki nawalaningsun Kangjeng Sultan Hamengkubuwana Sénapati Ingalaga Ngabdurrahman Sayidin Panatagama Chalifatolah ing Nusa Jawa,

Sun gadhuhaken marang Bok Ayu Jayaningrat, lumraha ing sira sarupané éya wong kawulaningsun para Nayaka Bupati-Bupati Mantri-Mantriningsun ing Ngayogyakarta Adiningrat kabèh, apa déné bocah-Ingsun Bupati-Bupati Mantri-Mantriningsun ing moncanegara kabèh,

marmané Bok Ayu Jayaningrat Sun gadhuhi nawalaningsun déné ing mengko Sun patedhani lilinggih bumi désa, cacah gawéning wong satus patbelas, iki arané désané, ing Piyudan ing Nglarug Pacakran Kalimati gawéning wong sèket, ing Luyu ing Pambregan ing Kapundhung ing Ngara-ara Omba ing Kamurangan ing Wrangutan Jeblog Dhukuh Papringan ing Jokang Pakispatarukan cacah gawéning wong sèket, ing Jebèngan ing Kalipetung ing Karanglo, gawéning wong patbelas, dadi genep cacah gawéning wong satus patbelas,

lan Sun gadhuhi kagungan-Ingsun bumi pamajegan cacah gawéning wong rong-atus, iki arané désané, ing Jatisawit gawéning wong papat, ing Pasèwon Pademakan gawéning wong papat, ing Pijènan gawéning wong rolas, ing Pasayangan gawéning wong sapuluh, ing Mutiyan gawéning wong papat, ing Kaliputih gawéning wong telu, ing Kanitèn Bokotan gawéning wong walu, ing Dhadhapan gawéning wong rong-puluh, ing Widara gawéning wong walu, ing Jombor gawéning wong walu, ing Cepaka gawéning wong nembelas, ing Jalegongan gawéning wong rolas, ing Pijènan gawéning wong papat, ing Sepirak gawéning wong walu, ing Kembangsanga gawéning wong rolas, ing Pundhong ga-
252v wéning wong salawé, ing Jebugan gawéning wong sapuluh, ing Sudima/ra gawéning wong roro, ing Tingas gawéning wong walu, ing Sangkèh gawéning wong sapuluh, ing Kutu gawéning wong nenem, dadi genep cacah gawéning wong rong-atus, pajegé ing dalem sataun telung-atus telulas réyal, diladèkena ping pindho sataun, Garebeg Pasa satus sèket nem réyal punjul sajampel, Garebeg Mulud iya satus sèket nem réyal punjul sajampel, réyalan anelung-puluh uwang saréyalé,

dhawahing timbalan-Dalem ing dinten Senèn tanggal ping salikur ing wulan Sura taun Wawu angkaning warsa, 1 7 2 1 [Monday, 18 August 1794].

12 BL Add. MS. 12342
f. 263r-v

Resawinata is promoted as a *Mantri Pamajegan Jurusawah Miji* (senior tax official charged with irrigation of royal rice fields). Retaining the title of Demang, he is hereby allowed the attire of a *Mantri Pamajegan*. As appanage he is granted lands in the listed villages amounting to twenty-five manpower units. He is further allotted usufruct over 'flawed' royal taxable lands amounting to 236 manpower units—186 burdened with the rice tax (*pajeg pari*) and 50 with cash tax (*pajeg pici*), totalling some 200 *pitrah* of rice and 144 real per year. Resawinata is also set over those entrusted with the collection of tribute (*wong pamajegan*) in Krapyak and is required to maintain the fence around the royal deer park there up to five *cengkal* (one *cengkal* = ± 3.25 m.). Dated 25 August 1794.

f. 263r   Pènget iki nawalaningsun Kangjeng Sultan Hamengkubuwana Sénapati Ingalaga Ngabdurrahman Sayidin Panatagama Chalifatolah,

Sun gadhuhaken marang bocah-Ingsun si Resawinata, lumraha ing sira sarupané éya wong kawulaningsun para Nayaka Bupati-Bupati, Mantri-Mantri ing Ngayugyakarta Adiningrat kabèh, apa déné bocah-Ingsun Bupati-Bupati Mantri-Mantriningsun ing moncanegara kabèh,

marmané si Reksawinata Sun gadhuhi nawalaningsun, déné ing mengko Sun ju(n)jung teka ngisor Sun sengkakaken ing ngaluhur sarta Sun kula-wisud(h)a, Sun gawé Mantri Pemajegan Jurusawah Miji, arané tetep kaya lawas si Demang Reksawinta, lan Sun kawengaké anggowa apa saanggon-anggoning Mantri Pamajegan, sarta Sun patedhani lilinggih bumi désa cacah wong selawé, iki arané désané, ing Nyemengan gawéning wong walu, ing Jatisawit gawéning wong walu, ing Sambèng gawéning wong walu, dadi genep cacah gawéning wong selawé,

ana déné kang Sun patedhakaken dadi lelenggahé si Resawinata bocah-Ingsun Resawongsa, lan Sun gadhuhi kagungan-Ingsun bumi pamajegan cacah gawéning wong rongatus telung-puluh nenem,

ana déné kang metu pajeg pari cacah gawéning wong satus walung-puluh nenem, kang metu pajeg picis cacah gawéning wong sèket, iki arané désané kang metu pajeg pari, ing Pasalakan gawéning wong telung-puluh kalih, ing Randhubelang gawéning wong telung-puluh roro, ing Galuga gawéning wong walu, ing Pelemsèwu Kalisembung gawéning wong telung-puluh nenem, ing Pajajaran gawéning wong rolas, ing Dho(ng)kèlan gawéning wong walu, ing Kagrokan gawéning wong papat, ing Mrisi gawéning wong walu, ing Barabudhur gawéning wong papat, ing Padokan gawéning wong walulikur, ing Gendruwo gawéning wong walu, dadi genep cacah gawéning wong satus walung-puluh nenem,

ana déné pajegé pari ing dalem sataun satus walung-puluh nenem diladèkna saben-saben let sasasi selawé amet selawé amet, ing dalem sataun kumpulé dadi karo-belah amet, kang telung-puluh amet, diladèkna beras, ing saben-saben sasi Ruwah sèwu pitrah, ing sasi Pasa diladèkna roro-atus pitrah,

f. 263v   ana déné kagungan-Ingsun bumi kang metu pajeg picis iki mau, iki arané désané, ing Kapurancak gawéning wong sèket, diladèkna paje/gé ping pindho sataun, ing Bakda Garebeg Pasa angladèkna pitung-puluh réyal punjul roro réyal, ing Bakda Garebeg Mulud iya angladèkena pajeg pitung-puluh réyal punjul roro réyal, lan maning si Resawinata sarèh-rèhané wong pamajegan anggarapa kagungan-Ingsun sawah sajroning Krapyak, mungguh béya wijiné diangkata marang bocah-Ingsun si Resawinata, apa déné yèn ana bata pager bumi ing Krapyak rubuh, ambané limang cengkal sapangisor digarapa marang si Resawinata,

dhawahing timbalan-Dalem ing dinten Kemis tanggal ping walulikur sasi Sura ing taun Wawu angkaning warsa, 1 7 2 1 [Thursday [*sic*] (in fact, Monday), 25 August 1794].

13

BL Add. MS. 12342
f. 247r

Kyai Supardi is granted appanage lands in the listed villages amounting to 100 manpower units. Dated 6 November 1794.

7r   Pènget iki nawalaningsun Kangjeng Sultan Hamengkubuwana Sénapati Ingalaga Ngabdurrahman Sayidin Panatagama Chalifatolah,

Sun gadhuhaken marang abdiningsun Ki Supardi, marmané abdiningsun Ki Supardi, Sun gadhuhi nawalaningsun, déné ing mengko Sun patedhani lilinggih bumi désa cacah gawéning wong satus,   iki arané désané,   ing Palumbéyan gawéning wong wolu, ing Sarapatèn gawéning wong papat, ing Singkil gawéning wong papat, ing Gebangmalang gawéning wong papat, ing Gumul Kalegèn gawéning wong walu, ing Bala gawéning wong papat, ing Pakupukan gawéning wong papat, ing Semawung gawéning wong patbelas, ing Suru gawéning wong nenem, ing Kebarosan gawéning wong papat, ing Mranggèn gawéning wong roro, ing Tuwuhan gawéning wong roro, ing Trucuk gawéning wong papat, ing Pangabèyan gawéning wong walu, ing Jiwa gawéning wong papat, ing Balung gawéning wong rolas, ing Lumbang gawéning wong papat,   dadi genep cacah gawéning wong satus,

dhawahing timbalan-Dalem ing dinten Kemis tanggal ping kalihwelas sasi Rabingulakir ing taun Wawu angkaning warsa, 1 7 2 1   [Thursday, 6 November 1794].

14

BL Add. MS. 12342
f. 185r–v

Ronggasana is promoted as a *Mantri Miji*, assisting Radèn Tumenggung Mertanegara. Retaining his name and rank, he is hereby allowed the attire of a *Mantri Miji*. For his appanage he is granted lands in the listed villages amounting to thirty manpower units. Dated 10 November 1794.

85r   Pènget iki nawalaningsun Kangjeng Sultan Hamengkubuwana Sénapati Ingalaga Ngabdurrahman Sayidin Panatagama Chalifatolah,

Sun gadhuhaken marang bocah-Ingsun si Ronggasana, lumraha ing sira sarupané éya wong kawulaningsun para Nayaka Bupati-Bupati, Mantri-Mantriningsun ing Ngayogyakarta Adiningrat kabèh, apa déné Bupati-Bupati Mantri-Mantriningsun ing moncanegara kabèh,

marmané si Ronggasana Sun gadhuhi nawalaningsun déné ing mengko Sun ju(n)jung teka ngisor, Sun sengkakaken ing ngaluhur, sarta Sun kula-wisud(h)a, Sun gawé Mantri Miji, atunggala gawé lan si Mertanegara, arané tetepa kaya lawas si Ronggasana, lan Sun kawenangaken anggowa apa saanggon-anggoning Mantri Miji, sarta Sun patedhani lilinggih bumi désa cacah gawéning wong telung-puluh nenem,   iki arané désané,   ing Sabang gawéning wong rong-puluh, ing Kalisat gawéning wong papat, ing Kaburikan gawéning wong papat, ing Singon gawéning wong papat, ing Pendhem gawéning wong papat,   dadi genep cacah gawéning wong telung-puluh nenem,

85v   dhawahing timbalan-Dalem ing dinten Senèn tanggal ping nembelas sasi / Rabingulakir ing taun Wawu angkaning warsa, 1 7 2 1   [Monday, 10 November 1794].

15 BL Add. MS. 12341
f. 159r

Sukup is raised as a mantri of the *Kaparak Kiwa* administrative department, assisting Radèn Tumenggung Mertanegara. Retaining the title of Demang, he is hereby allowed the attire of a mantri. For his appanage he is granted lands in the listed villages, amounting to fifty manpower units. Dated 10 November 1794.

f. 159r   Pènget iki nawalaningsun Kangjeng Sultan Hamengkubuwana Sénapati Ingalaga Ngabdurrahman Sayidin Panatagama Chalipatolah,

Sun gadhuhaken marang bocah-Ingsun si Sukup, lumraha ing sira sarupané éya wong kawulaningsun para Nayaka Bupati-Bupati Mantri-Mantri ing Ngayugyakarta Adiningrat kabèh, apa déné Bupati-Bupati Mantri-Mantriningsun ing moncanegara kabèh,

marmané si Sukup, Sun gadhuhi nawalaningsun, déné ing mengko Sun ju(n)jung teka ngisor Sun sengkakaken ing ngaluhur, sarta Sun kula-wisud(h)a, Sun gawé Mantri Keparak Kiwa, anunggala gawé lan si Mertanegara, arané tetepa kaya lawas, si Demang Sukup, lan Sun kawenangaken anggowa apa saanggon-anggoning mantri, sarta Sun patedhani lilinggih bumi désa cacah gawéning wong sèket,   iki arané,   ing Watugajah gawéning wong walu, ing Kapiton Kaliwungon Sayangan Ngungaran gawéning wong rolas, ing Kaputrèn gawéning wong papat, ing Kepokoh gawéning wong roro, ing Kalitengah gawéning wong papat, ing Bèngkod gawéning wong roro, ing Tiyangkong gawéning wong papat, ing Sekambangsoka gawéning wong walu, ing Butuh gawéning wong papat,   dadi genep cacah gawéning wong sèket,

dhawahing timbalan-Dalem ing dinten Senèn tanggal ping nembelas sasi Rabingulakir ing taun Wawu angkaning warsa, 1 7 2 1   [Monday, 10 November 1794].

16 BL Add. MS. 12342
f. 266r–267v
(f. 264r–265v)

Sumadiningrat is appointed Outer Bupati of the Right-hand administrative department (*Bupati Jaba Tengen*) to assist Tumenggung Natayuda. Retaining his title of Radèn Tumenggung, he is hereby allowed the attire of a *Bupati Nayaka*. As appanage he is granted lands in the listed villages amounting to some 1,000 manpower units. A further 600 manpower units are granted as appanage to six subordinates, 100 each to Kertileksana, Natawirya, Singawacana, Pakujaya, Butahijo, and Citrayuda. Dated 13 November 1794 (f. 264r–265v is an undated copy).

f. 266r   Pènget iki nawalaningsun Kangjeng Sultan Hamengkubuwana Sénapati Ingalaga Ngabdurrahman Sayidin Panatagama Chalifatolah,

Sun gadhuhaken marang sira si Sumadiningrat, lumraha ing sira sarupané éya wong kawulaningsun para Nayaka Bupati-Bupati Mantri-Mantri ing Ngayugyakarta Adiningrat kabèh, apa déné Bupati-Bupati Mantri-Mantriningsun ing moncanegara kabèh,

marmané si Sumadiningat Sun gadhuhi nawalaningsun, déné ing mengko Sun ju(n)jung teka ngisor, Sun sengkakaken ing ngaluhur, Sun kula-wisud(h)a, Sun gawé Bupati Jaba Tengen anunggala gawé lan bocah-Ingsun si Natayuda, arané tetepa kaya lawas, Rahadèn Tumenggung Sumadiningrat, lan Sun kawenangaken anggowa apa saanggon-anggoning

Bupati, sarta Sun patedhani lilinggih bumi désa gawéning wong sèwu, iki arané désané, ing Badawaluh Kalisat Wanas(a)ri-Sèyègan Tulung-Kasantan gawéning wong sèket, ing Bakulan Tanjung gawéning wong sèket, ing Karangnongka gawéning wong sapuluh, ing Turi Cangkring gawéning wong nenem, ing Gadhuh Kawidaran Japuwan gawéning wong nenem, ing Gadhuh gawéning wong rolas, ing Jethak Kajogahan Kajonggrangan gawéning wong rolas, ing Badhègan gawéning wong rolas, ing Pépé gawéning wong nembelas, ing Béjèn Kawatangan gawéning wong rolas, ing Jodhog gawéning wong walu, ing Kapokoh gawéning wong papat, ing Kedhungpring Paguyangan Palasa gawéning wong rolas, ing Panjangjiwa Karangasem gawéning wong sapuluh, ing Gunturan gawéning wong walu, ing Jaligudan gawéning wong papat, ing Serut gawéning wong walu, ing Sumber Saragenèn gawéning wong rolas, ing Pelemsèwu Durèn Bunder Cengkirlegi Momplah Sabukmalang gawéning wong walu, ing Puluwan gawéning wong selawé, ing Tegalsempu gawéning wong sapuluh, ing Bantul Kamelikan gawéning wong rolas, ing Mondhalikan Suwakulan gawéning wong telu, ing Bantul gawéning wong wewalu, ing Kemiri gawéning wong walulas, ing Bandhungkulon gawéning wong rong-puluh, ing Kacepit gawéning wong walu, ing Bandhungwétan gawéning wong rolas, ing Pagedhangan gawéning wong walu, ing Karanggedhé gawéning wong papat, ing Kaliputih Gesikan gawéning wong walu, ing Pasèwon gawéning wong nenem, ing Pedhètan Kajagan gawéning wong papat, ing Mantub gawéning wong rolas, ing Mantub Pagandan gawéning wong rolas, ing Rawulu gawéning wong rolas, ing Kemandhungan gawéning wong telung-puluh nenem, ing Ngrèndèng gawéning wong walu, ing Pelaosan gawéning wong papat, ing Kalurahan gawéning wong walu, ing Bothokan (Pa)sikepan gawéning wong nenem, ing Pringgalayan Jagaragan Kapanjèn Pajaranan Mudalan gawéning wong telung-puluh nenem, ing Kalinampu Semoya Ngrancah Béji gawéning wong sapuluh, ing Jomblang Giyanti Dhongkèlan gawéning wong nenem, ing Mundhu-panigaran gawéning wong nenem, ing Pasawahan gawéning wong lima, ing Karangtanjung Berkisan gawéning wong walu, ing Jethis Danalayan Pakalangan gawéning wong nembelas, ing Kabanteran Kalasan Dedera gawéning wong sapuluh, ing Bungas Kenaruwan gawéning wong sanga, ing Ngadisaba gawéning wong nenem, ing Kalegèn gawéning wong nenem, ing Pakiringan Kalégung gawéning wong nenem, ing Tépan Dhadhapan gawéning wong nenem, ing Jembulan Pajaranan gawéning wong walu, ing Jamus Pakauman Karanggeneng Wirana Pagajahan Penabin Sokalila Karangkamal Kabacinan Tegaron Jethis Sambirata, gawé/ning wong sèket walu, ing Kajang gawéning wong patbelas, ing Suluh Jethis Ngepas gawéning wong rong-puluh, ing Pijènan gawéning wong papat, ing Muneng gawéning wong walu, ing Celep Pasanggrahan gawéning wong rong-puluh, ing Cala gawéning wong nenem, ing Sidayu gawéning wong rong-puluh, ing Sogé gawéning wong nembelas, ing Kanitèn gawéning wong nenem, ing Gugunung gawéning wong sapuluh, ing Bracan gawéning wong selawé, ing Sérangan gawéning wong sapuluh, ing Kanunggalan gawéning wong nenem, ing Mangunranan gawéning wong walu, ing Mertasanan gawéning wong papat, ing Pakalangan gawéning wong walu, ing Waruwates gawéning wong roro, ing Brajan gawéning wong rolas, ing Mriyan gawéning wong papat, ing Kaliwanglu gawéning wong lima, ing Wanapepak gawéning wong walu, ing Banjarwaron gawéning wong papat, ing Remamé gawéning wong nembelas, ing Priyan gawéning wong papat, ing Pakanthongan gawéning wong papat, ing Gadhing Berkat gawéning wong papat, ing Badhègan gawéning wong walu, ing Serut gawéning wong papat, dadi genep cacah gawéning wong sèwu,

apa déné kang dadi lilinggihé bocah-Ingsun si Kertileksana, cacah gawéning wong satus, iki arané désané, ing Pangibikan gawéning wong nenem, ing Dreséla gawéning wong

66v

roro, ing Mogang gawéning wong papat, ing Paturunan gawéning wong papat, ing Balong gawéning wong nenem, ing Kaligawé gawéning wong roro, ing Jrébèng gawéning wong walu, ing Krètèg gawéning wong walu, ing Kelampok gawéning wong roro, ing Kawedhèn gawéning wong walu, ing Panggil Brajatakan gawéning wong nembelas, ing Gathak gawéning wong papat, ing Pucangsawit gawéning wong nem, ing Gathak Kemadhuh gawéning wong nenem, ing Kemasan gawéning wong walu,   dadi genep cacah gawéning wong satus,

kang dadi lilinggihé bocah-Ingsun si Natawirya, cacah gawéning wong satus,   iki arané désané,   ing Ledhok gawéning wong patbelas, ing Palempukan gawéning wong nenem, ing Jagabitan gawéning wong roro, ing Kadundang gawéning wong papat ing Kathithang gawéning wong papat, ing Saribid rolas, ing Krapyak Ragatakan Marédan gawéning wong roro, ing Pakintelan gawéning wong papat, ing Kabaturan Jamus gawéning wong walu, ing Kaliandong gawéning wong rong-puluh, ing Kamandhungan gawéning wong walu, ing

f. 267r Pasalakan gawéning wong papat, ing Kebonagung gawéning wong papat, /   dadi genep cacah gawéning wong satus,

kang dadi lilinggihé bocah-Ingsun si Singawacana, cacah gawéning wong satus,   iki arané désané,   ing Darawati gawéning wong nenem, ing Palasa gawéning wong roro, ing Katawang gawéning wong walu, ing Jelaparemi gawéning wong nembelas, ing Pasawahan gawéning wong rolas, ing Mutiyan gawéning wong papat, ing Grénjèng gawéning wong papat, ing Parombongan Pakiyongan gawéning wong walu, ing Jemblong Karajegan gawéning wong nembelas, ing Pakembangan gawéning wong papat, ing Gadhing Pakéyongan gawéning wong walu, ing Gelagah gawéning wong walu,   dadi genep cacah gawéning wong satus,

kang dadi lilinggihé bocah-Ingsun si Pakujaya, gawéning wong satus,   iki arané désané, ing Warangan Ngasinan gawéning wong nenem, ing Mrebung gawéning wong papat, ing Soka gawéning wong rolas, ing Dengokan gawéning wong papat, ing Bana gawéning wong roro, ing Gandhol Cépor gawéning wong papat, ing Palasa gawéning wong telung-puluh roro, ing Kaliandong gawéning wong papat, ing Barabudhur gawéning wong papat, ing Macanan gawéning wong papat, ing Soka maning gawéning wong papat, ing Séngon gawéning wong walu, ing Mrisi Karangpulé gawéning wong papat, ing Kemanukan gawéning wong papat,   dadi genep cacah gawéning wong satus,

kang dadi lilinggihé bocah-Ingsun si Butahijo, cacah gawéning wong satus, iki arané désané,   ing Kiyangkong gawéning wong telung-puluh nenem, ing Melathi gawéning wong papat, ing Cepaka gawéning wong papat, ing Gesikan gawéning wong papat, ing Pakebon gawéning wong papat, ing Tumbu gawéning wong walu, ing Palumbon Kacandhèn gawéning wong walu, ing Tegallegok gawéning wong papat, ing Béji Dhukuh gawéning wong roro, ing Baligo gawéning wong papat, ing Maréda gawéning wong roro, ing Palumbon gawéning wong papat, ing Pasalakan gawéning wong papat, ing Samakatingal gawéning wong papat, ing Widaralangon gawéning wong papat,   dadi genep cacah gawéning wong satus,

kang dadi lilinggihé bocah-Ingsun si Citrayuda cacah gawéning wong satus,   iki arané désané,   ing Karanggayam gawéning wong walu, ing Tembelang gawéning wong rong-puluh, ing Dhiwak Pakembaran gawéning wong walu, ing Sambung gawéning wong walu, ing Payaman Pekauman gawéning wong nembelas, ing Patuguran gawéning wong papat, ing Kathithang gawéning wong papat, ing Kathithang Pakuncèn gawéning wong roro, ing Bata gawéning wong nenem, ing Kacèmé gawéning wong papat, ing Gambasan ga/wéning wong nembelas, dadi genep cacah gawéning wong satus,

gu(ng)gung linggihé si Sumadiningrat sakancané mantri dadi cacah gawéning wong sèwu nem-atus,

dhawuh ing timbalan-Dalem ing dinten Kemis tanggal ping sangalas sasi Rabingulakir ing taun Wawu angkaning warsa, 1 7 2 1 [Thursday, 13 November 1794].

17 BL Add. MS. 12342
f. 268r–276v

Jayèngsari is raised as a Inner Bupati (*Bupati Jero*) in charge of the *Gedhong Tengen* administrative department. Receiving the name and title of Radèn Tumenggung Purwadipura, he is hereby allowed the attire of a *Bupati Nayaka*. As appanage he is granted lands in the listed villages amounting to 1,000 manpower units. Allotments for subordinates are: 200 manpower units to Mangunjaya, 100 each to Purwawijaya and Sutaraga, 50 each to Surasentika, Sutayuda, Trunamenggala, Rediguna, Wongsamenggala, Sumadikara, Kertawirya, and Manguntruna, and 30 to Mangunmenggala, with 15 to another 150 subordinates. The total for Purwadipura and his subordinates comes to 4,695 manpower units, not including 319 in Pacitan. Undated, but probably *c.* 1794–96.

Pènget iki nawalaningsun Kangjeng Sultan Hamengkubuwana Sénapati Ingalaga Ngabdurrahman Sayidin Panatagama Chalifatolah,

Sun gadhuhaken marang bocah-Ingsun si Jayèngsari, lumraha ing sira sarupané éya wong kawulaningsun para Nayaka Bupati-Bupati Mantri-Mantriningsun ing Ngayugyakarta Adiningrat kabèh, apa déné Bupati-Bupati Mantri-Mantriningsun ing moncanegara kabèh,

marmané si Jayèngsari Sun gadhuhi nawalaningsun, déné ing mengko Sun ju(n)jung teka ngisor Sun sengkakaken ing ngaluhur sarta Sun kula-wisud(h)a, Sun gawé Bupati Jero dadi Wedanané bocah-Ingsun Gedhong Tengen kabèh, arané si Jayèngsari Sun pundhut, Sun patedhani nama Radèn Tumenggung Purwadipura, lan Sun kawenangaken anggowa apa saanggon-anggoning Bupati, sarta Sun patedhani lilinggih bumi désa cacah gawéning wong sèwu, iki arané désané, ing Bahwrayang gawéning wong selawé, ing Gowong Kalibawang Gepirang Ngadisalam gawéning wong satus, ing Samalangu gawéning wong sèket, ing Waluh gawéning wong lima, ing Dhadhapgedhé gawéning wong rong-puluh, ing Kedhunggong gawéning wong selawé, ing Magulung gawéning wong selawé, ing Tersidi gawéning wong walu, ing Kiyangkong gawéning wong telung-lawé, ing Secang gawéning wong patang-puluh, ing Kaligesing gawéning wong rolas, ing Wirun gawéning wong papat, ing Rawong gawéning wong selawé, ing Kedhungkuwali gawéning wong walu, ing Gowong Samabumi gawéning wong walu, ing Kejombokan gawéning wong sèket walu, ing Kacumbung gawéning wong telung-puluh roro, ing Ngo(ng)kèk gawéning wong papat, ing Kulur gawéning wong walu, ing Ngulakan gawéning wong papat, ing Bendungan gawéning wong selawé, ing Turip gawéning wong rong-puluh, ing Kalisat Mayungan gawéning wong walu, ing Pucanganom gawéning wong papat, ing Karangasem gawéning wong rolas, ing Monggangmenang gawéning wong papat, ing Greges gawéning wong pitu, ing Jethis gawéning wong papat, ing Sungapan gawéning wong papat, ing Kertankemiri gawéning wong roro, ing Babadan Kalibuka Pakem Darmasari gawéning wong papat, ing Karanggawang gawéning wong roro, ing Kasamèn Karangmaja gawéning wong papat, ing Ngenthak gawéning wong papat, ing Krètèg gawéning wong lima, ing Masahan Bathikan gawéning wong siji, ing Pendhawa gawéning wong patang-puluh papat, ing Gamping Gamol Bodhèh (Pa)sawahan gawéning wong selawé, ing Jomboran gawéning wong walu, ing Balendhangan gawéning wong roro, ing Banaran gawéning wong roro, ing Saragenèn Jagabayan gawéning wong walu, ing Kelakah gawéning wong roro, ing Kuwagon gawéning wong roro, ing Sendhang gawéning wong papat, ing Kemusuk gawéning wong selawé, ing Wonasidi gawéning wong papat, ing Celapar gawéning wong roro, ing Wedari gawéning wong telu, ing Sundhi gawéning wong papat, ing Kajuron gawéning wong walu, ing Nagasari gawéning wong papat, ing Tiruman gawéning wong walu, ing Pandhéyan Ngadipala gawéning wong papat, ing Gumul gawéning wong roro, ing Gombangan Kajambon gawéning wong walu, ing Granjing gawéning wong walu, ing

f. 268v Gajiyan gawéning wong papat, ing Jrébèng gawéning wong walu, ing / Tanjung gawéning wong nembelas, ing Maja gawéning wong nenem, ing Wangèn gawéning wong walu, ing Pakiringan gawéning wong papat, ing Jungkaran Gamolan gawéning wong papat, ing Katongan gawéning wong nenem, ing Dhali-Jethis gawéning wong telu, ing Kadhangéyan Karangnongka Pengabèyan gawéning wong roro, ing Basung gawéning wong papat, ing Kacepit gawéning wong roro, ing Pendhem gawéning wong rolas, ing Dhungpoh wong papat, ing Baleber Kalialang Kapasong Kamijara gawéning wong walu, ing Sundhi gawéning wong rolas, ing Katambran gawéning wong papat, ing Kalipèh gawéning wong papat, ing Kokap gawéning wong walu, ing Ngendho Temanggung gawéning wong papat, ing Gombang Kalèsan gawéning wong papat, ing Kampak gawéning wong papat, ing Dhodhong gawéning wong walu, ing Butuh gawéning wong walu, ing Kradènan gawéning wong papat, ing Kalimanjung Patukan gawéning wong papat, ing Banthèngan gawéning wong papat, dadi genep gawéning wong sèwu,

f. 269r / ana déné kang dadi lilinggihé bocah-Ingsun Kaliwon si Mangunjaya, cacah gawéning wong rong-atus, iki arané désané, ing Sumursinaban gawéning wong sèket papat, ing Nagasari Kaponggok Keparèn gawéning wong rolas, ing Pasawahan Panusupan gawéning wong sapuluh, ing Luyu gawéning wong walu, ing Sumber Pakiringan Socakangsi gawéning wong pitu, ing Karangnongka Tiruman gawéning wong rong-puluh, ing Pagerjurang Pasunggingan gawéning wong pitu, ing Kalonthong gawéning wong papat, ing Mudalkasaran gawéning wong rong-puluh, ing Gowong Tempuran gawéning wong walu, ing Ngrèndèng gawéning wong roro, ing Ngrawong gawéning wong walu, ing Candhi-jasa gawéning wong walu, ing Dhudhu gawéning wong rolas, ing Semawung gawéning wong papat, ing Jenar gawéning wong papat, ing Bendha gawéning wong walu, dadi genep cacah gawéning wong rong-atus,

kang dadi lilinggihé bocah-Ingsun si Purwawijaya, cacah gawéning wong satus, iki arané désané, ing Gatèp gawéning wong rolas, ing Sendhangpitu gawéning wong papat, ing Nagasari gawéning wong walu, ing Jokang gawéning wong papat, ing Saragenèn gawéning wong telu, ing Kabojan gawéning wong roro, ing Srago gawéning wong papat, ing Palumbon gawéning wong roro, ing Pirikan Karongan gawéning wong papat, ing Martasemi gawéning papat, ing Gowong Ngadisalam gawéning wong patbelas, ing Ngrawong gawéning wong walu, ing Pakuwukan gawéning wong walu, ing Sarapitan gawéning wong papat, ing Sumberan gawéning wong lima, ing Wirun gawéning wong papat, ing Jati gawéning wong roro, ing Melathi gawéning wong papat, dadi genep cacah gawéning wong satus, kang dadi lilinggihé bocah-Ingsun Mantri Gedhong, linggihé si Sutaraga cacah gawéning wong satus, iki arané désané, ing Dhudhu gawéning wong sèket papat, ing Palasa gawéning wong papat, ing Sangubanyu gawéning wong walu, ing Kuwasèn gawéning wong walu, ing Kowangan gawéning wong papat, ing Pulutan gawéning wong papat, ing Kagungan ing Paliyan gawéning wong papat, ing Wi(ng)ka gawéning wong papat, ing Ketugsruwuh gawéning wong walu, dadi genep cacah gawéning wong satus,

kang dadi linggihé bocah-Ingsun si Surasentika, cacah gawéning wong sèket, iki arané désané, ing Kalisoga gawéning wong roro, ing Demènkersan Juwana gawéning wong roro, ing Ngadipeksa Sabrangkulon gawéning wong telu, ing Brongkol gawéning wong siji, ing Semampir Kaluwangan gawéning wong walu, ing Majasta gawéning wong papat, ing Bohan gawéning wong papat, ing Pulutan gawéning wong papat, ing Dhudhu gawéning wong walu, ing Tapèn gawéning wong walu, ing Kembangkuning gawéning wong papat, dadi genep cacah gawéning wong sèket,

9v / kang dadi linggihé bocah-Ingsun si Sutayuda, cacah gawéning wong sèket, iki arané désané, ing Prenggan ing Bulusan gawéning wong walu, ing Turip ing Candhi gawéning wong rolas, ing Kabirin Kaporan Sragèn gawéning wong nembelas, ing Jasa gawéning wong rolas, dadi genep cacah gawéning wong sèket,

kang dadi linggihé bocah-Ingsun si Trunamenggala, cacah gawéning wong sèket, iki arané désané, ing Kalodran Babadan Simping gawéning wong walu, ing Garudha Gunungan gawéning wong nenem, ing Pakintelan gawéning wong papat, ing Pacabèyan Jerukan Garogol Gayam-jurangan gawéning wong papat, ing Pangonan Pajomboran gawéning wong walu, ing Grompol gawéning wong walu, ing Gombong gawéning wong papat, ing Jenar gawéning wong roro, ing Dhudhu gawéning wong papat, dadi genep cacah gawéning wong sèket,

kang dadi linggihé bocah-Ingsun si Rediguna, cacah gawéning wong sèket, iki arané désané, ing Taprayan gawéning wong nembelas, ing Pakiringan Gabahan Krakitan gawéning wong sapuluh, ing Bulusan gawéning wong roro, ing Sawas gawéning wong papat, ing Gathak Giyantèn gawéning wong nembelas, dadi genep cacah gawéning wong sèket,

kang dadi linggihé bocah-Ingsun si Wongsamenggala, cacah gawéning wong sèket, iki arané désané, ing Gareges gawéning wong papat, ing Kedhunggalih gawéning wong papat, ing Selamatan gawéning wong papat, ing Suruwan Turusan gawéning wong papat, ing Palumbon gawéning wong papat, ing Demakan gawéning wong papat, ing Galèndha Ngawu-awu gawéning wong papat, ing Gadhing Pakéyongan Jembangan gawéning wong walu, ing Karanggayam gawéning wong papat, ing Semaji gawéning wong papat, ing Wongké gawéning wong papat, dadi genep cacah gawéning wong sèket,

kang dadi linggihé bocah-Ingsun si Sumadikara, cacah gawéning wong sèket, iki arané désané, ing Piringan Ngendhong Sembungan gawéning wong papat, ing Genthan gawéning wong papat, ing Tapèn-Ngadipira gawéning wong walu, ing Tirta gawéning wong papat, ing Dhudhu gawéning wong papat, ing Wingka gawéning wong papat, ing Tangkisan gawéning wong rolas, ing Wi(ng)ka maning gawéning wong walu, dadi genep gawéning wong sèket,

kang dadi linggihé bocah-Ingsun si Kertawirya, cacah gawéning wong sèket, iki arané désané, ing Bangeran Karangbulus gawéning wong nemlikur, ing Jèbrèsan Panegaran gawéning wong roro, ing Bakal Dhukuh Kuwarasan gawéning wong walu, ing Candhi-masigit gawéning wong walu, ing Kembangkuning gawéning wong papat,   dadi genep cacah gawéning wong sèket,

f. 270r kang dadi linggihé bocah-Ingsun si Manguntruna, cacah gawéning wong sèket,   iki arané / désané,   ing Biru gawéning wong rolas, ing Padhalangan gawéning wong rong-puluh, dadi genep cacah wong telung-puluh roro,

kang dadi lilinggihé bocah-Ingsun si Mangunmenggala, cacah gawéning wong telung-puluh roro,   iki arané désané,   ing Bongkot gawéning wong papat, ing Palempukan Bendha gawéning wong roro, ing Selametan gawéning wong papat, ing Losari gawéning wong papat, ing Taraudan gawéning wong roro, ing Pasanggrahan gawéning wong walu, ing Bala gawéning wong roro, ing Tigawanu gawéning wong papat, ing Wotgalih gawé-ning wong roro,   dadi genep cacah gawéning wong telung-puluh roro,

gu(ng)gung linggihé bocah-Ingsun Panèket Gedhong dadi cacah gawéning wong rong-atus telung-puluh roro,

ana déné kang dadi lilinggihé bocah-Ingsun Jajar Gedhong linggihé si Singayuda, ing Mandhing gawéning wong roro, ing Patosèngan gawéning wong nenem, ing Jenar gawéning wong roro,

kang dadi lilinggihé si Kartapati, ing Pagerjurang gawéning wong walu, ing Pakéyongan wong papat,

kang dadi lilinggihé si Setradirana, ing Sungapan Kalicandhi gawéning wong pitu, ing Kadipeksa Kadiresa Bronggol gawéning wong lima,

kang dadi lilinggihé si Wirabongsa, ing Jagadhayoh gawéning wong walu, ing Tratok gawéning wong papat,

kang dadi lilinggihé si Wirasemita, ing Wiyagang gawéning wong rolas,

kang dadi lilinggihé si Me(r)tamenggala, ing Kalireca Krajan gawéning wong walu, ing Kenaran gawéning wong papat,

kang dadi lilinggihé si Suradriya (ing) Pedharan, ing Karanglo Kabenthangan gawéning wong walu, ing Beloran Pasanggrahan gawéning wong papat,

gu(ng)gung lilinggihé bocah-Ingsun Jajar Gedhong, si Singayuda sakancané dadi cacah gawéning wong wolang-puluh papat,

ana déné lilinggihé bocah-Ingsun pangukir si Singawijaya, ing Wedhakawon gawéning wong papat, ing Banyakan gawéning wong nenem, ing Bangkak gawéning wong roro,

kang dadi lilinggihé si Cakradiwongsa, ing Gedhongan gawéning wong papat, ing Jenar gawéning wong papat,

kang dadi lilinggihé bocah-Ingsun merangi si Nayatruna, ing Dhukuh gawéning wong papat, ing Kalikalong gawéning wong papat,

f. 270v / kang dadi lilinggihé si Ékatruna, ing Beloran gawéning wong papat, ing Jumbleng gawéning wong papat,

kang dadi lilinggihé si Sumatruna, ing Sebara gawéning wong walu, kang dadi lilinggihé bocah-Ingsun kriya mirsèn, cacah gawéning wong salawé, iki arané désané, ing Mayungan cacah gawéning wong papat, ing Sokakayen gawéning wong papat, ing Pundhuwan gawéning wong papat, ing Majarum gawéning wong papat, ing Kapatran gawéning wong papat, ing Kathithang gawéning wong roro, ing Kembangkuning gawéning wong roro, dadi genep cacah gawéning wong selawé,

kang dadi lilinggihé si jambu, ing Waladri gawéning wong papat, ing Temanggung gawéning wong papat,

kang dadi lilinggihé si kebogadhung, ing Palumbon gawéning wong papat, ing Kapatran gawéning wong roro, ing Trayu gawéning wong roro,

kang dadi lilinggihé si Citradiwongsa, ing Kathithang wong papat, ing Kembangkuning Kajeran gawéning wong papat,

kang dadi lilinggihé si Driyajaya, ing Pucanganom gawéning wong papat, ing Besolé gawéning wong papat,

kang dadi lilinggihé si Mertajaya, ing Sumber gawéning wong papat, ing Kalonthong Karanglo gawéning wong papat,

ana déné kang dadi lilinggihé bocah-Ingsun jalagraha si Sélajaya, ing Jitar gawéning wong papat, ing Weru gawéning wong papat,

kang dadi lilinggihé si Kartadita, ing Jitar gawéning wong papat, ing Ngasinan Barawatu gawéning wong papat,

kang dadi lilinggihé si Kerta, ing Jitar gawéning wong roro, ing Kaponan gawéning wong roro,

kang dadi lilinggihé si Sadiwongsa, ing Jitar gawéning wong roro, ing Jalagraha gawéning wong roro,

kang dadi lilinggihé si Setradiwongsa, ing Jalagraha gawéning wong roro, ing Jetar gawéning wong roro, ing Barawatu gawéning wong roro,

kang dadi lilinggihé si Sélapramona, ing Jitar gawéning wong roro, ing Jalagraha gawéning wong roro,

kang dadi lilinggihé bocah-Ingsun kemitbumi, ing Kèpèk gawéning wong papat, ing Jrébèng gawéning wong nenem,

gu(ng)gung linggihé bocah-Ingsun pangukir merangi mrisèn jambu kebogadhung jalagraha, dadi cacah gawéning wong satus sèket walu kalebu linggihé kemitbumi,

kang dadi lilinggihé bocah-Ingsun penèpi, si Nayamenggala, ing Ngadilangu Wirasaba Satana gawéning wong telu, / ing Cokrang gawéning wong papat, ing Bangi Katambran Katembi gawéning wong nembelas, ing Sekarbala Karangtalun Polaman gawéning wong rolas, ing Krakitan gawéning wong papat, ing Dhudhu gawéning wong rolas, dadi genep cacah gawéning wong sèket,

kang dadi linggihé bocah-Ingsun si Nayamenggala, cacah gawéning wong sèket, iki arané désané, ing Warukebonan gawéning wong papat, ing Dhadhapan-jatèn gawéning wong papat, ing Pakesokan gawéning wong papat, ing Sundhi gawéning wong nenem, ing Telagarandhu gawéning wong walu, ing Balakasaidan gawéning wong roro, ing Celapar gawéning wong papat, ing Kasiyangan gawéning wong papat, ing Wanamerta gawéning wong papat, ing Jatiraga gawéning wong walu, dadi genep cacah gawéning wong sèket,

kang dadi lilinggihé bocah-Ingsun si Wongsawijaya, cacah gawéning wong sèket,   iki arané désané,   ing Jokang Timbulan gawéning wong rolas, ing Karajan gawéning wong papat, ing Kapundhung gawéning wong nenem, ing Tepuskidul Pasar Sembul gawéning wong rolas, ing Bala Kalebengan gawéning wong walu, ing Kembangkuning gawéning wong papat, ing Gedhong gawéning wong roro,   dadi genep cacah gawéning wong sèket,

kang dadi lilinggihé bocah-Ingsun si Setrayuda cacah gawéning wong sèket,   iki arané désané,   ing Dhudhu gawéning wong rolas, ing Butuwan gawéning wong papat, ing Sebara gawéning wong rolas, ing Ketug gawéning wong papat, ing Trayu gawéning wong roro, ing Pulutan gawéning wong papat, ing Kajiran gawéning wong nenem, ing Kemiri gawéning wong papat,   dadi genep cacah gawéning wong sèket,

kang dadi lilinggihé bocah-Ingsun si Mangundiwirya, cacah gawéning wong sèket,   iki arané désané,   ing Ngadilangu gawéning wong papat, ing Wi(ng)ka gawéning wong walu, ing Dhudhu gawéning wong papat, ing Tapèn gawéning wong walu, ing Ngedho gawéning wong roro, ing Jeta gawéning wong papat, ing Kaluwangan gawéning wong papat, ing Rancangpakundhan Lengking wong patbelas,   dadi genep cacah gawéning wong sèket,

kang dadi lilinggihé bocah-Ingsun si Jayasemita, cacah gawéning wong sèket,   iki arané désané,   ing Kasamèn gawéning wong rolas, ing Krakitan gawéning wong papat, ing Turip gawéning wong papat, ing Kalimanjung gawéning wong papat, ing Cangkring Balékambang gawéning wong papat, ing Jiwa gawéning wong papat, ing Pacing gawéning wong papat, ing Pangokan gawéning wong walu, ing Pakisdadu gawéning wong papat, dadi genep gawéning wong sèket,

f. 271v / gu(ng)gung linggihé bocah-Ingsun si Sutaraga sakancané mantri dadi cacah gawéning wong pitung-atus sèket,

ana déné kang dadi linggihé bocah-Ingsun panèket, si Kartayuda gawéning wong telung-puluh roro,   iki arané désané,   ing Telagarandhu gawéning wong papat, ing Jethis gawéning wong papat, ing Gadhing Ngenthak gawéning wong papat, ing Gareges gawéning wong roro, ing Gunaman gawéning wong papat, ing Kadomban gawéning wong papat, ing Losari gawéning wong roro, ing Werungepung gawéning wong papat, ing Segawuh gawéning wong papat,   dadi genep cacah gawéning wong telung-puluh roro,

kang dadi lilinggihé bocah-Ingsun si Reksaprana, cacah gawéning wong telung-puluh roro, iki arané désané,   ing Sarowolan gawéning wong walu, ing Jagadhayoh gawéning wong papat, ing Talang gawéning wong walu, ing Kasatan gawéning wong papat, ing Kedhung-kemiri gawéning wong papat, ing Jelapan gawéning wong papat,   dadi genep cacah gawéning wong telung-puluh roro,

kang dadi linggihé bocah-Ingsun si Wongsayuda, cacah gawéning wong telung-puluh roro, iki arané désané,   ing Widara Marisèn Pagabahan gawéning wong papat, ing Temanggung gawéning wong papat, ing Papringan gawéning wong walu, ing Karangasem gawéning wong roro, ing Wungu gawéning wong roro, ing Katèkongan gawéning wong papat, ing Majiran gawéning wong papat, ing Pakèl gawéning wong papat,   dadi genep gawéning wong telung-puluh roro,

kang dadi lilinggihé bocah-Ingsun si Singadirana, cacah gawéning wong telung-puluh roro, iki arané désané,   ing Kalimanjung cacah gawéning wong papat, ing Palumbon gawéning wong rolas, ing Pasaidan gawéning wong siji, ing Gondhanglegi gawéning wong papat, ing Téblon gawéning wong roro, ing Gondhangan gawéning wong siji, ing Kroya gawéning wong walu,   dadi genep cacah gawéning wong telung-puluh roro,

kang dadi linggihé bocah-Ingsun si Mangunsemita, cacah gawéning wong telung-puluh roro,   iki arané désané,   ing Gathak gawéning wong papat, ing Pangkah gawéning wong nenem, ing Pendeng gawéning wong rolas, ing Geneng gawéning wong papat, ing Werusratèn gawéning wong nenem,   dadi genep cacah gawéning wong telung-puluh roro,

kang dadi linggihé bocah-Ingsun si Sutanongga, cacah gawéning wong telung-puluh roro, iki arané désa(né) (....),

2r / ana déné kang dadi lilinggihé bocah-Ingsun ngampil si (Pra)wirasraya, cacah gawéning wong sèket,   iki arané désané,   ing Taraudan Saraban gawéning wong papat, ing Karangmaja gawéning wong rolas, ing Kemiri gawéning wong rolas, ing Badhigul gawéning wong walu, ing Balimbing gawéning wong papat, ing Temandang gawéning wong walu,   dadi genep gawéning wong sèket,

kang dadi linggihé bocah-Ingsun si Dermawija(ya), cacah gawéning wong patang-puluh, iki arané désané,   ing Godhègan gawéning wong nembelas, ing Jethis gawéning wong walu, ing Tempuran gawéning wong papat, ing Majir gawéning wong papat, ing Pabrekan gawéning wong papat, ing Talang gawéning wong papat,   dadi genep cacah gawéning wong patang-puluh,

kang dadi linggihé bocah-Ingsun si Derpayuda, cacah gawéning wong patang-puluh,   iki arané désané,   ing Cébongan gawéning wong nenem, ing Mutiyan gawéning wong nenem, ing Brubung gawéning wong papat, ing Pacarikan gawéning wong walu, ing Giling gawéning wong nenem, ing Tempuran gawéning wong papat, ing Kawilahan gawéning wong papat, ing Bakungan gawéning wong roro,   dadi genep cacah gawéning wong patang-puluh,

kang dadi linggihé bocah-Ingsun si Onggayuda, cacah gawéning wong patang-puluh,   iki arané désané,   ing Pangonan gawéning wong selawé, ing Gawong gawéning wong papat, ing Badhigul gawéning wong papat, ing Bakung gawéning wong papat, ing Kedhungpring gawéning wong papat,   dadi genep cacah gawéning patang-puluh,

kang dadi linggihé bocah-Ingsun si Patrayuda, cacah gawéning wong patang-puluh,   iki arané désané,   ing Jethis gawéning wong papat, ing Taraudan gawéning wong papat, ing Kedhungbanthèng gawéning wong lima, ing Sendhèn gawéning wong papat, ing Logendèr gawéning wong siji, ing Kagungan gawéning wong papat, ing Kerta gawéning wong walu, ing Kacarikan gawéning wong sapuluh,   dadi genep cacah gawéning wong patang-puluh,

kang dadi linggihé bocah-Ingsun si Jayaderma, cacah gawéning wong patang-puluh,   iki arané désané,   ing Jiwa gawéning wong walu, ing Gumul gawéning wong walu, ing Kratok gawéning wong papat, ing Talang gawéning wong papat, ing Pramusintan gawéning wong papat, ing Kedhungwiyu gawéning wong rolas,   dadi genep cacah gawéning wong patang-puluh,

kang dadi linggihé bocah-Ingsun si Kartayuda, cacah gawéning wong patang-puluh,   iki arané désané,   ing Pakèl gawéning wong papat, ing Pangènan gawéning wong nembelas, ing Wunut gawéning wong walu, ing Sabrang gawéning wong papat, ing Jelapan Sindhut gawéning wong papat, ing Getas gawéning wong papat,   dadi genep gawéning wong patang-puluh,

kang dadi linggihé bocah-Ingsun si Wongsaleksana, cacah gawéning wong patang-puluh, iki arané désané,   ing Borosan Sangubanyu gawéning wong walu, ing Pasanggrahan gawéning wong papat, ing Jeragung gawéning wong papat, ing Jethak gawéning wong patang, ing Cabéyan gawéning wong papat, ing Semawung gawéning wong papat,   ing Sruwuh gawéning wong / rolas,   dadi genep cacah gawéning wong patang-puluh,

f. 272v

kang dadi linggihé bocah-Ingsun si Singayuda, cacah gawéning wong patang-puluh papat, iki arané désané,   ing Dlimas Semandhong, ing Werupenamèngan gawéning wong pat-belas, ing Ponggok gawéning wong roro, ing Wunut gawéning wong walu, ing Jembangan Pendhem gawéning wong nembelas, ing Sanggon Karangnongka gawéning wong papat, dadi genep cacah gawéning wong patang-puluh papat, kalebu gegadhuhané gawéning wong papat,

gu(ng)gung lilinggihé bocah-Ingsun ngampil si Prawirasraya sakancané dadi cacah gawéning wong telung-atus walung-puluh roro,

ana déné kang dadi lilinggihé bocah-Ingsun niyaga, linggihé si Angongendhing, cacah gawéning wong patang-puluh roro, kalebu patukoning kawat gawéning wong roro, iki arané désané,   ing Lebak gawéning wong papat, ing Ngupit gawéning wong papat, ing Semoya gawéning wong papat, ing Gambrèngan gawéning wong roro, ing Ngabèyan gawéning wong roro, ing Cukun gawéning wong telu, ing Kathithang gawéning wong papat, ing Kemirèn gawéning wong walu, ing Béji gawéning wong roro, ing Mireng gawéning wong siji, ing Sangubanyu gawéning wong papat, ing Bantulan gawéning wong papat,   dadi genep cacah gawéning wong patang-puluh roro,

kang dadi linggihé sosorané si Angongendhing, bocah-Ingsun si Kartadipa, cacah gawéning wong rong-puluh,   iki arané désané,   ing Sana gawéning wong papat, ing Dhukuh gawéning wong papat, ing Lebak gawéning wong papat, ing Kresan gawéning wong roro, ing Sawungan gawéning wong roro, ing Jethis gawéning wong papat,   dadi genep cacah gawéning wong rong-puluh,

kang dadi lilinggihé bocah-Ingsun niyaga jajar, linggihé si Sekarjaya,   ing Bantulan gawéning wong roro, ing Kathithang gawéning wong papat, ing Winong gawéning wong roro, ing Gathak gawéning wong roro,

kang dadi linggihé bocah-Ingsun si Trunawongsa, ing Kulwaru gawéning wong papat, ing Karangwaru gawéning wong telu, ing Gedhong gawéning wong papat, ing Winong gawéning wong roro,

kang dadi linggihé si Kartatruna, ing Sawungan gawéning wong roro, ing Sulengran gawéning wong papat, ing Sambong gawéning wong roro, ing Widayu gawéning wong papat, kang dadi linggihé si Trunabapang, ing Célungan gawéning wong papat, ing Kalebèn gawéning wong roro, ing Banyurip gawéning wong roro, ing Majir gawéning wong papat,

3r / kang dadi linggihé si Semaratruna, ing Kapathèn gawéning wong papat, ing Samakaton gawéning wong nenem, ing Ngronggah gawéning wong roro,

kang dadi linggihé si Marajaya, ing Gatèn gawéning wong papat, ing Semoya gawéning wong papat,

kang dadi linggihé si Tatruna, ing Jethis Pandelegan gawéning wong papat, ing Mireng gawéning wong papat,

kang dadi linggihé si Kartayuda, ing Bantulan gawéning wong roro, ing Kenyahèn gawéning wong roro, ing Magora gawéning wong papat,

kang dadi linggihé si Kartadiwongsa, ing Balimbing gawéning wong papat, ing Kenyahèn gawéning wong papat,

kang dadi linggihé si Tirtadiwongsa, ing Balendhung gawéning wong roro, ing Banyurip gawéning wong roro, ing Jethis gawéning wong roro, ing Kaliwonan gawéning wong roro,

kang dadi linggihé si Nayatruna, ing Kulwaru gawéning wong papat, ing Jana gawéning wong papat,

kang dadi linggihé si Kartabongsa, ing Bantul gawéning wong papat, ing Magora gawéning wong papat,

kang dadi linggihé si Citramenggala, ing Banyurip gawéning wong papat, ing Karanganyar gawéning wong roro, ing Kapencar gawéning wong telu,

kang dadi linggihé si Nayadiwongsa, ing Jragan gawéning wong roro, ing Soka gawéning wong papat, ing Pakalangan gawéning wong roro,

kang dadi linggihé si Trunadiwongsa, ing Banyurip gawéning wong papat, ing Kuwaon gawéning wong roro, ing Jenar gawéning wong roro,

kang dadi linggihé si Wiradiwongsa, ing Krècèk gawéning wong papat, ing Kalimati gawéning wong papat,

kang dadi linggihé si Secatruna, ing Kamertan gawéning wong papat, ing Jana gawéning wong papat,

kang dadi linggihé si Sayaguna, ing Kulwaru gawéning wong papat, ing Majir gawéning wong papat,

kang dadi linggihé si Mertadita, ing Kulwaru gawéning wong walu, ing Sana gawéning wong papat,

kang dadi linggihé si Secadirana, ing Geneng gawéning wong roro punjul salupit, ing Majir gawéning wong papat, ing Songso(n)gan gawéning wong roro,

kang dadi linggihing panggendèr si Rengganis, ing Kulwaru gawéning wong papat, ing Winong, ing Tangkisan gawéning wong papat, kang dadi linggihé panggendèr maning si Mendat, ing Winong gawéning wong roro, ing Pundhungan gawéning wong roro, ing Jana gawéning wong papat, ing Tangkisan gawéning wong siji,

f. 273v / kang dadi linggihé panggendhang wadon, si Udakara, ing Kajoran gawéning wong papat,

kang dadi linggihé si Singadipa, ing Krècèk gawéning wong walu,

kang dadi linggihé bocah-Ingsun badhud, si Nayaburuh, ing Demèn gawéning wong roro, ing Salam Semingkir gawéning wong nenem,

kang dadi linggihé si Cekrukadiguna, ing Ngadigunung gawéning wong papat, ing Kuwaon gawéning wong roro, ing Gamelan gawéning wong roro,

kang dadi linggihé bocah-Ingsun dhalang, si Secadiwongsa, ing Mutiyan gawéning wong papat, ing Dalisem gawéning wong papat,

kang dadi linggihé bocah-Ingsun talèdhèk, si Anèh, ing Kabumèn gawéning wong papat,

kang dadi linggihé si Pentas, ing Kedhungpring gawéning wong walu, ing Kaliwonan gawéning wong papat, ing Bantul gawéning wong papat,

kang dadi linggihé bocah-Ingsun dhuwur, si Resayuda, ing Bantardemeling gawéning wong walu, ing Magora gawéning wong roro,

kang dadi linggihé si Resadita, ing Galedheg Bantardemeling gawéning wong nenem,

kang dadi linggihé si Resatirta, ing Galedheg gawéning wong papat, ing Bantardemeling gawéning wong roro, ing Temandang gawéning wong papat,   kang dadi linggihé sikep tetelu, ing Bantardemeling gawéning wong rolas,

kang dadi linggihé bocah-Ingsun n(o)nong, ing Sumberan gawéning wong nembelas, ing Wanasaran gawéning wong papat,

gu(ng)gung linggihé bocah-Ingsun si Angongendhing sakancané niyaga kalebu linggihé bocah-Ingsun dhuwur nonong dadi cacah gawéning wong telung-atus sangang-puluh siji punjul salupit,

ana déné kang dadi lilinggihé bocah-Ingsun pandhé, si Japan, cacah gawéning wong sèket, iki arané désané,   ing Jadhog gawéning wong patbelas, ing Tanujayan gawéning wong roro, ing Kalèsan gawéning wong papat, ing Joho gawéning wong walulikur,   dadi genep cacah gawéning wong sèket,

kang dadi linggihé sosorané si Japan, si Legi, ing Jadhog gawéning wong papat, ing Kalikothak gawéning wong papat, ing Joho gawéning wong rolas,

kang dadi linggihé si Secawijaya, ing Jadhog gawéning wong papat, ing Lemuru gawéning wong papat,

kang dadi linggihé si Ke(r)tijaya, ing Jadhog gawéning wong nenem,

kang dadi linggihé si Supadriya, ing Jadhog gawéning wong papat, ing Joho gawéning wong papat,

kang dadi linggihé si Secadiwongsa, ing Kamarèdan gawéning wong nenem, kang dadi linggihé si Kertadiwongsa, ing Kalikothak gawéning wong nenem,

4r / kang dadi linggihé si Setratruna, ing Gombang gawéning wong papat, ing Ringgit gawéning papat,

kang dadi linggihé si Me(r)taleksana, ing Ngénta-énta gawéning wong selawé,

kang dadi linggihé si Jamenggala, ing Ngénta-énta gawéning wong selawé,

kang dadi linggihé si Sura, ing Penanggulan gawéning wong papat, ing Bogor gawéning wong walu, ing Soka gawéning wong roro,

kang dadi linggihé si Supajaya, ing Malangan gawéning wong papat, ing Candhi gawéning wong papat,

kang dadi linggihé si Kutha, ing Sumberan gawéning wong papat, ing Getasan gawéning wong papat,

kang dadi linggihé si Jayatruna, ing Ngungaran gawéning wong papat,

gu(ng)gung linggihé bocah-Ingsun si Japan sakancané pandhé, dadi cacah gawéning wong rong-atus,

ana déné kang dadi lilinggihé bocah-Ingsun tuwa buru, linggihé si Béji, ing Wanapeti Kabapangan gawéning wong selawé,

kang dadi linggihé si Wanaita, ing Pendhawa gawéning wong selawé,

kang dadi linggihé si Sasrarudita, ing Kabapangan gawéning wong rolas, ing Wanarata Kajagran Ngenthak gawéning wong rolas,

kang dadi linggihé si Wanadirana, ing Jalegong gawéning wong selawé,

kang dadi linggihé si Jaleksana, ing Jalegong gawéning wong selawé,

kang dadi linggihé si Resadirana, ing Jalegong gawéning wong selawé,

gu(ng)gung dadi linggihé bocah-Ingsun tuwa buru, kabèh dadi cacah gawéning wong satus sèket,

kang dadi linggihé bocah-Ingsun gowong buri, si Singakarti, ing Mertakondha Giyantèn gawéning wong walu,

kang dadi linggihé bocah-Ingsun lurah para nyai, linggihé si Tumenggung cacah gawéning wong patang-puluh lima,   iki arané désané,   ing Pasawahan gawéning wong walu, ing
4v Taraudan gawéning wong roro, ing Pasapèn gawéning wong / telulas, ing Kaliurang gawéning wong papat, ing Pagerjurang gawéning wong papat, ing Sempu gawéning wong walu, ing Soti gawéning wong roro, ing Maja gawéning wong papat,   dadi genep cacah gawéning wong patang-puluh lima,

kang dadi linggihé si Secanama, ing Gelagah gawéning wong walu,

kang dadi linggihé si Semangku, ing Taraudan gawéning wong walu,

kang dadi linggihé si Patrajiwa, ing Menang Taraudan gawéning wong nenem,

kang dadi linggihé si Udakara, ing Kabakalan ing Gempolan gawéning wong nenem, kang dadi linggihé si Resanala, ing Galodhogan gawéning wong nenem,

kang dadi linggihé si Sabukjanur, ing Penambongan gawéning wong nenem,

kang dadi linggihé si Suwonda, ing Selanggèn gawéning wong papat,

kang dadi linggihé si Adisara, ing Ngadilaba gawéning wong papat,

kang dadi linggihé si Patrasari, ing Kabakalan gawéning wong papat,

kang dadi linggihé si Pasaréyan, ing Kelangon gawéning wong papat,

kang dadi linggihé si Gandhu, ing Ngrèndèng gawéning wong telu, ing Kaponggok gawéning wong papat,

kang dadi linggihé si Sekulanggi, ing Kundhi gawéning wong papat,

kang dadi linggihé si Prejita, ing Taraudan gawéning wong roro, ing Dhodhogan gawéning wong papat,

kang dadi linggihé si Lembut, ing Maréda gawéning wong papat,

kang dadi linggihé si Setata, ing Karanggayam gawéning wong papat,

kang dadi linggihé si Kelata, ing Karanggesing gawéning wong papat, ing Seméngin gawéning wong roro,

kang dadi linggihé si Kaduwung, ing Kabakalan gawéning wong roro,

kang dadi linggihé si Wilada, ing Bendha gawéning wong nenem,

kang dadi linggihé si Wijatmaka, ing Butuh gawéning wong rolas,

kang dadi linggihé si Amongkarsa, ing Gawok gawéning wong papat, ing Pucunggayam gawéning wong papat,

kang dadi linggihé si Secatugara, ing Tanggulbaya gawéning wong nenem,

gu(ng)gung linggihé si Tumenggung sakancané lurah para nyai, dadi cacah gawéning wong satus telung-puluh roro,

f. 275r kang dadi linggihé bocah-Ingsun Bugis, si Jayaprahara, cacah gawéning wong rolas,   iki arané / désané,   ing Tambréngan gawéning wong papat, ing Krawèn gawéning wong papat, ing Dhagèn gawéning wong papat,   dadi genep cacah gawéning wong rolas,

ana déné kang dadi lilinggihé kancané Bugis si Jayaprahara, cacah gawéning wong satus sapuluh,   iki arané désané,   ing Tumud gawéning wong sèket, ing Cepaka gawéning wong papat, ing Pelaosan gawéning wong papat, ing Telagawana gawéning wong roro, ing Tepasaran gawéning wong rolas, ing Saladiran Kalengisan gawéning wong rolas, ing Madigonda gawéning wong selawé,   dadi genep cacah gawéning wong satus sapuluh,

gu(ng)gung lilinggihé si Jayaprahara sakancané dadi cacah gawéning wong satus rolikur,

ana déné kang dadi lilinggihé bocah-Ingsun jeksa, si Resasemita, cacah gawéning wong selawé,   iki arané désané,   ing Karangbajang Keplok gawéning wong papat, ing Baligowa Ladanan gawéning wong roro, ing Pelasa gawéning wong roro, ing Majarum gawéning wong papat, ing Pangonan gawéning wong papat, ing Gadhing Ngenthak gawéning wong papat, ing Krècèk Gathak gawéning wong papat, dadi genep cacah gawéning wong selawé,

kang dadi linggihé kancané si Resadiwongsa, ing Tigawanu gawéning wong walu, ing Weru gawéning wong papat,

ana déné kang dadi lilinggihé bocah-Ingsun kebayan, si Singawedana, cacah gawéning wong sawidak siji, iki arané désané, ing Sungapan gawéning wong nembelas, ing Watusaka Kalicandhi gawéning wong walu, ing Siluknanggul Kajoran gawéning wong telu, [deleted: ing Kedhungpring gawéning wong sapuluh] ing Sidayu gawéning wong papat, [deleted: ing Juwana gawéning wong walu], ing Gamping Pakacangan gawéning wong siji, ing Kendhèn gawéning wong siji, ing Pakéyongan gawéning wong papat, ing Kajuron gawéning wong papat, ing Greges gawéning wong papat, [deleted: ing Kemadhu gawéning wong papat], ing Mendira gawéning wong papat, dadi genep cacah gawéning wong telung-lawé,

kang dadi linggihé sosorané si Singawedana, si Mertajaya, cacah gawéning wong selawé, iki arané désané, ing Turip gawéning wong rolas, ing Jombokan gawéning wong rolas, dadi genep cacah gawéning wong selawé,

kang dadi linggihé kancané kebayan jajar, linggihé si Secadirana, ing Watu gawéning wong roro, ing Brajan gawéning wong nenem, ing G(r)eges gawéning wong papat,

kang dadi linggihé si Me(r)tadiwongsa, ing Jenu gawéning wong roro, ing Tambalan gawéning wong roro, ing Sumber Kabenthang gawéning wong roro, ing Kembangkuning gawéning wong papat, ing Wotgalih gawéning wong roro,

75v / kang dadi linggihé bocah-Ingsun si Patranongga, cacah gawéning wong salawé [deleted: telung-puluh roro Patranonga], iki arané désané, ing Gathak Pasuruwan Gabus gawéning wong walu, ing Barogahan gawéning wong walu, [deleted: ing Renak gawéning wong walu], ing Patunjungan gawéning wong papat, ing Gondhang gawéning papat,] dadi genep cacah gawéning wong telung-puluh roro,

kang dadi linggihé si Patradirana, ing Bercak gawéning wong papat, ing Tunjungputih gawéning wong papat, ing Weru gawéning wong papat,

gu(ng)gung lilinggihé bocah-Ingsun si Singawedana sakancané kebayan dadi cacah gawéning wong satus pitung-puluh siji,

ana déné kagungan-Ingsun bumi ing Pacitan, kang dadi lilinggihé bocah-Ingsun si Setrawijaya, cacah gawéning wong selawé, iki arané désané, ing Pananggungan Karangtawang gawéning wong rolas, ing Widara Jelokkayen gawéning wong rolas, dadi genep cacah gawéning wong selawé,

ana déné kang dadi rèrèhané cacah gawéning wong satus telung-lawé, iki arané désané, ing Tengaran gawéning wong nembelas, ing Jatimalang gawéning wong walu, ing Ngetol gawéning wong papat, ing Barang Nagasari Suwèlan gawéning wong selawé, ing Sirnabaya Kembangsoré gawéning wong papat, ing Sempucangsèwu Podhingawu gawéning wong nembelas, ing Sampang Laos Mergalit Jati gawéning wong nembelas, ing Sekadibugel Taraponggok gawéning wong selawé, ing Pelagabarong Lowanu Tuban gawéning wong rolas, ing Caruban Barak gawéning wong walu, ing Temon Suneng Sudamarta gawéning wong walu, ing Selagagantung Tanjung gawéning wong rolas, ing

Jembangan gawéning wong papat, ing Sambong gawéning wong papat, ing Kedhawung gawéning wong walu, ing Dhuduwan gawéning wong walu,   dadi genep cacah gawéning wong satus telung-lawé,

ana déné kagungan-Ingsun bumi pradikan, kang rumeksa luluhur-Ingsun ing Imagiri, kang dadi lilinggihé bocah-Ingsun si Reksakusuma, kalebu linggihé kemitbumi Banyu-urut, cacah gawéning wong satus pitung-puluh nenem,   iki arané désané, ing Butuh gawéning wong papat, ing Kademèn gawéning wong rolas, ing Sabrangan Katunggalan gawéning wong papat, ing Putat gawéning wong papat, ing Kujon Pelemadu gawéning wong walu, ing Ngenthak gawéning wong papat, ing Gatèn gawéning wong rolas, ing Telégongan gawéning wong papat, ing Belambangan gawéning wong papat, ing Tegal gawéning wong siji, ing Metasoran salupit, ing Kajayan gawéning wong walu, ing Metanayan gawéning wong papat, ing Karangdhuwet gawéning wong papat, ing Kapathèn gawéning wong papat, ing Onggapatran gawéning wong papat, ing Kebonagung gawéning wong rolas, ing Mranggèn gawéning wong papat, ing Mandhingan gawéning wong roro, ing Gabahan gawéning wong siji, ing Setran gawéning wong roro, ing Bandhongan gawéning
f. 276r
wong papat, ing Ngancar gawéning wong roro, ing Barepan gawéning / wong siji, ing Kadipan gawéning wong siji, ing Singayudan gawéning wong siji, ing Dhukuh gawéning wong walu, ing Kacébolan gawéning wong papat, ing Gatèn Sabrang gawéning wong papat, ing Temanggung gawéning wong walu, ing Kertèn gawéning wong roro, ing Pakun(c)èn gawéning wong siji, ing Talaban gawéning wong siji, ing Kadhiwung Sokaramé gawéning wong papat, ing Kembangsoré Maladan gawéning wong papat, ing Dhodhogan Daringo gawéning wong siji punjul salupit, ing Banggo gawéning wong rolas, ing Kadogongan Srugdanemi Katuwanan Lodhaplang gawéning wong nenem, ing Sigarjaya gawéning wong papat, ing Dhadhapan gawéning wong papat, dadi genep cacah gawéning wong satus pitung-puluh nenem,

ana déné kang dadi lilinggihé bocah-Ingsun jurukunci ing Pajimatan, si Balad sekancané ketib modin marebot kebayan, ing Pajimatan gawéning wong rong-puluh,

kang dadi linggihé si Mangunarsa sakancané ketib modin marebot kebayan, ing Surèn gawéning wong rolas, ing Gadhungan gawéning wong walu,

kang dadi linggihé si Abid Hasan Besari, sekancané ketib modin marebot kebayan, ing Pajimatan gawéning wong rolas, ing Bango gawéning wong papat, ing Karinjing gawéning wong papat,

kang dadi linggihé bocah-Ingsun jurukunci ing Girilaya, si Kadèk Nurahman, sakancané ketib modin marebot kebayan, ing Girilaya gawéning wong nenem,

kang dadi linggihé si Kuwu, sakancané ketib modin marebot kebayan, ing Girilaya gawéning wong nenem,

kang dadi linggihé si Kadèk Hasanodin, sekancané ketib modin marebot kebayan, ing Girilaya gawéning wong nenem,

kang dadi linggihé bocah-Ingsun jurukunci ing Banyusumurup, si Rahmanodin sakancané ketib modin marebot kebayan, ing Banyusumurup gawéning wong pitu, ing Karudhuk gawéning wong siji,

kang dadi linggihé bocah-Ingsun si Amadaris sakancané ketib modin marebot kebayan, ing Banyusumurup gawéning wong papat, kang dadi linggihé bocah-Ingsun miji, si Kaji Muhamad Metaram, ing Gondasuli gawéning wong walulas,

kang dadi linggihé kemitbumi, ing Gondalsuli gawéning wong roro, ing Majaura gawéning wong roro,

kang dadi linggihé jurukunci, si Nurmadin, ing Majaura gawéning wong nenem,

76v / kang dadi linggihé si Dulwakid, ing Térong Deminagasari gawéning wong nenem,

kang dadi linggihé si Abid Anom, ing Pucung gawéning wong nenem,

kang dadi linggihé si Pujaasmara, ing Majaura gawéning wong papat,

gu(ng)gung lilinggihé si Reksakusuma sarèrèhané jurukunci kabèh dadi cacah gawéning wong telung-atus nembelas,

gu(ng)gung lilinggihé bocah-Ingsun si Purwadipura sagolongané Gedhong Tengen kabèh dadi cacah gawéning wong patang-èwu nem-atus sangang-puluh lima, kalebu ing Pacitan gawéning wong rong-atus, ing Imagiri gawéning wong telung-atus nembelas.

18   BL Add. MS. 12342
f. 236r–237r

Jayawinata II is appointed as an Outer Bupati of the Right-hand administrative department (*Bupati Jaba Tengen*) to assist Mas Tumenggung Sindunegara I. Retaining the title of Radèn Tumenggung, he is hereby allowed the attire of a *Bupati Nayaka*. As appanage he is granted lands in the listed villages which amount to 500 manpower units. A further 100 each are assigned as appanage to Sumadipura and Demang Malang. Dated 28 April 1803.

236r Pènget iki nawalaningsun Kangjeng Sultan Hamengkubuwana Sénapati Ingalaga Ngabdurrahman Sayidin Panatagama Kalifatolah,

Sun gadhuhaken marang bocah-Ingsun si Jayawinata, lumraha ing sira sarupané éya wong kawulaningsun para Nayaka Bupati-Bupati Mantri-Mantriningsun ing Ngayugyakarta Adiningrat kabèh, apa déné Bupati-Bupati Mantri Mantriningsun ing moncanegara kabèh,

marmané bocah-Ingsun si Jayawinata Sun gadhuhi nawalaningsun, déné ing mengko Sun ju(n)jung teka ngisor Sun sengkakaken ing ngaluhur, sarta Sun kula-wisud(h)a, Sun gawé Bupati Jaba Tengen, atunggala gawé lan si Sindunegara, arané tetepa kaya lawas Radèn Tumenggung Jayawinata, lan Sun kawenangaken anggowa apa saanggon-anggoning Bupati, sarta Sun patedhani lilinggih bumi désa cacah gawéning wong limang-atus,   iki arané désané,   ing Pajejeran gawéning wong selawé, ing Pacar Brajan gawéning wong rolas, ing Ponggok Bungas gawéning wong nenem, ing Kèpèk Kebanaran Sudimara gawéning wong sapuluh, ing Kalenthengan Singagatèn gawéning wong nembelas, ing Pandhes Singatirtan Suraditan Setrajayan Saratrunan Trunawarasan Tananggan Ranaduwiryan gawéning wong sèket roro, ing Pengkeran Dakaran gawéning wong sawelas, ing Cébukan Wirakertèn gawéning wong rolas, ing Kepuh gawéning wong selawé, ing Sawopriyan Kepanjèn gawéning wong limalas, ing Bathokan Gelang Palakaran gawéning wong telung-puluh, ing Sampangan gawéning wong nembelas, ing Bopongang Tamanan gawéning wong sapuluh, ing Sadegaran Kepadhangan gawéning wong papat, ing Jethis Tungkak Benggala Bathikan Pekalarangan Kepandhéyan gawéning wong telung-puluh, ing

Kutu Keragilan Kembangan gawéning wong pitulas, ing Gamolan Kepajangan gawéning wong telung-puluh roro, ing Gendruwo Nyamplung-salam gawéning wong nembelas, ing Semawé gawéning wong papat, ing Semawung gawéning wong sawidak, ing Melambang gawéning wong sèket, ing Gelagahgebag gawéning wong lima, ing Benggala

f. 236v Dhukuh Semawung gawéning wong wolu, /   dadi genep gawéning wong limang-atus,

ana déné kang dadi lilinggihé kancané bocah-Ingsun mantri si Sumadipura, cacah gawéning wong satus,   iki arané désané,   ing Pasawahan gawéning wong walu, ing Kalitelu gawéning wong papat, ing Larangan gawéning wong papat, ing Kuwaon gawéning wong papat, ing Kalegèn gawéning wong walu, ing Pakis gawéning wong walu, ing Kedarèn gawéning wong roro, ing Bana gawéning wong roro, ing Sumber gawéning wong roro, ing Gesikan gawéning wong nenem, ing Temuwangi gawéning wong papat, ing Pamriyan gawéning wong selawé, ing Gadhing Jethis gawéning wong roro, ing Gadhing Kertijaya gawéning wong papat, ing (Gadhing) Ngenthak gawéning wong roro, ing Gambasan gawéning wong rolas,   dadi genep cacah gawéning wong satus,

ana déné kang dadi lilinggihé bocah-Ingsun si Demang Malang, cacah gawéning wong satus, iki arané désané,   ing Puluhwatu gawéning wong sèket, ing Karoman gawéning wong papat, ing Pasawahan gawéning wong papat, ing Getas Karangbajang gawéning wong papat, ing Kalepu gawéning wong rolas, ing Welahar gawéning wong rolas, ing

f. 237r Gambasan gawéning wong rolas,   dadi genep cacah gawéning wong satus, / kabèh kang dadi lilinggihé bocah-Ingsun si Jayawinata, kalebu sakancané bocah-Ingsun mantri dadi cacah gawéning wong pitung-atus,

dhawahing timbalan-Dalem ing dinten Kemis tanggal ping nem sasi Sura ing taun Jimakir angkaning warsa, 1 7 3 0   [Thursday, 28 April 1803].

19   BL Add. MS. 12342
                                                    f. 243r

Mangunnegara is raised as a *Bupati Miji*, assisting Radèn Tumenggung Purwadipura. Retaining the title Kyai Tumenggung, he is hereby allowed the attire of a *Bupati Miji*. As appanage he is granted lands in listed villages amounting to 150 manpower units. Dated 28 April 1803. See further below no. 40.

f. 243r Pènget iki nawalaningsun Kangjeng Sultan Hamengkubuwana Sénapati Ingalaga Ngabdurrahman Sayidin Panatagama Kalifatolah,

Sun gadhuhaken marang bocah-Ingsun si Mangunnegara, lumraha ing sira sarupané éya wong kawulaningsun para Nayaka Bupati-Bupati Mantri-Mantriningsun ing Ngayugyakarta Adiningrat kabèh, apa déné Bupati-Bupati Mantri-Mantriningsun ing moncanegara kabèh,

marmané si Mangunnegara Sun gadhuhi nawalaningsun, déné ing mengko Sun ju(n)jung teka ngisor Sun sengkakaken ing ngaluhur, sarta Sun kula-wisud(h)a, Sun gawé Bupati Miji, atunggala gawé lan si Purwadipura, arané tetep kaya lawas, Kyai Tumenggung Mangunnegara, lan Sun kawenangaken anggowa apa saanggon-anggoning Bupati Miji, sarta Sun patedhani lilinggih bumi désa cacah gawéning wong karo-belah atus,   iki arané désané,   ing Kaloran gawéning wong sèket walu, ing Ngaliyan gawéning wong papat, ing Bara gawéning wong walu, ing Susuk gawéning wong walulikur, ing Tegaliser gawéning wong nem, ing Gedhongan gawéning wong patbelas, ing Dogongan gawéning wong sapuluh, ing Pé(ng)kol gawéning wong loro, ing Triyasa gawéning wong papat, ing Kunthi gawéning wong rolas, dadi genep cacah gawéning wong karo-belah atus,

dhawahing timbalan-Dalem ing dinten Kemis tanggal ping nem sasi Sura ing taun Jimakir angkaning warsa, 1 7 3 0 [Thursday, 28 April 1803].

20 BL Add. MS. 12342

f. 250r–251r

Wiryanegara II is raised as Outer Bupati of the Left-hand administrative department (*Bupati Jaba Kiwa*) to assist Natayuda. Retaining the title of Radèn Tumenggung, he is hereby allowed the attire of a *Bupati Nayaka*. As appanage he is granted lands in the listed villages amounting to 400 manpower units with a further 100 each assigned as appanage for Sumadira, Kartadiwirya, Surayuda, and Sontamenggala. Dated 28 April 1803.

0r Pènget iki nawalaningsun Kangjeng Sultan Hamengkubuwana Sénapati Ingalaga Ngabdurrahman Sayidin Panatagama Chalifatolah,

Sun gadhuhaken marang bocah-Ingsun si Wiryanegara, lumraha ing sira sarupané èya wong kawulaningsun para Nayaka Bupati-Bupati Mantri-Mantriningsun ing Ngayugyakarta Adiningrat kabèh, apa déné Bupati-Bupati Mantri-Mantriningsun ing moncanegara kabèh,

marmané si Wiryanegara Sun gadhuhi nawalaningsun, déné ing mengko Sun ju(n)jung teka ngisor Sun sengkakaken ing ngaluhur sarta Sun kula-wisud(h)a, Sun gawé Bupati Jaba Kiwa, atunggala gawé lan si Natayuda, arané tetepa kaya lawas Radèn Tumenggung Wiryanegara, lan Sun kawenangaken anggowa apa saanggon-anggoning Bupati, sarta Sun patedhani lilinggih bumi désa cacah gawéning wong papang-atus, iki arané désané, ing Sukerwé gawéning wong sawidak nenem, ing Kowangan gawéning wong telu, ing Pakarangan Kabungasan gawéning wong rolas, ing Parembulan Sarapatèn gawéning wong walu, ing Wongsakertèn gawéning wong rolas, ing Nguwèd gawéning wong walu, ing Salam Sarayudan Watu Pengantèn gawéning wong rolas, ing Pajimatan Jagawatèn gawéning wong papat, ing Pituruh gawéning wong satus, ing Kabuwaran gawéning wong telung-puluh roro, ing Wonasari gawéning wong papat, ing Panusupan Kacodé gawéning wong selawé, ing Karonggahan gawéning wong rolas, ing Karanglo gawéning wong loro, ing Kemayangan gawéning wong papat, ing Paladadi gawéning wong nembelas, ing Wates Maguluri gawéning wong rolas, ing Kebonagung Dalimas gawéning wong rolas, ing Pajambéyan Pajatèn gawéning wong sapuluh, ing Kaponggok gawéning wong papat, ing 0v Kathithang gawéning wong papat, ing Ngasinan ga/wéning wong papat, ing Kalipakèl gawéning wong papat, ing Déwi gawéning wong nembelas, ing Wanaganggu Sumurpakis gawéning wong lima, dadi genep cacah gawéning wong patang-atus,

ana déné kang dadi lilinggihé bocah-Ingsun si Sumadira, cacah gawéning wong satus, iki arané désané, ing Kadhondhong gawéning wong selawé, ing Gesikan gawéning wong rolas, ing Lobang gawéning wong rolas, ing Sumbangan gawéning wong papat, ing Sumberan gawéning wong papat, ing Jagayudan gawéning wong telu, ing Soka gawéning wong lima, ing Tirip gawéning wong rolas, ing Cébong gawéning wong papat, ing Kedhunggong gawéning wong walu, ing Tuban gawéning wong walu, dadi genep cacah gawéning wong satus,

f. 251r

ana déné kang dadi lilinggihé bocah-Ingsun si Kartadiwirya, cacah gawéning wong satus, iki arané désané, ing Butuh gawéning wong sawidak, ing Kagungan gawéning wong walu, ing Waja gawéning wong walu, ing Jethak gawéning wong papat, ing Dhomas ga-wéning wong roro, ing / Lebak gawéning wong roro, ing Tulungelor gawéning wong roro, ing Tulungkidul gawéning wong roro, ing Kiyudan gawéning wong papat, ing Sendhèn Pondhok gawéning wong papat, dadi genep cacah gawéning wong satus,

ana déné kang dadi lilinggihé bocah-Ingsun si Surayuda, cacah gawéning wong satus, iki arané désané, ing Pringapus gawéning wong sèket, ing Tegalrukem gawéning wong sèket, dadi genep cacah gawéning wong satus,

ana déné kang dadi lilinggihé bocah-Ingsun si Sontamenggala, cacah gawéning wong satus, iki arané désané, ing Pendeng gawéning wong rolas, ing Popongan gawéning wong patang-puluh papat, ing Kacébongan gawéning wong walu, ing Jethis Kalideres gawéning wong nembelas, ing Brajatakan Keranggan gawéning wong nembelas, dadi cacah gawéning wong satus,

dhawahing timbalan-Dalem ing dinten Kemis tanggal ping nem sasi Sura ing taun Wawu, angkaning warsa, 1 7 3 0 [Thursday, 28 April 1803]

21 BL Add. MS. 12342
f. 260r–262v

Jayèngasmara is raised as a commander (*wedana*) over the troops of the *Trunajaya Nyutra Adisura* and various other elite lifeguard regiments. Retaining the title of Mas Panji, he is hereby allowed the attire of a *Wedana Prajurit*. As appanage he is granted lands in the listed villages amounting to 100 manpower units with a further 414.5 as appanage for subordinates in various capacities. Dated 28 May 1804.

f. 260r

Pènget iki nawalaningsun Kangjeng Sultan Hamengkubuwana Sénapati Ingalaga Ngabdur-rahman Sayidin Panatagama Chalifatolah,

Sun gadhuhaken marang bocah-Ingsun si Jayèngasmara, lumraha ing sira sarupané éya wong kawulaningsun para Nayaka Bupati-Bupati Mantri-Mantriningsun ing Ngayugyakarta Adiningrat kabèh, apa déné Bupati-Bupati Mantri-Mantriningsun ing moncanegara kabèh,

marmané si Jayèngasmara Sun gadhuhi nawalaningsun, déning ing mengko Sun ju(n)jung teka ngisor Sun sengkakaken ing ngaluhur sarta Sun kula-wisud(h)a, Sun gawé wedanané bocah-Ingsun prajurit Trunajaya Nyutra Adisura, lan bocah-Ingsun Miji, bocah-Ingsun pateyan, apa déning b(o)cah-Ingsun prajurit dharat nam(an)é Yudapatra Yuda[Uda]-menggala, bocah-Ingsun Suryagama, Belambangan, arané tetepa kaya lawas, Mas Panji Jayèngasmara, lan Sun kawenangaken anggowa apa saanggon-anggoning wedana prajurit, sarta Sun patedhani lilinggih bumi désa cacah gawéning wong satus, iki arané désané, ing Jurug Kuwarakan gawéning wong roro, ing Sedan Kebondalem gawéning wong roro, ing Buyutan gawéning wong roro, ing Jombor Kenandan Karangwaru Popongan gawéning wong rolas, ing Gumantung Sélapengantèn Pasu(ng)gingan Kepedhak gawéning wong papat, ing Téjalapa Dringo gawéning wong walu, ing Pelang gawéning wong walu, ing Pasèkan Pelaosan Jethis gawéning wong papat, ing Tulung Pondhok Kiyudan gawéning wong papat, ing Tegalweru gawéning wong sapuluh, ing Siman gawéning wong papat, ing Penambongan gawéning wong papat, ing Kalibening Karanggayam gawéning wong roro, ing Mandhing gawéning wong roro, ing Belawong Sedhah Ramawidara gawéning wong nenem, ing Tangkisan Rejasa gawéning wong nenem, ing Kalijirak Suwéla Dhédhèsan gawéning wong papat, ing Tepo gawéning wong papat, ing Gunungsarèn gawéning wong roro, ing Kebonagung gawéning wong roro, ing Kamertan gawéning wong papat,   dadi genep cacah gawéné wong satus,

60v   / ana déning kang dadi linggihé b(o)cah-Ingsun si Puspakusuma, ing Semailan gawéning wong papat, ing Kalipetir gawéning wong papat, ing Prangwedanan gawéning wong roro, ing Bibis gawéning wong roro, ing Panjalinan gawéning wong papat,

kang dadi linggihé b(o)cah-Ingsun si Prawirapuspita, ing Patamanan gawéning wong nenem, ing Kerep gawéning wong nenem, ing Udanasrap gawéning wong walu,

kang dadi linggihé b(o)cah-Ingsun si Partaatmaja, ing Turasan gawéning wong rolas, ing Butuh gawéning wong papat,

kang dadi linggihé b(o)cah-Ingsun si Minarsa, ing Mancingan gawéning wong papat, ing Ranté gawéning wong papat, ing Werupéngkol gawéning wong walu,

kang dadi linggihé b(o)cah-Ingsun si Amijaya, ing Tunjungan gawéning wong papat, ing Derpaitan gawéning wong papat, ing Wanasari gawéning wong walu,

kang dadi linggihé b(o)cah-Ingsun si Resajiwaatmaja, ing Srusuh gawéning wong walu, ing Wates gawéning wong papat, ing Kadipeksa gawéning wong papat,

kang dadi linggihé b(o)cah-Ingsun si Unangunamanis, ing Pedhati gawéning wong lima, ing Gandhèkan gawéning wong roro, ing Katembi gawéning wong siji,

kang dadi linggihé b(o)cah-Ingsun si Jayaatmataja, ing Garoncabéyan gawéning wong walu, ing Jamprit Tengulon, gawéning wong papat, ing Kathithang gawéning wong papat,

gu(ng)gung kang dadi linggihé b(o)cah-Ingsun Patèyan dadi cacah gawéning wong satus walulikur,

261r   / ana déné kang dadi linggihé bocah-Ingsun si Purwadirana, cacah gawéning wong sèket, iki arané désané,   ing Brubuh gawéning wong papat, ing Sembung Jebugan gawéning wong nenem, ing Minggiran Karangcilik Kelakah gawéning wong papat, ing Jeragung Kemuning gawéning wong roro, ing Pasanggrahan gawéning wong roro, ing Jamusan gawéning wong walu, ing Setan gawéning wong papat, ing Karanglo gawéning wong papat, ing Jimat gawéning wong papat, ing Cakra gawéning wong papat, ing Jenar gawéning wong walu,   dadi genep cacah gawéning sèket,

kang dadi linggihé si Tirtaleksana, ing Kalakah Sarodokan gawéning wong papat, ing Mancingan Garogol gawéning wong roro,

kang dadi linggihé si Resanongga, ing Sarodokan gawéning wong papat, ing Pasanggrahan gawéning wong roro,

kang dadi linggihé kemitbumi jajar, ing Majamuju gawéning wong papat, ing Saleban gawéning wong papat, ing Sarawajan Pasanggrahan gawéning wong walu, ing Kenayan gawéning wong papat, ing Kalipetung gawéning wong papat, ing Pelemngenthak gawéning wong nenem, ing Balimbing gawéning wong papat, ing Melangsèn gawéning wong papat, kang dadi linggihé kaum ing Balimbing, ing Kalilayar Kelakah gawéning wong nenem,

wah bumi kang dadi jurusawah ing Karangsari gawéning wong sanga, ing Magersari gawéning wong roro, ing Palumbon gawéning wong pitulas, ing Kanoman gawéning wong nenem, ing Maguwa gawéning wong siji, ing Grudha salupit,

kang dadi linggihé bocah-Ingsun bekel ing Mawatreja, linggihé si Ranapengawat, ing Pelemsembung Karangasem gawéning wong papat, ing Kedhawung gawéning wong papat, ing Sembèga gawéning wong papat, ing Tersidi gawéning wong papat,

f. 261v kang dadi linggihé si Trunapengawat, ing Kawarungan gawéning wong papat, ing Karang- asem gawéning wong / roro,

kang dadi linggihé kemitbumi jajar, ing Gebang gawéning wong roro, ing Wuluh dadi gawéning wong papat, ing Gempol Karangasem Pasanggrahan Ngropoh Jenggorongan gawéning wong walu, ing Mundhu gawéning wong papat, ing Padhasan Grogol gawéning wong papat, ing Kuwarungan Dho(ng)kèlan gawéning wong nenem, ing Kapaingan gawéning wong papat,

kang dadi linggihé kaum ing Mawatreja, ing Canan gawéning wong papat, ing Jethis Pakem gawéning wong nenem,

gu(ng)gung kang dadi linggihé bocah-Ingsun si Purwadirana sakancané kabèh kalebu bumi kang dadi jurusawah, dadi cacah gawéning wong rong-atus sawelas punjul salupit,

ana déné kang dadi linggihé bocah-Ingsun si Purwadigdaya, cacah gawéning wong sèket, iki arané désané, ing Balimbing gawéning wong papat, ing Pajatèn gawéning wong papat, ing Kalimenur gawéning wong nenem, ing Jenar gawéning wong walu, ing Tajem gawéning wong roro, ing Nagasari Gedhang Mas Mangunèca gawéning wong papat, ing Tanuditan gawéning wong papat, ing Sawungranasrèn gawéning wong papat, ing Keprèh Juhbala gawéning wong papat, ing Krasakan Mutiyan gawéning wong papat, ing Derpaitan gawéning wong papat, dadi genep gawéning wong sèket,

kang dadi linggihé bekel si Resaleksana, ing Bangeran Jebugan gawéning wong nenem,

kang dadi linggihé kemitbumi jajar, si Singadongsa, Resamara, ing Jethak gawéning wong papat, linggihé si Resanongga, si Naladongsa, ing Nalabangsan gawéning wong papat, linggihé si Sayasa, Samerta, ing Sudimara gawéning wong papat, linggihé si Saniti, Sadita, ing Bangeran gawéning wong papat,

f. 262r kang dadi linggihé Bekel maning, si Resajaya, ing Ngenthak gawéning wong / papat, ing Pelem gawéning wong roro,

kang dadi linggihé kemitbumi jajar maning, si Sakerta, Setradongsa, Derpayuda, ing Jethak gawéning wong nenem, linggihé Surasana, Me(r)tatruna, ing Sombamertèn Pacérongan gawéning wong papat, linggihé si Satruna, ing Pelem gawéning wong roro, linggihé si Maratruna, ing Gadhuh gawéning wong roro, linggihé si Pramenggala, ing Bercak gawéning wong roro, linggihé jurugenthong, si Setradrana, Setratruna, ing Karangbendha gawéning wong papat,

kang dadi linggihé bekel ing Mawatreja, si Setrapengawat, ing Bata gawéning wong papat, ing Sekaran Dhukuh Lungang gawéning wong papat, ing Sompilan Keranggan Pelèm- bangan gawéning wong walu, kang dadi linggihé kemitbumi jajar, si Onggatruna, ing Onggamertan gawéning wong roro, linggihé si Singatruna, ing Ragilbula gawéning wong roro, linggihé si Gayuda, ing Besuki gawéning wong roro, linggihé si Secawijaya, ing Jagabayan gawéning wong roro, linggihé si Neteg, ing Pakiringan gawéning wong roro, linggihé si Sajiwa, Satruna, ing Paingan gawéning wong papat, linggihé jurugenthong ing Kalédhokan gawéning wong roro, linggihé Bekel maning si Resapengawat, ing Jenu gawéning wong papat, ing Marédan gawéning wong roro, linggihé kemitbumi jajar si Sajaya, ing Pajangan Balimbing gawéning wong roro, linggihé si Singadongsa, ing Padhasan gawéning wong roro, linggihé si Prayadongsa, Prayatruna, Saraga, Secadongsa, ing Jenu gawéning wong papat, linggihé si Saprana, ing Grogol gawéning wong roro, linggihé Trajaya, ing Kenanggulan gawéning wong roro, linggihé si Samenggala, ing Marédan gawéning wong siji,

gu(ng)gung dadi linggihé bocah-Ingsun si Purwadigdaya sakancané kabèh dadi cacah gawéning wong satus sèket telu,

62v / ana déné kang dadi linggihé bocah-Ingsun bekel kemitbumi ing Ambarkatawang, si Resadirana lan si Resawijaya, ing Gamping gawéning wong nenem,

ana déné kagungan-Ingsun bumi kang rumeksa dhahar-Ingsun jambé, ing Kuwarakan gawéning wong selawé, déné pasumpingé ing dalem sataun patlikur réyal anggris,

ana déné kagungan-Ingsun bumi kang rumeksa dhahar-Ingsun pijetan, ing J(e)rébéng gawéning wong walu,

gu(ng)gung kang dadi linggihé bocah-Ingsun si Jayèngasmara, sakancané patèyan sarèhrèhané kemitbumi, kalebu kagungan-Ingsun bumi kang rumeksa dhahar-Ingsun kabèh dadi cacah gawéning wong nem-atus patbelas punjul salupit,

dhawahing timbalan-Dalem ing dinten Senèn tanggal ping pitulas sasi Sapar taun Alip angkaning warsa, 1 7 3 1   [Monday, 24 May 1804].

22   BL Add. MS. 12341
        f. 190r-v

Kertiwijaya is raised as a *Mantri Kaparak Kiwa* to assist Radèn T. Mertanegara. Retaining the title of Ngabèhi, he is hereby allowed the attire of a mantri. As appanage he is granted lands in the listed villages amounting to fifty manpower units. Dated 26 July 1804.

190r Pènget iki nawalaningsun Kangjeng Sultan Hamengkubuwana Sénapati Ingalaga Ngabdurrahman Sayidin Panatagama Kalifatolah,

Sun gadhuhaken marang bocah-Ingsun si Kertiwijaya, lumraha ing sira sarupané, éya wong kawulaningsun, para Nayaka Bupati-Bupati, Mantri-Mantriningsun ing Ngayogyakarta Adiningrat kabèh, apa déné Bupati-Bupati Mantri-Mantriningsun ing moncanegara kabèh,

marmané si Kertiwijaya, Sun gadhuhi nawalaningsun déné ing mengko Sun ju(n)jung teka ngisor, Sun sengkakaken ing ngaluhur, sarta Sun kula-wisud(h)a, Sun gawé Mantri Kaparak Kiwa, atunggala gawé lan si Mertanegara, arané tetepa kaya lawas si Ngabèhi Kertiwijaya, lan Sun kawenangaken anggowa, apa saanggon-anggoning mantri, sarta Sun patedhani lilinggih, bumi désa cacah gawéné wong sèket,   iki arané désané,   ing Kacembing gawéné wong nenem, ing Widara gawéné wong roro, ing Pasanggrahan gawéné wong roro, ing Keragilan gawéné wong walu, ing Gatèn gawéné wong papat, ing Kelèra gawéné wong papat, ing Besolé gawéné wong walu, ing Grogol gawéné wong papat, ing Jombor gawéné wong papat, ing Jethis gawéné wong roro, ing Tégawanu gawéné wong papat,   dadi genep cacah gawéné wong sèket,

f. 190v   / dhawahing timbalan-Dalem ing di(n)ten Senèn tanggal ping nembelas sasi Rabingulakir ing taun Wawu [*sic* Alip], angkaning warsa, 1 7 3 1
[Monday [*sic*] (in fact, Thursday), 26 July 1804].

23   BL Add. MS. 12342
f. 221r–223v

Radèn Mas Subekti (the son of Pakualam I who subsequently reigned as Pakualam II, 1830–58) is raised as a *Bupati Nayaka* in charge of all officials of the Left-hand Outer administrative department (*Mantri Bupati Jaba Kiwa*). Receiving the name and title Radèn Tumenggung Natadiningrat, he is hereby allowed the attire of a Bupati. As appanage he is granted lands in the listed villages amounting to 1,050 manpower units, including the 50 of the *jeksa* (judge) with a further 150 units assigned for appanage of Sutamenggala and his colleagues of the *kebayan* (corps of royal messengers), as well as 100 units each for Semaradana, Pranayuda, Ranayuda, Secawijaya, Suralegawa, and Secayuda. Dated 4 February 1805.

f. 221r   Pènget iki nawalaningsun Kangjeng Sultan Hamengkubuwana Sénapati Ingalaga Ngabdurrahman Sayidin Panatagama Chalifatolah,

Sun gadhuhaken marang si Subekti, lumraha ing sira sarupané éya wong kawulaningsun para Nayaka Bupati-Bupati Mantri-Mantriningsun ing Ngayugyakarta Adiningrat kabèh, apa déné Bupati-Bupati Mantri-Mantriningsun ing moncanegara kabèh,

marmané si Subekti Sun gadhuhi nawalaningsun déné ing mengko Sun ju(n)jung teka ngisor Sun sengkakaken ing ngaluhur, sarta Sun kula-wisud(h)a, Sun gawé Bupati angliwoni bocah-Ingsun Bupati Mantri Jaba Kiwa kabèh, arané Sun pundhut Sun patedhani nama Rahadèn Tumenggung Natadiningrat, lan Sun wenangaken anggowa apa sa-anggon-anggoning Bupati, sarta Sun patedhani lilinggih bumi désa cacah gawéning wong sèwu sèket kalebu lilinggih jeksa gawéning wong sèket,   iki arané désané,   ing Jé(ng)kol gawéning wong papat, ing Limbangan Nongkasawit gawéning wong walu, ing Jethis gawéning wong papat, ing Gambasan Jurang Karangwétan, ing Celapar gawéning wong walu, ing Pakeman gawéning wong papat, ing Sruwadadi gawéning wong papat, ing Jelodran Citra Kalibening Pasawahan Kemalangan gawéning wong sapuluh, ing Ungaran Pabolan gawéning wong telung-puluh roro, ing Balakkarang Pasanggrahan gawéning wong walu, ing Pedhana Kedhunglélé gawéning wong walu, ing Pakebohan Bedhoyo Kebondalem gawéning wong papat, ing Kresèn Palumbon Kepajangan gawéning wong sapuluh, ing Pelaèng gawéning wong papat, ing Wedhi Kenitèn gawéning wong papat, ing Larang gawéning wong rong-puluh, ing Balimbing gawéning wong walu, ing Padhudhan
f. 221v   gawéning wong walu, / ing Padureksa Sarawedanan gawéning wong rolas, ing Melaran gawéning wong rolas, ing Gondhang gawéning wong selawé, ing Ngemplak Mudal gawéning wong papat, ing Kasubahan gawéning wong walu, ing Bantir gawéning wong walulikur, ing Kebondalem Tinembang gawéning wong nembelas, ing Pakeman gawéning wong papat, ing Cakra gawéning wong rong-puluh, ing Mancingan gawéning wong roro,

ing Bodhèh gawéning wong rolas, ing Panginan gawéning wong rolas, ing Ngasinan gawéning wong rong-puluh, ing Ngabetan gawéning wong roro, ing Putat gawéning wong roro, ing Maja gawéning wong papat, ing Pasekaran gawéning wong telu, ing Gedhong Pasamadan gawéning wong walu, ing Lugu gawéning wong satus rolas, ing Candhi gawéning wong selawé, ing Ranti gawéning wong telung-puluh nem, ing Dalisem gawéning wong selawé, ing Wanglu gawéning wong siji, ing Kerep gawéning wong sapuluh, ing Pacor gawéning wong rolas, ing Kapaitan gawéning wong telung-lawé, ing Sikil gawéning wong sèket walu, ing Kacèmé gawéning wong sèket, ing Karanganyar Cadhukan gawéning wong rolas, ing Gunungpring Prapag gawéning wong patang-puluh papat, ing Kalinongka gawéning wong rolas, ing Temon gawéning wong walu, ing Nguwèd gawéning wong rolas, ing Medayu gawéning wong nenem, ing Balembem gawéning wong roro, ing Ri(ng)git Barasruwuh gawéning wong walulikur, ing Sélatiyang gawéning wong salawé, ing Piji gawéning wong nembelas, ing Milir Karangasem gawéning wong rolas, ing Kowangan gawéning wong papat, ing Pacar gawéning wong papat, ing Guntur gawéning wong papat, ing Bara gawéning wong walu, ing Butuh Ketug 22r gawéning wong sawidak papat, ing Karogahan gawé/ning wong papat, ing Kecébukan gawéning wong papat, ing Kacèmé gawéning wong papat,   dadi genep cacah gawéning wong sèwu sèket,

ana déné kang dadi lilinggihé rèrèhané kancané mantri, kang dadi lilinggihé bocah-Ingsun si Sutamenggala sakancané kebayan, cacah gawéning wong karo-belah,   iki arané désané,   ing Go(n)dhang gawéning wong papat, ing Dhampyak Kenthèng gawéning wong walu, ing Wekas Sudimara Kebonlegi Padakan Mangli Dhampit Bojong gawéning wong selawé, ing Wringinanom gawéning wong papat, ing Pakerisan Kabuyutan gawéning wong rolas, ing Kapongjokan gawéning wong walu, ing Kenaran gawéning wong walu, ing Kokosan gawéning wong papat, ing Béji Tresina Karangsambung gawéning wong ro- 22v las, ing Dhuwet / gawéning wong nem, ing Lobang gawéning wong nenem, ing Panggil gawéning wong walu, ing Kujon gawéning wong papat, ing Sogan gawéning wong papat, ing Kemacanan gawéning wong papat, ing Tunjungan gawéning wong nem, ing Bara gawéning wong sapuluh, ing Kaligondhang gawéning wong papat, ing Soka gawéning wong walu,   dadi genep cacah gawéning wong karo-belah,

kang dadi lilinggihé bocah-Ingsun si Semaradana, cacah gawéning wong satus,   iki arané désané,   ing Drana Gathak Pakauman gawéning wong walulikur, ing Kemiri gawéning wong papat, ing Kuwarasan gawéning wong walu, ing Ngaran gawéning wong roro, ing Kemiri Pasuruwan gawéning wong roro, ing Dhagèn gawéning wong papat, ing Sirat gawéning wong walu, ing Pasawahan gawéning wong nenem, ing Kemurangan gawéning wong papat, ing Kalidurèn gawéning wong walu, ing Kaligondhang gawéning wong roro, ing Sembir gawéning wong rolas, ing Bakung gawéning wong walu,   dadi genep cacah gawéning wong satus,

kang dadi lilinggihé bocah-Ingsun si Pranayuda, cacah gawéning wong satus,   iki arané désané,   ing Jejeruk gawéning wong walu, ing Wanusaba Kemiri Dhoyong gawéning wong walu, ing Katemas gawéning wong papat, ing Pasekaran gawéning wong walu, ing Watuguran gawéning wong papat, ing Gambasan gawéning wong rolas, ing Kamertan gawéning wong walu, ing Majaluk gawéning wong papat, ing Kalitengah gawéning wong 223r papat, / ing Kowangan gawéning wong papat, ing Wunut gawéning wong walu, ing Pajatèn Tirta-terayeman gawéning wong walu, ing Sokaponca gawéning wong rolas, dadi cacah genep gawéning wong satus, kang dadi lilinggih ing bocah-Ingsun si Ranayuda, cacah gawéning wong satus, iki arané désané, ing Manguneng gawéning wong selawé, ing Kalitengah gawéning wong nenem, ing Karanggeneng Panambongan gawéning wong rong-puluh, ing Kapaingan gawéning wong roro, ing Banawisa gawéning wong walu, ing Turip gawéning wong nembelas, ing Tangkilan Pajatèn gawéning wong rong-puluh, dadi genep cacah gawéning wong satus,

kang dadi lilinggihé bocah-Ingsun si Secawijaya, cacah gawéning wong satus, iki arané désané, ing Tambak gawéning wong selawé, ing Kalasan gawéning wong selawé, ing Pirikan gawéning wong walu, ing Butuh gawéning wong selawé, ing Gambasan Jethis Pecalungan Legok Saribaledhu Kiyatan Karanganyar gawéning wong nembelas, dadi genep cacah gawéning wong satus,

kang dadi linggihé bocah-Ingsun si Suralegawa, cacah gawéning wong satus, iki arané désané, ing (Ke)bondalem Balamitra gawéning wong sèket, ing Ngasinan gawéning wong walu, ing Citra gawéning wong papat, ing Kamangunan Simpar Kaliturèn Kabusekan gawéning wong walulikur, ing Tinjomaya gawéning wong walu, dadi genep cacah gawéning wong satus,

f. 223v / kang dadi lilinggihé bocah-Ingsun si Secayuda, cacah gawéning wong satus, iki arané désané, ing Muktisari Tuguran gawéning wong nembelas, ing Tangkisan gawéning wong papat, ing Ropoh gawéning wong papat, ing Gambasan gawéning wong walu, ing Beran gawéning wong roro, ing Taskombang Pekancilan gawéning wong roro, ing Kuwel gawéning wong roro, ing Pakécékan gawéning wong walu, ing Samberan gawéning wong roro, ing Kerajan gawéning wong papat, ing Sadasa gawéning wong walu, ing Ngemplak Jembangan gawéning wong rolas, ing Kalitengah gawéning wong papat, ing Gathak gawéning wong papat, ing Pandhes gawéning wong papat, ing Jatikemalangan gawéning wong papat, ing Gondhang gawéning wong walu, dadi genep cacah gawéning wong satus,

gu(ng)gung lilinggihé si Natadiningrat sakancané mantri kalebu linggihé jeksa kabayan dadi cacah gawéning wong sèwu wolung-atus,

dhawahing timbalan-Dalem ing dinten Senèn tanggal ping sakawan sasi Dulkangidah ing taun Alip angkaning warsa, 1 7 3 1 [Monday, 4 February 1805].

24

BL Add. MS. 12342
f. 248r-v

Radèn Mas Salikin is raised as a *Bupati Miji* to assist Sumadiningrat. Receiving the name of Radèn Tumenggung Natayuda (II), he is hereby allowed the attire of a *Bupati Miji*. As appanage he is granted lands in the listed villages amounting to 300 manpower units. Dated 4 February 1805.

f. 248r Pènget iki nawalaningsun Kangjeng Sultan Hamengkubuwana Sénapati Ingalaga Ngabdurrahman Sayidin Panatagama Kalifatolah,

Sun gadhuhaken marang si Salikin, lumraha ing sira sarupané éya wong kawulaningsun para Nayaka Bupati-Bupati Mantri-Mantriningsun ing Ngayugyakarta Adiningrat kabèh, apa déné Bupati-Bupati Mantri-Mantriningsun ing moncanegara kabèh, marmané si Salikin Sun gadhuhi nawalaningsun, déné ing mengko Sun ju(n)jung teka ngisor Sun sengkakaken ing ngaluhur, sarta Sun kula-wisud(h)a, Sun gawé Bupati Miji atunggala gawé lan si Sumadiningrat, arané Sun pundhut Sun patedhani nama Radèn Tumenggung Natayuda lan Sun kawenangaken anggowa apa saanggon-anggoning Bupati Miji, sarta Sun patedhani lilinggih bumi désa cacah gawéning wong katelu-belah atus kang mudhun gawéning cacah gawéning wong rong-atus, iki arané désané, ing Kathithang Pakauman Pakuncèn Kalisalam Menganti Krècèk Kedhalon Canggal Késod Kabumèn Pakomprèngan gawéning wong rolas, ing Kathithang Karètèg Pomahan Bondolan Canggalurang gawéning wong rong-puluh, ing Pelaèng gawéning wong papat, ing Gemawang gawéning wong walu, ing Susukan Purbanganti gawéning wong walu, ing Pijahan gawéning wong walu, ing Kresanan gawéning wong papat, ing Waja gawéning wong walu, ing Dhuwet gawéning wong nenem, ing Kagungan gawéning wong walu, ing Pakuwonan gawéning wong roro, ing Karètèg gawéning wong papat, ing Mongga gawéning wong roro, ing Ngemplak gawéning wong roro, ing Tanggulangin gawéning wong papat, ing Koripan gawéning wong rolas, ing Kalepu gawéning wong rolas, ing Magulung gawéning wong selawé, ing Lobang gawéning wong patang-puluh, ing Semampir gawéning wong papat, ing Katundhan Kenayan Pajambon gawéning wong telung-puluh nenem, ing Kalidurèn gawéning wong / papat, ing Padureksa gawéning wong papat, ing Ketug gawéning wong papat, dadi genep cacah gawéning wong katelu-belah atus,

48v

dhawahing timbalan-Dalem ing dinten Senèn tanggal ping sekawan Dulkangidah ing taun Alip angkaning warsa, 1 7 3 1   [Monday 4 February 1805].

25   BL Add. MS. 12342
                                 f. 191r-v

Ngali Ngusman is raised as *jeksa ing pradata* (judge in the *pradata* court), becoming the royal representative (*wakil-Ingsun*) and supervisor (*pengwasan-Ingsun*) in all legal affairs under Mas Tumenggung Sindunegara I. Receiving the title of Ngabèhi Nitipraja, he is hereby allowed the attire of a *Lurah Jeksa*. As appanage he is granted lands in the listed villages amounting to 100 manpower units. Dated 30 December 1805.

191r

Pènget iki nawalaningsun Kangjeng Sultan Hamengkubuwana Sénapati Ingalaga Ngabdurrahman Sayidin Panatagama Kalifatolah,

Sun gadhuhaken marang bocah-Ingsun si Ngali Ngusman, lumraha ing sira sarupané éya kawulaningsun para Nayaka Bupati-Bupati Mantri-Mantriningsun ing Ngayugyakarta Adiningrat kabèh, apa déné Bupati-Bupati Mantri-Mantriningsun ing moncanegara kabèh,

marmané si Ngali Ngusman Sun gadhuhi nawalaningsun, déné ing mengko Sun ju(n)jung teka ngisor Sun sengkakaken ing ngaluhur sarta Sun kula-wisud(h)a, Sun gawé mantri jeksa ing pradata, dadi wakil-Ingsun sarta pengwasan-Ingsun pisan, Sun gadhuhi kagungan-Ingsun adil bebeneran ing yudanegara, ditrapena ing timbang sabener-beneré, ana déné kang nindhihi si Tumenggung Sindunegara, iku poma pacuwan teka mèlèd ing tembangé béngkong bebenerané, Ingsun ora idhep, Sun titepaken baé uripé, arané si Ngali Ngusman Sun pundhut, Sun patedhani nama si Ngabèhi Nitipraja, lan Sun kawenangaken anggowa apa saanggon-anggoning Lurah Jeksa sarta Sun patedhani lilinggih bumi désa cacah gawéning wong satus, iki arané désané, ing Warak gawéning wong nembelas, ing Katonggatirta gawéning wong rong-puluh, ing Babadan gawéning wong papat, ing Beberan gawéning wong nenem, ing Krasak gawéning wong papat, ing Pakuncèn gawéning wong papat, ing Ngenthak Sokawoya gawéning wong telu, ing Pucang gawéning

f. 191v wong nembelas, ing Trasa / gawéning wong rong-puluh, ing Sadikan gawéning wong papat, dadi genep cacah gawéning wong satus,

dhawahing timbalan-Dalem ing dinten Senèn tanggal ping sanga ing sasi Sawal ing taun Éhé angkaning warsa, 1 7 3 2   [Monday, 30 December 1805].

26
                                  BL Add. MS. 12342
                                      f. 224r

Cakrama is raised as a mantri in Gunung Kidul assisting Kyai Tumenggung Mangundipura II. Retaining the title of Ngabèhi, he is hereby allowed the attire of a mantri. His allotted usufruct lands in Gunung Kidul are increased from sixteen to twenty-five manpower units in the listed villages, both the original grant and the increase being taxed in kind (i.e. teak logs). Dated 21 July 1806.

f. 224r   Pènget iki nawalaningsun Kangjeng Sultan Hamengkubuwana Sénapati Ingalaga Ngabdurrahman Sayidin Panatagama Kalifatolah,

Sun gadhuhaken marang bocah-Ingsun si Cakrama, lumraha ing sira sarupané éya wong kawulaningsun, para Nayaka Bupati-Bupati Mantri-Mantriningsun ing Ngayogyakarta Adiningrat kabèh, apa déné Bupati-Bupati Mantri-Mantriningsun ing moncanegara kabèh,

marmané si Cakrama Sun gadhuhi nawalaningsun, déné ing mengko Sun ju(n)jung teka ngisor Sun sengkakaken ing ngaluhur, sarta Sun kula-wisud(h)a, Sun gawé mantri ing Gunung Kidul, atu(ng)gala gawé lan si Mangundipura, arané tetepa kaya lawas Angabèhi Cakrama, lan Sun kawenangaken anggowa apa saanggon-anggoning Mantri, sarta Sun gadhuhi kagungan-Ingsun bumi désa ing Gunung Kidul metu kayu cacah gawéning wong nembelas, diangkat cacah gawéning wong selawé,   iki arané désané,   ing Kedhung-gubah gawéning wong papat, ing Wilayu Walikangin Kamendhang gawéning wong nenem, ing Payaman Tarotok Pakèl Jaluk gawéning wong papat, ing Pucanganom Petir cacahan gawéning wong roro,   dadi genep cacah gawéning wong nembelas, diangkat cacah gawéning wong selawé, diladèkna pajeg kayu sesasiné kayu lima punjul sapertelon tugel, ing dalem satengah taun dadi telung-puluh punjul siji, ing dalem sataun dadi sawidak punjul roro, Sun wangeni kayu rega (nya)jampel sijiné, saupama Ingsun duwé kresa amundhut kayu gedhé, disurupena regané, rega pira sumurupa kayu rega nyajampel sijiné,

dhawahing timbalan-Dalem ing di(n)ten Senèn tanggal ping gangsal sasi Jumadilawal ing taun Jimawal angkaning warsa, 1 7 3 3   [Monday, 21 July 1806].

27
                                  BL Add. MS. 12342
                                    f. 234r-v

Mertagati is raised as a mantri in Gunung Kidul, assisting Kyai Tumenggung Mangundipura II. Retaining the title of Demang, he is hereby allowed the attire of a mantri. His allotted usufruct lands at Gunung Kidul for production of timber are increased from thirty-six to fifty manpower units in the listed villages. Dated 21 July 1806.

4r Pènget iki nawalaningsun Kangjeng Sultan Hamengkubuwana Sénapati Ingalaga Ngabdur-
ahman Sayidin Panatagama Kalifatolah,

Sun gadhuhaken marang bocah-Ingsun si Mertagati lumraha ing sira sarupané éya wong
kawulaningsun para Nayaka Bupati-Bupati Mantri-Mantriningsun ing Ngayogyakarta
Adiningrat kabèh, apa déné Bupati-Bupati Mantri-Mantriningsun ing moncanegara kabèh,

marmané si Mertagati Sun gadhuhi nawalaningsun déning ing mengko Sun ju(n)jung teka
ngisor Sun sengkakaken ing ngaluhur, sarta Sun kula-wisud(h)a, Sun gawé Mantri ing
Gunung Kidul atunggala gawé lan si Mangundipura, arané tetepa kaya lawas Demang
Mertagati, lan Sun kawenangaken anggowa apa saanggon-anggoning Mantri, sarta Sun
gadhuhi kagungan-Ingsun bumi désa ing Gunung Kidul metu kayu cacah gawéning wong
telung-puluh nenem, diangkat cacah gawéning wong sèket,   iki arané désané,   ing
Playen Martananggan gawéning wong papat, ing Ngawu gawéning wong papat, ing
Palembutan gawéning wong roro, ing Karanggumuk Dhukuh gawéning wong roro, ing
Dhuwet Trukan gawéning wong papat, ing Layukamendhang gawéning wong roro, ing
Wilayub Langkonang Karangkapadhangan gawéning wong papat, ing Payaman Pendhawa
Karangtengah Kawarasan Jeblogan gawéning wong walu, ing Ngeplèk Karanganyar
gawéning wong papat, ing Pucanganom Petir cacah gawéning wong roro,   dadi genep
cacah gawéning wong telung-puluh nenem, diangkat cacah gawéning wong sèket,
diladèkna pajeg kayu sesasiné kayu rolas iji punjul satugel, ing dalem satengah taun dadi
kayu pitung-puluh lima, ing dalem satauné dadi kayu karo-belah, Sun wangeni kayu sijiné
rega nyajampel, saupami Ingsun duwé kresa amundhut kayu gedhé, disurupen regané rega
pira, sumurupa kayu rega nyajampel sijiné,

34v / dhawahing timbalan-Dalem ing di(n)ten Senèn tanggal ping gangsal sasi Jumadilawal ing
taun Jimawal angkaning warsa, 1 7 3 3   [Monday, 21 July 1806].

28   BL Add. MS. 12342
                                                                                          f. 235r

Surawedana is raised as a mantri in Gunung Kidul assisting Kyai Tumenggung.
Mangundipura II. Retaining the title of Ngabèhi, he is hereby allowed the attire of a
mantri. His allotted usufruct lands in Gunung Kidul for timber production are increased
from sixteen to twenty-five manpower units, the increase being taxed in kind. Dated 21
July 1806.

35r Pènget iki nawalaningsun Kangjeng Sultan Hamengkubuwana Sénapati Ingalaga Ngabdur-
rahman Sayidin Panatagama Kalifatolah,

Sun gadhuhaken marang bocah-Ingsun si Surawedana, lumraha ing sira sarupané éya wong
kawulaningsun para Nayaka Bupati-Bupati Mantri-Mantriningsun ing Ngayogyakarta
Adiningrat kabèh, apa déné Bupati-Bupati Mantri-Mantriningsun ing moncanegara kabèh,

marmané si Surawedana Sun gadhuhi nawalaningsun, déning ing mengko Sun jungjung
teka ngisor Sun sengkakaken ing ngaluhur sarta Sun kula-wisud(h)a, Sun gawé mantri ing
Gunung Kidul, atunggala gawé lan si Mangundipura, arané tetepa kaya lawas Ngabèhi
Surawedana, lan Sun kawenangaken anggowa apa saanggon-anggoning Mantri, sarta Sun
gadhuhi kagungan-Ingsun bumi désa ing Gunung Kidul metu kayu cacah gawéning wong
nembelas diangkat cacah gawéning wong salawé,   iki arané désané,   ing Playen

Wanajaya gawéning wong papat, ing Walèri Wanalaga gawéning wong papat, ing Wilayu Jeruk Pajatèn gawéning wong papat, ing Payaman Karangkulon gawéning wong papat, (da)di genep cacah gawéning wong nembelas, diangkat cacah gawéning wong selawé, diladèkna pajeg kayu sesasiné kayu lima punjul sapertelon tugel, ing dalem satengah taun dadi kayu telung-puluh punjul siji, ing dalem satauné dadi sawidak punjul loro, Sun wangeni kayu sijiné rega nyajampel, saupami Ingsun duwé kersa mundhut kayu gedhé, disurupna regané rega pira, sumurupa kayu rega nyajampel sijiné,

dhawahing timbalan-Dalem ing di(n)ten Senèn tanggal ping gangsal sasi Jumadilawal ing taun Jimawal angkaning warsa, 1 7 3 3   [Monday, 21 July 1806].

29   BL Add. MS. 12342
                                                                                              f. 233r

Wonadriya is raised to mantri in Gunung Kidul assisting Kyai Tumenggung Mangundipura II. Retaining the title of Ngabèhi, he is hereby allowed the attire of a mantri. His allocated usufruct lands are increased to twenty-five manpower units in the listed villages, the increase being taxed in kind (i.e. teak logs). Dated 21 July 1806. See Plate 4.

f. 233r   Pènget iki nawalaningsun Kangjeng Sultan Hamengkubuwana Sénapati Ingalaga Ngabdur-rahman Sayidin Panatagama Kalifatolah,

Sun gadhuhaken marang bocah-Ingsun si Wonadriya lumraha ing sira sarupané éya wong kawulaningsun para Nayaka Bupati-Bupati Mantri-Mantriningsun ing Ngayogyakarta Adiningrat kabèh, apa déné Bupati-Bupati Mantri-Mantriningsun ing moncanegara kabèh,

marmané si Wonadriya Sun gadhuhi nawalaningsun, déning ing mengko Sun ju(n)jung teka ngisor Sun sengkakaken ing ngaluhur sarta Sun kula-wisud(h)a, Sun gawé Mantri ing Gunung Kidul, atu(ng)gala gawé lan si Mangundipura, arané tetepa kaya lawas, Angabèhi Wonadriya, lan Sun kawenangaken anggowa apa sa(anggon)-anggoning Mantri, sarta Sun gadhuhi kagungan-Ingsun bumi désa ing Gunung Kidul metu kayu cacah gawéning wong nembelas diangkat cacah gawéning wong selawé,   iki arané désané,   ing Playen gawéning wong papat, ing Wunut gawéning wong papat, ing Warènggelagah gawéning wong papat, ing Payaman Kedhukreris Kawarasan gawéning wong papat,   dadi genep cacah gawéning wong nembelas, diangkat cacah gawéning wong selawé, diladèkna pajeg kayu sesasiné kayu lima punjul sapartelon tugel, ing dalem satengah taun dadi kayu telung-puluh punjul siji, ing dalem satauné dadi kayu sawidak punjul roro, Sun wangeni kayu sijiné rega nyajampel, saupama Ingsun duwé kresa amundhut kayu gedhé, disurupna regané, rega pira, sumurupa kayu rega nyajampel sijiné,

dhawahing timbalan-Dalem ing di(n)ten Senèn tanggal ping gangsal sasi Jumadilawal ing taun Jimawal angkaning warsa, 1 7 3 3   [Monday, 21 July 1806].

30   BL Add. MS. 12342
                                                                                              f. 239r

Samadirana is raised to rice field inspector (*mantri jurusawah*) at Ambarkatawang and is empowered to act as mantri in charge of limestone production at Gamping. Receiving the title Demang, he is hereby allowed the attire of a *Mantri Pamajegan*. He is charged with the delivery of limestone for the royal dam at Bedhog just below the royal hunting lodge *(pasanggrahan)* at Madyaketawang, as well as a tribute of 250 *dhacin (dhacin* = 100 *kati* @ 0.617 kg/*kati*) of limestone from the kilns of Gunung Gamping twice yearly. Dated 27 April 1807.

9r Pènget iki nawalaningsun Kangjeng Sultan Hamengkubuwana Sénapati Ingalaga Ngabdur-rahman Sayidin Panatagama Kalifatolah,

Sun gadhuhaken marang bocah-Ingsun si Samadirana, lumraha ing sira sarupané éya wong kawulaningsun para Nayaka Bupati-Bupati Mantri-Mantriningsun ing Ngayogyakarta Adiningrat kabèh, apa déné Bupati-Bupati Mantri-Mantriningsun ing moncanegara kabèh,

marmané si Samadirana Sun gadhuhi nawalaningsun, déné ing mengko Sun ju(n)jung teka ngisor Sun sengkakaken ing ngaluhur sarta Sun kula-wisud(h)a, Sun gawé Mantri Jurusawah ing Ambarkatawang, sarta angrangkep Sun gadhuhi panguwasa dadi mantri ing Gamping, arané tetepa kaya lawas, Sun wuwuhi nama Demang Samadirana, lan Sun kewenangaken anggowa apa saanggon-anggoning Mantri Pamajegan, sarta angladèkena enjet dhahar sesasiné sapikul, lan saiki anyaguhi anyaosi bekti Gamping sacukupé digawé anggarap kagungan-Ingsun bendhungan ing Bedhog kang anjog ing Madyaketawang, ana déné yèn uwis panggarapé kagungan-Ingsun bendhungan ing Bedhog, nuli anyaosna pajeg Gamping, ing dalem satengah taun rong-atus sèket dhacin, ing dalem sataun dadi limang-atus dhacin,

dhawahing timbalan-Dalem ing dinten Senèn tanggal ping walulas sasi Sapar ing taun Jé angkaning warsa, 1 7 3 4   [Monday, 27 April 1807].

31   BL Add. MS. 12342
                                                                    f. 254r–v

Jayèngrana is raised as a Outer Bupati of the Right-hand administrative department *(Bupati Jaba Tengen)* to assist Mas Tumenggung Sindunegara I. Receiving the name of Radèn Tumenggung Ranadiningrat, he is hereby allowed the attire of a Bupati. As appanage he is granted lands in the named villages amounting to 1,000 units. Dated 14 February 1811.

54r Pènget iki nawalaningsun Kangjeng Sultan Hamengkubuwana Sénapati Ingalaga Ngabdurrahman Sayidin Panatagama Kalifatolah,

Sun gadhuhaken marang bocah-Ingsun si Jayèngrana, lumraha ing sira sarupané éya wong kawulaningsun, para Nayaka Bupati-Bupati Mantri-Mantriningsun ing Ngayugyakarta Adiningrat kabèh, apa déné Bupati-Bupati Mantri-Mantriningsun ing moncanegara kabèh,

marmané si Jayèngrana Sun gadhuhi nawalaningsun, déné ing mengko Sun ju(n)jung teka ngisor Sun sengkakaken ing ngaluhur sarta Sun kula-wisud(h)a, Sun gawé Bupati Jaba Tengen, atunggala agawé lan si Sindunegara, arané Sun pundhut Sun patedhani nama Radèn Tumenggung Ranadiningrat, lan Sun kawenangaken anggowa apa saang-gon-anggoning Bupati, sarta Sun patedhani lilinggih bumi désa cacah gawéning wong sèwu,   iki arané désané,   ing Ngadilangu gawéning wong sèket walu, ing Tanjung gawéning wong sawidak papat, ing Kedhunggong gawéning wong sèket, ing Ketug gawéning wong sèket, i(ng) Winong gawéning wong patang-puluh, ing Karangasem gawéning wong telung-puluh siji, ing Juwana gawéning wong salawé, ing Pakowangan gawéning wong wolulas, ing Kedhungpring gawéning wong rolas, ing Sindhet gawéning wong rolas, ing Pogung gawéning wong walu, ing Nyamplung gawéning wong walu, ing Kenthèng gawéning wong papat, ing Penambalan gawéning wong papat, ing Brongkol gawéning wong papat, ing Ngrèndèng gawéning wong nenem, ing Randhusana Penggaron gawéning wong papat, ing Prancahan gawéning wong roro, ing Beberan gawéning wong papat, ing Tanabérèng gawéning wong nembelas, ing Limbangan gawéning wong walu, ing Tegalrukem Bugangan gawéning wong rolas, ing Sruwadadi gawéning wong papat, ing Ngasinan gawéning wong walu, ing Temu gawéning wong rolas, ing Ngasinan maning gawéning wong papat, ing Pagondhangan gawéning wong walu, ing Tangkisan gawéning wong telung-puluh nem, ing Lempuyang Pakenthangan Besarèn gawéning wong sèket, ing Medana gawéning wong / selawé, ing Pakupèn Ropoh gawéning wong papat, ing Jelapa gawéning wong walu, ing Pucunggrowong gawéning wong papat, ing Payaman Rejasa Sambung Sentèg gawéning wong walulas, ing Kasemèn gawéning wong walu, ing Jajaran gawéning wong walu, ing Pakebohan gawéning wong sèket pitu, ing Patinggèn gawéning wong papat, ing Wedhi gawéning wong papat, ing Jerangkah gawéning wong nenem, ing Sementaha gawéning wong selawé, ing Pasekaran gawéning wong nembelas, ing Pungangan gawéning wong walu, ing Butuh gawéning wong selawé, ing Lemahireng gawéning wong selawé, ing Kedhungw(a)lingi gawéning wong sawelas, ing Kabuthekan Pasanggrahan Kapucangan Ngadiraja Man(dh)ing gawéning wong telu, ing Gelana Kabodongan gawéning wong sapuluh, ing Kelanthong gawéning wong walu, ing Kabeningan gawéning wong papat, ing Prangkokan gawéning wong roro, ing Kaputrèn gawéning wong roro, ing Gathak gawéning wong walu, ing Pakenthangan gawéning wong papat, ing Ropohbuwana gawéning wong pitu, ing Bathikan gawéning wong siji, ing Saladirana gawéning wong rolas, ing Sambèng gawéning wong papat, ing Nagasari gawéning wong papat, ing Mangunan gawéning wong roro, ing Ngenthak gawéning wong papat, ing Morangan gawéning wong roro, ing Kemiri-sèwu gawéning wong papat, ing P(a)sanggrahan gawéning wong papat, ing Kalisurèn gawéning wong pitu, ing Jambon gawéning wong walu, ing Wika gawéning wong rolas, ing Kunir gawéning wong walu, ing Kalijirak gawéning wong walu, ing Ngampo gawéning wong walu, ing Kemadhu gawéning wong walu, ing Kerendhan gawéning wong papat, ing Kawedhèn gawéning wong papat, ing Dakertèn gawéning wong siji,   dadi genep cacah gawéning wong sèwu,

dhawahing timbalan-Dalem ing dinten Kemis tanggal ping kalihdasa, sasi Sura ing taun Jimakir angkaning warsa, 1 7 3 8   [Thursday, 14 February 1811].

32

BL Add. MS. 12342
f. 204r

Purawijaya is raised as a *Mantri Miji*, assisting Radèn Tumenggung Jayadipura. Receiving the title Ngabèhi Nitipura, he is hereby allowed the attire of a *Mantri Miji*. As appanage he is granted lands in the named villages amounting to fifty manpower units. Dated 27 June 1811. See Plate 5.

f. 204r   Pènget iki nawalaningsun Kangjeng Sultan Hamengkubuwana Sénapati Ingalaga Ngabdurrahman Sayidin Panatagama Kalifatolah,

Sun gadhuhaken marang bocah-Ingsun si Purawijaya, lumraha ing sira sarupané éya wong kawulaningsun para Nayaka Bupati-Bupati Mantri-Mantriningsun ing Ngayugyakarta Adiningrat kabèh, apa déné Bupati-Bupati Mantri-Mantriningsun ing moncanegara kabèh, marmané si Purawijaya Sun gadhuhi nawalaningsun, déné ing mengko Sun ju(n)jung teka ngisor Sun sengkakaken ing ngaluhur sarta Sun kula-wisud(h)a, Sun gawé Mantri Miji atu(ng)gala gawé lan si Jayadipura, arané Sun pundhut, Sun patedhani aran(é) Angabèhi Nitipura, lan Sun kawenangaken anggowa apa saanggon-anggoning Mantri Miji, sarta Sun patedhani lilinggih bumi désa cacah gawéning wong sèket,   iki arané désané,   ing Sompilan gawéning wong papat, ing Pendhem gawéning wong walu, ing Kasonggok Waringin Putih gawéning wong nenem, ing Karangbandhulan Karangkamejing gawéning wong papat, ing Dharat Kacèmé gawéning wong rolas, ing Temon gawéning wong roro, ing Dhukuh gawéning wong roro, ing Sudimara gawéning wong nenem, ing Sapuanginom Pakertèn gawéning wong papat,   dadi genep cacah gawéning wong sèket,

dhawahing timbalan-Dalem ing dinten Kemis tanggal ping gangsal sasi Jumadilakir ing taun Jimakir angkaning warsa, 1 7 3 8   [Thursday, 27 June 1811].

33   BL Add. MS. 12342
f. 215r–220v

Sindunegara is appointed as Kyai Adipati Danureja III (in office, 1811–13) and is hereby allowed the attire of a Patih. As appanage he is granted lands in the listed villages amounting to 2,161 manpower units. Further lands are assigned to his subordinates, including the Javanese interpreter (*jurubasa*) Derpawongsa amounting to 100 manpower units and the various mantri in Bayalali (*Mantri Bayalali*) Surawijaya 117, Surayuda 117, Citrawedana 116; in Bojong, Danukrama 100 and Trunakartika 100; in Tangkisan, Suradiwirya 60; and in Lowanu, Mangundiwirya and Pringgadiwirya, who share 700. Dated 11 November 1811.

15r   Pènget iki nawalaningsun Kangjeng Sultan Hamengkubuwana Sénapati Ingalaga Ngabdurrahman Sayidin Panatagama Kalifatolah,

Sun gadhuhaken marang bocah-Ingsun si Sindunegara, lumraha ing sira saru(pa)né éya wong kawulaningsun para Nayaka Bupati-Bupati Mantri-Mantriningsun ing Ngayugyakarta Adiningrat kabèh, apa déné Bupati-Bupati Mantri-Mantriningsun ing moncanegara kabèh,

marmané si Sindunegara Sun gadhuhi nawalaningsun déné ing mengko Sun ju(n)jung teka ngisor Sun sengkakaken ing ngaluhur sarta Sun kula-wisud(h)a, Sun karsakaken Sun gawé embanan dadi papatih-Ingsun, arané si Sindunegara Sun pundhut, Sun patedhani nama Kyai Dipati Danureja, lan Sun kawenangaken anggowa apa saanggon-anggoning Papatih, sarta Sun patedhani lilinggih bumi désa cacah gawéning wong rong-èwu satus sawidak siji,   iki arané désané,   ing Roma Sonjamerta Karinjing gawéning wong salawé, ing Karuwed gawéning wong telung-puluh, ing Sidakangen Karangdurèn gawéning wong walu, ing Bawang gawéning wong telung-puluh, ing Bantar gawéning wong selawé, ing Kuwaru gawéning wong rong-puluh, ing Semampir gawéning wong sapuluh, ing Bagal gawéning wong sapuluh, ing Kalitengah gawéning wong sapuluh, ing Bonjok Wanatawang Pedhati gawéning wong patbelas, ing Klapagoda gawéning wong sapuluh, ing Prapag gawéning wong sapuluh, ing Pucang gawéning wong lima, ing Kajoran gawéning wong

15v   selawé, ing Kadhawung gawéning wong sapu/luh, ing Worawari gawéning wong salawé, ing Sampang gawéning wong sapuluh, ing Paletuk gawéning wong sèket, ing Gumeng gawéning wong telung-puluh, ing Sidayu gawéning wong lima, ing Ngarigunung Wujil gawéning wong selawé, ing Joho Karangèndhèp gawéning wong nembelas, ing Bodhèh gawéning wong patang-puluh, ing Candhi gawéning wong sèket, ing Kalilesung gawéning wong walu, ing Karanganyar gawéning wong patang-puluh, ing Kajawang gawéning wong sèket, ing Sokapagergunung gawéning wong telung-puluh lima, ing Karètèg gawéning wong sapuluh, ing Logedhé gawéning wong sapuluh, ing Kajurugan gawéning wong limalas, ing Medana gawéning wong rong-puluh, ing Padhaurip gawéning wong sapuluh, ing Tapakiyang gawéning wong sèket, ing Genthan gawéning wong selawé, ing Meles gawéning wong sèket, ing Tengahan gawéning wong satus, ing Kalibeber gawéning wong telung-atus, ing Pasawon gawéning wong rolas, ing Wanakerta gawéning wong rolas, ing Srijaya gawéning wong rolas, ing Windusari gawéning wong rolas, ing Paras Palunjaran Medana gawéning wong salawé, ing Semali gawéning wong satus, ing Paja(m)béyan gawéning wong walu, ing Kalonthong Guntur gawéning wong walu, ing Sepuri gawéning wong papat, ing Pamotan gawéning wong papat, ing Banjaran gawéning wong walu, ing Krasak Sonjamerta Ngadikrama Kadhudhan gawéning wong nembelas, ing Kréyo gawé-

f. 216r   ning wong papat, ing Sembung Tempuran gawéning wong rong-puluh, ing Pamri/yan Jalatémpèl gawéning wong nenem, ing Pagedhangan Bebaran gawéning wong walu, ing Girinyana gawéning wong nem, ing Kapathèn Cècèlan Jomboran gawéning wong sapuluh, ing Kabéjèn gawéning wong walu, ing Polaman gawéning wong papat, ing Paketutan gawéning wong papat, ing Drana gawéning wong walu, ing Pèpèdhan Sabayan gawéning wong nenem, ing Tritis-selap gawéning wong papat, ing Mao gawéning wong papat, ing Pakem Krumpul gawéning wong wolu, ing Pakèl Brintikan gawéning wong nenem, ing Ngasinan gawéning wong papat, ing Karangdurèn gawéning wong papat, ing Karangkepuh gawéning wong roro, ing Tangkilan gawéning wong papat, ing Kroya Tumenggungan Brakok Pranggong Pakéyongan gawéning wong satus walu, ing Jokaré gawéning wong nembelas, ing Tanabaya gawéning wong rolas, ing Kowangan gawéning wong papat, ing Kelathèn gawéning wong papat, ing Kaliguci gawéning wong walu, ing Ketos gawéning wong papat, ing Semawung gawéning wong rolikur, ing Pageran gawéning wong papat, ing Pacawon maning gawéning wong papat, ing Pacarèn gawéning wong papat, ing Kalikepuh gawéning wong papat, ing Sélatiyang gawéning wong papat, ing Bojong Kaliwader gawéning wong rolas, ing Sebara Malingmati gawéning wong walulas, ing Sebara Karangwaru gawéning wong rolas, ing Barakanuragan gawéning wong nembelas, ing Sruwuh gawéning wong rolas, ing Semawung maning gawéning wong nembelas, ing Kaliwatang gawéning wong selawé, ing Ngebel gawéning wong papat, ing Tangkilan maning gawéning wong rolas, ing Kajiwan gawéning wong papat, ing Karecak gawéning

f. 216v   wong ro/ro, ing Jobor gawéning wong wolu, ing Kajayan gawéning wong papat, ing Kemanukan gawéning wong walu, ing Kasindon gawéning wong walu, ing Pagedhangan gawéning wong papat, ing Mugangan gawéning wong roro, ing Semaki gawéning wong rolas, ing Banyurip gawéning wong walu, ing Jokaré gawéning wong papat, ing Pagedhangan maning gawéning wong rolas, ing Gadhing Lumbung gawéning wong walu, ing Bragasan gawéning wong siji, ing Kapencar gawéning wong papat, ing Gadhing Lumbung maning gawéning wong roro, ing Jana gawéning wong walu, ing Polaman gawéning wong telu, ing Pajatèn gawéning wong siji, ing Wringinanom gawéning wong walu, ing Wongga gawéning wong rolas, ing Kaweron gawéning wong rolas, ing Temanem Panusupan gawéning wong nenem, ing Pangabèyan gawéning wong papat, ing Karangkepupuh gawéning wong walu, ing Béji gawéning wong walu, ing Cendhol gawéning wong walu, ing Karanglo gawéning wong papat, ing Selap-surowana gawéning wong nenem, ing Manjungan gawéning wong nenem, ing Medana gawéning wong papat, ing Kabokangan gawéning wong papat, ing Kedhunggudèl gawéning wong roro, ing Kawu gawéning wong selawé, ing Kalibata Kedhungkracak gawéning wong papat, ing Celep gawéning wong papat, ing Kragilan gawéning wong rolas, ing Bandhongan gawéning wong sapuluh, ing Nampudadi Karitig gawéning wong limalas,   dadi genep cacah gawéning wong rong-èwu satus sawidak siji,

7r / ana déné kang dadi lilinggihé bocah-Ingsun jurubasa si Derpawongsa, cacah gawéning wong satus,   iki arané désané,   ing Komaran gawéning wong walu, ing Susukpaladaran gawéning wong rolas, ing Pingit gawéning wong walu, ing Kenthèng gawéning wong walu, ing Rajeg gawéning wong rolas, ing Selarong gawéning wong selawé, ing Dhongdhong gawéning wong rolas, ing Karangmaja gawéning wong rolas,   dadi genep cacah gawéning wong satus,

ana déné kang dadi lilinggihé bocah-Ingsun mantri Bayalali, linggihé si Surawijaya, cacah gawéning wong satus pitulas, punjul salupit,   iki arané désané,   ing Bayalali Gathak Kebonso gawéning wong roro, ing Ngambuh Pakauman Karangbulu Pakauman Karangwuni Karangpakèl, Jalengut Juranggunting Kemuning Pucang Alasmalang Garogol Gendruwo Penggung Karangsalam Candhi Kenthèng gawéning wong nembelas, ing Tampir Jalobong Karanglo Cepaka Pé(ng)kol gawéning wong walu, ing Butuh Telangu Pagandar Malangbong Semongka Sidaroncé Karangkendhal gawéning wong papatbelas, ing Salembiwétan Warungpelembon gawéning wong rolas, ing Karangmiliran Pajang Kemalanganmiliran Sutaragan gawéning wong rong-puluh punjul salupit sapratelon lupit, ing Pucangwétan Karipik gawéning wong rolas, ing Pakuwon Pakenthangan gawéning wong walu, ing Sadéwa Kapadon Kawirya gawéning wong rolas, ing Pakiringan Jantung

7v gawéning wong / sanga, punjul sairing,   dadi genep cacah gawéning wong satus punjul salupit,

kang dadi linggihé si Surayuda, cacah gawéning wong satus pitulas punjul salupit, iki arané désané,   ing Bayalali Kebonso gawéning wong roro, ing Ngambuh Pakauman Karangbulu Pakauman Karangwuni Karangpakèl Jalengut Juranggunting, Kumuning Pucang Alasmalang Garogol Gendruwo Penggung Karangsalam Candhi Kenthèng gawéning wong nembelas, ing Tampir Jalobong Karanglo Cepaka Pé(ng)kol gawéning wong walu, ing Butuh Telangu Pagandar Malangbong Semongka Sidaroncé Karangkendhal gawéning wong patbelas, ing Salembi Pangilon Karagilan Kasmaran gawéning wong rolas, ing Karang gawéning wong walu, ing Tulungmiliran Pajang Malanganmiliran Sutaragan gawéning wong telulas kurang sapratelon ing lupit, ing Tuban Karipik Pakuwon Jethis gawéning wong rong-puluh, ing Jethakan Kemadhuwan Kapépèn gawéning wong nembelas, ing Jantung gawéning wong nenem kurang salupit,   dadi genep cacah gawéning wong satus pitungwelas punjul salupit,

kang dadi linggihé si Citrawedana, cacah gawéning wong satus nembelas, punjul sapra-
8r telon bau, sapratelon lupit,   iki arané désané,   / ing Bayalali Gathak Kebonso gawéning wong roro, ing Ngambuh Pakauman Karangbulu Pakauman Karangwuni Karangpakèl, Jalengut Juranggunting Kumuning Pucang Alasmalang Garogol Gendruwo Penggung Karangsalam Candhi Kenthèng gawéning wong nembelas, ing Tampir Jelabong Cepaka Karanglo Pé(ng)kol gawéning wong walu, ing Butuh Telangu Pagandar Malangbong Semongka Sidaroncé Karangkendhal gawéning wong patbelas, ing Salembi Kapopongan Karagilan Jethis gawéning wong rolas, ing Karang gawéning wong walu, ing Tulungmiliran Pajang gawéning wong walu, ing Kemalanganmiliran Sutaragan gawéning wong lima kurang sapratelon lupit, ing Pucangwétan Karipik Pakuwon Kuwung gawéning

wong rong-puluh, ing Pucangkulon Padon Wiradiwongsa Pakiringan gawéning wong rong
-puluh, ing Jantung gawéning wong roro kurang sapratelon bau,　　dadi genep cacah
gawéning wong satus nembelas punjul sapratelon ing bau sapratelon ing lupit,

golongé kagungan-Ingsun bumi ing Bayalali kabèh dadi cacah gawéning wong telung-atus
sèket,

ana déné kang dadi linggihé bocah-Ingsun mantri Bojong, linggihé si Danukrama, cacah
gawéning wong satus, iki arané désané, ing Bojong Jethis gawéning wong telu, ing Paré-
wétan Ngélo, ing Paréanyar Barecakelor Pagiyasanti Nampik Pakalangan gawéning wong
salawé, ing Gununglemah Sarayuda Kadaleman gawéning wong rong-puluh, ing Macanan

f. 218v　gawéning wong walu, ing Bonga gawéning wong papat, ing Gagak/sipat gawéning wong
nenem, ing Kabaron gawéning wong papat, ing Karegan gawéning wong papat, ing
Pajimatan gawéning wong nembelas, ing Batagalok gawéning wong nem,　　dadi genep
cacah gawéning wong satus,

kang dadi linggihé si Trunakartika, cacah gawéning wong satus,　iki arané désané,　ing
Bojong Jethis gawéning wong telu, ing Paré Randhugunting Pagedhongan Kabarepan
Barecakidul Trikayan Kalitan Kalebakan Pakalangan gawéning wong salawé, ing
Kadaleman Baludru Tanggulangin Legok gawéning wong rong-puluh, ing Kasetran
gawéning wong papat, ing Saragenèn Kaibon gawéning wong walu, ing Temanem
gawéning wong papat, ing Kabaron gawéning wong papat, ing Karegan gawéning wong
papat, ing Panusupan gawéning wong nem, ing Garogongan gawéning wong rolas, ing
Batagalok gawéning wong nenem,　　dadi genep cacah wong satus,

golongé kagungan-Ingsun bumi ing Bojong lilinggihé bocah-Ingsun mantri roro dadi cacah
gawéning wong rong-atus,

ana déning kang dadi linggihé bocah-Ingsun Mantri ing Tangkisan si Suradiwirya, cacah
gawéning wong sèket, iki arané désané,　ing Tangkisan Krajan Karangtengah Pacabéyan

f. 219r　Dhukuh Tapéyan gawéning wong salawé, ing Kretasadu Gi/li(ng)gan gawéning wong
sapuluh punjul salupit, ing Gesikan gawéning wong papat, ing Gathak gawéning wong
roro, ing Kabuntalan gawéning wong roro, ing Karanglo Polaman gawéning wong papat,
ing Pate-bon Dhadhapan gawéning wong siji,　　dadi genep cacah gawéning wong sèket,

ana déné kagungan-Ingsun bumi Lowanu, linggihé bocah-Ingsun si Mangundiwirya, karo
si Pringgadiwirya, cacah gawéning wong satus,　iki arané désané,　ing L(o)wanu
Krajan gawéning wong nembelas, ing Kadhadhèr gawéning wong nenem, ing Liyangan
gawéning wong roro, ing Palumbon gawéning wong papat, ing Kaliwonan gawéning wong
papat, ing Sélatiyang Krajan gawéning wong nembelas, ing Maron gawéning wong papat,
ing Brongkol gawéning wong papat, ing Talépa Pagambulan gawéning wong rolas, ing
Karangjati gawéning wong nenem, ing Panukulan gawéning wong rolas, ing Sembuh
gawéning wong papat, ing Kuwangsan gawéning wong nenem,　　dadi genep cacah
gawéning wong satus,

ana déné kang dadi rèrèhané cacah nem-atus,　iki arané désané,　ing Wongsajiwan ga-
wéning wong nenem, ing Kalikalong gawéning wong nenem, ing Kedhungdawa gawéning
wong nenem, ing Soka gawéning wong nenem, ing Kesambi gawéning wong nenem, ing
Karangjati gawéning wong nenem, ing Praitan gawéning wong papat, ing Tembelang ga-

f. 219v　wéning wong nenem, ing Telagawana gawéning wong / roro, ing Pajatèn gawéning wong
papat, ing Katimasan gawéning wong walu, ing Pasidi gawéning wong walu, ing Melaran

gawéning wong walu, ing Kawelutan gawéning wong papat, ing Ngrimun Kumejing gawéning wong roro, ing Gerdaka Kalisema gawéning wong roro, ing Krandhegan gawéning wong siji, ing Tinampik gawéning wong roro, ing Ngreru Paguyangan gawéning wong roro, ing Karikiltengahan gawéning wong siji, ing Balimbing Sangènjah Danawrati gawéning wong roro, ing Winong gawéning wong salawé, ing Moncoran Kedhunglotèng gawéning wong papat, ing Jerakah gawéning wong nembelas, ing Kalikepuh gawéning wong roro, ing Sawangan gawéning wong papat, ing Kebonjurang gawéning wong rolas, ing Jethis gawéning wong papat, ing Kedhungpucang gawéning wong walu, ing Dipanayan gawéning wong papat, ing Pakalongan gawéning wong walu, ing Gelagahmalang gawéning wong walu, ing Kalianget Kebonkaliwon Katawangsalam gawéning wong papat, ing Kacitran gawéning wong walu, ing Pakem gawéning wong rolas, ing Kroya gawéning wong selawé, ing Winong maning gawéning wong sèket, ing Kedhungpoh gawéning wong selawé, ing Bener Kretasari Windusari gawéning wong papat, ing Baleber Kalialang gawéning wong papat, ing Kamijara Kapocong Rawa gawéning wong papat, ing Rèndèng gawéning wong rong-puluh, ing Kalikepuh gawéning wong rolas, ing Kalibata Kedhungkracak gawéning wong papat, ing Pacarèn gawéning wong papat, ing Celep gawéning wong papat, ing Panukulan gawéning wong rolas, ing Pendhem gawéning wong selawé, ing Pacawon gawéning wong selawé, ing Pungangan gawéning wong ne/nem, ing Bajong Kaliwadir gawéning wong rolas, ing Wanatulus gawéning wong nenem, ing Jethis gawéning wong nenem, ing Banjaran gawéning wong nenem, ing Kragilan gawéning wong walu, ing Katimasan gawéning wong walu, ing Turus gawéning wong papat, ing Kataon gawéning wong papat, ing Wirakertèn gawéning wong papat, ing Mertanayan gawéning wong nenem, ing Pasedi gawéning wong nenem, ing Rimun gawéning wong siji, ing Malaran gawéning wong walu, ing Kumejing gawéning wong siji, ing Kalisema gawéning wong siji, ing Tépan gawéning wong roro, ing Terumanisan Berudhuwur gawéning wong roro, ing Karikiltengahan gawéning wong siji, ing Sudimara Wanadri Sumongpagulan gawéning wong roro, ing Sumurpakis gawéning wong sawelas, ing Rèndèng gawéning wong papat, ing Kalikepuh gawéning wong roro, ing Winong maning gawéning wong selawé, ing Pakem Sidalèrèn gawéning wong lima, ing Kuwangsan gawéning wong roro, ing Kalikepuh maning gawéning wong walu, dadi genep cacah gawéning wong nem-atus,

golongé kagungan-Ingsun bumi Lowanu kabèh kalebu kang dadi linggihé si Mangundiwirya, karo si Pringgadiwirya dadi cacah gawéning wong pitung-atus,

gu(ng)gung kang dadi linggihé si Adipati Danureja, kalebu sapangrembéné kabèh dadi cacah gawéning wong telung-èwu limang-atus sawidak siji,

/ dhawahing timbalan-Dalem ing dinten Senèn tanggal ping tigalikur sasi Sawal ing taun Jimakir angkaning warsa, 1 7 3 8   [Monday, 11 November 1811].

34   BL Add. MS. 12342

f. 240r–241r

Tirtadiwirya is raised as an Outer Bupati of the Left-hand administrative department (*Bupati Jaba Kiwa*), becoming an assistant (*Kliwon*) to Kyai Adipati Danureja III. Receiving the name of Radèn Tumenggung Danunegara, he is hereby allowed the attire of a *Bupati Kliwon*. As appanage he is granted lands in the named villages amounting to 1,000 manpower units. Dated 11 November 1811.

f. 240r Pènget iki nawalaningsun Kangjeng Sultan Hamengkubuwana Sénapati Ingalaga Ngabdurrahman Sayidin Panatagama Kalifatolah,

Sun gadhuhaken marang bocah-Ingsun si Tirtadiwirya, lumraha ing sira sarupané éya wong kawulaningsun para Nayaka Bupati-Bupati Mantri-Mantriningsun ing Ngayugyakarta Adiningrat kabèh, apa déné Bupati-Bupati Mantri-Mantriningsun ing moncanegara kabèh,

marmané si Tirtadiwirya Sun gadhuhi nawalaningsun, déné ing mengko Sun ju(n)jung teka ngisor, Sun sengkakaken ing ngaluhur sarta Sun kula-wisud(h)a, Sun gawé Bupati Jaba Kiwa, dadi kaliwoné si Adipati Danureja, arané si Tirtadiwirya Sun pundhut, Sun patedhani nama Radèn Tumenggung Danunegara, lan Sun kawenangaken anggowa apa saanggon-anggoning Bupati Kaliwon, sarta Sun patedhani lilinggihé bumi désa cacah gawéning wong sèwu, iki arané désané, ing Kertanegara Bobotsari gawéning wong satus, ing Kalikajar gawéning wong selawé, ing Gumantung Sunggingan gawéning wong walu, ing Pacar Gunungpring gawéning wong walu, ing Citra gawéning wong rolas, ing Lugu gawéning wong rong-puluh, ing Singkil gawéning wong walu, ing Garut Maron Pilang Siwalan gawéning wong nembelas, ing Gunungwujil gawéning wong rolas, ing Rejasa Lemahbang gawéning wong rolas, ing Tanjung Gumul gawéning wong walu, ing Pendhem Pakuncèn gawéning wong rolas, ing Sokabantar gawéning wong nenem, ing Kacèmé Samakaton gawéning wong walu, ing Bandhung Kalurahan gawéning wong papat, ing Kembangan gawéning wong loro, ing Pongangan gawéning wong rolas, ing Karuwed

f. 240v Sumandhing gawéning wong selawé, ing Bawang Laksumampir Karangke/miri gawéning wong rolas, ing Paletuk Pasanggrahan gawéning wong walu, ing Kacepit Gedhungpandhan gawéning wong papat, ing Kalitengah gawéning wong nembelas, ing Cébolan Bendungan gawéning wong sapuluh, ing Bagalsumampir gawéning wong nembelas, ing Kedhawung Pedhati gawéning wong rolas, ing Gatel gawéning wong nenem, ing Pacar Galépang gawéning wong walu, ing Pogunggumeng Pancar gawéning wong sapuluh, ing Nyenjok Pagakan Balimbing Sidayu gawéning wong walu, ing Tinimbuk Maribaya gawéning wong rolas, ing Kajoran Worawari gawéning wong nem, ing Candhi Kalangon Panjatan gawéning wong nembelas, ing Wotgalih Alang-Alang Omba gawéning wong rolas, ing Sruwuh Melep Pakéyongan gawéning wong rong-puluh, ing Genthan gawéning wong walu, ing Tepakyang gawéning wong rolas, ing Gondhang Kuwarakan Kedhungpring gawéning wong rolas, ing Lirap Jatingarang gawéning wong rolas, ing Pagergunung Logedhé Karètèg gawéning wong patbelas, ing Gendarjibun gawéning wong papat, ing Pelurung Karangpadhang gawéning wong walu, ing Sasak Kumukus gawéning wong walu, ing Kawu gawéning wong selawé, ing Karoya Temenggungan Pakéyongan gawéning wong selawé, ing Murtisari gawéning wong nembelas, ing Sambung gawéning wong walu, ing Krasak Padhudhan gawéning wong walu, ing Semaki gawéning wong rolas, ing Jungkaré Manjungan gawéning wong nenem, ing Temanem gawéning wong papat, ing Keragilan Nusupan gawéning wong nenem, ing Ngebel gawéning wong papat, ing Sidakangen Karangdurèn gawéning wong walu, ing Kajawang gawéning wong sapuluh, ing Semawung gawéning wong walu, ing Sruwuh gawéning wong wolu, ing Ringgit gawé-

f. 241r ning wong walu, ing Mandupa Mriyan gawéning wong walu / ing Randhukuning gawéning wong papat, ing Bungas gawéning wong papat, ing Soka gawéning wong lima, ing Palumbon gawéning wong walu, ing Geparèn gawéning wong papat, ing Candhi Kalangon Margana Warangan Jerukgulung Pacorori Kuwaru gawéning wong telung-puluh loro, ing Pesu gawéning wong papat, ing Kroya maning gawéning wong rolas, ing Gunungwujil Binangun Galémpang Kacepit Karangtawang Meles Bodhèh Pajatan gawéning wong salawé, ing Sarusuh gawéning wong papat, ing Rongkod Pakowangan gawéning wong walu, ing Welahar gawéning wong walu, ing Bata Pakiswiring gawéning wong walu, ing Gambasan gawéning wong walu, ing Tanjungsari gawéning wong papat, ing Gyana gawéning wong papat, ing Langgeng Kamorangan gawéning wong walu, ing Sesélan gawéning wong papat, ing Gabug Pakiswiring gawéning wong walu, ing Bengkal Tegalrukem gawéning wong walu, ing Dalisen Wates Kalideres Jagayudan gawéning wong limalas, ing Karècèk gawéning wong papat, ing Karangbendha Larèn Babadan gawéning wong rolas, ing Sana gawéning wong papat, ing Kacepit gawéning wong loro, ing Marebung Jimus gawéning wong papat, ing Gebalrenak Salogrongan gawéning ing wong sapuluh, ing Kerepjethis gawéning wong walu, ing Geger gawéning wong papat, ing Langonurip gawéning wong walu, ing Guntur gawéning wong papat, ing Kalepu Japuwan gawéning wong walu, ing Kalibandhung gawéning wong papat,   dadi genep cacah gawéning wong sèwu,

dhawahing timbalan-Dalem ing dinten Senèn tanggal ping tigalikur sasi Sawal ing taun Jimakir angkaning warsa, 1 7 3 8   [Monday, 11 November 1811].

35   BL Add. MS. 12342
                                                                         f. 197r–v

Purbakusuma is raised as an Inner Bupati (*Bupati Jero*) assisting Radèn Tumenggung Sumadiningrat. Retaining the title of Radèn Riya, he is hereby allowed the attire of a *Bupati Jero*. As appanage he is granted lands in the named villages amounting to 500 manpower units. Dated 2 December 1811.

7r   Pènget iki nawalaningsun Kangjeng Sultan Hamengkubuwana Sénapati Ingalaga Ngabdurrahman Sayidin Panatagama Kalifatolah,

Sun gadhuhaken marang si Purbakusuma, lumraha ing sira sarupané éya wong kawulaningsun, para Nayaka Bupati-Bupati Mantri-Mantriningsun ing Ngayugyakarta Adiningrat kabèh, apa déné Bupati-Bupati Mantri-Mantriningsun ing moncanegara kabèh,

marmané si Purbakusuma Sun gadhuhi nawalaningsun, déning ing mengko Sun ju(n)jung teka ngisor Sun sengkakaken ing ngaluhur sarta Sun kula-wisud(h)a, Sun gawé Bupati Jero atu(ng)gala gawé lan si Sumadiningrat, arané tetepa kaya lawas Radèn Riya Purbakusuma, lan Sun kawenangaken anggowa apa saanggon-anggoning Bupati, sarta Sun patedhani lilinggih bumi désa cacah gawéning wong limang-atus,   iki arané désané,   ing Brongkol gawéning wong papat, ing Kumusuk gawéning wong papat, ing Palesan gawéning wong papat, ing Turip gawéning wong papat, ing Lebugenèn gawéning wong walu, ing Nagasari gawéning wong papat, ing Bonjok gawéning wong selawé, ing Sarusuh gawéning wong rolas, ing Bakung gawéning wong roro, ing Ngasinan gawéning wong roro, ing Batadéwi gawéning wong rolas, ing Kamondhongan gawéning wong rolas, ing Pakiswiring Ngepoh gawéné wong telung-puluh loro, ing Ngepas gawéning wong walu, ing Palambongan gawéning wong papat, ing Bulu gawéning wong papat, ing Pacar gawéning wong nembelas, ing Sangubanyu gawéning wong nembelas, ing Panggang gawéning wong papat, ing Pagandhokan gawéning wong papat, ing Rongkod Sangubanyu gawéning wong papat, ing Jethak gawéning wong papat, ing Tapak(i)yang gawéning wong telung-puluh loro, ing Karanganyar gawéning wong telung-puluh loro, ing Worawari Kajoran Bodhèh gawéning wong telung-puluh loro, ing Lobang gawéning wong satus, ing Krasa(k) gawe-

f. 197v   ning wong papat, / ing Sungapan gawéning wong papat, ing Pandhéyan Ngadipala gawé-
ning wong papat, ing Kampak gawéning wong walu, ing Gajiyan gawéning wong papat,
ing Tanjung gawéning wong papat, ing Pendhem gawéning wong papat, ing Ngendho
gawéning wong walu, ing Breja gawéning wong papat, ing Kacèmé Kasindon gawéning
wong nenem, ing Mundhu gawéning wong papat, ing Sarebeg gawéning wong roro, ing
Kasencar gawéning wong patbelas, ing Mirit gawéning wong papat, ing Kalideres gawé-
ning wong roro, ing Talepok gawéning wong rong-puluh, ing Trucuk gawéning wong
papat,   dadi genep cacah gawéning wong limang-atus,

dhawahing timbalan-Dalem ing dinten Senèn tanggal ping gangsalwelas wulan
Dulka(ng)idah ing taun Jimakir angkaning warsa, 1 7 3 8 [Monday, 2 December 1811].

36   BL Add. MS. 12342
                                                         f. 212r–214v

Riya Mendura is raised as a *Bupati Nayaka* over all the Outer officials of the Right-hand
administrative department (*Bupati Mantri Jaba Tengen*). Receiving the name and title of
Mas Tumenggung Sindunegara II, he is hereby allowed the attire of a *Bupati Nayaka*. As
appanage he is granted lands in the named villages amounting to 1,100 manpower units,
including 50 manpower units for the *jeksa*. An appanage of 150 manpower units is granted
to Wirayuda, as well as 100 manpower units each to Mertadirja, Sonthawijaya, Ongga-
baya, Wirakrama, Wongsayuda, Tondhamantri, and Tirtakusuma, making a total of 1,950.
Dated 2 December 1811.

f. 212r   Pènget iki nawalaningsun Kangjeng Sultan Hamengkubuwana Sénapati Ingalaga Ngabdur-
rahman Sayidin Panatagama Kalifatolah,

Sun gadhuhaken marang bocah-Ingsun si Riya Mendura, lumraha ing sira sarupané éya
wong kawulaningsun, para Nayaka Bupati-Bupati Mantri-Mantriningsun ing Ngayug-
yakarta Adiningrat kabèh, apa déning Bupati-Bupati Mantri-Mantriningsun ing monca-
negara kabèh,

marmané si Riya Mendura Sun gadhuhi nawalaningsun, déning ing mengko Sun ju(n)jung
teka ngisor Sun sengkakaken ing ngaluhur sarta Sun kula-wisud(h)a, Sun gawé Bupati
angliwoni bocah-Ingsun Bupati Mantri Jaba Tengen kabèh, arané si Riya Mendura Sun
pundhut, Sun patedhani nama Mas Tumenggung Sindunegara, lan Sun kawenangaken
anggowa apa saanggon-anggoning Bupati, sarta Sun patedhani lilinggih bumi désa cacah
gawéning wong sèwu-satus, kalebu linggih ing jeksa gawéning wong sèket,   iki arané
désané,   ing Gombang Wonasigra Sidayukemit gawéning wong telung-puluh limang, ing
Pajatèn Kadhawung gawéning wong rong-puluh, ing Pohkombang Maribaya gawéning
wong rong-puluh, ing Samalangu gawéning wong sangalas, ing Kemiri gawéning wong
papat, ing Kebonagung gawéning wong papat, ing Padureksa gawéning wong nenem, ing
Kedhungsiwur-sawétan-pasar gawéning wong selawé, ing Larangan gawéning wong papat,
ing Salam gawéning wong papat, ing Pajagalan gawéning wong roro, ing Danubayan gawéning
wong papat, ing Gareges gawéning wong selawé, ing Susukan gawéning wong papat, ing
Wates Patrabangan Kedhungpoh Malanggatèn gawéning wong rong-puluh punjul salupit,
ing Pakéron-Sikepan gawéning wong walu, ing Kapedhacandran gawéning wong papat,
ing Pasawahan gawéning wong papat, ing Kajingin gawéning wong selawé, ing Panggung-

v an gawéning wong sapuluh, ing Bedhog ga/wéning wong lima, ing Cakra gawéning wong papat, ing Jomboran Pagedhongan gawéning wong roro, ing Kalimanjung gawéning wong roro, ing Nyamplung gawéning wong roro, ing Teruman gawéning wong papat, ing Logedhé gawéning wong nenem, ing Semilir gawéning wong papat, ing Kulwaru gawéning wong papat, ing Saragenèn gawéning wong siji, ing Lopati salupit, ing Tegal-lurung gawéning wong papat, ing Mendira gawéning wong papat, ing Dhukuh gawéning wong walu, ing Pagambiran gawéning wong roro, ing Babadan gawéning wong papat, ing Temanggal gawéning wong nembelas, ing Tundhan gawéning wong roro, ing Papringan gawéning wong roro, ing Ngandongsari Mudal gawéning wong telu, ing Ngampèl gawéning wong papat, ing Mao gawéning wong nembelas, ing Pakem-Krumpul Banyumalang Karangsalembi gawéning wong rolas, ing Galèndhongan gawéning wong papat, ing Jimus gawéning wong patbelas, ing Gana gawéning wong patbelas, ing Manjungan gawéning wong sapuluh, ing Pajambéyan gawéning wong nenem, ing Kabaturan gawéning wong papat, ing Pajatèn gawéning wong papat, ing Kalemud gawéning wong walu, ing Lemuru gawéning wong papat, ing Sumber gawéning wong papat, ing Kokap gawéning wong papat, ing Kabuntalan gawéning wong papat, ing Temukuh gawéning wong papat, ing Ranyu gawéning wong sapuluh, ing Kuwaru gawéning wong walulikur, ing Kisroyah gawéning wong nembelas, ing Kedhawung gawéning wong rolas, ing Prandhahan gawéning wong roro, ing Beran gawéning wong papat, ing Bawang Kumutungan gawéning wong nembelas, ing Pasalakan gawéning wong papat, ing Kamondhongan gawéning wong papat, ing Sruwadadi gawéning wong papat, ing Kenthèng gawéning wong papat, ing Lempuyang gawéning wong roro, ing Jombang gawéning wong papat, ing Welahar gawéning wong telung-puluh nenem, ing Madana gawéning wong selawé, ing Pakupèn Kaliwon gawéning wong nembelas, ing Kasendhèn gawéning wong papat, ing Ngèren-Pawalu/ngan gawéning wong papat, ing Jelapa gawé-ning wong walu, ing Panambangan Pakirèn gawéning wong nembelas, ing Kacèmé gawéning wong sèket, ing Pakebowan gawéning wong pitung-puluh, ing Palumbon Kalondran gawéning wong walu, ing Jerakah Sélatiyang gawéning wong walulas, ing Wonaléla gawéning wong rolas, ing Giling gawéning wong papat, ing Katreban gawéning wong walu, ing Jana gawéning wong rolas, ing Palenthèn gawéning wong rolas, ing Kagungan gawéning wong rolas, ing Geparang gawéning wong walu, ing Tegaltemu gawéning wong rolas, ing Sélasindhutan gawéning wong papat, ing Kalegèn gawéning wong sèket, ing Kebondalem Kedhungwalingi Sentul Gunung Pasa(ng)grahan Mandhing Ngadiraja Kapucangan gawéning wong rong-puluh, ing Menawa Patrasaran gawéning wong selawé, ing Pacombéyan gawéning wong papat, ing Saladiran gawéning wong rolas, ing Balimbing Cangkring gawéning wong walu, ing Jejeruk gawéning wong walu, ing Kabokangan Kathithang gawéning wong papat, ing Ngumpul gawéning wong walu, ing Tegalwungu gawéning wong patbelas, ing Pakumbangan Toyasri gawéning wong papat, ing Kacèmé malih gawéning wong papat, ing Bataputih Kaputrèn gawéning wong walu, ing Kedhungpoh Patrabangsan gawéning wong papat, ing Kebonanom gawéning wong papat, dadi genep cacah gawéning wong sèwu satus,

ana déné kang dadi lilinggihé bocah-Ingsun si Wirayuda, sakancané kebayan, cacah gawé-ning wong karo-belah, iki arané désa, ing Taréka Kacendok Wanatalang gawéning wong selawé, ing Tiyata Kedhungdhukuh gawéning wong walu, ing Kasendhèn Mukit gawéning wong nenem, ing Butuhbraga Kemiri Gondhok Dhukuh gawéning wong rolas, ing Nganten Pagendulan gawéning wong papat, ing Palumbon gawéning wong rolas, ing

Sidatapa gawéning wong rolas, ing Kaliwungu gawéning wong rolas, ing Genitem gawéning wong nem, ing Pagambasan gawéning wong rolas, ing Palumbon maning gawé- ning wong rong-puluh, ing Géyèr / Kalimula gawéning wong nembelas, dadi genep cacah karo-belah,

f. 213v

ana déné kang dadi lilinggih bocah-Ingsun si Mertadirja, cacah gawéning wong satus, iki arané désané, ing Kebonkacageran gawéning wong nembelas, ing Widuri gawéning wong papat, ing Bojan gawéning wong papat, ing Karèn gawéning wong papat, ing Karangdurèn Kedhungbanthèng gawéning wong papat, ing Kamal gawéning wong walu, ing Pajapuhan gawéning wong papat, ing Lobang gawéning wong papat, ing Dhèngkol gawéning wong nenem, ing Kuwarakan gawéning wong walu, ing Lobang maning gawéning wong papat, ing Dhèngkol maning gawéning wong nenem, ing Kuwarakan maning gawéning wong walu, ing Karangwungu gawéning wong papat, ing Madayu gawéning wong papat, ing Kelonthong gawéning wong walu, dadi genep cacah gawéning wong satus,

ana déné kang dadi lilinggihé bocah-Ingsun si Sonthawijaya, cacah gawéning wong satus, iki arané désané, ing Jana gawéning wong selawé, ing Pogung gawéning wong nembelas, ing Pakèl gawéning wong papat, ing Kaliguci gawéning wong roro, ing Larangan gawéning wong walu, ing Wanusaba gawéning wong papat, ing Sempol gawé- ning wong walu, ing Kuwarasan gawéning wong roro, ing Pangasinan gawéning wong papat, ing Karangkepuh gawéning wong papat, ing Lebak gawéning wong roro, ing Temuwangi gawéning wong roro, ing Ngangin gawéning wong walu, dadi genep cacah gawéning wong satus,

f. 214r

ana déné kang dadi lilinggihé bocah-Ingsun si Onggabaya, cacah gawéning wong satus, iki arané désané, ing Jana gawéning wong selawé, ing Brungkah gawéning wong ro/las, ing Gambasan gawéning wong walu, ing Dhondhong gawéning papat, ing Pakiswiring Kabumèn gawéning wong papat, ing Puluwuhan gawéning wong walu, ing Kadarèn gawéning wong walu, ing Kalemud Jembangan gawéning wong walu, ing Gathak Besari Delanggonggayam gawéning wong rolas, ing Puluw(uh)an maning gawéning wong papat, dadi genep cacah gawéning wong satus,

ana déné kang dadi lilinggihé bocah-Ingsun si Wirakrama, cacah gawéning wong satus, iki arané désané, ing Tepus gawéning wong nembelas, ing Kendhayakan gawéning wong walu, ing Kabakalan gawéning wong rolas, ing Tanabaya gawéning wong rong- puluh, ing Kabaturan gawéning wong walu, ing Tanjung gawéning wong selawé, ing Nganthen gawéning wong papat, ing Tegalyasa Jethis gawéning wong papat, dadi genep cacah gawéning wong satus,

ana déné kang dadi lilinggihé bocah-Ingsun si Wongsayuda, cacah gawéning wong satus, iki arané désané, ing Patapan Bantir Kalinglingse(m) gawéning wong sanga, ing Kemawi Pagangsiran gawéning wong walulas, ing Kasèsèh Kaseneng Kemuning gawéning wong sanga, ing Losari gawéning wong papat, ing Ngrokod gawéning wong salawé, ing Wonasigra gawéning wong rolas, ing Cacaban gawéning wong walu, ing Kabayèn gawéning wong walu, ing Piyanggang gawéning wong papat, dadi genep cacah gawé- ning wong satus,

ana déné kang dadi lilinggihé bocah-Ingsun si Tondhamantri, cacah gawéning wong satus, iki arané désané, ing Citra gawéning wong telung-puluh roro, ing Kerep gawéning wong

v / papat, ing Lugu gawéning wong patbelas, ing Butuh gawéning wong rong-puluh, ing Senuka gawéning wong walu, ing Kamal gawéning wong papat, ing Brengosan Kadanèn gawéning wong papat, ing Kapencar gawéning wong roro, ing Karanganyar gawéning wong roro, ing Palumbon Mirisèwu gawéning wong nem, dadi genep cacah gawéning wong satus,

ana déné kang dadi lilinggihé bocah-Ingsun si Tirtakusuma, cacah gawéning wong satus, iki arané désané, ing Paliyan Karangkopèk Nglawura Kayutawa Cèkèl Pangodhancabé Sentul gawéning wong rong-puluh, ing Patragenar Penggeldulan Margasana gawéning wong nembelas, ing Pangibikan gawéning wong nenem, ing Paturunan gawéning wong papat, ing Brajatakan gawéning wong nembelas, ing Pucangsawit gawéning wong sapuluh, ing Kemasan gawéning wong walu, ing Jrébèng gawéning wong walu, ing Butuh gawéning wong walu, dadi genep cacah gawéning wong satus,

gu(ng)gung lilinggihé bocah-Ingsun si Sindunegara, sakancané mantri kalebu linggih ing jeksa kebayan, kabèh dadi cacah gawéning wong sèwu sangang-atus sèket,

dhawahing timbalan-Dalem ing dinten Senèn tanggal ping gangsalwelas wulan Dulka(ng)idah ing taun Jimakir angkaning warsa, 1 7 3 8

[Monday, 2 December 1811].

37 BL Add. MS. 12342
f. 229r–v

Ragadiwirya is raised as a *Mantri Pamajegan*. Retaining the title of Demang, he is hereby allowed the attire of a *Mantri Pamajegan*. As appanage he is granted four manpower units and is allotted usufruct over royal taxable lands in the named villages amounting to thirty-one manpower units for which he is assessed a tax (*pajeg*) of nineteen real payable at the *Garebeg Puwasa* and *Garebeg Mulud* celebrations respectively.

9r Pènget iki nawalaningsun Kangjeng Sultan Hamengkubuwana Sénapati Ingalaga Ngabdurrahman Sayidin Panatagama Chalifatolah,

Sun gadhuhaken marang bocah-Ingsun si Ragadiwirya, lumraha ing sira sarupané éya wong kawulaningsun para Nayaka Bupati-Bupati Mantri-Mantriningsun ing Ngayugyakarta Adiningrat kabèh, apa déné Bupati-Bupati Mantri-Mantriningsun ing moncanegara kabèh,

marmané si Ragadiwirya, Sun gadhuhi nawalaningsun déning ing mengko Sun ju(n)jung teka ngisor Sun sengkakaken ing ngaluhur, sarta Sun kula-wisud(h)a, Sun gawé Mantri Pamajegan arané tetepa kaya lawas, Sun wuwuhi nama Demang Ragadiwirya, lan Sun kawenangaken anggowa apa saanggon-anggoning Mantri Pamajegan, sarta Sun gadhuhi kagungan-Ingsun bumi pamajegan cacah gawéning wong telung-puluh siji, kalebu kang Sun patedhakaken dadi lilinggihé cacah gawéning wong papat, iki arané désané, ing Patuk gawéning wong nemlikur, ing Rubajaran Gunung Pakauman gawéning wong lima, **9v** dadi genep cacah gawéning wong telung-pu/luh siji, kalebu kang Sun patedhakaken dadi lilinggihé cacah gawéning wong papat kagungan-Ingsun pamajegan dadi kari cacah gawéning wong pitulikur, diladèkna pajegé ping pindho sataun, ing Bakda Garebeg Pasa sangalas réyal, ing Bakda Garebeg Mulud iya sangalas réyal, ing dalem sataun dadi telung-puluh punjul walung réyal, patang réyal lan anelung-puluh uwang saréyalé patampané saréyal suwang.

38

BL Add. MS. 12342
f. 257r–258r

Mertalaya II is raised as Outer Bupati of the Left-hand administrative department (*Bupati Jaba Kiwa*) assisting Radèn Tumenggung Natayuda I. Retaining the title of Radèn Tumenggung, he is hereby allowed the attire of a *Bupati Nayaka*. As appanage he is granted lands in the named villages amounting to 500 manpower units. A further 100 each are assigned to his assistants Singadiwirya, Prabaleksana, and Singayuda. Document incomplete and undated, but sometime before November 1803 and probably *c*.1795.

f. 257r   Pènget iki nawalaningsun Kangjeng Sultan Hamengkubuwana Sénapati Ingalaga Ngabdurrahman Sayidin Panatagama Kalifatolah,

Sun gadhuhaken marang bocah-Ingsun si M(e)rtalaya lumraha ing sira sarupané éya wong kawulaningsun para Nayaka Bupati-Bupati Mantri-Mantriningsun ing Ngayugyakarta Adiningrat kabèh apa déné Bupati-Bupati Mantri-Mantriningsun ing moncanegara kabèh,

marmané si M(e)rtalaya Sun gadhuhi nawalaningsun, déning ing mengko Sun ju(n)jung teka ngisor Sun sengkakaken ing ngaluhur sarta Sun kula-wisud(h)a, Sun gawé Bupati Jaba Kiwa atunggala gawé lan si Natayuda, arané tetepa kaya lawas, Radèn Tumenggung M(e)rtalaya, lan Sun kawenangaken anggowa apa saanggon-anggoning Bupati, sarta Sun patedhani lenggah bumi désa cacah gawéning wong limang-atus, iki arané désané, ing Pekuton gawéning wong rolas, ing Banjarwaron gawéning wong walu, ing Pageran gawéning wong walu, ing Rejasa gawéning wong rolas, ing Kalegèn gawéning wong walu, ing Sangèn gawéning wong papat, ing Pasuruhan gawéning wong papat, ing Sutan Kabongkongan gawéning wong papat, ing Gesikan gawéning wong roro, ing Ngabetan gawéning wong sapuluh, ing Madalangu Tulangan gawéning wong walu, ing Ngaliyan Ngapukan gawéning wong walu, ing Kabakungan Jethis gawéning wong rolas, ing Gathak gawéning wong walu, ing Kadiresa gawéning wong papat, ing Wunut gawéning wong walu, ing Sepet gawéning wong roro, ing Ketaon gawéning wong rolas, ing Pasawahan gawéning wong walu, ing Matenan gawéning wong papat, ing Ngemplak gawéning wong papat, ing Juwog gawéning wong roro, ing Péngkol gawéning wong walu, ing Bakalan gawéning wong papat, ing Sudimara gawéning wong roro, ing Gumul Gelagah gawéning wong walu, ing Gondhanglegi Telabong gawéning wong walu, ing Jimus gawéning wong roro, ing Warèng gawéning wong walung-puluh, ing Parigelan gawéning wong telung-puluh roro, ing Ngampèl gawéning wong nembelas, ing Watu Ponggawèn gawéning wong nenem, ing Ngijo gawéning wong telung-puluh roro, ing Pasapèn gawéning wong selawé,

f. 257v   ing Wadha/s Gondhang Kepanjèn gawéning wong rolas, ing Dhukuh Brubung gawéning wong rolas, ing Jenalas Welèri gawéning wong rolas, ing Werukelayu gawéning wong walu, ing Kedhungdawa gawéning wong papat, ing Karangbendha gawéning wong walu, ing Mendarang gawéning wong papat, ing Mayang Pakéyongan gawéning wong walu, ing Kalutan gawéning wong walu, ing Nasagi gawéning wong roro, ing Rajegwesi Karupekan gawéning wong telu, ing Wiru gawéning wong rolas, ing Jebagan Jaha Karangwuni gawéning wong walu, ing Tangkisan Kaliresa gawéning wong papat,

ana déné kang dadi lilinggihé bocah-Ingsun si Singadiwirya cacah gawéning wong satus, iki arané désané, ing Gabug gawéning wong telung-puluh roro, ing Jenu gawéning wong papat, ing Kalimundhu gawéning wong papat, ing Kalibayan gawéning wong papat, ing Dawegan gawéning wong papat, ing Ngadigunung gawéning wong rolas, ing

Mondhalika gawéning wong papat, ing Kapaitan Kagungan gawéning wong rolas, ing Trayu gawéning wong rong-puluh,   dadi genep cacah gawéning wong satus,

kang dadi lilinggihé bocah-Ingsun si Prabaleksana, cacah gawéning wong satus,   iki arané désané,   ing Kalepu gawéning wong walu, ing Nguling gawéning wong nenem, ing Ngrawong gawéning wong papat, ing Kaliguci gawéning wong roro, ing Dhagèn Sungkul gawéning wong rolikur, ing Banjarwaron Kabongkangan gawéning wong nembelas, ing Tepus gawéning wong papat, ing Pasanggrahan gawéning wong papat, ing Karangjinem Singalaba gawéning wong walu, ing Lowanu Tunggakkaum gawéning wong sapuluh, ing Dhalungan gawéning wong papat, ing Lowanu maning gawéning wong papat, ing Gebal gawéning wong walu,   / dadi genep cacah gawéning wong satus,

kang dadi lilinggihé bocah-Ingsun si Singayuda cacah ing gawéning wong satus,   iki arané désané,   ing Dhuwet gawéning wong papat, ing Baleber gawéning wong papat, ing Pasuruhan gawéning wong papat, ing Salégrangan gawéning wong papat, ing Sudimara gawéning wong nenem, ing Telawong gawéning wong papat, ing Ketaon gawéning wong papat, ing Gumul gawéning wong papat, ing Mondalangu gawéning wong papat, ing Juwog gawéning wong roro, ing Tegalrukem gawéning wong rolas, ing Ngampèl gawéning wong papat, ing Déwi gawéning wong papat, ing Mayang Karangwaru gawéning wong walu, ing Pawelutan gawéning wong nembelas, ing Gondhang gawéning wong papat, ing Lengki gawéning wong papat, ing Gebal gawéning wong papat,   dadi genep cacah gawéning wong satus.

39   BL Add. MS. 12342
                                                                                     f. 259r–v
                                                                                     (f. 255r)

Cakradiwirya is raised to the rank of Tumenggung and, together with R. T. Wiryadipura, is charged with overseeing (*rumeksa*) all royal lands in Mataram. Retaining the title of Radèn Tumenggung, he is hereby allowed the attire of a Tumenggung. As appanage he is granted lands in named villages amounting to 100 manpower units. The unfinished document describes duties expected in keeping 'law and order' and overseeing security in Mataram under direct supervision of Radèn Adipati Danureja II. Undated, but certainly before 31 October 1808 when he was ordered to take specific measure against criminals in Mataram districts, see Section I, Part 2, no. 9 below (f. 255r is a shortened version).

Pènget iki nawalaningsun Kangjeng Sultan Hamengkubuwana Sénapati Ingalaga Ngabdurrahman Sayidin Panatagama Kalifatolah,

Sun gadhuhaken marang si Cakradiwirya, lumraha ing sira sarupané éya wong kawulaningsun para Nayaka Bupati-Bupati Mantri-Mantriningsun ing Ngayogyakarta Adiningrat kabèh, apa déné Bupati-Bupati Mantri-Mantriningsun ing moncanegara kabèh,

marmané si Cakradiwirya Sun gadhuhi nawalaningsun, déné ing mengko Sun ju(n)jung teka ngisor Sun sengkakaken ing ngaluhur sarta Sun kula-wisud(h)a, Sun gawé Tumenggung rumeksa ing kagungan-Ingsun bumi désa tanah Mataram kabèh, asisihana lan si Wiryadipura, arané tetepa kaya lawas, Sun wuwuhi nama Radèn Tumengung Cakradiwirya, lan Sun kawenangaken anggowa apa saanggon-anggoning Tumenggung, sarta Sun patedhani lenggah bumi désa cacah gawéning wong satus,   iki arané désané, ing Sélagajah gawéning wong walu, ing Kaputon Sayangan Ngungaran gawéning wong rolas, ing Kapokoh gawéning wong roro, ing Rongkod gawéning wong roro, ing Kiyangkong gawéning wong papat, ing Sekambangsoka gawéning wong walu, ing Srowol gawéning wong papat, ing Sirat gawéning wong papat, ing Babadan gawéning wong pitu punjul salupit saidu, ing Borosan gawéning wong roro punjul salupit, ing Ngancur Brajan gawéning wong papat, ing Jalegong Béjèn gawéning wong papat, ing Wanasidi gawéning wong walu, ing Bantardawa gawéning wong nenem, ing Kedhungpring gawéning wong nenem, ing Grahulan gawéning wong roro, ing Kaligalang Kabanaran gawéning wong papat, ing Peté gawéning wong papat, ing Pajatèn gawéning wong papat,   dadi genep cacah gawéning wong satus,

f. 259v   ana déné gawéné anglakoni ing sakarsa-karsaningsun, lan angupayaha wong ala, ga/wéné angècu bégal memaling calong juput, lan abeneri wong padu bicarané bocah-Ingsun cilik-cilik ing désa kabèh, dibenerana kang bener, kang wis dadi tarimané, ana déné wragadané wong padu, apa sauniné ing kagungan-Ingsun layang kang angger kang wis lumaku, yèn ora dadi tarimané disaosna ing Paréntah, lan yèn ana lakuné bocah-Ingsun, anggawa layang parentahé si Danureja, iku Sun lilani, yèn amundhutana suguh dhayohé, samurwaté buminé kang dilakoni, sarta Sun lilani amundhutana pasangon sajung sapuluh dhuwit, yèn ora anggawa layang, parentahé si Danureja, ora Sun lilani yèn amundhutana pasuguh dhayohé, poma-poma pacuwan yèn balébèk teka ing patedhan-Ingsun nuwala, sarta waler kang muni ngarep ika mau apa sakarasan-Ingsun dadi.

40   BL Add. MS. 12341
                                                                   f. 287v

Ngabèhi Mangunnegara is made *Panèwu* over the *Gedhong Tengen*. Retaining the title Ngabèhi, he is hereby allowed the attire of a *Bekel Panèwu*. As appanage he is granted 100 manpower units. Document on *dluwang* is incomplete and fragmentary. See above no. 19.

f. 287v   Sura

Sun kula-wisud(h)a, Sun gawé panèwuné bocah-Ingsun Gedhong Tengen, arané tetepa kaya lawas nama Ngabèhi Mangunnegara, lan Sun kawenangaken anggowa apa saanggon-anggoné bekelipun panèwu, sarta Sun patedhani linggih cacah gawéning wong satus (...).

Provincial Administration

41   BL Add. MS. 12342
                                                                   f. 203r

Sumadipura is raised as a Bupati in the Yogyakarta *mancanagara* (outlying provinces) lands of Japan (Majakerta). Retaining the title of Mas Tumenggung, he is hereby allowed the attire of a Bupati. As appanage he is granted lands amounting to 1,000 manpower units, all functioning (*urip kabèh*), including an additional 100 (*urip*/functioning) units. Dated 25 February 1796.

f. 203r   Pènget iki nawalaningsun Kangjeng Sultan Hamengkubuwana Sénapati Ingalaga Ngabdur-rahman Sayidin Panatagama Chalifatolah,

Sun gadhuhaken marang bocah-Ingsun si Sumadipura, lumraha ing sira sarupané éya wong kawulaningsun, para Nayaka Bupati-Bupati Mantri-Mantriningsun ing Ngayugyakarta Adiningrat kabèh, apa déné Bupati-Bupati Mantri-Mantriningsun ing moncanegara kabèh,

marmané si Sumadipura Sun gadhuhi nawalaningsun déné ing mengko Sun ju(n)jung teka ngisor Sun sengkakaken ing ngaluhur sarta Sun kula-wisud(h)a, Sun gawé Bupati moncanegara, arané tetepa kaya lawas Mas Tumenggung Sumadipura, lan Sun kawenangaken anggowa apa saanggon-anggoning Bupati, sarta Sun patedhani lilinggih kagungan-Ingsun bumi ing Japan cacah gawéning wong sèwu urip kabèh, kalebu undhak-undhakaké kang urip saiki cacah gawéning wong satus,

dhawahing timbalan-Dalem ing dinten Kemis tanggal ping nembelas sasi Saban ing taun Jimakir angkaning warsa, 1 7 2 2   [Thursday, 25 February 1796].

42   BL Add. MS. 12342
                                                                         f. 256r

Sasrawinata is raised as a *Bupati Miji* in the *mancanagara*. Receiving the title of Kyai Adipati Purwadiningrat, he is hereby allowed the attire of a *Bupati Kliwon*. As appanage he is granted lands in Magetan amounting to 800 manpower units, in addition to 200 units are given (*wuwuhi*) from royal lands in Madiun-Goranggarèng, making a total of 1,000 manpower units. Each *Garebeg Puwasa* and *Garebeg Mulud* he is charged with the *pasumping* tribute of 285 real. Dated 13 February 1797. See Plate 6.

6r   Pènget iki nawalaningsun Kangjeng Sultan Hamengkubuwana Sénapati Ingalaga Ngabdurrahman Sayidin Panatagama Chalifatolah,

Sun gadhuhaken marang si Sasrawinata lumraha ing sira sarupané éya wong kawulan-ingsun para Nayaka Bupati-Bupati Mantri-Mantriningsun ing Ngayogyakarta Adiningrat kabèh, apa déné Bupati-Bupati Mantri-Mantriningsun ing moncanagara kabèh,

marmané si Sasrawinata Sun gadhuhi nawalaningsun déné ing mengko Sun ju(n)jung teka ngisor Sun sengkakaken ing ngaluhur sarta Sun kula-wisud(h)a, Sun gawé Bupati moncanagara miji, arané Sasrawinata Sun pundhut, Sun patedhani nama Kyai Adipati Purwaadiningrat, lan Sun kawenangaken anggowa apa saanggon-anggoning Bupati Kaliwon, sarta Sun patedhani lilinggih kagungan-Ingsun bumi ing Kemagetan cacah gawéning wong walung-atus lan Sun wuwuhi kagungan-Ingsun bumi ing Madiyun-Goranggarèng cacah gawéning wong rong-atus kabèh dadi genep cacah gawéning wong sèwu, lan ing saben-saben Garebeg Pasa Mulud, angladèkna pasumping, Garebeg Pasa rong-atus walung-puluh réyal punjul limang réyal, Garebeg Mulud iya rong-atus walung-puluh réyal punjul limang réyal, réyalan anelung-puluh uwang saréyalé sarta lan patampané saréyal suwang,

dhawahing timbalan-Dalem ing dinten Senèn tanggal ping gangsalwelas sasi Saban ing taun Alip angkaning warsa, 1 7 2 3   [Monday, 13 February 1797].

43   BL Add. MS. 14397
                                                                         f. 45r

Sasrataruna is raised as a Bupati in the *mancanagara* lands. Receiving the title of Radèn Tumenggung Sasranegara, he is hereby allowed the attire of a Bupati. As appanage he is granted lands in Grobogan amounting to 1,833 manpower units of which 1,050 are deemed to be functioning (*urip*). Any decrease or increase in these functioning units is to be reported. Dated 21 May 1807.

f. 45r Pènget iki nawalaningsun Kangjeng Sultan Hamengkubuwana Sénapati Ingalaga Ngabdurrahman Sayidin Panatagama Chalifatolah,

Sun gadhuhaken marang si Sasrataruna lumraha ing sira sarupané éya wong kawulaningsun para Nayaka Bupati-Bupati Mantri-Mantriningsun ing Ngayugyakarta Adiningrat kabèh, apa déné Bupati-Bupati Mantri-Mantriningsun ing moncanegara kabèh,

marmané si Sasrataruna, Sun gadhuhi nawalaningsun, déné ing mengko Sun ju(n)jung teka ngisor, Sun sengkakaken ing ngaluhur, sarta Sun kula-wisud(h)a, Sun gawé Bupati moncanegara, arané Sun pundhut, Sun patedhani nama Radèn Tumenggung Sasranegara, lan Sun kawenangaken anggowa apa saanggon-anggoning Bupati, sarta Sun patedhani lilinggih kagungan-Ingsun bumi ing Garobogan cacah gawéning wong sèwu walung-atus, telung-puluh telu, saiki Sun trima urip cacah gawéning wong sèwu sèket, lan ing saben-saben taun kagungan-Ingsun bumi kang mati, yèn ana undhaké uripé atawa oraa, angunjukna uninga ing Panjenengan-Ingsun,

dhawahing timbalan-Dalem ing dinten Kemis tanggal ping tigawelas sasi Rabingulawal ing taun Jé angkaning warsa, 1 7 3 4   [Thursday, 21 May 1807].

44   BL Add. MS. 12342
                                                                              f. 186r-v

Cakradipura I is raised as a *Bupati Miji* in the *mancanagara*. Receiving the title of Radèn Tumenggung Sasradipura, he is hereby allowed the attire of a Bupati. As appanage he is granted lands in Magetan amounting to 400 manpower units. In addition he is given 250 units from the royal lands at Madiun-Goranggarèng, totalling 650 manpower units, all functioning. However, 275 are charged with a tax burden (*pajeg*) of 185 real payable at the *Garebeg Mulud* and *Garebeg Puwasa*. Dated 1 January 1810.

f. 186r Pènget iki nawalaningsun Kangjeng Sultan Hamengkubuwana Sénapati Ingalaga Ngabdurrahman Sayidin Panatagama Kalifatolah,

Sun gadhuhaken marang bocah-Ingsun si Cakradipura, lumraha ing sira sarupané éya wong kawulaningsun para Nayaka Bupati-Bupati Mantri-Mantriningsun ing Ngayugyakarta Adiningrat kabèh, apa déné bocah-Ingsun Bupati-Bupati Mantri-Mantriningsun ing moncanegara kabèh,

marmané si Cakradipura sun gadhuhi nawalaningsun, déné ing mengko Sun ju(n)jung teka ngisor Sun sengkakaken ing ngaluhur sarta Sun kula-wisud(h)a, Sun gawé Bupati moncanegara Miji, arané si Cakradipura Sun pundhut, Sun patedhani nama Rahadèn Tumenggung Sasradipura, lan Sun kawenangaken anggowa apa saanggon-anggoning Bupati, sarta Sun patedhani lilinggih kagungan-Ingsun bumi ing Kemagetan cacah gawéning wong patang-atus lan Sun wuwuhi kagungan-Ingsun bumi ing Madiyun-Goranggarèng cacah gawéning wong telu-belah atus, kabèh dadi cacah gawéning wong kapitu-belah atus urip kabèh, nanging kang cacah gawéning wong rong-atus telung-lawé, diladèkna pajegé, ing dalem satauné telung-atus pitung-puluh réyal, diladèkna ping pindho setaun ing Bakda Garebeg Mulud satus wolung-puluh réyal punjul limang réyal, ing Bakda Garebeg Pasa iya satus wolung-puluh réyal punjul limang réyal, pad(h)a réyal anelung-puluh uwang saréyalé, sarta sapatampané saréyal suwang,

dhawahing timbalan-Dalem ing din(ten) Senèn tanggal ping kawanlikur sasi Dulkangidah
v ing taun Bé / angkaning, warsa 1 7 3 6   [Monday, 1 January 1810].

45   BL Add. MS. 12342
                                                                              f. 196r–v

Ranawinata is raised as a *Bupati Miji* in the *mancanagara*. Receiving the title of Radèn Tumenggung Sasrawinata III, he is hereby allowed the attire of a Bupati. As appanage he is granted lands in Magetan amounting to 400 manpower units. In addition he is given 250 units from the royal lands in Madiun-Goranggarèng, totalling 650 manpower units, all functioning. However, 275 are charged with the tax burden (*pajeg*) of 185 real payable at the *Garebeg Mulud* and *Garebeg Puwasa* respectively. Dated 1 January 1810.

r Pènget iki nawalaningsun Kangjeng Sultan Hamengkubuwana Sénapati Ingalaga Ngabdur-rahman Sayidin Panatagama Kalifatolah,

Sun gadhuhaken marang bocah-Ingsun si Ranawinata, lumraha ing sira sarupané éya wong kawulaningsun para Nayaka Bupati-Bupati Mantri-Mantriningsun ing Ngayugyakarta Adiningrat kabèh, apa déné Bupati-Bupati Mantri-Mantriningsun ing moncanegara kabèh,

marmané si Ranawinata Sun gadhuhi nawalaningsun, déné ing mengko Sun ju(n)jung teka ngisor Sun sengkakaken ing ngaluhur sarta Sun kula-wisud(h)a, Sun gawé Bupati monca-negara Miji, arané si Ranawinata Sun pundhut, Sun patedhani nama Radèn Tumenggung Sasrawinata, lan Sun kawenangaken anggowa apa saanggon-anggoning Bupati, sarta Sun patedhani lilinggih kagungan-Ingsun bumi ing Kemagetan, cacah gawéning wong patang-atus, lan Sun wuwuhi kagungan-Ingsun bumi ing Madiyun-Goranggarèng cacah gawéning wong katelu-belah atus, kabèh dadi cacah gawéning wong kapitu-belah atus, urip kabèh,

nanging kang cacah gawéning wong rong-atus telung-lawé, diladèkna pajegé, ing dalem satauné telung-atus pitung-puluh réyal, diladèkna ping pindho sataun, ing Bakda Garebeg Mulud satus wolung-puluh réyal punjul limang réyal, ing Bakda Garebeg Pasa iya satus wolung-puluh réyal punjul limang réyal, pad(h)a réyal anelung-puluh uwang saréyalé, sarta sapatampané saréyal suwang,

dhawahing timbalan-Dalem ing dinten Senèn tanggal ping kawanlikur sasi Dulkangidah
v ing / taun Bé angkaning warsa, 1 7 3 6   [Monday, 1 January 1810].

46   BL Add. MS. 12342
                                                                              f. 184r–v

Dipakusuma is raised as joint *Bupati Wedana* over all Yogyakarta *mancanagara* Bupati, serving with R.T. Prawirasentika. Retaining the title of Pangéran, he is allowed the attire of a *mancanagara* Wedana. As appanage he is granted royal lands in Madiun amounting to 6,000 manpower units of which 2,000 are deemed functioning. Dated 17 January 1811.

f. 184r　　Pènget iki nuwalaningsun Kangjeng Sultan Hamengkubuwana Sénapati Ingalaga Ngabdur-
rahman Sayidin Panatagama Chalifatolah,

Sun gadhuhaken marang bocah-Ingsun si Dipakusuma, lumraha ing sira sarupané iya wong
kawulaningsun para Niyaka Bupati-Bupati Mantri-Mantriningsun ing Ngayogyakarta
Adiningrat kabèh, apa déné Bupati-Bupati Mantri-Mantriningsun ing moncanegara kabèh,

marmané si Dipakusuma, Sun gadhuhi nawalaningsun, déné ing mengko Sun ju(n)jung
teka ing ngisor Sun sengkakaken ing ngaluhur sarta Sun kula-wisud(h)a, Sun gawé Bupati
amedanani bocah-Ingsun Bupati ing moncanegara, asisiya karo si Prawirasentika, arané
tetepa kaya lawas, Pangéran Dipakusuma, lan Sun kawenangaken anggowa apa saanggon-
anggoning Wedana moncanegara, sarta Sun patedhani lilinggih kagungan-Ingsun bumi ing

f. 184v　　Madiyun cacah gawé/né wong nem-èwu, saka iki Sun trima urip cacah gawéning wong
rong-èwu,

dhawahing timbalan-Dalem ing dinten Kemis tanggal ping selikur sasi Besar ing taun
Wawu angkaning warsa, 1 7 3 7　　　　　　　　　　　　[Thursday, 17 January 1811].

47　　　　　　　　　　　　　　　　　　　　　　　　BL Add. MS. 12342
　　　　　　　　　　　　　　　　　　　　　　　　　　　　f. 198r

Prawirasentika is raised as joint *Bupati Wedana* over all Yogyakarta *mancanagara* Bupati,
serving with Pangéran Dipakusuma. Retaining the title Radèn Tumenggung, he is hereby
allowed the attire of a *mancanagara* Bupati Wedana. As appanage he is granted royal
lands in Jipang-Bauwerna amounting to 1,250 manpower units, plus 750 in Jipang-
Pasekaran, giving a total of 2,000 manpower units. However, 750 are burdened with a
yearly tax of 1,607. Dated 17 January 1811.

f. 198r　　Pènget iki nawalaningsun Kangjeng Sultan Hamengkubuwana Sénapati Ingalaga Ngabdur-
rahman Sayidin Panatagama Kalifatolah,

Sun gadhuhaken marang bocah-Ingsun si Prawirasantika, lumraha ing sira sarupané éya
wong kawulaningsun, para Nayaka Bupati-Bupati Mantri-Mantriningsun ing Ngayugya-
karta Adiningrat kabèh, apa déné Bupati-Bupati Mantri-Mantriningsun ing moncanegara
kabèh,

marmané si Prawirasantika Sun gadhuhi nawalaningsun déné ing mengko Sun ju(n)jung
teka ngisor Sun sengkakaken ing ngaluhur sarta Sun kula-wisud(h)a, Sun gawé Bupati
amedanani bocah-Ingsun Bupati moncanegara, asisiya karo si Dipakusuma, arané tetepa
kaya lawas, Radèn Tumenggung Prawirasantika, lan Sun kawenangaken anggowa apa
saanggon-anggoning Wedana moncanegara, sarta Sun patedhani lilinggih kagungan-Ingsun
bumi ing Jipang-Bauwerna cacah gawéning wong sèwu rong-atus sèket, lan Sun wuwuhi
kagungan-Ingsun bumi ing Jipang-Pasekaran cacah gawéning wong pitung-atus sèket,
kabèh dadi cacah gawéning wong rong-atus, iki Sun trima urip cacah gawéning wong
sèwu walung-atus sèket,

nanging kang cacah gawéning wong pitung-atus sèket, diladèkna pajegé ing dalem sataun
sèwu nem-atus pitung-puluh, réyal punjul limang réyal, padha réyalan anelung-puluh
uwang saréyal,

dhawahing timbalan-Dalem ing dinten Kemis tanggal ping salikur sasi Besar ing taun
Wawu angkaning warsa, 1 7 3 7　　　　　　　　　　　　[Thursday, 17 January 1811].

48   BL Add. MS. 12342
                                                          f. 194r

Jayaprawira is raised as a *mancanagara* Bupati. Receiving the title of Radèn Tumenggung, he is hereby allowed the attire of a *mancanagara* Bupati. As appanage he is granted royal lands in Madiun amounting to 2,040 manpower units of which 833 are deemed to be functioning. Dated 17 January 1811.

4r Pènget iki nawalaningsun Kangjeng Sultan Hamengkubuwana Sénapati Ingalaga Ngabdurrahman Sayidin Panatagama Chalifatolah,

Sun gadhuhaken marang bocah-Ingsun si Jayaprawira, lumraha ing sira sarupané éya wong kawulaningsun para Nayaka Bupati-Bupati Mantri-Mantriningsun ing Ngayugyakarta Adiningrat kabèh, apa déné Bupati-Bupati Mantri-Mantriningsun ing moncanegara kabèh,

marmané si Jayaprawira Sun gadhuhi nawalaningsun, déning ing mengko Sun ju(n)jung teka ngisor Sun sengkakaken ing ngaluhur, sarta Sun kula-wisud(h)a, Sun gawé Bupati moncanegara, arané tetepa kaya lawas, Sun wuwuhi nama Radèn Tumenggung Jayaprawira, lan Sun kawenangaken anggowa apa saanggon-anggoning Bupati moncanegara, sarta Sun patedhani lilinggih kagungan-Ingsun bumi ing Madiyun cacah gawéning wong rong-èwu punjul patang-puluh, saiki Sun trima urip cacah gawéning wong wolung-atus telung-puluh papat,

dhawahing timbalan-Dalem ing dinten Kemis tanggal ping salikur sasi Besar ing taun Wawu angkaning warsa, 1 7 3 7   [Thursday, 17 January 1811].

49   BL Add. MS. 12342
                                                          f. 199r

Yudaprawira is raised as a *mancanagara* Bupati. Retaining the title of Radèn Tumenggung, he is hereby allowed the attire of a *mancanagara* Bupati. As appanage he is granted royal lands in Madiun amounting to 2,040 manpower units of which 800 are deemed to be functioning. Dated 17 January 1811.

9r Pènget iki nawalaningsun Kangjeng Sultan Hamengkubuwana Sénapati Ingalaga Ngabdurrahman Sayidin Panatagama Kalifatolah,

Sun gadhuhaken marang bocah-Ingsun si Yudaprawira, lumraha ing sira sarupané éya wong kawulaningsun para Nayaka Bupati-Bupati Mantri-Mantri ing Ngayugyakarta Adiningrat kabèh, apa déné Bupati-Bupati Mantri-Mantriningsun ing moncanegara kabèh,

marmané si Yudaprawira Sun gadhuhi nawalaningsun, déning ing mengko Sun ju(n)jung teka ngisor Sun sengkakaken ing ngaluhur sarta Sun kula-wisud(h)a, Sun gawé Bupati moncanegara, arané tetepa kaya lawas, Sun wuwuhi nama Radèn Tumenggung Yudaprawira, lan Sun kawenangaken anggowa apa saanggon-anggoning Bupati moncanegara, sarta Sun patedhani lilinggih kagungan-Ingsun bumi ing Madiyun cacah gawéning wong rong-èwu punjul patang-puluh, saiki urip cacah gawéning wong walung-atus,

dhawahing timbalan-Dalem ing dinten Kemis tanggal ping salikur sasi Besar ing taun Wawu angkaning warsa, 1 7 3 7   [Thursday, 17 January 1811].

50
BL Add. MS. 12342
f. 200r

Samawilaga is raised as a *mancanagara* Bupati. Receiving the title of Mas Tumenggung Malangnegara, he is hereby allowed the attire of a *mancanagara* Bupati. As appanage he is granted royal lands in Jipang-Kepadhangan amounting to 875 manpower units of which 850 are deemed to be functioning. Dated 17 January 1811.

f. 200r Pènget iki nawalaningsun Kangjeng Sultan Hamengkubuwana Sénapati Ingalaga Ngabdurrahman Sayidin Panatagama Kalifatolah,

Sun gadhuhaken marang bocah-Ingsun si Samawilaga, lumraha ing sira sarupané éya wong kawulaningsun, para Nayaka Bupati-Bupati Mantri-Mantriningsun ing Ngayugyakarta Adiningrat kabèh, apa déné Bupati-Bupati Mantri-Mantriningsun ing moncanegara kabèh,

marmané si Samawilaga Sun gadhuhi nawalaningsun déning mengko Sun ju(n)jung teka ngisor, Sun sengkakaken ing ngaluhur sarta Sun kula-wisud(h)a, Sun gawé Bupati moncanegara, arané Sun pundhut, Sun patedhani nama Mas Tumenggung Malangnegara, lan Sun kawenangaken anggowa apa saanggon-anggoning Bupati moncanegara, sarta Sun patedhani lilinggih kagungan-Ingsun bumi ing Jipang-Kepadhangan cacah gawéning wong walung-atus pitung-puluh lima, saiki Sun trima urip cacah gawéning wong patang-atus sèket,

dhawahing timbalan-Dalem ing dinten Kemis tanggal ping salikur sasi Besar ing taun Wawu angkaning warsa, 1 7 3 7   [Thursday, 17 January 1811].

51
BL Add. MS. 12342
f. 201r

Prawirawijaya is raised as a *mancanagara* Bupati. Receiving the title of Mas Tumenggung Suradirja, he is hereby allowed the attire of a *mancanagara* Bupati. As appanage he is granted royal lands in Jipang-Kepadhangan amounting to 875 manpower units of which 450 are deemed to be functioning. Dated 17 January 1811.

f. 201r Pènget iki nawalaningsun Kangjeng Sultan Hamengkubuwana Sénapati Ingalaga Ngabdurrahman Sayidin Panatagama Chalifatolah,

Sun gadhuhaken marang bocah-Ingsun si Prawirawijaya, lumraha ing sira sarupané éya wong kawulaningsun, para Nayaka Bupati-Bupati Mantri-Mantriningsun ing Ngayugyakarta Adiningrat kabèh, apa déné Bupati-Bupati Mantri-Mantriningsun ing moncanegara kabèh,

marmané si Prawirawijaya Sun gadhuhi nawalaningsun déning mengko Sun ju(n)jung teka ngisor Sun sengkakaken ing ngaluhur sarta Sun kula-wisud(h)a, Sun gawé Bupati moncanegara, arané Sun pundhut Sun patedhani nama Mas Tumenggung Suradirja, lan Sun kawenangaken anggowa apa saanggon-anggoning Bupati moncanegara, sarta Sun patedhani lilinggih kagungan-Ingsun bumi ing Jipang-K(e)padhangan cacah gawéning wong walung-atus pitung-puluh lima, saiki Sun trima urip cacah gawéning wong patang-atus sèket,

dhawahing timbalan-Dalem ing dinten Kemis tanggal ping salikur sasi Besar ing taun Wawu angkaning warsa, 1 7 3 7   [Thursday, 17 January 1811]

52   BL Add. MS. 12342
                                                 f. 238r

Sasradiningrat raised as a *mancanagara* Bupati. Retaining the title Radèn Tumenggung, he is hereby allowed the attire of a *mancanagara* Bupati. As appanage he is granted royal lands in Jipang-Rajegwesi amounting to 1,500 manpower units including 100 granted to the local assistant administrators (*mantri*). Dated 17 January 1811.

238r   Pènget iki nawalaningsun Kangjeng Sultan Hamengkubuwana Sénapati Ingalaga Ngabdur-rahman Sayidin Panatagama Chalifatolah,

Sun gadhuhaken marang bocah-Ingsun si Sasradiningrat, lumraha ing sira sarupané èya wong kawulaningsun para Nayaka Bupati-Bupati Mantri-Mantriningsun ing Ngayugyakarta Adiningrat kabèh, apa déné Bupati-Bupati Mantri-Mantriningsun ing moncanegara kabèh,

marmané si Sasradiningrat Sun gadhuhi nawalaningsun, déné ing mengko Sun ju(n)jung teka ngisor Sun sengkakaken ing ngaluhur, sarta Sun kula-wisud(h)a, Sun gawé Bupati moncanegara, arané tetep kaya lawas Radèn Tumenggung Sasradiningrat, lan Sun kawenangaken anggowa apa saanggon-anggoning Bupati moncanegara, sarta Sun patedhani lilinggih kagungan-Ingsun bumi ing Jipang-Rajegwesi cacah gawéning wong sèwu limang-atus kalebu kang Ingsun patedhakaken bocah-Ingsun Miji, cacah gawéning wong satus, kang dadi lilinggihé si Sasradiningrat, dadi cacah gawéning wong sèwu limang-atus,

dhawahing timbalan-Dalem ing dinten Kemis tanggal ping salikur sasi Besar ing taun Wawu angkaning warsa, 1 7 3 7   [Thursday, 17 January 1811].

53   BL Add. MS. 12342
                                                 f. 188r

Mangundirana raised as a *mancanagara* Bupati to replace his father. Retaining the title of Kyai Ngabèhi, he is hereby allowed the attire of a Bupati. As appanage he is granted royal lands in Kalangbrèt amounting to 845 manpower units of which 750 are deemed functioning. Each year their increase or lack thereof is to be reported. Dated 27 June 1811.

188r   Pènget iki nawalaningsun Kangjeng Sultan Hamengkubuwana Sénapati Ingalaga Ngabdur-rahman Sayidin Panatagama Chalifatolah,

Sun gadhuhaken marang bocah-Ingsun si Mangundirana, lumraha ing sira sarupané éya wong kawulaningsun para Nayaka Bupati-Bupati Mantri-Mantriningsun ing Ngayugyakarta Adiningrat kabèh, apa déné Bupati-Bupati Mantri-Mantriningsun ing moncanegara kabèh,

marmané si Mangundirana, Sun gadhuhi nawalaningsun déné ing mengko Sun ju(n)jung teka ngisor Sun sengkakaken ing ngaluhur, sarta Sun kula-wisud(h)a, Sun gawé Bupati moncanegara Sun gentèkaké bapakané, arané tetepa kaya lawas Kyai Ngabèhi Mangun-dirana, sarta Sun kawenangaké anggowa apa saanggon-anggoning Bupati, lan Sun patedhani lilinggih kagungan-Ingsun bumi ing Kalangbrèt, cacah gawéning wong wolung-atus, saiki Sun trima urip cacah gawéning wong pitung-atus, nanging ing saben-saben taun, yèn ana undhaké uripé atawa oraa angunjukana uninga ing Panjenengan-Ingsun,

dhawahing timbalan-Dalem ing dinten Kemis tanggal ping gangsal sasi Jumadilakir ing taun Jimakir angkaning warsa, 1 7 3 8   [Thursday, 27 June 1811].

54

BL Add. MS. 12342
f. 192r

Natawijaya IV is raised as a *mancanagara* Bupati to replace his father. Retaining the title Radèn Tumenggung, he is hereby allowed the attire of a *mancanagara* Bupati. As appanage he is granted royal lands in Japan-Panolan amounting to 2,000 units of which 1,000 are deemed to be functioning. Each year any increase or lack thereof is to be reported. Dated 27 June 1811.

f. 192r Pènget iki nawalaningsun Kangjeng Sultan Hamengkubuwana Sénapati Ingalaga Ngabdur-rahman Sayidin Panatagama Kalifatolah,

Sun gadhuhaken marang bocah-Ingsun si Natawijaya, lumraha ing sira sarupané éya wong kawulaningsun, para Nayaka Bupati-Bupati Mantri-Mantriningsun ing Ngayugyakarta Adiningrat kabèh, apa déné Bupati-Bupati Mantri-Mantriningsun ing moncanegara kabèh,

marmané si Natawijaya Sun gadhuhi nawalaningsun, déning ing mengko Sun ju(n)jung teka ngisor, Sun sengkakaken ing ngaluhur sarta Sun kula-wisud(h)a, Sun gawé Bupati moncanegara, Sun gentèkaké bapakané, arané tetepa kaya lawas Radèn Tumenggung Natawijaya, lan Sun kawenangaken anggowa apa saanggon-anggoning Bupati, sarta Sun patedhani lilinggih kagungan-Ingsun bumi ing Japan-Panolan cacah gawéning wong rong-èwu, saiki Sun trima urip cacah gawéning wong sèwu,   nanging ing saben-saben taun yèn ana undhaké uripé atawa oraa, angunjukana uninga ing Panjenengan-Ingsun,

dhawuh ing timbalan-Dalem ing dinten Kemis tanggal ping gangsal sasi Jumadilakir ing taun Jimakir angkaning warsa, 1 7 3 8   [Thursday, 27 June 1811].

55

BL Add. MS. 12342
f. 193r

Sasrakusuma raised as a *mancanagara* Bupati, becoming the official assistant (*Kliwon*) of Radèn Tumenggung Prawirasentika, the joint *Bupati Wedana*. Retaining the title of Radèn Tumenggung, he is hereby allowed the attire of a Bupati. As appanage he is granted royal lands in Grobogan amounting to 1,203 manpower units. In addition he is given another 50 at Warung-Wirasari, thus totalling 1,253 of which 800 are deemed to be functioning. Each year any increase or lack thereof is to be reported. Dated 27 June 1811.

f. 193r Pènget iki nawalaningsun Kangjeng Sultan Hamengkubuwana Sénapati Ingalaga Ngabdur-rahman Sayidin Panatagama Kalifatolah,

Sun gadhuhaken marang bocah-Ingsun si Sasrakusuma, lumraha ing sira sarupané éya wong kawulaningsun para Nayaka Bupati-Bupati Mantri-Mantriningsun ing Ngayugyakarta Adiningrat kabèh, apa déné Bupati-Bupati Mantri-Mantriningsun ing moncanegara kabèh,

marmané si Sasrakusuma Sun gadhuhi nawalaningsun, déné ing mengko Sun ju(n)jung teka ngisor Sun sengkakaken ing ngaluhur sarta Sun kula-wisud(h)a, Sun gawé Bupati moncanegara, dadi kaliwoné si Prawirasentika, arané tetepa kaya lawas, Radèn Tumeng-gung Sasrakusuma, sarta Sun kawenangaken anggowa apa saanggon-anggoning Bupati, lan Sun patedhani lilinggih kagungan-Ingsun bumi ing Garobogan, cacah gawéning wong sèwu rong-atus telu, Sun wuwuhi ing Warung-Wirasari cacah gawéning wong sèket, kabèh dadi cacah gawéning wong sèwu rong-atus sèket telu, saiki Sun trima urip cacah gawéning wong wolung-atus, nanging ing saben-saben taun, yèn ana undhaké uripé, utawa oraa angunjukana uninga ing Panjenengan-Ingsun,

dhawahing timbalan-Dalem ing dinten Kemis tanggal ping gangsal sasi Jumadilakir ing taun Jimakir angkaning warsa, 1 7 3 8   [Thursday, 27 June 1811].

56   BL Add. MS. 12342
f. 195r

Wiryanegara raised as a *mancanagara* Bupati. Retaining the title of Radèn Tumenggung, he is hereby allowed the attire of a Bupati. As appanage he is granted royal lands in Kertasana amounting to 3,000 manpower units, of which 1,300 are deemed to be functioning. However, 175 are granted as part of the household (*rumah*) of Radèn Tumenggung Wiryanegara and another 20 to Nyai Adipati Purwadiningrat (the widow of Kyai Adipati Purwadiningrat, late Bupati of Magetan and mother of HB II's consort, Ratu Kedhaton), leaving 1,100 functional manpower units. Each year any increase or lack thereof is to be reported. Dated 27 June 1811.

195r   Pènget iki nawalaningsun Kangjeng Sultan Hamengkubuwana Sénapati Ingalaga Ngabdurrahman Sayidin Panatagama Chalifatolah,

Sun gadhuhaken marang bocah-Ingsun si Wiryanegara, lumraha ing sira sarupané éya wong kawulaningsun, para Nayaka Bupati-Bupati Mantri-Mantriningsun ing Ngayugyakarta Adiningrat kabèh, apa déné Bupati-Bupati Mantri-Mantriningsun ing moncanegara kabèh,

marmané si Wiryanegara Sun gadhuhi nawalaningsun, déné ing mengko Sun ju(n)jung teka ngisor, Sun sengkakaken ing ngaluhur, sarta Sun kula-wisud(h)a, Sun gawé Bupati moncanegara, arané tetepa kaya lawas, Radèn Tumenggung Wiryanegara, lan Sun kawenangaken anggowa apa saanggon-anggoning Bupati, sarta Sun patedhani lilinggih kagungan-Ingsun bumi ing Kertasana, cacah gawéning telung-èwu, saiki Sun trima urip cacah gawéning wong sèwu telung-atus, nanging sing satus telung-lawé, Sun patedhakaken dadi rumahé si Wiryanegara, sing selawé Sun patedhakaken dadi lilinggihé kang rumeksa panggonané, Nyai Dipati Purwadiningrat, kang urip gawéné dadi kari cacah gawéning wong sèwu satus,   nanging ing saben-saben taun, yèn ana undhaké uripé atawa oraa angunjukana uninga ing Panjenengan-Ingsun,

dhawahing timbalan-Dalem ing dinten Kemis tanggal ping gangsal sasi Jumadilakir ing taun Jimakir angkaning warsa, 1 7 3 8   [Thursday, 27 June 1811].

57   BL Add. MS. 12342
f. 232r

Pringgakusuma raised as a *mancanagara* Bupati, becoming official assistant (*Kliwon*) of the joint Bupati Wedana, Pangéran Dipákusuma. Retaining the title of Radèn Tumenggung, he is hereby allowed the attire of a Bupati. As appanage he is granted royal lands in Rawa amounting to 1,000 manpower units, all functioning. Dated 27 June 1811.

232r   Pènget iki nawalaningsun ing Kangjeng Sultan Hamengkubuwana Sénapati Ingalaga Ngabdurrahman Sayidin Panatagama Kalifatolah,

Sun gadhuhaken marang bocah-Ingsun si Pringgakusuma, lumraha ing sira sarupané éya wong kawulaningsun para Nayaka Bupati-Bupati Mantri-Mantriningsun ing Ngayugyakarta Adiningrat kabèh, apa déning Bupati-Bupati Mantri-Mantriningsun ing moncanegara kabèh,

marmané si Pringgakusuma Sun gadhuhi nawalaningsun déné ing mengko Sun ju(n)jung teka ngisor Sun sengkakaken ing ngaluhur, sarta Sun kula-wisud(h)a, Sun gawé Bupati moncanegara, dadi kaliwon si Dipakusuma, arané tetepa kaya lawas Radèn Tumenggung Pringgakusuma, lan Sun kawenangaken anggowa apa saanggon-anggoning Bupati, lan Sun patedhani lilinggih kagungan-Ingsun bumi ing Rawa, cacah gawéning wong sèwu, saiki Sun trima urip cacah gawéning wong sèwu,

dhawahing timbalan-Dalem ing dinten Kemis tanggal ping gangsal sasi Jumadilakir ing taun Jimakir angkaning warsa, 1 7 3 8   [Thursday, 27 June 1811].

Non-Royal Appointment

58

BL Add. MS. 12341
f. 180r

Radèn Arya Sindureja, the Second Inner Bupati, raises Kyai Trunamenggala as an assistant mantri (*mantri pamburi*) in accordance with the agreement (*mufakat*) of the entire corps of the *Gedhong Tengen* administrative department. Trunamenggala is allotted usufruct in the listed *nagara agung* villages of forty-six manpower units. Dated 8 September 1794. See Plate 7.

f. 180r   Pènget iki layang manira nuwala Kangjeng Rahadèn Ariya Sindureja, manira gadhuhaken marang wong batur manira Ki Trunamenggala,

marmané Ki Trunamenggala manira gadhuhi layang nuwala, déné manira sihi, manira ju(n)jung lungguhé, manira gawé mantri pamburi, mufakata mring sakèhé abdi-Dalem konca Jero sapanengen kabèh, lan manira lilani anggo(w)a landhéyan tunggaksemi, durung manira lilani yèn alungguha lampit, lan pegawéhané pisaha, lan abdi-Dalem mantri Merga(ng)sa, saliring pegawéyan iya manira dhéwé, i(ng)kang angrèhena, lan ngawikani ing ala beciké Ki Trunamenggala, lan manira gadhuhi bumi désa gawéning wong patang-puluh nenem,   iki arané désané,   ing Jembangan gawéning wong salikur, kalebu bumi teka Ki Brajawongsa, ing Pesampakan gawéning wong rong-puluh, ing Sumurgumuling gawéning wong lima,   dadi genep gawéning wong patang-puluh nenem,

sinerat ing dinten Senèn tanggal ping kalihwelas wulan Sapar ing taun Wawu, angkaning warsa, 1 7 2 1   [Monday, 8 September 1794].

PART 2

Orders

Orders (*serat* or *layang paréntah pangwasa*) were issued directly by the Sultan (*timbalan-Dalem*) or on his behalf by the Patih or Chief Minister. Many are dated and not a few have been published in the *Archive of Yogyakarta*, vol. I.

1   BL Add. MS. 12303
                                                                         f. 47r–v

Royal order (*timbalan-Dalem*) to Radèn Tumenggung Natayuda I setting conditions for transference or repossession of royal gifts, goods, and appanages upon the replacement in royal office (*kagentosan*) or hand over (*kaliyèran*) of a royal post, as well as for default and failure to maintain interest payments on royal loans. Dated 17–18 February 1793.

7r Punika pémut dhawahipun timbalan-Dalem saupami wonten abdi-Dalem kadamel priyayi, i(ng)kang kagentosan wau punika, ingkang ka(ng)gènan kagengan-Dalem, dhuwung kandelan kancing, utawi èpèk kapal, punapa déné nyambut yatra, kagengan-Dalem ingkang mawi sekaran, ingkang agentosi wau punika, ingkang ambujenga, yèn boten kadugi anyaur kacepenga, yèn ingkang jaler sampun pejah ingkang èstri kacepenga, kasaosena ing Paréntah, saupami sumerep dados réncangipun Bupati Mantri, kasrepena, dhateng ingkang gadhah réncang wau punika, boten kadugi anyauri kapundhuta titiyang-ipun kimawon kasaosena ing Paréntah ping kalih saupami wonten abdi-Dalem kaliyèran ing lelenggahipun ka(ng)gènan kagengan-Dalem kados ingkang mungel ngajeng wau punika utawi anyambut yatra kagengan-Dalem,   inggih ingkang agentosi wau punika, ingkang ambujenga, yèn wonten awedipun kasrepena, ingkang gadhah rèrèyan kapundhuta, wondéning gènipun ambujeng wau punika, kawangenan sadasa dinten yèn boten rampung 47v sadasa dinten, ingkang anggentosi wau punika, kakersaka/ken anempahi, yatra sambutan wau punika, sapalih boten mawi sekaran punapa déné dhuwung, kandelan èpèk kapal kancing, inggih sapalih kajawi ingkang pejah anglampahi ayahan-Dalem,

kala dhawah ing timbalan-Dalem angleresi ing dinten Ahad tanggal ping nem sasi Rejep
taun Dal angkaning warsa, 1 7 1 9   [Sunday, 17 February 1793]

lan manira ngépicis tetempuh susuker ing negara, kadumen yang sarupané abdi-Dalem, ing Ngayogyakarta Adiningrat kabèh sawah sajungé kabeneran angerong uwang,   ana déné pandumané prayayi Jaba sapanengen manira wangeni sesasi, rupané kabèh iya wiwit ing dina Senèn tanggal ping pitu sasi Rejeb [Monday, 18 February 1793] iki, iku anak Tumenggung Natayuda iya ana aparéntah pekenira, sapa sing ora arupa ing dalem sasasi, sakersaning Paréntah iya dadi.

2   BL Add. MS. 12303
                                                                         f. 51v

Royal order to Bausasra and Brajayuda to repossess (*mundhuti*) suspended rice fields (*sabin gantungan*) allotted to Radèn Panji Jayèngsari (post-*c*.1794/96, R.T. Purwadipura, see further Section I, Part 1, no. 17). Also repossessed are the holdings of Radèn Riya

Sindureja and those who have oversight (*rumeksa*) at Arjawinangun, Babadan, and Taman Wanacatur, as well as those holding taxable rice lands (*sabin pamaosan*) at Sélamanik, Genthan, Képèk, Lèpènajir, and Jatosawis. Dated 31 July 1794.

f. 51v   Punika pémut amémuti kala dhawahé timbalan-Dalem, ing dina Selasa tanggal pi(ng) tiga, wulan Sura taun Wawu, angkaning warsa, 1 7 2 1, [Tuesday [*sic*] (in fact, Thursday), 31 July 1794] ingkang dhawahaken pun Adhi Bausasra, kalih pun Brajayuda, dhawah ing timbalan-Dalem yèn Kula kakersakaken amundhuti sabin gantungan sagegadhahané paman Jayèngsari, kajawi lenggahé paman Jayèngsari, pamintanipun Radèn Riya Sindureja, kalih ingkang rumeksa ing Arjawinangun ingkang rumeksa ing Babadan, ingkang rumeksa Taman Wanacatur, kalih kagengan-Dalem sabin pamaosan, ing Sélamanik ing Genthan pamaosan Krapyak bumi kalih-atus ing Kèpèk ingkang rumeksa dhahar-Dalem pelem semongka, ing Lèpènajir, ing Jatosawis kajawinipun punika timbalan-Dalem kakersakaken mundhuti sedaya.

3   BL Add. MS. 12303
                                                         f. 53v–54r

Royal order providing rules of conduct on occasion of ceremonial appearances (*miyos*) of the Sultan on the northern *alun-alun*. Dated 24 September 1795.

f. 53v   Punika dhawahing timbalan-Dalem saupami Kangjeng Sinuwun miyos, ing alun-alun lèr, angersakaken kiter mawi tambur, mawi gamelan munggang, Kangjeng Gusti ngandikakaken busana angatos-atos kimawon saosipun Kangjeng Gusti,   mawi timbalan-Dalem, kajawi Kangjeng Sinuwun miyos ngalèr dhateng Kadanurjan, sanajan miyos ngalèr dhateng pundi-pundi, Kangjeng Gusti kalilan anusul tindak-Dalem, boten mawi timbalan malih,   wondéné Bendara-Bendara putra sentana, Bopati Kaliwon Mantri,

f. 54r   angsal mirsa tambur gamelan mung/gang, sami asaosa sowan, dhateng ing alun-alun lèr, ambektaa kapal sarta sador anjujuga pasowanipun sakapalan piyambak-piyambak, wondéné angsalipun angladosi kiter, anggantosa timbalan, yèn boten wonten timbalan kèndela kimawon, wonten pasowanipun wau punika, saupami Kangjeng Sinuwun lajeng miyos dhateng Babadan, dhateng Kumejing, dhateng Sanasèwu Bendara-Bendara putra sentana Bopati Kaliwon Mantri wau punika, yèn boten wonten timbalan waonipun angladosi kiter, boten kalilan andhèrèk, yèn waonipun kalilan angladosi kiter inggih sami kalilan lajenga andhèrèk tindak-Dalem, kajawi Kangjeng Sinuwun miyos ngalèr dhateng Kadanurjan, miyos ngalèr dhateng pundi-pundi sanajan waonipun boten kalilan angladosi kiter inggih sami kalilan andhèrèka tindak-Dalem,

dhawah ing timbalan-Dalem ing dinten Kemis tanggal ping sadasa wulan Rabingulawal ing taun Jimakir, angkaning warsa 1 7 2 2   [Thursday, 24 September 1795],

sinengkalan anembah tinggal pandhita ratu.

4   BL Add. MS. 12341
                                                             f. 69r
                                                   (*Archive I*:149)

Royal order (*timbalan-Dalem*) to Radèn Adipati Danureja I regarding labour duties (*padamelan*) and services on appanage lands granted to the sons of Hamengkubuwana II, Pangérans Mangkudiningrat and Mangkubumi. Undated, but probably mid-1790s.

5
BL Add. MS. 12303
f. 102r–103v
(*Archive I*:117–18)

Royal order of prohibition (*timbalan-Dalem waler*) to Radèn Adipati Danureja II and all Bupati of Yogyakarta forbidding certain types of gambling in their areas of administration. Dated 1 January 1801.

6
BL Add. MS. 14397
f. 59r–60r
(*Archive I*:125–6)

Order of Hamengkubuwana II to Sumadiningrat for transmission to Radèn Adipati Danureja II regarding execution of punishments for those implicated in the murder of Ratu Ageng Tegalreja's factor. Dated *c*. March 1802.

7
BL Add. MS. 12341
f. 194r–195v
(*Archive I*:33–5)

Order of Hamengkubuwana II to Radèn Adipati Danureja II to fine Radèn Rongga 2,000 *ronde real*, a sum he is not allowed to raise from his other eastern *mancanagara* Bupati. The latter are furthermore instructed not to obey orders which transgress administrative practice (*yudanagara*). Dated 20 November 1805.

8
BL Add. MS. 12341
f. 16r–17r
(*Archive I*:130–31)

Order of R.A. Danureja II to Kyai Demang Tirtawinangun of Bagelèn instructing him to cooperate with the area's royal police officers (*abdi-Dalem mantri tamping-tamping*) and the Yogyakarta *Nayaka* R.T. Purwadipura, who are charged with apprehending criminals and handing them over to the royal government (*Paréntah*). Dated 31 October 1808.

9
BL Add. MS. 12341
f. 197r–198r
(*Archive I*:131–32)

Order of Radèn Adipati Danureja II to Radèn Tumenggung Cakradiwirya, one of the Yogyakarta Bupati of the Mataram district to the south of the capital, detailing measures to be taken against criminals. Dated 31 October 1808.

10
BL Add. MS. 14397
f. 32r–v
(*Archive I*:132–34)

Order of Danureja II on behalf of Hamengkubuwana II to all senior Yogyakarta officials of both the *nagara agung* and *mancanagara* regions instructing them to take special measures to rid their areas of criminal elements. Undated, but probably 31 October 1808.

11

BL Add. MS. 12342
f. 187r–v

Order of Hamengkubuwana II to Radèn Tumenggung Purwadipura promoting him to official assistant (*Kliwon*) of Radèn Adipati Danureja II as Head (*Wedana*) of the *Gedhong Tengen* department. The order furthermore instructs Purwadipura on the care of the realm, counsels cooperation with Danureja, and cautions him with regard to activities in trade and commerce. It ends with the admonition not to oppose (*anerajang*) the orders of the Sultan, see further *Archive I*, pp. 189–90; and Carey, *British in Java*, p. 441 ns. 206, 209. Dated 30 August 1810.

f. 187r   Pènget iki layang-Ingsun paréntah-Ingsun wewaler Kangjeng Sultan Hamengkubuwana Sénapati Ingalaga Ngabdurrahman Sayidin Panatagama Kalipatolah,

Sun gadhuhaken marang sira Purwadipura, liré layang paréntah-Ingsun wewaler marang sira Purwadipura sira Ingsun gawé Bupati dadi kaliwoné si Adipati Danureja, amedanani bocah-Ingsun Gedhong Tengen kabèh, poma sira dingati-gati olèhira rumeksa kawoganan jagani, si Adipati Danureja, olèhé padha atetepungan karo ing liyané, aja sira angecrah-ecrahaké, ing Panjenengan-Ingsun, karo ing liyané, lan sira dirumeksa ing Panjenengan-Ingsun karo déné sira dirumeksa menyang negara-Ingsun, apa déné menyang kaprabon-Ingsun, kaprabon-Ingsun kang tepung marang ing liyané, lan sira aja amba(n)toni pikir kang ora prayoga, marang ing liyané, kang dadi kandhapan-Ingsun, ing kalingseman-Ingsun, apa déné ambantoni pikir, kang dadi kasusahané putra sentaningsun lan kasusahané kawulaningsun ing Ngayogyakarta Adiningrat kabèh, karo déné sira dibisa amamong marang putra sentaningsun, lan kawulaningsun gedhé cilik ing Ngayogyakarta Adiningrat kabèh, putra sentaningsun, kawulaningsun kang becik pangawulané marang Panjenengan-Ingsun, karo déné yèn sira diboti prakara menyang ing liyané, utawa diimuk-imuk dimemanisi, diprih lali ing Panjenengan-Ingsun, iku sira diéling dikukuh, aja sira kena owah, anggowa kang bener, lan sira aja anyembranakaké, prakara kang dadi kaluhurané ing Panjenengan-Ingsun, lan sira aja anyembranakaké paréntahé si Adipati Danureja, kang bener kang amrih arjané negaraningsun, kang dadi kaselametané, putra sentananingsun,

f. 187v   apa déné kawulaningsun ing Ngayogyakarta / Adiningrat kabèh, apa déné awakira dhéwé, karo déné sira aja anyramakaké ing kagunganingsun, apa déné yèn sira diajak angrembug prakara dedagangan dol tinuku kang dadi kandhapan-Ingsun, kang dadi kasusahané putra sentaningsun, apa déné kawulaningsun ing Ngayogyakarta Adiningrat kabèh, iku dikukuh, lan sira diéling ing supatanira, kang wis kunjuk ing Panjenengan-Ingsun, kang wis Ingsun tarima, iku poma-poma sira mituhuwa aja sira wani-wani anerajang ing wewaler-Ingsun, yèn sira wani-wani anerajang wewaler-Ingsun, amesthi sira Ingsun pacot, Sun tabakaké kawulaningsun, lan maningé Purwadipura, timbalaningsun marang sira, yèn sira diajak rembugan diboti prakara ing liyané, aja sira sélak, aja sira anenggulun marang si Danureja, aja sira mangsuli yèn dudu gawénira, sira dikukuh angrasaa kawogan, nanging sira cupeta baé, sira wangsulana yèn sira ora bisa mangsuli,

dhawah ing timbalan-Dalem ing malam Kemis tanggal ping sangalikur wulan Rejep ing taun Wawu angkaning warsa, 1 7 3 7   [Thursday, 30 August 1810].

12

BL Add. MS. 12341
f. 265r–v
(*Archive I:*36)

Order of Hamengkubuwana II to Radèn Tumenggung Pringgakusuma of Rawa (present-day Tulung-Agung) informing him of the revolt of Radèn Rongga. In addition, Pringga-kusuma is ordered to prevent Rongga's passage to Rawa and to hinder other Bupati from being won over. Dated 25 November 1810.

13

BL Add. MS. 12341
f. 133r–v
(*Archive I:*21)

Order of the Prince Regent (*Raja Putra Naréndra*, the future Hamengkubuwana III) to Radèn Adipati Danureja II informing him that labour services on royal appanage lands are to return to what they had been under Hamengkubuwana I. Dated 6 February 1811.

14

BL Add. MS. 12341
f. 181r–182r
(*Archive I:*138–39)

Order of Radèn Adipati Danureja II to various *mantri* in Seséla area bordering the north coast administered jointly by Yogyakarta and Surakarta informing them that 500 *cacah* (300 *cacah urip* and 200 *cacah pejah*) of Yogyakarta lands are to remain under the authority of Hamengkubuwana III. Furthermore, *mantri* must not give shelter to criminals or smugglers. Dated 5 November 1812.

15

BL Add. MS. 12341
f. 167r–v
(f. 142r–v)

Royal order on *dluwang* conveyed by Radèn Adipati Danureja II to Radèn Riya Sindureja regarding a royal letter (*nuwala-Dalem*) given to associated *priyayi, Bupati,* and *mantri* in which names had been crossed out (*kerik*) and new text substituted (*dipunlintoni aksaranipun*). The order concerned those lands and villages included in the crossing out, especially those held for taxation purposes (*gadhahanipun*), which were to be checked against the original grant. Those which deviated (*gèsèh*) were to be confiscated by Sumadiningrat. The order also deals with repossession of appanage lands earlier assigned to Kyai T. Mangundipura II. Danureja is reminded that it is forbidden for all such cases involving disputes (*selaya prakawisipun*) over appanage lands or other matters not to be brought to the attention of the royal government.(*baten kénging baten inggih kapriksa ing Paréntah*). Undated, but probably *c.* 1805 (f. 142r–v on import paper is possibly a copy).

67r   Punika pémut dhawahipun timbalan-Dalem, dhateng Radèn Adipati Danureja, ingkang dhawahaken Radèn Riya Sindureja, timbalan-Dalem, aprakawis kagengan-Dalem nuwala, ingkang kagadhahaken dhateng priyayi bupati mantri sedaya, ingkang lami dipunkerik seratanipun, dipunlintoni aksaranipun, timbalan-Dalem, sawernènipun bumi dhusun, ingkang kalebet kerikan wau punika, sami dipundikakaken mundhuti sedaya, punapa déné gegadhahanipun bumi dhusun, priyayi Bupati mantri, ingkang mungel ing nuwala, wonten ingkang gèsèh seratipun pémut tedhakipun ing nuwala, ingkang baten waten pratélanipun, yèn nuwalanipun wau punika, kapriksa sampun jangkep dhacahipun, buminipun ingkang gèsèh, ungelipun wau punika, baten mungel ing nuwala, inggih dipundikakaken amundhut, ingkang dipundikakaken mundhuti, Radèn Tumenggung Sumadiningrat, nu(n)ten Kyai Tumenggung Mangundipura, matur ing Paréntah, yèn angsalipun mendheti, bumi dhusun lelenggah Kamangundipuran, Radèn Tumenggung Sumadiningrat, anyahak saking liyanipun ingkang dhawah timbalan-Dalem,   nu(n)ten Radèn Tumenggung Sumadiningrat, kapriksa ing Radèn Adipati, sarta kapendhet seratipun pémut, pratélanipun bumi dhusun Kamangundipuran, ingkang sampun sami kapendhetan, aturipun Radèn Tumenggung Sumadiningrat baten angraos yèn amendheta bumi dhusun ingkang baten waten prakawisipun,

f. 167v   wondéné kapundhutan serat pémut, pratélanipun bumi dhusun lenggah Kamangundipuran, ingkang sampun sami kapendhetan, dhateng Radèn Tumenggung Sumadiningrat, inggih sendika, anyaosi serat pémut, nanging panuwunipun Radèn Tumenggung Suma/diningrat, sinten ingkang baten leres, aturipun ing Paréntah, wonten atatrapan ing Paréntah, saupami Radèn Tumenggung Sumadiningrat, ingkang baten leres, angsalipun mendheti bumi dhusun, ingkang baten wonten prakawisipun, inggih dipuntatrapana ing Paréntah, saupami Kyai Tumenggung Mangundipura, ingkang lepat aturipun, inggih dipuntatrapana ing Paréntah,

ingkang punika, ingkang kepanggih kersanipun Radèn Adipati, yèn wonten abdi-Dalem, ingkang sami anglampahi ayahan-Dalem, aprakawis bumi dhusun, punapa déné prakawis ing liyanipun, yèn wonten ingkang selaya prakawisipun, menggah ingkang sampun kelampahan, baten kénging baten inggih kapriksa ing Paréntah, katepangaké prakawisipun, ingkang selaya wau punika, kaupados kelayan pikir ingkang sarèh, éwa sapunika, sawab wit sangking panuwunipun Radèn Tumenggung Sumadiningrat, wau punika, Radèn Adipati inggih anuruti, nanging Radèn Adipati, dèrèng kadugi anindakaken, kajawi sampun kauningan ing Kangjeng Sinuhun.

16   BL Add. MS. 14397
                                                                        f. 11r-v

Royal order conveyed by Danureja [II?] to R.T. Sumadiningrat concerning his request for consultation and clarification on some five points directly relating to royal land holdings and changes in taxation rates due to 'clipping' (*ringkes*) the *jung* on both paddy lands (*sabin*) and dry fields (*tegal*). Undated, but after 1794, and even more likely after 1802 when Hamengkubuwana II carried out his land measurement '*pancas*' ('pruning') revision (see Carey, *British in Java*, pp. 507–8; and *Idem.*, 'Waiting for the Just King', *Modern Asian Studies*, 20.1 [Feb. 1986], pp.110–15). *Dluwang* (Javanese tree-bark paper).

f. 11r   Punika pémut kula Rahadèn Adipati Danureja, amémuti, dhawahipun timbalan-Dalem, ingkang dhawah dhateng Mas Putu Sumadiningrat, timbalan-Dalem,   Mas Putu Sumadiningrat, kakersakaken pirembagan kalih kula, nanging kula boten kalilan, yèn kula mawi anantuna konca kula ingkang sami anyepeng Paréntah,

wondéning ingkang kapanggih pirembagan kula, kalih Mas Putu Sumadiningrat, ingkang saprakawis yèn wonten kagengan-Dalem bumi dhusun ingkang kajawi boten mungel ing kagengan-Dalem nuwala,   kalih prakawisipun, yèn wonten kagengan-Dalem bumi dhusun ingkang karingkes cacahipun, sabin kalih jung, ingkang wau paosipun jung nem,

anunten karingkes sabin kalih jung wau punika dados sajung, paosipun dados jung kalih-
welas, ingkang (tigang) prakawisipun, yèn wonten kagengan-Dalem bumi dhusun, celak
rawi, celak wona, sabinipun mindhak sapapancènipun ingkang wau, dados tetep
langkungipun, kawan prakawis punika, yèn wonten kagengan-Dalem bumi dhusun, cacah
sajung, boten wonten sabinipun, ingkang kasaosaken paos pamedal ing Kawiskopèk,
pategilanipun, saupami wewah dhekahipun dados sadasa utawi kalih-dasa, saking papan-
cènipun ingkang wau, tetep langkungipun, gangsal prakawisipun, yèn wonten kagengan-
v Dalem bumi dhusun ingkang nyelak / boten limrah kalih kiwa-tengenipun ingkang celak-
celak, ma(n)capat-moncagangsalipun, paosipun kadamel jung kawan-dasa, kiwa-tengenipun
ingkang celak-celak ma(n)capat-moncagangsalipun, wau punika, paosipun wonten ingkang
jung wolu, wonten ingkang jung pitu, jung nem, wonten ingkang jung gangsal,   ingkang
punika inggih sami ugi, kalih sabin ingkang karingkes cacahipun wau punika, kajawi ing-
kang mungel ing ng(a)jeng wau punika, Putu Sumadiningrat kula mopo,   kula sumongga
ing kersa-Dalem.

17   BL Add. MS. 14397
                                                                      f. 62r-v

Royal order to all Yogyakarta officials holding grants of royal rice fields (*berkat-Dalem
sabin*) requiring that they be considered for retrenchment (*kapundhut belakanipun*). This
particularly applies to excess lands not named in the original grant (*nuwala*) which have
been altered by reducing the *cacah* measurement or increased by encroaching on forest
lands. Each appanage holder is to conduct his own investigation (*mirsa*) and inform the
Sultan on the yields of the granted rice fields. If no replies are forthcoming within two
months 'village surveyors' (*abdi-Dalem priksa dhusun*) would make independent inquiries.
Those declared within two months would receive a royal reward (*patedhan-Dalem gan-
jaran*). Holdings conforming to the contents of the grants (*mungel serat punika*) are to be
praised, all others punished, be they royal family, royal relatives (*sentana*), Bupati or
mantri, large or small. Undated, but probably post-1802 (see no. 16 above).

2r   Dèn Dipati, timbalan-Dalem, sawerniné abdi-Dalem ing Ngayogya, ingkang sami
kapatedhan berkat-Dalem sabin, kersa-Dalem sami kapundhut belakanipun, bilih menawi
wonten bumi lelangkungan, ingkang baten mungel ing nuwala, kalih déning malih bilih
wonten abdi-Dalem ingkang angringkes cacah angelarken bahon, lan malihipun-malih,
kagengan-Dalem bumi, ingkang celak wana, bilih menawi wonten, bubak-bubakan anyar
sapadhekahanipun, timbalan-Dalem sami kakersakaken, mirsa réncangé dhusun piyambak-
piyambak, yèn wonten sami kasaosena, ing Paréntah, timbalan-Dalem pamedal ing sabin
inggih sami kapatedhakaken, ingkang sampun kelebet sumerep dadosa, patedhan-Dalem
ganjaran, timbalan-Dalem kawangenan kalih wulan, yèn boten wonten anyaosaken
salebeting kalih wulan, kersa-Dalem badhé angersakaken, anglampahaken abdi-Dalem
ingkang mirsa dhusun teka ngantos wonten kagengan-Dalem bumi, kados ingkang mungel
serat punika, boten kasaosaken, tamtu amanggih bilai, sakelangkung ing sanget, sakarsa-
2v   Dalem dados / Ijengandika mufakataken, sasentana Ijengandika, putra-putra-Dalem sen-
tana-sentana-Dalem, sakonca Ijengandika, Bupati Mantri, ageng alit sawerniné abdi-Dalem,
ingkang sami nedha berkat-Dalem sabin ing Ngayogyakarta Adiningrat sedaya, sampun
wonten ngantos kalangkungan ing Paréntah, kersa-Dalem badhé kakersakaken katrapaken
ing leres.

18   BL Add. MS. 14397
f. 10r

Royal order conveyed by Radèn Tumenggung Sumadiningrat to the Regent [Crown
Prince] (*Raja Putra Naréndra*, the future Hamengkubuwana III) concerning the rice lands
of the royal goldsmiths and jewellers (*konca kemasan*) which were being investigated on
royal authority (*kapriksa ing Kangjeng Sinuhun*). If these had been granted some time ago
the possessions must be attested to by a letter with the royal seal, otherwise they will
become the object of repossession due to failure of the leaseholder in his obligations
(*sapunika pendhadhalipun ing dhusun menawi dados prakawis*). Undated, but certainly
between December 1810 and October 1811. *Dluwang* (Javanese tree-bark paper).

f. 10r   Radèn Tumenggung Sumadiningrat timbalan-Dalem, timbalanipun Kangjeng Raja Putra
Naréndra, aprakawis sabinipun abdi-Dalem konca kemasan, timbalan-Dalem sampéyan
dipunandikakaken matedhakaken tumunten, sawab ing dinten punika, Kangjeng Raja Putra
Naréndra, kapriksa ing Kangjeng Sinuhun, sabinipun abdi-Dalem konca kemasan, déné
sampun lami baten patedhakaken tumunten, Radèn Tumenggung abdi-Dalem konca
kemasan, timbalan-Dalem sampéyan dipundikakaken matedhani serat cap pecapan, mila
sapunika pendhadhalipun ing dhusun menawi dados prakawis.

19   BL Add. MS. 12303
f. 47v–49v
(*Archive I*: 145, f. 47v–48r, f. 49v)

Report of a census of some 823 officials and servants/subordinates of the Sumadiningratan
with a note of the cash sum for the investigation (*yatra paniti*) amounting to some sixty
real. Also investigated were the houses and fields of some 117 officials, subordinates, and
persons outside the 206 householders (*wuwungan*) belonging to Radèn Ayu Jayaningrat,
mother of R.T. Sumadiningrat, within the Jayaningrat/Sumadiningrat family holdings.

f. 47v   Punika pémut kawula pun Surawijaya amémuti konca kula rayatipun ing Kasumadiningrat-
(an) sadaya,   punika pratélanipun,   kula piyambak ingkang jaler sakawan kalebet laré
kekalih èstri nenem kalebet laré sakawan,   wah pun Kramadiwongsa, jaler walu kalebet
f. 48r   laré nenem èstri saka/wan kalebet laré kekalih   wah Patrawijaya jaler songalikur, kalebet
laré pitulas èstri tigalikur, kalebet laré pipitu,   wah Rumpakjaya, jaler salawé, kalebet
laré walu, èstri kalih-dasa lebet laré walu,   wah Setrawijaya, jaler pitulikur kalebet laré
kawanwelas, èstri walulikur kalebet laré kawanwelas,   wah Sébajaya, jaler tigang-dasa
kalebet laré walulas èstri, tigang-dasa setunggil kalebet laré gangsalwelas,   wah
Resabongsa, jaler tigang-dasa sekawan kalebet laré sekawan èstri nemlikur kalebet laré
sawelas,   wah abdinipun Bendara Radèn Ayu, emban jaler gangsal èstri sepuh sèket
satunggil laré jaler kawan-dasa, laré èstri gangsalwelas,   wah Sarawadi jaler tiga kalebet
laré satu(ng)gil èstri kekalih,   wah Sélabegoda, jaler tiga kalebet laré kekalih èstri
satu(ng)gil,   wah Amad Usup Saléman jaler nenem kalebet laré sakawan èstri sakawan
kalebet laré kekalih,   wah Sélakontha, jaler tiga kalebet laré kekalih èstri kekalih
kalebet laré satu(ng)gil,   wah pun Kertawijaya sakancanipun jaler pitu kalebet réncang
kekalih èstri walu kalebet laré tiga,   wah Kertaléyangan jaler pitu kalebet laré tiga, èstri
tiga,   wah Secablaka gamel jaler walu èstri tiga kalebet laré satunggil,   wah upacan-
f. 48v   ten pun Onggajaya jaler songa / èstri satu(ng)gil,   wah cawéya satunggil,   wah
galidhig pun Taresa jaler kalih-dasa èstri tiga,

wah abdi-Dalem priksa dhusun, pun Sasrawijaya sakancanipun punika pratélanipun pun Sasrawijaya jaler sakawan kalebet laré kekalih èstri kalih,   wah Jabahni jaler gangsal èstri sadasa kalebet laré kalih,   wah Setraprayitna jaler tiga kalebet laré kalih èstri tiga kalebet laré kalih   wah Suratirta jaler tiga kalebet laré satunggil èstri kalih,   wah Tirtaleksana jaler gangsal kalebet laré kalih èstri tiga kalebet laré satunggil,   wah Patrajaya jaler kalih kalebet laré satunggil èstri kalebet laré kalih, wah Wongsawijaya jaler kalih kalebet laré satunggil èstri satunggil,   wah Resawikrama jaler tiga èstri kalih kalebet laré satunggil,   wah Imaprayoga jaler sakawan kalebet laré kalih èstri satunggil, wah Imawecana jaler tiga kalebet laré kalih èstri satunggil,   wah Imapraba jaler kalih kalebet laré satunggil èstri satunggil,   wah Sadirana jaler kalih kalebet laré satunggil èstri gangsal kalebet laré tiga,   wah Wirawongsa jaler sakawan kalebet laré tiga, èstri kalih kalebet laré satunggil,   wah Ranuwijaya, jaler sadasa kalebet laré nenem èstri sadasa ka/lebet laré tiga,   wah Jayagerjita, jaler sawelas kalebet laré nenem èstri nenem, wah Singalodra jaler tiga,   wah Wongsaleksana, jaler tiga, kalebet laré kalih èstri kalih kalebet laré satunggil,   wah Tamèngyuda jaler gangsal kalebet laré sakawan èstri sakawan kalebet laré kalih,   wah Udajaya jaler nenem kalebet laré tiga, èstri kalih kalebet laré satunggil,   wah Ranawijaya jaler satunggil èstri satunggil,   wah Surawijaya jaler kalih èstri sakawan kalebet laré kalih,   wah Setrawijaya jaler sakawan kalebet laré kalih èstri satunggil,   wah Citrapati jaler kalih èstri satunggil, wah Ragatruna jaler sakawan èstri satunggil,   wah Cabawa jaler tiga èstri kalih, wah abdinipun bendara Radèn Ayu Jayaningrat ingkang griya jawi jaler nembelas laré jaler pitulas,   wah ingkang èstri sepuh nembelas, laré èstri sanga,   wah abdi-Dalem pangindhung, jaleripun kawan-dasa gangsal kalebet laré gangsalwelas èstripun sèket gangsal kelebet laré pitulas kalebet dhudhu kawan-dasa walu, rondha sèket nenem,

gu(ng)gung sadaya jaler-èstri ageng-alit kalebet abdinipun bendara Radèn Ayu Jayaningrat, walung-atus tigalikur, yatranipun peniti, sawidak uwang, nembelas dhuwit, wah cacah / griya surupan satus pitulas cacah wuwungan kalih-atus langkung nenem.

20   BL Add. MS. 12303
                                                              f. 50v

Summary of the above.

Punika pémut-amémuti abdi-Dalem Kasumadiningratan kalebet abdinipun Bendara Dèn Ayu Jayaningrat,   punika pratélanipun,   ingkang sémah tigang-atus sangang-dasa gangsal, wah dhudhu kawan-dasa walu, kalebet réncang, wah Lod(a)ya sèket nem, wah laré jaler èstri, tigang-atus salawé prah   gu(ng)gung sedaya tigang Kasumadiningratan kalebet abdinipun Bendara Radèn Ayu Jayaningrat jaler èstri, ageng alit, dados walung-atus tigalikur, cacah griya surupan satus pitulas cacah wuwungan kalih-atus langkung nenem.

21   BL Add. MS. 12303
                                                              f. 52r–v

Order carried out by Mas Tumenggung Wiraguna (Patih of the *Kadipatèn* until 30 April 1807) on behalf of the Crown Prince concerning the mounts of the royal family and high-ranking officials of both the central administration and the *mancanagara*. Undated, but certainly pre-May 1870.

f. 52r Punika kawula pun paman Wiraguna, ngunjuki uninga ing sampéyan, yèn ingkang kula kadhawahan timbalan-Dalem, dipundikakaken andhawahaken ing sampéyan, aprakawis kapalipun sentana sampéyan Bupati sangandhap wangkid Kaliwon, punapa déning kapalipun Bupati moncanegara, punika timbalan-Dalem dados sasengkeran-Dalem sadaya, boten kénging yèn wayah Ijengandika Kangjeng Gusti amundhuta kapal ingkang dados sasengkeran-Dalem wau punika, samangsanipun Kangjeng Gusti, remen prayogi kagem ing alun-alun, kalilan Kangjeng Gusti yèn awelinga unjuk, nunten kapal ingkang karemenan ing Kangjeng Gusti wau punika kapundhuta ing Kangjeng Sinuhun, kapriksa, yèn sampun kapriksa yèn prayogi kagem ing Kangjeng Sinuhun, inggih boten kalilan yèn kapundhuta ing Kangjeng Gusti, saéngga wonten kapal sasengkeran ingkang kasuwun ing Kangjeng Gusti wau punika, kapatedhakaken ing Kangjeng Gusti, dipundikakaken matedhani yatranipun sapalih,   yatranipun ingkang sepalih sawernènipun sentana sampéyan ingkang sami nyanggi damel ingkang ambayaran, yèn wonten kapalipun sentana sampéyan mantri, ingkang karemanan ing wayah Ijengandika Kangjeng Gusti, Kangjeng Gusti dipundikakaken apriksa dhateng Kyai Taliyuda Rejawongsa, tamtunipun sampun katampik kalih dèrèngipun, yèn sampun tamtu dipuntampik dhateng Kyai Taliyuda Rejawongsa, kalilan Kangjeng Gusti amundhuta, nanging Kyai Taliyuda Rejawongsa an-

f. 52v dhawahena, dhateng prayayi konca mantri, ingkang gadhah kapal wa/u punika, ingkang kakersakaken ing Kangjeng Gusti,   punika timbalan-Dalem, dipundikakaken mupakataken dhateng sentana sampéyan Bupati sadaya.

22

BL Add. MS. 12303
f. 52v–53v

Order of the Yogyakarta Crown Prince (*Kangjeng Gusti*) governing the terms of address to be used to family members of the Sultan and high-placed officials during royal audiences with the Crown Prince (future HB III). Undated, but pre-August 1799.

f. 52v Punika pémut dhawahipun timbalan-Dalem, aprakawis bebas ingkang konjuk ing Kangjeng Gusti, aprakawis abdi-Dalem ing Ngayogyakarta Adiningrat sadaya,   yèn apriksa wonten ngarsanipun Kangjeng Gusti,   ingkang dados karsa-Dalem, punika pratélanipun, Radèn Adipati Danureja, yèn kapriksa, wonten ngarsanipun Kangjeng Gusti, kasaosna, unjuk, pun kaki Danureja,   Radèn Tumenggung Natayuda, Radèn Tumenggung Danukusuma,   sasami-saminipun tindakipun, ingkang kados Radèn Tumenggung Natayuda, Radèn Tumenggung Danukusuma, yèn kapriksa, wonten ngarsanipun Kangjeng Gusti, kasaosna unjuk, abdi-Dalem pun paman Natayuda, abdi-Dalem pun paman Danukusuma, wondéning Pangéran Adinegara, sasami-samipun tindakipun ingkang kados Pangéran Adinegara, yèn kapriksa,   wonten ngarsanipun Kangjeng Gusti, kasaosna unjuk uwa jengandika Pangéran Adinegara,   wondéning Radèn Tumenggung Sumadiningrat, sasami-samipun, tindakipun ingkang kados Radèn Tumenggung Sumadiningrat, yèn kapriksa   wonten ngarsanipun Kangjeng Gu/sti, kasaosna unjuk raka Jengandika,

f. 53r Radèn Tumenggung Sumadiningrat, wondéning Radèn Tumenggung Mertanegara, sasami-saminipun tindakipun ingkang kados Radèn Tumenggung Mertanegara,   yèn kapriksa wonten ngarsanipun Kangjeng Gusti, kasaosna unjuk rayi-Dalem Radèn Tumenggung Mertanegara,   wondéning Pangéran Dipakusuma, sasami-saminipun tindakipun ingkang kados Pangéran Dipakusuma,   yèn kapriksa wonten ngarsanipun Kangjeng Gusti kasaosna unjuk abdi-Dalem pun kakang Dipakusuma, wondéning Radèn Riya Sindureja, sasami-saminipun tindakipun ingkang kados Radèn Riya Sindureja, yèn kapriksa wonten ngarsanipun Kangjeng Gusti kasaosna unjuk, abdi-Dalem pun kakang Sindureja,   wondéning Radèn Panji Jayèngrana, sasami-saminipun tindakipun ingkang kados Radèn Panji Jayèngrana,   yèn kapriksa wonten ngarsanipun Kangjeng Gusti, kasaosna unjuk abdi-Dalem Radèn Panji Jayèngrana,

wondéning liyanipun ngajeng wau punika, abdi-Dalem Bupati Mantri, punapa déning abdi-Dalem prajurit, liyanipun saking punika sawarninipun ingkang nama abdi-Dalem, yèn kapriksa wonten ngarsanipun Kangjeng Gusti kasaosna abdi-Dalem sarta jujulukipun, ingkang nama Radèn Ngabèhi kasaosena unjuk namané abdi-Dalem Radèn Ngabèhi, ingkang nama Mas Ngabèhi / kasaosna unjuk namanipun abdi-Dalem Mas Angabèhi, ingkang nama Kyai Ngabèhi kasaosna unjuk namanipun abdi-Dalem Kyai Ngabèhi,

wondéning réncangé Radèn Adipati Danureja, kalih sawerninipun réncangipun prayayi wedana, punapa déning abdinipun putra sentana, ingkang sami-sami mantri yèn kapriksa wonten ngarsanipun Kangjeng Gusti kasaosna unjuk namanipun kimawon, abdi-Dalem pun anu, boten kalilan yèn amawi Kyai Ngabèhi.

23   BL Add. MS. 12303
f. 54v–55r

Order of the Crown Prince delivered by Mas Tumenggung Wiraguna concerning royal prohibitions (*awisan-Dalem*) against certain practices with regard to the use of pubescent male professional dancers (*telèdhèk jaler*), ornamentations, *wayang* dance performances, cloths, and gamelan tunes. Violations would be punished severely. Dated 4 July 1796.

Kula pun paman Wiraguna, ngunjuki uninga ing sampéyan yèn kula kadhawahan timbalanipun wayah Ijengandika, Kangjeng Gusti, dipundikakaken dhawahaken ing sampéyan, sampéyan dipundikakaken paparéntah dhateng abdi-Dalem Bupati mantri ing Ngayogyakarta Adiningrat sadaya, sampun wonten purun ananggap selawatan amawi telèdhèk jaler,   punika timbalanipun wayah Ijengandika, Kangjeng Gusti, sampéyan dipundikakaken angawisi, kalih déning aprakawis awisan-Dalem, punika sampéyan dipundikakake(n) amanggun malih, sampun wonten anganggé awisan- Dalem, kalih déning abdi-Dalem i(ng) Ngayogyakarta Adiningrat, amemantu anayuk ananggap ringgit, sampun wonten purun angungelaken gendhingan, ingkang dados awisan-Dalem,   punika pratélanipun ingkang dados awisan-Dalem, Gendhing Semang, Èndhèl Rangu-Rangu, Gandrung-Winangun, Ketawang mawi kendhang kalih, Ladrang, Kinanthi, Gonjang, Puspakèntèr, Larasati punika sampun wonten purun-purun angungelaken sampéyan dipundikakaken paréntah ingkang anglangkungi sanget, kalih déning abdi-Dalem tondha sampéyan dipundikakaken amaréntahi, sampun wonten tiyang a/sadéyan sinjang, ingkang dados awisan-Dalem, kalih landhéyan tunggaksemi, kalih kemalo abrit,   kalih déning konca sampéyan Bupati ingkang sami anyepeng paréntah sami sampéyan patedhani serat piyambak-piyambak angawisana saparéntahanipun, kalih abdi-Dalem tondha sampéyan patedhani serat aparéntah apeken saparéntahanipun, piyambak-piyambak salebet ing negari,

kala dhawah timbalanipun Kangjeng Gusti, angleresi dinten Senèn tanggal ping walulikur wulan Besar ing taun Jimakir, 1 7 2 2   [Monday, 4 July 1796],

Radèn Dipati Danureja, timbalan-Dalem, sawarnènipun abdi-Dalem prajurit lebet sadaya, ingkang griya, salebet ing jagang, uta(wa) sajawining jagang, sanajan abdi-Dalem Kadospatèn abdi-Dalem gamel panandhon, sasami-saminipun sanajan putra-Dalem mantu-

Dalem, ingkang wonten salebet ing jagang, boten kalilan ananggap ringgit, gedhog, purwa, mila mangkaten, bribini keprakipun déné gamelan liyanipun inggih kalilan terbangan utawi telèdhèkan, nguyu-uyu, kajawi Kangjeng Gusti, ingkang taksih kalilan ringgit, punika Radèn Dipati yèn wonten ingkang nerat timbalan-Dalem ijengandika dipundikakaken anatrapi kang sanget.

24

BL Add. MS. 14397
f. 44r

Royal order concerning the opening of gambling dens (*patopan*) run by the religious officials in Seséla, a Yogyakarta enclave on the north coast, giving the days of the 5-day Javanese market week on which they are allowed to be opened and the names of the householders and their superiors, see further *Archive I*, p. 137; below Section III, Part 1, no. 29; and Plate 8. Undated, but probably 1812.

f. 44r Pémut kagungan-Dalem siti pamethakan magersantun ing Seséla, ingkang sami ngadeg patopanipun, punika pratélanipun, dhusun pun Dagangan pagriyanipun Ronadipa, marengi ing dinten Kaliwon, bawah ing Wongsadikaran, wah dhusun ing Nguwot pagriyanipun Samenggala, marengi ing dinten Wagé, bawah Prawirasentanan, wah dhusun ing Jenthir pagriyanipun Prayadirona, marengi ing dinten Epon, bawah Ranamenggalan, wah ing Kawisbadhé pagriyanipun Samayuda, marengi ing dinten Wagé, bawah Ranamenggalan, wah ing Pondhok pagriyanipun Onggakusuma, marengi ing dinten Paing.

PART 3

Legal Digests

Unique to BL Add. MS. 12303, 'A Journal kept by the late Sultan of Java [Hamengkubuwana II]', are four legal digests. Their contents are formal rather than functional. References to, or statements of, law are not formulated in such a manner as to be useful in actual legal practice. Their contents are neither exclusive, in that they form a consistent pattern, nor standardized as to the number of paragraphs comprising respective texts. While this type of text constitutes a disproportionate number of extant Javanese manuscripts, there seems to be no direct connection between them and formal settlement of the realm's civil and criminal suits. Current research would argue that the frame of reference for this genre is more literary or philosophical/didactic than legal. Moreover, in contrast to those of Statute Law (Part 4) or External Treaties (Part 5), they are characterized by archaic language usage, obscure *sloka* deriving from a mixture of Sanskrit and Old Javanese cryptic legal formulas, apophthegm, and mnemonic vignettes. Despite long acquaintance with such materials, their meaning, use, or even significance within Javanese society remain unclear. In any event, their contents do not deal directly with the realm's economic and agrarian affairs, the focus of this volume. They have been included in the present study for archival completeness. Instead of reproducing the texts, their contents are briefly summarized following the order they appear in the original manuscript.

1   BL Add. MS. 12303
                                                                          f. 4v–18v

The first of the digests consists of a heterogeneous collection of some twenty-eight separate paragraphs, each having some relation to legal affairs at the theoretical level. Its beginning is marked off in the manuscript by one-and-a-half blank pages. The first paragraph is preceded by the *pada luhur*, symbol for the start of a new subject, subsequent paragraphs being separated from predecessors and successors by the *pada madya* sign used to mark a different subject within a narrative. The close of the digest is marked by the *titi* traditionally used to end a text.

The paragraphs begins consistently with 'These are (*punika*) ...', which goes on to state the subject handled and the number of provisions included. The second paragraph, for example, states that 'These are the decisions for people having civil and criminal suits, twenty affairs (*Punika pamegat ing padu-pradata, kalih-dasa prakara*); the first ..., the second ...' and so on. The initial statement is followed by the specified number of affairs. These are most commonly opened by an apophthegm or phrase in a mixture of Sanskrit and Old Javanese after which its meaning (*artiné*) is provided in a few cryptic, if Modern Javanese, words. To continue the example of the second paragraph, '... twenty affairs, (the first), *anyatwadi*, its meaning: differences between the *kèndel* and the *tutur* [documents filed at different points in a case]; the second, *akiryadési*, its meaning: a person claiming to know [something who] does not know [anything about it]; third...'. A short summary of the paragraphs is as follows.

§1–6 deal with nearly a hundred legal apophthegm and their meanings. These are usually situational. They succinctly describe the situation of the litigants, but do not provide the means of resolving them. That these situations are consistently negative must mean that, when they come about, the case is lost or those responsible are to be punished, as illustrated in the instance of the *asta-dustha* in paragraph 6. This would explain the sentence at the beginning of folio 4v of BL Add. MS. 12303 proceeding the initial *pada luhur* which reads 'falling under the answers of disloyalty, meaning statements which mislead and make [suits] unclear' (*kalebeting sebda, maléca, tegesé agawé ujar angalari apeteng*).

§7 lists the ten bases of a suit following the order in which they take precedent over one another. Termed '*andhih-andhihan*', these include suspicion/accusation (*tarka*), documentation (*patra*), witnesses (*saksi*), physical enjoyment of an object (*bukti*), possession (*satmata*), physical proof (*ci[h]na*), opinion of an authority (*nyumana*), legal instrument (*pramana*), statue (*ubaya*), and the word of the king (*parusa*).

§8 deals with ways of supervising a suit.

§9–10 concern objects close to Allah, i.e. water, earth, sky, and human beings, as well as objects over which one may and may not litigate.

§11 specifies the place and conditions of the *jeksa*.

§12 describes legal consequences of uprooting border posts and seizing lands.

§13–14 summarize legal instruments such as the *pisaid*, *tutur*, and *kèndel* letters vis-à-vis *tarka* (accusation/suspicion).

§15–16 provides for the *panca-sadarana*, i.e. the five calamities leading to loss of a pawned object for which the pawn-taker is not responsible.

§17 cites the 'filth' of the land, i.e. *dustha* (evil doers), the forest, and one's own 'filth'.

§18–20 deal with acceptable witnesses as *priyayi*, *modin*, *mantri*, and unacceptable witnesses as family members, teacher against pupil, subordinate against master and vice-versa.

§21 and 23 deal with the eighteenth-century version of the *asta-dhustha* or 'eight-thieves' and § 22 with seventeen types of thieves and robbers.

§24–25 gives advice to *jeksa*.

§26–28 set the monetary fines for a whole list of offences.

Most of the provisions and terms used are recognizable from other legal type of texts dating from the eighteenth century.[1]

¹The most accessible of these is the *Pepakem Cirebon* of 1768, edited by G.A.J. Hazeu as
'Tjeribonsch Wetboek (Pepakem Tjerbon) van het jaar 1768' *Verhandelingen van het Koninklijk
Bataviaasch Genootschap van Kunsten en Wetenschapppen*, 55.2 (1905), pp. 1-187. The special case
of legal instruments derived from Sanskrit utilized in Javanese litigation, including among others the
astha-dustha, the *andhih-andhihan*, and the *panca-sadarana*, are dealt with in Mason C. Hoadley,
'Sanskritic Continuity in Southeast Asia, the *Sadatatayi* and *Astacorah* in Javanese Law', in Lokesh
Chandra (ed.) *The Art and Culture of South-East Asia* (New Delhi: The International Academy of
Indian Culture, 1991), pp. 111-24.

2   BL Add. MS. 12303
                                                                        f. 19r-31r

Only the second of the four digests constitutes a recognizable text. This is the *Jaya
Lengkara*, known in various renditions both by its dominance in the *Pepakem Cirebon* and
its presence within the manuscripts taken from Yogyakarta now constituting the Raffles
collection in the Royal Asiatic Society and the Crawfurd collection in the British Library.¹
The *Jaya Lengkara* opens with the standard Sanskrit phrase '*Om, awignam astu*' ['Om, let
there be no hindrances'] typical of Old Javanese texts. Its contents are built around a
frame story in which King Jaya Lengkara of Me(n)dhang Kamulan sits in audience
attended by all the kings from 'above the winds' (*pinarek déning ratu, ... ratu ing atas
angin*), as well as his own ministers. Each minister cites the contents of the various
aksara, generally writing or texts (cf. Section I, Part 2, no. 5) but here more specifically
meaning a type of legal action designated by a juridical term. This is followed by its
meaning (*tegesé*) which is equally terse. The recitation is opened by the Patih of Medhang
Kamulan, Kertabasa, who utters of the intention of the *aksara badan* (i.e. the actions of
the court [*sapolahing kerta*]), *aksara angin* (i.e. the intention of the court [*karep ing
kerta*]), and *aksara banyu* (i.e. the calmness of the court [*adhem ing kerta*]). Patih
Sundhuk Prayoga—also the name of a legal digest—follows with the intention of *aksara
bumi* (i.e. the place of the court [*enggon ing kerta*]) and that of *aksara lintang* (i.e. the
greatness of the court [*luwuh ing kerta*]). Patih Titisraya utters the intention of *aksara
thithit* (i.e. the king desires to speak and the ministers are silent [*sang ratu arep
pangandika lan mantri sang kèndel*]), *aksara wulan* (i.e. the king desires to be heard
before the army [*sang ratu arep panguni-uni ing karepé baliné sadaya*]), and *aksara
leksaha* (i.e. the king desires to warn his servants [*sang ratu kersa ngawasaken maring
kawulané*]). Patih Anggaskar(ta) utters the intention of *aksara segara* (i.e. he who owns
the universe comes first to hold the earth [*kang adarbeni jagat teka ing yudané pisan*]).
Patih Nitisastra—the name of another Old Javanese didactic work—utters the intention of
aksara kilat (i.e. the king's will before it is uttered [*kersaning ratu sadèrèngé angucap*]).
Patih Ma(n)danasraya speaks to his master of *aksara srengéngé* (i.e. the king makes equal
all peoples by subjugating the dishonest [*ratu dènamadhani wong sajagat angkulawi
ingkang cemer*]). The Patih then goes on to set the punishments for each of the *aksara*
actions.
    To the usual difficulties in interpreting esoteric texts comes that of language usage.
Aksara is almost always used for letters of the alphabet. This comes from the Sanskrit,
a + *ksara* = 'not', not mortal, i.e. immortal. The very act of putting language into script
makes it immortal. Definition of *aksara* as a form of legal action entailing specified
results is unique to the *Jaya Lengkara*. However, this still leaves the issue of its function.

To the best of the present editors' knowledge, the *aksara* are cited as part of a legal settlement only in a single legal case, that arising at Cirebon in 1717.[2]

Within the frame story, however, the bulk of the *Jaya Lengkara* is composed of some twenty-four short legal vignettes. In very compressed terms each deals with a case history, one which illustrates a particular legal situation. The facts of a certain relationship between named players are sketched out, as well as the action of the authorities. Each ends with a pseudo *sloka* of law in which the names of the figures are reworked into a apophthegm summarizing the legal issues involved, possibly as a mnemonic device. Many of the vignettes are to be found in the *Jaya Lengkara* section of the *Pepakem Cirebon*.

The first of these (ff. 20v–21r) can serve to represent the genre:

> *Punika reké wonten ing wong ngamethakaken ing rabiné, anenggih nagara ing Medhang Kamulan aran Ki Anggas, èstriné aran Ni Prana, saka langkung déning ayu warnènipun Ni Prana kinawi kinarya petha déning Ki Sungging Panuksma warnanipun Ni Bok Prana, ya ta gupuh déné ajuput panuli(s) Ki Sungging Panuksma, warnanipun maletik tumiba ing pambayuné Ni Prana dada andheng-adhengan pethané pambayunèn Ni Prana, mongka tiningalan déning Ki Anggas, pethané rabiné andheng-andhengan pambayuné, renteng atiné Ki Anggas, nuli sinuduk Ki Su(ng)gging Panuksma pejah kapisanan, ana griyané Ki Anggas, nuli katur ing Gusti Patih Ma(n)danasraya, rinaosan déning karta sarta para niyaka sadaya ing Medhang Kamulan, ing ngaranan Ki Anggas, dados soripun, kalebeting raja-dhendha, asta-wara, kinawi déning para niyaka sadaya, ing ngaranan angasa prana anuksma.*

'This is the situation of one who paints (another's wife). In the land of Me(n)dhang Kamulan lived a man called Ki Anggas, his wife was named Ni Prana. Due to her exceeding beauty Ni Prana was made into a painting by Sungging Panuksma. Accidentally a drop of paint made a black spot on the breast of Ni Prana. When the painting of his wife with a black spot on her breast was seen by Ki Anggas he was shaken by jealous anger. Subsequently Ki Sungging Panuksma was found stabbed to death at the house of Ki Anggas. After conferring with the court and all the ministers of Me(n)dhang Kamulan, Patih Ma(n)danasraya declared Ki Anggas to have lost his case [i.e. having been accused of the death of Ki Sungging Panuksma]. As such he fell under the penalty of *raja-denda* [punishment of the crown] and a fine of *asta-wara*. It is said by all officials to recall the name of *anggas parana anuksma* [a mnemonic device to remember of essentials of the case].'

The final paragraph of the *Jaya Lengkara* returns to the frame story. Patih Kertabasa asks Ma(n)danasraya concerning the meaning or significance of the *aksara*. The latter replies by citing a number of *sloka* by way of indicating the immortality of the *aksara*. The text is ended by the *wasana pada*.

---

[1]See M.C. Ricklefs and P. Voorhoeve, *Indonesian Manuscripts in British Public Collections. A Catalogue of Manuscripts in Indonesian Languages in British Public Collections* (Oxford: Oxford University Press, 1977), index *sub*: 'Javanese MSS: Jaya Lengkara.'

[2]Mason C. Hoadley, *Selective Judicial Competency. The Cirebon-Priangan Legal Administration, 1680-1792* (Ithaca: Southeast Asia Program Publication, 1994), esp. the discussion of the Puspa Nagara affair of 1717, pp 84-93. Several of the *aksara* are found in a more literary text as that of the *Serat Arok* (LOr. 10.544) as summarized by S.O. Robson, 'The *Serat Arok*', *Archipel* 20 (1980), pp. 281-301.

3   BL Add. MS. 12303
                                                   f. 31r–34v

The third text is also distinguished from its predecessor by the *wasana pada* sign, plus a couple of blank lines. Only a half-page without text and no *wasana pada* (or *luhur* or *madya*) separates it from the fourth legal digest. For present purposes it can be called the '*Adilulah* of Talaga-ening', the name being is specifically cited in the first line, as well as a half dozen times in the thirty-three paragraphs comprising the text. Of the very heterogenous contents only a few standard concepts are recognizable. These include references to the *andhih-andhihan* in paragraphs 2, 3, and 23; the *asta-dustha* in paragraph 33, and the *sloka* in paragraph '*srengéngé piné banyu kinum*' which according to Darmasoetjipta translates to something like 'When king, *patih*, *jaksa*, or *pengulu* make a decision, it has to be just.'[1]

[1]F.S. Darmasoetjipta, *Kamus Peribahasa Jawa dengan Penjelasan Kata-Kata dan Pengartianya* (Yogyakarta: Penerbit Kanisius, 1985), p. 179 no. 1005, which reads: '*srengenge pine banyu kinum*'.

4   BL Add. MS. 12303
                                                   f. 35r–38r

The first paragraph of the fourth and last legal digest seems to identify it as 'Notes (*catatan*) from the *Su(n)duk Prayoga, Dasanama, Aksara, Jugul Mudha, Raja Niti, Raja Kapa-Kapa, Jaya Lengkara, Kunthara Manawa, Kunthara Wedhi* etc'. All are recognized names associated with the legal and didactic literature or pre-modern Java.[1] That same sentence also gives as the date of composition as *Selasa* (Tuesday) in the month *Muharam* of the year Jé. In at least two of the twenty-eight paragraphs making up the text there are references to its use in the kingdom of Mataram (paragraphs 2 and 7). A number of the other paragraphs contain comparable contents with known texts, including those considered above. For example, paragraph 3 is identical to one in the *Undhang-Undhang Luwangan Mataram* (LOr 7410 and 7440) and paragraph 11 lists the *andhih-andhihan*. In contrast paragraphs 14 and 15 list legal terms not met with earlier. The text ends with a *sloka* concerning thieves.

[1]Th.G.Th. Pigeaud, *Literature of Java: Catalogue Raisonné of Javanese Manuscripts in the Library of the University of Leiden and other Public Collections in the Netherlands* (The Hague: Martinus Nijhoff, 1967-80), 4 vols, see esp. vol. 3 and vol. 4, indexes *sub:* names of the above-mentioned legal and didactic texts.

PART 4

Statute Law

'Statute law' is used here to designate administrative regulations, decrees, and public orders. What differentiates them from royal orders is that they are binding on an entire segment of the population rather than directed to a specific individual or individuals named in the document itself. The closeness to that category can be seen by the use of the same term for many of the documents, namely *dhawahipun timbalan-Dalem*. Complementary terms are *ubaya* or *undhang-undhang* (i.e. 'proclamation', 'edict'). With the exception of the extract from the *Yudanagara* and *Muharrar*, all the documents in this section have already by published in *The Archive of Yogyakarta*, volume I.

1   BL Add. MS. 12341
                                                                                       f. 301r–302v

The text identifies itself as '... [judgements] taken from the *Muharrar* and *Yudanagara*'. As such it bridges the gap between the legal digests considered above and statute law dealt with here. Its connection with the digests comes from association with Javanese customary law while the *Muharrar* constitutes one of the few Islamic law books known to have been used in Javanese legal administration. Moreover, the text is functional in that its adjective law provisions are directly applicable to actual litigation. The most direct use was in determining under what conditions a case could be heard by the appropriate legal body, here the *surambi* (*kukum*) or *pengulu* court (pars. 1–8) and the usual *pradata* court (par. 9). Paragraph 1 deals with a child being killed by his father or vice-versa, the family deciding whether the process should judged by *kukum* or the religious authorities, while paragraphs 3 and 4 concern theft and highway robbery, the value of the booty determining the punishment. Fines for seizing someone else's wife are assigned by paragraph 5, paragraph 6 prescribes the severest penalty for holding a marriage without a *wali* or representative of the bride, and paragraph 7 specifies inheritance shares by respective family members. Paragraph 8 grades the types of wounds and sets the blood price (*diyat*). According to paragraph 9, seizure (*angrakah*) of land is to be punished by the civil authorities applying differing punishments depending on whether the culprit is a commoner, a *bekel, lurah*, or a state official. Note that folios 300 and 301, which are on Javanese tree-bark paper (*dluwang*), are bound in reverse order in the manuscript.

f. 301r   Ingkang punika pamendhet saking Kitab Mucharar sarta kalih Yudanegari,

kukum i(ng)kang kapisan,   yèn saupami wonten (ba)bapa amejahi anak, boten kénging kaukum, nanging yèn wonten réncangipun amejahi ingkalé sedhèrèkipun baten trima pejahipun, inggih kénging kaukum réncangipun i(ng)kang amejahi wau punika, kukum kaping kalih, yèn saupami wonten anak amejahi bapa, kénging kaukum, nanging yèn sedhèrèkipun i(ng)kang mejahi wau punika, i(ng)kang kathah boten trima, i(ng)kang satunggil trima, boten kénging kaukum, yèn baten trima sedaya inggih kaukum,

kukum kaping tiga, yèn saupami woten maling amendhet barang i(ng)kang wonten ing sesimpenan, wangkid pengaos sejampel setangsul sapenginggil, kukumipun kakethok tanganipun, yèn barang wonten sejawining sesimpenan, punapa déné salebet ing sesimpanan, yèn barang wau punika kirang pengaos sejampel setangsul, paukumanipun kagitik sakmurwatipun,

v / kukum kaping sekawan, (yèn) saupami wonten tiyang abégal, ingkalé amejahi titiyang boten mendhet barang, hukumipun kapejahan, lan malih yèn wonten tiyang bégal amendhet barang wa(ng)kid pengaos selawé sakpenginggil, ingkalé boten amejahi hukumipun kajojang, yèn bégal barang kirang pengaos selawé sakpengandhap wangkid pengaos saréyal, hukumipun kathok tanganipun, yèn boten kecandhak i(ng)kang ambégal i(ng)kang kajedhagan kari i(ng)kang nempahi, tribangga sarta kanthi supata ing kalih-kalihipun, ingkang kabégalan menawi angru(m)bagini i(ng)kang gadhah siti menawi para awit saking padamelipun, lan malih yèn (wo)ten tiyang bégal ingkalé amendhet barang tiyangipun, ingkang kabégal dipunpejahi, hukumipun kapejahan, sirahipun kakethok kapanjer wonten ing kekajengan,

kukum kaping gangsal, yèn saupami wonten tiyang anyepeng bojoné ing tetiyang wanci dalu, tan trimané kadendha sedasa réyal, yèn anyekel bojoné tetiyang rahinten tan trimané kadhendha wolung réyal, wondéning yèn anyepeng bojoné tetiyang wonten sejawining griya dalu, hukumipun kadhendha gangsal réyal, yèn anyepengé bojoné tetiyang ing rahin-or te/n wanten sejawining griya kukumipun kadhendha kalih réyal,

kukum kaping nem, yèn saupami wonten tiyang nikahan, ingkalé boten wonten waliné, baten esah peningahé, yèn lamun dèn maha hukumipun,

kukum kaping pitu, yèn saupami wonten tiyang maris pusakané tiyang kang pejah, i(n)gkang angsal waris urut saking jaler, punika pratélanipun, anak jaler anak èstri, bojo sadhèrèk putu kaki nini bapa,

kukum kaping walu, yèn saupami wonten tiyang dipuntatoni, wondéning pratona tatu sedasa prakawis, punika pratélanipun, i(ng)kang sapisan besèt kulit, kaping kalih medal getih, kaping tiga tugel daging, kaping sekawan tatu kulit terus ing daging, kaping gangsa tatu daging terus ing bebalung, kaping nem tatu mecahaken bebalung, kaping pitu tatu amedhotaken otak, kaping walu tatu misahaken bebalung, kaping sanga amecah-ov mecahaken wuwungkus, kaping sedasa ambedhah/aken utek, wondéning ingkang sangang prakawis, kénging kadiyat kimawon sakmurwating tatu, nanging tatu i(ng)kang saprakawis misah bebalung utawi angetingalaken sungsum ukumipun boten kénging boten kaantuk-aken punapa satatunipun,

i(ng)kang kaping songa, yèn saupami wonten tiyang angrangkah siti, i(ng)kang sampun lumampah leleresaning negari, kadamel tundha sekawan, mawrat ageng-alit ing lelenggah, yèn tiyang alit pisan kape(n)thang wonten margi perapatan, yèn bebekel dhusun kepenthang wonten ing alun-alun, yèn abdi-Dalem kabethèkan wanten pasowan inggahipun malih kaerès wanten pasowanipun piyambak baten mawi dhudhuwungan, punika i(ng)kang kawestanan tiyang arubiru awit saking bumi dhusun.

2

BL Add. MS. 12303
f. 125r–128r
(*Archive I*:159–61)

Order of the day regarding arrangements for the reception of Jan Greeve (Governor of Java's Northeast Coast, 1787–91) in Yogyakarta. Dated 5 August 1788.

3

BL Add. MS. 12303
f. 112r–117v
(*Archive I*:104–8)

Instructions (*layang Ingsun paréntah undhang-undhang*) from Hamengkubuwana II to all Yogyakarta officials detailing etiquette to be observed in public meetings between members of the royal family, senior court officials, and their followers. Consisting of some eighteen articles (*prakara*). Dated 2 August 1792.

4

BL Add. MS. 12303
f. 49v–50r
(*Archive I*:48–9)

Letter of authority (*layang manira paréntah undhang-undhang*) of Radèn Adipati Danureja I to Ngabèhi Sindusetra and his subordinates to investigate territorial disputes between Surakarta and Yogyakarta involving the districts of Remamé and Prabalingga in southern Kedhu. Dated 20 January 1794.

5

BL Add. MS. 12303
f. 118r–124v
(*Archive I*:164–9)

More stringent ordering of etiquette for Dutch military and civil personnel in Yogyakarta with regard to members of the court. Dated 10 July 1796.

6

BL Add. MS 12303
f. 98v–101v
(*Archive I*:113–5)

Miscellaneous orders (*dhawahipun timbalan-Dalem*) of Hamengkubuwana II regarding sumptuary laws at royal retreats (*pasanggrahan*), c. 1797.

7

BL Add. MS. 12342
f. 225r–228v
(f. 208r–211v)
(*Archive I*:108–11)

Order (*dhawahing timbalan-Dalem*) of Hamengkubuwana II to Radèn T. Purwadipura and all Yogyakarta officials on matters of statecraft and the correct manner of carrying out one's official duties. Twenty-one articles (*prakara*) embracing everything from the correct way of investigating misdeeds of subordinates through the gifts (*bekti*) to be paid on becoming a provincial tax collector (*abdi-Dalem mantri*) to division of appanages and tribute amongst senior officials of the *Gedhong Tengen*. Dated 13 March 1797.

8   BL Add. MS. 12303
f. 98r–v
(*Archive I*:112–13)

Instructions (*layang paréntah undhang-undhang*) to all officials responsible for carrying out guard duties (*kemit*) and other functions at the royal retreats in the vicinity of Yogyakarta. Dated 10 April 1797.

9   BL Add. MS. 12342
f. 205r–207r
(*Archive I*:177–9)

List of sumptuary laws promulgated by Hamengkubuwana II, but issued under the seal of the Yogyakarta Patih, Radèn Adipati Danureja I, to Sumadiningrat. Dated 12 March 1798.

10   BL Add. MS. 12303
f. 105r–109v
(*Archive I*:179–82)

List of sumptuary laws ordered by Radèn Tumenggung Sumadiningrat and issued under the royal seal of Hamengkubuwana II to Inner Bupati (*Bupati Lebet*) of the court. Dated 9 February 1801.

PART 5

Treaties

Another category in decisions of the highest governmental functionaries concerns relations with external powers. Within the political environment of the late eighteenth and early nineteenth centuries such relations by their nature involved the constant redirection of internal affairs to take account of new circumstances. Most important in this respect was the artificial division of the old Mataram polity between the successor kingdoms of Yogyakarta and Surakarta in 1755 through the provisions of the Treaty of Giyanti. This was exacerbated in subsequent decades by the increasingly dominant position of Europeans within the respective administrative structures. One result was the development of a new genre of legal codes, the so-called '*angger-angger*' laws, which had as their primary goal the regulating of inter-state conflicts arising between subjects, as well as ministers, of the two courts. Description of these treaties here complements the equivalent codes generated by the other half of the realm in Surakarta and published by Soeripto in 1929.[1]

[1]Soeripto, *Ontwikkelingsgang der Vorstenlandsche Wetboeken* (Leiden: Eduard IJdo, 1929).

1   BL Add. MS. 12303
                                                                  f. 82r–83r

Treaty (*serat prajangjiyan*) between the Sultan of Yogyakarta and the Susuhunan of Surakarta confirming the agreement reached between their respective Patih, Danureja and Sasradiningrat, under the supervision of the Governor of Java's Northeast Coast, Johannes Robbert van der Burgh (in office, July 1771–September 1780) at Semarang. The agreement aimed at revising the land register contained in the *Serat Buk Kalepu* (the Book of Kalepu) of *c.*1756 through a new register, the *Serat Ebuk Anyar*.[1] Dated 2 November 1773, but ratified at the respective courts in 1773–74.

[1]The Dutch text of the treaty is found in J.K.J. de Jonge and M.L. van Deventer (eds.), *De Opkomst van het Nederlandsch Gezag in Oost-Indië: Verzameling van Onuitgegeven Stukken uit het Oud-koloniaal Archief.* 16 vols. (Den Haag: Martinus Nijhoff, 1862-1909) XI, pp. 259-61; see also M.C. Ricklefs, *Jogjakarta under Sultan Mangkubumi, 1749-1792: A History of the Division of Java* (London: Oxford University Press, 1974), pp. 86, 142-43, esp. 157-9, and 418.

2

Treaty (*serat angger-angger*) based on a decision reached by the Dutch East India Company and the Sultan of Yogyakarta regarding reciprocal punishment of criminals (*titiyang dursila*) in their respective territories. The agreement enabled the Company and the Sultan to apprehend, examine, and sentence culprits in their own lands, including subjects of other courts. Article five of the text dates it as the 'beginning of December (i.e. 1 Dec.) 1780 or 13 Besar, A.J. 1706' (*pisan sasi Décémber; taun 1780, utawi sasi Besar tanggal tigawelas; taun 1706*) [the latter, in fact, being Tuesday, 31 October 1780].

3

Treaty (*serat prajangjiyan*) resulting from discussions between the Patih of Surakarta, Radèn Adipati Sasradiningrat, and his Yogyakarta opposite number, Radèn Adipati Danureja I, with Resident Frederik Christoffel van Straalendorff of Surakarta (in office, 1767-84), and Jan Mathijs van Rhijn of Yogyakarta (in office, 1773-86) under the leadership of Governor of Java's Northeast Coast, Johannes Siberg (in office, September 1780-September 1787) at Semarang. The treaty dated 31 January 1781, was motivated by concern with law and order in the villages (*alampah grama*) and the responsibility of local officials for order (*alampah pened*) in the areas between the realms (*ing pasitèn tengahan*) which were often plagued by brigands. A short summary of the contents is as follows:

§ 1-2 specifies the placement of guard posts and rest-stops along the main roads, as well as a system of passes (*serat pas*).

§ 3 admonishes better exercise of law and order by local village officials (*prabot*) who must adhere to and judge according to the Javanese laws and the contents of the (Dutch-Javanese) contracts (*ukum anuruta saatipun ukum Jawi sarta sakathah-kathah ing kontrak*).

§ 4 takes up the special concern of the Dutch East India Company with regard to action against pirates (*bajag*) on the south coast.

§ 5 admonishes the Susuhunan and Sultan to bring about better conditions of law and order in their territories, especially with respect to the villages and common people.

Dated 5 Sapar, Alip, A.J. 1707 (*tanggal tigang-dasa satunggal, sasi Januwari, taun 1781, atawa tanggal gangsal sasi Sapar, taun Alip, 1707* [31 January 1781]).

4

Treaty (*serat angger-anggeran*) drawn up by the Surakarta Patih, Radèn Adipati Jayaningrat (in office, 1784-96), in consultation with the Surakarta *Nayaka* who signed the text, along with Radèn Adipati Danureja I of Yogyakarta (in office, 1755-99). A short summary of the contents is as follows:

§ 1 decrees that persons placing tollgates (*papaling*) along the roads to collect tribute are to be severely punished no matter what their status.

§ 2–4 cover the case of officials of Surakarta breaking the law by illegally appropriating goods (*angrayud*) in the lands of Yogyakarta. Their crime is be to made known in Semarang and subsequently to Jayaningrat in Surakarta. The culprits are then to be formally punished regardless of rank.

The text gives the date Ahad, 11 Ruwah (Alip), A.J. 1699 at Semarang (*Semawis, ing dinten Ngahad tanggal ping sawelas, sasi Ruwah ing taun Alip, angkaning warsa, 1699* [(*sic*) in fact, Thursday, 28 October 1773] for discussions leading to the treaty which was signed at Surakarta, Senèn, 5 Besar, Éhé, A.J. 1708 (*Surakarta Adiningrat, angleresi ing dinten Senèn tanggal ping gangsal, sasi Besar ing taun Éhé, angkaning warsa, 1 7 0 8* [Monday, 11 November 1782]) and again on Kemis, 4 Rabingulawal, Bé, A.J. 1712 [Thursday, 5 January 1786].

5   BL Add. MS. 12303
                                                                      f. 88v–92v

Treaty by way of mutual consultation (*serat rembag patut*) negotiated by Radèn Adipati Danureja representing the Sultan of Yogyakarta and W.H. van IJsseldijk (in office as Resident of Yogyakarta 1786–98) representing the Dutch East India Company. Impetus for the treaty came from problems of traders whose profits had been appropriated by officials, stolen, or had even been a prey to brigands, all of which destroyed the maintenance of good order on Java (*adamel risak kartaning Tanah Jawi*). A short summary of the contents are as follows:

§1–2 states that trade by Chinese under the Company or *kraton* cannot be forbidden and that traders must have written permission (*pratanda*) which guarantees them the protection of the regional authorities or *Bupati*.

§3–4 orders that cases of traders' difficulties with local people or officials of the *pasisir* (north coast) *Bupati* must be investigated and reported to the Resident.

§5 states that instances of seizing land or water for irrigation by local officials must be investigated.

§6 those who overnight in villages in the *pasisir* or Yogyakarta must have a letter of notification (*serat pémut*).

§7–8 victims of brigands must be given assistance by villagers surrounding the place of occurrence (i.e. in the *mancapat-mancalima*, the four surrounding villages plus the centre); if the evil doer is not found within forty days, then the villagers must pay double compensation for losses.

§9 Danureja and Sasradiningrat promise to guard against brigands (*kécu*) as agreed upon in their treaty of 5 Sapar, Alip, A.J. 1707 (31 January 1781) (see document no. 3 above).

§10–11 order that brigands and highwaymen be caught at the place of their deeds by the local land holders (*wong-wonganipun ingkang gadhah siti*) and that the evildoers be brought to justice under the local customary laws of Java (*anurut adat Jawi ingkang sampun kalampahan*).

The text was promulgated at Yogyakarta of Monday, 29 Ruwah, Alip, A.J. 1715, or 25 May [1789] (*sampun jelas sarta kapesthèkaken ing negari Dalem, Ngayogyakarta Adiningrat ing dinten Senèn tanggal ping sangalikur, sasi Ruwah taun Alip, angkaning warsa, 1 7 1 5, menggah Welandi tanggal ping salawé sasi Mai taun, [...]*).

6   BL Add. MS. 12303
                                                                                    f. 93r-97v

Contract (*serat prajangjiyan*) signed on the initiative of the Governor of Java's Northeast Coast Jan Greeve (in office, September 1787–September 1791), the Susuhunan of Surakarta, the Sultan of Yogyakarta, and Pangéran Mangkunegara I (r. 1757-95). The treaty dated 6 Nov. 1790 aims at maintaining order (*mantuha penet*) within and between the respective royal houses under the sponsorship of the Company. A short summary of the contents is as follows:

§ 1 & 3 recognize the Mangkunegaran lands.

§ 2 restates the Company's responsibility for law and order (*remen kerta*).

§ 4-6 & 8 deal with internal relations of the Susuhunan and Sultan.

§ 7 lists measures to be taken against disturbers of the peace and brigands (*kang katuju adamel arahuru serta bebégal*).

§ 9 & 10 prohibit illegal appropriation (*karayud*) and those destroying lands.

§ 11-16 describe relations obtaining between the Mangkunegaran, the Sultan, and the Company, as well as reaffirm co-operation between the two realms as represented by Jayaningrat and Danureja I who had taken an oath to that effect.

Dated at Surakarta, 27 Sapar, Jimawal, A.J. 1717 [6 November 1790].

7   BL Add. MS. 12303
                                                                                    f. 39r-45r

Law code (*serat angger-anggeran*) promulgated by Radèn Adipati Danureja I on 19 October 1791 in consultation with all the Yogyakarta *Nayaka*, who have signed it along with Radèn Adipati Sindureja, Patih of Surakarta (in office, 1782-84). The code is primarily concerned with adjective law, i.e. matters of jurisdiction and time limits for suits with special reference to relations between the two courts.[1] A short summary of the contents is as follows:

§ 1 sets a time limit, i.e. the Giyanti treaty of 1755. No cases arising before this date can be handled.

§ 2 requires reciprocal exchange of written information in cases involving each other's subjects.

§ 3 & 4 defines villager's responsibilities for overnighting officials, as well as for aiding strangers robbed.

§ 5 deals with appropriation of another's goods (*acandah-cekel*) or theft by robbers and plunderers which must be reported to the respective chief *jeksa* within forty days.

§ 6 sets responsibility for false agreements.

§ 7 prescribes action for Yogyakarta officials fleeing to Surakarta because of a loss in a law suit.

§ 8 orders that deaths in connection with a dance parties (*atalèdhèkan*) are to be investigated.

§ 9 sets community responsibility for any corpse found in the vicinity of the frontier posts (*pager/rangkah*); all those living within the *mancapat-mancalima* are responsible for compensation.

§ 10 orders that a theft case must be reported within forty days, otherwise it will not be dealt with.

§ 11 requires the owner of stolen goods, which are subsequently found, to swear an oath that the case is not fraudulent.

§ 12 allows substitutes (*wakil*) in legal suits of high administrative offices (*wedana*).

§ 13 allows Surakarta subjects accused of theft or robbery (*bégal maling*) to be tried at Yogyakarta and vice-versa.

§ 14 decrees that when couples, where the man and wife come from Surakarta and Yogyakarta respectively, engage in litigation (e.g. regarding divorce or inheritance) the *pengulu* at the man's place of residence decides the case.

§ 15 forbids officials to hold *bekel*ships in both realms simultaneously.

§ 16 orders the investigation of Yogyakarta officials who move to Surakarta.

§ 17 requires that deaths or wounding arising from a dance party (*atalèdhèkan*) must be handled by the appropriate officials, but this is not necessary for those arising from a love affair (*abebédhangan*).

§ 18 recognizes that in a suit between man and wife who hold official posts, the former has precedence; if they are Pinggir or Gajahmati (royal bondsmen and women originally from Belambangan) the latter has precedence.

§ 19 requires that one fleeing a negative judgement must be apprehended and fined.

§ 20 sets the punishments (*wasiyasat*) for Yogyakarta officials suing high Surakarta officials without cause.

Dated at Yogyakarta, Wednesday (Rebo) Legi, 5 Mulud, (Jé), A.J. 1718 [Wednesday, 19 October, 1791].

[1]The text is almost identical to that published by Soeripto, *Ontwikkelingsgang*, Bijlage V, with a Dutch summary on pp. 70-81.

8

Law code (*serat rembag angger-anggeran*) promulgated by Radèn Adipati Jayaningrat in consultation (*samupakat*) with all the Surakarta *Nayaka* who have signed the document, along with Radèn Adipati Danureja. The legal text provided the basis of the later 'Great Law Code' (*Angger Agung*).[1] A short summary of the text is as follows:

§ 1 & 2 set a time limitation of the Treaty of Giyanti, 1755, for older cases between nobles of the two realms, as well as the procedure in such suits.

§ 3–5 regulate community responsibility for cases of officials overnighting who are robbed or otherwise mistreated, for victims of brigands, be they Javanese or Chinese, and for those accompanying Company goods to and from Semarang.

§ 6 fines for suits over monetary matters between subjects of the two realms.

§ 7 requires that a defendant must appear in court within the stipulated time on pain of punishment.

§ 8 deals with the case of an official fleeing after losing a suit.

§ 9 & 18 refuse to recognize suits stemming from death or wounding resulting from dance parties (*atalèdhèkan*).

§ 10 sets community responsibility for a corpse in the *mancapat-mancalima* area for villages and a specified distance around towns, in which one must contribute to the blood price (*diyat*) of 100 real for a Javanese, 200 for a Chinese.

§ 11 punishes false accusations.

§ 12 requires that an owner of lost or stolen goods which are subsequently found to take an oath that the case is not fraudulent.

§ 13 allows substitutes (*wakil*) in suits of high administrative officials (*wedana*) or royal relatives (*sentana*).

§ 14 rules in cases of brigands caught in Surakarta or Yogyakarta claiming to be subjects of the other court.

§ 15 states that in marriage suits the *pengulu* of the man is the one who judges.

§ 16 forbids subjects from either realm to hold *bekel*ships in or be married to women from both realms simultaneously.

§ 17 requires that a Surakarta official making a formal visit to Yogyakarta be watched continuously and vice versa for a Yogyakarta official visiting Surakarta.

§ 19 recognizes the power of the father in marriages between Kalang, and the mother in marriages between Pinggir or Gajahmati.

§ 20 punishments those responsible for a condemned criminal's escape.

§ 21 provides for punishments for one abducting or eloping with a nobleman's daughter by force.

Dated Saturday, 6 Muharam, Wawu, A.J. 1697 [(*sic*) in fact, Sunday, 21 April 1771]; renewed Monday 5 Besar, Éhé, A.J. 1708 [11 November 1782]; renewed Thursday, 4 Rabingulawal, Bé, A.J. 1712 [5 January 1786]; and again on Saturday, 8 Rejeb, Alip, A.J. 1715 [4 April 1789] and on Sunday 13 Sapar, Dal, A.J. 1719 [30 September 1792].

[1]Reproduced as Bijlage X in Soeripto, *Ontwikkelingsgang,* with a Dutch translation on pp. 82-105.

9   BL Add. MS. 12303
                                                                          f. 56r–61r

Royal order to Radèn Adipati Danureja I of Monday, 9 January 1797, constituting the regulations governing the royal *pradata* court (*serat angger-anggeran ing pradata-Dalem*) drawn up in consultation with all the Yogyakarta officials with governmental responsibility (*ingkang sami nyepeng Paréntah*). A summary of the text is as follows:

§ 1 defines the jurisdiction of Radèn Tumenggung Natayuda I and the *pradata* court, i.e. theft, brigandage, etc., as well as those concerning flight, duties over land (pawn and trust), and quarrels over land ownership as opposed to affairs belonging to the authority of the *pengulu*, i.e. inheritance (*kukum molah*).

§ 2 defines conditions for suits under the *Yudanegara* law code with special reference to land-ownership.

§ 3 prescribes that a defendant must appear before the *pradata* court within three sittings on pain of a fine (*dendha*).

§ 4 & 5 set rules for suits over real property and time limits for such suits.

§ 6 defines community responsibility for officials overnighting in villages, i.e. sounding the alarm (*titir*) in robbery and assisting the victim.

§ 7 sets procedure in theft (*pandung*) cases, as well as fines for false complaint.

§ 8–12 assign community responsibility for finding a 'bedewed corpse', proof that he is not a thief or evil doer, responsibility for investigation in the *mancapat-mancalima*, and marks or proof.

§ 13 rules that non-appearance of the plaintiff within three sittings of the court renders the case invalid.

§ 14 allows cases from the *mancanagara* to be accepted during Garebeg Mulud.

§ 15 rules that cases involving mishandling of persons by a *bekel* be carried out at the local level but be reported to the government.

§ 16 rules that one wandering after dark without a lantern or torch cannot suit if attacked because of being thought a thief.

§ 17–19 define the acceptance or non-acceptance of suits resulting from quarrels, wounding, and deaths resulting from dance parties etc.

European Treaties

10
BL Add. MS. 12341
f. 87r-v
(*Archive I*:95-6)

Copy of a secret treaty between the Crown Prince, the future Hamengkubuwana III, and the British before the British assault on the kraton (19-20 June 1812) laying out conditions to be observed by him when he is appointed Sultan.

11
BL Add. MS. 12341
f. 128r-129v
(*Archive I*:98-9)

Draft treaty between the deputies of Hamengkubuwana III and John Crawfurd later ratified on 1 August 1812. Dated 17 July 1812.

PART 6

Judicial Decisions

Judicial measures comprise the final category with regard to decisions of the highest governmental functionaries. Only one document in the archive is the result of action before a legal tribunal. It is the sole representative of a Central Javanese *jayapattra* or 'certificate of victory' better known from East Java during the Majapahit era (1294–*c*.1527) and West Java in the early eighteenth century.[1]

[1]Mason C. Hoadley, 'Continuity and Change in Javanese Legal Tradition: the Evidence of the Jayapattra', *Indonesia* 11 (1971), pp. 95-109.

1   BL Add. MS. 12303
                                                                            f. 2v

'Certificate of victory' (*serat pikudhung*) awarded to Kyai Wiraleksana resulting from his suit against his *lurah* Ngabèhi Sutasentana, Mantri of the *Jaba Tengen* dept. The decision over unspecified matters was taken by the royal government and confirmed by an oath (*supata*). The actual document was awarded by R.T. Sumadiningrat. Dated 14 April 1790.

f. 2v   Pènget ingkang serat pikudhung menang saking Kangjeng Rahadèn Tumenggung Sumadiningrat atas karsanipun Ka(ng)jeng Rahadèn Tumenggung Natayuda, mupakat sakancanipun Bupati saP(a)nengen sedaya, ginadhuhaken maring Ki Wiraleksana,

marmané Ki Wiraleksana ginadhuhan serat pikudhung menang déné apaben kalih lulurahé Angabèhi Sutasentana, sampun katupiksa ing Paréntah ing kalih-kalihipun awis ana kang wonten ing serat uger, saterkané Ki Wiraleksana, Angabèhi Sutasentana ang(ang)keni sedaya, peksaning ngadil ing Paréntah kandap pabené Angabèhi Sutasentana, pabené Ki Wiraleksana kadamel menang, nanging Ki Wiraleksana sarta amawi imbar supata,

kala sah ing paben ing dinten Rebo tanggal ping sangalikur, wulan Rejeb taun Éhé, angkaning warsa, 1 7 1 6   [Wednesday, 14 April 1790].

2   BL Add. MS. 12341
                                                                     f. 201r–203r
                                                                  (*Archive I*:139–41)

Letter of settlement (*serat rerampungan*) dated 24 March 1813 and drafted by Danureja III for Crawfurd listing various grievances between Radèn Cakradirja (Bupati of Remamé in Kedhu) and his elder brother Radèn Jayaningrat I (Bupati of Kradènan in southern Kedhu). These had been brought to the attention of the Resident by Cakradirja. Danureja states that they had been investigated by old Kedhu officials who had served under the father of the litigants, namely Radèn Tumenggung Manten (aka: Radèn Tumenggung Jayaningrat I).

Section II

MATERIAL RESOURCES

SECTION II

MATERIAL RESOURCES

Section II of *The Archive of Yogyakarta* provides an inventory of the realm's material resources, for convenience divided into five parts. Part 1 deals with those resources which provided income for the Sultan and the royal household. Taxes were measured in both cash and in kind deliveries of consumable or commercial crops such as pepper. The documents of Part 2 focus on the appanages of the core region of the realm, the *nagara agung*. More specifically, they register those parts of the realm's heartland alienated to individuals and royal family members, most commonly on condition of specified annual payments to the Sultan. As a continuation of Part 2, Part 3 consists of a unique set of documents instrumental for altering individual holders' appanages. Part 4 reports on appanages in the *mancanagara*, or outer provinces of the realm, thereby providing the regional counterpart to the central holdings, while Part 5 lists royal troops and other military contingents attached to the *kraton*.

A critical issue here concerns the nature of the units of measurement. Commonly the extent of land (*jung*) or number of manpower units (*cacah gawéning wong, karya*) assigned is 'done' (*damel*) by the sovereign as the royal 'we' (*Kula*) as in the passive construction '*damel-Kula*' which means something like '(blank) is done, i.e. "set" or "proclaimed" by Us'. Within the present context of quantities of land measurements—functional (*gesang* or *urip* = '*living*') or non-functional (*pejah* = 'dead')—it becomes an official determination of the size or quantity of the named resource. However there is another usage. Also transliterated as '*damel-Kula*', the phrase is frequently used in this Section as a specialized technical term. As found in the phrase 'X number of land measures (*jung*) which are recalculated (*kapétang*) into work units (*damel*) to become (*dados*) "*damel-Kula*"', the term has been translated as 'royal work units'. This seems to make the best sense of the Javanese phrase '*...jung....kapétang damel dados damel-Kula*' repeatedly used by the documents (Part 1, no. 8; Part 2, nos. 12, 17, 21, 22, 29, 45; and Part 3, nos. 3, 6, 8–12, 15, 16, 20, 21, 24). Land measures of *jung* are consistently converted to work units of *damel-Kula* at a ratio of four to one.

Another characteristic of the registers reproduced in this Section is that they are contemporaneous. That is, the documents seem to reflect the situation at the point in time when the archive's function as an administrative instrument was brought to a close by the British attack on Yogyakarta on 20 June 1812. Recipients named, as well as the realm's resources temporarily assigned to them, were those in office immediately pre-June 1812. Records of the material benefits of earlier recipients were most likely destroyed on the occasion of promulgation of new grants which may explain why so few are dated.

PART 1

Royal Resources

1

BL Add. MS. 12342
f. 42r–46r

List of Kedhu villages in the Kulon Praga area to the west of the Praga river, giving village (*dhusun*) name, number of cadastral units or *jung* (sometimes abbreviated here as 'jg') as the taxation rate (*paos jung*), and the tax-collector's (*bekel* or *demang*) name. Undated, but post-1802 due to reference to '*sabin pancas*', see above p. 80–81.

f. 42r　　Punika siti dhusun ing Kedhu, tanah saKilèn Pragi

dhusun Separi nemlikur jung,	paosipun jung angenem
dhusun Rajeg rolas jung,	paosipun jung angenem
dhusun Salam rolas jung,	paosipun jung angenem
dhusun Kedhungan rolas jung,	paosipun jung anggangsal
dhusun Kalikijang rolas jung,	
dhusun Perjaya patbelas jung,	paosipun jung angenem
dhusun (...)	paosipun jung angenem

f. 42v　　(blank)

f. 43r　　Punika siti dhusun ing Kedhu, tanah saKilèn Pragi

dhusun Kemiri nemlikur jung	paos jung angenem	Demang Kertamenggala
dhusun Rajegan kalihwelas jung	paos jung angenem	Bekel Wongsadikara
dhusun Salam kalihwelas jung	paos jung angenem	Bekel Wongsadirana
dhusun Kedhungan kalihwelas jg	paos jung anggangsal	Bekel Surakrama
dhusun Kalikicing kalihwelas jg	paos jung angenem	Bekel Kertawijaya
dhusun Perjaya kawanwelas jung	paos jung angenem	Demang Surawijaya

dhukuh kang kawengku Demang Surawijaya

Sunggingan sajung	paos jung nem
Kajoran kawan jung	paos jung angenem
Plemah kalih jung	paos jung angenem
Merjaya tigang jung	paos jung angenem

dhukuh kang kawengku Demang Cakrayuda

Krumpakah sajung	paos jung nem	
Burukan sajung	paos jung nem	
Kertasari sajung	paos jung nem	
Pangabèyan sakikil	paos jung nem	
Nrerangan kalih jung	paos jung nem	Bekel Ranayuda
dhusun Ngranjang tigang jung	paos jung angenem	Bekel Resawijaya
dhusun Kadiwasa tigang jung	paos jung angenem	Bekel Kertasemita

dhukuh kang kawengku Demang Kertasemita

Salaman kalih jung	paos jung nem	
Kalisalak sajung	paos jung nem	
Tampuran sajung	paos jung nem	
/ Kobulan sajung	paos jung nem	
dhusun Soca kawan jung	paos jung angenem	Bekel Kertadiwongsa
dhusun Menorèh salikur jung	paos jung angalihdasa	Demang Kertawijaya
dhusun Kerasak kalihwelas jung	paos jung angenem	Bekel Suranongga
dhusun Kalangan nem jung	paos jung angenem	Bekel Kertamenggala
dhusun Kayuteki kalihwelas jung	paos jung angenem	Bekel Patrajaya
dhusun Kaliabu nem jung	paos jung angenem	Demang Jagawecana
dhusun Kaliabu gangsalwelas jg	paos jung angenem	Demang Jagadiwirya
dhusun Kaliabu Karangtengah wolulas jung	paos jung angenem	Demang Tirtamenggala
dhusun Sélakarung Kaburikan kalihwelas jung	paos jung angenem	Demang Singadrona
dhusun Kadhadhan kalihwelas jg	paos jung angenem	Demang Nayawijaya
dhusun Ngaliyan kalihwelas jung	paos jung angenem	Demang Jaleksana
dhusun Bambusari tigang jung	paos jung angenem	Bekel Kertadiwirya
dhusun Magora nem jung	paos jung angenem	Bekel Resajaya
dhusun Saradan Karangtengah gangsal jung	paos jung angenem	Bekel Sutayuda
dhusun Jethis gangsal jg sakikil	paos jung angenem	Bekel Mertayuda
dhusun Kebonagung kawan jung	paos jung angenem	Bekel Kertamenggala
dhusun Sajamerta nem jung	paos jung angenem	Bekel Kertamenggala
dhusun Kalisalak kalihwelas jung	paos jung angenem	Bekel Kramadipa
dhusun Pringapus tigang jung	paos jung angenem	Bekel Sapingi
dhusun Kadikrama kawan jung	paos jung angenem	Bekel Jawikrama
dhusun Tujon kalihwelas jung	paos jung angenem	Bekel Resayuda
dhusun Kalisat kalihwelas jung	paos jung angenem	Bekel Resadikara
dhusun Permengan kawanlikur jg	paos jung angenem	Bekel Resamenggala
dhusun Pangabèyan kalihwelas jg	paos jung amitu	Demang Kertayuda
dhusun Kebonagung kalihwelas jg	paos jung amitu	Demang Mertadipa
dhusun Nglahab sangang jung	paos jung amitu	Demang Kertayuda
/ dhusun Mondhakesaran nem jg	paos jung angenem	Bekel Wongsamenggala
dhusun Jurangjero nem jung	paos jung amolu	Bekel Séladrona
dhusun Giling kalihwelas jung	paos jung amolu	Demang Mrayayuda
dhusun Dahgung nem jung	paos jung amolu	Bekel Séladirona
dhusun Giling gangsal jung	paos jung amolu	Bekel Trunayuda
dhusun Kidalan nem jung	paos jung amolu	Bekel Jayamenggala
dhusun Mliyan nem jung	paos jung amolu	Bekel Kerta(wi)jaya
dhusun Kemiridhoyong kalih- welas jung	paos jung amitu	Demang Jayawijaya
dhusun Jaha nem jung	paos jung ngenem	Bekel Prayawijaya
dhusun Tangkisan kalihwelas jg	paos jung ngenem	Demang Patrawijaya

v

4r

dhukuh kang kawengku Patrawijaya

Kenthèng kalih jung	paos jung anggangsal	
Ngropoh Bathikan nem jg sebau	paos jung anggangsal	
Jethis kawan jung sakikil	paos jung anggangsal	Bekel Setrayuda
Petengan sajung	paos jung anggangsal	
Watuagung wolung jung	paos jung anggangsal	Demang Setrayuda
dhusun Palembon kawanlikur jg	paos jung anggangsal	Demang Dermayuda
dhusun Bakalan kawanlikur jung	paos jung angenem	Demang Wirayuda
dhusun Ngasinan kawanlikur jung	paos jung anggangsal	Demang Sadikara
dhusun Sélapampang Kemiri	paos jung anggangsal	Bekel Setrayuda
kawanwelas jung		
dhusun Benitameragan	paos jung angalihdasa	Bekel Kertamenggala
tigawelas jung		
Melahab kawanlikur jung	paos jung angenem	Demang Secayuda
dhusun Nglarangan tigangdasa	paos jung sekawan	Bekel Kertaleksana
jung langkung nem jung		
dhusun Tepasaran sawidak jung	paos jung sekawan	Demang Suradiwirya
langkung kalih jung tigang bau		
dhusun Wonatangi sadasa jung	paos jung angenem	Demang Kramayuda
/ dhusun Nglebu kalihwelas jung	paos jung angenem	Demang Mertajaya
dhusun Wonasaba-Mandhing	paos jung angenem	Demang Wongsadrona
kawanlikur jung		
dhusun Nglabahan kawan jung	paos jung angenem	Bekel Trunamenggala
dhusun Gembyang sawelas jung	paos jung angenem	Demang Amadsemangun
sakikil		
dhusun Gemantung kawan jung	paos jung angalihdasa	Bekel Suradrona
dhusun Kluwang nem jung	paos jung angenem	Demang Wiraleksana
dhusun Sabung nem jung	paos jung angenem	Bekel Suradikara
dhusun Gondhangringgit nem jg	paos jung angenem	Bekel Mertadikara
dhusun Téjalapa kalihwelas jung	paos jung angenem	Bekel Trunadiwongsa
dhusun Krasak	paos jung anyedasa	Demang Kramadongsa
dhusun Tanubayan		
dhusun Kemacana kalihwelas jung		
dhusun Watukarung Maronpakis	paos jung angenem	Demang Sutadiwirya
Kedhungbathang kawanlikur jg		
dhusun Kedhung pa(t)likur jung	paos jung angenem	Demang Sadipura
dhusun Dlimas tigang jung	paos jung anyedasa	Demang Wongsawijaya
dhusun Tegaltabuh Kanthèng	paos jung angenem	
dhusun Ngempon nem jung		
dhusun Kebonbajingan kawan jg		
(dhusun) Jethisgiling Ketandhon	paos jung angenem	Demang Cakrayuda
wolung jung		
dhusun Gunungkekeb kawan jung	paos jung angenem	Bekel Wiryaleksana
sakikil		
(dhusun) Karanganyar kalih jung	paos jung angenem	
dhusun Nglempuyang salikur jg	paos jung angenem	

f. 44v

f. 45r

dhukuhanipun kalihwelas jung	paos jung angenem	Demang Secayuda
dhusun Perdayu sadasa jung	paos jung angenem	Demang Suradrona
dhusun Bakungan kalihwelas jg	paos jung angenem	Demang Kertadiwirya
dhusun Wonapepak kalih jung	paos jung angenem	Bekel Samadrona
dhusun Pasanggrahan tigang-dasa jung	paos jung anyelawé	Bekel Ronadipa
dhusun Watuagung wolung jung	paos jung anyedasa	Bekel Séladrona
dhusun Windusari tigang-dasa jung langkung nem jung	paos jung amolu	Demang Tirtayuda kalih Demang Tirtaleksana
dhusun Kebondalem kawanlikur jg	paos jung angenem	Demang Ronawijaya
dhusun Jeragan kalih jung	paos jung anyedasa	Bekel Sadiman
dhusun Padurènan kawan jung	paos jung angenem	Bekel Resayuda
dhusun Pacar kalihwelas jung	paos jung anggangsal	Demang Suramenggala
dhusun Kedhu-siwurkuwèn kalihlikur jung	paos jung anggangsal	Demang Wongsadipura
dhusun Kedhu-wétan-pasar sadasa jung	paos jung anggangsal	Bekel Sutawikrama
dhusun Sembat sangang jung	paos jung anggangsal	Bekel Resayuda
dhusun Grogol kalihwelas jung	paos jung angenem	Bekel Rejamenggala

5v (blank)

6r punika pratélanipun, siti pancas ingkang wonten ing Tanah Balak, Demang satunggil-tunggilipun,

dhusun Mertasari kalihwelas jg	paos jung anyekawan	Demang Cakrayuda
dhusun Pakis kalihwelas jung	paos jung anyekawan	Demang Citradrona
dhusun Pasanggrahan sawelas jg	paos jung anyekawan	Demang Jadikrama
dhusun Nabing sawelas jung	paos jung anyekawan	Demang Resadiwirya

dhusun Jerangan-Sabung sangang jung sakikil jung kang dipuntebas Nyonyah Cu, paosipun kalih-atus pesmat pejah,

kula pun Wongsadrona gladhag, anyaosaken gadhuhan kula siti gladhag kawanlikur jung dhusunipun Tegilurung, anyanggi wilah-welit,

dhusun Nglempuyang kawanlikur jung, anganggi sikep, Bekel Mertawijaya
dhusun Nglempuyang kawanlikur jung, anyanggi sikep, Bekel Wongsamenggala.

2 BM Add. MS. 12342
f. 56r–66v

Undated memo on *dluwang* from *abdi-Dalem* Warijan on the yields of royal orchards with different types of fruit trees (*pethèt*) and names of orchards with numbers of trees (*uwit*).

6r Punika pémut kahula abdi-Dalem pun Warijan, amémuti sawernènipun kagengan-Dalem pethètan, ingkang wonten kagengan-Dalem sadaya, punika pratélanipun, kagengan-Dalem pethètan ing Taman, ingkang wonten kagengan-Dalem Gedhong Lopak-Lopak, jeram manis kalih, jeram gulung kalih, jambet dersana kalihwelas, pelem walu, wah ingkang wonten pagelaran Taman, cikal walu sami awon, kuwèni gangsal, pakèl tiga, dhuku kalih, kapundhung sakilènipun ing pagelaran walung uwit, wah kagengan-Dalem pethètan ingkang wonten ing pakebonan, sakiwa-tengenipun kagengan-Dalem Gedhong Pengantèn, jeram manis ingkang mawi bebatur gangsal, jeram badhé kawan-dasa, jeram gulung satunggil, pelem sanga, jeram pecel kawan-dasa,   wah kagengan-Dalem pethètan ingkang wonten sawétanipun kagengan-Dalem Gedhong Pengantèn, jambet dersana sekawan, sawo sekawan, jeram badhé nenem,   wah cikal sakiwa-tengenipun Gedhong Lopak-Lopak, kathahipun kawan-dasa sanga, ingkang sampun awoh kalih-dasa,   wah kagengan-Dalem pethètan ingkang wonten ing Taman Ledhok, pakèl sanga, ingkang mawi kabatur satunggil, jeram badhé walulas, jeram gulung sekawan, ingkang mawi kabat sa-

f. 56v tunggil, jambet dersana sakawan, sekar capak kalih,   wah pethè/tan sakilènipun Gedhong Mambeng, pelem sekawan, wunglon satunggil, cikal sanga sawo awoh,   wah kapundhung sakidulipun Gedhong Mambeng walulas, langseb satunggil, wunglon satunggil, pelem tiga,   wah kapundhung salèripun Gedhong Mambeng, dumugi Gedhong Gandhèk kathahipun walulikur, ingkang mawi kabatur tiga, ingkang mawi tugu kalih, wah pethètan sawétanipun Gedhong Gandhèk, sawo kalih, jeram badhé kalih, jeram butun satunggil, kapundhung walulas, ingkang mawi kabatur satunggil, ingkang mawi tugu satunggil, pelem sangang-dasa, ingkang dèrèng awoh gangsal, kapundhung nembelas, ingkang mawi kabatur satunggil, ingkang mawi tugu kalih,   wah pethètan sakilènipun Gedhong Gandhèk, dumugi gapunten, jeram manis satunggil, mawi kabatur, jeram badhé tigang-dasa tiga, jeram lètèr gangsal, dhuku pitu, langseb sekawan, kepel sekawan, jambet dersana sekawan, manggis walu, kuwèni satunggil, pelem sèket walu, kurma kalih, cikal tigalikur, ingkang dèrèng awoh sakawan,   wah pethètan ingkang wonten ing Pulo Kenonga, manggis tigang-dasa kalih, wunglon sekawan, sekar cepaka satunggil, jeram gulung satunggil,   wah ingkang wonten pakebonan ing Pulo Kenonga, kiwa-tengenipun

f. 57r ing sagantenan, langseb nenem, dhuku satunggil, wuni kalih, kawis ke/kalih, jambet ijem satunggil, pelem pitung-dasa, durèn tigang-dasa tiga, jeram pecel pitu, jeram gulung sa-tunggil, cikal satus walulikur, ingkang dèrèng awoh nembelas,   wah kapundhung sajawènipun ing régol lèr sagantenan, kapundhungipun kawanwelas, jambet métè satung-gil, sedaya kagengan-Dalem pethètan ing Taman, dados sangang-atus kawanlikur,

wah kagengan-Dalem pethètan ing Sanasèwu,   punika pratélanipun,   kagengan-Dalem pethètan salebetipun banon capunten, manggis nembelas, sawo nenem, jeram keprok walu,   wah kèpèl ing alun-alun kalih, mawi kabatur satunggil, jeram badhé satunggil, pelem selawé, jeram pecel nembelas, dhuku sanga, langseb tiga, wunglon tiga,   wah pethètan pelataran Jamban sakilèn ing dalem, pelem sekawan, pelem ingkang wonten pelataran pasiraman sekawan, jeram badhé kalih, jeram pecel kalih,   wah pethètan ing-kang wonten pelataran Panepèn, pelem kalih, jeram keprok satunggil, pethètan sakilènipun dalem ingkang kidul, dhuku kalih, langseb satunggil, jeram pecel sekawan, pelem se-kawan,   wah pethètan ingkang wonten pakebonan Sekaran sawétan gapunten, pelem tiga-

f. 57v welas, jeram su/ta sadasa, jeram badhé gangsal, jeram keprok walu, wunglon kalih, jeram pecal kalih-dasa, kepundhung walu, jambet dersana kalih, sawo sekawan, kawis kakalih, jeram gulung kalih, sekar cepaka sakidulipun ing régol sajawènipun kori, sekawan, langseb sakaranipun ing régol nembelas, ingkang mawi kabatur satunggil, wah ingkang wonten pelataran kagengan-Dalem Gedhogan, langseb pitu, jambet kalih, jeram badhé satunggil, jeram keprok satunggil, jeram gulung kalih, pelem kawanwelas, pethètan ingkang wonten pakebonan saubengipun kestalan, pelem pitu, durèn sekawan, pethètan ingkang wonten pelataran régol sajawènipun banon capunten, pelem kawanbelas, jeram keprok kalih, jeram bukun satunggil,   wah kagengan-Dalem cikal saubengipun, banon siti, ingkang lebet, kathahipun satus walu, ingkang dèrèng awon kalihwelas, pethètan ingkang wonten kagengan-Dalem ing alun-alun, kuwèni kalihwelas, jambet ijem nenem, sedaya kagengan-Dalem pethètan ing Sanasèwu dados tigang-atus sangan-dasa pitung uwit,

wah kagengan-Dalem pethètan ing Jeblog, salebetipun ing jambet, sawo kalih, jambet dersana sekawan, jeram manis tiga sami mawi batur, langseb pi/tu, jeram gulung walu, jeram pecel tiga, jeram lètèr tiga, jeram buntun satunggil, cikal pitulas, sampun sami awoh, sajawènipun jambet, wunglon kalih, jeram gulung kalihwelas, jambet wungu satunggil, jambet kelampok pitu, wuni walu, langseb kalih, pelem walu, cikal pitulas, ingkang dèrèng awoh sadasa, sedaya dados satus gangsal uwit,

wah kagengan-Dalem pethètan ing Sanapakis, punika pratélanipun, dhuku salebet-ipun banon caputen kathahipun sadasa, kapundhung sekawan, jambet dersana sadasa, jambet ijem satunggil, jambet abrit satunggil, jambet pethak kalih, jambet legi tigawelas, cikal gadhing kalih-dasa, lima awoh, pethètan sajawènipun banon caputen dhuku kalih, pethètan ingkang wonten sangajengipun kiwa-tengen pasowanan, ing pategilan langseb kalihlikur, wunglon tigawelas, jeram legi sangang-dasa, jeram pecel sèket walu, jeram purut kalihwelas, durèn sanga, pelem sangang-dasa walu, kuwèni kalihwelas, jambet mota satunggil, jambet dersana satunggil, cepaka nenem, cikal satus tigang-dasa, ingkang awoh wolung-dasa, sedaya dados gangsal-atus gangsalwelas uwit,

wah kagengan-Dalem pethètan ing / Ambarkatawang, punika pratélanipun dhuku sekawan, langseb kalih, pelem ingkang wonten pasowan ingkang wétan, kathahipun kakalih, pelem salèripun Gedhong Inggil, pelemipun sekawan, kalebet ingkang wonten pelataran kalih cikal sakidulipun régol ingkang wétan sawelas, ingkang awoh sekawan, salèripun ing régol nenem, cikal salèripun ing régol malih gangsal, sedaya dados sèket sekawan,

wah kagengan-Dalem pethètan ing Telagi, punika pratélanipun, jeram manis se-kawan, jeram badhé kalih, jeram keprok satunggil, jeram lètèr satunggil, jeram butun sawelas, jeram badhé malih kalih, jeram butun kalih, jeram pecel tigawelas, dhuku gangsal, wunglon satunggil, jeram gulung tiga, pelem ingkang wonten ing pakebonan kalihwelas, kuwèni satunggil, pelem ingkang wonten sajawènipun ing régol, sakilènipun ing pasowan, kathahipun kalihlikur, cikal kalih-belah, ingkang awoh kawan-dasa walu, sedaya dados kalih-atus tigang-dasa kalih uwit,

wah kagengan-Dalem pethètan Kanigara, punika pratélanipun, kagengan-Dalem dhuku ingkang wonten pelataran tiga, manggis / kalih, jambet ijem tiga, cikal tigang-atus, ingkang awoh sawelas, sedaya dados tigang-atus langkung walung uwit,

wah kagengan-Dalem pethètan ing Toyatumumpang, punika pratélanipun, ingkang wonten salebetipun caputen, jeram butun walu, jambet dersana sekawan, pethètan sajawènipun banon caputen, pacar sekawan, cikal satus tigang-dasa, sami ma(ng)gar sadaya, kuwèni sangang, pelem walu, sedaya dados satus sawidak pitu,

wah kagengan-Dalem pethètan ing Tegilpengawé, punika pratélanipun, salebetipun ing caputen, langseb kalih, durèn sajawènipun banon caputen gangsal, jeram gulung satunggil, cikal sangang-dasa pitu, sedaya dados kalih-atus langkung kawan uwit,

wah kagengan-Dalem pethètan ing Tegilyasa, punika pratélanipun, salebetipun banon caputen, dhuku sangang, jambet dersana nenem, wah kagengan-Dalem pethètan ingkang wonten pasanggrahan ingkang lami, jeram pecel sewidak, jeram badhé tigang-atus sèket, pelem kalihwelas, cikal kalihlikur, kurma satunggil, langseb nenem, sedaya dados tigang-atus sèket,

f. 59v wah kagengan-Dalem pethètan ing Kuwarasan,   punika pratélanipun,   dhuku kalih, ingkang taksih dhedheran tiga, langseb sadasa, wu/nglon kalih, jambet dersana nenem, pethètan sajawènipun banon capunten, pelem walu, durèn tiga, kuwèni kalih, pakèl tiga, jeram gulung kalih, cikal satus, ingkang dèrèng awoh gangsalwelas, pethètan ingkang wonten ing pakebonan, ingkang lèr, dalem kalihwelas, cikal pitung-dasa, ingkang dèrèng awoh gangsal, sedaya dados kalih-atus tigang-dasa gangsal,

wah kagengan-Dalem pethètan ing Madyaketawang,   punika pratélanipun,   sawing-kingipun ing dalem, jambet ijem kalih, pelem satus langkung satunggil, cikal tigang-dasa tiga, ingkang wonten palataran sakiwa-tengenipun kagengan-Dalem bangsal, manggis nenem, sawo sekawan, dhuku sekawan, kepundhung walulas, wunglon sekawan, pelem satus sawidak nenem, langseb sangalas, jeram badhé sekawan, jeram gulung kalih, jeram manis nenem, jeram butun nemlikur, cikal kawan-dasa walu, ingkang saweg ma(ng)gar kalih, pethètan sajawènipun banon capunten saubengipun, kuwèni sawètan régol tiga, pelem satunggil, jambet ijem sekawan, cikal walung-dasa, pelem salebetipun banon kestalan kalih,   wah kagengan-Dalem pethètan ing K(uw)arasan, cikal sèket tiga, sedaya

f. 60r kagengan-Dalem pethètan ing Madyaketawang kalebet ing K(uw)arasan, dados / nem-atus lang-kung tigang uwit,   nunten kagengan-Dalem pethètan ing kelangenan-Dalem sakilèn ing negari, kalebet ing Madyaketawang, sedaya dados kawan-èwu sangang-dasa sekawan,

punika pémut kagengan-Dalem pethètan ingkang wonten kelangenan-Dalem sawétan negari, kagengan-Dalem pethètan ing Tanjungtirta,   punika pratélanipun,   pethètan salebetipun banon capunten, sawingkingipun dalem, jeram badhé satunggil, jeram butun walu, jeram gulung tiga, jeram pecel sanga, dhuku tiga, jambet ijem tiga, pelem sangalas, cikal pitulas, ingkang awoh kalih,   wah pethètan ing pelataran, jeram badhé pitulas, ing-kang mawi bebatur gangsal, ingkang mawi umpak-umpak enem, ingkang baten mawi umpak-umpak enem, jeram buntun gangsal, manggis kalih, sawo kalih pelem nem, wunglon kalih, kapundhung sekawan, sawo sekawan, dhuku sekawan, cikal gadhing nem-belas, ingkang awoh pitu,   dados salebetipun banon capunten satus pitulikur, pethètan sajawènipun banon capunten, kagengan-Dalem pethètan ingkang wonten ing lurung sakilèn ing régol, pelem nem, cepaka kalih, pethètan ingkang wonten lurung sakidulipun régol,

f. 60v pelem kawanwe/las, kuwèni kalih, pethètan sakidul kestalan, pelem sanga, pethètan ingkang wonten lurung sawétan ing régol, pelem sadasa, pethètan ing pasiraman, pelem sèket, pijitan sekawan, wunglon sekawan, durèn sekawan, pethètan sajawènipun banon capunten, ingkang kilèn, cikal kawan-dasa kalih, ingkang awoh walu, kagengan-Dalem pethètan ing jawi sedaya dados satus kawan-dasa pitu,   sedaya kagengan-Dalem pethètan ing Tanjungtirta, dados kalih-atus pitung-dasa,

wah kagengan-Dalem pethètan ing Ngadisana,   punika pratélanipun,   salebetipun ing pasanggrahan, pelem walung-dasa gangsal, kuwèni walu, dhuku kalih, langseb kalih, manggis nenem, jeram badhé sanga, jeram keprok sekawan, jeram butun salikur, jeram gulung kalih, jeram pecel satunggil, cikal saubengipun pasa(ng)grahan ing jawi, kathah-ipun pitu-dasa walu, ingkang awoh kawanlikur,   wah cikal ingkang anyar sakilènipun pasanggrahan, kathahipun sawidak walu, wunglon sekawan,   sedaya pethètan ing Ngadisana dados tigang-atus sèket walu,

wah kagengan-Dalem pethètan Pengawatreja,   punika pratélanipun, kagengan-Dalem pe-
thètan salebetipun capunten ing Genthan, manggis se/kawan, nagasantun kalih, pacar kalih,
jeram manis sekawan, jeram buntun sedasa, jeram keprok sadasa, dhuku kalih, gowok
satunggil, jambet dersana kalih, cikal gadhing kawanwelas, ingkang awoh sadasa, pelem
enem, pethètan sajawènipun ing Genthan, pelem pitu, dhuku gangsal, jeram kawanlikur,
jeram badhé ingkang nenem, jeram keprok ingkang kalih, jeram buntun ingkang sawelas,
jeram gulung ingkang satunggil, cikal gadhing nenem, sami awoh, pethètan ing Ngurang-
ayu, nagasantun sekawan, pacar kalih, pethètan ingkang wonten pelataran Pa(ng)gung,
manggis sekawan, pethètan sangandhapipun ing Pa(ng)gung, jambet telampok-arum kalih,
kuwèni satunggil, cepaka satunggil, kèpèl sekawan, wunglon kiwa-tengenipun bangsal
ingkang kidul kalih, kuwèni ingkang jawi sekawan, kagengan-Dalem pethètan pelataran
Gedhong Telagi ingkang wétan, pacar walu, manis jangan kalih, sulastri kalih, jeram
manis nenem, jeram badhé salikur, jeram buntun pitu, nagasantun sekawan, sawo kalih,
pethètan sajawènipun gapura, kepundhung walulas, gowok kalih, pelem ingkang wonten
sabin gangsal, pethètan pelataran gedhong ingkang lèr, manis jangan nenem, manggis
kalih, dhuku kalih, pacar kalih, jeram manis kalih, jeram butun sekawan, jeram gulung
kalih, kaléca kalih, capaka nenem, kepel kalih, pelem kalih, pethètan salèripun wétan-
ipun kestalan, pelem sawidak gangsal, durèn nenem dhèrèkan / gangsal uwit, cikal satus
sakawan, ingkang awoh nenem, cikal sawétanipun kagengan-Dalem masjid, kathahipun
satus pitulikur, durèn sekawan, pelem tigalikur, kagengan-Dalem pethètan ing Telagi
kidul-kilèn, jeram badhé walu, jeram buntun nembelas, dhuku kawanlikur, manggis
sekawan, wunglon kalih, gowok kalih, pelem sadasa, jambet kalih, langseb tigang-dasa,
sedaya kagengan-Dalem pethètan ing Mawatreja, dados nem-atus langkung kawanwelas
uwit,

punika pémut kagengan-Dalem pethètan panggung ing Wanacatur,   punika pratélanipun,
kagengan-Dalem pethètan saubengipun ing Pa(ng)gung, jeram manis nenem, sami mawi
batur, jeram lètèr sekawan jeram badhé sekawan, jeram badhé ingkang mawi tugu pitu,
jeram buntun walulas, jeram gulung satunggil, jeram keprok satunggil, jeram kuwik kalih,
gowok satunggil, kepundhung kawan-dasa nem, sawo sekawan, sarangan kalih, capaka
kalih, pelem walulikur, jambet nenem, jambet dersana sekawan, jeram pecel salikur, sekar
pacar sekawan, pethètan salèr ing Panggung, manggis gangsal, kepelih, kuwèni tigalikur,
pakèl satunggil, kagengan-Dalem pethètan ing pakebonan saubengipun pala/taran, pelem
pitung-dasa kawan, langseb walulikur, ingkang mawi babatur sekawan, cikal sèket
sakawan, ingkang awoh kawan-dasa satunggil, jambet wungu kalih, jeram pecel tigang-
dasa sakawan, mundhu sadasa, sedaya kagengan-Dalem pethètan ing Gedhong Panggung
Wanacatur dados tigang-atus sangang-dasa gangsal wit,

wah kagengan-Dalem pethètan ing Telagi Cendhanasantun, ing Redi Cemara, manggis
kawan-dasa tiga, cendhana tiga, manis jangan kalih-dasa, nagasantun sekawan, sarangan
kalih, jeram badhé kalih langseb nenem, dhuku sadasa, kagengan-Dalem pethètan ing
Panepèn, jeram badhé gangsal, jeram manis gangsal, langseb salèripun garudha kekalih,
cikal salèripun Telagi, sèket kawan, ingkang awoh tigang-dasa gangsal, jeram pecal
gangsalwelas, sedaya kagengan-Dalem pethètan ingkang Telagi Cendhanasantun, dados
satus pitung-dasa satunggil,   wah kagengan-Dalem pethètan ing Ngumbul, manggis
kalihwelas, dhuku kalih, jambet dersana kalih,   wah kagengan-Dalem pethètan ing
Mriyosan, pelem kalih-atus pitung-dasa, peté kawanwelas, jèngkol kalih, cikal satus
kawan-dasa, ingkang sampun awoh satus,   wah kagengan-Dalem cikal, ing Redi Kidul

f. 62v tigang-dasa nenem, / ingkang awoh gangsal, sedaya kagengan-Dalem pethètan ing Ngumbul, dados kawan-atus pitung-dasa walung uwit,

wah kagengan-Dalem pethètan ing Benggangan, ingkang lèr, jeram manis kalih, sami mawi bebatur, jeram badhé nenem, sami mawi tugu, jeram badhé malih walulas, jeram kuwik kalih, jeram gulung satunggil, srikaya kalih-atus selawé, kagengan-Dalem pethètan ing Benggangan dados tigang-atus tigang dasa, wah kagengan-Dalem pethètan ing Benggangan ingkang kidul, jeram satus sanganglikur, jeram manis nenem, sami mawi batur, jeram badhé ingkang tigawelas, sami mawi tugu, jeram lèhèr ingkang kalih, jeram badhé baten mawi tugu sadasa, jeram keprok ingkang kalih, jeram kuwik ingkang sawelas, jeram butun ingkang walung-dasa gangsal, capaka kekalih, srikaya kalih-atus kawan-dasa, sedaya dados tigang-atus pitung-dasa satunggil, anunten kagengan-Dalem pethètan ing Benggangan ingkang lèr kalih ingkang kidul sedaya dados pitung-atus satunggil,

gu(ng)gung kagengan-Dalem pethètan ing Wanacatur, Telagi, ing Redi Cendhanasantun, Redi Cemara, ing Ngumbul, Redi Kidul, Benggonganlèr, Benggangankidul, sedaya dados sèwu pitung-atus kawan-dasa gangsal uwit,

f. 63r / punika kagengan-Dalem pethètan ing Purwareja, punika pratélanipun, kagengan-Dalem pethètan ingkang wonten salebetipun banon capunten, manggis walulikur, dhuku pitu, langseb tigang-dasa sakawan, sawo sekawan, kepundhung sangalas, jambet dersana walu, jambet ijem kalih, jambet wungu kalih, jeram kuwik sawelas, jeram purut sekawan, pacar kalihwelas uwit, nagasantun sekawan, jeram gulung tigang, jeram badhé gangsal, jeram butun tiga, pelem salikur, kuwèni kalih, cikal gadhing kawan-dasa kawan, ingkang awoh tiga, kagengan-Dalem pethètan salebetipun banon capunten saubengipun, dados kalih-atus gangsalwelas uwit, sajawènipun banon capunten kuwèni pitung-dasa gangsal, pakèl salikur, pelem kalih-atus kawan-dasa gangsal, wunglon walulas, durèn sèket sakawan, jambet pethak nenem, ci(kal) kalih-atus, ingkang awoh kalih-belah, sekar cepaka kalihwelas, jeram gulung kalih-dasa, jeram manis tiga, sami mawi bebatur, jeram badhé tiga, jeram butun tigawelas, jeram lètèr walu, jeram kuwik tiga, kagengan-Dalem pethètan sajawènipun banon capunten, saubengipun, sedaya dados nem-atus walung-dasa langkung sauwit, sedaya kagengan-Dalem pethètan ing Purwareja, dados sangang-atus langkung nem uwit,

f. 63v / punika kagengan-Dalem pethètan ing Rejawinangun, punika pratélanipun, kagengan-Dalem pethètan sakiwa-tengenipun kagengan-Dalem masjid, kepel kalih, dhuku kalih, nagasantun kalih, jeram manis satunggil, panggènanipun mènrèng, kagengan-Dalem pethètan ing Gedhong Abrit, ingkang lèr kalih, ingkang kidul, jeram butun sekawan, nagasantun sekawan, kagengan-Dalem pethètan ing Patamanan ingkang kilèn, pelem tigang-dasa, durèn satunggil, pakèl satunggil, cikal kawan-dasa sakawan, ingkang awoh tigang-dasa sekawan, pethètan sakilènipun Mariyosan, wunglon sekawan, manggis sekawan, pacar sekawan, srikaya kawan-dasa, manis jangan satunggil, pethètan ing Mariyosan, pelem pitung-dasa, durèn satunggil, langseb tiga, jambet dersana satunggil, cikal gangsal, pethètan salèripun ing kreteg, jambet wungu satunggil, pethètan ing kestalan, pelem kalih, pethètan ing panggel, pelem walulas, jambet dersana sekawan, wah cikal sakidulipun pakèl sadasa, wah ing Patamanan sakidulipun kagengan-Dalem bangsal, jeram keprok sekawan, jeram butun pitu, jeram pacitan satunggil, dhuku tiga, langseb pitu,

f. 64r kepundhung satunggil, jambet ijem satunggil, jera/m pecel pitu, cikal gangsalwelas, ingkang awoh sanga, pethètan ing Patamanan salèripun ing bangsal, jeram keprok sekawan, jeram pacitan tiga, jeram manis gangsal, dhuku tiga, langseb pitu, jeram pecel nenem, cikal gangsalwelas, ingkang awoh sadasa, jambet ijem satunggil, sekar cepaka salèripun kagengan-Dalem bangsal satunggil, sakidulipun kagengan-Dalem bangsal satunggil, sedaya kagengan-Dalem pethètan ing Rejawinangun, dados tigang-atus sèket walung uwit,

wah kagengan-Dalem pethètan ing Arjaketawang pelem tigang-atus kawanwelas uwit, manggis walu, dhuku sekawan, langseb walulas, jambet sekawan, wunglon sadasa, jeram legi tigang-dasa, jeram gulung kalih, kuwèni nenem, jeram pecel satus tigang-dasa, cikal pitung-dasa satunggil, ingkang awoh kalihlikur, kagengan-Dalem pethètan ing Arjaketawang, saubengipun sedaya dados nem-atus kalih uwit,

gu(ng)gung kagengan-Dalem pethètan ing Panggung, Wanacatur, Telagi, Redi Cendhanasantun, Redi Cemara, Ngumbul, Redi Kidul, Bengganganlèr, Benggangankidul, Purwareja, Rejawinangun, Rejaketawang, sedaya dados kawan-èwu satus sadasa langkung sauwit,

v / punika pémut kagengan-Dalem pethètan ing Krapyak, punika pratélanipun, kagengan-Dalem pethètan gedhong ingkang wétan, dhuku tiga, langseb sangalas, jeram butun tigang-dasa pitu, jambet abrit kalih, jambet pethak kalih, jambet dersana walu, kawista sekawan, pelem maben gangsalwelas, pelem tigang-dasa nenem, kelapa sangang-dasa, pethètan ingkang wonten pakawisan ingkang wétan, kelapa sangang-dasa walu uwit, ingkang dèrèng medal wohipun pitung-dasa gangsal, kelapa ing alun-alun tigang-dasa gangsal, ingkang sampun awoh satunggil, ingkang sampun ageng witipun, dèrèng medal wohipun walulikur, wah kagengan-Dalem pethètan sakiwa-tengenipun Gedhong Krapyak, ingkang kilèn, dhuku kawan, kokosan tiga, langseb pitulikur, jambet sekawan, pelem aben kawanlikur, pelem sengir sekawan, pelem dodol sadasa, kelapa ingkang sampun awoh sèket sekawan, wah sulaman pelem pitung-dasa walu, cikal anyar pitung-dasa, cikal pategilan walung-dasa walu, pelem kalih-atus kalihwelas uwit, sedaya kagengan-Dalem pethètan sakiwa-tengenipun Gedhong Panggung ingkang kilèn, dados kawan-atus salangkung nem uwit,

r / punika pémut kagengan-Dalem pethètan ing Ngindrakila, punika pratélanipun, cikal sangang-dasa uwit, ingkang awoh tigawelas, kagengan-Dalem pethètan jeram satus tigang-dasa nenem, pethètan salèr-kilèn pesanggrahan tigang-dasa sekawan, jeram legi sekawan, jeram butun gangsalwelas, jeram kuwik kalih, salèr-wétan ing pasanggrahan tigang-dasa sekawan, jeram legi sekawan, jeram butun selawé, jeram kuwik gangsal, pethètan sakidul-wétan pesanggrahan tigang-dasa sekawan, jeram legi satunggil, jeram cina kalih, jeram lawé satu(ng)gil, jeram butun salikur, jeram kuwik sekawan, pethètan sakidul-kilèn pasanggrahan tigang-dasa sekawan, jeram legi kalihwelas, jeram butun pitu, jeram lètèr sekawan, kagengan-Dalem jeram satus tigang-dasa n(e)nem wau punika, kalebet ingkang pejah kathahipun kalihlikur pelem nembelas, ingkang wonten salèr-kilèn pesanggrahan, ingkang wonten sakidul-kilèn pesanggrahan ingkang pejah satunggil, ingkang wonten salèr-wétan pesanggrahan sekawan, ingkang wonten sakidul-wétan pesanggrahan sekawan, kuwèni sekawan, jambet walu, jambet ijem sekawan, sedaya dados kalih-atus sèket, wah kagengan-Dalem pethètan ing Lèpènajir, kepundhung sangang, gowok walu, kagengan-Dalem gawok lami salèripun radinan / sekawan,

v gu(ng)gung kagengan-Dalem pethètan kelangenan-Dalem sawétan negari kalebet ing Krapyak, sedaya dados gangsal-èwu wulung-atus sangalikur uwit, nunten kagelengaken kagengan-Dalem pethètan, sakilèn negari, kalih wétan negari, kalebet kidul negari, sedaya dados sangang-èwu sangang-atus tigalikur uwit,

gu(ng)gung kagengan-Dalem pethètan, dhuku sawo pelem jeram manggis wunglon, langseb, kapundhung, jambet, durèn, kepel, pakèl, kurma, cikal, kuwèni, kawista, sakilèn negari sedaya, dhuku sawidak gangsal,   wah langseb sedaya dados sangang-dasa nenem uwit, wah pelemipun sedaya dados, pitung-atus walulikur uwit,

wah kuwènipun sedaya dados sèket satunggil,   wah pakèlipun sedaya dados nenem, wah manggisipun sedaya dados sawidak sekawan,   wah kapundhungipun dados kalih-belah langkung satunggil,   wah jambetipun sadaya dados walung-dasa sangang uwit, wah jeramipun sedaya dados, kalih-atus tigang-dasa walu,   wah sawonipun sadaya dados

f. 66r   kalihlikur, durènipun sedaya dados sèket kawan uwit, / wah wunglonipun sadaya tigang-dasa tigang,   wah kepelipun sadaya dados nenem,   wah kurma sedaya dados tigang,   wah kawista dados sekawan,   wah cikalipun sedaya dados sèwu nem-atus tiga,

gu(ng)gung kagengan-Dalem pethètan, pelem kuwèni pakèl, jambet jeram dhuku langseb kapundhung, kepel, kawista, manggis, sawo, durèn, wunglon, gowok, sarangan, kokosan, kaléca, cikal, sawétan negari sedaya kalebet ing Krapyak, pelemipun sedaya dados sèwu gangsal-atus kawan-dasa uwit,   wah kagengan-Dalem kuwèni sedaya dados satus selawé,

wah kagengan-Dalem pakèl sedaya dados tigalikur,
wah kagengan-Dalem jambet sedaya dados satus sawelas uwit,
wah kagengan-Dalem jeram sedaya dados pitung-atus kawanlikur uwit,
wah kagengan-Dalem jeram pecel jeram purut, sadaya dados kalih-atus walulikur uwit,
wah kagengan-Dalem dhuku sedaya dados walung-dasa,
wah kagengan-Dalem langseb sedaya dados kawan-atus tigang-dasa uwit,
wah kagengan-Dalem kapundhung sedaya dados sangang-dasa pitung uwit,
wah kagengan-Dalem kepel sedaya dados nem wit,
wah kagengan-Dalem kawista sedaya dados kawan wit,

f. 66v   wah kagengan-D/alem manggis sedaya dados satus kalihlikur uwit,
wah kagengan-Dalem sawo sedaya dados nembelas wit,
wah kagengan-Dalem durèn sedaya dados pitung-dasa wit,
wah kagengan-Dalem wunglon sedaya dados kawandasa nenem,
wah kagengan-Dalem gowok sedaya dados walulas,
wah kagengan-Dalem sarangan dados sekawan,
wah kagengan-Dalem kukosan sedaya dados tiga,
wah (kagengan-Dalem kaléca sedaya dados) kaléca kalih,
wah kagengan-Dalem cikal sedaya dados sèwu gangsal-atus walung-dasa pitung wit.

3

BL Add. MS. 12341
f. 160r–v

List of lands set aside for the production of pepper (*sabin ladosan pamriyosan*), totalling some 83 *jung*, which are recalculated (*kapétang*) to become 350 *karya*. Undated.

f. 160r   Punika pémut sabin ladosan pamriyosan, sabin ladosan Kadospatèn sangang jung, sabin ladosan putra sentana nembelas, jung sabin ladosan Kadanur(e)jan kalihwelas jung sakikil, sabin ladosan Sumadiningratan sajung sakikil,   wah sabin ladosan Jawi Kiwa tigawelas jung, sabin ladosan Jawi Tengen kalihwelas jung, sabin ladosan Gedhong Tengen nem jung sakikil, sabin ladosan Gedhong Kiwa nem jung sakikil, sabin ladosan Kaparak Tengen tigang jung sakikil, sabin ladosan Sindujayan sakikil, / sabin ladosan Surèngranan Jayèngresmèn, sami anyebau dados tigang bau, sabin ladosan Mantri Reksaprajan kalih jung,

gunggung sadaya dados sabin wolung-dasa jung langkung kawan jung kapétang karya dados tigang-atus sèket.

4 BL Add. MS. 14397
f. 50r–52r

Memo on pepper contingents from the royal lands (*kagengan-Dalem bumi*) administered by officials of the *Gedhong Tengen* department, among others those of R.T. Purwadipura, R. Ng. Purwawijaya, and Ng. Mangunjaya, totalling some 4,214 *kati* (1 *kati* = 0.617 kgs), plus 42 *kati* set aside for the ruler, 4,256 *kati* in all. Undated, but possibly 1811–12.

Punika pémut cacahipun kagengan-Dalem bumi Gedhong Tengen sagolonganipun, ingkang sami kapatedhan kagengan-Dalem mriyos, kajawi bumi Saos-siti, ingkang baten kapatedhan mriyos, damel-Kula sèwonipun, kapatedhan wawrat anyadasa katos, damel-Kula satusipun kaleresan wawrat anyakatos, katosan amitung-dasa gangsal réyal sakatosipun apengaos aniga tèng, punika pratélanipun, lenggahipun abdi-Dalem pun Purwadipura piyambak, damel-Kula sèwu, patedhan-Dalem mriyos kaleresan sadasa katos yatranipun dados salawé uwang, wah lenggahipun abdi-Dalem pun Purwawijaya damel-Kula satus patedhan-Dalem mriyos kaleresan wawrat sakatos, yatranipun tiga tèng, wah lenggahipun abdi-Dalem pun Mangunjaya, damel-Kula kalih-atus patedhan-Dalem mriyos wrat kalih katos, yatranipun dados, gangsal uwang, wah lenggahipun abdi-Dalem pun Sutaraga, sakancanipun mantri Gedhong, damel-Kula pitung-atus sèket, patedhan-Dalem mriyos kaler(e)san wrat pitung katos langkung satengah katos, yatranipun dados walulas uwang langkung pitung dhuwit sasigar, wah lenggahipun Panèket Gedhong sakanca-/nipun damel-Kula kalih-atus tigang-dasa kalih, patedhan-Dalem mriyos kaleresan wrat kalih katos saprapatan katos, langkung nem réyal seka nembelas seka, yatranipun dados gangsal wang langkung pitu sigar, wah lenggahipun abdi-Dalem Jajar Gedhong sakancanipun, damel-Kula walung-dasa nem, patedhan-Dalem mriyos kaleresan wrat satengah katos saprapatan katos saprawalon katos, yatranipun dados kalihlikur sigar, wah lenggahipun abdi-Dalem pengukir mranggi mrisèn jambu kebo-gadhung jalagraha senèpi, dalem-Kula, satus sèket satunggil, patedhan-Dalem mriyos kaleresan wrat kalih tengah katos, yatranipun dados, tigang wang walu sigar, wah lenggahipun abdi-Dalem pun Prawirasraya, sakancanipun ngampil, damel-Kula tigang-atus wolung-dasa kalih, patedhan-Dalem mriyos kaleresan wrat kawan tengah katos saprapatan katos langkung nem réyal seka, yatranipun dados sangang uwang, kanem sigar, wah lenggahipun abdi-Dalem pun Angongendhing sakancanipun niyaga, kalebet dhalang badhut telèdhèk, nonong penatah, abdi-Dalem Sitinggil, damel-Kula tigang-atus walung-dasa sanga, patedhan-Dalem mriyos kaleresan wrat kawan tengah katos saprapatan katos saprawalon katos langkung kalih réyal seka sapalih tangsul, yatranipun dados sangang wang / langkung kawan sigar, wah lenggahipun abdi-Dalem Japan sakancanipun pandhé, damel-Kula kalih-atus, patedhan-Dalem mriyos kaleresan wrat kalih katos, yatranipun dados gangsal uwang, wah lenggahipun abdi-Dalem sepuh bujeng sakancanipun, damel-Kula satus sèket, patedhan-

Dalem mriyos kaleresan kalih tengah katos, yatranipun dados, tigang wang walu sigar,
wah lenggahipun abdi-Dalem Kyai Tumenggung sakancanipun para gusti, damel-Kula
satus pitung-dasa kalih, patedhan-Dalem mriyos kaleresan wrat kalih tengah katos sapra-
walon katos langkung pitung réyal tigang seka sapalih tangsul, yatranipun dados kawan
wang langkung kawan dhuwit sigar,   wah lenggahipun abdi-Dalem pun Japrahara
sakancanipun Bugis, damel-Kula satus kalihlikur, patedhan-Dalem mriyos kaleresan wrat
sakatos saprawalon katos, langkung pitung réyal tigang seka sapalih tangsul, yatranipun
dados, tigang wang kawan sigar,   wah lenggahipun abdi-Dalem jeksa sarèhrèhanipun,
damel-Kula tigang-dasa nem, patedhan-Dalem mriyos kaleresan wrat saprapatan katos
saprawalon katos, yatranipun dados sadasa sigar,   wah lenggahipun abdi-Dalem pun
Wiraguna ingkang tumut Gedhong Tengen, damel-Kula satus, patedhan-Dalem mriyos ka-
f. 51v   leresan wrat sakatos, yatranipun da/dos tigang tèng,   wah lenggahipun abdi-Dalem
Singawedana sakancanipun kebayan, damel-Kula satus pitung-dasa, patedhan-Dalem
mriyos kaleresan wrat kalih tengah katos, saprawalon katos langkung nem réyal seka,
yatranipun dados kawan wang langkung saprapat,

gu(ng)gung kagengan-Dalem bumi Gedhong Tengen sagolonganipun sadaya dados damel-
Kula kawan-èwu kalih-atus kawanwelas, patedhan-Dalem mriyos sadaya dados, kawan-
dasa katos langkung kalih katos walung réyal tigang seka satangsul, yatranipun dados
kawan réyal langkung nem wang tiga sigar, sami réyalan anyalawé wang saréyalipun,

f. 52r   [Javanese tree-bark paper *(dluwang)* envelope] punika serat ebuk mariyos cacahipun
kagengan-Dalem bumi Gedhong Tengen sagolonganipun.

[note in English at bottom of page (?) in John Crawfurd´s hand] 'Pepper contingents of
the inhabitants under the name of Godongtingeng'.

5
BL Add. MS. 12341
f. 72r–73r

Memo on pepper contingents expressed in weight *(kati)* and cash value *(real)* from lands
assigned to troops *(prajurit)* under the authority of the royal troop commander Radèn
Panji Surèngrana.

f. 72r   Punika pémut cacahipun kagengan-Dalem sabin lenggahipun abdi-Dalem prajurit
sarèrèyanipun abdi-Dalem pun Surèngrana, kalebet lenggahipun abdi-Dalem pun Surèng-
rana piyambak, ingkang sami kapatedhan kagengan-Dalem mariyos, damel-Kula satusipun
kapatedhan wawrat anyektos, katosanipun wrat amitung-dasa gangsal réyal, sakatosipun
apengaos anigang tèng,   punika pratélanipun,   lenggahipun abdi-Dalem pun Surèng-
rana piyambak, damel-Kula satus, kaleresan mariyos wrat sakatos, yatranipun tiga tèng,
wah lenggahipun abdi-Dalem pun Jayabra(ng)ta sakancanipun, damel-Kula pitung-atus
salawé, kaleresan mariyos wrat pitung katos saprapatan katos, yatranipun walulas uwang
langkung sadhuwit sasigar sapalih sigar,   wah lenggahipun pun abdi-Dalem Jayaprawira
sakancanipun, damel-Kula nem-atus pitung-dasa nem, kaleresan mariyos wrat nem katos
langkung satengah katos saprapat katos, yatranipun nembelas uwang langkung wolung
dhuwit sigar sapalih sigar,   wah lenggahipun pun Jayawilaga sakancanipun, damel-Kula
nem-atus salawé, kaleresan mariyos wrat nem katos langkung saprapat katos, yatranipun
f. 72v   gangsalwelas uwang langkung nem dhuwit sapa/lih (s)igar,   wah lenggahipun
abdi-Dalem pun Gondakusuma sakancanipun, damel-Kula nem-atus salawé, kaleresan

mariyos wrat nem katos langkung saprapat katos, yatranipun gangsalwelas uwang langkung nem dhuwit sapalih (s)igar, wah lenggahipun abdi-Dalem pun Imas(e)ntika sakancanipun, damel-Kula kalih-atus kalihwelas, kaleresan mriyos wrat kalih katos langkung saprawalon katos, yatranipun gangsal uwang langkung tigang dhuwit, wah lenggahipun abdi-Dalem pun Imadiguna sakancanipun, damel-Kula kalih-atus, kaleresan mariyos wrat kalih katos, yatranipun gangsal uwang, wah lenggahipun abdi-Dalem pun Imawijaya sakancanipun, damel-Kula satus wolung-dasa walu, kaleresan mriyos wrat kalih-tengah katos saprapat katos langkung saprawalon katos, yatranipun kawan uwang sasigar, wah lenggahipun abdi-Dalem pun Imayuda sakancanipun, damel-Kula satus wolung-dasa walu, kaleresan mariyos wrat kalih-tengah katos saprapat katos langkung saprawalon katos, yatranipun kawan uwang sigar, wah lenggahipun abdi-Dalem pun Tanuastra sakancanipun, damel-Kula satus wolulas, kaleresan mariyos wrat sakatos langkung wrat tigawelas tengah réyal sapalih tangsul, yatranipun kalih uwang wolung dhuwit sasigar, wah lenggahipun a/bdi-Dalem pun Mandhung sakancanipun, damel-Kula satus wolulas, kaleresan mriyos wrat sakatos langkung wrat tigawelas tengah réyal sapalih tangsul, yatranipun kalih uwang wolung dhuwit sasigar, wah lenggahipun abdi-Dalem pun Mau(n)dara sakancanipun, damel-Kula satus wolulas, kaleresan mariyos wrat sakatos langkung tigawelas tengah réyal sapalih tangsul, yatranipun kalih uwang wolung dhuwit sasigar, wah lenggahipun abdi-Dalem pun Jayataka sakancanipun, damel-Kula satus wolulas, kaleresan mariyos wrat sakatos langkung wrat tigawelas tengah réyal sapalih tangsul, yatranipun kalih uwang wolung dhuwit sasigar,

gu(ng)gung kagengan-Dalem sabin lenggahipun abdi-Dalem pun Surèngrana, sarèrèya-nipun sadaya dados damel-Kula kawan-èwu langkung damel-Kula sawelas, patedhan-Dalem mriyos sadaya dados wawrat kawan-dasa katos langkung saprawalon katos, yatranipun sadaya dados satus uwang langkung tigang dhuwit, kapétang réyal nyalawé uwang saréyalipun dados kawan réyal langkung tigang dhuwit.

6   BL Add. MS. 14397
                                                                          f. 4r–v

Memo on tailed pepper/cubeb (*kumukus*) and chili (*cabé*) contingents from Lowanu and Pacitan which are to be transported from Yogyakarta to Semarang ('? for delivery to the Dutch EIC) totalling some 1,969 *dhacin* (one *dhacin* = 100 *kati* [61.7 kgs], the load which one porter could carry on his shoulders, i.e. a *pikul*), or 1,452 reals. See Plate 9.

Punika pémut kagengan-Dalem mariyos ingkang saking Lowanu, kathahipun sadaya sèwu nem-atus sawidak sangang dhacin langkung sèket pun,

wah kagengan-Dalem mariyos ingkang saking Pacitan kathahipun kalih-atus sawidak tigang dhacin, langkung sèket kalih pun, wah kumukus sadhacin langkung sangang-dasa pun, wah cabé tigang dhacin langkung satus pun,

gu(ng)gungipun kagengan-Dalem mariyos kumukus cabé, pun Lowanu kalih pun Pacitan, sadaya dados sèwu sangang-atus tigang-dasa pitung dhacin, langkung tigang-dasa kalih pun,

wondéning berahanipun saking Ngayogyakarta Adiningrat dhateng Semawis sadhacinipun anigang seka, sadaya berahanipun dados sèwu kawan-atus sè/ket kalih réyal anggris langkung tigang seka satangsul kawan dhuwit.

7

Report of Reksapraja on payment for pepper from the Dutch Residency. It lists the contingents from Lowanu and Pacitan in tailed pepper (*kumukus*), chili (*cabé*), cotton thread (*benang*), and indigo (*nila*), which were to be eventually transported from Yogyakarta to Semarang as agreed upon with the recently departed Resident of Yogyakarta, Wouter Hendrik van IJsseldijk (in office, 1786-1798) in the year A.J. 1725 (1798/9). Dated 13 June 1799.

f. 13r   [in small script at top of page] Punika serat sampun kasaosaken

punika pémut kula abdi-Dalem Reksapraja, amémuti angsal-kula atimbang kagengan-Dalem mariyos, kumukus, cabé, benang, nila, wonten ing Loji, kalih pitajengipun Tuwan Uprup, Tuwan Seldhik, saweg ing taun Jimawal, angkaning warsa, 1 7 2 5, punika pratélanipun,   kagengan-Dalem mariyos ingkang saking Lowanu, kathahipun satus sèket dhacin langkung kalih tengah dhacin ingkang warni kumukus pitulikur dhacin langkung saprapat dhacin, ingkang warni cabé, tigang dhacin,

gu(ng)gung mariyos kumukus cabé, ingkang saking Lowanu, dados satus wolung-dasa dhacin, langkung kalih dhacin kirang saprapat,   wah ingkang warni nila, kathahipun wolung-dasa kati, langkung sakati, sapratiga kati,   wondéning pambektanipun saking Lowanu, dhateng Ngayogyakarta Adiningrat, kaberahaken, berahanipun sawidak, tigang réyal anggris langkung sajampel,   wah kagengan-Dalem mariyos ingkang saking Pacitan, kathahipun satus dhacin langkung saprapat dhacin, ingkang warni kumukus kalih tengah dhacin, ingkang warni cabé, kalih dhacin,

gunggung mariyos kumukus cabé, ingkang saking Pacitan, satus dhacin langkung kawan dhacin kirang saprapat dhacin,   wondéning pambektanipun saking Pacitan, dhateng Ngayogyakarta Adiningrat, inggih kaberahaken, berahanipun satus tigang-dasa kalih réyal anggris langkung sajampel,

gunggung kagengan-Dalem mriyos ingkang saking Lowanu, kalih ingkang saking Pacitan, dados kalih-atus sèket dhacin langkung kalih dhacin kirang saprapat dhacin, ingkang warni kumukus cabé, dados tigang-dasa, kawan dhacin kirang saprapat dhacin,

f. 13v   wondéning bayaranipun ingkang warni mariyos sadhacinipun kabayar amitung / réyal Kumpni, ingkang warni kumukus cabé, sadhacinipun kabayar anggangsal réyal Kumpni, ingkang warni nila, sadhacinipun kabayar amalung-dasa réyal Kumpni, wondéning bayaripun nila walung-dasa kati langkung sakati, sapratiga kati wau punika, dados sawidak gangsal réyal Kumpni langkung saseka,

wah ingkang warni benang, kathahipun sawidak dhacin, sadhacinipun kabayar anyedasa réyal Kumpni, yatranipun dados nem-atus réyal Kumpni, kapétang réyal anggris dados kawan-atus sèket réyal anggris,

gunggung bayaranipun mriyos kumukus cabé, nila, sadaya dados sèwu sangang-atus sangang-dasa nem réyal Kumpni, langkung saseka, kapétang réyal anggris dados sèwu kawan-atus sangang-dasa, pitung réyal anggris, langkung saseka, anunten kagunggung bayaranipun mriyos kumukus cabé, benang, nila, wau punika, sadaya, dados kalih-èwu gangsal-atus sangang-dasa nem réyal Kumpni, langkung saseka, kapétang réyal anggris, dados sèwu sangang-atus kawan-dasa, pitung réyal anggris, langkung saseka,

ingkang punika anunten kacengklong, kadamel berahan pambektanipun mriyos kumukus cabé, nila, saking Lowanu Pacitan, dhateng Ngayogyakarta Adiningrat wau punika, kathahipun satus sangang-dasa, nem réyal anggris langkung tigang seka setangsul,

anunten kacengklong malih kadamel berahan pambektanipun saking Ngayogyakarta Adiningrat dhateng ing Semawis, sadhacinipun kaberahaken anigang seka, yatranipun dados kalih/-atus sèket sangang réyal anggris langkung tigang seka satangsul,

wondéning kagengan-Dalem yatra bayaranipun mriyos, kumukus, cabé, benang, nila, wau punika, ing mangko dados kantun sèwu kawan-atus sangang-dasa réyal anggris langkung sajampel,

kala kula tampi kagengan-Dalem yatra bayaran mriyos, kumukus, cabé, benang, nila wau punika, angleresi ing dinten Kemis tanggal ping sanga wulan Sura ing taun Jé, angkaning warsa, 1 7 2 6   [Thursday, 13 June 1799].

8   BL Add. MS. 12342
                                                    f. 72r–80r

Memo concerning the members of the *Niyaga Kiwa* and *Niyaga Tengen* departments, i.e. the royal departments responsible for the court *gamelan* musicians (*niyaga*), *wayang kulit* puppeteers (*dhalang*), clowns/dwarfs (*badhud*), carvers (*penatah*) of *wayang* puppets and *wayang wong* masks, scrapers (*pangerok*) of hide (for *wayang* puppet manufacture), professional dancers (*talèdhèk*), and *nonong* (freaks/dwarves [*palawija*] with bulbous foreheads thought to be endowed with special powers), as well as royal military musicians (trumpeters [*salomprèt*], drummers [*tambur*], fifers [*suling*], etc). Under the leadership of Demang Melaya, the members of these departments are listed with their father's name and village of origin (*usul*) and their appanages as measured and reported in *jung* tax rates.

Punika pémut amémuti abdi-Dalem Niyaga Kiwa rèrèyanipun abdi-Dalem Demang Melaya sarta mawi kapatedhan pratondha cap-Dalem,

punika pratélanipun, abdi-Dalem Demang Melaya, anakipun abdi-Dalem pun Wangsakerta, usulipun saking dhusun Wedhi, lenggahipun sadasa jung, ing Kanengahan sajung, paosipun jung kalihwelas, ing Kaliwonan sakikil, paosipun jung sekawan, ing Jeraman sajung, paosipun jung walu, ing Bantul sajung, paosipun sajung, paosipun jung pitu, ing Srowolan Sidhajeng kalih jung, paosipun jung nem, sami tanah Metawis, ing Ledhok Logendèr sajung sakikil, paosipun sami jung gangsal, ing Rogah tigang jung, paosipun jung sesekawan, sami tanah Paos, dados jangkep sadasa jung,   wah patedhan-Dalem sabin patumbas ing kawat rebab, ing Jonggrangan sakikil, paosipun jung sekawan, tanah Metawis,

wah abdi-Dalem Bekel pun Wongsasentika, anakipun abdi-Dalem Demang Melaya, lenggahipun gangsal jung, ing Ngupit sajung, paosipun jung nem, ing Célungan sajung, paosipun jung gangsal, ing Kecèmé sajung, paosipun jung nem, sami tanah Metawis, ing Sangutoya sajung, paosipun jung pitu, tanah Kedhu, ing Tepus sajung, paosipun jung gangsal, tanah Bagelèn, dados jangkep gangsal jung, wah kancanipun jajar sepuh pun Kertiyuda, anakipun pun Wiratruna, usulipun saking dhusun Keposong tanah Paos, lenggahipun tigang jung, ing Kapathèn sajung, paosipun jung nem, ing Putat sajung, paosipun jung pitu, sami tanah Paos, ing Pasabinan sakikil, paosipun jung nem, ing Kaliwonan sakikil, paosipun jung sekawan, sami tanah Metawis,

(wah) pun Wongsadipa, anakipun abdi-Dalem Demang Melaya, lenggahipun tigang jung, ing Sawungan sajung, paosipun jung nem, tanah Metawis, ing Jembangan sajung, paosipun jung gangsal, / ing Sima sajung, paosipun jung nem, sami tanah Paos,

wah pun Kertadongsa, anakipun pun Kertadongsa, usulipun saking dhusun Kuwel tanah Paos, lenggahipun kalih jung, Krècèk sajung, paosipun jung gangsal, ing Brebes sajung, paosipun jung gangsal, sami tanah Paos,

wah pun Tijaya, anakipun pun Tiyuda ingajeng wau punika, lenggahipun kalih jung, ing Rogah sajung, paosipun jung sekawan, ing Gamelan sajung, paosipun jung nem, sami tanah Paos,

wah pun Wongsadrana, anakipun pun Gonjang Wongsaguna, usulipun saking dhusun Kelathèn tanah Magetan, lenggahipun sakikil, ing Kelathèn sakikil, paosipun jung tigang-dasa, tanah Kemagetan,

wah pun Nayatruna, anakipun pun Kudarencasa, usulipun saking dhusun Jatosnèm, lenggahipun kalih jung, ing Jethis sakikil, paosipun jung sekawan, ing Balimbing sakikil, paosipun jung sekawan, sami tanah Paos, ing Kawisturi sakikil, paosipun jung sekawan, tanah Metawis, ing Kambengan sakikil, paosipun jung tiga tanah Paos,

wah pun Nayadongsa, anakipun pun Tirtadirana, usulipun saking dhusun Jatosnèm, lenggahipun kalih jung, ing Tembelang kalih jung, paosipun jung sekawan, tanah Metawis,

wah pun Onggayuda, anakipun pun Tatruna, usulipun saking Kertasunten, lenggahipun kalih jung, ing Kregan sakikil, paosipun jung nem, tanah Paos, ing Winong sajung sakikil, paosipun jung tigang, tanah Paos,

wah pun Mertasentika, anakipun pun Me(r)tadirana, usulipun saking dhusun Wiyara tanah Kedhu, lenggahipun kalih jung, ing Limbangan sajung, paosipun jung nem, tanah Kedhu, ing Ngaliyan sajung, paosipun jung sekawan, tanah Sokawatos,

wah pun Singa/yuda, anakipun pun Jayatruna, usulipun saking dhusun Winong, tanah Bagelèn, lenggahipun kalih jung sakikil, ing Pathèn sajung, paosipun jung nem, ing Gedhong sajung, paosipun jung nem, sami tanah Paos, ing Kalebèn, sakikil paosipun jung sekawan, tanah Metawis,

wah pun Nayamenggala, anakipun pun Nayadongsa, usulipun saking dhusun Jatosnèm, lenggahipun kalih jung sakikil, ing Toyagesang kalih jung, paosipun jung gangsal, tanah Metawis, ing Krapyak sakikil, paosipun jung sekawan, tanah Paos,

wah pun Tirtaleksana, anakipun pun Onggadongsa, usulipun saking dhusun Jatosnèm, lenggahipun kalih jung, ing Mireng sajung, paosipun jung gangsal, ing Sengkéyèngan sajung, paosipun jung gangsal, sami tanah Paos,

wah pun Nayamenggala pegendèr, anakipun abdi-Dalem Santak, usulipun saking dhusun Mendhak tanah Kedhu, lenggahipun kalih jung, ing Kacepit sajung, paosipun jung nem, tanah Kedhu, ing Kaujon sajung, paosipun jung gangsal tanah Paos, wah pun Sutadirana, anakipun pun Singayuda, usulipun saking dhusun Winong tanah Bagelèn, lenggahipun kalih jung, ing Brongkol sakikil, paosipun jung nem, ing Cébongan sakikil, paosipun jung gangsal, sami tanah Kedhu, ing Sawungan sakikil, paosipun jung nem, ing Pencar sakikil, paosipun jung sekawan, sami tanah Metawis,

wah pun Merajaya, anakipun pun Singayuda, usulipun saking dhusun Kanggotan tana(h) Pasucèn, lenggahipun kalih jung, ing Majir sajung, paosipun jung sekawan tanah Bagelèn, ing Krècèk sajung, paosipun jung gangsal tanah Paos,

wah pun Citrabapang, anakipun pun Citrabapang, usulipun sa/king dhusun Toyagesang, tanah Jalengongan, lenggahipun kalih jung, ing Toyagesang sakikil, paosipun jung gangsal, ing Kaliwonan sakikil, paosipun jung sekawan, ing Bantulan sakikil, paosipun jung nem, sami tanah Metawis, ing Pandhéyan sakikil paosipun jung nem, tanah Kedhu,

wah pun Trunayuda, anakipun pun Cakramenggala, usulipun saking dhusun Balendhungan tanah Bagelèn, lenggahipun kalih jung, ing Krècèk sajung, paosipun jung gangsal, tanah Paos, ing Majir sajung, paosipun jung sekawan, tanah Bagelèn,

wah pun Trunamenggala, anakipun pun Tisnaraga, usulipun saking dhusun Pabrekan, lenggahipun kalih jung, ing Gatèn sajung, paosipun jung sekawan, tanah Paos, ing Kawiswandé sajung, paosipun jung sekawan, tanah Metawis,

wah pun Tirtataruna, anakipun pun Tirtayuda ingajeng wau punika, lenggahipun tigang jung, ing Kadisana sajung sakikil, paosipun jung nem, tanah Metawis, ing Ngenthak Pengabèyan sakikil, paosipun jung gangsal, tanah Paos, ing Culengan sajung, paosipun jung nem tanah Kedhu,

wah pun Dipadrana, anakipun pun Nayawijaya, usulipun saking dhusun Ngupit tanah Metawis, lenggahipun kalih jung, ing Sima sajung, paosipun jung nem, tanah Paos, ing Kaliwonan sajung, paosipun jung sekawan, tanah Metawis,

wah pun Kertawirana, anakipun abdi-Dalem pun Angongendhing lami, usulipun saking dhusun Wedhi, lenggahipun kalih jung, ing Kaliwonan sajung, ing Balendhung sakikil, paosipun jung sekawan, sami tanah Metawis, ing Semoya sakikil, paosipun jung nem, tanah Metawis,

wah pun Singadongsa, anakipun pun Singatruna, usuli/pun saking Tumang tanah Gagatan, lenggahipun kalih jung sakikil, ing Pencar tigang bau, paosipun jung sekawan tanah Metawis, ing Kawisanyar sakikil, paosipun jung sekawan, tanah Metawis, ing Jana sajung, paosipun jung nem, tanah Bagelèn,

wah pun Tajipegendèr, anakipun pun Bandhang, usulipun saking dhusun Bayat, lenggah-ipun kalih jung, ing Majir sajung, paosipun jung sekawan, tanah Bagelèn, ing Krècèk sajung, paosipun jung gangsal, tanah Paos,

wah pun Suradrana, anakipun pun Amadiman, usulipun saking dhusun Giwangan, lenggahipun kalih jung, ing Tangkisan tigang bau, paosipun jung gangsal, tanah Bagelèn, ing Sana sajung, paosipun jung gangsal, tanah Metawis,

gu(ng)gung abdi-Dalem niyaga kalebet lurah bekelipun dados abdi-Dalem nemlikur, sabinipun sadaya dados sawidak jung, langkung nem jung, wah abdi-Dalem dhalang, badhud, penatah, pangerok,   abdi-Dalem pun Jiwatinaya, anakipun pun Lebdajaya, usulipun saking dhusun Keragilan, tanah Sokawatos, lenggahipun tigang jung, ing Jembangan tigang jung, paosipun jung gangsal, tanah Paos,

wah pun Secadongsa, anakipun abdi-Dalem Santak, usulipun saking Samparpaliyan Redi Kidul, lenggahipun kalih jung, ing Mendhak kalih jung, paosipun jung pitu, tanah Kedhu,

f. 74v   wah abdi-Dalem penatah, pun Satirta, anakipun pun Satirta, usulipun saking dhusun Tum-
ang Redi Merapi, lenggahipun tigang jung, kalih adhinipun, ing / Pédan sajung paosipun jung pitu, tanah Paos, ing Jagabitan sajung, paosipun jung sedasa, ing Kajoran sajung, paosipun jung walu, sami tanah Kedhu,

wah abdi-Dalem pengerok, pun Metataruna, anakipun Metadrana, usulipun saking Timaha, tanah Kedhu, lenggahipun sajung, ing Winong sakikil, paosipun jung sekawan, tanah Bagelèn, ing Blimbing sakikil, paosipun jung sekawan tanah Paos,

wah abdi-Dalem badhud pun Prayalata, anakipun pun Jayasuwrena, usulipun saking dhusun Kabumèn, tanah Kitha Ageng, lenggahipun kalih jung sakikil, ing Kabumèn sajung sakikil, paosipun jung nem, ing Salam sajung, paosipun jung sekawan, tanah Bagelèn,

wah abdi-Dalem nginggil pun Nitiyuda, anakipun abdi-Dalem pun Nitiyuda, usulipun saking dhusun Bantardumeling, lenggahipun gangsal jung paosipun sami jung gangsal,

wah pun Wirayuda, anakipun pun Wiradipa, usulipun saking dhusun Tangkilan, lenggahipun sajung sakikil, ing Cangkringan sajung, paosipun jung nem, tanah Paos, ing Bantar sakikil, paosipun jung gangsal,

wah pun Wiratruna, anakipun pun Nalatruna, usulipun saking Tulung, tanah Paos, lenggahipun sajung sakikil, ing Cangkringan sajung, paosipun jung nem, tanah Paos, ing Bantar sakikil paosipun jung gangsal,

wah pun Trunamenggala, anakipun pun Trunawongsa, usulipun saking dhusun Kecodé, lenggahipun sajung sakikil, ing Kathithang sajung, paosipun jung nem, tanah Paos, ing Bantar sakikil paosipun jung gangsal,

f. 75r   wah pun Wirahita, anakipun pun Nitisedarma, usulipun saking dhusun Baki, tanah Paos,
lenggahipun sajung sakikil, ing Komprè/ngan sajung, paosipun jung nem, tanah Metawis, ing Bantul sakikil, paosipun jung nem, tanah Metawis,

wah kagengan-Dalem sabin ingkang nyanggi sikep nenem, ing Bantar nem jung, paosipun sami jung gangsal,

gu(ng)gung sedaya abdi-Dalem dhalang badhud penatah pangerok, kalebet abdi-Dalem nginggil, sasikepipun dados abdi-Dalem nembelas, sabinipun sedaya dados walulikur jung langkung sakikil,

anunten kagelengaken sedaya, abdi-Dalem niyaga sagolonganipun abdi-Dalem Demang Melaya, kalebet dhalang badhud penatah pangerok, kalebet abdi-Dalem nginggil sasikep-ipun nem, dados abdi-Dalem kawan-dasa kalih,

gu(ng)gung kagengan-Dalem sabin sedaya dados sangang-dasa jung langkung kawan jung sakikil, kapétang damel dados damel-Kula tigang-atus sangang-dasa tiga, wah abdi-Dalem Niyaga Tengen, rèrèyanipun abdi-Dalem Demang Angongendhing, sakancanipun,   punika pratélanipun,   abdi-Dalem pun Angongendhing, anakipun abdi-Dalem pun Wongsajaya, usulipun saking dhusun ing Réndhatan, tanah Bage/lèn, lenggahipun sedasa jung, ing Dhekah sajung sakikil, paosipun jung nem, ing Ngabèyan sakikil, paosipun jung pitu, ing Pandelegan sajung, paosipun jung walu, ing Ngupit sajung, paosipun jung nem, ing Semoya kalih jung, paosipun jung nem, sami tanah Metawis, ing Jethis sajung, paosipun jung nem, tanah Kedhu, ing Jana kalih jung, paosipun jung nem, tanah Bagelèn, ing Toyagesang sajung, paosipun jung gangsal, tanah Metawis, dados ja(ng)kep sedasa jung,   wah patedhan-Dalem sabin patumbas ing kawat rebab, ing Jenar sakikil, paosipun jung sekawan, tanah Bagelèn,

wah abdi-Dalem Bekel pun Tirtadrana, anakipun pun Kiyuda Niyaga Kiwa, usulipun saking dhusun Kaposong, tanah Paos, lenggahipun gangsal jung, ing Sana sajung, paosipun jung nem, ing Me(ng)gora kalih jung, paosipun jung nem, sami tanah Kedhu, ing Dhèrèkan sajung, paosipun jung nem, tanah Paos, ing Sangutoya sajung, paosipun jung walu, tanah Kedhu, dados jangkep gangsal jung,

wah abdi-Dalem jajar sepuh, pun Kertawinangun, anakipun pun Kertayuda, usulipun saking dhusun Sembungan, tanah Metawis, lenggahipun tigang jung, ing Culengan sajung, paosipun jung walu, tanah Kedhu, ing Kulwandé sajung, paosipun jung nem, ing Sawungan sakikil, paosipun jung nem, tanah Metawis, ing Pamethakan sakikil, paosipun jung gangsal, tanah Paos,

wah pun Maradrana, anakipun pun Marajaya, usulipun saking dhusun Bajangan, tanah Metawis, lenggahipun tigang jung, ing Sana sajung, paosipun jung nem, ing Lebak sajung, paosipun jung nem, sami tanah Metawis, ing Dhèrèkan sajung, paosipun jung nem, tanah Paos,

wah pun Wongsaguna, anakipun pun Gonjang Wongsaguna, usulipun saking dhusun Kapathèn, tanah Mage/tan, lenggahipun tigang jung, ing Samaketingal sajung, paosipun jung nem, tanah Kedhu, ing Lèpèndurèn sajung, paosipun jung sekawan, tanah Metawis, ing Soka sajung, paosipun jung nem, tanah Paos,

wah pun Wiradongsa, anakipun pun Wiradongsa, usulipun saking dhusun Jering tanah Metawis, lenggahipun tigang jung, ing Tepus sajung, paosipun jung nem, ing Lèpènpejah sakikil, paosipun jung kalih, tanah Bagelèn, ing Kulwandé sajung sakikil, paosipun jung gangsal, tanah Metawis,

wah pun Kertabapang anakipun pun Kertadahana, usulipun saking dhusun Tangkilan, lenggahipun kalih jung sakikil, ing Kedhungkuwangsul sajung, paosipun jung nem, tanah Bagelèn, ing Toyagesang sajung, paosipun jung gangsal, tanah Metawis, ing Kalebèn sakikil, paosipun jung sekawan tanah Metawis,

wah pun Patradrana, anakipun pun Setrapenatas, usulipun saking dhusun Kamejing tanah Metawis, lenggahipun kalih jung sakikil, ing Bantulan sajung, paosipun jung pitu, tanah Metawis, ing Kenyahèn sajung, paosipun jung gangsal, tanah Paos, ing Menggora sakikil, paosipun jung nem tanah Kedhu,

wah pun Kertadongsa, anakipun pun Singamenggala, usulipun saking dhusun Kersan, tanah Metawis, lenggahipun kalih jung sakikil, ing Kedhungkuwangsul sajung, paosipun jung nem, tanah Bagelèn, ing Balimbing sakikil, paosipun jung sekawan, tanah Sokawatos, ing Célungan sakikil, paosipun jung gangsal, tanah Metawis,

wah pun Trunasura anakipun pun Pakangsèng, usulipun saking dhusun Toyagesang, tanah Metawis, lenggahipun kalih jung, ing Toyagesang sakikil, paosipun jung gangsal, ing Bantulan sakikil, paosipun jung gangsal, tanah Metawis, ing Tangkis/an sabau, paosipun jung gangsal, tanah Bagelèn, ing Mireng sabau, paosipun jung gangsal, tanah Paos,

wah pun Wongsatinaya anakipun pun Nayatruna, usulipun saking dhusun Tangkilan, lenggahipun kalih jung, ing Célungan sakikil, paosipun jung gangsal, ing Sosogan sakikil, paosipun jung sekawan, sami tanah Metawis, ing Gathak sakikil, paosipun jung sekawan, tanah Paos, ing Gemeger sakikil, paosipun jung nem, tanah Paos,

wah pun Nayadrana, anakipun pun Singadongsa, usulipun saking dhusun Tumang, lenggahipun kalih jung, ing Kathithang sajung, paosipun jung gangsal, tanah Paos, ing Batut sakikil, paosipun jung sekawan, ing Kulwandé sakikil paosipun jung nem, sami tanah Metawis,

wah pun Trunabapang, anakipun pun Trunabapang, usulipun saking dhusun Pucanganèm tanah Paos, lenggahipun kalih jung, ing Majir sajung, paosipun jung sekawan, tanah Bagelèn, ing Kaliwonan sakikil, paosipun jung sekawan, tanah Metawis, ing Menggora sakikil, paosipun jung nem, tanah Kedhu,

wah pun Cadirana, anakipun pun Secawigya, usulipun saking dhusun Tunjangan, tanah Metawis, lenggahipun kalih jung, ing Gambrèngan Kedhungbulé sajung, paosipun jung nem, tanah Metawis, ing Kapundhungan Kawisgeneng sajung, paosipun jung sekawan, tanah Paos,

wah pun Suradongsa, anakipun pun Sutamenggala, usulipun saking dhus(un) ing Tangkilan, lenggahipun kalih jung, ing Mergiyasa sajung, paosipun jung nem, ing Medayu sajung, paosipun jung gangsal, sami tanah Kedhu,

wah pun Wongsakerta, anakipun pun Gunawongsa, usulipun saking dhusun Galedheg, tanah Paos, lenggahipun kalih jung, ing Kajenon sajung, paosipun jung nem tanah Paos, ing Mertan sajung, paosipun jung tigang, tanah Metawis,

wah pun Su/tajaya, anakipun pun Sutajaya, usulipun saking dhusun Jamus, tanah Metawis, lenggahipun kalih jung, ing Semoya sakikil, paosipun jung sekawan, ing Kulwandé sakikil, paosipun jung sekawan, sami tanah Metawis, ing Majir sajung, paosipun jung sekawan tanah Bagelèn,

wah pun Gunaleksana, anakipun Pak Garem, usulipun saking dhusun Mangir, tanah Metawis, lenggahipun kalih jung, ing Kulwandé sajung, paosipun jung nem, tanah Metawis, ing Pandhak sajung, paosipun jung sekawan tanah Bagelèn,

wah pun Trunadongsa, anakipun Wiradongsa, usulipun saking dhusun Jering, tanah Paos, lenggahipun kalih jung, ing Mireng sajung, paosipun jung gangsal, ing Winong sajung, paosipun jung tiga, sami tanah Paos,

wah pun Pradongsa, anakipun pun Pratruna, usulipun saking dhusun Lebak, tanah Metawis, lenggahipun kalih jung sakikil, ing Lebak sajung, paosipun jung nem, tanah Metawis, ing Balimbing sajung, paosipun jung sekawan tanah Sokawatos, ing Winong sakikil paosipun jung tigang, tanah Paos, wah pun Mendat, anakipun pun Mertadongsa, usulipun saking dhusun Majir, tanah Bagelèn, lenggahipun kalih jung, ing Kulwandé sajung, paosipun jung nem, tanah Metawis, ing Majir sajung, paosipun jung sekawan, tanah Bagelèn,

wah pun Menir, anakipun pun Sedha, usulipun saking dhusun Kamejing, tanah Metawis, lenggahipun kalih jung, ing Kulwandé sajung, paosipun jung nem, tanah Metawis, ing Sekar sajung, paosipun jung nem, tanah Kedhu,

wah pun Ranadongsa, anakipun pun Ranujaya, usulipun saking dhusun Wedhi, lenggahipun kalih jung, ing Kulwandé sajung sakikil, paosipun jung nem, tanah Metawis, ing Kabengan sakikil, paosipun jung satunggil, tanah Paos,

wah pun Singatruna, anakipun pun Singadipa, usulipun saking dhusun Ju/ranglebet, tanah Paos, lenggahipun kalih jung, ing Kulwandé kalih jung, paosipun jung nem, tanah Metawis,

wah pun Resatruna, anakipun pun Trunadongsa, usulipun saking dhusun Sembungan, tanah Kedhu, lenggahipun kalih jung, ing Kulwandé, sajung, paosipun jung nem, tanah Metawis, ing Jana sajung, paosipun jung nem, tanah Bagelèn,

wah pun Singadongsa, anakipun pun Singawijaya, usulipun saking dhusun ing Sukun, tanah Metawis, lenggahipun kalih jung, paosipun jung nem, tanah Bagelèn, ing Sukun Geneng sajung, paosipun jung nem, tanah Metawis,

gu(ng)gung abdi-Dalem niyaga rèrèyanipun abdi-Dalem pun Angongendhing, kalebet lurah bekelipun, sedaya dados nemlikur, sabinipun sedaya dados sawidak jung langkung sangang jung,

wah abdi-Dalem dhalang, badhud, penatah, pangerok, nonong, abdi-Dalem pun Jiwataruna, anakipun abdi-Dalem pun Jiwatinaya, lenggahipun kalih jung, ing Tepus sajung, paosipun jung pitu, tanah Bagelèn, ing Bandhung sakikil, paosipun jung pitu tanah Metawis, ing Jethis sakikil, paosipun jung nem, tanah Paos,

wah pun Setrapenatas, anakipun pun Praya, usulipun saking dhusun Kamejing, tanah Metawis, lenggahipun tigang jung, ing Kedhungpring kalih jung, paosipun jung nem, tanah Bagelèn, ing Batut sajung, paosipun sekawan, tanah Metawis,

wah abdi-Dalem pangerok pun Kertadirana, anakipun pun Kertawongsa, usulipun saking dhusun Brintik, tanah Metawis, lenggahipun sajung, ing Batut sajung, paosipun jung sekawan tanah Metawis,

wah abdi-Dalem ringgit pun Anèh, anak/ipun pun Amadiman, usulipun saking dhusun ing Tukus, lenggahipun sajung, ing Kuwaos sakikil paosipun jung nem, tanah Paos,

wah pun Bekruk, anakipun pun Sayaguna, usulipun saking dhusun Samparpaliyan, tanah Bagelèn, lenggahipun kalih jung, ing Mendhak sajung paosipun jung pitu, tanah Kedhu, ing Sebara sajung paosipun jung sekawan, tanah Bagelèn,

wah pun Bathithit, anakipun pun Secawijaya, usulipun saking dhusun Sokawati, lenggahipun kalih jung, ing Cepit sajung paosipun jung pitu, tanah Kedhu, ing Nampu sajung paosipun jung walu, tanah Bagelèn,

wah abdi-Dalem nonong pun Wiryadirana, anakipun abdi-Dalem pun Winong, lenggahipun gangsal jung, ing Kedhung sajung, paosipun jung pitu, ing Gagatan sajung paosipun jung sekawan, ing Wingka kalih jung, paosipun sami jung sekawan, tanah Bagelèn, ing Rambang sajung paosipun jung sekawan, tanah Paos,

wah sosoranipun pun Sadirana, anakipun pun Sura, usulipun saking dhusun Pathèn, tanah Metawis, lenggahipun kalih jung, ing Lengking sajung, paosipun jung sekawan, ing Kepranan sajung paosipun jung gangsal, sami tanah Paos,

wah pun Singadrana, anakipun abdi-Dalem pun Nong, usulipun saking Saragan, lenggahipun ing Kepranan sajung, paosipun jung gangsal, tanah Kedhu,

wah pun Setradrana, anakipun pun Trunayuda, usulipun saking dhusun Kecodé, tanah Metawis, lenggahipun sajung, ing Rambang sakikil, paosipun jung sekawan, tanah Paos, ing Kepranan sakikil, paosipun jung gangsal, tanah Kedhu,

f. 78v wah pun Setrajaya, anakipun pun Condrajaya, usulipun saking Pasedhahan, tanah Metawis, lenggahipun sajung, ing Pasedhahan sajung, pao/sipun jung sekawan, tanah Mentawis,

gu(ng)gung abdi-Dalem dhalang badhud penatah n(o)nong pangerok ringgit, sadaya dados abdi-Dalem sawelas, sabinipun dados salikur jung,

anunten kagengaken sadaya abdi-Dalem Niyaga Tengen kalebet dhalang badhud penatah pangerok nonong telèdhèk dados abdi-Dalem tigang-dasa pitu, kagengan-Dalem sabin sedaya dados sangang-dasa jung, langkung walung jung, kapétang damel dados damel-Kula sekawan-atus langkung damel-Kula wolu,

anunten kagu(ng)gan-Dalem sadaya Niyaga Kiwa Tengen sagolonganipun dados abdi-Dalem pitung-dasa sanga,

gunggung sabinipun sedaya dados satus jung, sangang-dasa jung, langkung kalih jung sakikil, kapétang damel dados damel-Kula pitung-atus sèket langkung damel-Kula satunggil,

f. 79r / wah abdi-Dalem salomprèt tambur suling rèrèyanipun abdi-Dalem pun Suwaradenta, punika pratélanipun,   abdi-Dalem pun Suwaradenta, anakipun pun Wanaseganten, usulipun saking Wanaseganten, tanah Penthongan, lenggahipun sekawan jung, ing Logendèr kalih jung sakikil, paosipun sami jung nem, sami tanah Paos, ing Bendhan sakikil, paosipun jung gangsal, tanah Paos, ing Kadisana sajung paosipun jung sekawan tanah Metawis,

wah abdi-Dalem pun Suwaramé(n)da, anakipun pun Prayaduta, usulipun saking dhusun Pandelegan, tanah Metawis, lenggahipun sajung, ing Wanadri sajung, paosipun jung sekawan tanah Paos,

wah pun Suwaratirta, anakipun abdi-Dalem pun Amadsari Suranata, usulipun saking dhusun Belawong, tanah Metawis, lenggahipun ing Wadhug sajung, paosipun jung sekawan, tanah Kedhu,

wah pun Suwaradrana, anakipun pun Mertatruna, usulipun saking dhusun Bandhongan, tanah Kedhu, lenggahipun ing Tidhar sajung, paosipun jung sekawan, tanah Kedhu,

wah pun Bratasuwara, anakipun abdi-Dalem pun Pak Pénju, usulipun saking dhusun Gancahan, tanah Me(n)tawis, lenggahipun sajung, ing Cokrang tigang bau, paosipun jung sekawan, tanah Metawis, ing Segawuh, sebau paosipun jung sekawan, tanah Paos, wah pun Jalakgadhing, anakipun pun Suwarawijaya, usulipun saking dhusun Puluwan, tanah Paos, lenggahipun sajung, ing Tidhar sakikil, paosipun jung sekawan, tanah Kedhu, ing Sandèn sakikil, paosipun jung sekawan, tanah Kedhu,

wah pun Secasuwara anakipun pun Secatruna, abdi-Dalem Belambangan / lenggahipun ing Wi(ng)ka sajung, paosipun jung sekawan, tanah Bagelèn,

wah pun Jayancrangsuwara, anakipun pun Singawijaya, usulipun saking dhusun Kaban-thèngan, tanah Metawis, baten mawi kapatedhan sabin, kapatedhan paringan kimawon gangsalwelas réyal,

wah pun Suwarajalma, inggih anakipun pun Singawijaya, baten mawi kapatedhan sabin, paringanipun gangsalwelas réyal,

wah abdi-Dalem panyuling pun Gunasuwara, anakipun Amadair, usulipun saking dhusun Toyasaèng, lenggahipun ing Tidhar sajung, paosipun jung nem, tanah Kedhu,

wah pun Wongsasuwara, inggih anakipun pun Amadair, lenggahipun sajung, ing Peté sakikil, paosipun jung nem, tanah Metawis, ing Murung sabau, paosipun jung sekawan, ing Bulang sabau, paosipun jung sekawan, sami tanah Kedhu,

wah pun Suwarakretika, anakipun pun Yudapramuni, usulipun saking dhusun Pamethakan, tanah Paos, baten mawi kapatedhan sabin, paringanipun gangsalwelas réyal,

wah pun Wongsapramuni, inggih anakipun pun Yudapramuni, baten mawi kapatedhan sabin, paringanipun gangsalwelas réyal,

wah abdi-Dalem penambur pun Gunatengara, anakipun pun Trunadongsa, usulipun saking dhusun Kapundhung, tanah Paos, lenggahipun ing Tambak sajung, paosipun jung sekawan tanah Paos,

wah pun Wongsatengara, anakipun pun Bautengara panambur Mantri Lebet, usulipun saking dhusun Kokap, tanah Paos, lenggahipun ing Pendhem sajung, paosipun jung sekawan, tanah Paos,

wah pun Trunatengara, anakipun abdi-Dalem pun Bautengara malih, baten kapatedhan sabin, kapatedhan paringan gangsalwelas réya/l,

wah pun Kertatengara, anakipun pun abdi-Dalem pun Prawiratengara, penambur Mantri Lebet, usulipun saking dhusun ing Ti(ng)kir, baten mawi kapatedhan sabin, patedhan paringan gangsalbelas réyal,

gu(ng)gung sedaya dados abdi-Dalem nembelas, kalebet ingkang kapatedhan paringan ingkang gangsal,   sabinipun sadaya dados kawanwelas jung.

9   BL Add. MS. 12342
                                                             f. 100r–102r

Memo concerning Mataram lands under Surakarta authority administered by its *Kaparak Tengen* department with number of *jung*, amount of taxation, and the name of the *bekel*.

Punika pémut bumi tanah Metawis bawah ing Surakerta tumut Kaparak Tengen, ing Nyakringan kalih jung, paosipun jung nem bekelipun Sajaya, ing Jagalan sajung, paosipun jung nem, bekel(ipun) Sajaya, ing Sutan sakikil, paos jung gangsal, bekelipun Sutadiwongsa, ing Dharuju sabau, paosipun jung gangsal, bekelipun Ti(r)tamenggala, ing Minggir kalih jung, paosipun jung nem, bekelipun Onggadiwongsa, ing Mendira sajung, paosipun jung nem, bekelipun Resadiwongsa, Dipataruna, ing Salarongan sakikil, paosipun jung gangsal, bekelipun Singamarta, ing Panggang tigang jung, paosipun jung kawan, bekelipun Setratruna, Sutadita, ing Tangkisan sajung sakikil, paosipun jung gangsal, bekelipun Trunadiwongsa, ing Paré wolung jung, paosipun jung sekawan, bekelipun Sutadiwongsa, ing Temulawak tigang jung, paosipun jung sakawan, bekelipun Martajaya, ing Sembuh tigang jung, paosipun jung nem, bekelipun Citratruna, ing Sembuh malih pitung jung sakikil, paosipun jung nem, bekelipun Kertayuda, Nayadiwongsa, Onggadiwongsa, ing Sembuh malih sajung sakikil, paosipun jung sakawan, bekelipun Nayadiwongsa, ing Bobosan tigang jung, paosipun jung tigang, bekelipun Pradiwongsa, ing Kejagan tigang jung, paosipun jung sakawan, bekelipun Trunawongsa, ing Butuh sajung, paosipun jung sakawan, bekelipun Singamarta, ing Tarucuk walung jung, paosipun jung sakawan, bekelipun Secawani, Singakerta, Martajaya, Tabongsa, Singajaya, Singatruna,

f. 100v   Tawona, ing / Silukdharat sajung sakikil, paosipun jung sakawan, bekelipun Onggatruna, ing Menulis gangsal jung, paosipun jung sakawan, bekelipun Onggapatra, Nayadirana, Trunamenggala, ing Toyasaèng nem jung, paosipun jung sakawan, bekelipun Driyajaya, Kertajaya, Setrajaya, ing Setraditan kalih jung sakikil, paosipun jung sakawan, bekelipun Singadipa, ing Bodhèh sajung sakikil paosipun jung nem bekelipun Nuriman, Setramenggala, ing Pakalangan sajung sakikil, paosipun jung sakawan, bekelipun Citradiwongsa, ing Gebang sajung, paosipun jung sakawan, bekelipun Jalunyah, ing Kodhènan sakikil, paosipun jung sakawan, bekelipun Cakradiwongsa, ing Saragenèn sajung, paosipun jung sakawan, bekelipun Tawongsa, ing Bugangin sajung sakikil, paosipun jung gangsal, bekelipun Sadiwongsa, ing Kanèman tigang jung, paosipun jung sakawan, bekelipun Citrayuda, ing Sudimara tigang jung, paosipun jung sakawan, bekelipun Wiraleksana, Maradiwongsa, ing Kedhunggubah tigang jung, paosipun jung sakawan, bekelipun Suramenggala, Surayuda, Suradiwongsa, ing Kacepitan sakikil, paosipun jung sakawan bekelipun Prayadita,

gu(ng)gung ing sabin daweg wolung-dasa jung kalih jung tigang bau, paosipun tigang-atus sawidak kawan réyal langkung tigang seka ing dalem sataun,

f. 101r   / wah ing Tangkil sanga jung sakikil, paosipun jung gangsal, bekelipun Mertayuda, ing Sekaralas tigang jung, paosipun jung nem, bekelipun Kertadita, Martadiwongsa, ing Baran Menang Grubugan kalih jung sakikil, paosipun jung sakawan, bekelipun Kertidita, Kertabongsa, ing Dhasilan kalih jung, paosipun jung gangsal, bekelipun Ragatruna, ing Pekiringan kalih jung sakikil, paosipun jung nem, bekelipun Dipayuda, ing Ngadipaksa kalih jung, paosipun jung pitu, bekelipun Martayuda, ing Kabanyuran kalih jung, paosipun jung nem, bekelipun Setrajaya, ing Kasumuran sajung, paosipun jung sakawan, bekelipun Sajaya, ing Karasan sajung, paosipun jung sakawan, bekelipun Singatruna, ing Kiyaran sakikil paosipun jung sakawan, bekelipun Ranadiwongsa, ing Brayut tigang jung, paosipun jung sakawan, bekelipun Singadiwongsa, Kertayuda, Reksajaya, ing Banyakan sajung sakikil, paosipun jung nem, bekelipun Kertatruna, ing Banyakan malih sajung sakikil, paosipun jung nem, bekelipun Trunayuda, ing Cengkiran tigang jung, paosipun jung nem, bekelipun Sutanongga, ing Kertajaya, Singawijaya, ing Nglarang sajung, paosipun jung sedasa, bekelipun Mertajaya, ing Kabalakan sajung, paosipun jung nem, bekelipun Wiradiwongsa, ing Ngenthak tigang bau, paosipun jung sakawan, bekelipun Singabongsa, ing Séla sajung, paosipun jung sakawan, bekelipun Jayatruna, ing Séla malih sakikil, paosipun v jung sakawan, bekeli/pun Udamerta, ing Pranti sekawan jung, paosipun jung gangsal, bekelipun Sutayuda, Prayadiwongsa, ing Sragan sajung sakikil, paosipun jung gangsal, bekelipun Resajaya, ing Podhang sajung, paosipun jung gangsal, bekelipun Kertanongga, ing Gadhuhan tigang bau, paosipun jung gangsal, bekelipun Wongsamenggala, ing Onggajayan sajung, paosipun jung gangsal, bekelipun Singajaya, ing Jo(ng)grangan sajung sakikil, paosipun jung sakawan, bekelipun Kertinongga, ing Gandhèkan sabau, paosipun jung sakawan, bekelipun Sutatruna, ing Palumutan tigang jung, paosipun jung sakawan, bekelipun Samenggala, ing Gegulon kalih jung, paosipun jung sakawan, bekelipun Jatruna, ing Gegulon malih sajung, paosipun jung sakawan, bekelipun pun Mertadita, ing Watusaka kawan jung, paosipun jung sakawan, bekelipun Kertiyuda, ing Padharan sajung, paosipun jung sakawan, bekelipun Satruna, ing Saétan tigang jung, paosipun jung sakawan, bekelipun Mertaruna, ing Panayara sajung, paosipun jung gangsal, bekelipun Mertadriya, ing Sribid kalih jung, paosipun jung sakawan, bekelipun Onggadriya, Singatruna, ing Bekang nem jung, paosipun jung gangsal, bekelipun Kertajaya, Sutajaya, ing Paker kawan jung, paosipun jung kawan, bekelipun Singayuda, ing Jamprit sakikil, paosipun jung kawan, bekelipun Mertadirana, ing Masahan sajung, paosipun jung sakawan, bekelipun Singadi-

2r wangsa, ing Bethothot tigang jung, paosipun jung sa/kawan, bekelipun Secatruna, ing Bagedhogan Paklithikan sajung sakikil, bekelipun Setratruna, paosipun jung sakawan, ing Sambèng sajung, paosipun jung sakawan, bekelipun Setrayuda.

10   BL Add. MS. 12342
                                                                              f. 102r-105v

'Notitie der Mataramsche dessas gehorende onder Souracarta onder de Mantri Kaparak Kanan [i.e. *Kaparak Tengen*]', a Dutch summary of the above (not reproduced).

11   BL Add. MS. 14397
                                                                              f. 28r-v

Lands and villages (*cacah bumi dhusun*) as appanage for royal retainers of the *Kambeng Tengen* department of the Surakarta kraton responsible for the *Kalang* people, the department of Kyai Brajahita, detailing the lands given in usufruct to various religious officials (*Kyai*) totalling some 1,525 *karya*. Dated Surakarta, 14 September 1774. *Dluwang.*

r Punika pémut cacah bumi dhusun lelenggahipun abdi-Dalem Kambeng Tengen, golonganipun Kyai Brajahita, gagadhahanipun Kyai Sabdamenggala, karya kalih-atus, punika pratélanipun,   ing Pulasari, Kapucangan Parayunan Tanggung, Pasadagan, karya kalihdasa, wah ing Kalitengah karya sadasa, wah ing Bugel Kamaranggèn Padhas karya sadasa, wah ing Raging Bulak Pakuwon Sénggot Banyubening karya sèket, wah Kajagapatèn Kajagatangkan Karejasan Pamacanan Kabrayutan Sarabayan Jagamasan Kasarabayan Bebeluk Kegok, karya sangang-dasa, wah ing Padokan, ing Nglawu Pasugiyan Pajok karya gangsalwelas,

wah gadhahanipun Kyai Derpamenggala karya kalih-atus,   punika pratélanipun,   ing Ngembat-Padhas, ing Ngembat-Kapatiyan, ing Telagabulak-Kontrong, ing Sendhèn Pagodhègan, ing Karangjati, ing Sarèn, ing Salam, karya pitung-dasa, wah ing Gumantar ing Susukan, ing Sumber Pajagèn Pasidikan Jejengis Kedhungpanas, ing Gegenting Kedhungdawa, Kedhungbanthèng Pacéthokan, ing Kerik karya pitung-dasa, ing Kajombohan Kalipok Rijaha, Kendhitwatu, Ka(m)bangan Kadéyan, karya kawan-dasa, ing

Karanggaleng Kapopongan Ngemplak karya gangsalwelas, ing Kalikijing Kabakalan karya gangsal,

wah gadhahanipun Kyai Wirakarti, karya kalih-atus,   punika pratélanipun,   ing Kalideres, ing Bulu, Kancingsetrèn, Jurugandong, karya satus, ing Papangbatok, ing Pataragan, ing Bablak, karya sèket, Gerompol Temenggungan, Sudimampir, karya kalih-dasa, ing Pamanèn Kawarasan, karya sadasa, ing Dhatan karya sadasa, (ing) Kabanaran karya sadasa,

wah gadhahanipun Kyai Ékajaya, karya kalih-atus,   punika pratélanipun,   ing Pancalpitu ing Tunggul, ing Rakarunèn ing Sapitan, Kapendhèn ing Pongkol karya satus, ing Jatimalang karya kalih-dasa, ing Getasan karya gangsalwelas, ing Paregut Pamalikan karya pitulas, ing Kemlaka Legi Kemiri Tumanggung Cemara karya kalihwelas, ing Saruni Kalayutan, Kacakran, karya sadasa, ing Kaborongan / karya gangsal, ing Saragatèn karya gangsal, ing Jethakpokol karya gangsal, ing Genthan karya gangsal,

f. 28v

wah gadhahanipun Kyai Secatruna, karya satus,   punika pratélanipun,   ing Jatimalang karya kalih-dasa, ing Katangga Kalipalang karya kalih-dasa, ing Karembanayan Kalelesan Kapuron karya gangsalwelas, ing Dhukuh Lo karya gangsalwelas, ing Saruni Kalalutan Kacitran Jethis karya sadasa, (ing) Pasanggrahan karya gangsal, ing Kacandh(r)èn karya gangsal,

wah gadhahanipun Kyai Brajahita, karya satus,   punika pratélanipun,   ing Putat Watugung Nagasari, ing Parembun Semanggèn karya sèket, ing Kapatiyan karya kalih-dasa, ing Munggur karya sadasa, ing Patekèn karya gangsalwelas,

wah pamburi ingkang tumut anengen, ing Mataram karya sawidak, ing Garompol karya salawé, ing Jethak karya sadasa, ing Kandhil Sawuni karya sadasa, ing Carakèn Saradan kalih Wondha, ing Galonggong ing Dhuwet karya tigang-dasa, ing Palupuh ing Mantub, ing Ngablak, ing Pajok, Kamranggèn, karya kawan-dasa, wah ing Bibis Jatikebak, ing Karulakan, ing Gembong ing Dhukuh, ing Ngablak karya sèket, ing Karangtalun, ing Karanganyar karya salawé, wah ing Bibis Kajethakan, Kasadun Kedhunggupit, ing Palélèn, Kabonangan, ing Gembong ing Karagilan, Kadhomasan, karya sèket, wah ing Karangjati karya sadasa, ing Kabrenggosan Kamanyaran karya sadasa, wah ing Kadrepan Kababadan, Kalodran, Kanitèn, ing Gununggana karya sadasa, wah ing Bugel Maluwur Sidayu karya sadasa, ing Pangampunan Terik, karya sadasa, wah ing Jemirit karya sèket, wah ing Bangak Satab* oné karya satus, wah ing Palemburan karya selawé,

gunggungipun sadaya karya sèwu gangsal-atus salawé,

sinerat ing Surakarta Adiningrat ing dinten Rebo tanggal ping sanga sasi Rejep, taun eBé [*sic*, Éhé], angkaning warsa, 1 6 9 9 [*sic*, 1700]   [Wednesday, 14 September 1774].

12   BL Add. MS. 12341
f. 221r–v

Memo concerning royal appanage lands in Mataram accorded to various officials, starting with Radèn Adipati Danureja I(?) and his immediate Danukusuman relatives. The departments (*golongan*) are listed in rank, totalling some 3,589 *jung*. Javanese tree-bark paper (*dluwang*).

21r Punika pémut kagungan-Dalem ingkang sami tanah Metawis,   punika pratélanipun /
21v sadaya, bumi Kadanurejan Kadanukusuman sagolonganipun sa/pangiwa sadaya, (gu)ng-
gung ing bumi, tigang-atus jung sangang-dasa jung gangsal jung langkung tigang bau,

wah bumi Jawi Tengen sagolonganipun sapanengen sadaya, gu(ng)gung ing bumi
kapanggih, kalih-atus jung tigang jung langkung tigang bau,

bumi lebet, Gedhong Kiwa sagolonganipun sapangiwa, kalebet karaton lami, gu(ng)gung
bumi sadaya, kapanggih tigang-atus jung kawan-dasa jung langkung kalih jung,

bumi Gedhong Tengen sagolonganipun sapanengen sadaya, gu(ng)gung ing bumi sadaya,
kalih-atus jung sangang-dasa jung langkung gangsal jung sakikil,

wah bumi Kaparak Kiwa sagolonganipun, gu(ng)gung gangsal-atus jung kawan-dasa jung
walu jung,

wah bumi Kaparak Tengen sagolonganipun, gu(ng)gung kalih-atus jung wolung-dasa jung
gangsal jung,

wah bumi Kadospatèn sasentananipun, gu(ng)gung 616 jung,

wah bumi prajurit Kajayèngsarèn, gu(ng)gung 592 jung,

wah bumi Kajayèngranan sagolonganipun, gu(ng)gung 399 jung,

wah bumi Padmawijayan sagolonganipun, gu(ng)gung 182 jung,

gu(ng)gung sadaya, 3,859 jung.

13   BL Add. MS. 12341
f. 123r-124r
(*Archive I*:155-6)

List of Yogyakarta princes, (*pangéran*), officials, and Bupati of the western and eastern
mancanagara.

14   BL Add. MS. 12341
f. 74r-75r

Memo of royal official Singareja concerning the produce of the royal estate at Tegalreja
just outside Yogyakarta for the year Jimawal (most likely A.J. 1725, i.e. 1798/99), a total
of 74 *amet* (1 *amet* = 240 *kati* = ±150 kgs), of which some had already been given for
religious feasts (*ajat*), royal marriages, and the support of men of religion (*abdi-Dalem
pradikan*) via tax-free benefices from the state. The residue of the produce had been sold
to Mertapura and colleagues, leaving some rice in the royal rice barn (*lumbung*). Undated,
but possibly 7 May 1799.

74r Punika pémut kahula abdi-Dalem pun Singareja sakonca kula sadaya amémuti kagengan-
Dalem pantun pamedalipun kagengan-Dalem sabin pun Tegalreja sagolonganipun sadaya,
pamedalipun saweg ing taun Jimawal, kathahipun pitung-dasa amet, langkung kawan amet
sacuwa, anunten kaélong katutu kadamel ajat saweg cungkubipun pasaréyan pakuncèn
kalih ingonipun abdi-Dalem masjid, kathahipun kawan songga, nunten katutu malih
kadamel ajatipun Kangjeng Ratu Ageng, kathahipun kalih amet, anunten katutu malih

saweg pakramènipun Kangjeng Ratu Anèm, kathahipun kalih amet langkung pitung gèdhèng, wah kalong malih kadamel ingonipun abdi-Dalem pradikan, kathahipun sauwa, wah kalong malih kautang Radèn Ontawirya [i.e. the future Pangéran Dipanagara (1785–1855) of Java War (1825–30) fame], kathahipun samet, wah kalong malih kadamel wiji kathahipun wolung amet,   gu(ng)gung kalongipun kagengan-Dalem pantun sadaya dados kawanwelas amet, kalih songga, kawan gèdhèng sapo(n)dhong, kagengan-Dalem pantun dados kantun sawidak amet,   anunten kakersakaken kauyangaken, kaosan abdi-Dalem pun Mertapura sakancanipun, wit kauyangaken, ing di(n)ten Selasa tanggal pisan wulan Besar taksih taun Jimawal [if Jimawal here is A.J. 1725, then the date is Tuesday, 7 May 1799],

punika pratélanipun pangaosipun, ingkang gangsalwelas samet sami apengaos angawan réyal sametipun, ingkang sangang amet sami apengaos anigang réyal sametipun, ingkang samet pengaos kalih réyal langkung tigang seka, ingkang gangsal amet sami apengaos anigang réyal malih sametipun, ingkang samet apengaos gangsal réyal, ingkang samet apengaos kawan réyal, ingkang walulikur amet sami apengaos angalih réyal sametipun,

f. 74v   dados sampun sumerep kagengan-Dalem pantun sawidak a/met,   anunten kagu(ng)gung yatranipun sadaya dados satus sawidak sangang réyal langkung tigang seka, ingkang punika saweg werni satus gangsal réyal, langkung tigang seka, ingkang dèrèng werni taksih wonten abdi-Dalem ingkang sami nyambut sawidak réyal langkung kawan réyal,

wah kagengan-Dalem pantun ingkang taksih wonten lumbung, pamedalipun saweg ing taun Jé [? A.J. 1725, i.e. 1799–1800], kathahipun pitulikur amet, anunten kaélong kadamel wiji saweg sabin gadhu kathahipun kalih amet, kagengan-Dalem pantun dados kantun salawé amet,   anunten kawewahan pamedalipun kagengan-Dalem gadhu, kathahipun sa-welas amet,   anunten kawewahan malih kagengan-Dalem pantun gagi kathahipun kawan amet,

gu(ng)gung kagengan-Dalem pantun ingkang wonten lumbung dados kawan-dasa amet, anunten kaelong kadamel wijinipun kagengan-Dalem sabin tanem sapunika, kathahipun nem amet langkung tigang songga,   kagengan-Dalem pantun ingkang wonten lumbung dados kantun tigang-dasa tigang amet langkung kalih songga, ingkang punika sumongga kersa-Dalem, ingkang mawi sanget lamènipun wonten kagengan-Dalem lumbung,

f. 75r   wah yatra pratiganipun kadhelé, kathahipun gangsalwelas réyal.

15
BL Add. MS. 12341
f. 218r–221r

List of royal resthouses (*pasanggrahan-Dalem*), graveyards (*pasaréyan*), other royal sites and buildings, and interior decorations/furnishings (e.g. crystal lamps and chandeliers [*krestal*]) associated with the royal family, high-ranking functionaries (i.e. members of the Sultan's 'Amazon Corps'/*pasukan Langenkusuma*), and Dutch/European dragoon body-guards, which were to be repaired by various village officials (*abdi-Dalem dhusun*). Costs set aside for their maintenance, 679 real, are given. Javanese tree-bark paper (*dluwang*).

f. 218r   Punika pémut pasanggrahan-Dalem ingkang badhé kagarap abdi-Dalem dhusun,   punika pratélanipun,   pun Redi ing Kebanyakan, griya pasaréyan-Dalem kakalih samendhapan-ipun, dipunaosi tigang-dasa réyal kalebet sateratagipun,   wah pasaréyanipun Bendara-

Bendara priyayi Langenkusuma, griya kakalih, sateratagipun dipunaosi tigang-dasa kalih réyal, wah jaban griya kakalih dipunaosi gangsal réyal, wah griya paninisan-Dalem satunggil dipunaosi walu réyal, wah pasowanipun Bendara-Bendara, putra sentana ingkang timur-timur, griya satunggil dipunaosi kalihlas réyal, wah griya pangulon-Dalem satunggil, kalebet jangan sateratagipun dipunaosi gangsalwelas réyal, wah griya pasowan pinarakan-Dalem satunggil, dipunaosi gangsalwelas réyal, wah pa(ng)gènan priyayi pasedhahan griya satunggil, wah pa(ng)gènanipun priyayi Kaparak Jawi Lebet griya kakalih, wah pa(ng)gènanipun abdi-Dalem Jagaupa griya kakalih, wah pa(ng)-gènanipun patèyan griya kakalih, wah pa(ng)gènanipun dhahar-Dalem griya sakawan, wah pa(ng)gènanipun Bendara-Bendara ingkang timur griya kakalih, wah pa(ng)-gènanipun kagengan-Dalem glodhog tandhu griya kakalih, wah pa(ng)gènanipun titiyan-Dalem griya kakalih, wah pa(ng)gènanipun abdi-Dalem gamel griya kakalih, wah pa(ng)gènanipun abdi-Dalem niyaga griya kakalih, wah pa(ng)gènanipun abdi-Dalem Katanggel griya kakalih, dados griya tigalikur, griya satunggilipun dipunaosi angalih réyal, kapétang yatranipun kawan-dasa nem réyal, wah pa(ng)gènanipun Tuwan Uprup griya kakalih, sateratagipun dipunaosi pitulas réyal, wah pa(ng)gènanipun Tuwan salomprèt koki, griya titiga dipunaosi pitung réyal langkung sajampel, wah pa-

218v (ng)gènanipun Kapitan kalih / upesir, griya satunggil dipunaosi sadasa réyal sateratagipun, wah pa(ng)gènanipun Welandi drahgundur, griya kakalih sateratagipun dipunaosi walung réyal, wah krestal titiyan priyayi Langenkusuma, kathahipun sawidak, wah krestal kapal Katanggel wolung-dasa, wah krestal kapal Welandi drahgundur, kathahipun wolung-dasa, dados krestal kalih-atus kalih-dasa, krestal satunggilipun dipunaosi anyatangsul kapétang yatranipun dados pitulikur réyal langkung sajampel, wah jambet satus kalih-dasa cengkal (...) ingkang kalihwelas cengkal, sacengkalipun dipunaosi anyatangsul ingkang satus wolung cengkal, sacengkalipun dipunaosi kapétang yatranipun dados kawanlikur réyal langkung kalih seka,

gu(ng)gung yatranipun sadaya dados kalih-atus sèket wolung réyal langkung saseka, wah pajagan kakalih sajampel, wah pasanggrahan-Dalem Redi pun Kerongsong, griya pasaréyan-Dalem samendhapanipun kakalih, dipunaosi kalihlikur réyal, wah pasaréyanipun Bendara-Bendara priyayi Langenkusuma griya kakalih dipunaosi kalih-dasa réyal, wah griya jaban kakalih dipunaosi sadasa réyal, wah teratag sakubengipun griya pasaréyan salikur cengkal sacengkalipun dipunaosi anyaseka, kapétang yatranipun dados gangsal réyal langkung saseka, wah griya pasowan pinarakan satunggil sateratagipun dipunaosi tigawelas réyal langkung sajampel, wah pager jambet satus salikur cengkal, sacengkalipun dipunaosi satangsul sapalih tangsul kapétang yatranipun dados kalihlikur réyal langkung sajampel satangsul sapalih tangsul, wah griya pasowanan ing

219r Bupati satunggil / satatarubipun dipunaosi nem réyal,

wah pa(ng)gènan priyayi pasedhahan griya satunggil, wah pa(ng)gènan Kaparak Jawi Lebet griya kekalih, wah pa(ng)gènan dhahar-Dalem griya sakawan, wah pa(ng)-gènan priyayi Jagaupa griya satunggil, wah pa(ng)gènan patèyan griya kakalih, wah pa(ng)gènan titiyan-Dalem griya kakalih, wah pa(ng)gènan priyayi gamel griya kakalih, wah pa(ng)gènan kagengan-Dalem geladhag tandhu griya kekalih, wah pa(ng)gènan abdi-Dalem niyaga, griya kakalih, wah pa(ng)gènan abdi-Dalem Katanggel griya kakalih, dados griya kalih-dasa, griya satunggil dipunaosi angalih réyal, kapétang yatranipun dados kawan-dasa réyal, wah pa(ng)gènan Welandi upesir sadrahgunduripun griya kakalih, satetarubipun dipunaosi gangsal réyal,   wah pajagan kakalih dipunaosi sajampel,   wah krestal titiyanipun Bendara-Bendara priyayi Langenkusuma kathahipun kawan-dasa,   wah krestal kapal Katanggel kathahipun wolung-dasa,   wah krestal Welandi drahgundur nembelas, krestal sadaya satus tigang-dasa nenem, krestal satunggilipun dipunaosi anyetangsul kapétang yatranipun kapanggih pitulas réyal langkung,   wah pasanggrahan ing Toyatumumpang, griya kakalih sateratagipun dipunaosi sadasa réyal, pageripun bleketépé sèket cengkal sacengkalipun dipunaosi anyatangsul kapétang yatranipun dados nem réyal langkung saseka,   wah pasanggrahan-Dalem ing Redi Angin-Angin,   griyanipun kakalih sateratagipun dipunaosi katiga-tengah, pageripun bel(e)ketépé, kalihlikur cengkal sacengkalipun dipunaosi nyatangsul kapétang yatranipun dados gangsal réyal langkung saseka,

f. 219v   nunten kagunggung ya/tranipun pasanggrahan pun Keréngsèng ing Toyatumumpang Redi Angin-Angin kapanggih satus wolung-dasa gangsal réyal langkung tigang seka setangsul sapalih tangsul,

wah pasanggrahan ing Kameji,   griya pasaréyan mendhapa jaban kathahipun sakawan, pager werana sateratagipun sami kajang, dipunaosi walulikur réyal,   wah pa(ng)gènan abdi-Dalem Jagaupa, Ngampil Suranata, griya alit-alit sakawan, dipunaosi saréyal,   wah pa(ng)gènan Kaparak Lebet Kaparak Jawi, griya satunggil, wah pa(ng)gènanipun patèyan griya satunggil,   wah pa(ng)gènan titiyan-Dalem griya satunggil,   wah pa(ng)gènan agem-Dalem kambil griya satunggil,   wah pasowan ing Bupati griya kekalih, dados griya nem, griya satunggilipun dipunaosi angalih réyal, kapétang yatranipun dados rolas réyal,   wah krestal titiyan-Dalem tigang-dasa, krestal satunggilipun dipunaosi anyatangsul kapétang yatranipun tigang réyal langkung tigang seka,   wah pager capuri tigang-dasa wolung cengkal,   wah pager bumi satus walung cengkal sami bleketépé sadaya, sacengkalipun dipunaosi nyatangsul, pager satus kawan-dasa nem wau punika, kapétang yatranipun dados walulas réyal langkung saseka,   anunten kagu(ng)gung pabéyanipun pasanggrahan pun Kemejing, kapanggih sawidak tigang réyal,

f. 220r   wah pasanggrahan-Dalem pun Kèpèk ingkang kilèn, griya pasanggrahan kakalih / pager sateratagipun dipunaosi walulas réyal,   wah jaban griya satunggil pager saparabotipun dipunaosi kalih réyal langkung seka,   wah griya pa(ng)gènanipun priyayi Kaparak Jawi Lebet satangsul,   wah pa(ng)gènan dhahar-Dalem griya kekalih,   wah pa(ng)gènan patèyan griya satunggil,   wah pa(ng)gènanipun titiyan-Dalem sagamelipun griya satunggil,   dados griya gangsal griya satunggilipun dipunaosi angalih réyal, yatranipun dados sadasa réyal satarubipun,   wah krestal-Dalem kathahipun tigang-dasa, krestal satunggilipun dipunaosi nyatangsul, yatranipun dados tigang-dasa réyal langkung tigang seka,   wah pager jambet sèket wolung cengkal sacengkalipun dipunaosi nyatangsul yatranipun dados pitu réyal langkung saseka,

gu(ng)gung yatranipun dados kawan-dasa réyal langkung pitung seka,

wah pasanggrahan-Dalem pun Kèpèk ingkang wétan,   griya pasanggrahan-Dalem griya kakalih, pager sateratagipun dipunaosi walulas réyal langkung sajampel   wah jaban griya satunggil saparabotipun dipunaosi tigang réyal,   wah pa(ng)gènan Kaparak Jawi Lebet griya satunggil,   wah pa(ng)gènanipun dhahar-Dalem griya kalih,   wah pa(ng)gènanipun patèyan-Dalem griya satunggil,   wah pa(ng)gènanipun titiyan-Dalem griya satunggil,   dados griya gangsal griya satunggil dipunaosi angalih réyal, yatranipun

20v dados sadasa réya/l,   wah krestal titiyan-Dalem tigang-dasa krestal satunggilipun dipunaosi nyatangsul yatranipun dados tigang réyal langkung tigang seka,   wah pager jambet sèket kalih cengkal sacengkalipun dipunaosi nyatangsul yatranipun dados nem réyal langkung sajampel,

gu(ng)gung yatranipun dados kawan-dasa réyal langkung pitu seka,

wah pasanggrahan-Dalem pun Patarana,   griya pasanggrahan kekalih pager sateratagipun dipunaosi walulas réyal,   wah jaban griya satunggil, saparaboté, dipunaosi kalih réyal langkung tigang seka,   wah pa(ng)gènanipun Kaparak Jawi Lebet griya satunggil,   wah pa(ng)gènanipun dhahar-Dalem griya kakalih   wah pa(ng)gènan dhahar-Dalem patèyan griya satunggil,   wah pa(ng)gènanipun agem-Dalem titiyan sagamelipun griya satunggil dados griya gangsal satunggilipun dipunaosi kalih réyal yatranipun dados sadasa réyal, wah krestal titiyan-Dalem tigang-dasa, krestal satunggilipun dipunaosi anigang seka, yatranipun dados tigang réyal langkung tigang seka,   wah pager jambet sèket wolung cengkal sacengkalipun dipunaosi nyatangsul, yatranipun dados pitu réyal langkung saseka,

gu(ng)gung ing yatra dados kawan-dasa réyal langkung pitu seka,

21r wah pasanggrahan-Dalem pun Lèpènajir,   griya pasanggrahan kalih kalebet bangsal pendhapa satunggil, dipunaosi walulas réyal langkung sajampel,   / wah griya jaban satunggil, sadandanipun dipunaosi tigang réyal,   pa(ng)gènan Kaparak Jawi Lebet satunggil,   wah pa(ng)gènan patèyan griya satunggil,   wah pa(ng)gènan dhahar-Dalem griya kakalih,   wah pa(ng)gènan titiyan-Dalem saprayayinipun gamel griya satunggil, dados griya gangsal, griya satunggilipun dipunaosi angalih réyal yatranipun dados sadasa réyal,   wah krestal titiyan-Dalem tigang-dasa, krestal satunggilipun dipunaosi nyatangsul, yatranipun dados tigang réyal langkung tigang seka,   wah pager jambet sèket kalih cengkal jejenengipun sami rosan sacengkalipun dipunaosi nyatangsul, yatranipun dados nem réyal langkung sajampel,

gu(ng)gung yatranipun dados kawan-dasa réyal langkung pitung seka,

wah pasanggrahan-Dalem Jenu, griya satunggil, mendhapa satunggil jaban satunggil pager sateratagipun, sadaya dipunaosi gangsal réyal,   anunten kapétang parbéyanipun sawarnanipun pasanggrahan-Dalem sadaya wau punika, gu(ng)gung yatra kapanggih, 679.

16

BL Add. MS. 14397
f. 42r

List on *dluwang* (Javanese tree-bark paper) of royal villages (*kagungan-Dalem siti dhusun*) in Grobogan and Wirasari by *jung*.

42r Punika pratélanipun kagungan-Dalem siti dhusun ing Garobogan, cacah damel-Kula sèket, ampas Derpakandhan, Sirahardi, ing Kalangbanjar gangsalwelas jung, ing Jati kawan jung, ing Pajarèn pitung jung, ing Gelagah kawan jung, ing Gumpang Pajalakan pitung jung, ing Gendhingan kawan jung, ing Welanglawu kawan jung, ing Padhas Kasèbukan kawan jung, ing Babadan sajung,   gu(ng)gung dados jangkep sabin sèket jung, 50,

punika pratélanipun kagungan-Dalem siti dhusun ing Garobogan, cacah damel-Kula sèket ampas Sutapranan, ing Nenggalaratong pitung jung, ing Sribid sajung, ing Barongan sajung, ing Karangwagé sajung, ing Karangkaliwon sajung, ing Ngathak kalih jung, ing

Rambé tigang jung, ing Wandéyan kalih jung, ing Géndholsemput gangsal jung, ing Widarawétan tigang jung sakikil, ing Pingkolwétan gangsal jung, ing Benthé tigang jung sakikil, ing Wikar Jambéyan tigang jung sakikil, ing Pondhok kalih jung, ing Jambangan kalih jung, ing Dhadhaltulak kalih jung, ing Plasatèmpèl kalih jung, ing Pendhesprih kalih jung, ing Kayen sakikil,   gu(ng)gung dados jangkep sabin sèket jung, 50,

punika pratélanipun kagungan-Dalem siti dhusun ing Garobogan, cacah damel-Kula sèket, ampas Sutapranan, ing Gubug tigang-dasa jung, ing Lindhuk kalih jung, ing Pilang kawan jung, ing Gembyangpeting kalih jung, ing Kuwajan tigang jung, ing Kahirèn tigang jung, ing Pelembahan nem jung,   gu(ng)gung dados jangkep sabin sèket jung, 50,

punika pratélanipun kagungan-Dalem siti dhusun ing Wirasantun, cacah damel-Kula sèket, ing Jethakwanger nem jung, ing Kagokmajatal kalihwelas jung, ing Cukup kalihwelas jung,   gu(ng)gung dados jangkep sabin tigang-dasa jung, 30.

17   BL Add. MS. 12303
                                                                                                  f. 145r

Memo of lands (*bumi ngajeng*) set aside for the support of porters (*sikep malangpundhak*; lit: 'those who carry loads on their shoulders') carrying royal tax-free loads to Semarang (*kr.* Semawisan), listing *karya* (corvée), agricultural laborers (*sikep*), horses, *bekel*, etc.

f. 145r Punika pémut bumi ngajeng ingkang nyanggi malangpundhak Semawisan, karya, 1900, sabin satusipun medal sikep 21, tundhan kapal 1, bekel written 1, penatus 1, gu(ng)gung sikep 399, kalong kaladosaken tenggan ing kadhaton bersihipun sedaya 106,

wah kalong malih dhateng Laji, sawernènipun 163, sikep malangpundhak dados kantun 130, ingkang satus dhateng kemandhah sabin wulan, kantun tiyang, 30, sikep tigang-dasa kadamel intiran perlosan,

wah bumi g(a)lidhig eres-eres angkat ju(n)jung damel-Kula 500, sikepipun 105, kaladosaken tenggan miruga, kalebet alun-alun terkadhang tiyang 30, terkadhang 40, kantun 65, punika kadamel ladosan wiyosan, kawewahan sikepipun malangpundhak, sabin satusipun sikepipun 2, dados 48, sedaya ingkang kadamel kadosan wiyosan 113, wiyosan tiyang 70.

18   BL Add. MS. 12342
                                                                                                  f. 180r

Memo of royal villages (*dhusun*) in Madiun, including those set aside for men of religion (*dhusun pamethakan*), appanage lands of village officials (*lurah, bekel*) and families, including old and infirm, as well as taxes in rice (*pantun*), labour (*sikep*), and cotton thread (*benang*), in all 260 villages and 3,498 families. Document incomplete.

f. 180r Punika pémut kagengan-Dalem dhusun ing Madiyun ingkang dados pemaosan yatra kalebet ingkang dados pemaosan pantun punapa déné dhusun ingkang nyanggi sikep dhusun pamethakan sedaya, gunggung dados dhusun kalih-atus langkung sawidak,

gunggung cacahipun abdi-Dalem ing Madiyun sedaya, kalebet lurah babekel, gapok tepo dados tiyang tigang-èwu, kawan-atus sangang-dasa langkung walung sémah, wondéné tiyang cacah tigang-èwu kawan-atus sangang-dasa langkung walung sémah punika, ingkang kénging kewedalaken benangipun,   cacah tiyang sèwu walung-atus sémah,   tiyang sasémahipun kawedalaken benang kawan-atus,   yatra kawan uwang, kapétang wedalipun ing benang, dados benang, pitung-èwu langkung kalih-atus, wondéné wedalipun ing yatra dados yatra kalih-atus pitulikur réyal, wondéning pamendhetipun benang sapisan sataun.

19   BL Add. MS. 14397
f. 26r–27v

Memo on Javanese tree-bark paper (*dluwang*) from Kertajaya concerning royal rice fields and tax thereon in Mataram, Kedhu, Sokawati, Bagelèn, and Pajang. Text marked and crossed out in many places. Even though BL Add. MS. 12342, f. 136r–37v (no. 20 below) is identical, the fact that the latter is written on tree-bark paper (*dluwang*), which has blackened with age, has counselled against reproducing its transcription here, although a philological textual edition of the two versions would be profitable.

26r Kawula pun Kertajaya amémuti kagungan-Dalem sabin ingkang kapatedhaken dhateng abdi-Dalem konca, punika pratélanipun,   kula piyambak kalihwelas tengah jung,   wah pun Ranapuspita sawelas jung langkung sebau,   punika ingkang sami kasanggèkaken ing dalem,   wah lenggahipun Jayèngtaruna gangsal tengah jung, pun Ponggok sajung sakikil paosipun jung nembelas, tanah Paos, Sambèng, sajung paos jung nem, Tangkilan sakikil, paos jung secacah, Grèdigan sakikil, paos jung secacah, Kadengokan sajung, paos jung kalih-dasa pejah, sami tanah Metawis,   wah lenggahipun Trunayuda kawan jung, pun Warak sajung, paos jung sedasa pejah tanah Metawis, Dhiwak Wanasoka sajung, paos jung kalih-dasa pejah, tanah Kedhu, Jatèn sajung, paos jung kawanwelas pejah, tanah Metawis, Ngawon-awon sajung, paos jung kawanwelas pejah, tanah Paos,   wah pun Trunareja salenggahipun kawan jung, pun Ngabetan sajung, paos jung kawanwelas pejah, tanah Paos, Kasaran sajung, paos jung sedasa pejah, tanah Paos, Nusupan sajung, paos jung pitu pejah, tanah Sokawatos, Kenangkan sajung, paos jung kalih-dasa pejah, tanah Kedhu,   wah lurah ngampil pun Semitawijaya, lenggahipun kalih jung sakikil, pun Krogahan sajung, paos jung walu, tanah Metawis, Kiyaran sajung, paos jung sedasa, tanah Paos, Talang sekikil, paos jung secacah, tanah Bagelèn,   wah Dipasemita sajung sakikil, pun Wanajeng sajung, paos jung, walu tanah Metawis, Gambiran sakikil, paos jung nem tanah Paos,   wah Singapuspa, pun Mirit sajung, paos jung nem, tanah Bagelèn,   wah pun Trunasembaga Kejobohan sajung, paos jung nem, tanah Metaram,   wah pun Trunawigata ing Patukan sajung, paos jung kalih-dasa pejah, tanah Bagelèn,   wah pun Suradipraya Semingin sajung, paos jung gangsal, tanah Metawis,   wah pun Singa-dongsa sajung, paos jung walu, tanah Metawis,   wah pun Wiratruna sajung, sabinan paos jung walu pejah, tanah Paos,   wah pun Trunanangun sajung, paos jung gangsal, tanah Paos, wah pun Ranawijaya pun Randèng sajung, paos jung walu,   wah pun Supa-

26v guna kalih jung tumut sajung, paos jung nem tanah Paos, Pajoka / sajung, paos jung walu, tanah Kedhu,   wah pun Sadongsa sajung sakikil, Belapar sajung, paos jung pitulas pejah, Semingin sakikil, paos jung gangsal tanah Metawis,   wah pun Pradongsa nong-song sajung sekikil, pun Gragol sajung, paos jung sedasa secacah, tanah Metawis, Gamolan sakikil, paos jung secacah, tanah Paos,   wah kebayan kekalih pun Secataruna kalih jung, Balu sajung, paos jung nem, tanah Metawis, Karanggeneng sajung, paos jung sedasa pejah, tanah Kedhu,   wah pun Trunadipa sajung sebau, Blendhung sajung, paos jung secacah, tanah Bagelèn, Gondhanglegi sebau, paos jung gangsal, tanah Paos,

wah lurah prajurit pun Secadirana, sabinipun kalih jung sakikil, pun Gemunggung sajung, paos jung gangsal, tanah Paos, pun Siluk sajung, paos jung secacah, tanah Metawis, pun Bekukung sakikil, paos jung secacah, tanah Metawis,   wah pun Trunayuda sajung, sakikil, pun Sekar sajung, paos jung secacah, tanah Kedhu, pun Bekukung sebau, paos jung secacah, tanah Metawis, pun Ketombol sebau, paos jung walu tanah Paos,   wah pun Trunasebala sajung sakikil, Gebangmalang sajung, paos jung secacah, tanah Metawis, Japatèn sakikil, paos jung sacacah, tanah Metawis,   wah pun Trunakarta sajung, ing Jethak sajung, paos jung tigawelas pejah, tanah Kedhu,   wah pun Resaleksana ing Wanaganggu sajung, paos jung nem, tanah Bagelèn,   wah pun Trunapekaja ing Sempayak sajung, paos jung gangsal, tanah Metawis,   wah pun Trunapengirid Semingin sajung, paos jung secacah,   wah pun Trunapengricik sajung, Taskombang sebau, Srayu sebau, paos jung secacah, tanah Metawis, Semingin sakikil, paos jung secacah, tanah Metawis,   wah pun Trunapatra ing Talang sajung, paos jung gangsal, tanah Paos,   wah pun Trunapenatas ing Lemuru sajung, paos jung nem, tanah Paos, pun Trunadrana ing Pasabinan sajung, paos jung walu pejah, tanah Paos,

déné wah lurah prajurit pun Resapalaga kalih jung sakikil, Gambasan sajung, jung walu, tanah Kedhu, Jethak sajung, jung gangsal tanah Bagelèn, i(ng) Cé(r)mé sakikil, jung secacah, tanah Metawis, Trunapaneseg / sajung sakikil Pundho sajung jung kalih-dasa pejah, tanah Paos, pun Sabinan sakikil, jung secacah tanah Paos, Trunajetmika sajung sakikil, Kaliwuluh sajung, jung nem tanah Bagelèn, Sabinan sakikil, jung sacacah, tanah Paos, Trunawiyana Bangsan sajung, jung pitu, tanah Paos, Trunapiyoga Lèpènwuluh sajung, jung nem, tanah Bagelèn, Trunasetami ing Témpèl sajung, jung nembelas pejah, tanah Paos, Trunadong(sa) ing Sabinan sajung, jung nembelas pejah, tanah Kedhu, Trunasentika ing Tersidi sajung, jung sanga, tanah Bagelèn, Trunasraya ing Jasa sajung, jung sanga, tanah Bagelèn, Trunamerjaya ing Pamriyan sajung, jung sanga, tanah Bagelèn, Trunatengara sajung, sakikil ing Bayuran sajung, jung gangsal, tanah Metawis, Beladho Tegilsempu sakikil, jung secacah, tanah Metawis, Trunapengrawit sajung sakikil, Krècèk sajung, jung secacah, tanah Paos, Wanaganggu sakikil, jung secacah, tanah Bagelèn, ingkang l(o)wok kalih baten saged kapalan, Dhèrèkan-Dhayong sajung, jung secacah tanah Kedhu, Kewayuhan sajung, jung nem tanah Metawis,

wah lurah prajurit pun Trunajumena sabinipun tiga tengah jung, pun Biru sajung, jung gangsal, tanah Metawis, Kiyaran sajung, jung kalihwelas pejah, tanah Paos, Bener sakikil, jung secacah, tanah Sokawati, Trunakartipa sajung sakikil, Ketombol sakikil, jung sedasa, Gamolan sakikil, jung secacah, Karangpucung sakikil, jung gangsal, sami tanah Paos, Trunasembawa ing Joho sajung, jung pitu, tanah Kedhu, Singadirana ing Giling sajung, jung nem, tanah Kedhu, Kramaleksana ing Sirat sajung, jung sedasa, tanah Metawis, Trunapendhawa ing Wanacala sajung, jung walu, tanah Bagelèn, Trunakartika ing Brecak sajung, jung gangsal, tanah Metawis, Trunasana Sosogan sakikil, jung walu tanah, Metawis, Magol sakikil, jung gangsal, tanah Paos, Trunalegi ing Kerep sajung, jung walung, tanah Bagelèn, Trunasemana ing Ngepèh sajung, jung nem, tanah Paos, Trunaplaga ing Bathok sakikil, jung secacah, Kadipira / sakikil, jung secacah, sami tanah Sokawatos, Trunasemita ing Singkil sajung, jung sedasa, tanah Bagelèn,   wah lurah prajurit pun Trunaradèya sabinipun kalih jung sakikil, pun Warak sajung, jung ga(ng)sal, pun Santan sakikil, jung gangsal, Bekukung sakikil, jung gangsal, tanah Metawis, Ketombol sebau Sélan sebau, jung walu, sami tanah Paos, Trunamenggala sakikil, Gulungi sajung, jung nem, Go(n)dhanglegi sakikil, jung gangsal, sami tanah Paos, Trunagadhingan ing Radon sajung, jung gangsal tanah Paos, Trunapredapa ing Pugeran sajung jung pitu tanah Paos, Trunawecana ing Jagabayan sajung jung sadasa tanah Paos, Trunaperdongga ing Danalaya sebau, Tajeman tigang bau, jung nem, tanah Metawis, Trunaperwita ing Tahunan sajung, jung nem, tanah Metawis, Trunayasa ing Jeraman sajung, jung secacah, tanah Metawis, Trunapermana ing Jenar sajung, jung secacah, tanah Bagelèn, Trunaresa ing Bendha sajung, jung gangsal, tanah Bagelèn, Trunasentika ing Mendira sajung, jung gangsal, tanah Kedhu, Trunawongsa ing Sélapampang sajung, jung walu tanah Kedhu,

wah Gedhong pun Singadirana sabinipun kalih jung, Kadipira sajung, paos jung walu, tanah Kedhu,   wah Kedhungwringin sajung, jung secacah, tanah Sokawatos,   wah Jaha ing Mendirat sajung, jung walu, tanah Kedhu,   wah Jurukebon Trunasronta ing Santan sakikil, jung nem tanah Metawis,   wah (em)ban stri Nyai Jasèna ing Tangkisan sajung, jung nem, tanah Kedhu, Nyai Trunaneseg ing Temb(e)lang sebau, jung secacah, tanah Paos, Nyai Menis ing Jo(m)blang sakikil, jung nem, tanah Metawis,

sabinipun dados satus jung langkung kalih-dasa jung kirang sebau, lurah gamel Singaleksana, panegar kuda Musari, lurah ngawin Trunawèsthi, lurah penandhon Rejawijaya lurah madharan Resatruna, kagunggung konca jaler èstri wolung-dasa.

20   BL Add. MS. 12341
                                                          f. 136r–137v

Memo, ditto, on Javanese tree-bark paper (*dluwang*) blackened with age and difficult to read (see above no. 19). Not reproduced.

PART 2

Appanage, *Nagara Agung*

In contrast to the previous section's documents, which detail the economic means available to the sovereign, those of the present section list the realm's resources conditionally alienated to the recipients. 'Conditionally' because use of the land resources named—with the single exception of those listed in no. 3 given in work units or *karya*—is granted in exchange for payment of an annual contribution or tax obligation to the sovereign. The contractual nature of the agreement must explain why over half of the documents provide for state-initiated adjustments in the named resources. The rarity of specific dates makes it most practical to order the documents alphabetically after the name of the principal grantee.

1 BL Add. MS. 12341
f. 286r

Lands which would be given as the appanage (*badhé kapatedhakaken dados lenggahipun*) of B.R.M. Bagus (the future HB IV), totalling 6 *jung* from the holdings of Puspawijaya. Undated, but between 3 April 1804 (HB IV's birth) and 21 June 1812 (when he was appointed Crown Prince and changed his name). Javanese tree-bark paper (*dluwang*).

f. 286r Punika pémut kagungan-Dalem sabin ingkang badhé kapatedhakaken dados lenggahipun Kangjeng Bendara Radèn Mas Bagus, sabin nem jung ampas saking pun Puspawijaya, Panèwu Gedhong Tengen, punika pratélanipun ing Bangeran kawan jung sakikil, tanah Metawis, ing Waluh sajung sakikil, tanah Pagelèn, dados jangkep sabin nem jung.

2 BL Add. MS. 12341
f. 296r–297r

Memo concerning the distribution of retrenched royal rice fields (*kagengan-Dalem sabin ampas*) from the original appanages of Radèn Tumenggung Purwadipura and Kyai Tumenggung Mangundipura (Section I, Part 1, nos. 17 and 2 respectively) distributed to the royal troop commander, Radèn Panji Brongtakusuma, and other military commanders such as Radèn Tumenggung Prawirawinata and Radèn Lurah Mangunlami. *Dluwang*.

f. 296r lenggah Brongtakusuman prajurit

Punika pémut kagengan-Dalem sabin ampas saking ing Purwadipuran, ingkang kakersakaken kapundhut badhé dados lenggahipun prajurit kalih ingkang kakersakaken kapu(n)dhut dados maosan sabin wolung jung, punika pratélanipun, ing Bahw(a)rayang nem jung, ing Kokap kalih jung, ingkang wonten calowokanipun, medal resah, dados jangkep sabin wolung jung, wah kagengan-Dalem sabin ingkang badhé dados lenggahipun abdi-Dalem Radèn Riya Brongtakusuma, ing Gawong Samabumi sajung, ing Gawong G(a)pira Ngadisalam sajung, ing Kalisat Mayungan sajung, ing Gamol sajung, ing Lèpènmancung Patukan sajung, ing Tiruman sajung, ing Samèn Karangmaja sajung, dados nem jung sakikil, kagengan-Dalem sabin ampas saking ing Purwadipuran, wah ampas saking Mangundipuran, ing Patrabayan sajung, ing Ngrancah sajung, ing Sendhangpitu, Planggok, Sendhangjamur kawan jung, ing Padhungkulan sakikil, kapundhut taneman mariyos, dados jangkep kalih/welas jung,

wah ingkang badhé dados lenggahipun abdi-Dalem Radèn Tumenggung Prawirawinata, ampas saking Purwadipuran, ing Pendhawa sawelas jung, ing Pendhem sajung, kapundhut kapaosan ingkang sakikil, kataneman mariyos ingkang sakikil,   dados jangkep kalihwelas jung,

ingkang kapatedhakaken dados lenggahipun abdi-Dalem lurah prajurit anyar, sabin kawandasa jung, langkung sangang jung, jangkepipun sèket jung, lenggahipun Radèn Lurah Mangunlami ingkang sajung, sabin ampas ing Purwadipuran ing Granting sajung, ing Jagabayan sajung, ing Babadan Pakem Darmasari sajung, ing Kiyangkong kawan jung, ing Jrébéng sajung, ing Kedhunggong sajung, ing Secang tigang jung, ing Rawong sajung, ing Kejombokan kawan jung, ing Pucangano/m sajung, ing Gombang Kalèsan sajung, ing Kiringan sajung, ing Sundhi kalih jung,

wah sabin ampas saking Mangundipuran, ingkang badhé dados lenggahipun prajurit anyar, ing Palumbon sajung, ing Pambergan sakikil, ing Kuwel sajung sakikil, ing Gadhing Kertawangsan sakikil, ing Gempolan kalih jung sakikil, ing Kembangarum sajung, ing Pucangkerep tigang jung, ing Berasan sajung, ing Pacekelan sajung sakikil, ing Trewatang sajung sakikil, ing Kulur Kajombokan kalih jung, ing Colok Tembelang Damarjati sajung, ing Kapundang sajung, ing Karangasem sakikil, ing Kalik(o)tès tigang jung, ing Karangmindi sebau, ing Kawedhèn kalih jung, ing Pagèndhèlan kalih jung dhateng prajurit.

3   BL Add. MS. 12342
                                                                    f. 67r–70r

Appanage of Pangéran Arya Dipanagara [died 1787, husband of HB I's daughter, Ratu Bendara; not to be confused with his more famous namesake, Pangéran Dipanagara (1785 –1855)] and other high-ranking officials measured in *karya*, a form of work obligation. Officials named include Radèn Tumenggung Jayawinata I (the Yogyakarta Bupati of Mataram who died on 7 January 1803), Pangéran Pakuningrat (father-in-law of HB II), Kyai Tumenggung Mangunnegara (appointed *Bupati Miji* on 28 April 1803, Section I, Part 1, nos. 19 and 40), and Radèn Tumenggung Sumadiningrat (appointed *Bupati Jaba Tengen* in 1794, *ibid.* no. 16). Undated, but probably pre-1787 and most certainly pre-1803.

67r   Punika serat cacah bumi dhusun lelenggah ing wedana gegadhahanipun Kangjeng Pangéran Ariya Dipanegara, punika pratélan ing dhusun satunggilipun ingkang tanah Ledhok Kedhu, ing Maro(ng) Kalisurèn karya satus, ing Kamangunan karya kalih-dasa, ing Semayu karya kalihwelas, ing Guntur Kalibawang karya selawé, ing Salak karya selawé, ing Kajoran karya kalihwelas, ing Jethis Karupakan Karinjingan Kabugelan Pagondhangan karya walulikur, Jethak Pemacanan karya wawalu, Guntur karya wawalu, ing Pakalangan karya kawanwelas, Jethis karya walu, ing Tapèntaré karya tigang-lawé, ing Gatana Bagelèn ing Sangubanyu Pasar karya selawé, ing Muktisari karya nembelas,

Pijaja karya kalih-dasa, ing Bara karya nembelas, Teges karya walu, ing Piji karya walu, Lugu karya nenem, ing Pasubinan karya kekalih, ingkang wonten Sabrang Pragi [i.e. Kilèn Pragi / Kulon Praga] ing Paèsan Kebonagung Karangnongka karya tigang-dasa kalih, ing Pakebohan karya kalih-belah, Papakpangon karya walu, Tambak karya walu, Turip karya walu, ing Barosot Pakuthan Kabanthèngan karya kalihwelas, Tanabakal karya sekawan, ingkang tanah Metawis ing Tegal Sempunom Pakretèn Jethis Sapuangin karya kalih-dasa, ing Berongkol karya kalihwelas, ing Nyamplung karya sekawan, Tirta-Karangjaha karya walu, Kasirat karya walu, Pakintelan karya wawalu, ing Gembira karya tigang-lawé, ing Pelagah karya kalihwelas, ing Dhèpok Babadan karya selawé, Gelagah karya wawalu, Bejabar Babaturan karya kalihwelas, Kukutu karya kalihwelas, Melathi karya wawalu, Pasawahan karya nenem, Ngepas karya kawan, Kalib(e)ning karya kalihwelas, ingkang tanah Pajang ing Linggi karya sèket, Gathak Pakauman karya sekawan, Gondhang karya tigang-dasa nenem, Pandhes karya wawalu, Srago karya wawalu, Sepuluh karya wawalu, ing Patra karya sekawan, ing Pakècèkan karya wawalu, Bendha Pakertèn karya sekawan, Kathithang karya sekawan, Lempni karya wawalu, ing Tambak Ngemplak Jembangan karya wawalu, ingkang tanah Ardi Kidul Pungangan karya selawé, Surabayan karya kekalih, Piji karya nembelas, Kumendhung Sumilir karya kalihwelas, Kaliwatang karya wawalu, Babeguhan karya wawalu, Karangmu(n)eng karya sekawan, Wanakarsa karya sekawan,   gu(ng)gung sèwu satus kawan-dasa,

punika lelenggahipun Angabèhi Jagakriya, ing Sambang karya selawé, Gumul karya kawan-dasa kalih, Karangdhukuh karya kalihwelas, Sepuluh karya sekawan, Nganten karya sekawan, ing Samberan karya kekalih, Bebaran karya kekalih, Jombangblèng karya kekalih, Panca karya sekawan, Pakalangan karya sekawan, Kepakèlan karya wawalu, Kalidurèn karya wawalu, Bakung Kawarakan karya sedasa, Katunjungan karya nenem, ing Bara karya sedasa, Sokababadan karya wawalu, Turip karya kekalih,   gu(ng)gung kalih-belah,

punika lelenggahipun Angabèhi Wirayuda, ing Kapencar karya selawé, Panju/gonda karya nembelas, Bedhilan karya wawalu, Pandhes karya wawalu, Kaliwungu karya kalihbelas, Turip karya sekawan, Palumbon karya selawé,   gu(ng)gung satus,

punika gegadhahanipun Angabèhi Wiramantri, ing Rondul karya kalihwelas, ing Natabratan karya wawalu, Kayuteki karya kalihwelas, Karang karya kalihwelas, ing Kedhungkuwali karya nembelas, Kalpupandhak karya kalihwelas, ing Tanjung karya selawé, Gamping karya sekawan,   g(un)ggung satus langkung sekawan,

punika lelenggahipun Pangéran Jayakusuma ingkang tanah Kedhu, ing Gembyang Bara karya sèket, ing Tigawanu karya sèket, Pekarangan karya kalihwelas, Gumantung karya nembelas, Pakiswiring karya sèket, ing Temugenita karya wolung-dasa wawalu, ing Garénjèng Pesalakan karya selawé, Padure(k)sa karya nembelas, Kalisalak karya sakawan, Kemlaka karya sekawan, Derpanalan karya kalihwelas, Kendhal Gerowong karya wawalu, ing Jenasri karya kalih-belah, Keluwung karya kekalih, tanah Metawis, ing Balu karya wawalu, Karanan karya sekawan, Pucanggadhing karya nenem, Nyamplung karya walu-likur, Jethis karya kalihwelas, Pogung karya nenem, Jati karya sekawan, Jagadhayoh karya sekawan, ing Parengguk karya wawalu, Gumul karya sekawan, ing Gana karya nenem, Sumber karya nenem, ing Gathakgaya karya nenem, Pri(ng)gi karya wawalu, Karadènan karya sekawan, Paho Kasendhèn karya wawalu, Jimus karya selawé, Ngalastuwa karya kalihwelas, Pundak (?) karya selawé, ing Ranté karya sèket, ing Sidi karya sèket, Singkil karya pitung-dasa songa, Megulung karya sekawan, ing Padhana karya sedasa, Pamriyan karya tigang-dasa kekalih, Jeruken karya kalihwelas, Jombang karya selawé, Kesé karya wawalu, Banjardawa karya sekawan, Sumurpakis karya wawalu, ing Wuluhricik karya kalihwelas, Pagawokan,   gu(ng)gung sèwu,

punika gegadhahanipun Angabèhi Singawecana, ing Darawati karya nenem, ing Medelan karya kekalih, ing Ketawang karya wawalu, Jelapa karya nembelas, Pasawahan karya kalihwelas, Tungkak Sarasutan karya wawalu, ing Gerojogan karya nembelas, Jemblong Karajegan karya nembelas, Tanjung Pakembangan karya nembelas, Gelagah karya wawalu, gunggung satus sekawan,

punika gegadhahanipun Ngabèhi Trunam(e)nggala, ing Sokaketangi karya selawé, Jenar selawé, ing Bonjok karya selawé, ing Tempur karya sekawan,   (gunggung) satus,

punika gega/dhahanipun Radèn Nayakusuma, ing Bandhongan karya selawé, ing Guntur karya sekawan, Belanthèng karya nembelas, ing Mendut karya sekawan, Gundha karya sekawan, Sebara Jadipa karya nembelas, Gedhungkuwali karya wawalu, Kaporan karya wawalu, ing Rangkod karya wawalu,   gu(ng)gung satus,

punika gegadhahanipun Ngabèhi Kartileksana, ing Tanabaya karya selawé, Kelapon karya wawalu, Kebonpaing karya kekalih, Balong karya nenem, ing Kemasan karya wawalu, Butuh karya selawé, ing Karasak karya wawalu, Gathak karya sekawan, Gambasan Gabug karya kalihwelas,   gu(ng)gung satus,

r   / punika gegadhahanipun (Ra)dèn Dipawijaya, ing Kemèndhongan karya kalihwelas, ing Kiyangkong karya sèket, ing Ngandong karya nenem, (ing) Ngontawirya(n) karya selawé, ing Katurèn karya wawalu,   gunggung satus,

punika gegadhahanipun Mas Saradipa, ing Pratapan karya tigang-dasa nenem, ing Wanasari karya selawé, ing Rongkod karya selawé, ing Kelèra karya sekawan, Kebayèn karya wawalu, gu(ng)gung karya satus,

punika gegadhahanipun Angabèhi Cakramanggala, ing Balak karya tigang-dasa nenem, Belangkong karya selawé, J(e)nar karya selawé, Kaliandong karya kalihwelas,   gu(ng)-gung satus,

punika gegadhahanipun Angabèhi Puspatruna ing Butuh karya tigang-lawé, Waja karya kalihwelas, Sidet karya sekawan, ing Ngijo karya wawalu,   gu(ng)gung satus,

punika lelenggahipun Radèn Tumenggung Jayawinata tanah Metawis, ing Pajejeran Kalenthengan karya sèket sekawan, ing Pandhes karya kawan-dasa, Pandhes karya tigang-dasa, Pandhes malih karya titiga, Pela karya walulas, ing Gigilang karya wawalu, Tungkak karya kalihwelas, Sampangan karya nembelas, ing Priyan karya walulas, ing Martasanan karya kalihwelas, ing Patarana karya sadasa, Kemayungan karya wawalu, Kalenthengan karya wawalu, ing Kagotan karya sekawan, ing Sawo karya sekawan, Bungas karya kekalih, Pungkuran karya sekawan, ing Kepuh karya selawé, Gelagah karya sekawan, Petaman karya nenem, Banggala karya kalihwelas, Ngondakaran karya pipitu, Cibuk karya wawalu, Popongan karya sekawan, Karangbendha karya wawalu, ing Puluhan karya sekawan, Bothokan Wiranayan karya kekalih, Wirakartèn karya sekawan, Karang-tanjung karya kawan, Sundhi Pakalakan karya wawalu, ing Berongkol karya sekawan, Tumud Kapajangan karya kawanwelas, Sangubanyu Gaboros karya walulas, Kamejing karya sekawan, Bodhèh karya sesonga, J(e)nu karya sekawan, tanah Ardi Kidul, Samparpaliyan karya sèket, Melambang karya sèket, tanah Pajang Paguneman karya nenem, Karangsamapura karya kalihwelas, Kunciawas karya wawalu, Kemandhungan karya sekawan, Pamedelan karya kekalih, Kerècèk karya wawalu, tanah Bagelèn Semawung karya sèket wawalu, ing Lugu karya tigang-dasa nenem, Sampang karya sèket, Kepaitan karya selawé, ing Seruwuk karya sèket, Rawapucung sekawan, Ngandong karya nenem, Barakanuragan karya nenem, ing Ranté karya kalihwelas, Semawung malih karya tigang-dasa nenem, Sabara Dhukuh karya tiga, tanah Kedhu, Tanduran Onggasaran karya selawé, Triyasa karya selawé, Lopoh karya kalihwelas, Pakiswiring karya tigawelas, Nguwèd karya nenem, Songgaitan karya nenem, Gambasan Pangabèyan karya wawalu, Pelasa karya kekalih, Giling karya sèket,   gu(ng)gung sèwu,

f. 68v   punika gegadhahani/pun Angabèhi Jayasana, ing Jaha karya nembelas, Jamidan karya kawanbelas, Condrawangsan karya kawanwelas, ing Larèn karya kalihwelas, Kebanaran karya kalihwelas, ing Trananggan karya sekawan, Bodhèh karya sekawan, Piji karya selawé, Kabumèn karya sekawan, ing Kabumèn malih karya titiga, Ganjuran karya satunggil, gu(ng)gung satus tigang jung [*sic* karya],

punika gegadhahanipun Angabèhi Ontagopa, tanah Bagelèn, Kagungan karya kalihwelas, Patreban karya wawalu, Jana karya kalihwelas, Mendina karya kalihwelas, Getas karya kalihwelas, Wanaléla karya kalihwelas, Citra karya kalihwelas, Kaduwang Payaman karya kalihwelas, Giling karya sekawan,   gunggung satus,

punika gegadhahanipun Angabèhi Suradinala, ing Madégonda karya kalihwelas, Tumid karya wawalu, Darawati karya nenem, Palumbon karya sekawan, ing Seruwuh karya kalihwelas, Batadéwi karya kalihwelas, Bonjok karya salawé, Turip karya sekawan, Bakung karya kekalih,   gunggung satus,

punika gegadhahanipun Ngabèhi Jayapuspita, ing Sebara karya selawé, ing Barakatawang karya kalihwelas, Babadanweru karya sekawan, Gadhingan karya sekawan, Kebanaran karya kalihwelas, Salam karya wawalu, ing Manggis karya wawalu, Karanginan karya wawalu, Mundhu karya wawalu, Kapancèn karya sekawan, Watukempul karya sekawan, gunggung satus,

punika gegadhahanipun Angabèhi Suraleksana, ing Semangkak-elor-kidul karya kalihwelas, Banjarwaron karya sekawan, ing Wongsamenggalan karya kalihwelas, ing Setan karya nenem, ing Watukempul karya wawalu, Gerojogan karya kalihwelas, Karèt karya wawalu, Welahar karya nenem, Piji karya selawé, Keponggok karya sekawan,   gunggung satus,

punika lelenggahipun Pangéran Martasana, ing Kalinongka karya sèket, Kowangan karya selawé, Jethakenthang karya nembelas, tanah Metawis, Jambalan karya sekawan, Juwana karya kalihwelas, Nyamplung karya walu, Berongan karya sekawan, Gedhungpring karya kalihwelas, Karangasem karya selawé, tanah Bagelèn, ing Winong karya tigang-dasa nenem, Tetug karya sèket, Ngadilangu karya sèket, Kedhunggong karya sèket, Tanjung karya tigang-lawé, Tanjungagung karya selawé, Pogung karya nembelas, tanah Sokawati, Jatibaluwak karya selawé, Saman karya wawalu,   gunggung gangsal-atus kalih jung [*sic* karya],

punika gegadhahanipun Ngabèhi Secaleksana, ing Sangubanyu karya tigang-lawé, Gebangkalepu karya selawé, Ringgik karya sekawan,   gunggung satus jung [*sic* karya], punika gegadhahanipun Ngabèhi Jayarata, Ngepas karya kalihwelas, Gondhang karya nenem, Keponggok karya sakawan, Nyamplung karya sekawan, Delisen karya selawé, Kagungan karya walu, Derini karya nenem, Kalèsan karya kalih-dasa, / Kuyang karya nenem, Pagedhangan karya sekawan,   gunggung satus,

punika gegadhahanipun Angabèhi Semaratruna, Kawarasan karya wawalu, Kemiri karya sekawan, Tepus karya sekawan, ing Sumber Gintungan Karangasem Kemiri karya gangsal, Ngundhagèn karya walu, Kembanglampir karya selawé, Krapyak Kamurangan karya kalih-dasa, Kenayan karya sekawan, Galèndhongan karya kalih, Pasuruhan karya satunggil, Sembir karya kalihwelas, Giling karya sekawan,   gunggung satus,

punika gegadhahanipun Ngabèhi Kartawijaya, ing Kunir karya pitung-dasa, Kaliwuluh karya walu, Gedhunggong Terayu karya kalihwelas, Kalurahan karya walu,   gunggung satus,

punika lelenggahipun Pangéran Pakuningrat, ing Kalilunjar karya sawidak, ing Sumber karya kalih-atus tigang-dasa sekawan, Kalipelus karya sekawan, ing Telagasiri karya selawé, Padakan karya kalihwelas, Bodhèh karya sekawan, ing Sompil karya sekawan, Wanasari karya walu, Sumabratan karya sekawan, Kathithang karya kalihwelas, ing Soran karya sekawan, Gedibal karya kalihwelas, Lemahbang karya kalihwelas,   gunggung kawan-atus,

punika lelenggahipun Sumatruna, ing Puluhwatu karya sangalikur, Kalegèn karya walu, Wangkis karya nenem, Kabokongan karya nenem, Pasawahan karya walu, Pamriyan karya selawé, Gambasan karya kalihwelas, Getas karya titiga,   gunggung satus,

punika gegadhahanipun Mas Pakujaya, ing Krapyak karya nembelas, Marebung karya walu, Gedhong karya sekawan, Talangjar karya walu, Pelasa karya selawé, Pakèl karya sedasa, ing Barasepikul karya sedasa, Sebara Ketawang karya nenem,   gunggung satus,

punika gegadhahanipun Mas Sumbujaya, ing Puluhwatu karya kalihwelas, Wedhi karya selawé, Sribid karya kalihwelas, Kathithang karya sekawan, Ngagel karya kalihwelas, Panusupan karya walu, Kaliandong karya kalihwelas, Kowangan karya walu,   gunggung satus,

punika gadhahipun Mas Martasura, ing Megulung karya selawé, ing Lubang karya kawan-dasa, Kecèmé karya sekawan, Kalepu Setan karya kalihwelas, Pacobokan karya sekawan, Koripan karya kalihwelas,   gunggung satus,

punika lelenggahipun Kyai Tumenggung Mangunnegara, ing Tegaron karya sèket, Maron karya sèket, Kaluwung karya selawé, Kendhayakan karya selawé, Kajoran sekawan, Bolang karya nembelas, Guntur karya kalihwelas, ing Jati Karangnongka karya kalihwelas, Kajoran sedasa, ing Susuketanggi karya tigang-lawé, Tegaliser karya kalihwelas, Pangabèyan karya kalihwelas, ingkang / tanah Metawis, ing Bodhèh karya kekalih, Nyamplung karya nenem, Ngebel karya sekawan, Barak karya walu, Kapancèn karya walu, Seleban karya walu, Pagedhongan karya kawanwelas, Ngaliyan karya kekalih, Paosbatan (karya) sekawan, Padogongan karya kalihwelas, tanah Pajang, Gesikan karya selawé, Dhuwet karya walu, Triyasa karya sekawan, Kapurancak karya nembelas, Kabarèngan karya sèket, Kunthi karya kalihwelas, Jarak karya sekawan,   gu(ng)gung gangsal-atus,

punika gegadhahanipun Dèn Demang Malang, Puluhwatu karya kawan-dasa tiga,
Pesawahan karya walu, Kalepu karya kalihwelas, Gambasan karya kalihwelas, Getas karya
gangsal, Welahar karya kalihwelas,   gu(ng)gung satus,

punika gadhahanipun Dèn Butahijo, Kiyangkong karya kawan-dasa, Merjaya karya kalih-
welas, Kalengisan karya kalihwelas, Tumbu karya walu, Ngrembul karya kalihwelas,
Palumbon Pakauman Weru karya walu, Tegalgok karya sekawan,   gu(ng)gung satus,

punika gadhahanipun Dèn Pulangjiwa, ing Serusuh karya kalihwelas (...), ing Ketug karya
kalihwelas, Semandhong karya walu, Sembung karya walu, Kapurancak karya walu,
Piyajak karya selawé, Temandang karya kalihwelas, Jethak karya sekawan,   gu(ng)gung
satus,

punika gegadhahanipun Dèn Onggadipa, ing Tanjung Bedhog karya walu, ing Kali-
waringin karya walu, Sembung karya sekawan, Sambatan karya sekawan, Parangkonan
karya nenem, Bodongan karya kekalih, Kaluyon karya sekawan, Candhi karya nembelas,
ing Jakerta karya walu, Pakalangan karya kekalih, Kebonpaing karya kekalih, Kemiri
Lemuruh karya walu, ing Kerajan Margasana karya wawalu,   gu(ng)gung satus,

punika lelenggahipun Dèn Tumenggung Sumadiningrat, ing Badawaluh Kalisat karya
sèket, Bakulan karya sèket, Turi Dhukuh karya kawanwelas, Cepaka karya kalihwelas,
Tingas karya sekawan, Gadhuh karya kalihwelas, Babadan karya walu, Kembangsonga
karya kalihwelas, Badhègan karya kalih-dasa, Priyan karya kalihwelas, Jethak Serayu
Berberak(?) karya (...), Pépé karya nembelas, Kebéjèn karya wawalu, Watangan karya
sekawan, Kepakoh karya sekawan, Karékah Lebugenèn karya w(al)u, Karanggedhé karya
walu, Panjangjiwa Karangasem karya sedasa, Kukutu karya nenem, Karipan karya nenem,
Gunturan karya nenem, Jeligudan karya sekawan, Pijènan karya sekawan, Dreséla karya
sekawan, Serut karya kalihwelas, ing Sumber Saragenèn karya kalihwelas, Nagasari karya
walu, Puluhan karya kalihwelas, Bantu/l Kamelikan karya kalihwelas, Mondhalikan Sawa-
kulan karya titiga, Bantul karya walas, Kemiri karya sedasa, Kemacanan karya sekawan,
Sudimara karya kalih, Serayu Pangibikan karya walu, Kapedhètan karya sekawan, Serayu
Kadilaba karya sekawan, ing Mantub karya kalihwelas, Pagergunung karya sekawan,
Mantub Pegandan karya kalihwelas, Gamol karya selawé, Rawulu karya kalihwelas,
Kemandhungan karya sèket, Pundhong karya selawé, Kalurahan karya walu, Kabothokan
Pasikepan karya nenem, Jograngan karya kekalih, Pri(ng)galayan Jagaragan karya selawé,
Semikar Kalinampu Béji Samawoya karya sedasa, Jenu karya sekawan, Mundhu karya
sekawan, Karangtanjung Berkisan karya walu, Pakanthongan karya sekawan, Jethis Dana-
laya Pakalangan karya kalihwelas, Kabanteran karya sekawan, Ngadilaba karya sekawan,
Bungas Panaruhan karya walu, Gadhing Pakiringan karya nenem, Tépan Dhadhapan karya
sekawan, Kajembulan karya sekawan, Kawarasan karya nenem, Gempol karya walu,
Kalasan karya sekawan, Jamus Srumamèng karya pitung-dasa, Bajang karya kawanwelas,
Gadhing Kemayungan karya pipitu, Muneng karya walu, Pakancilan karya sekawan,
Kacipon karya walu, Celep Pasanggrahan karya kalih-dasa, Cala karya nenem, Sidayu
karya kalih-dasa, ing Sogé karya tigawelas, Jaha karya kalihwelas, Kenitèn karya nenem,
Gugunung karya walu, Kalepuagung karya sedasa, Paliyan karya nenem, Pajatèn karya
sedasa, Bracan karya selawé, Sarèngan karya sedasa, Sarabayan karya kalihwelas,
Kanunggalan karya nenem, Manggunan karya walu, Pakalangan karya walu, Waruwates
karya kekalih, Gadhing Pakauman karya nenem, ing Suruh karya nembelas.

4
BL Add. MS. 12341
f. 279r–v

Appanage lands of Pangéran Dipakusuma, situated mainly in Kedhu, amounting to some 242 *jung*. Javanese tree-bark paper (*dluwang*).

r Lenggah Dipakusuma, ing Mendira Karangwuni gawéning wong selawé, ing Medana Pegandhon gawéning wong selawé, ing Sokapagergunung gawéning wong rong-puluh, ing Sayangan gawéning wong roro, ing Jethis Jelapa gawéning wong papat, ing Krètèk gawéning wong papat, ing Kuniran gawéning wong walu, ing Wonasari gawéning wong papat, ing Singapadu gawéning wong papat, ing Medayung gawéning wong papat, ing Tresan gawéning wong papat, ing Babakan gawéning wong papat, ing Bunder gawéning wong nembelas, ing Kabarongan gawéning wong lima, ing Wonapeti gawéning wong limalas, ing Cepor sajung, ing Kelampok rong jung sakikil, ing Piyungan sakikil, ing Ngadisana sajung, ing Nagasari kalih jung, ing Lugu kalih jung, ing Wirun Tunjungputih kalih jung, ing Semawung kalih jung, ing Randhuwawar kawan jung, ing Repen sajung, ing Gedhong sajung, ing Dhagèn sajung, ing Kathak Jombor kalih jung, ing Gedibal Kemejing kalih jung sakikil, ing Sumber kalih jung, ing Sokaponca kalih jung, ing Kemiri sajung, ing Nyamplung sajung sakikil, ing Barumbung Kaponggokan kalih jung sakikil, ing Salégrèngan sajung sakikil, ing Pabrekan sajung, ing Trestas(?) Pagunungan nem jung, ing Kaborongan sakikil, ing Pelumbon Pemethuk sajung, ing Sepanginan sajung, ing Pelumbon sajung, ing Kulwaru Kanggokan kalih jung tigang bau, ing Wonasepuh kalih jung, ing Getas sajung, ing Germalang sabau, ing Belimbing kalih jung, ing Pajangan kawan jung, ing Kem(è)ndhungan sajung, ing Ngariman kalih jung, ing Garémbra kalih jung, ing Resagamping sajung, ing Kadhondhong sajung, ing Pakuwukan sajung, ing Majir kalih jung, ing Ngudanasrep sajung, ing Kuyangan sajung, ing Wingka kawan jung sakikil, v ing Tinjomaya kalih jung, ing Padhas sajung, ing / Jethis sajung, ing Bendungan Sayangan sajung, ing Riweg kalih jung, ing Seragèn sajung, ing Karangwungu kalih jung, ing Gereges sakikil, ing Kalisat sajung, ing Sebara kawan jung sakikil, ing Giling kalihwelas jung, ing Terasa gangsal jung, ing Sampang kalihwelas jung, ing Ranté tigang jung, ing Paitan nem jung, ing Lugu sangang jung tigang bau, ing Rampoh tigang jung, ing Songgaitan sajung sakikil, ing Gusaran tigang jung, ing Ngandong sajung sakikil, ing Geblag sajung, ing Sawo kalihwelas jung, ing Pruwon pitu jung sakikil, ing Bambasan kalih jung, ing Tanduran kalih jung sakikil, ing Dhagèn Pakiswiring tigang jung, ing Nguwèn sajung, ing Semawung tigang jung, ing Patarana sajung sakikil, ing Samparpaturunan kawanwelas jung, ing Baratawang tigang jung tigang bau, ing Gelambeg kalih jung, ing Welahar sajung sakikil, ing Kaborosan sajung sakikil, ing Karangsamapura tigang jung, ing Tengaran sajung, ing Pakiswiring malih sajung, ing Kemandhungan sajung, ing Ngireng-ireng sajung,

gu(ng)gung sedaya dados kalih-atus langkung kawan-dasa kalih jung sakikil.

5
BL Add. MS. 14397
f. 2r–3v

Memo of Pangéran Dipakusuma concerning the division of long-held rice lands which, with the sovereign's permission, would be given to his sons Radèn Mas Santri and Radèn Mas Sambiya. Some 100 work units (*karya*) from Mataram, Bagelèn and Pajang are mentioned.

f. 2r   Punika pémut kawula abdi-Dalem Pangéran Dipakusuma, amémuti kagungan-Dalem sabin, ingkang dados lenggah kawula lami, yèn amarengi kersa-Dalem kawula suwun, kathahipun damel-Kula tiyang satus, kapatedhakena dhateng abdi-Dalem anak kawula pun Santri kalih pun Sambiya, punika pratélanipun ing sabin,

ing Bunder kawan jung paosipun jung pitu, ing Kebarongan gangsal bau, paosipun jung pitu, ing Wanapeti tigang jung tigang bau, paosipun jung gangsal, ing Kulwandé Kagokan kalih jung sakikil, paosipun jung gangsal, ing Nagasari kalih jung, paosipun jung gangsal, ing Piyungan sakikil, paosipun jung nem, ing Belimbing Jurang sajung, paosipun jung sekawan, ing Kelampok kalih jung sakikil, paosipun jung ngenem, ing Cepor sajung, paosipun jung nem, ing Ngadisana sajung, paosipun jung nem, ing Kahudèn sajung, paosipun jung gangsal, ing Sayangan sakikil, paosipun jung nem, ingkang punika sami tanah Mentawis sedaya.

ing Barumbung Katogogan kalih jung sakikil, paosipun jung sekawan tanah Bagelèn,

ing Kaborangan sakikil, paosipun jung gangsal, tanah Paos,

dados kawanlikur jung, jangkep damel-Kula karya satus, paosipun ing dalem setaun satus tigang-dasa réyal langkung kalih réyal sajampel, ing dalem satengah taun sawidak réyal
f. 2v   lang/kung nem réyal tigang seka.
f. 3r   [blank]
f. 3v   [written in the middle of the folio] Dèn Mas Santri kalih Radèn Mas Sambiya.

6
BL Add. MS. 12341
f. 280r–281v

Appanage of Radèn Tumenggung Jayadipura, son of Kyai Tumenggung Mangundipura II, whose appanage received upon appointment as *Bupati Jero* is listed in Section I, Part 1, no. 2. In addition to Radèn Tumenggung Jayadipura's appanage of some 500 *jung*, the document lists 100 *jung* belonging to Mangundipura. Javanese tree-bark paper (*dluwang*).

f. 280r   Jayadipuran

Punika pémut kagengan-Dalem sabin ingkang dados lenggahipun abdi-Dalem pun Jaya-dipura,   punika pratélanipun,   ing Katégan sajung sakikil, ing Kanggotan sajung, ing Pakarèn sajung, ing Mrisèn tigang jung, ing Kedhungbulé Saradakan kalih jung, ing (Ke)bondalem sajung sakikil, ing Sérangan sakikil, ing Genitem sajung, ing Girinyana tigang jung, ing Sigug sajung, ing Sondhongan Kajambon kalih jung sabau, ing Bedhilan sajung sabau, ing Bojong Karangmalang sajung sabau, ing Kabumèn Katidharan Sarèn Pagondhangan sajung sakikil, ing Babelukan-dhukuh sajung sabau salupit, ing Kamal Badhiyangan tigang bau salupit, ing Lereb sajung sakikil salupit, ing Kedhungdhiri sajung sabau salupit, ing Paja(ng)gan Pra(ng)kokan sajung sakikil, ing Kuwaluhan sajung salupit, ing Bogawanti sajung, ing Regayu-jethis sajung, ing Genthan tigang bau salupit, ing Sriyasa sakikil salupit, ing Rata sabau salupit, ing Gotalan tigang bau, ing Sembungan tigang bau, ing Ga(tha) Kr(a)gilan sajung tigang bau, ing Sendhangpitu Prayan Sindagèn
f. 280v   Kayudan-jethis / Kalangan nem jung sakikil, ing Katandhan sajung, ing Tulung-kuwalu-han Tulung-sekar kawan jung, ing Karangmaja-inggil sajung, ing Jemus kalih jung, ing Sebaran Mutiyan sakikil, ing Paladadi sajung, ing Colok Tembelang Damarjati kalih jung, ing Krapyak Pajagalan sajung, ing Cekelan sajung sakikil, ing Kamal kalih jung, ing Saba

kalih jung, ing Gunungsarèn sajung, ing Mijèn sajung, ing Temu sajung, ing Pakisan sajung, ing Karanglo Gadhingan sajung, ing Giyantèn sajung sakikil, ing Trewatang tigang jung, ing W(e)lahar tigang jung, ing Gadhing Kaburuwan Wasangupan Nayagatèn Naladriyan kalih jung sakikil, ing Gadhing Gunungwawar sajung sakikil, ing Palasa sajung sakikil, ing Ledhok sajung, ing Pucangkerep gangsal jung, ing Simping sajung, ing Jasa sajung, ing Tanjung Polaman Gubugbrubuh sajung, ing Kateguhan sajung, ing Dhuwet sa-
1r jung, ing Tumpak tigang bau, ing Gadhing Buwaran Tra/sari tigang bau, ing Kacubung Dhapat sajung, ing Gadhing Wanamenggalan Resatrunan Resagatèn sajung, ing Kaluwasan sajung, ing Kudurbrubuh kalihwelas jung, ing Wingka Tinumpuk Karanganyar kawan jung, ing Pagedhangan kalih jung, ing Padhalangan sajung, ing Kadhaèngan kalih jung, ing Pakiringan sajung sakikil, ing Panunggulan tigang-jung,   jangkep gangsal-atus,

wondéning ingkang dados lenggahipun abdi-Dalem pun Mangundipura,   wastanipun dhusun,   ing Pakis tigang jung, ing Pasèkan kalih jung, ing Ketandhan sajung, ing Gepolan sajung sabau, ing Kulur Kajombokan nem jung, ing Candhèn sabau, ing Sulur
1v sakikil, ing Ranjang-Kaélokan sajung, ing Pongkok / sabau, ing Girinyana tigang jung, ing Kersan Sumurgumuling tigang bau, ing Pandhes Krapyak kalih jung, ing Macanan sajung, ing Gunturgeni sajung, ing Kabasinan sajung,   jangkep satus,

[different script] Gadhing Gunungwawar sajung, Gadhing Trunamenggala kalih jung, Gadhing Singamenggala kalih jung.

7   BL Add. MS. 12341
                                                                f. 270r–271r

Royal order concerning the division of residual rice fields originating from Kyai Tumeng-gung Mangundipura II which had been requested by Radèn T. Jayadipura (see document no. 6), amounting to a total of 500 *cacah*. A postscript, likewise opened by '*sampun sah*' ('that which is already legal or lawful'), lists 100 *cacah* belonging to Mangundipura. Manuscript on *dluwang* crossed out in many places and abounds in illegible additions.

70r sampun sah,

Punika pémut kagengan-Dalem sabin ampas Mangundipuran, ingkang dados panuwunipun abdi-Dalem pun Jayadipura, sabin damel-Kula kalih-belah,   punika pratélanipun,   ing Katègan sajung sakikil, ing Kanggotan sajung, ing Pekarèn sajung, ing Mrisèn sajung, ing Kedhungbulé Maradalana kalih jung, ing (Ke)bondalem sajung, ing Sérangan sakikil, ing Genitem sajung, ing Girinyana tigang jung,

wah tanah pategilan, kalihlikur jung sabau,   punika wastaning dhusun,   ing Sigug sajung, ing Sondhongan-jaban kalih jung sabau, ing Bedhilan sajung sabau, ing Bajo Kawismalang sajung sabau, ing Kabumèn Katidharan Sarèn Pagondhangan sajung sakikil, ing Kabelukan Dhekah sajung sabau salupit, ing Kamal Bedhiyangan tigang bau salupit, ing Lereb sajung sakikil salupit, ing Kedhungdhiri sajung sabau salupit, ing Paja(n)gan Prangkokan sajung sakikil, ing Kapayuhan sajung salupit, ing Bogawanti sajung, ing Regayu-jethis sajung, ing Genthan tigang bau salupit, ing Sriyasan sakikil salupit, ing Rata sabau salupit, ing Gompalan tigang bau, ing Sembungan tigang bau, ing Gathak Kragilan sajung tigang bau,   dados jangep damel-Kula kalih-belah,

nunten kawewahan kagengan-Dalem sabin ingkang sampun kasaos, sabin damel-Kula ti-
70v gang-atus sèke/t,   punika wastaning dhusun,   ing Sendangpitu nem jung, ing Ketan-

dhan sajung, ing Tulung-kewaluhan Tulung-sekar kawan jung, ing Kawismaja-inggil sajung, ing Jemus kalih jung, ing Pedhalangan sajung, ing Sebaran Mutiyan sakikil, ing Paladados sajung, ing Colok Tembelang Damarjati kalih jung, ing Krapyak Pajagalan sajung, ing Cepengan sajung sakikil, ing Kamal (...), ing Pagèndhèlan sajung, ing Saba kalih jung, ing Kedhaonan kalih jung, ing Gunungsarèn sajung, ing Mijèn sajung, ing Temu sajung, ing Pakisan sajung, ing Pojok sajung, ing Giyantèn sajung sakikil, ing Tumuwuh sajung, ing Terawatang tigang jung, ing W(e)lahar tigang jung, ing Gadhing Kaburuhan Najagatèn Nalakriyan kalih jung sakikil, ing Gadhing Rediwawar sajung sakikil, ing Wingka Tinumpuk Kawisan(yar) nyekawan jung,   dados lenggahipun Sawunggali(ng) sajung, ing Pucangkerep gangsal jung, ing Pagedhangan kalih jung, kapundhut kapaosan, ing Panukulan tigang jung, kapundhut kadamel mariyosan ing Lowanu, ing Polaman Banaran Gubukbrubuh sajung, ing Gadhing Buwaran Trasari tigang bau, ing Kacubung Dharat sajung, ing Dhuwet sajung, ing Kawedhèn sajung, ing Jethak sajung, ing Kaluwasan sajung, ing Pakiringan sakikil, ing Kudu(r)brubuh kalihwelas jung,

f. 271r   / ing Kaliajir sakikil, ing Ledhok Kembangarum sajung, Pelasan sajung sakikil, dados jangkep sabin damel-Kula gangsal-atus.

sampun sah,

wondéning kagengan-Dalem sabin ingkang badhé dados lenggahipun abdi-Dalem pun Mangundipura, sabin damel-Kula satus,   punika wastaning dhusun,   ing Pakis tigang jung, ing Jethis sajung, ing Pasèkan kalih jung, ing Ketandhan sajung, ing Gempolan sajung sebau, ing Kulur Kajombolan nem jung, ing Candhèn sabau, ing Sulur sakikil, ing Ranjang-Kaélokan sajung, ing Péngkol sabau, ing Girinyana tigang jung, ing Kersan Sumurgumuling tigang bau, ing Pendhem Krapyak kalih jung, ing Dhadhapan sajung, ing Gunturgeni sajung, ing Abewikan sajung.

8

BL Add. MS. 12341
f. 51r–52v

Memo concerning produce on royal rice fields (*padamelipun kagengan-Dalem sabin*) in Kedhu which had become the appanage (*lenggahipun*) of Radèn Tumenggung Jayadipura and his subordinates (*sarèrèyanipun*) totalling 84 *jung* with a tax (*paos*) of 2,296 real.

f. 51r   Punika pémut pamedalipun kagengan-Dalem sabin ingkang dados lenggahipun abdi-Dalem Radèn Tumenggung Jayadipura, sarèrèyanipun ingkang sami tanah Kedhu (....) sadaya, punika pratélanipun,   ing Sodhongan sabin sangang jung, demangipun pun Jamenggala pun Resadongsa, paosipun kawan-atus sèket, ing Lereb sangang jung bekelipun Jasrana pun Dipamenggala, paosipun kawan-atus sèket, ing Sriyasan tigang jung sakikil bekelipun pun Jadipa, paosipun tigang-atus, ing Bedhilan sajung bekelipun pun Sadrana, paosipun kawan-dasa, ing Sumber kawan jung demangipun Onggadrana, paosipun walung-dasa, ing Padhalangan sajung, bekelipun Pak Codhot, paosipun kawan-dasa, ing Mijèn sajung bekelipun Trunaleksana, paosipun kalihwelas, ing Temu sajung, bekelipun Singadongsa, paosipun kalihwelas, ing Pakisan sajung bekelipun pun Tadipa, paosipun nembelas, ing Ta(ng)gulbaya sajung, bekelipun Tajaya, paosipun gangsalwelas, ing Sabaran Pamethakan sakikil, bekelipun Kertadongsa, paosipun tigang-dasa,

wah lenggah ing Mangundipuran ing Ranjang-Kaélokan sajung, bekelipun Tawongsa, paosipun nembelas, wah lenggah ing Ranawijayan, ing Manggoran kalih jung bekelipun Prayatruna, paosipun kawan-dasa, ing Langgeng sajung bekelipun Nayadongsa, paosipun kalihwelas, ing Jembèngan Pandelikan tigang bau bekelipun Jagatruna, paosipun walu-tengah,

v wah lenggahipun Ngabèhi Mondhalika, ing Gandhu Marabonga walung jung, bekelipun pun Suramenggala, paosipun satus sawidak, / ing Sekarjené kalih jung bekelipun pun Singajaya, paosipun walulikur, wah lenggahipun Ranadigdaya, ing Muntung sajung bekelipun pun Singatruna, paosipun kalih-dasa, ing Dhonan sajung, bekelipun pun Sataka, paosipun kawanwelas, ing Candhi Radin sajung bekelipun pun Cakradongsa, paosipun pitung réyal, wah lenggahipun Ngabèhi Citrayuda, ing Medayu kalih jung bekelipun Wiratruna, paosipun kawan-dasa, wah lenggahipun Ngabèhi Patrawidana, ing Pakintelan sajung, bekelipun Pak Bancèt, paosipun kalih-dasa, wah lenggahipun Ngabèhi Tanumenggala, ing Sosoran kalih jung bekelipun Mertadipa, paosipun kawan-dasa, wah lenggahipun Ngabèhi Tepaswara, ing Kedhungwiyu sajung, bekelipun T(r)unayuda, paosipun kalih-dasa, wah lenggahipun panèket pu(n) (K)ertimenggala, ing Mandhing tigang jung, bekelipun Wirayuda, paosipun sèket nem réyal, ing Guntur sajung bekelipun Ranadongsa, paosipun walung réyal, wah lenggahipun Secanongga, ing Liwu kawan jung, bekelipun Suratruna, paosipun kawan-dasa walu, wah lenggahipun jajar pun Setrabongsa, ing Bendhagabug sajung, bekelipun Jatruna paosipun nem réyal, ing lenggahipun Sadrana, ing Liwu sajung bekelipun Babah Guwat, paosipun kalihwelas, wah lenggahipun Ke(r)tadrana, ing Dhèrèkan-Dhoyong sajung, bekelipun Pak Tumbu, paosipun nem réyal, wah lenggahipun kebayan Ngabèhi Kertiwedana sakancanipun, ing Redisarèn kalih jung paosipun kalih-dasa, ing Selota sajung, bekelipun Pak Jana paosipun walung réyal,

r ing Pangènan sajung, be/kelipun Singajaya, paosipun walung réyal, ing Badhéyan sajung, bekelipun Sarajaya, paosipun tigalikur, ing Dhèrèkan sajung bekelipun pun Sadipa paosipun kalih-dasa, wah lenggahipun Ngabèhi Onggasara, ing Bendhagabug sajung, bekelipun Jatruna, paosipun nem réyal, wah lenggahipun Resawedana, ing Sekarjené sajung, bekelipun Jayawinangun, paosipun kalih-dasa, wah lenggah ing Miji Ngabèhi Nitipura, ing Toyasrep sajung, bekelipun Sadongsa, paosipun kalih-dasa, ing Wringinpethak Kaponggok tigang bau, bekelipun Nyai Ipak, paosipun sèket, wah lenggahipun Sutadrana, ing Tanggulbaya sajung bekelipun Pak Marjan paosipun gangsalwelas, wah lenggahipun Ngabèhi Adiwerna sakancanipun sungging, ing Bajong-Kajambon sajung sakikil bekelipun pun Onggajaya, paosipun tigang-dasa kawalu-tengah, ing Badhigelan sajung, bekelipun Pak Tompo, paosipun kalihwelas, wah lenggah lurah para nyai, ing Badhéyan tigang jung, bekelipun Babah Mantu, paosipun tigang-dasa nem, wah lenggahipun Setradongsa, ing Kebonpaing sakikil, bekelipun Tawongsa, paosipun tigang réyal, (wah) lenggahipun kundhi, ing Joho sajung, bekelipun Sutatruna, paosipun sawelas,

gunggung kagengan-Dalem sabin ingkang dados lenggah ing Jayadipuran sarèrèyanipun ingkang sami tanah Kedhu, sadaya dados walung-dasa jung langkung kawan jung, gung-
2v gung paosipun dados kalih-èwu kalih-atus sangang-dasa réyal langkung nem ré/yal.

9

BL Add. MS. 12341
f. 292r-293v

Memo concerning residual royal rice fields (*kagengan-Dalem sabin ampas*) mainly in Kedhu held by Pangéran Dipakusuma and Radèn Tumenggung Purwadipura which have now become the appanage (*ingkang dados lenggahipun*) of Radèn Tumenggung Jayaningrat. Javanese tree-bark paper (*dluwang*).

f. 292r lenggah Jayaningratan

Punika pémut kagengan-Dalem sabin ampas ing Dipakusuman ingkang dados lenggahipun Radèn Tumenggung Jayaningrat, sabin damel-Kula sangang-atus, jangkepipun sabin damel-Kula sèwu, sabin ampas saking ing Purwadipuran, ingkang satus,   punika pra-télanipun,   ing Sokapagergunung gangsal jung, ing Jethis Jelapa sajung, ing Karètèg sajung, ing Kuniran kalih jung, ing Wanasari sajung, ing Singapadu sajung, ing Medayu sajung, ing Terasan sajung, ing Babakan sajung, ing Lugu sajung, ing Semawung kalih jung, ing Randhuwawar sajung sakikil, ing Reden sajung, ing Gedhong sajung, ing Dhagèn sajung, ing Gethak Jombor kalih jung, ing Kedibal Kamejing kalih jung sakikil, ing Sumber kalih jung, ing Sokaponca kalih jung, ing Nyamplung sajung sakikil, ing Salégrèngan sajung sakikil, ing Termas Pagunungan tigang jung, ing Palumbon Camethuk sajung, ing

f. 292v Plumbon sajung, ing Wanasepuh ka/lih jung, ing Getas sajung, ing Germalang sabau, ing Pajangan kawan jung, ing Kamendhungan sajung, ing Ngariman kalih jung, ing Garémbyang kalih jung, ing Resagamping sajung, ing Dhongdhong sajung, ing Pakuwukan sajung, ing Majir kalih jung, ing Ngudanasrep sajung, ing Guyangan sajung, ing Wingka kawan jung sakikil, ing Tinjomaya kalih jung, ing Wadhas sajung, ing Bendungan Sayangan sajung, ing Riweg kalih jung, ing Sragèn sajung, ing Karangwungu kalih jung, ing Gerges sakikil, ing Kalisat sajung, ing Sebara kawan jung sakikil, ing Giling kalih-welas jung, ing Trasa gangsal jung, ing Sampang kalihwelas jung, ing Ranté tigang jung, ing Paitan nem jung, ing Lugu sangang jung tigang bau, ing Rawoh tigang jung, ing Songgaitan sajung sakikil, ing Geblag sajung, ing Sawo kalihwelas jung, ing Sruwuh pitung jung sakikil, ing Dhagèn Pakiswiring tigang jung, ing Nguwèn sajung, ing Gusaran tigang

f. 293r jung, ing Ngandong sajung sakikil, / ing Semawung tigang jung, ing Patarana sajung sakikil, ing Sampar-paturunan sawelas jung sakikil, ing Baratawang tigang jung tigang bau, ing Gelambrah kalih jung, ing Welahar sajung sakikil, ing Kaborosan sajung sakikil,

wah ing Tanabaya sawelas jung, ing Lèpènsalak Cepaka kawan jung, ing Wuluhadeg kalih jung, ing Pépé sajung, ing Palumbon kalih jung, ing Bulus sajung, ing Kabapangan kalih jung, ing Legundhi sajung sakikil, ing Dhuwet sajung,

wah sabin ampas saking Purwadipuran ingkang satus, ing Kacubung Kawiswuni Sungapan sangang sajung, ing Bendungan nem jung, ing Munggang-Menang sajung, ing Gamping

f. 293v Bodhèh kalih jung, ing Kawisasem / kawan jung,   wah ing Bandhung sajung, ing Karangsamapura tigang jung, ing Tengaran sajung, ing Pakiswiring maning sajung, ing Kamendhungan sajung, ing Ngireng-ireng sajung,   dados jangkep damel-Kula sèwu.

10
BL Add. MS. 12341

f. 222r–v

Appanage of Kyai Ngabèhi Kertayuda in Kedhu, Bagelèn, and Gagatan. Javanese tree-bark paper (*dluwang*).

f. 222r Punika pémut lenggahipun Kyai Ngabèhi Kertayuda,   punika pratélanipun,   ing Kala-wonan Go(n)dhang-Geneng Sedayu sajung, ing Dhuwet sajung, ing Kawismaos sajung, ing Benglé Bandhungkilèn ing Ngablak Pajatèn Siwalan sajung, sami tanah Gagatan, ing Geneninggil kalih jung, ing Kacepit sajung, ing Tempak sakikil ing Wonakersa sakikil, ing Tampir kalih jung, sami tanah Kedhu sedaya, wah lenggahipun Angabèhi Kramadirona, punika pratélanipun, ing Tampir tigang jung, ing Kawisampèl Lebeng -kragilan sajung, ing Wonakersa sajung, sami tanah Kedhu,

wah lenggahing jajar pun Onggadipa, ing Pekenpaing Lèpèngèthèk ing Jethis sajung, ing Lèpènjirak sajung, sami tanah Bagelèn,

wah lenggahipun Resawongsa, ing Kapisangan kalih jung, wah lenggahipun Udawijaya, ing Kapisangan kalih jung, sami tanah Bagelèn sadaya,

wah gadhahanipun sabin ingkang medal sikep Angabèhi Kertayuda, pun Kapisangan gangsal jung sakikil, ing Lèpènjirak sajung, sami tanah Bagelèn sedaya,

wah gadhahanipun sabin ingkang medal sikep Angabèhi Kramadirona, ing Giyanti kalih jung, ing Wonakersa tigang jung, sami tanah Bagelèn,

2v / wah gadhahanipun Onggadipa, ing Kapisangan kalih jung, wah gadhahanipun Resawongsa ing Kapisangan kalih jung, wah gadhahanipun Udawijaya, ing Kapisangan kalih jung, sami tanah Bagelèn sadaya.

11 BL Add. MS. 12341
f. 284r–285r

List on *dluwang* (Javanese tree-bark paper) of residual rice fields (*sabin ampas*) taken from the appanages of *Panèwu Gedhong Tengen* Ngabèhi Puspawijaya, *Wedana Gedhong Tengen* R.T. Purwadipura, and Pangéran Natakusuma, totalling 100 *jung*, which are to be given to Radèn T. Mangkuwijaya (Mangkudiningrat II).

4r Punika pémut kagungan-Dalem sabin, ingkang badhé dados lenggahipun Radèn Tumenggung Mangkuwijaya, sabin damel-Kula satus, punika pratélanipun, sabin ampas saking pun Puspawijaya, Panèwu Gedhong Tengen, damel-Kula sèket, ing Tapèn kawan jung, ing Kalurahan sajung, ing Pandhéyan kalih jung, sami tanah Mentawis, ing Candhimasigit kalih jung, ing Teges sajung, sami tanah Bagelèn, ing Sumber sajung, tanah Paos, ing Kembangkuning sajung, kapundhut kapaosan, dados saweg kalihwelas jung,

4v nunten kawewahan a/mpas saking Purwadipuran nem jung, ing Galendhung sajung, tanah Bagelèn, ing Kajombokan tigang jung, tanah Mentawis, ing Butuh kalih jung, tanah Bagelèn, dados saweg tigang-lawé,

wondéning jangkepipun satus, kawewahan kagengan-Dalem sabin ampas saking Natakusuman, damel-Kula salawé, sabin ampas jaksa, ing Jombokan sajung, ing Ngabetan sajung,
5r tanah Paos, ing Panusupan sajung, tanah Sokawati, ing Dalap Malés/é sajung, tanah Paos, ing Kenangkan sajung, tanah Kedhu, ing Sirat sajung, tanah B(o)jong, ing Kowangan kalih jung, tanah Kedhu, dados jangkep damel-Kula satus.

12 BL Add. MS. 12341
f. 85r–86r
*Archive I:*176

Memo on taxable lands held by Kyai T. Mangundipura II in Mataram and Bagelèn, a total of twenty-eight *jung* for which a half-yearly tax/tribute (*paos*) of seventy-eight real is levied, plus a fixed labour service obligation (*damel-Kula*). Special provisions are made for rice fields set aside for men of religion (*pamethakan*) in Mataram and southern Kedhu.

13   BL Add. MS. 12341
                                                         f. 271v

List of rice fields on Javanese tree-bark paper (*dluwang*) of Kyai Tumenggung Mangundipura's holdings in Mataram and Bagelèn taxed by the royal government (*kapaosan ing Paréntah*), plus those requested to be exchanged.

f. 271v   (Punika) pémut sabin Mangundipuran ingkang kapundhut kapaosan ing Paréntah, Pagadhangan Pakuwuhan tigang jung, tanah Bagelèn, Pamu(ng)kulan nem jung, (tanah) Bag(e)lèn, Sumerep Santriyan Lowanu,   wah ing Pojok sajung, kasuwun kalintonan ing Karanglo Gadhingan sajung, tanah Mentawis.

[note at back] ing Jayadipuran.

14   BL Add. MS. 12341
                                                         f. 276v–278v

Appanages of Kyai Tumenggung Mangundipura II in Kedhu, Mataram, and Bagelèn amounting to 1,000 *gawéning wong* (cf. appointment letter of 1786, Section I, Part 1, no. 2). At the end of the document is appended the appanage of Ngabèhi Nitipura, numbering some 75 *cacah gawéning wong*. Javanese tree-bark paper (*dluwang*).

f. 276v   Punika pémut lenggahipun Kyai Tumenggung Mangundipura,   ing Katègan gawéning wong nenem, ing Pakiringan gawéning wong nenem, ing Katandhan gawéning wong walu, ing Pikanthongan gawéning wong papat, ing Kawedhèn gawéning wong walu, ing Pasékan gawèning wong papat, ing Patrabayan gawéning wong walu, ing Kanggotan gawéning wong papat, ing Gempol gawéning wong limalas, ing Gunturgeni gawéning wong papat, ing Sulur gawéning wong roro, ing Ledhok Kembangarum gawéning wong walu, ing Macanan gawéning wong papat, ing Tumuwuh gawéning wong papat, ing Kabenikan gawéning wong papat, ing Sendhangpitu gawéning wong sèket, ing Girinyana gawéning wong selawé, ing Kersan Sumurgumuling wong telu, ing Sumber gawéning wong walu, ing Pajok gawéning wong papat, ing Kulur Kajo(m)bokan gawéning wong sèket, ing Kedhungbulé Saradakan gawéning wong walu, ing Rancah gawéning wong rolas, ing Karangmindi gawéning wong siji, ing Jethis gawéning wong papat, ing Kebondalem gawéning wong papat, ing Kacubungwarak gawéning wong papat, ing Getas gawéning wong roro, ing Kaliajir gawéning wong roro, ing Bulu gawéning wong roro, ing Bercak gawéning wong walu, ing Beracakan gawéning wong papat, ing Genitem gawéning wong

f. 277r   papat, ing Kadudang gawéning wong papat, ing Gadhing Bu(wa)ran Trasari gawéning / wong telu, ing Kambangan gawéning wong roro, ing Kacandhèn gawéning wong siji, ing Baranpolan Mantajung Gubugrubuh gawéning wong papat, ing Papringan Polaman gawéning wong papat, ing Tumpak gawéning wong telu, ing Katengguhan gawéning wong roro, ing Butuh gawéning wong walu, ing Pambregan gawéning wong papat, ing Kaudèn gawéning wong papat, ing Puhkombang gawéning wong papat, ing Lakrogan Pakangujidan gawéning wong papat, ing Tulung gawéning wong rolikur, ing Butuh gawéning wong papat ing Simping gawéning wong walu, ing Dhuwet gawéning wong papat, ing Paladadi gawéning wong papat, ing Palumbon gawéning wong walu, ing Mrisèn gawéning wong rolas, ing Kuwel gawéning wong sapuluh, ing Pelasa gawéning wong nenem, ing Giyantèn gawéning wong nenem, ing Jimus gawéning wong walu, ing Sérangan gawéning wong roro, ing Jatisari gawéning wong papat, ing Pé(ng)kol gawéning wong siji, ing

Kudurbubrah gawéning wong sèket, ing Pakis gawéning wong rolas, ing Jethakan gawéning wong papat, ing Pakarèn gawéning wong papat, ing C(o)lok Tembalangan Damarjati gawéning wong nembelas, ing Pawalangan gawéning wong papat, ing Sebaran Mutiyan gawéning wong roro, ing Krapyak Pajagalan gawéning wong papat, ing Pakrerengan ga-

7v wéning wong papat, ing Pagondholan gawéning wong / telu, ing Pasunggingan gawéning wong papat, ing Kemiri Kerep gawéning wong walu, ing Gunungsarèn gawéning wong papat, ing Kadhawongan gawéning wong walu, ing Kawulasan gawéning wong papat, ing Kalikotes gawéning wong walu, ing Pacekelan gawéning wong rolas, ing Sigug gawéning wong papat, ing Kasodhongan gawéning wong papat, ing Bedhilan gawéning wong papat, ing Bojong Karangmalang Kasendhèn gawéning wong papat, ing Kabumèn Katidharan Pagodhangan gawéning wong papat, ing Kabelukan gawéning wong papat, ing Kamacanan gawéning wong roro, ing Kamalan Badhiyangan gawéning wong roro, ing Kubu gawéning wong rolas, ing Lereb gawéning wong papat, ing Kedhungdhiri gawéning wong papat, ing Kajagan Prangkrokan gawéning wong papat, ing Kuwayan gawéning wong roro, ing Bogawanti gawéning wong roro, ing Regayu gawéning wong roro, ing Genthan Sriyasan gawéning wong papat, ing Rata gawéning wong siji, ing Gombalan gawéning wong roro, ing Sembungan gawéning wong roro, ing Kedhungringg(i)t gawéning wong nenem, ing Kacakran Kalipigan gawéning wong papat, ing Pongangan gawéning wong papat, ing Sodhongan Sigug Kasendhèn Karangmalang Bajo Kawayuwan Kabumèn Katidharan, ing Lereb Kabelukan, ing Kamal Badhiyangan, ing Genthan Sriyasan Kacitran Pagodhangan, gawéning wong rolas, ing Saba gawéning wong walu, ing Mijèn gawéning wong papat, ing Kemiri-amba gawéning wong roro, ing Kalikotes gawéning wong papat, ing Kamal

8r gawéning wong papat, ing Pranggong ga/wéning wong papat, ing Pacatran Pajabéyan gawéning wong papat, ing Temu gawéning wong papat, ing Kemiri gawéning wong roro, ing Lipura gawéning wong papat, ing Pakisan gawéning wong papat, ing Kantèn gawéning wong roro, ing Kendhayan gawéning wong papat, ing Gathak Kragilan gawéning wong papat, ing Kamal gawéning wong papat, ing Pucangkrep gawéning wong papat-puluh papat, ing Wingka Karanganyar gawéning wong rong-puluh, ing Wingka Tinupuk gawéning wong sapuluh, ing Banyumeneng gawéning wong sapuluh, ing Welahar gawéning wong rolas, ing Terwatang gawéning wong selawé, ing Gadhing Nge(n)thak gawéning wong nembelas, ing Gadhing Kertawongsa gawéning wong nenem, ing Gadhing Sorèh gawéning wong roro, ing Gadhing Resamenggalan Resatrunan Resagatèn gawéning wong rolas, ing Gadhing Buruhan Bongsayudan Naladriya Nayagatèn gawéning wong sapuluh, ing Gadhing Gunungwawar gawéning wong nenem, ing Waja gawéning wong walu, ing Semawung gawéning wong papat, ing Kemadhu gawéning wong papat, ing Pagedhangan gawéning wong walu, ing Pakuwukan gawéning wong papat, ing Panukulan gawéning wong selawé, dadi genep cacah gawéning wong sèwu,

wah lenggahipun Mas Nitipura cacah gawéning wong telung-lawé, ing Sudimara gawé-
8v ning wong nem, ing Supilan gawéning wong / papat, ing Pe(n)dhem gawéning wong walu, ing Berja gawéning wong papat, ing Jethis gawéning wong papat, ing Kaponggok Wringinputih gawéning wong nenem, ing Mudhu gawéning wong papat, ing Ngendho gawéning wong walu, ing Dhukuh Simping gawéning wong papat, ing Dharat Bantul Karangkumejing Temonan Kasindon Kacèmé gawéning wong selawé, dadi genep cacah gawéning wong telung-lawé.

15   BL Add. MS. 12341
                                                                    f. 287r

Memo of royal rice fields which have been allocated as the appanage (*lenggahipun*) of
Kyai T. Mangunnegara. Document incomplete. Javanese tree-bark paper (*dluwang*).

f. 287r   Mangunnegaran

Punika pémut kagengan-Dalem sabin ingkang badhé dados lenggahipun Kyai Mangun-
negara,   punika pratélanipun,   ing Kaloran pitung jung, ing Bara sajung, ing Susukan
tigang sakikil, ing Tegallingser sajung, ing Kunthi tigang jung, ing Gedhongan sajung
sakikil, ing Triyasa sajung, dados saweg tigang-lawé, jangkepipun damel-Kula satus
kawewahan ampasipun saking pun Pawijaya, ing Talepak-Ngawèn kawan jung, ing
Kalésan kalih jung, kapundhut kapaosan.

16   BL Add. MS. 12341
                                                                    f.117r–v

Memo of rice fields (*sabin*) of the *Gedhong Tengen* officials of Radèn Tumenggung
Mertalaya and all the lands directly under the Sultan (*sapangrembènipun*), along with their
respective tribute (*paos*), totalling 73 *jung* and tax of 1,296 real. *Kertas dhedhak.*

[at top in different hand] Tanah Kedhu ....,

f. 117r   Punika pémut sabin Gedhong Tengen Kamertalayan, sapangrembènipun sedaya,   punika
pratélanipun,   ing Ngadigunung sajung, paosipun jung nembelas, ing Kowangan tigang
bau, paosipun jung kalihwelas, ing Lèpènnongka Tiruman gangsal jung, paosipun sami
jung anigang-dasa, ing Mudal kawan jung paosipun jung selawé, ing Kalabong sajung,
paosipun jung kalihwelas, ing Kajeran sajung sakikil, paosipun jung kalihwelas, ing
Kaloran pitung jung, paosipun jung selawé, ing Pakisdadu sakikil, paosipun jung nem-
belas, ing Tegaltemu sajung, paosipun jung kalihwelas, ing Losari kalih jung, paosipun
jung nembelas, ing Kréyo kalih jung, paosipun jung kalih-dasa, ing Tigawanu Pangabèyan
kawan jung, paosipun jung kawanwelas, ing Kedhungwiyu ing Pakupèn kawan jung,
paosipun jung walu, ing Ganjuran sajung, paosipun jung kalih-dasa, ing Badhigul kalih
jung, paosipun jung kawanwelas, ing Kedhungwiyu tigang jung, paosipun jung walu, ing
Kembangkuning sajung, paosipun jung walu, ing Pakowatan sajung, paosipun jung kalih-
f. 117v   welas, ing Kajiran sakikil, paosipun jung kalihwelas, ing Keladhong sajung, paosipu/n
jung wolu, ing Joho sawelas jung, paosipun jung selawé, ing Tigawanu kalih jung, paos-
ipun jung kalihwelas, ing Sanggutoya sajung, paosipun jung nem, ing Pendhak sajung,
paosipun jung sedasa, ing Kacepit sajung, paosipun jung nembelas, ing Kajoran sajung,
paosipun jung kalihwelas, ing Kepranan kalih jung sakikil paosipun jung kawanwelas, ing
Wonasaman kalih jung, paosipun jung sedasa, ing Mergiyasa sajung paosipun jung walu,
ing Manggora Kadurènan tigang jung, paosipun jung kalih-dasa, ing Samaketiban sajung
sakikil, paosipun jung selawé, ing Medayu sajung, paosipun jung kawanwelas, ing Bakalan
sakikil, paosipun jung kalihwelas, ing Tanggulbaya sajung sakikil, paosipun jung
kalihwelas,   anunten kagu(ng)gung sadaya dados pitung-dasa jung, tigang jung sabau,

gu(ng)gung paosipun sadaya dados sèwu kalih-atus sangang-dasa nem réyal sajampel,
bekelipun sami Jawi.

17
BL Add. MS. 12341
f. 175r–176r

Memo of royal lands in Mataram, Kedhu, and Bagelèn which had become the appanage of Radèn Tumenggung Mertalaya, totalling 216 *jung* with an estimated tax of 900 real.

5r Punika pémut kagengan-Dalem bumi dhusun ingkang dados lenggahipun abdi-Dalem Radèn Tumenggung Mertalaya, punika pratélanipun, ing Bodhèh tigang jung, ing Pakuton tigang jung, ing Timbuk Keprèk sajung, ing Dhuwet kalih jung, ing Banjarwaron kalih jung, ing Rejasa tigang jung, ing Gumul kalih jung tigang bau, ing Gesikan sajung sakikil, ing Ngabetan kalih jung sakikil, ing Mondalangu kalih jung, ing Bakungan tigang jung, ing Kadiresa sajung, ing Wunut kalih jung, ing Sepet sakikil, ing Kataon kalih jung, ing Sabinan kalih jung, ing Mantenan sajung, ing Bakalan sajung, ing Gumul Gelagah kalih jung, ing Gondhanglegi Telabong kalih jung, ing Delikan sajung, ing Warèng kalih-dasa jung, ing Parigelan walung jung, ing Ngampèl kawan jung, ing Pedhana kalih jung, ing Pageran kalih jung, ing Kalédhung sajung sabau, ing Sélatiyang sajung sakikil, ing Ngijo walung jung, ing Sapèn nem jung, ing Padhas Gondhang Kepanjèn tigang jung, ing Déwi sajung, ing Jemus sakikil, ing Dhukuh Brubung tigang jung, ing Jenalas tigang jung, ing Werukelayu kalih jung, ing Dhungdawa Jembangan sajung, ing Karang kalih jung, ing Mendarang sajung, ing Mayang Pakéyongan kalih jung, ing Kembu sakikil, ing Kemaguwan kalih jung, ing Jumeneng sajung, ing Péngkol kalih jung, ing Majenang tigang jung,

gu(ng)gung sedaya dados satus jung kalih-dasa jung, kapétang damel dados damel-Kula gangsal-atus,

5v wah ingkang dados lenggahi/pun abdi-Dalem mantri sekawan, punika pratélanipun, lenggahipun abdi-Dalem pun Singadiwirya, ing Gabug walung jung, ing Jenu sajung, ing Kalimundhu sajung, ing Kalabayan sajung, ing Dawegan sajung, ing Ngadigunung tigang jung, ing Mondhalika sajung, ing Kapaitan Kagungan tigang jung, ing Trayu gangsal jung, sadaya dados kawanlikur jung kapétang damel dados damel-Kula satus,

wah lenggahipun abdi-Dalem pun Martapiyoga, ing Jana tigang jung, ing Jemus sajung sakikil, ing Bakalan kalih jung, ing Salégrèngan sakikil, ing Gebal sajung, ing Camethuk tigang jung, ing Jumeneng sajung, ing Ngampèl sajung, ing Déwi sajung, ing Tegilrukem tigang jung, ing Gumul sajung, ing Bakung sajung, ing Dhuwet kalih jung, ing Telawong sajung, ing Kataon sajung, ing Sangung sajung, sadaya dados kawanlikur jung, kapétang damel dados damel-Kula satus,

wah lenggahipun abdi-Dalem pun Prabaleksana, ing Kalepu kalih jung, ing Nguling sajung sakikil, ing Ngrawong sajung, ing Lèpènguci sakikil, ing Dhagèn Sungkul gangsal jung sakikil, ing Banjarwaron Kabokongan kawan jung, ing Tepus sajung, ing Pasanggrahan sajung, ing Karangjinem Singalaba kalih jung, ing Lowanu Tunggakkaum, kalih jung sakikil, ing Dhalungan sajung, ing Lowanu malih sajung, ing Gebal kalih jung, sadaya **76r** dados kawa/nlikur jung, kapétang damel dados damel-Kula satus,

wah lenggahipun abdi-Dalem pun Singayuda, ing Dhuwet sajung, ing Baleber sajung, ing Pasuruahan sajung, ing Salégrèngan sajung, ing Sudimara sajung sakikil, ing Telawong sajung, ing Kataon sajung, ing Gumul sajung, ing Mondalangu sajung, ing Juwok sakikil, ing Tegalrukem tigang jung, ing Ngampèl sajung, ing Déwi sajung, ing Mayang Karangwaru kalih jung, ing Pawelutan kawan jung, ing Gondhang sajung, ing Lengki sajung, ing Gebal sajung, sadaya dados kawanlikur jung, kapétang damel dados damel-Kula satus, gunggung lenggahipun abdi-Dalem mantri sakawan dados sangang-dasa jung langkung nem jung, anunten kagunggung sadaya kalebet lenggahipun abdi-Dalem Radèn Tumenggung Mertalaya, sadaya dados kalih-atus jung langkung nembelas jung, kapétang damel dados damel-Kula sangang-atus.

18   BL Add. MS. 12341
                                                                                              f. 212r–213v

Memo of rice fields written on Javanese tree-bark paper (*dluwang*) which would become the appanage of Bendara Pangéran Natakusuma (the future Pakualam I, r. 1812–29) and which were already fixed in the official letter (*nuwala*). The appanage is given in manpower units (*gawéning wong*) as in an appointment letter rather than the standard measure in *jung*, while the summary (*gunggung*) is given in *jung*. The regional names included in parenthesis were apparently added to the document after the text was completed.

f. 212r   Punika pémut sabin ingkang dados lenggahipun Bendara Pangéran Natakusuma, ingkang sampun terang katrapaken ing nuwala, punika pratélanipun, ing Sélapampang gawéning wong tigang-puluh papat, ing Kramatgandhu Penthung gawéning wong nembelas, ing Pancar gawéning wong walulas, ing Balu gawéning wong rolas, ing Semingin gawéning wong sapuluh, ing Tersana(?) gawéning wong papat, ing Tangkil gawéning wong siji, ing Gambiran gawéning wong siji, ing Wanagung gawéning wong papat, ing Kemadhu gawéning wong nenem, ing Talang gawéning wong walulas, ing Pataunan gawéning wong kawan (Metawis), ing Bakukung Widara ing Bladho Jumblang Danalaya gawéning wong walu (Metawis), ing Celapar gawéning wong kawan (Pagelèn), ing Pasawahan gawéning wong walu (Pajang), ing Ngrèndèng-(Ka)pugeran (Metawis) gawéning wong walu, ing Sempayak sajung (Metawis) Gondhanglegi sajung sakikil (Pajang), ing Wongka gawéning wong papat, ing Jiwa Jagabayan gawéning wong nenem, ing Téjalapa (sajung tanah Kedhu), Kepatrapan sajung (Pajang), Pasumpilan gawéning wong walu (papat Metawis), ing Gemunggung gawéning wong papat, ing Sokagrè(n)dègan gawéning wong walu (Metawis), ing Getas Sempu Tembelang (Kedhu), Kajitengan gawéning wong papat (Metawis), ing Giling gawéning wong papat (Kedhu), ing Balendhung (sajung Pagelèn), Tuban Wanayu gawéning wong walu, ing Mlathèn (Metawis) gawéning wong walu, ing Kalideres (Pajang) gawéning wong rolas, ing Ma(ng)gulungi (Pajang) ga-

f. 212v   wéning wong telu, ing Taskombang / gawéning wong siji (Pagelèn), ing Gerih Watualang gawéning wong selawé (Sokawatos), ing Kasirat gawéning wong walu, ing Gambasan Karangwétan gawéning wong walu, ing Sumber gawéning wong nembelas (Kedhu), ing Lobang gawéning wong satus (Pagelèn), ing Sebara Pasar gawéning wong sawidak walu, ing Jenar gawéning wong pat-puluh, ing Butuh gawéning wong salawé (Pagelèn), ing Jombor Kamingan gawéning wong walu (Pajang), ing Tersidi gawéning wong papat, ing Mirit gawéning wong walu (Metawis), ing Bregan Cangkringan Disara gawéning wong walu, ing Sangkèh Paliyan Madharan gawéning wong walu, (ing) Kebanthèngan Saragenèn Panjalan gawéning wong papat, ing Siluk gawéning wong nenem (Metawis), ing Karangpucung gawéning wong roro (Pajang), ing Tubin gawéning wong walu, ing Bendho Pasekulan gawéning wong walu (Pajang), ing Pancar Karanggeneng Kenengkan gawéning wong rolas, ing Jethak Juwari gawéning wong rolas (Kedhu), ing Pakem gawéning wong walu, ing Pamriyan gawéning wong papat, ing Pancor gawéning wong rolas (Pagelèn), ing Semandhong ing Waladasa gawéning wong pitu, ing Mandhanlarangan gawéning wong nenem (Pajang), ing Sijaluk Kaliwuluh gawéning wong walu (Pagelèn), ing Sebara Giling

gawéning wong papat (Pagelèn), ing Katombolan gawéning wong papat (Pajang), ing Warak gawéning wong walu, ing Ngépèh Kedhungparing Ginarajan gawéning wong sa-
3r puluh, (ing) Semandhong maning / gawéning wong rolas (Pajang), ing Bagem Kacombé gawéning wong rolas (Metawis), ing Bendha gawéning wong walu, ing Ketugpagol Sosogan gawéning wong walu (Pajang), ing Pasawahan gawéning wong walu, ing Sambilegi Padhas, ing Grédèg gawéning wong walu, ing Wanacala gawéning wong papat (Metawis), ing Semambungan gawéning wong papat, ing Petirkilèn Ragi gawéning wong kawan (Pagelèn), ing Ngadipira (Sokawati) Pranabaya Kaloran gawéning wong walu, ing P(o)laman Karangmaja gawéning wong walu, ing Gebangmalang Gunungan gawéning wong rolas (Pajang), ing Jenargayam Bra(na)takan gawéning wong nenem, ing Pekalangan gawéning wong loro, ing Tangkisan gawéning wong papat, ing Jati gawéning wong papat, ing Grogol (Metawis) Kemiri Dhoyong gawéning wong walu (Kedhu), ing Sambèng (Metawis) Sarawol gawéning walu (Kedhu), ing Butuh maning gawéning wong papat, ing Kacira Katambalan gawéning wong kawan (Kedhu), ing Ngireng-ireng gawéning wong papat (Metawis), ing Wanaganggu gawéning wong walu (Pajang), ing Gamol Kadenggokan Kaliwuluh gawéning wong rolas, ing Gléthak gawéning wong walu (Metawis), ing Jenar gawéning wong walu (Pagelèn), ing Pasékan gawéning wong papat, ing Kabayuran gawéning wong papat (Metawis), ing Kajombokan gawéning wong papat (Metawis), ing
3v Panusupan gawéning wong papat (Sokawati), / ing Paganjuran Pajambon gawéning wong walu, ing Tajem tigang bau, ing Pagondhangan gawéning wong papat, ing Taskombang gawéning wong siji, ing Magulungi gawéning wong papat, ing Ngalang-alangan gawéning wong papat, ing Gumul-labetan gawéning wong walu, ing Japatèn Palalar gawéning wong papat, ing Saraosan gawéning wong walu, ing Pekalangan Pituruh Kabagongan Kalatakan gawéning wong nenem, ing Karonggahan gawéning wong papat, ing Sélatugu gawéning wong patang-puluh, ing Ngendho gawéning wong walu, ing Pagondhangan gawéning wong papat, ing Pacelukan gawéning wong papat, ing Kebayuran gawéning wong papat, ing Sruju gawéning wong papat, ing Gerjèn gawéning wong kawan (Metawis), ing Palegakan gawéning wong papat, ing Krasak Kiyaran gawéning wong walu, ing Cempaka papat, ing Rukem gawéning wong walu, ing Melathèn gawéning wong walu,

gu(ng)gung kalih atus jung sèket jung nem jung sabau.

19 BL Add. MS. 12341
f. 214r–217r

A variant draft of no. 18 above, also on *dluwang,* containing additional information about the appanages of various nursemaids (*emban*), male guardians (*emban jaler*), mixed-blood Balinese bodyguards (*paranakan Wangsul namèngraganipun*) etc.

4r Punika pémut lenggahipun Bendara Pangéran Natakusuma, punika pratélanipun, ing Sélapampang gawéné wong telung-puluh papat, ing Kramatgandhu Penthung gawéné wong nembelas, ing Pancar gawéné wong walulas, ing Bolu gawéné wong walulas, ing Semingin gawéné walulas, ingkang kalih jung kalambangaken angsal pun Pakem sami kalih jung sami tanah Mentawis, kalih konca gamel Kyai Kertayuda, ing Salam Karandhuwan gawéné wong papat, ing Salam sakikil kalambangan dhateng Kyai Imapiyoga, angsal ing Trengguna sajung tanah Redi Kidul, lajengan nunten pun Terguna kalambangan malih kalih Ki Imapiyoga, angsal ing Semandhong sami sajung tanah Paos janji alam-alaman, pun Krandhuwan sakikil kalambangaken kalih Angabèhi Sindujaya,

angsal Tangkilan sabau tanah Mentawis ing Pagambiran sabau tanah Paos, janji lajengan,
ing Kepathèn gawéné wong papat tanah Mentawis kalambangaken kalih Angabèhi
Trunadikara Martalulut angsal pun Wanagung sajung tanah Mentawis janji lajengan, ing
Kemadhu gawéné wong nenem, ing Talaga gawéné wong walulas,   ing Pataunan
gawéné wong papat, ing Bakukungan Widarapakis, Bladho Jomblang Danalaya, gawéné
wong rolas, ing Pakis sajung mungel ing nawala boten tampi, kapatedhan linton ing
Celapar sajung tanah Pagelèn, ing Pasawahan gawéné wong walu, ing Ngrèndèng-
Kapugeran gawéné wong walu, ing Sempayak Gondhanglegi gawéné wong sapuluh, ing
Wongka Jagadhayoh gawéné wong walu, ing Jagadhayoh sajung Kula saosaken dados
langkungan, ing Jiwa Jagabayan gawéné wong nenem, ing Téjalapa Kapatrapan Pasom-
pilan gawéné wong walu, ing Gumunggung gawéné wong papat, ing Sokagrèndhègan ga-
f. 214v   wéné wong walu, ing Getas Sempu / Tembelang Kajithengan gawéné wong walu, ing
Getas sajung kalambangaken kalih Angabèhi Dermayuda, ngampil angsal ing Giling sami
sajung tanah Kedhu, ing Balendhung Tuban Wanayu gawéné wong sapuluh, ing Melathèn
gawéné wong walu, ing Kalideres gawéné wong rolas, ing Gumulungi Srayu gawéné wong
papat, pun Srayu sabau kalambangaken kalih Kyai Ngabèhi Kertiwedana, angsal ing
Taskombang sami sabau tanah Mentawis janji lajengan, ing Gerèh Watualang gawéné
wong selawé, ing Kasirat gawéné wong walu, ing Gambasan gawéné wong walu, ing
Sumber gawéné wong nembelas, ing Lobang gawéné wong satus, ing Sendhang Tersidi
gawéné wong sèket, Kula amung tampi tigang jung, ing Tersidi sajung, ing Mirit kalih
jung, ingkang sangang jung Kula boten tampi, kapatedhan lintu sangking Paréntah, ing
Bregan Cangkringan Disara kalih jung tanah Mentawis, pun Sangkèh Paliyan Madharan
kalih jung tanah Mentawis, Kebanthèngan Saragenèn Panjalan sajung tanah Mentawis,
Siluk sajung sakikil tanah Mentawis, Karangpucung sakikil tanah Paos, pun Babadan
Kebarongan kalih jung tanah Mentawis, nanging kalambangaken kalih Kadanukusuman
angsal pun Tubin tanah Paos sami kalih jung janji lajengan, dados jangkep sami sangang
jung, ing Sebara Pasar gawéné wong sawidak walu, ing J(e)nar gawéné wong patang-
puluh, ing Butuh gawéné wong selawé, ing Wi(ng)ka gawéné wong nembelas, mungel ing
nuwala Kula boten tampi, nunten kapatedhan lintu sa(ng)king Paréntah, pun Jambor
Kerawingan kalih jung tanah Paos, Ngendho Pasekulan kalih jung, tanah Paos, ing Pancar
Karanggeneng Kenankan gawéné wong rolas, ing Jethak Juwari gawéné wong rolas, ing
f. 215r   Mandira gawéné wong rolas, mungel ing nawala, / Kula boten tampi, nunten kapatedhan
lintu saking Paréntah, pancasanipun Pakem ingkang kalih jung tanah Mentawis, ingkang
sajung pun Pamriyan tanah Pagelèn, ing Pacor Katerban gawéné wong rolas, ing
S(e)mandhong Waladana gawéné wong sawelas, pun Waladana sajung tanah Pagelèn Kula
saosaken kataneman mriyos, ing Mandhularangan gawéné wong nenem, ingkang sajung
kalambangaken kalih konca Ketanggel Kyai Jayagerjita angsal ing Me(r)tasanan sami
sajung tanah Mentawis janji kalaman-laman, ing Siluk Kaliwuluh gawéné wong walu, ing
S(e)bara Giling gawéné wong walu, ing Sebara sajung mungel ing nuwala, Kula boten
tampi, kapatedhan lintu saking Paréntah, nunten Tombol Salam sajung tanah Paos, ing
Warak gawéné wong walu, ing Ngepèhkrajan Kedhungwaringin gawéné wong sapuluh,
ing S(e)mandhong maning gawéné wong rolas, ing Kedhunggalih gawéné wong papat,
Kula saosaken dados lalangkungan, ing Bogem Kacèmé gawéné wong rolas, ing Bendhu
gawéné wong walu, ing Ketugmogol Sosogan gawéné wong walu, ing Pasawahan gawéné
wong walu, ing Sambilegi Padhas Grédègan gawéné wong walu, ing Wanacala gawéné
wong papat, ing Kebayèn Semambungan gawéné wong walu, pun Kebayèn sajung mungel
ing nawala Kula boten tampi, kapatedhan lintu saking Paréntah, pun Petir sajung tanah

Mentawis, ing Ngadipira Wanabaya Kaloran gawéné wong walu, ing Kuwajan Wanabaya
gawéné wong walu, mungel ing nawala Kula boten tampi, kapate/dhan lintu saking
Paréntah, pun Polaman Karangmaja kalih jung, tanah Paos, ing Gebangmalang Gunungan
gawéné wong nembelas, pun Gebangmalang ingkang sajung Kula lambangaken kalih
kagunganipun Bendara Rahadèn Mas Suwardi, angsal pun Pendhem tanah Pagelèn Kula-
saosaken kataneman mariyos, ing J(e)nargayam Branatakan gawéné wong walu, pun Jenar
sakikil mungel nuwala kula boten tampi, kapatedhan lintu saking Paréntah, pun
Pekalangan sami sakikil tanah Kedhu, ing Tangkisan gawéné wong walu, ingkang sajung
kalambangaken kalih Kanatayudan angsalipun Jati sami sajung tanah Mentawis, janji
lajengan, ing Grogol Kemiri Dhoyong gawéné wong walu, ing Sambèng Srawol gawéné
wong walu, ing Butuh maning gawéné wong walu, ingkang sajung kula boten tampi,
kapatedhan linton pun Kacira Katambalan sajung tanah Mentawis, Ngireng-ireng gawéné
wong papat, ing Wanaganggu gawéné wong walu, ing Gamol Kadenggokan Kaliwuluh
gawéné wong rolas, pun Kaliwuluh sajung kalambangaken kalih Pangabèyan angsal ing
Gebal sami sajung tanah Paos janji alam-alam, ing Galèthak gawéné wong nembelas
ingkang kalih jung kula lambangaken kalih Kasumayudan angsal pun Jenar sami kalih
jung tanah Pagelèn janji lajengan, ing Kadengokan Kembangsonga Pasékan gawéné wong
walu, Kadengokan Kembangsonga sajung kalambangaken kalih konca Kawandasa, angsal
Kabayuran sami sajung tanah M(e)ntawis, janji lajengan, ing Gelagah Kajombokan gawé-
né wong walu, ing Gelagah sajung boten tampi, kapatedha/n lintu saking Paréntah, pun
Panusupan sajung tanah Sokawati, Paganjuran Pajambon gawéné wong walu, pun
Paganjuran sajung kalambangaken kalih konca Kadospatèn angsal pun Kabutuhan sami
sajung tanah Paos janji alam-alaman, ing Tajem Kademakan gawéné wong, ing
Kademakan sajung kula boten tampi, kapatedhan lintu Pagondhangan sajung tanah Paos,
ing Tajeman sajung kang sabau kula lambangaken kalih Kyai Singabongsa Danukusuman
angsal ing Taskombang sami sabau tanah M(e)ntawis, janji lajengan ing Sribid Megelung
gawéné wong walu, pun Sribid sajung kula lambangaken kalih konca Kawandasa angsal
Pengalang-alangan sami sajung tanah M(e)ntawis janji lajengan, ing Gumul-labetan
gawéné wong walu, ing Japatèn Pelalar Sarakosan gawéné wong rolas, pun Sarakosan
kalih jung, kula lambangaken kalih Angabèhi Trunamenggala Mangkudiningratan, angsal
pun Barang sami kalih jung tanah Kedhu janji alam-alaman, ing Pakalangan Pituruh
Kabagongan Kalatakan gawéné wong rolas, pun Pekalangan sajung sakikil kalih ingkang
mungel ngajeng wau punika, kalambangaken kalih konca anggandhèk Kyai Secatruna,
angsal pun Karonggahan sajung, tanah Mantawis janji lajengan, ing Sélatugu gawéné
wong patang-puluh, ing Ngendho gawéné wong walu, ing Patrageneng Pagendulan gawéné
wong rolas, mungel ing / nuwala kula boten tampi, kapatedhan saking Paréntah, pun
Pagondhangan sajung, ing Pacelukan sajung sami tanah Kedhu, Kebayuran sajung tanah
M(e)ntawis, dados jangkep tigang jung, ing Druju gawéné wong papat, ing Gerjèn gawéné
wong papat, ing Wanasidi gawéné wong walu, kula boten tampi, kapatedhan lintu saking
Paréntah, pun Badhigelan sajung tanah Kedhu, pun Kerep sajung tanah Pagelèn, pun
Badhigelan sajung, Kula saosaken kataneman mariyos, ing Palebakan gawéné wong papat,
ing Kelathèn Guguran gawéné wong walu, mungel ing nuwala, kula boten tampi,
kapatedhan lintu sangking Paréntah, pun Krasak Kiyaran kalih jung tanah Paos, ing
Cepaka gawéné wong papat, ing Rukem gawéné wong walu, ing Mlathèn gawéné wong
walu,   dados jangkep cacah sabin sèwu satus,

f. 217r   / wondéné ingkang kajawi saking sabin sèwu satus lenggahing emban, emban jaler
satunggil emban èstri titiga, pranakan Wangsul kakalih, namèngraganipun Bendara
Rahadèn Ayu Natayuda kekalih,   punika pratélanipun,   emban jaler kapatedhan sabin
tigang jung, Kaluruhan sajung (M[e]ntawis) Ma(ng)girèn sajung (Kedhu), Karangjinem
sajung (Pagelèn) jangkep tigang jung, Nyai Waladana kapatedhan sabin patunjungan
sajung, Nyai Surajenggala kapatedhan sabin kajerukan sajung (Metawis), Nyai Gandhu
kapatedhan sabin Kerècèk sajung (Pa[gelèn]?), pranak(an) Wangsul Kyai Atmagada
kapatedhan sabin pun Kopak kalih jung (Pagelèn), Kyai Atmacitra kapatedhan sabin
Kalisat Melésé (Pajang) kalih jung, namèngraga(nipun) Kyai Trunawidanti kapatedhan
sabin Jasajenar Panagaran kalih jung (Pagelèn), Kyai Trunawicitra kapatedhan sabin
Krècèk-jimus kalih jung (Pajang).

20   BL Add. MS. 12341
                                                                              f. 230r–238v

Memo on *dluwang* concerning lands constituting the appanage of Pangéran Natakusuma
(i.e. Pakualam I, r. 1812–29) in Kedhu, Bagelèn, Mataram, and Sokawati. Characteristic
of the memo is the distinction made between *jung pejah* ('dead jung', i.e. that no longer
cultivated) and *jung gesang* ('living jung' or cultivated land). It also indicates production
in hulled rice (*uwos*) or salt (*sarem*), refers to taxes, the religious communities (*kaum*),
and the appanage of minor officials and craftsmen such as village messengers (*kebayan*),
smiths (*pandhé*), magistrates who doubled as scribes (*jaksa ngiras carik*), royal gardeners
(*jurukebon*), bearers of state umbrellas (*penongsong*), pike holders (*ngawin*), and
guardians/nursemaids (*emban*). The memo closes by summarizing the appanages of
various *lurah prajurit* and *prajurit* (troop commanders and soldiers) whose names begin
with the prefix 'Truna'. Undated, but possibly post-December 1811.

f. 230r   Punika pémut kagengan-Dalem sabin lenggah ing Kanatakusuman,   punika pratélanipun,
ingkang dados pemaosan jung, ing Kramat kawan jung, paosipun jung nembelas pejah, ing
Sélatengga sedasa jung, paosipun kalih-dasa pejah, ing Sélawerampa nem jung sakikil,
paosipun jung kalih-dasa keton pejah, ing Pancar kalih jung, paosipun jung nembelas
pejah, sami tanah Kedhu,

wah ingkang sami tanah Pagelèn, ing Lobang kawanlikur jung, paosipun ing dalem setaun
sèket nem réyal, ing Ngaré nem jung, paosipun jung walu pejah, ing Sebara tigang jung,
paosipun kalihlikur réyal ing dalem setaun,

wah ingkang sami tanah Paos, ing Semandhong gangsal jung sakikil, paosipun jung
kalihwelas pejah, ing Tuban tigang jung, paosipun jung gangsal gesang,

wah ingkang tanah Sokawati, ing Gerih Sélaambeng nem jung, paosipun wolung-dasa
réyal ing dalem setaun pejah,

f. 230v   wah ingkang sami tanah Mentawis, ing Bogem kalih / jung sakikil, paos jung kalihwelas
pejah, ing Pakem tigang jung sakikil, paosipun sawulan sangang réyal pejah, ing Mlathèn
kalih jung, paosipun tigang-dasa réyal setaun, ing Jenar sedasa jung, paos jung sedasa
pejah, ing Glèthak sajung sakikil, paos jung tiga pejah, tanah Pagelèn, ing Gondhanglegi
sakikil, paos jung gangsal pejah, ing Trunuh sebau, paos jung nem gesang, sami tanah
Paos,   sedaya ingkang dados maosan dados wolung-dasa jung, langkung sajung sebau,

wah ingkang kawedalaken uwos, ing Pasékan kalih jung sebau, medal uwos pitung-dasa
bajok sawulan, ing Ngrukem kalih jung medal uwos kawan-dasa bajok sawulan, ing
Cepaka Kesalakan sajung, medal uwos kalih-dasa bajok, ing Gerjèn sajung medal uwos
tigang-dasa bajok sawulan, ing Druju sajung, medal uwos kalih-dasa bajok sawulan, wah
ingkang kapalihaken, ing Paka/longan sajung,   wah ingkang medal lisah, ing Kalatakan
sakikil, medal kawan-dasa gendul sawulan, ing Kabagongan sakikil, medal kawan-dasa
gendul sawulan, ing Saragenèn Banthèngan sakikil medal kawan-dasa gendul sawulan, ing
Panjalan sakikil, medal kawan-dasa gendul sawulan   wah ingkang medal sarem, ing
Sangkèh sajung medal sarem sarembat sawulan, sami tanah Mentawis,   sedaya ingkang
medal lisah uwos, lisah sarem dados sawelas jung sebau,

wah ingkang nyanggi padharan, ing Kalèran kalih jung, paos jung kawan gesang, ing
Talang sajung, paos jung kawan gesang, sami tanah Pagelèn,   wah ingkang nyanggi
kajeng, ing Jiwa sajung paos jung walu gesang, tanah Paos,   wah ingkang nyanggi
penandhon, ing Sebara kalihwelas jung medal sikep gangsal kanem lurah, tanah Pagelèn,
wah sabin ingkang nyanggi gamel, lenggahipun lurah gamel pun Singaleksana, ing Pang-
alang-alangan sajung, pao/s jung nem gesang, tanah Mentawis, ing Magulungi sajung, ing
Weringingarik sakikil sami paos jung nem gesang, ing Kepatran sakikil, paos jung
sekawan gesang, sami tanah Paos, ing Panjar kalih jung paos jung walu gesang, tanah
Kedhu, ing Ma(ng)girèn sajung paos jung gangsal gesang, tanah Kedhu,   wah lenggah
ing panegar, Kudaamongsari ing Larangan Wandhan sajung, paos jung nem gesang, tanah
Sokawati, ing Pagunungan sajung, paos jung nem gesang, tanah Paos,   wah lenggahipun
gamel jajar pun Jagati, ing Lèpènderes kalih jung, paos jung gangsal gesang, tanah Paos,
wah lenggah gamel malih, ing Lèpènderes sajung, paos jung gangsal, gesang tanah Paos,
ing Kopat sajung paos jung sakawan gesang, tanah Pagelèn,   wah lenggah ing gamel
malih pun Singadongsa, ing Mirit sajung, paos jung nem gesang, ing Sebara kalih jung,
paos jung sekawan gesang, sami tanah Pagelèn,   wah lenggahipun pun Setradongsa, ing
Panjar sajung sakikil, paos jung walu gesang, tanah Kedhu, ing Kopat sajung paos jung
sekawan gesang, tanah Pagelèn,   sedaya ingkang dados lenggah ing gamel ngiras
nyanggi sakikil, dados pitulas jung sakikil,

/ wah ingkang dados lenggahing ngampil, pun Semitawijaya i(ng) Krogahan sajung, paos
jung walu gesang, tanah Mentawis, ing K(i)yaran sajung, paos jung walu gesang, tanah
Paos ing Talang sakikil, paos jung sekawan gesang, tanah Pagelèn,   wah lenggahipun
jajar ngampil, pun Trunapuspa ing Mirit sajung, paos jung nem gesang, tanah Bajong,
wah lenggahipun Wiratruna ing Sabinan sajung paos jung sekawan, tanah Paos,   wah
lenggahipun Trunasembaga, ing Jombokan sajung paos jung nem gesang, (tanah)
Mentawis   wah lenggahipun Trunawinangun, ing Soka sajung paos jung tigang, tanah
Paos,   wah lenggahipun Suradipraya ing Sem(i)ngin sakikil paos jung ga(ng)sal gesang,
tanah Mentawis, ing Wonanggu sakikil, paos jung sekawan gesang, tanah Pagelèn, wah
lenggahipun Trunawigata ing Patreban sajung paos jung sekawan gesang, tanah Pagelèn,
wah lenggahipun kemasan pun Dipasemita, ing Wanayu sajung paos jung walu gesang,
tanah Mentawis, ing Gambiran sakikil, paos jung walu gesang, tanah Paos, wah lenggah-
pu/n pandhé pun Supaguna, ing Gumul sajung paos jung nem gesang, tanah Paos, ing
Pajok sajung paos jung walu gesang, tanah Kedhu,   wah lenggahipun gendhi pun Rana-
wijaya, ing Ngrèngdèng sajung paos jung walu gesang, tanah Mentawis,   wah lenggah-
ipun gedhong pun Trunaudaya ing Patreban sajung paos jung sekawan gesang, tanah Paos,
ing Warak sajung paos jung gangsal gesang, tanah Mentawis, ing Jatèn sajung paos jung

[margin left: 1r]
[margin left: 31v]
[margin left: 232r]
[margin left: 232v]

pitu gesang, tanah Mentawis, ing Dhiwak-Wanasonka Pelalar sajung, paos jung sangang gesang, tanah Kedhu,   wah lenggahipun gedhong malih pun Singawirana, ing Ngadipira sajung paos jung walu gesang, tanah Kedhu, ing Kedhungwringin sajung paos jung sekawan gesang, tanah Sokawati,   wah lenggahipun patèyan Tèhjaya ing Mendira sajung paos jung nem gesang, tanah Kedhu,

wah lenggahipun patèyan malih pun Trunasronta ing Santan sakikil, paos jung gangsal gesang, tanah Mentawis,   wah lenggahipun jurukebon pun Satruna, ing Talang sajung paos jung sekawan gesang, tanah Pagelèn,   wah lenggahipun jurukebon malih pun Ongga,

f. 233r   ing Talang sajung paos jung sekawan gesang, tanah Pagelèn,   wah leng/gahipun penongsong pun Tadongsa, ing Celapar sajung paos jung nem gesang, tanah Pagelèn, ing Sewèngin sakikil paos jung gangsal, tanah Mentawis,   wah lenggahipun penongsong malih pun Pradongsa, ing Grogol sajung paos jung sekawan pejah, tanah Mentawis, ing Gamolan sakikil, paos jung sekawan pejah, tanah Paos,   wah lenggah ing kaum Amad Ripangi, ing Wringintarik sajung paos jung walu gesang, tanah Paos,   wah lenggah ing kaum malih pun Sadiman, ing Pacor sakikil paos jung walu pejah, tanah Pagelèn, ing Siluk sakikil, paos jung sekawan gesang, tanah Mentawis,   wah lenggahipun emban jaler pun Trunasemarma, ing Lèpènpetir sajung, paos jung gangsal gesang, tanah Mentawis,   wah lenggahipun emban èstri Nyai Jasèna, ing Pakisan sajung paos jung nem gesang, tanah Kedhu,   wah lenggahipun Nyai Menis, ing Jomblang sakikil, paos jung sekawan gesang, tanah Mentawis,   wah lenggahipun Nyai Trunaneseg, ing Tembalangan sebau, paos jung nem gesang, tanah Paos, sedaya kang dados lenggah ing ngampil pandhé

f. 233v   kemasa/n gedhong patèyan gendhi kaum, e(m)ban jaler, emban èstri sedaya dados tigang-dasa jung langkung sajung sebau,

wah lenggah ing ngawin pun Trunawèsthi ing Jenar sangang jung sakikil, paos jung sedasa pejah, tanah Pagelèn, ing Sampilan sakikil, paos jung sekawan gesang, tanah Mentawis, wah lenggah niyaga pun Gunawitruna ing Ngendho sajung, paos jung walu gesang, tanah Paos,   wah lenggah ing jeksa ngiras carik, pun Trunarejasa, ing Ngabetan sajung pokok paos jung walu gesang, tanah Paos, ing Mlèsèn sajung paos jung gangsal pejah, tanah Paos,   ing Panusupan sajung paos jung sekawan pejah, tanah Sokawati,   ing Kenantan sajung paos jung walu gesang, tanah Kedhu,   wah lenggah ing kebayan pun Secataruna, ing Balu sajung paos jung nem gesang, tanah Mentawis,   ing Karanggeneng sajung paos jung gangsal gesang, tanah Kedhu,   wah lenggah kebayan malih pun Trunadipa, ing Balendhung sajung paos jung sekawan gesang, tanah Pagelèn,   ing Gondhanglegi sebau paos jung gangsal gesang, tanah Paos,

f. 234r   wah lenggah(ipun) kamise/puh pun Kertajaya, ing Barang tigang jung paos jung walu gesang,   wah ing Kalebakan sajung paos jung sekawan gesang, ing Pacelukan sajung paos jung sedasa pejah, ing Sosotan sakikil, paos jung gangsal pejah, sami tanah Kedhu, ing Pacor sajung sakikil, paos jung walu pejah, ing Butuh sajung paos jung sekawan pejah sami tanah Pagelèn, ing Jenar sakikil paos jung sekawan gesang, tanah Pagelèn, ing Pedharan sakikil, ing Gelèthak sakikil, paos sami jung tigang pejah, sami tanah Mentawis, ing Sambilegi sakikil paos jung gangsal gesang, tanah Mentawis, ing Mlèsèn sajung paos jung gangsal pejah, tanah Paos,   wah lenggahipun kamisepuh malih pun Danapuspita, ing Téjalapa sajung paos jung nem gesang, ing Juwari sajung paos jung kalihwelas pejah, sami tanah Kedhu, ing Pacor sajung sakikil, paos jung walu pejah, ing Butuh sajung paos jung sekawan pejah, sami tanah Pagelèn, ing Sekulan sajung paos jung kalihwelas pejah,

f. 234v   ing Krècèk sajung paos jung kalihwelas pejah, ing Karangmaja sajung, pao/s jung nem pejah sami tanah Paos, ing Sambilegi sajung paos jung gangsal gesang, ing Widara sebau, paos jung walu gesang, ing Ngadimara sakikil paos jung walu gesang, ing Kalurahan sajung paos jung sedasa pejah, ing Dhukuh sajung paos jung walu gesang, sami tanah Mentawis,

wah lenggahipun Jayèngtaruna, ing Ta(ng)kilan sakikil paos jung sekawan gesang, ing Dengokan sajung paos jung sedasa gesang, ing Groj(o)gan sakikil paos gangsal gesang, sami tanah Mentawis, ing Ponggok Palumbon sajung sakikil paos jung nem gesang, tanah Paos,   nanging pun Jayèngtaruna punika sabinipun gangsal tengah jung kapundhut Kangjeng Raja Putra Naréndra,

wah ingkang dados lenggahipun lurah prajurit, pun Sawilaga sakancanipun, lenggahipun Sawilaga piyambak ing Gambasan sajung paos jung walu gesang tanah Kedhu, ing Jethak sajung paos jung gangsal gesang, tanah Pagelèn, ing Kecèmé sakikil, paos jung sekawan gesang, tanah Mentawis,

35r   / wah lenggahipun pun Trunaneseg, ing Ngindhé sajung paos jung sedasa gesang, tanah Paos, ing Sabidan sakikil paos jung sekawan gesang, tanah Paos,   wah lenggahipun Trunajetmika (ing) Kaliwuluh sajung paos jung nem gesang, tanah Pagelèn, ing Sabidan sakikil paos jung sedasa gesang, tanah Paos,   wah lenggahipun Trunawiyana ing Krasak sajung paos jung pitu gesang, tanah Paos,   wah lenggahipun Trunasetami ing Tèmpèl sajung paos jung walu gesang, tanah Paos,   wah lenggahipun Trunadongsa ing Jemus sajung paos jung nem gesang, tanah Paos,   wah lenggahipun Trunapiyoga ing Lèpèn-wuluh sajung paos jung nem gesang, tanah Pagelèn,   wah lenggahipun Trunamerjaya ing Pamriyan sajung paos jung gangsal gesang, tanah Pagelèn,   wah lenggahipun Trunasentika ing Tresidi sajung paos jung sekawan pejah, tanah Pagelèn,   wah lenggah-ipun Trunapraya ing Jasa sajung paos jung sekawan gesang, tanah Pagelèn,   wah leng-

235v   gahipun / Trunasemita ing Sikil sajung paos jung sekawan gesang, tanah Pagelèn,   wah lenggahipun Trunawongsa, ing Dhèrèkan-Dhoyong sajung, paosipun jung sekawan gesang, tanah Kedhu,   wah lenggahipun Trunatengara, ing Bayuran sajung, paosipun jung gang-sal gesang, ing Tegil sebau, paosipun jung sekawan, ing Beladhu sebau, paosipun jung sekawan gesang, sami tanah Mentawis,   wah lenggahipun Trunapengrawit, ing Krècèk sajung paosipun jung gangsal gesang, tanah Paos, ing Wonaganggu sakikil, paosipun jung sekawan gesang, tanah Pagelèn,   wah lenggahipun lurah prajurit malih, pun Truna-jemena, ing Biru sajung, paosipun jung gangsal gesang, tanah Mentawis,   wah ing Kuwarèn sajung, paosipun jung nem, tanah Paos,   ing Bener sakikil paosipun jung sekawan gesang, tanah Sokawatos,   wah lenggahipun Trunaketipa, ing Kawispucung sa-kikil, paosipun jung gangsal gesang, ing Gamolan sakikil paosipun jung sekawan gesang,

236r   ing Tombol sakikil paosipun jung walu sami tanah / Paos,   wah lenggahipun Truna-sembawa, ing Jaha sajung paosipun jung walu gesang, tanah Kedhu,   wah lenggahipun Singadrana, ing Gilih sajung paosipun jung walu gesang, tanah Kedhu,   wah lenggahipun Kramaleksana, ing Sirat sajung paosipun jung walu gesang, tanah Kedhu,   wah lenggahipun Trunaleksana, ing Sosogan sakikil paosipun jung nem gesang, tanah Mentawis, ing Sema(ng)gol sakikil paosipun jung gangsal gesang, tanah Paos,   wah lenggahipun Trunacendhana, ing Wonawala sajung, paosipun jung gangsal gesang, tanah Pagelèn,   wah lenggahipun Trunawilaga, ing Ngadipana sajung sakikil, paosipun jung sekawan gesang, ing Bothokan sakikil paosipun jung (sa)kawan gesang, tanah Sokawatos, wah lenggahipun Trunasemarma ing Ngepèh sajung, paosipun jung gangsal gesang, tanah Paos,   wah lenggahipun Trunaketika, ing Bercag sajung paosipun jung gangsal gesang, tanah Mentawis,   wah lenggahipun Trunapelagi ing Kerep sajung, paosipun jung gangsal gesang, tanah Mentawis,   wah lenggahipun Trunasemita ing Lèpènsat sajung, paosipun

f. 236v jung sekawan gesang tan/ah Mentawis,

wah lenggahipun lurah prajurit malih pun Secawirana, ing Gemunggung sajung, paosipun jung sekawan gesang, tanah Paos, ing Siluk sajung, paosipun jung sekawan gesang, (tanah) Mentawis, ing Bekukung sakikil paosipun jung sekawan gesang, tanah Mentawis,   wah lenggahipun Trunayuda, ing Sekaran sajung paosipun jung nem gesang, tanah Kedhu, ing Bekukung sebau paosipun jung sekawan gesang, tanah Mentawis,   ing Tombol sebau paosipun jung walu gesang, tanah Paos,   wah lenggahipun Trunasebala, ing Gebang-malang sajung, paosipun jung (sa)kawan gesang, tanah Mentawis,   ing Japatèn sakikil, paosipun jung sekawan gesang, tanah Mentawis,   wah lenggahipun Trunapekaja, ing Sempayak sajung, paosipun jung sekawan gesang, tanah Mentawis,   wah lenggahipun Trunadrana, ing Sabinan sajung, jung sekawan gesang, tanah Paos,   wah lenggahipun

f. 237r Trunanatas, ing Lumuru sajung, jung pitu gesang, / tanah Paos,   wah lenggahipun Trunawirana, ing Soka sajung, jung gangsal gesang, tanah Paos,   wah lenggahipun Trunapatra, ing Talang sajung, jung sekawan gesang, tanah Paos,   wah lenggahipun Saleksana, ing Wananganggu sajung, jung sekawan gesang, tanah Pagelèn,   wah leng-gahipun Trunakarsa, ing Jethak sajung, jung gangsal gesang, tanah Kedhu,   wah lenggah-ipun Trunaseracik, ing Taskombang sabau, paos jung walu gesang, ing Srayu sebau jung walu gesang, ing Semingin sakikil jung gangsal gesang, sami tanah Mentawis,   wah lenggahipun Trunapangirid, ing Semingin sajung, jung gangsal gesang, tanah Mentawis,

wah lenggahipun lurah malih pun Trunaradèya, ing Parak sajung, jung gangsal gesang, tanah Mentawis, ing Santan sakikil, paos jung gangsal gesang, ing Bekukung sakikil paos jung gangsal gesang, sami tanah Mentawis, ing Katombol sebau, paos jung walu gesang, ing Sélan sabau paos jung walu gesang, sami tanah Paos,   wah lenggahipun Trunameng-

f. 237v gala, ing Melulungi sajung, paos jung ne/nem gesang, ing Gèndhènglegi sakikil, paos jung nem gesang, sami tanah Paos, lenggahipun Trunagadhingan, ing Ngradèn sajung paos jung nem gesang, tanah Paos,   wah lenggahipun Trunawecana, ing Jagabayan sajung paos jung nem gesang, tanah Paos,   wah lenggahipun Trunaperdapa, ing Pugeran sajung, paos jung nem gesang, tanah Paos,   wah lenggahipun Trunayasa, ing Jerukan sajung, paos jung kawan, tanah Mentawis,   wah lenggahipun Trunaperdongga, ing Tajeman tigang bau paos jung nem gesang, ing Danalaya sebau, paosipun jung nem gesang, sami tanah Mentawis,   wah lenggahipun Trunaperwita, ing Matangudan sajung, paos jung nem gesang, tanah Mentawis,   wah lenggahipun Trunapramana, ing Jenar sajung paos jung sekawan gesang, tanah Pagelèn,   wah lenggahipun Trunaresa, ing Bendha sajung paosipun jung sekawan gesang, tanah Pagelèn,   wah lenggahipun Trunadongsa, ing Gambasan sa-

f. 238r jung, paos jung walu, ge/sang tanah Kedhu, wah lenggahipun Trunasentika, ing Madarat sajung paos jung nem gesang, tanah Kedhu,

wah lenggahipun prajurit dhusun ing Pèkèk kawan jung, sami paos jung nem gesang, medal prajurit walu, sami tanah Paos, ing Ngepèh sakikil, paos jung nem gesang, ing Kabadhègan sakikil, paos jung walu pejah, dados sajung medal prajurit sekawan, pasumping yatra walung réyal ing dalem satengah taun,

wah sabin ingkang kasaosaken Bendara Radèn Ayu Sepuh, ing Kersan sajung paos jung sekawan gesang, tanah Mentawis, ing Kecèmé sajung, paos jung sekawan gesang, tanah Mentawis, ing Gondhangan sajung paos jung nem gesang, tanah Kedhu,

38v wah sabin i(ng)kang kadamel ladosan / taneman mariyos, ing Mandira Waladana kalih jung, sami paos jung nem gesang, tanah Pagelèn, ing Padhigelan sajung, paos jung nem gesang, tanah Kedhu, ing Polaman sajung paos jung nem gesang, tanah Paos, kalebet kiranganipun sabin Ngadiwijayan Samayudan Adikusuman,   wah kadamel ladosan lenggahipun Tumenggung Anyar, ing Kajombokan sajung sakikil tanah Paos.

21   BL Add. MS. 12341
                                                              f. 257r–258r

Memo on *dluwang* concerning the tax/tribute obligations (*paos*) of 293 real on what was recalculated to become the 200 *damel-Kula/cacah gawéning wong* of rice fields due from Pang. Natakusuma (Pakualam I, r. 1812–29). Undated, but possibly post-December 1811.

257r Punika pémut kagengan-Dalem sabin (...) Natakusuman, sabin damel-Kula kalih-atus, punika pratélanipun,   ingkang sami tanah Mentawis, ing Sirat sajung, paos jung sadasa, ing Wanayu sajung, paos jung walu, ing Rèndèng sajung, paos jung walu, ing Sosogan sakikil, paos jung walu, ing Bladh(o) Tegilsempu sakikil, paos jung sakawan, ing Gebang-malang sajung, paos jung sekawan, ing (Ma)taunan sajung, paos jung nem, ing Santan sajung, paos jung nem, ing Grogol sajung, paos jung sekawan, ing Siluk sajung, paos jung sakawan, ing Barecak sajung, paos jung gangsal, ing Biru sajung, paos jung gangsal, ing Bekukung sajung sebau, paos jung gangsal, ing Kawayuhan sajung, paos jung nem, ing Badhègan sakikil, medal prajurit kalih, mawi pasumping ing dalem satengah taun kawan réyal,   dados tigawelas jung langkung tigang bau, paosipun satengah taun 43, (?),

wah ingkang sami tanah Paos,   ing Ngepèh sajung paos jung nem, ing Katombol sajung, paos jung sedasa, ing Gamol sajung, paos jung sekawan, ing Gulungi sajung, paos jung
257v nem, ing Ngawon-awon / sajung, paos jung pitu, ing Gambiran sakikil, paos jung nem, ing Gondhanglegi tigang bau, paos jung gangsal, ing Sélan sebau, paos jung walu, ing Jagabayan sajung, paos jung sedasa, ing Kemu(ng)gung sajung, paos gangsal jung, ing Lemuru sajung, paos jung nem, ing Pasabinan sajung, paos jung walu, ing Wongka sajung, paos jung gangsal, ing Pokak kalih jung, medal prajurit sekawan,   dados tigawelas jung sakikil, paosipun satengah taun, 37, (?),

wah ingkang sami tanah Pagelèn, ing Kerep sajung, paos jung walu, ing Wanagung sajung, paos nem, ing Bendha sajung, paos jung gangsal, ing Talang sajung, paos jung sadasa, ing Pamriyan sajung, paos jung sangang, ing Jasa sajung paos jung sanga, ing Sebara nem jung, paos sami jung anyekawan,   dados kalihwelas jung, paosipun ing dalem satengah taun, 45, (?),

ingkang sami tanah Kedhu, ing Karanggeneng sajung, paos jung sedasa, ing Lèpènwuluh sajung, paos jung nem, ing Dhèrèkan-Dhoyong sajung, paos jung sekawan, ing Pasabinan
258r sajung, paos jung nem, ing Jo/ho sajung, paos pitu, ing Ngadipira sajung, paos jung walu, ing Mendarat sajung, paos jung walu, ing Celapar sajung, paos jung pitu, ing Dhiwaksoka sajung, paos jung nem,   dados sangang jung, paosipun ing dalem satengah taun, 31,

anunten kagelengaken sedaya, sabin tanah Mentawis Paos Kedhu Pagelèn, dados kawan-dasa jung langkung walung jung, kapétang damel dados damel-Kula kalih-atus, paosipun ing dalem satengah taun satus kawan-dasa, nem réyal sajampel, ing dalem sataun kalih-atus sanga-dasa tigang réyal.

22
BL Add. MS. 12341
f. 263r–264r

Memo on Javanese tree-bark paper (*dluwang*) concerning the tax/tribute obligations (*paos*) with reference to residual rice fields (*sabin ampas*) from the appanage of Pangéran Natakusuma (Pakualam I, r. 1812–29). The text is heavily crossed out with many additions, which would indicate that this is a draft, possibly of no. 21 above. Undated, but possibly post-December 1811.

f. 263r   Punika pémut kagengan-Dalem sabin ampas saking Natakusuman, sabin damel-Kula kalih-atus,   punika pratélanipun,   i(ng)kang sami tanah Mentawis, ing Kaliandong kalih jung, jung gangsal, ing Sirat sajung, paos jung sedasa, ing Wanayu sajung, paos (jung) walu, ing Kanggotan sajung, jung sekawan, ing Sosogan sakikil, paos jung walu, ing Bladh(o) Tegilsempu sakikil, paos jung sekawan, ing Gebangmalang sajung, paos jung sekawan, ing Pojokan sajung sakikil, jung sekawan, ing Santan sajung, paos jung nem, ing Grogol sajung, paos jung sekawan, ing Siluk sajung, paos jung sekawan, ing Brecak sajung, paos jung gangsal, ing Biru sajung, paos jung sekawan, ing Bekukung sajung sebau, paos jung gangsal, ing Kawayudan sajung, paos jung nem, ing Badhègan sakikil medal.prajurit kalih, mawi pasumping ing dalem satengah taun kawan réyal,   dados saweg tigawelas jung, paosipun satengah taun kawan-dasa tigang réyal,

f. 263v   wah ingkang sami tanah Paos, ing Ngepèh sajung, paos jung nem, ing Katombol sajung, paos jung sedasa, ing Gamol sajung, paos jung sekawan, / ing Gulungi sajung, paos jung nem, ing Ngawon-awon sajung, paos jung pitu, ing Gambiran sakikil, paos jung nem, ing Gondhanglegi tigang bau, paos jung gangsal, ing Teruman kalih jung, jung gangsal, ing Gemu(ng)gung sajung, paos jung nem, ing Lemuru sajung, paos jung nem, ing Wongka sajung, paos jung gangsal, ing Pokak kalih jung, medal prajurit sekawan,   dados tigang-welas jung sakikil, paosipun satengah taun tigang-dasa pitung réyal tigang seka setangsul,

wah ingkang sami tanah Pagelèn, ing Kerep sajung, paos jung walu, ing Wanaganggu sajung, paos jung nem, ing Bendha sajung, paos jung gangsal, ing Talang sajung, paos jung sedasa, ing Pamriyan sajung, paos jung songa, ing Jasa sajung, paos jung songa, ing Sebara nem jung paos sami jung anyekawan,   dados kalihwelas jung, paosipun satengah

f. 264r   tau/n tigang-dasa gangsal réyal sajampel,

wah ingkang sami tanah Kedhu, ing Karanggeneng sajung, paos jung sedasa, ing Lèpèn-wuluh sajung, paos jung nem, ing Dhèrèkan-Dhayong sajung, paos jung sekawan, ing Bara sajung, paos jung sekawan, ing Joho sajung, paos jung pitu, ing Ngadipira sajung, paos jung walu, ing Celapar sajung, paos jung pitu, ing Dhiwak Wanasoka sajung, paos jung sekawan,   dados sangang jung,

paosipun ing dalem satengah taun tigang-dasa réyal langkung saréyal,

anunten kagelengaken sedaya, sabin ingkang tanah Mentawis, Paos, ing Kedhu, Pagelèn dados sabin kawan-dasa jung langkung walu jung, kapétang damel dados damel-Kula kalih-atus, paosipun ing dalem satengah taun, satus kawan-dasa nem réyal sajampel,

ing dalem sataun kalih-atus sangang-dasa tigang réyal.

23

BL Add. MS. 12341
f. 289r–290r

Appanage (*lenggah*) on *dluwang* of Radèn Tumenggung Natayuda II, *Bupati Miji*, son of the Yogyakarta Bupati of Kedhu, who died suddenly, possibly of poison, on 29 Novembèr 1804. Some holdings derive from residual rice fields of the Mangundipuran.

289r   lenggah Natayudan

Punika pémut kagengan-Dalem sabin, ingkang dados lenggahipun Radèn Tumenggung Natayuda, punika pratélanipun, ampas saking Mangundipuran, ing Kulur Kajombokan tigang jung, ing Patrabayan sajung, ing Rancah sajung, ing Ngelak Keragon Patang Mujidana sajung, ing Kabangan sakikil, ing Sendhangpitu, ing Gruwatandhan sakikil, ing Toyakèndel sajung, ing Kemiri Kerep kalih jung, ing Jethak sajung, ing Pohkombang sajung, ing Tunjungan sajung, ing Tulung sajung sakikil, ing Jatisari sajung, ing Pucangkerep tigang jung, ing Pabrekan sakikil, ing Pacitran Pajambéyan sajung, ing Kantèn sakikil, ing Kemiri-omba sakikil, ing Kuwel sajung, ing Tumbu sajung sakikil, ing Pragong sajung, ing Gadhing Resamenggalan sakikil, ing Colok Tembelang Darmajati sajung, ing Katèn sakikil, ing Gadhing Sarèh sakikil, ing Gadhing Kertawangsan sajung, ing Gadhing Wanamenggalan Resatrunan Resagatèn kalih jung, ing Wingka Tinumpuk Kawisanyar kalih jung, kalebet ingkang kapundhut dados lenggahipun Sawunggaling salupit sairing,
289v   wah ingkang kapundhut kapaosan kalih kataneman mariyos, ing Panukulan sajung sakiki/l,

wah lenggahipun Radèn Tumenggung Natayuda lami, ing Kathithang Pakauman Pakuncèn, Kalisalam Menganti Krècèk Kedhalon, Canggal Késod Kabumèn Pakomprangan tigang jung, ing Kathithang Karètèg Pomahan Bondholan Canggal Jurang gangsal jung, ing Palaèng sajung, ing Gemawang kalih jung, ing Susukan Purbanganti kalih jung, ing Pijahan kalih jung, ing Kersan sajung, ing Waja kalih jung, ing Dhuwet sajung sakikil, ing Kagungan kalih jung, ing Pakuwonan sakikil, ing Karètèg sajung, ing Mogang sakikil, ing Ngemplak sakikil, ing Tanggulangin sajung, ing Koripan tigang jung, ing Kalepu tigang jung, ing Ma(ng)gulung nem jung, ing Lobang sadasa jung, ing Semampir sajung, ing Katusthan Kenayan Pajambon sangang jung, ing Kalidurèn sajung, ing Padureksa sajung, ing Kctug sajung,

290r   jangkep damel-Kula tiga-belah atus, / Gadhing Ngenthak kalih-dasa jung, Gadhing Wongsayuda sajung, Gadhing Cakradita sajung.

24

BL Add. MS. 12341
f. 262r–v

Draft fragment of the above, also written on *dluwang*, concerning the appanage of Radèn Tumenggung Natayuda II. The text is very difficult to read and/or reconstruct with most of the first folio heavily crossed out. Undated, but post-Novembèr 1804.

262r   sampun sah Natayudan

Punika pémut kagungan-Dalem sabin ingkang badhé dados lenggahipun abdi-Dalem Radèn Tumenggung Natayuda, punika pratélanipun, [approximately 13 lines are scratched out]
262v   kapundhut kapaosan kalih, ing Kantèn sakikil, ing Kemiriomba sakikil / kadamel mariyosan, ing Pacekelan sakikil, dados jangkep damel-Kula sabin kalih-belah.

25

BL Add. MS. 12341
f. 275r-276r

Appanage of Radèn Tumenggung Purwadipura consisting of some 1,000 *cacah* in Bagelèn, Kedhu, Mataram, Kulon Praga, and Bantul, given in *gawéning wong* (cf. letter of appointment in *c.* 1794–96, Section I, Part 1, no. 17). To the document is appended a list of 200 *cacah gawéning wong* belonging to Radèn Purwawijaya. *Dluwang.*

f. 275r Punika pémut lenggahipun Radèn Tumenggung Purwadipura, ing Bahwrayang gawéning wong selawé, ing Gawong Kalibawang Gempira Ngadisalam gawéning wong satus, ing Samalangu gawéning wong sèket, ing Waluh gawéning wong lima, ing Dhadhapgedhé gawéning wong sapuluh, ing Kedhunggong gawéning wong selawé, ing Magulung gawéning wong selawé, ing Tersidi gawéning wong walu, ing Kiyangkong gawéning wong telung-lawé, ing Seca(ng) gawéning wong watang-puluh, ing Kaligesing gawéning wong rolas, ing Wirun gawéning wong papat, ing Rawong gawéning wong selawé, ing Kedhungkuwali gawéning wong walu, ing Gowong Samabumi gawéning wong walu, ing Kajombokan gawéning wong sèket walu, ing Kecubung gawéning wong telung-puluh roro, ing Ngokèk gawéning wong papat, ing Kulur gawéning wong walu, ing Ngulakan gawéning wong papat, ing Bendungan gawéning wong selawé, ing Turip gawéning wong rong-puluh, ing Kalisat Mayungan gawéning wong walu, ing Pucanganom gawéning wong papat, ing Karangasem gawéning wong rolas, ing Munggang Menang gawéning wong papat, ing Greges gawéning wong pitu, ing Jethis gawéning wong papat, ing Sungapan gawé-

f. 275v ning wong papat, ing Kertankemiri gawéning wong roro, / ing Babadan Kalibuka Pakem Darmasari gawéning wong papat, ing Karanggawang gawéning wong roro, ing Kasamèn Karangmaja gawéning wong papat, ing Nge(n)thak gawéning wong papat, ing Krètèk gawéning wong lima, ing Masahan Bathikan gawéning wong siji, ing Pendhawa gawéning wong patang-puluh papat, ing Gamping Gamol Bodhèh Sawahan gawéning wong selawé, ing Jomboran gawéning wong walu, ing Balendhangan gawéning wong roro, ing Banaran gawéning wong roro, ing Saragené Jagabayan gawéning wong walu, ing Gelagah gawéning wong roro, ing Kuwagon gawéning wong roro, ing Sendhang gawéning wong papat, ing Kemusuk gawéning wong selawé, ing Wonasidi gawéning wong papat, ing Celapar gawéning wong roro, ing Medari gawéning wong telu, ing Sundhi gawéning wong papat, ing Kajuron gawéning wong walu, ing Medari gawéning wong papat, ing Téruman gawéning wong walu, ing Pandhéyan Ngadipala gawéning wong papat, ing Gumul gawéning wong roro, ing Gombangan Kajambon gawéning wong walu, ing Granti gawéning wong walu, ing Gajiyan gawéning wong papat, ing Jrabong gawéning wong walu, ing Tanjung gawéning wong nembelas, ing Maja gawéning wong nem, ing Wangèn gawéning

f. 276r wong walu, ing Pakiringan gawéning wong / papat, ing Ju(ng)karan Gamolan gawéning wong papat, ing Katongan gawéning wong nenem, ing Dhali-Jethis gawéning wong telu, ing Kadhangèyan Karangnongka Pangabèyan gawéning wong roro, ing Batu gawéning wong papat, ing Kaepit gawéning wong roro, ing Pendhem gawéning wong rolas, ing Kedhungpoh gawéning wong papat, ing Baleber Kalialang Kapasong Kamijara gawéning wong walu, ing Sundhi gawéning wong rolas, ing Katambran gawéning wong papat, ing Kalipèh gawéning wong papat, ing Kokap gawéning wong walu, ing Ngendho Temanggung gawéning wong papat, ing Gombang Kalèsan gawéning wong papat, ing Kampak gawéning wong papat, ing Godhong gawéning wong walu, ing Butuh gawéning wong walu, ing Kradènan gawéning wong papat, ing Kalimanjung Patukan gawéning wong papat, ing Banthèngan gawéning wong papat,   dadi cacah gawéning wong sèwu, [smaller script] wah lenggahipun Radèn Purwawijaya, ing Gatèp gawéning wong rolas, Sendhangpitu gawéning wong papat, Nagasari gawéning wong walu, Jongkang gawéning wong papat, Saragenèn gawéning wong telu, Kabojang gawéning wong roro, ing Srago gawéning wong papat, Palumbon gawéning wong roro, Sirikan Garongan gawéning wong papat, Martasemita gawéning wong papat, ing Gowong Ngadisalam gawéning wong kawan-welas, ing Ngrawong gawéning wong wolu, (ing) Pakuwukan gawéning wong walu, ing Sarapitan gawéning wong papat, Sumberan gawéning wong lima, ing Wirun gawéning wong papat, ing Jati gawéning wong roro, ing Melathi gawéning wong papat, dadi genap cacah rong-atus.

26   Bl Add. MS. 12341

f. 229r–v

Memo concerning villages and regional locations of rice fields of Radèn Tumengung Purwadipura, Kyai Tumenggung Mangundipura II, and others including those which have not yet been traced (*dèrèng kapanggih*). Javanese tree-bark paper *dluwang*.

29r   Punika canthèlan sabin Purwadipuran, ing Secang kalih jung, ing Dhadhapageng kalih jung, ing Gowong Wonabaya sajung, tanah Gowong, Magulung sajung, canthèlan Puspawijayan, ing Kemusuk sajung,   wah saking Patranongga ing Patujungan kalih jung, tanah Bagelèn, ing Getas Ngemplak sakikil, ing Karangbajang sajung, ing Kacepit sakikil, dados gangsalwelas jung, kajawi ingkang dèrèng kapanggih,

wondéné sabin ingkang dèrèng kapanggih, ing Baleber Kalialang Kapasong Kamijaran kalih jung, dèrèng kepanggih, ing Jethis sakikil dèrèng kepanggih, ing Kradènan sajung, dados sabin kawan jung sakikil ingkang dèrèng kepanggih, ing Ngasinan Gedipan sajung, ing Kawiran sakikil, ing Genukan sebau, ing Kalampok sabau, Purwawijayan Masahan Bathikan sebau, ing Jagadipan sajung [rest of page crossed out]

29v   / punika sabin canthèlan saking Mangundipuran, ing Ngenthak kawan jung, ing Waja kalih jung, ing Sumber kalih jung, dados sangang jung sebau, wah ing Séyègan sajung, ampas Mangundipuran, ing Kalangan sajung, ing Serbangan sajung,

[at bottom of page] ing Gamol ingkang kalih jung tanah Metawis kalintokaken ing Gugunung sami kalih jung, tanah Bagelèn.

27   BL Add. MS. 12341

f. 295r

Memo on residual royal rice fields from the appanage of Radèn Tumenggung Purwadipura given in usufruct (*kapatedhaken*) to Radèn Adipati Danureja II(?) in Mataram, Kedhu, Pajang, and Bagelèn. Undated, but post-1794/6. Javanese tree-bark paper (*dluwang*).

295r   Punika pémut kagengan-Dalem sabin ampas ing Purwadipuran ingkang satus, ingkang kapatedhakaken Radèn Adipati Danureja,   punika pratélanipun,   ing Gowong Lèpèn-bawang Gepirang Ngadisalam tigang jung sakikil,   wah tanah Bagelèn, ing Kiyangkong kalih jung, ing Samalangu kalih jung,   wah tanah Paos, ing Gajiyan nem jung, ing Pandhéyan Ngadipala sajung, ing Tanjung sajung, ing Jubaran Gamolan sajung,   wah tanah Kedhu, ing Kalipèh sajung,   wah tanah Mentawis, ing Kajomboran kalih jung, ing Ngobèk sajung, ing Kuwagon sakikil, ing Kulur sajung, ing Sungapan sajung, ing Getas sajung, ing Balendhangan sakikil, ing Wonasidi sajung, wah ladosan mariyos ing Pendhem sakikil, ing Secang sajung, tanah Bagelèn, ing Prakong sajung tanah Bagelèn,   dados jangkep damel-Kula satus.

28   BL Add. MS. 14397
                                                                          f. 19v–20r

Memo of royal lands (*kagengan-Dalem siti*) which have become the appanage of Mas T. Sindunegara I in Kedhu listing *jung* in villages, tax (*paos*) and bekel. *Kertas dhedak.*

f. 19v   [written vertically on the page] Punika serat saosan saking Sindunegaran samantrinipun

f. 20r   Punika pémut kagungan-Dalem siti ingkang dados lalenggahing Kasindunegaran, ingkang
            tanah Kedhu,   punika pratélanipun,   ing Kedhusiwung-sawétan-ing-peken nem jung,
            paosipun jung sadasa pejah, bekelipun Cina pun Mantu bandar Pakiswiring, kalih Pak
            Munthil, ing Ngawisan sajung, paos jung gangsalwelas, bekelipun Wiradipa, ing Salam
            sajung, paosipun jung tigawelas pejah, bekelipun Sawijaya, ing Pejagalan sakikil, paos
            jung kalih-dasa pejah, bekelipun Cina pun Téga, ing Gareges Banonpethak pitung jung
            sakikil, paosipun jung selawé pejah, bekelipun Dipadrana Séladrana, Pak Kaiman, ing
            Susukan sajung, paosipun jung kalih-dasa pejah, bekelipun Cakrayuda, ing Wates tigang
            jung, paosipun jung kawan-dasa pejah, bekelipun Mertadipa, ing Kedhungpoh Patrabang-
            san tigang jung, paosipun jung sèket sasur pejah, bekelipun Wirayuda.

29   BL Add. MS. 14397
                                                                          f. 47r–48v

Memo of royal possessions (*kagengan-Dalem bumi dhusun*) which had been given as appanage to Mas Tumenggung Sindunegara I and his colleagues Wirayuda, Wongsayuda, Tondhamantri, Onggakusuma, and Mertadirja.

[note on side of folio] serat Sindunegara

f. 47r   Punika pémut amémuti kagengan-Dalem bumi dhusun ingkang dados lenggahipun
            abdi-Dalem Kyai Tumenggung Sindunegara, cacah damel-Kula sèwu satus kalebet
            lenggahipun abdi-Dalem jaksa, cacah damel-Kula sèket,   punika pratélanipun,   .ing
            Gombong Wanasigra Sidayu Kemit walung jung tigang bau, ing Pajatèn Kadhawung
            gangsal jung, ing Pohkombang Maribaya gangsal jung, ing Samalangu kawan jung tigang
            bau, ing Kemiri sajung, ing Kebonagung sajung, ing Padureksa sajung sakikil, ing Kedhu-
            siwur-sawétan-peken kalihwelas jung, ing Larangan sajung, ing Salam sajung, ing
            Pajagalan sakikil, ing Tanubayan sajung, ing Greges nem jung, ing Susukan sajung, ing
            Wates Patrabangsan Malanggatèn Gedhungpoh gangsal jung salupit, ing Pakeron-
            Pasikepan kalih jung, ing Kapedhak Kacandran sajung, ing Pasabinan sajung, ing Pancar
            sajung, ing Kajèngin nem jung, ing Panggungan kalih jung sakikil, ing Gedhog sajung
            sabau, ing Cakra sajung, ing Gedhong Pasapèn sabau, ing Jombor sabau, ing Pasayangan
            sabau, ing Lèpènmanjung sakikil, ing Tiruman kalih jung, ing Semilir sajung, ing
            Sindhutan sakikil, ing Kulwandé sajung, ing Saragenèn sabau, ing Lopati salupit, ing
            Tegilurung sajung, ing Dhèrèkan sajung, ing Dhukuh kalih jung, ing Gambiran sakikil, ing
            Babadan sajung, ing Temanggal kawan jung, ing Katundhan sakikil, ing Papringan sakikil,
            ing Kabojan sajung, ing Pandhansarèn sakikil, ing Ngampèlgadhing sajung, ing Mao

kawan jung, ing Pakem Krumpul Toyamalang Kawisalembi tigang jung, ing Galèndhongan sajung, ing Jemus tigang jung sakikil, ing Manjungan tigang jung, ing Jambéyan sajung, ing Kabaturan sajung, ing Pajatèn sajung, ing Kalemud kalih jung, ing Lemurus sajung, ing / Sumber sajung, ing Tuntalan sajung, ing Tumukuh sajung, ing Ngranyu kalih jung sakikil, ing Prancahan sakikil, ing Keberan sajung, ing Bawang Kamutungan kawan jung, ing Pasalakan Kamondhongan kalih jung, ing Dhèngkol tigang jung, ing Srudadi sajung, ing Palumbon kalih jung, ing Gambasan Sudikampir Kenthèng tigang jung, ing Jomblang sajung, ing Tanggulangin Balong Baleber Citra kalih jung, ing Welahar sangang jung, ing Medana nem jung, ing Pakupèn sajung, ing Pasendhèn sajung, ing Pacalungan sajung, ing Jelapa kalih jung, ing Panambangan Pagirèn Sambung kawan jung sakikil, ing Kacèmé kalihwelas jung, ing Pakebowan nembelas jung sakikil, ing Palumbon Kalodran kalih jung, ing Jerakah Sélatiyang kawan jung sakikil, ing Wanaléla tigang jung, ing Citra tigang jung, ing Giling sajung, ing Katreban kalih jung, ing Jana tigang jung, ing Palendhèn tigang jung, ing Kagungan tigang jung, ing Geparang kalih jung, ing Getas Ngemplak tigang jung, ing Séla sajung, ing Kalegèn kalihwelas jung, ing Kedhungwalingi kalih jung tiga bau, ing Kabuthekan Pasanggrahan Kapucangan Ngadiraja Mandhing tigang bau, ing Menawa kawan jung sakikil, ing Sentul Gunung kalih jung, ing Patrasaran kalih jung, ing Palumbéyan sajung, ing Rapohbuwana kalih jung, ing Saladiran tigang jung, ing Balimbing Cangkring kalih jung, ing Jejeruk kalih jung, ing Kabung-kangan Kethithang sajung, ing Kapakisan kalih jung, ing Ngumpul kalih jung, ing Pakupèn Kaliwonan tigang jung,

gu(ng)gung sedaya dados kalih-atus sawidak jung langkung kawan jung, ka/pétang damel dados damel-Kula sèwu satus,

wah lenggahipun abdi-Dalem mantri, punika pratélanipun, lenggahipun abdi-Dalem pun Wirayuda, sakancanipun kabayan, cacah damel-Kula kalih-belah, ing Taréka Sindon nem jung, ing Tiyata kalih jung, ing Butuh Braga Kemiri Gondhok tigang jung, ing Kasendhèn sajung, ing Nganten Pagendulan sajung, ing Palumbon nem jung, ing Mu(ng)kid sakikil, ing Tegilwungu tigang jung sakikil, ing Sidatapa tigang jung, ing Goyar Kalimula tigang jung, ing Gambasan kalih jung sakikil, ing Lèpènwungu tigang jung, ing Genitem sakikil, sedaya dados tigang-dasa nem jung, kapétang damel dados damel-Kula kalih-belah,

wah lenggahipun abdi-Dalem pun Wongsayuda, cacah damel-Kula satus, ing Patapan Banter Lèpènlingseng kalih jung sabau, ing Kemawi Panggangsiran kawan jung sakikil, ing Kasèsèh Kaseneng Kadhuning kalih jung sabau, ing Losantun sajung, ing Ngrokod nem jung, ing Wanasari tigang jung, ing Cacaban kalih jung, ing Kabayèn kalih jung, ing Piyanggang sajung,   sedaya dados kawanlikur jung, kapétang damel dados damel-Kula satus,

wah lenggahipun abdi-Dalem pun Tondhamantri, cacah damel-Kula satus, ing Citra walung jung, ing Kerep sajung, ing Lugu tigang jung sakikil, ing Butuh gangsal jung, ing Senuka kalih jung, ing Kamal sajung, ing Brengosan K(r)adènan sajung, ing Panjer saki-/kil, ing Kawisanyar sakikil, ing Palu(m)bon sajung,ing Siliran sakikil,   sedaya dados kawanlikur jung, kapétang damel dados damel-Kula satus,

wah lenggahipun abdi-Dalem pun Onggakusuma, cacah damel-Kula satus, ing Paliyan Kawiskopèk Nglawura Kayutawa Cèkèl Pangodhancabé Sentul gangsal jung, ing Patra-geneng Pagendulan Margasana kawan jung, ing Pangibikan sajung sakikil, ing Paturunan sajung, ing Brajatakan kawan jung, ing Pucangsawit kalih jung sakikil, ing Kemasan kalih jung, ing Jrèbèng kalih jung, ing Butuh kalih jung,   sedaya dados kawanlikur jung, kapétang damel dados damel-Kula satus,

wah lenggahipun abdi-Dalem pun Mertadirja, cacah damel-Kula satus, ing Kebonjageran gangsal jung, ing Windusantun sajung, ing Bakung sajung, ing Karadènan sajung, ing Kawisdurèn Kedhungbanthèng sajung, ing Tambak nem jung, ing Medayu sajung, ing Kamal kalih jung, ing Kalonthong kalih jung, ing Japuwan sajung, ing Lobang kalih jung, ing Kawiswungu sajung,   sedaya dados kawanlikur jung, kapétang damel dados damel-Kula satus,

gu(ng)gung lenggahipun abdi-Dalem Kyai Tumenggung Sindunegara, sakancanipun abdi-Dalem Mantri gangsal, kalebet lenggahipun abdi-Dalem jeksa kabayan,   sedaya dados tigang-atus sangang-dasa jung langkung nem jung, kapétang damel dados damel-Kula sèwu nem-atus sèket.

30   BL Add. MS. 12341
                                                                                   f. 13r–14r

Memo concerning the appanage of Radèn Riya Sindureja and his *Kaparak Tengen* department, along with *pangrembé* lands directly administered by the Sultan in Kedhu, listing numbers of rice fields in *jung*, villages, names of *bekel*, and half-yearly tax/tribute (*paos*) of 828 real per half-year for a total of 126 *jung* and three *bau*. The usual '*ing*' (= at, in) preceding the village name is replaced in the document by '*pun*', which more commonly precedes a personal name.

f. 13r   Punika pémut amémuti lenggahipun abdi-Dalem Radèn Riya Sindureja, sagolonganipun abdi-Dalem Kaparak saPanengen sapangrembènipun ingkang sami tanah Kedhu,   punika pratélanipun,   pun Kajoran kalih jung sakikil, paosipun sami jung kalihwelas, bekelipun awasta A(ng)gadongsa, pun Prawitan kalih jung sakikil, paosipun sami jung walulikur, bekelipun awasta pun Ma(n)tu,   wah pun Prawitan malih kalih jung sakikil, paosipun sami jung walulikur, bekelipun inggih Cina pun Mantu, Lèpènsalak kalih jung, paosipun jung kalih-dasa, bekelipun Ngaripin, pun Redisantun sajung, paosipun jung kalih-dasa, bekelipun Setrajaya, pun Bandhongan kawan jung, paosipun sami jung nigang-dasa, bekelipun Jawinangun, pun Pekudhèn sajung, paosipun jung kawanwelas, bekelipun Pak Samen, Belukan sajung, paosipun jung kawan-atus, bekelipun Kertajaya, Tepadhawaran sajung, paosipun jung walu, bekelipun Sadriya, pun Wongsapatèn sajung, paosipun jung walu, bekelipun Tawongsa, Krasak sajung, paosipun gangsalwelas, bekelipun Mangkudiprana, pun Pending kalih jung, paosipun jung kalih-dasa, bekelipun Kertabongsa, pun Bungas kalih jung, paosipun jung nembelas, bekelipun Samadongsa, Pending malih sajung, paosipun jung sedasa, bekelipun Sadipa, Jégotan sajung, paosipun jung sedasa, bekelipun Prajaya, Pamotan sajung, paosipun jung kalih-dasa, bekelipun Tunggil Prajaya, pun Kademangan sajung, paosipun jung kalih-dasa, bekelipun Ranujaya, Pasanggrahan kalih jung, paosipun jung kalih-dasa, bekelipun Trunadongsa, pun Salam kalih jung, paosipun jung sedasa, bekelipun Singajaya, pun Langgeng tigang jung, paosipun jung nem, bekelipun Kalipah, pun Gambasan tigang jung paosipun sami jung nem, bekelipun Samadongsa, pun Banthèngan sajung, paosipun jung kawanwelas, bekelipun Suradrana, Grogolan sajung, paosipun jung nem, bekelipun Pak Sabrug, pun Juranglebet sajung, paos-
f. 13v   ipun jung sedasa, / bekelipun Prawijaya, Salak Jethakan sajung, paosipun jung kalih-dasa, bekelipun Jadrana, Kapedhak sajung, paosipun jung kalih-dasa, bekelipun Setrajaya,

Amadusèn, pun Lèpènjasa Seloté tigang jung, paosipun sami jung nem, bekelipun Prajaya, Mertadita, pun Mondhalika kalih jung, paosipun jung kalihlikur, bekelipun Sutajaya, kalih Pak Sidah, Gambasan kalih jung, paosipun jung kalih-dasa, bekelipun Singadipa, Kemiri Dhayong sajung, paosipun jung kalihwelas, bekelipun Cina Paduresa, Lèpènjasa sajung, paosipun jung walu, bekelipun Dipajaya, Jethak sakikil, paosipun jung nembelas, bekelipun Jaleksana, pun Kiyaran sajung, paosipun jung tigang-dasa, bekelipun Pradipa, wah pun Sempu tigang jung, paosipun jung nem, bekelipun Tijaya kalih Pak Jasin, Jatoskandhang sajung, paosipun jung gangsal, bekelipun Pak Ayong, pun Soca kawan jung, paosipun sami jung sedasa, bekelipun Secatruna, Dikarasendhèn, Jrébèng Banar kawan jung, paosipun sami jung sedasa, bekelipun Kramawijaya, Pawungon Bendha Gabug Prapag kawan jung, paosipun sasi jung sedasa, bekelipun Jamerta, Sidanala, Pranajaya, Pandhéyan sajung, paosipun jung nem, bekelipun Pak Danes, Patreman tigang jung, paosipun sami jung nem, bekelipun Pak Timbang, Singadrana, Setrajaya, Jakerta sajung, paosipun jung nem, bekelipun Kertadipa, Kaputèn kalih jung, paosipun jung pitu, bekelipun Ranawijaya, Pekambengan sajung sakikil, paosipun jung pitu, bekelipun Suradrana, pun Ranjang sajung, paosipun jung walu, bekelipun Resawijaya, Wonapepak sajung, paosipun jung nem, bekelipun Samadrana, Growong sajung, paosipun jung kalihwelas, bekelipun Setramenggala, Dhelok kalih jung, paosipun jung nem, bekelipun Pak Sanul, Kenthèng sajung, paosipun jung kalihwelas, bekelipun Cina pun Léku, Wadhuk sajung, paosipun jung kalihwelas, bekelipun Resajaya, Plumbon sajung pa/osipun jung kalihwelas, bekelipun Kertajaya, Dhudal kalih jung, paosipun jung kalihwelas, bekelipun Pak Panggung, kalih Pak Rayom, Jethak kalih jung, paosipun jung kalihwelas, bekelipun Jatirta, Semenep sajung, paosipun jung sedasa, bekelipun Sorman, Dlimas sajung, paosipun jung walu, wah sakikil bekelipun Pak Dapa, Kowangan sajung, paosipun jung pitu, bekelipun Wiradrana, pun Bandhongan kalihwelas jung, paosipun sami jung kalih-dasa, bekelipun Mertadiwirya, pun Giyanti kawan jung sebau, paosipun sajung nembelas, bekelipun Ranadongsa, Weluya kalih jung paosipun jung kalih-dasa, bekelipun Sadita, pun Redirosan sajung, paosipun jung nem, bekelipun Tajaya, Tiruman tigang jung, paosipun jung gangsal, bekelipun Patranongga, pun Sarèn sajung sakikil, Pandhawa sajung, paosipun jung gangsal bekelipun Singatruna, Sélapampang Karangbala, sajung sakikil, paosipun jung nem, bekelipun Singajaya, Nglimbangan sajung sakikil, paosipun jung gangsal, bekelipun Sutanaga, Paré sajung, paosipun jung nem, bekelipun Cakrawijaya, Krasak sajung, paosipun jung walu, bekelipun Tawijaya, Redilawak sajung sakikil, paosipun jung nem, bekelipun Pak Gampang, Sondhongan kalih jung, paosipun jung sedasa, bekelipun A(ng)gayuda, Krasak sakikil, paosipun jung nem bekelipun Sutanangga,

nunten kagu(ng)gung kagengan-Dalem sabin saKeparak Tengen, ingkang sami tanah Kedhu, satus jung nemlikur jung langkung tigang bau,

gu(ng)gung paosipun abdi-Dalem sapasokan dados wolung-atus walulikur réyal langkung seka, ing dalem setaun dados sèwu nem-atus sèket langkung nem réyal sajampel.

31

BL Add. MS. 12341
f. 274v

Short note on Javanese tree-bark paper (*dluwang*) on the appanage of Singawedana (perhaps Ngabèhi Singawedana, a senior *mantri* of the *Gedhong Tengen* administrative department) consisting of seventy-five *cacah* given in *gawéning wong*.

f. 274v   Wah lenggahipun Singawedana cacah gawéning wong telung-lawé,   ing Sungapan gawéning wong walulas, ing Watusaka kalih Candhi gawéning wong walu, ing Siluk Kacoran gawéning wong telu, ing Kedhungpring gawéning wong sapuluh, Sidayu gawéning wong papat, ing Juwana gawéning wong walu, ing Gamping Pakacangan gawéning wong siji, Kedhunggong gawéning wong siji, Pakéyongan gawéning wong papat, Kajoran gawéning wong papat, Gerges gawéning wong papat, Kemadhuh gawéning wong papat, Demira gawéning wong papat,   dadi genep cacah gawéning wong telung-lawé.

32   BL Add. MS. 12341
f. 318v–319r

Memo of rice fields (*sabin*) listed in *jung* and names of villages which had become part of the appanage of Radèn Tumenggung Sumadiningrat and his relatives Radèn Tumenggung Jayawinata I and Radèn Tumengung Jayaningrat in Mataram and Remamé, southern Kedhu, see further above Section I, Part 6, no. 2.

f. 318v   Punika pémut sabin ingkang dados lenggahipun Radèn Tumenggung Sumadiningrat, punika wastaning dhusun,   ing Badawaluh Kalisat kalihwelas jung, ing Bakulan Tanjung kalihwelas jung, ing Turi Dhukuh Cangkring tigang jung sakikil, ing Cepaka kalih jung, ing Gadhuh tigang jung, ing Jethak Ngadilaba Beran tigang jung, ing Tingas sajung, ing Badhègan tigang jung, ing Pépé kawan jung, ing Kabéjèn Kawatangan tigang jung, ing Kepakoh sajung, ing Karékah Lebugenèn kalih jung, ing Karanggedhé kalih jung, ing Panjangjiwa Karangasem kalih jung sakikil, ing Kutu sajung sakikil, ing Karipan sajung sakikil, ing Gunturan sajung sakikil, ing Jaligudan sajung, ing Dreséla sajung, ing Serut kalih jung, ing Sumber Saragenèn tigang jung, ing Nagasari kalih jung, ing Puluwan tigang jung, ing Bantul Kamelikan tigang jung, ing Madhalikan Sawakulan tigang bau, ing Bantul malih kalih jung, ing Kemiri kalih jung sakikil, ing Macanan sajung, ing Sudimara sakikil, ing Pangibikan kalih jung, ing Kape(n)dhètan Kejagan sajung, ing Mantub tigang jung, ing Mantub Bagandan tigang jung, ing Ngrawulu tigang jung, ing Kemandhungan kalihwelas jung, ing Pundhong nem jung, ing Kalurahan kalih jung, ing Bothokan Sikepan sajung sakikil, ing Jograngan sakikil, ing Pringgalayan Jagaragan Kepanjèn Pejarana Mudal nem jung, ing Kalinampu Semoya Ngrancah(an) Béji kalih jung sakikil, ing Jo(m)byang Giyanti Dho(ng)kèlan sajung, ing Mudhu Pasawahan sajung, ing Karangtanjung Berkisan kalih jung, ing Jethis Danalayan Pekalangan tigang jung, ing Kabanteran sajung, ing Bungas Kenaruwan kalih jung, ing Ngadisaba sajung, ing Gadhing Pakiringan Kalègung sajung sakikil, ing Tépan Dhadhapan sajung, ing Jembulan Kapalan sajung, ing Kalasan sajung, ing Gempol kalih jung, ing Jamus kalihwelas jung, ing Bajang tigang jung sakikil, ingkang punika sami tanah Metawis,

wah ingkang tanah Gadhing, ing Kemayungan sajung tigang bau, ing Muneng kalih jung, ing Pakancilan sajung, ing Kaci(m)pon kalih jung, ing Celep Pesanggrahan gangsal jung, f. 319r   ing Cala sajung, sa/kikil, ing Sidayu gangsal jung, ing Sogé tigang jung sebau, ing Jaha sakikil, ing Kenitèn sajung sakikil, ing Gugunung kalih jung, ing Sangkèh Puhagung kalih jung sakikil, ing Bracan nem jung, ing Sarèngan kalih jung sakikil, ing Srabahan tigang jung, ing Kenugalan sajung sakikil, ing Mangunranan kalih jung, ing Pekalangan kalih jung, ing Waruwates sakikil, ing Gadhing Pakauman sajung sakikil,

punika tanah Metawis malih, ing Suruh Jethis kawan jung, ing Pijènan sajung, ing Kembangsonga tigang jung, punika srepipun sabin lelambangan kalih Radèn Tumenggung Jayawinata, ing Gamol nem jung, lambanganipun pun Brajan tigang jung, ing Me(r)tasanan kalih jung, ing Priyan sajung, ing Plasajamus sajung dipunlambangi Kyai Jayasona ing Lèpènwanglu sami sajung, ing Paliyan tanah Gadhing sajung sakikil dipunlambangi Purong, lambanganipun ing Pulutan kalih pun Bembem sami sajung sakikil, ing Pagergunung sajung, kapundhut Kangjeng Gusti, kapatedhan pun Temanukan sami sajung,

punika sabin ingkang kapundhut kapatedhakaken Radèn Tumenggung Jayaningrat, ing Priyan tigang jung, ing Badhègan kalih jung, ing Serut sajung, ing Gadhing Berkat sajung, ing Pekanthongan sajung, ing Remamé kawan jung,

punika sabin ingkang kapundhut, ing Babadan kalih jung medal paos jung gangsal, ing Japatèn tanah Gadhing kalih jung sakikil medal paos jung gangsal, ing Cepaka sajung medal paos jung papat, ing Kuwarasan sajung sakikil medal paos jung sekawan, ing Pelasa sajung medal paos jung gangsal.

33   BL Add. MS. 14397
                                                                            f. 33r–34r

Memo concerning royal lands set aside as an appanage for Radèn T. Sumadiningrat, listing *jung* in villages, including exchanged (*kalambangaken*) lands with those 'owned' for tax purposes (*gadhahipun pamaosan*), eg rice fields (*sabin*) from R.T. Wiryadiningrat, Kyai T. Mangundipura II, Demang Resawinata, and others. Undated, but probably between *c.* 1794, when R.T. Sumadiningrat was first appointed *Wedana Jaba,* and 1797 when he became *Wedana Jero* (First Inner Bupati), see *Archive I*, p. 191. *Dluwang.*

3r Pémut amémuti kagengan-Dalem bumi dhusun ingkang dados lenggahipun Radèn Tumenggung Sumadiningrat,   punika pratélanipun,   ing Badawaluh Kalisat Wanas(a)ri-Sèyègan Tulung Kasantan kalihwelas jung, ing Bakulan Tanjung, kalihwelas jung, ingkang sajung kalambangaken kalih gadhahanipun pamaosan, Radèn Tumenggung Wiryadiningrat, angsal ing Jatisawit, sami sajung, ing Jatisawit kalambangaken malih kalih sabinipun Demang Resawinata, angsal ing Kawisnongka sami sajung, ing Turi Cangkring sajung sakikil, ing Dhukuh sajung (Kejaputan sakikil), ing Gadhuh tigang jung, ing Jethak Kajogahan Ngadilaba tigang jung, [interpollation in text: ing Macanan kalambangaken kalih gadhahanipun Kyia Mangundipura angsal ing Sangka sami sajung] ing Tingas sajung, ing Badhègan tigang jung, ing Pépé kawan jung, ing Béjèn Kawatangan Jodhog gangsal jung, ing Kapokoh sajung, ing Karékah Lebugenèn kalih jung, ing Karanggedhé kalih jung, ing Panjangjiwa Karangasem kalih jung sakikil, ingkang sajung kalambangaken kalih sabinipun Radèn Tumenggung Wiryadiningrat angsal ing Sangkèh sami sajung, ing Kutu sajung sakikil, ing Koripan sajung sakikil, ing Gunturan sajung sakikil, ing Jaligudan sajung, ing Serut kalih jung, ing Sumber Saragenèn tigang jung, ing Nagasari kalih jung, ing Puluhan gangsal jung, ing Bantul Kamelikan tigang jung, ing Mondhalikan Sebakulan Kajuron kalih jung, ing Bantul malih kalih jung, ing Kemiri kalih jung sakikil,

3v / kalambangaken kalih sabinipun Demang Resawinata, angsal ing Kemiri sami sajung, ing Macanan sajung, kalambangaken kalih sabinipun Kyai Tumenggung Mangundipura, angsal ing Kawisnongka sami sajung, ing Sudimara sakikil, ing (Ka)pedhètan Kejagan sajung, ing Mantub tigang jung, ing Mantub Pegandan tigang jung, ing Rawulu tigang jung, ing Kemandhungan kalihwelas jung, ing Pundhong nem jung, ing Kalurahan kalih jung, ing

Bothokan Sikepan sajung sakikil, ing Jonggrangan sakikil, ing Puluhan sajung, kalambang-
aken kalih sabinipun Imasentika, angsal ing Lèpènpucang, sami sajung, ing Lèpènpucang
kalambangaken malih kalih gadhahanipun Demang Resawinata, angsal ing Kemiri sami
sajung, ing Pringgalayan Jagaragan Kawarajan Pejaranan Mudalan sangang jung, ing
Kagrokan sajung kalambangaken kalih gadhahanipun Resawinata, angsal ing Kem(i)ri
sami sajung, ing Kalin(o)mpo Semoya Ngrancahan Béji kalih jung sakikil, ing Jomblang
Giyanti Dhongkèlan sajung sabau, ing Mundhu Pesawahan Peninggaran Penjaran kalih
jung sakikil, ing Karangtanjung Bra(ng)kisan kalih jung, ing Jethis Danalayan Pekalangan
kawan jung, ing Kabanteran Kalasan Dedera, Butaran tigang jung, ing Bungas Kenaruwan
kalih jung sabau, ing Ngadisaba Kaleragan tigang jung, ing Gadhing Pakiringan Kalègung,
tigang jung, ing Tépan Dhadhapan sajung sakikil, ing Jembulan Pekapalan sajung sebau,
ing Jamus Pakau/man Karanggeneng Wirana Pegajahan Penabin Karangkamal Sokalila
Bancinan Tegaron Jethis Sambirata, kawanwelas jung, ing Bajang tigang jung sakikil, ing
Suruh Jethis-Ngepas gangsal jung, ing Pirajanan sajung, ing Kembangsonga kalih jung,
ing Muneng kalih jung sakikil, ing Celep Pesanggrahan gangsal jung, ing Cala sajung
sakikil, ing Sidayu gangsal jung, ing Soraga kawan jung sabau, ing Kenitèn sajung sakikil,
ing Gugunung jung kalih jung sakikil, ing Sangkèh Puhagung kalih jung sakikil, ing
Bracan nem jung, ing Kaparanjan sajung sakikil, ing Sarèngan kalih jung sakikil, ing
Kanunggalan sajung sakikil, ing Mangunranan kalih jung, ing Pekalangan kalih jung
sakikil, ing Waruwates sakikil, ing Brajan tigang jung, ing Mertasanan Kabumèn kalih
jung, ing Priyan sajung, ing Kaliwanglu sajung sabau, ing Sungapan sajung, ing Kacepit
kalih jung.

34   BL Add. MS. 12341
                                                   f. 282r–283r

Appanage of Radèn Tumenggung Sumadiwirya which have come from the excess rice
fields (*ampas*) of among others, Radèn Tumenggung Purwadipura, Kyai Tumenggung
Mangundipura II, and Radèn Tumengung Wiryakusuma in Gowong, Kalibawang, Bagelèn,
Kedhu, Pajang, and Mataram. There is a reference at the end of the document to levies
from pepper gardens and other taxes on lands in Bagelèn which may have been situated
in Lowanu, a district renowned for its pepper and cubeb (*kumukus*) production, see above
Section II, Part I nos. 3–7; and below no. 40. Javanese tree-bark paper (*dluwang*).

f. 282r   lenggah Sumadiwiryan

Punika pémut kagungan-Dalem sabin ingkang dados lenggahipun Radèn Tumenggung
Sumadiwirya, ingkang ampas saking Purwadipuran, ing Gowang Gepirang Lèpènbawang
Ngadisalam nem jung, tanah Gowong, ing Gowong Samabumi sakikil, ing Kiyangkong
kawan jung, ing Dhadhapageng kalih jung, sami tanah Bagelèn, ing Urip kalih jung,
Metawis, ing Rawong kalih jung, Bagelèn, ing Secang gangsal jung, Bagelèn, ing Kampak
sajung, Paos, ing Granti sajung, Paos, ing Jombokan tigang jung, Metawis, ing
Dho(n)dhong kalih jung, Metawis, ing Bendha Temanggung sajung, Paos, ing Mendhali
Jethis tigang bau, Paos, ing Temusuk tigang jung, Metawis, ing Gamol sajung, Metawis,
ing Medari sajung, Metawis, ing Kertankemiri sakikil, Metawis, ing Ngenthak sajung,
Metawis, ing Samalangu kalih jung, Bagelèn, ing Semawung sajung, Bagelèn, (ing)
Kedhungirit sakikil,

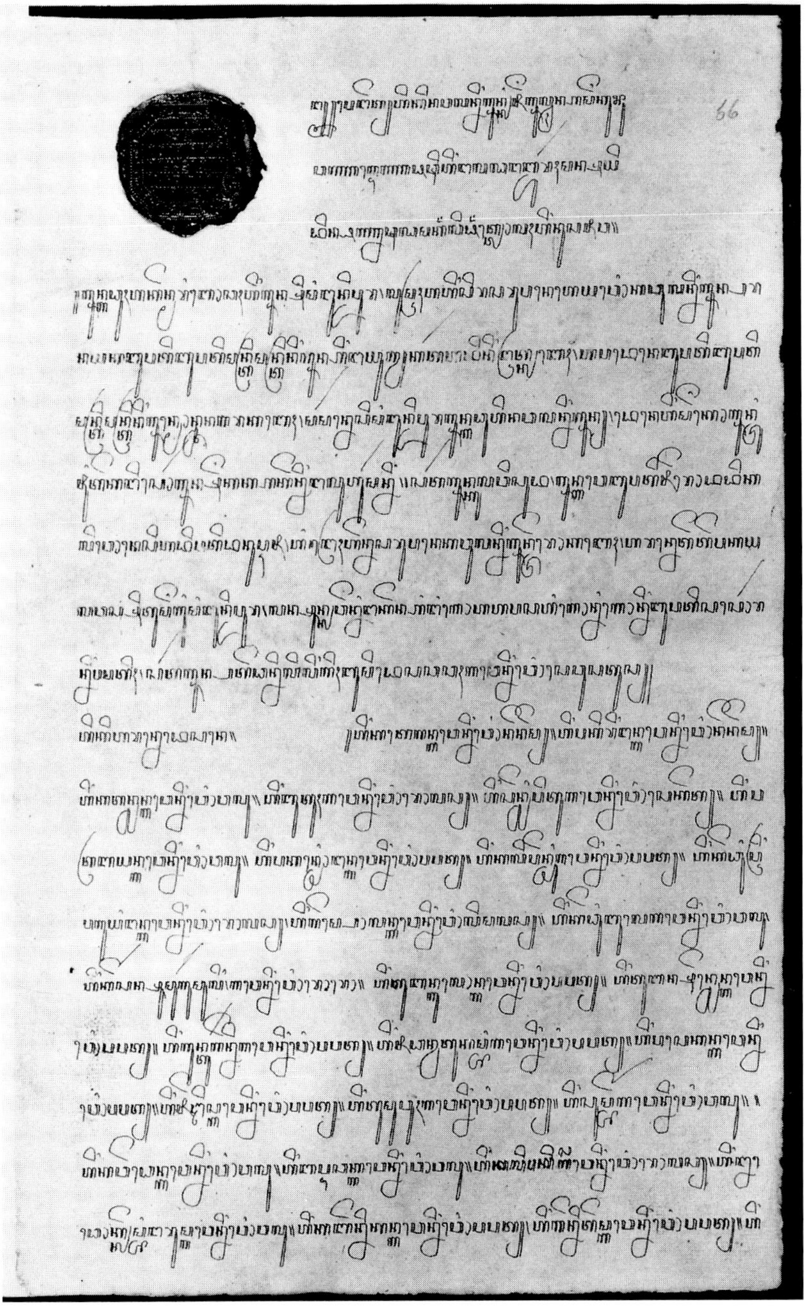

Plate 1: BL Add. MS. 12341 f.66r, letter of appointment from Sultan Hamengkubuwana II to Kyai Tumenggung Mangundipura II dated Thursday, 17 Sura A.J. 1713 (9 November 1786) promoting him as an Assistant (*Kliwon*) to the Yogya patih, Radèn Adipati Danureja I (in office, 1755-99), and as an Inner Bupati (*Bupati Jero*) of the court (Sec.I pt.1 no.2, p.8).

Plate 2: BL Add. MS. 12342 f.246r, appanage grant from Sultan Hamengkubuwana I to one of his daughters, Bendara Radèn Ayu Sulbiyah, dated Monday, 15 Rejeb A.J. 1717 (21 March 1791) (Sec.I pt.1 no.9, p.14).

Plate 3: BL Add. MS. 12342 f.253r, appanage grant from Sultan Hamengkubuwana II to Bendara Radèn Ayu Srenggara, the principal unofficial wife of the first sultan and the mother of Pakualam I, dated Monday, 21 Sura A.J. 1721 (18 August 1794) granting her 56 manpower units (*cacah*) in named villages (Sec.I pt.1 no.10, p.14).

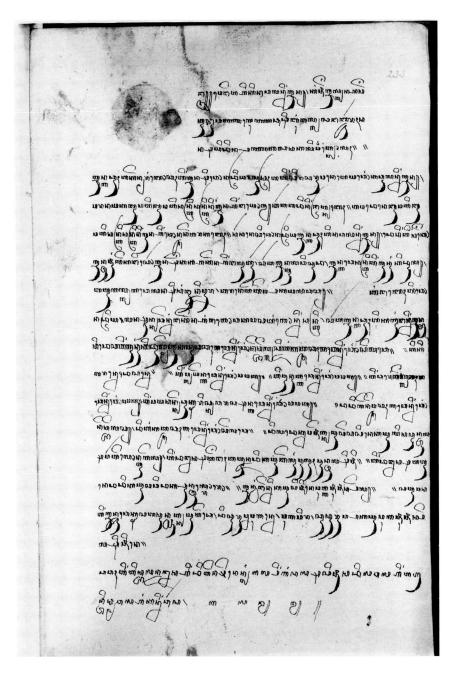

Plate 4: BL Add. MS. 12342 f.233r, letter of appointment of Sultan Hamengkubuwana II to Ngabèhi Wonadriya dated Monday, 5 Jumadilawal A.J. 1733 (21 July 1806), appointing him as a mantri in Gunung Kidul responsible for the production of teak logs (Sec.I pt.1 no.29, p.48).

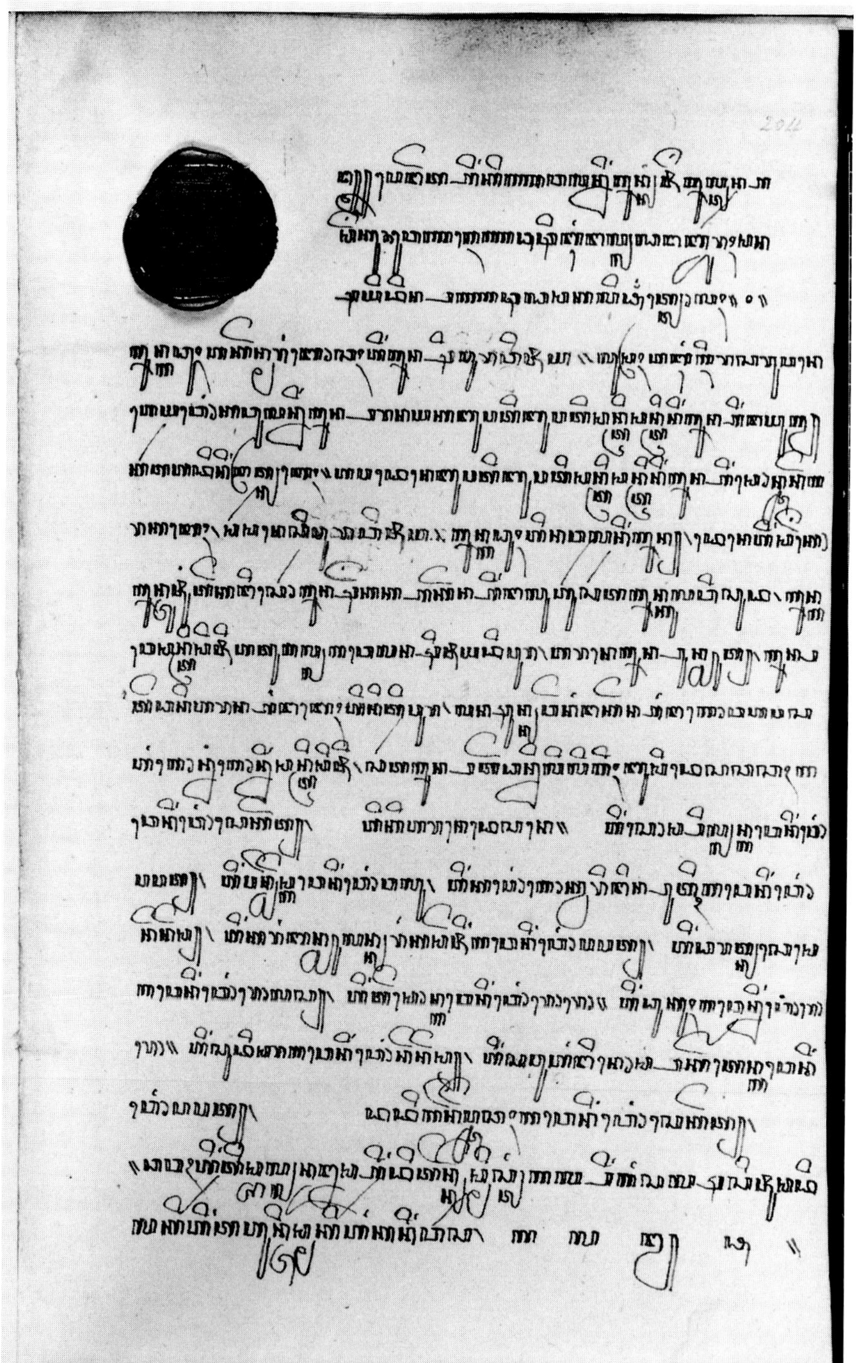

Plate 5: BL Add. MS. 12342 f.204r, letter of appointment of Sultan Hamengkubuwana II to Purawijaya dated Thursday, 5 Jumadilakir A.J. 1738 (27 June 1811), promoting him to the rank of *Mantri Miji* with the title of Ngabèhi Nitipura (Sec.I pt.1 no.32, pp.50-1).

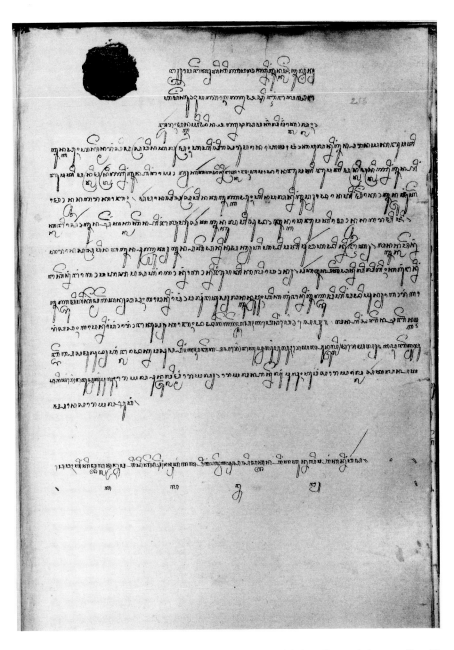

Plate 6: BL Add. MS. 12342 f.256r, letter of appointment of Sultan Hamengkubuwana II to Mas Tumenggung Sasrawinata II dated Monday, 15 Saban A.J. 1723 (13 February 1797), appointing him as Bupati of Magetan in the eastern *mancanagara* with the title of Kyai Adipati Purwadiningrat (Sec.I pt.1 no.42, p.65).

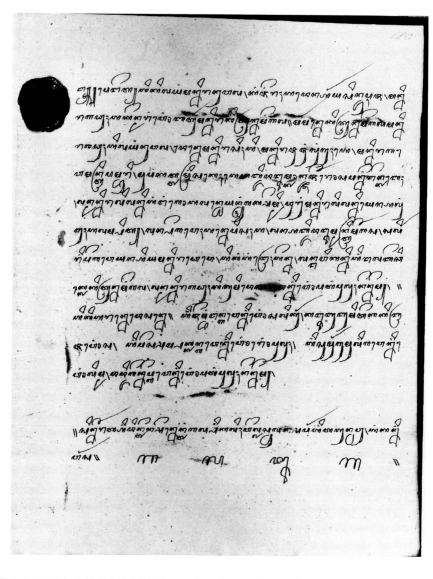

Plate 7: BL Add. MS. 12341 f.180r, letter of appointment from Radèn Arya Sindureja, the Second Inner Bupati (in office, 1786-1812), to his subordinate Kyai Trunamenggala dated Monday, 12 Sapar A.J. 1721 (8 September 1794), promoting him to the rank of assistant mantri (*mantri pamburi*) (Sec.I pt.1 no.58, p.74).

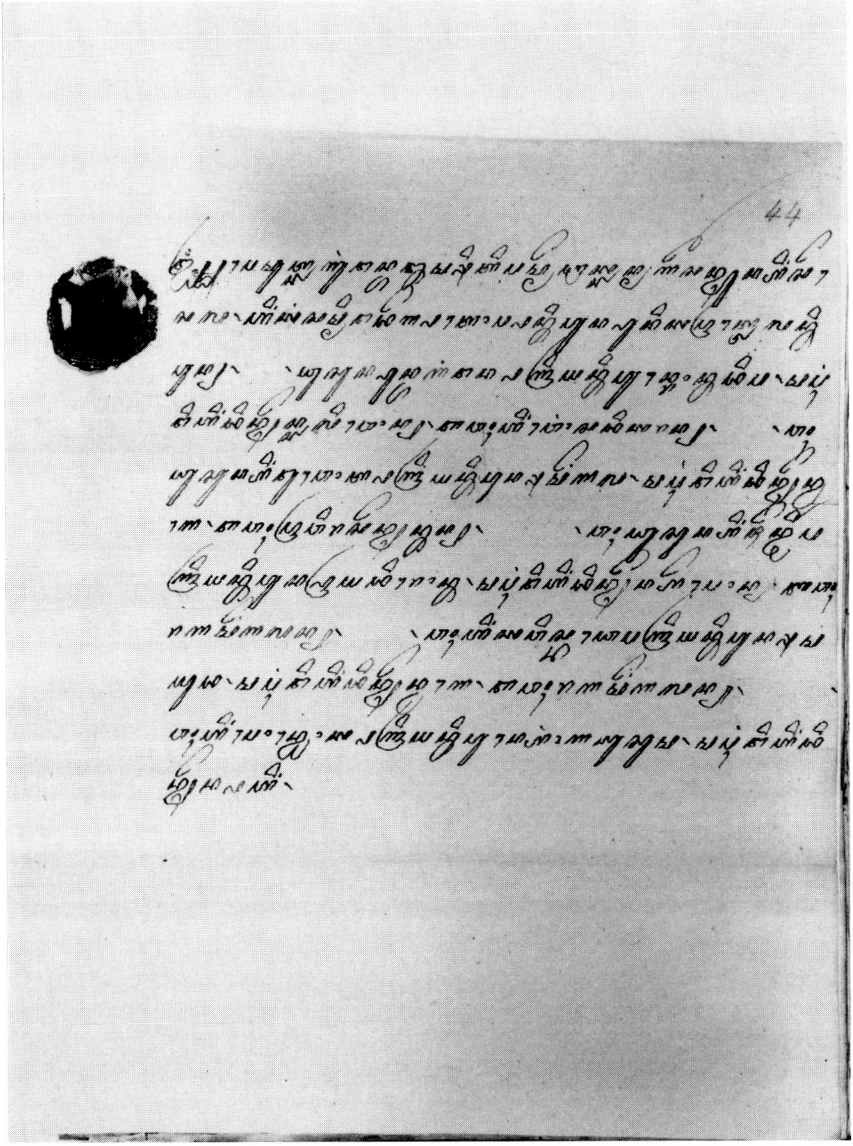

Plate 8: BL Add. MS. 14397 f.44r, royal order concerning the opening days of gambling dens (*patopan*) run by religious officials in Seséla, a Yogyakarta enclave on the north coast (Sec.I pt.2 no.24, p.86).

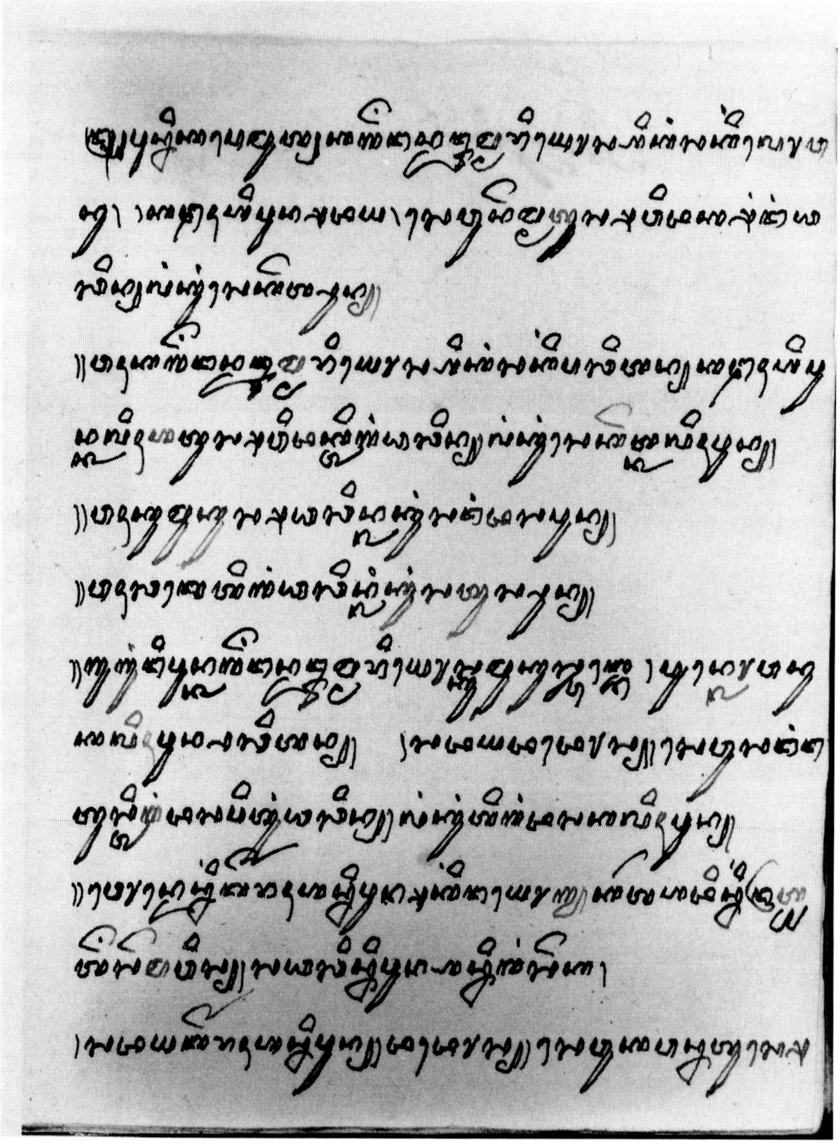

Plate 9: BL Add. MS. 14397 f.4r, memo on tailed pepper (*kumukus*) and chili (*cabé*) contingents from Lowanu and Pacitan which are to be transported from Yogyakarta to Semarang (Sec.II pt.1 no.6, p.121).

wah ampas saking Mangundipuran, ing Gombang Kajambon kalih jung, Metawis, ing
2v Karangmaya sajung sakiki/l, Bagelèn, ing Terwatang sajung sakikil, Bagelèn, ing Ngampèl
sajung, Bagelèn, ing Bulu sakikil, Kedhu, ing Palumbon sajung, Kedhu, ing Pakrerengan
sajung, Kedhu, ing Pasunggingan sajung, Kedhu, ing Liwung sajung, Kedhu, ing Ken-
dhayakan sajung, Kedhu, ing Brecak kalih jung, Metawis, ing Papringan Polaman sajung,
Metawis, ing Kulur Kajokan sajung, Metawis, ing Rancah sajung, Metawis, ing Butuh
tigang jung, Bagelèn, ing Kemadhu sajung, Bagelèn, ing Wingka Tinumpuk Kawisanyar
sajung sakikil,

wah lenggahipun Radèn Tumenggung Sumadiwirya lami, ing Pasanggrahan sajung, ing
Mandhingan sajung, ing Krècèk sakikil, ing Wungking sajung, ing Sranggèn Pajabéyan
sakikil, ing Grigit sajung, ing Butuh sajung,

wah sabin ampasipun Radèn Tumenggung Wiryakusuma saweg timur, ing Warèng nem
3r jung, ing Bokot kalih jung, sami tanah Bagelèn, ing Sribi/d sajung, ing Sirnabaya sajung,
ing Bedhilan sajung, ing Brangkal Grawulan sajung tigang bau, ing Telawong kawan jung
sabau, ing Kadut kalih jung, ing Pokakan sajung, sami tanah Paos, ing Pakisaji sajung, ing
Karanggeng kalih jung, ing Rongkod sajung, sami tanah Kedhu,

wah ingkang kapundhut kataneman mriyos kalih ingkang kapundhut kapaosan, ing
Pendhem sajung, ing Kedhungpoh sajung, ing Pakuwutan sajung, ing Padukulan sajung,
sami tanah Bagelèn,   dados jangkep damel-Kula kawan-atus.

35   BL Add. MS. 12341
                                                            f. 272r–273r

List on Javanese tree-bark paper (*dluwang*) of lands in Bagelèn, Kedhu, Gowong, and
Gunung Kidul which would become the appanage of Radèn Tumenggung Sumadiwirya.

72r Punika pémut kagengan-Dalem sabin ingkang badhé dados lenggahipun Radèn Tumeng-
gung Sumadiwirya,   punika pratélanipun,   ing Gawong Gapiran Ngadisalam Kali-
bawang nem jung sakikil,

wah ingkang tanah Pagelèn, ing Samalangu kalih jung, ing Secang gangsal jung, ing
Tresidi kalih jung, ing Kiyangkong kawan jung, ing Ngampèl sajung, ing Butuh kawan
jung, ing Wingka Tinumpuk Kawisanyar sajung sakikil, kalebet ingkang dados lenggah-
ipun Sawunggaling salupit, ing Dhadhapageng kalih jung, ing Pakuwukan sajung,
kapundhut paosan, ing Panukulan sajung, kapundhut kapaosan, ing Pendhem Kedhung
sajung sakikil, kapundhut kataneman mriyos, ing Garigit sajung,

72v wah ingkang tanah Mentawis, ing Kemusuk tigang jung, ing Gamol sajung, ing
Dh(on)dhong kalih jung, ing Medari sajung, ing Kertankemiri sakikil, ing Ngenthak
sajung, ing Mandhingan sajung, ing Panusupan sajung, ing Bercak kalih jung,

wah ingkang tanah Redi Kidul, ing Papringan Polaman sajung, ing Kulur Kajombokan
sajung, ing Rancah sajung, ing Kajombokan sajung,

wah ingkang tanah Paos, ing Mandhingan sajung, ing Kerècèk sakikil, ing Srangèn
Pajambéyan sakikil, ing Dhali-Jethis tigang bau, ing Temanggung sajung, ing Granting,
sajung, ing Jambon sajung, ing Gombangan sajung, ing Kampak tigang jung sakikil, ing
Saragenèn Pajambéyan sakikil, ing Pasanggrahan sajung, ing Klampokan Genukan sakikil,

f. 273r ing Pasanggrahan sajung, ing Kuwiran sakikil /, ing Wungking sajung, ing Gumulkilèn Jiwa kalih jung, ing Genthan Masaran sajung, ing Juwiring kalih jung, ing Jungkaran Gamolan sajung, ing Kedhungkirik sakikil, ing Gadhungan sajung,

wah ingkang tanah Kedhu, ing Palumbon sajung, ing Kerengan sajung, ing Pasu(ng)gingan sajung, ing Kendhayakan sajung, ing Kemadhu sajung, ing Liwu sajung,

gu(ng)gung dados saweg damel-Kula tigang-atus langkung damel-Kula pitulas,

[small script at bottom of page] ing Juwiring kalih jung, ing Dhungkerik sakikil,

36   BL Add. MS. 12341
                                                  f. 294r–v

Memo on *dluwang* of the appanage of Radèn Tumenggung Sumareja, being composed of residual rice fields from various royal officials such as Radèn T. Mertawijaya, Radèn T. Kusumareja, Ngabèhi Mandanasraya, Radèn Adipati Danureja II, and R.T. Danukusuma.

f. 294r lenggah Sumarejan

wah ingkang dados lenggahipun Radèn Tumenggung Mertawijaya, ing Jenar Glathak kalihwelas jung, ing Darèn nem jung, ing Talang sakikil, ing Ngendho sajung, ing Sawahan sakikil, ing Tunjungan kalih jung, ing Kasutan sakikil, ing Barongan Ngampèl sakikil, ingkang kapundhut kapaosan, ing Kreradènan sajung,   dados jangkep damel-Kula satus,

punika pémut lenggahipun Radèn Tumenggung Kusumareja, sabin damel-Kula kawan-atus, sabin ampas saking Saradipa,   punika pratélanipun,   ing Kumusuk sajung, ing Brongkol sajung, ing Panesan sajung, ing Turip sajung, ing Lebugenèn rong jung, ing Nagasari sajung, ing Bonjok nem jung, ing· Srusuh tigang jung, ing Bakung sakikil, ing Ngasinan sakikil, ing Batadéwi tigang jung, ing Kamènthongan tigang jung, ing Krasan nem jung,

wah ampas saking Mandanasraya, ing Pakiswiring Ngepoh walu jung, ing Ngepas kalih jung, ing Palambongan sajung, ing Bulu sajung, ing Pacor kawan jung, ing Sangubanyu patang jung, ing Panggang sajung, ing Pa(ng)gang Dhokan sajung, ing Pragodan Sangubanyu sajung, ing Jethak sajung,

f. 294v wah sabin saking Kadanurejan Kadanukusuman / damel-Kula satus, ing Tapakya walung jung, ing Karanganyar walung jung, ing Worawari Kajoran Bodhèh walung jung, jangkep damel-Kula satus,   wah sabin ampas Natakusuman, ing Lobang kawanlikur jung, dados jangkep damel-Kula kawan-atus, ingkang damel walu, sumerep dados lenggah Danukusuman, wau punika,   wondéné ingkang dhateng Danukusuman, lenggahipun konca mantri karya kalih-atus wau punika, ing Palumbon sajung, ing Pakiswiring sajung.

37   BL Add. MS. 12341
                                                  f. 256r–v

Memo on Javanese tree-bark paper (*dluwang*) concerning royal rice fields set aside as an appanage for R.T. Sumareja, Radèn Tumenggung Mertawijaya, and Radèn Mas Saliya (son of Pangéran Natakusuma [Pakualam I, r. 1812–29]) from residual rice fields (*sabin ampas*) deriving from Pangéran Natakusuma (Pakualam I's) previous appanage in Bagelèn.

6r Punika pémut kagengan-Dalem sabin ingkang badhé dados lenggahipun pun Adhi Sumareja, sabin damel-Kula kawan-atus, ingkang badhé dados lenggahipun pun Adhi Mertawija(ya) damel-Kula satus, ingkang badhé dados lenggahipun pun Saliya sabin damel-Kula selawé, kajawi kersa-Dalem, sabin ampas saking mantri jawi damel-Kula kalih-atus kirang salawé, mila kirang salawé, ingkang kawan jung sumerep kapundhut paosan, ingkang kalih jung sumerep kapundhut kapatedhakaken dados wewah-wewahipun abdi-Dalem pun Paman Danukusuma,

wondéning kirang salawé wau punika nunten Kula srepi patedhan-Dalem paos ing sabin, ingkang kapundhut kapaosan gangsal jung, sumerep sabin satusipun ingkang kapundhut kapaosan anyar jung, dados kirang sajung,   wah sabin paosan saking Danurejan damel-Kula sèket,   wah sabin saking Danukusuman damel-Kula sèket,   wah sabin lenggahipun pun Adhi Mertawijaya lami tigang jung,   dados saweg tigang-atus langkung kalih jung,

6v jangkepipun gangsal-atus sa/lawé, kawewahan kagengan-Dalem sabin ampas saking Natakusuman, kalih-atus langkung damel-Kula nembelas,

punika wastanipun dhusun sabin ampas saking Natakusuman, ing Lobang kawanlikur jung, ing Jenar Gelèthak kalihwelas jung, ing Ngarèn nem jung, sami tanah Bagelèn.

38   BL Add. MS. 12341
                                                  f. 191r–192v

Memo on local rice pulp paper (*kertas dhedhak*) concerning royal rice fields in Kedhu under the authority (*kagengan-Dalem sabin rèrèyan*) of Radèn Panji Surèngrana, a royal troop commander, listing *jung* attached to villages, tax rates (*paos*), and names of tax-collectors (*bekel*).

91r Punika pémut kagengan-Dalem sabin rèrèyan ing Surèngranan i(ng)kang tanah Kedhu, punika pratélanipun,   sabin lenggahipun abdi-Dalem Mantri Lebet Pinilih, ing Kebaon, ing Saba sajung, paosipun jung salawé pejah, bekelipun Nayadrana, ing Kalagèn sajung, paosipun jung salawé pejah, bekelipun Singajaya, ing Ngawisan sajung, jung tigang-dasa pejah, bekelipun Udawikrama,

wah sabin Keyudan, ing Juragan sajung, jung kalih-dasa pejah, bekelipun Cina, ing Kawislo sajung, jung salawé pejah, bekelipun Setradrana, ing Batu sajung, jung kalihwelas pejah, bekelipun Pengricik, ing Téjalapa sajung, jung tigang-dasa pejah, bekelipun Kertasentika, ing Ngulakan Tepasaran sajung, jung kalih-dasa pejah, bekelipun Nayatruna, ing Pejangkungan sajung, jung kalih-dasa pejah, bekelipun Pak Lépat, ing Lèpènsalak sajung, jung kalih-dasa pejah, bekelipun Singaresa,

wah sabin Keranan, ing Klapa sajung, jung kalih-dasa pejah, bekelipun Pak Bruwo, ing Kawisanyar sajung, jung salawé pejah, bekelipun Tatruna,

wah sabin ing Puspakesuman, ing Ngranjang sajung, jung salawé pejah, bekelipun Pak Nagiyah, ing Jagasaran sajung, jung nemlikur pejah, bekelipun Jagayuda, ing Lèpènsalak sajung, jung kalih-dasa pejah, bekelipun Nalatruna, ing Pakowangan sajung, jung gangsalwelas pejah, bekelipun Surajaya, ing Samaitan sajung, jung sedasa gesang, bekel-

91v ipun Se/mita,

wah sabinipun abdi-Dalem Kawandasa, ing Imasentikan, ing Gabug sajung, jung nem gesang, bekelipun Cakradipa, ing Pesalakan Ngawisan kalih jung, jung nem gesang, bekelipun Patrawijaya, wah ing Imadigunan, ing Sumber sajung, jung sedasa gesang, bekelipun Candramenggala,

wah sabin ing Imayudan, ing Jawilamar sajung, jung nembelas gesang, bekelipun Singadrana, ing Trasan sajung, jung sedasa gesang, bekelipun Onggajaya,

wah sabin Mandhungan, ing Pongangan sajung, jung nem gesang, bekelipun Citradongsa, ing Kemlaka sajung, jung sangang gesang, bekelipun Pak Ketog, ing Guntur sajung, jung pitung gesang, bekelipun Tawijaya,

wah sabin Tanusetran, ing Menongsa sajung, jung walu gesang, bekelipun Pak Rata, ing Wadhak tigang jung, sami jung walu gesang, bekelipun Pak Nagiyah, Wangsajaya, ing Pakiswiring sajung, jung sedasa gesang, bekelipun Satruna, ing Kropahan sajung, jung sedasa gesang, bekelipun Wiratruna, ing Ngaglik Lèpènsalak sakikil, jung gangsal gesang, bekelipun Kertataka Mertayuda, ing Mlanthèn sajung jung walu gesang, bekelipun Sayuda,

wah sabin Mangundaran, ing Gerong tigang jung, sami jung nem gesang, bekelipun Kertamenggala, ing Weluya sajung, jung nem gesang, bekelipun Citrajaya,

wah sabin Jayatakan, ing Weluya sajung, jung nem gesang, ing Weluya malih sajung, sami jung nem gesang, bekelipun Citrajaya, ing Pakiswiring tigang jung, sami jung sang-
f. 192r   ang gesang, bekelipun Pak Saniyah, Samadongsa, Resajaya, ing Perbotan sajung, / jung walu gesang, bekelipun Jawikrama, ing Sarèn sakikil, jung walu gesang, bekelipun Setradita,

wah sabin Secadipuran sabin ing Jayapenantangan, ing Krasak sajung, jung nembelas gesang, bekelipun Prajaya,   ing Sumenep sajung, jung kalih-dasa gesang, bekelipun Mustari, ing Gamilang sakikil, jung kalih-dasa gesang, bekelipun Mertamenggala,

wah sabin ing Jayaprabawan, ing Kintelan kalih jung, jung sedasa gesang, bekelipun Kertawongsa, ing Greges sajung, jung sedasa gesang, bekelipun Pak Kanthong, ing Kemlaka sajung, jung nem gesang, bekelipun Kertawongsa, ing Kemlaka malih sajung, jung nem gesang, bekelipun Pak Bahya, ing Kertèn sajung, jung nembelas gesang, bekelipun Samenggala, ing Pelumbon sajung, jung nem gesang, bekelipun Samadrana, ing Keluyon sajung, jung gangsal gesang, bekelipun Sadongsa, ing Muntung sajung, jung sedasa gesang, bekelipun Pak Benthung,

wah sabin Kedhangangan, ing Sangèn tigang jung, sami jung nembelas, bekelipun Kramajaya, ing Gambasan kalih jung, jung angawanwelas, bekelipun Secatruna, ing Ranjang sajung, jung kalih-dasa pejah, bekelipun Suramenggala, ing Bendhagabug sajung, jung sedasa pejah, bekelipun Pak Gami, ing Kedhungbagor sajung, jung salawé pejah, bekelipun Trunadongsa, ing Plikon sajung, jung nembelas gesang, bekelipun Pak Gandim, ing Bengkal kalih jung, jung nembelas pejah, bekelipun Patrawijaya, ing Lèpènbawang
f. 192v   sajung, jung nem/belas pejah, bekelipun Sajaya, ing Mlanthèn sajung, jung sedasa gesang, bekelipun Sadongsa, ing Gambasan sajung, jung nembelas pejah, bekelipun Secatruna,

gu(ng)gung sadaya sawidak jung pitung jung sakikil, kadamel karya dados kalih-atus walung-dasa gangsal karya,   gu(ng)gung sadaya paosipun ing dalem satengah taun kawan-atus pitung-dasa tiga seka, ing dalem sataun sangang-atus kawan-dasa nem seka.

39   BL Add. MS. 12341
                                                         f. 222v–223r

Short note on Javanese tree-bark paper (*dluwang*) concerning the appanage of Ngabèhi Wirapati in Gagatan, Kedhu, and Bagelèn.

2v   Punika pémut lenggahipun Ngabèhi Wirapati,   punika pratélanipun,   ing Dhuwari Ngampon-Ledhok Ngampon-Tèmpèl sakikil, Banaran Ngenthak sakikil dados sajung, ing Kawismaos sajung, Ngegot Kawisanyar sajung, ing Canggal Tangkisan sakikil, ing Ngandong Siwalan sakikil, dados sajung, ing Su(m)ber sajung, sami tanah Gagatan,

wah ing Genenga(n)dhap sajung sakikil, ing Tampak sakikil, ing Pakisan Kawisampèl sajung, ing Kaliwungu sajung, ing Krètèg sajung, sami tanah Kedhu,

wah lenggahipun Ngabèhi Prayawijaya,   punika pratélanipun,   ing Giyanti kalih jung, sami tanah ing Kedhu, ing Ramé Pekacangan Bayalali Séla-ageng sajung, ing Bandhung-wétan sakikil, ing Bayasari sajung sakikil, sami tanah Gagatan,

wah lenggahing jajar pun Sutamenggala, ing Tempak Buburan tigang bau, Genengandhap Geneng–inggil gangsal bau,

23r   / wah lenggahipun Kertamenggala, ing Tempak Kragilan ing Wonakersa sakikil ing Tampir sakikil, ing Wonakersa sajung,

wah lenggahipun Wiradipa, ing Wonakersa kalih jung,

wah gadhuhanipun sabin ingkang medal sikep Ngabèhi Wirati,   punika pratélanipun, ing Tampir Kacèmé Bugeltutur tigang jung sakikil, ing Kapisangan tigang jung,

wah gadhahanipun sabin ingkang medal sikep Ngabèhi Prayawijaya, ing Giyanti kalih jung, ing Kapisangan tigang jung,

wah gadhuhanipun Sutamenggala, Genengandhap Geneninggil kalih jung,

(wah) gadhuhanipun Kertamenggala, ing Wonakersa kalih jung,

wah gadhuhanipun Wiradipa, ing Wonakersa kalih jung, sami tanah Bagelèn.

40   BL Add. MS. 12341
                                                         f. 291r–v

Memo of Radèn Tumenggung Wiryadiningrat's holdings which had been taken from the residual rice fields of Radèn Tumenggung Purwadipura. Undated, but certainly post-1794/6. Javanese tree-bark paper (*dluwang*).

91r   lenggah Wiryadiningratan

Punika pémut kagengan-Dalem sabin lenggahipun Radèn Tumenggung Wiryadiningrat, damel-Kula kawan-atus, jangkepipun gangsal-atus kawewahan kagengan-Dalem sabin ampas Purwadipuran ingkang satus,   punika pratélanipun, ing Tanabaya sawelas jung, ing Medana sawelas jung, ing Taneman tigang jung, ing Gambasan kalih jung, ing Belibi sajung, ing Sarang sajung, ing Sampar sakikil, ing Kemiri sajung, ing Piring sajung, ing Sapangingan sajung, ing Bulus kalih jung, ing Jethis kalih jung, ing Pajambéyan sajung, ing Sangubanyu kalihwelas jung, ing Kadilaba sajung, ing Pajangjiwa sajung, ing Nglètèr kalih jung, ing Tambak nem jung, ing Larong kalih jung, ing Sangkèh Pugeran sakikil, ing Wedari nem jung, ing Kacèmé sajung, ing Jethis sajung, ing Nyamplu(ng) kalih jung, ing Kahingan sajung, ing Wulusan sakikil, ing Kanigara sajung, ing Pakalongan kalih jung, ing Kokap sakikil, ing Sèngklèh sakikil, ing Pelasa Karangasem sajung, ing Sambang sakikil, ing Semayu kalihwelas, ingkang kapundhut kapaosan, ing Patreban tigang jung, ing Wirun Tujungputih kalih jung,

wah kagengan-Dalem sabin ampas saking Purwadipuran ingkang satus,   punika pratélanipun,   ing Gawong Lèpènbawang Gepirang Ngadisalam tigang jung sakikil, wah tanah Bagelèn, ing Kiyangkong kalih jung, ing Kedhunggong kawan jung, ing Banthèngan sajung, ing Pangèn sajung, ing Urip kalih jung,   wah tanah Paos, ing Jelapar sakikil, ing Tanjung sajung,

f. 291v   wah tanah Kedhu, ing Basung sajung, ing Teruman sajung,   wah tanah Metawis, / ing Kulur sajung, ing Kalisat Mayungan sajung, ing Nagasari sajung, ing Sendhang sajung, ing Bali(m)bing Jagabayan sajung, ing Dhadhapageng sajung, ing Saragenèn sajung,

wah i(ng)kang kapundhut katanam mariyos, ing Pe(n)dhem sakikil, ingkang kapaosan ing Panungkul sajung sakikil, dados jangkep damel-Kula satus.

41   BL Add. MS. 14397
                                                       f. 30r–31r

Memo on *dluwang* of taxable rice fields in Mataram from the residual rice fields (*sabin ampas*) of Radèn Tumenggung Wiryadiningrat´s appanage. Text very difficult to read.

f. 30r   Punika pémuti sabin pemaosan Metawis ampas saking Wiryadiningratan,   punika pratélanipun,   ing Padèrèsan kalih jung sakikil, ingkang sajung sabau jung walu, lang-kung sadasa wang, ingkang sajung sabau, jung sadasa pejah, (ing) Terbah Wingking (?) sajung, jung walu, ing Pasawahan sajung, jung walu, ing Bendha jung (?) sakikil jung walu, ing Mutiyan sajung, jung walu, ing Sayangan sajung sabau, jung tiga, ing Merisi Kawispulé sajung, jung walu, ing Gadhing Pakiringan sajung sabau, jung sedasa, ing Jebugan sajung sabau, jung pitu, ing Kokap sakikil, jung sadasa pejah, ing Pucanganom sajung, jung pitu, ing Pulutan sajung, jung nem,   dados pitulas jung langkung sabau, ing Krapakan sajung sakikil, jung walu, paosipun dalem satengah taun sawidak sanga réyal sajampel langkung gangsal uwang, jangkepipun satus, paosipun sabin pitung jung sabau, ingkang wonten Radèn Tumenggung Wiryadiningrat, paosipun ing dalem satengah taun, tigang-dasa réyal langkung sadasa uwang   dados mineb(?) satu, ing dalem sataun kalih-atus réyal sami réyal anigang-dasa wang saréyalipun,

wah gadhahanipun ingkang wonten mantrinipun kekalih, ing Gadhing satus, pun Resayuda
f. 30v   pun Resawijaya, ingkang kacepengaken Resayuda, / ing Serisik sajung, ing Piranti sajung sabau, ing Kadaleman tigang bau, ing Pekalangan Kalipakèl sajung, ing Beracan sakikil, ing Seruwuh sabau salupit, Bubak-Bubakan Rawa-ujung walu jung kalih jung, ing Wanasalam saidu,   dados sangang jung, tigang bau, salupit, saidu, nanging sampun kasanggi kalihwelas jung, ingkang kapatedhakaken dados lenggahipun tigang jung, ingkang dados kagengan-Dalem pamaosan sangang jung, paosipun sami jung aniga sedaya, paosipun ing dalem satengah taun tigawelas réyal, langkung sajampel, ing dalem sataun pitulikur réyal, sami réyalan anigang-dasa wang, saréyalipun,

wah ingkang kacepengaken Resawijaya, ing Sokadalem sajung, ing Sudimara Karipan sakikil, ing Piranti sajung, ing Kamayungan Kaléyodan Kerajan tigang bau salupit, ing Piring sajung, ing Munenggung Suran sajung, ing Jethis sakikil, ing Gadhing sakikil, ing Besolé Wanatingal sakikil, ing Singgela sabau salupit sairing, / ing Rawa-ujung kalih jung, ing Wanasalam saidu,   dados sadaya sajung, langkung sabau salupit sairing saidu, nanging sampun kasanggi kalihwelas jung, ingkang kapatedhakaken dados lelenggah tigang jung, ingkang dados kagengan-Dalem pemaosan sangang jung, paosipun sami jung aniga sedaya, paosipun ing dalem satengah taun tigawelas réyal langkung sajampel, ing dalem satahun pitulikur réyal, sami réyal anigang-dasa wang, saréyalipun,

anunten kagelengaken paosipun ingkang kaceceng mantri kekalih, pun Resayuda, pun Resawijaya, ing dalem satengah taun, pitulikur réyal, ing dalem sataun sèket réyal langkung kawan réyal, sami réyalan anigang-dasa wang, saréyalipun.

42   BL Add. MS. 12341

f. 317r

Memo concerning the division of residual rice fields (*sabin ampas*) in Mataram from the appanage of Radèn Tumenggung Wiryadiningrat.

7r   Punika pémut amémuti sabin pamaosan Metawis ampas saking Wiryadiningratan, punika pratélanipun,   ing Padèrèsan kalih jung sakikil, ingkang sajung sabau, jung walu, langkung sadasa wang, ingkang sajung sabau, jung sadasa pejah, ing Karékah kalih jung, jung wolu, ing Pasawahan sajung, jung walu, ing Kajuron sajung sakikil jung walu, ing Bandhung sakikil, jung walu, ing Mutiyan sajung, jung wolu, ing Sayangan sajung sabau, jung sanga, ing Gadhing Pakiringan sajung sakikil, jung sadasa, ing Kawisageng kalih jung, jung walu, ing Kokap sakikil, jung sadasa pejah, ing K(o)ripan sajung sakikil, jung walu, ing Pulutan sajung, jung nem, ing Kaparanjan sajung sakikil, jung nem, ing Kuwèni sakikil, jung walu,

gu(ng)gung walulas jung, langkung sakikil, paosipun ing dalem satengah taun, sawidak réyal langkung sangang réyal tigang seka setangsul sadasa uwang, i(ng) dalem sataunipun dados satus tigang-dasa réyal langkung sangang réyal, tigang seka, kalih-dasa uwang, sami réyalan anigang-dasa uwang saréyalipun.

wah kagungan-Dalem pamaosan anyar, ingkang kagadhahaken dhateng Bendara,   punika pratélanipun,   ing Palawidi tigang jung, jung sawelas, ing Jumeneng kalih jung, jung sangang, ing Mangiran kalih jung, jung sadasa, paosipun ing dalem satengah taun tigang-dasa réyal sajampel, ing dalem setaunipun pitung-dasa langkung saréyal, sami réyalan anigang-dasa uwang saréyalipun.

43   BL Add. MS. 12341

f. 288r–v

Memo concerning residual royal rice fields (*kagengan-Dalem sabin ampas*) taken from Radèn Tumenggung Purwadipura to become the appanage of Radèn Tumenggung Wiryadipura in Kedhu, Bagelèn, Mataram, Pajang, and Gunung Kidul. Undated, but certainly post-1794/6. Javanese tree-bark paper (*dluwang*).

88r   lenggahipun Radèn Tumenggung Wiryadipuran

Punika pémut amémuti kagengan-Dalem sabin ampas saking Purwadipuran, ingkang badhé dados lenggahipun Radèn Tumenggung Wiryadipura, sabin damel-Kula tigang-atus, jangkepipun kawan-atus kawewahan kagengan-Dalem sabin ampas saking Mangunnegaran, tigang-lawé ja(ng)kepipun satus sabin sangking Singawedanan salawé, kalebet lenggahipun Radèn Tumenggung Wiryadipura lami kalih jung, punika pratélanipun, ing Gawong Lèpènbawang Gepira Ngadisalam sadasa jung, ing Gawong Samabumi sakikil,

wah ingkang tanah Bagelèn, ing Kiyangkong nem jung, ing Kedhunggong tigang jung, ing Magulung nem jung, ing Kaligesi(ng) tigang jung, ing Rawong kalih jung, ing Dhadhap-ageng sajung, ing Karanggawé sakikil, ing Susuk tigang jung sakikil, ing Pasawahan sajung, ing Pohijem sakikil, ing (Ke)bonagung sajung, ing Ngadilangu sakikil,

wah ing tanah Mentawis, ing Kajombokan nem jung, ing Urip sajung, ing Jethis sakikil, ing Greges sajung tigang bau, ing Krètèg sabau, ing Kumusuk kalih jung, ing Katambran sajung, ing Pakanthongan sajung, ing Sendhi kalih jung, ing Wulakan sajung, ing Banaran sakikil, ing Pagedhongan kalih jung, ing Dog(o)ngan kalih jung sakikil, ing Kedhungpring f. 288v kalih jung sakikil, ing Tersidiwaru kalih jung tanah Bagelèn, / ing Gerges sajung sakikil, ing Kelakah sakikil, ing Kajuron kalih jung, ing Dhukuh Sunggapan sakikil, ingkang tanah Kedhu, ing Kalèran pitung jung, ing Ngaliyan sajung, ing Bara sajung,

wah ingkang tanah Paos, ing Jrerèhèng sajung, ing Tanjung kalih jung, ing Wirun sajung, ing Kadhangèyan Karangnongka Pangabèyan sakikil, ing Wangès sajung,

wah ingkang tanah Redi Kidul, ing Katonggan sajung sakikil, ing Bureng Patambakan pitung jung, ladosan mariyos, ing Kedhungpoh sajung, ing Pasungkulan sajung, ingkang kapundhut paosan, ing Sruwuh sajung, ing Kapamong Baleber Kalialang sajung, tanah Mentawis, dados jangkep damel-Kula kawan-atus, ing Pekadhangan sebau, ing Geger-malang sabau.

44

BL Add. MS. 12341
f. 210r–211r

Memo of royal lands (*kagengan-Dalem bumi dhusun*) which had become the appanage of Kyai T. Wiryanegara I, listing *jung* in village units recalculated into work obligations.

f. 210r Punika pémut kagengan-Dalem bumi dhusun ingkang dados lenggahipun abdi-Dalem Kyai Tumenggung Wiryanegara, punika pratélanipun, ing Sukerwé nembelas jung sakikil, ing Kowangan tigang bau, ing Karangan Kabungasan tigang jung, ing Parembulan Sarapatèn kalih jung, ing Wongsakertèn tigang jung, ing Nguwèd kalih jung, ing Salam Sarayudan Watupengantèn tigang jung, ing Pajimatan Jagapatèn sajung, ing Pituruh kawanlikur jung, ing Buwaran walung jung, ing Wanasari sajung, ing Panusupan Kacodé kawan jung, ing Karogahan tigang jung, ing Karanglo sakikil, ing Kemayangan sajung, ing Paladadi kawan jung, ing Wates Ma(ng)gulungi tigang jung, ing Kebonagung Dlimas tigang jung, ing Pajambéyan Pajatèn kalih jung sakikil, ing Kaponggok sajung, ing Kathithang sajung, ing Ngasinan sajung, ing Kalipakèl sajung, ing Déwi kawan jung, ing Wanaganggu Sumurpakis sajung sabau,

gu(ng)gung sadaya dados sangang-dasa jung langkung nem jung, kapétang damel dados damel-Kula kawan-atus,

f. 210v [blank]
f. 211r Serat lenggahipun Kyai Wiryanegara.

PART 3

Appanage Adjustment

A subdivision of papers dealing with the realm's material resources consists of a unique set of documents called here 'Appanage Adjustment'. They functioned as instruments of state for repossessing various parcels of royal village lands (*kagengan-Dalem bumi dhusun .... ingkang kapendhet*) by the named official or officials. They also list the villages and 'owners' effected and the number of *jung* in question, followed by the amount of excess lands (*lelangkunganipun*) repossessed and the taxation rate for each parcel. At the end of each document excess lands and total taxation, i.e. the area multiplied by the specified rate, are summarized. Only three are dated. Yet similarity in form and content, as well as the consistency of personnel named, argues that the remainder come from very nearly the same period. These characteristics also imply that the documents comprise a standard administrative form for redistributing the realm's primary resources. For convenience, the appanage adjustment documents from Mataram open the sub-section, followed by those from respectively Bagelèn, Kedhu, Pajang [Paos], Gowong, Gunung Kidul, and Sokawati. The subsection is closed by a miscellaneous group of documents dealing with the realm at large.

Mataram

The first four documents were issued by Pangéran Dipakusuma (*c*. 1760–1822, see *Archive I*:185), ostensibly in the name of the Sultan. Their contents note excess royal village lands to be repossessed in Mataram by Radèn Ngabèhi Bausasra (*lurah mantri* of the kraton) and his associates. Of the Mataram group only document no. 1 is dated Thursday, 13 March 1788. Somewhat at variance with them are documents nos. 5 and 6 from Bagelèn dated 31 October and 27 November—6 December respectively. These were jointly issued by Radèn Tumenggung Natayuda I (*Bupati Bumija,* Wedana of Kedhu, poisoned 29 November 1804, *Archive I*:127, n.1), the head of the royal scribes (*lurah carik*) Radèn Ngabèhi Prawirasastra, and Pangéran Dipakusuma. A final difference between nos. 5 and 6 and the remainder is that the officials entrusted with the process of repossession of excess lands are Radèn Ngabèhi Bauwesèsa and the chief magistrate (*jeksa negari*), Radèn Ngabèhi Wirawongsa.

1   BL Add. MS. 12341
                                                                              f. 98r–100v

Memo of Pangéran Dipakusuma concerning excess royal lands in Mataram retrenched by Radèn Ngabèhi Bausasra and his colleagues, including some twenty *jung* with a half-yearly tax/tribute (*paos*) of forty-nine real. Dated 13 March 1788.

f. 98r   Punika pémut kahula pun Dipakusuma, amémuti kagengan-Dalem bumi dhusun ingkang
tanah Metawis ingkang sami wonten lelangkunganipun ingkang kapendhet dhateng
abdi-Dalem pun Adhi Bausasra sakancanipun,   punika pratélanipun,   ing Kresèn
tigang jung, ingkang tumut abdi-Dalem gerji pun Jayatruna, kalih jung sakikil, ingkang
tumut abdi-Dalem Katanggel pun Jayasudarmi sakikil, wonten lelangkunganipun sakikil,
paosipun jung nem,   wah ing Silarong Pakèntholan Dhuyungan nem jung, tumut abdi-
Dalem pun Ngabèhi Derpawongsa, wonten lelangkunganipun kalih jung, paosipun sami
jung anyekawan,   wah ing Gebogoran kalih jung, tumut abdi-Dalem pun Ngabèhi
Mangunyuda, wonten lelangkunganipun sabau salupit, paosipun jung walu,   wah ing
Ngembang tigang jung, ingkang tumut abdi-Dalem pun Yudawalingi sajung, ingkang
tumut abdi-Dalem pun Yudapramuni sajung, ingkang tumut abdi-Dalem pun Ngabèhi
Jayènggati sajung, jangkep tigang jung, wonten lelangkunganipun tigang bau, paosipun
jung gangsal,   wah ing Tanubayan kalih jung, tumut abdi-Dalem Mantri Kaparak Kiwa,
pun Ngabèhi Sutapatra sajung, tumut pun Ngabèhi Setrapati sajung, wonten lelang-
kunganipun sabau, paosipun jung gangsal,   wah ing Kenitèn kalih jung, tumut abdi-
Dalem Kawandasa pun Imapanitis, wonten lelangkunganipun sabau paosipun jung gangsal,
wah ing Bakalan sajung, tumut abdi-Dalem Nyai Yudakara, wonten lelangkunganipun
sakikil, paosipun jung nem,   wah ing Pakaja sajung, tumut abdi-Dalem pun Ngabèhi
Jayèngsari, wonten lelangkunganipun, salupit paosipun jung gangsal, wah ing Kèpèk nem
jung, ingkang tigang jung, gegadhahanipun abdi-Dalem pun Tumenggung Mangundipura,

f. 98v   ingkang tigang jung gegadhahanipun abdi/-Dalem pun Tumenggung Sasrakusuma, wonten
lelangkunganipun sajung sabau, paosipun jung gangsal, wah (ing) Mandhing Pagandhèkan
sajung, tumut abdi-Dalem pun Ngabèhi Surèngrana, wonten lelangkunganipun sabau,
paosipun jung gangsal,   wah ing Banaran sabau, tumut Pangéran Dipakusuma, wonten
lelangkunganipun sabau, paosipun jung nem,   wah ing Bulus kalih jung, tumut abdi-
Dalem Mantri Gedhong Tengen pun Ngabèhi Kertawirya, wonten lelangkunganipun
sakikil, paosipun jung gangsal,   wah ing Bulus malih sajung, tumut abdi-Dalem pun
Ngabèhi Martapura, wonten lelangkunganipun sabau, paosipun jung gangsal,   wah ing
Turi kalih jung, tumut abdi-Dalem Mantri Pinilih, pun Ngabèhi Jasantika sajung, tumut
abdi-Dalem Sarag(e)ni Wiratmaka sajung, wonten lelangkunganipun sakikil, paosipun jung
sakawan,   wah ing Bulus kalih jung, tumut abdi-Dalem pun Ngabèhi Nirbaya, wonten
lelangkunganipun sakikil, paosipun jung gangsal, wah ing Ngenthak sajung sakikil, tumut
abdi-Dalem Pusparaga, wonten lelangkunganipun sakikil, paosipun jung gangsal,   wah
ing Pasanggrahan sajung sakikil, tumut abdi-Dalem carik pun Setrawacana, wonten lelang-
kunganipun sabau, paosipun jung sakawan,   wah ing Pulokadang sajung sakikil, ingkang
tumut putra-Dalem Kangjeng Gusti sajung, ingkang tumut abdi-Dalem pun Danureja
sakikil, wonten lelangkunganipun sabau, paosipun jung sakawan,   wah ing Mindi sajung
sakikil, tumut abdi-Dalem Pusparaga, wonten lelangunganipun sakikil, paosipun jung
sakawan,   wah ing Jalagraha sajung,

f. 99r   / inggih tumut abdi-Dalem Jalagraha, wonten lelangkunganipun sakikil, paosipun jung
gangsal,   wah ing Saragenèn kalih jung, tumut Radèn Tumenggung Sumadiningrat, won-
ten lelangkunganipun sabau, paosipun jung nem,   wah ing Saraban Mangunan sajung,
tumut abdi-Dalem pun Ngabèhi Prawirasraya, wonten lelangkunganipun sakikil, paosipun
jung gangsal,   wah ing Samendhèn sakikil, tumut abdi-Dalem pun Ngabèhi Samatali,
wonten lelangkunganipun sabau, paosipun jung sakawan,   wah ing Jombor sajung,
tumut abdi-Dalem pun Ngabèhi Imayuda, wonten lelangkunganipun sakikil, paosipun jung
gangsal,   wah ing Katembi sajung, tumut abdi-Dalem pun Ngabèhi Manguntruna,

wonten lelangkunganipun sabau, paosipun jung nem,   wah ing Saman kawan jung, ing-
kang tumut Pangéran Mertasana kalih jung, ingkang tumut putra-Dalem Kangjeng Gusti
kalih jung, wonten lelangkunganipun sakikil, paosipun jung sakawan,   wah ing Keranggan
sakikil, tumut abdi-Dalem Saos-siti, wonten lelangkunganipun salupit, paosipun jung
sakawan,   wah ing Sudimara kalih jung, ingkang tumut abdi-Dalem pun Ngabèhi
Sumawijaya sajung, ingkang tumut abdi-Dalem Mantri Kaparak Tengen pun Ngabèhi
Murmawijaya, wonten lelangkunganipun sabau, salupit, paosipun jung nem,   wah ing
Penggaron sajung, tumut abdi-Dalem Mantri Pinilih pun Ngabèhi Kartawijaya, wonten
lelangkunganipun tigang bau, paosipun jung nem,   wah ing Onggapranan Kalayu sajung
tigang bau, ingkang tumut abdi-Dalem Ngabè/hi Imasantika Maésajalamprang sajung
sakikil, ingkang tumut abdi-Dalem nongsong pun Malangjiwa sabau, wonten lelang-
kunganipun sakikil, paosipun jung nem,   wah ing Pacabèyan sajung sakikil salupit, ing-
kang tumut abdi-Dalem Demang Resawinata sajung, ingkang tumut abdi-Dalem pun
Ngabèhi Jayènggati sakikil, ingkang tumut abdi-Dalem pun Ngabèhi Jayataka salupit,
wonten lelangkunganipun sajung sabau salupit, paosipun jung gangsal,   wah ing Jurug
kalih jung, tumut abdi-Dalem pun Ngabèhi Jayapramadi, wonten lelangkunganipun sajung
sabau salupit, paosipun jung nem,   wah ing Saragenèn Dhukuh kalih jung, tumut abdi-
Dalem Katanggel pun Jayasukarna, wonten lelangkunganipun sakikil, paosipun jung nem,
wah ing Sudimara malih sajung sakikil, ingkang tumut putra-Dalem Kangjeng Gusti
sajung, ingkang tumut Radèn Tumenggung Sumadiningrat sakikil, wonten lelangkungan-
ipun sabau sairing, paosipun jung sakawan,   wah ing Mangunan Sanayan sakikil, tumut
abdi-Dalem pun Ngabèhi Nirbaya, wonten lelangkunganipun sakikil, paosipun jung nem,
wah ing Sidakertèn sabau, inggih tumut abdi-Dalem pun Ngabèhi Nirbaya, wonten lelang-
kunganipun salupit, paosipun jung nem,   wah ing Widara sakikil, tumut abdi-Dalem pun
Ngabèhi Maodara, wonten lelangkunganipun sairing, paosipun jung nem, wah ing Mriyan
Pagandhèkan kalih jung, ingkang tumut abdi-Dalem pun Ngabèhi Puspawijaya sajung, ing-
kang tumut abdi-Dalem pun Ngabèhi Surèngpati sajung, wonten lelangkunganipun sabau
salupit, paosipun jung nem,   wah ing Paséwon sabau/ tumut abdi-Dalem Saos-siti wonten
lelangkunganipun salupit paosipun jung nem,   wah ing Pépé Derpasutan sajung, tumut
abdi-Dalem pun Ngabèhi Giyanti, wonten lelangkunganipun salupit sairing, paosipun jung
gangsal,   wah ing Bungas sajung, ingkang tumut abdi-Dalem pun Riya Sindureja sa-
kikil, ingkang tumut abdi-Dalem pun Tumenggung Jayawinata sakikil, wonten lelang-
kunganipun sabau, paosipun jung sakawan,   wah ing Palekan sajung, tumut abdi-Dalem
pun Malik, wonten langkunganipun sabau, paosipun jung sakawan,   wah (ing) Jatisawit,
a(m)pas saking Bendara Radèn Ajeng sajung gangsal (...)

gu(ng)gung kagengan-Dalem bumi lelangkunganipun, sadaya dados kalih-dasa jung lang-
kung sabau sairing kalebet a(m)pas saking Bendara Radèn Ajeng sajung wau punika,
paosipun ing dalem satengah taun kawan-dasa sanga réyal langkung saseka, ing dalem
sataunipun dados sangang-dasa walu réyal langkung sajampel, sami réyalan anigang-dasa
uwang saréyalipun,

pémut ko(n)jukipun kala ing malem Kemis tanggal ping gangsal, sasi Jumadilakir ing taun
Jimakir, angkaning warsa, 1 7 1 4   [Thursday, 13 March 1788].

[envelope] kasaosaken sasi Jumadilakir

2

Memo of Pangéran Dipakusuma concerning excess royal lands in Mataram retrenched by Radèn Ngabèhi Bausasra and his colleagues, including some thirty-seven *jung* with a half-yearly tax/tribute of some eighty-seven real (see Section III, Part 1, no. 3, letter from Bausasra, undated, but probably *c.* 1786–87).

f. 79r   Punika pémut kahula pun Dipakusuma amémuti kagengan-Dalem bumi dhusun ingkang tanah Metawis, ingkang sami wonten lelangkunganipun, ingkang kapendhet dhateng abdi-Dalem pun Adhi Bausasra, sakancanipun,   punika pratélanipun,   ing Balendhung tigang jung, tumut abdi-Dalem Mas Imadiguna Maésadelajah, wonten lelangkunganipun tigang bau, paosipun jung sakawan,   wah ing Parembangan kalih jung, tumut abdi-Dalem Mantri Jawi Kiwa, pun Ngabèhi Suratruna, wonten lelangkunganipun sakikil, paosipun jung walu,   wah ing Trayu gangsal jung, tumut abdi-Dalem Mantri Jawi Tengen, pun Ngabèhi Singadiwirya, wonten lelangkunganipun sakikil, paosipun jung gangsal,   wah ing Trayu Pendhèkan Jaganalan kalih jung, tumut abdi-Dalem Mantri Keparak Kiwa, Radèn Ngabèhi Martapura, wonten lelangkunganipun sabau, paosipun jung nem,   wah ing Kawisasem nem jung, tumut Pangéran Mertasana, wonten lelangkunganipun tigang bau, paosipun jung tiga,   wah ing Pendhem sakikil, tumut abdi-Dalem Mertalulut pun Resamenggala, wonten lelangkunganipun sabau, paosipun jung sakawan, wah ing Semanggèn sajung, tumut abdi-Dalem Sarag(e)ni Kiwa pun Kartapati, wonten lelangkunganipun sabau, paosipun jung nem,   wah ing Onggawangsan sajung, tumut abdi-Dalem Anggandhèk Kiwa pun Trunayuda, wonten lelangkunganipun sabau, paosipun

f. 79v   jung tiga,   wah ing Kajagan sakikil, / tumut abdi-Dalem Anggandhèk Kiwa pun Kerti-menggala, wonten lelangkunganipun salupit, paosipun jung tiga,   wah ing Kapundhung sakikil, tumut abdi-Dalem Gedhong Kiwa pun Cakradirana, wonten lelangkunganipun sakikil, paosipun jung nem,   wah ing Kepuh sajung, tumut abdi-Dalem Mantri Kaparak Tengen pun Ngabèhi Puspadirana, wonten lelangkunganipun salupit, paosipun jung sa-kawan,   wah ing Wonasari tigang jung, tumut abdi-Dalem Brajanala pun Surabraja sajung, pun Suraleksana kalih jung, jangkep tigang jung, wonten lelangkunganipun sakikil, paosipun jung gangsal,   wah ing Kawisasem Semilir tigang jung, tumut Pangéran Jayakusuma, wonten lelangkunganipun sabau salupit, paosipun jung sakawan,   wah ing Wonalapa sajung, tumut abdi-Dalem Radèn Adipati Danureja, wonten lelangkunganipun sabau, paosipun jung sakawan,   wah ing Saragenèn sakikil, tumut abdi-Dalem Mantri Lebet Radèn Ngabèhi Prawirajenaka, wonten lelangkunganipun salupit, paosipun jung sakawan,   wah ing Lèpènwatang walulas jung, tumut abdi-Dalem Ketanggel pun Jayasugriwa kalih jung sakikil, tumut abdi-Dalem pun Mantri Keparak Tengen pun Ngabèhi Matangyuda kawan jung sakikil, tumut abdi-Dalem Radèn Ngabèhi Ja(ya)penular sajung, tumut abdi-Dalem Nyutra pun Ngabèhi Jawikrama sajung, pun Guritna sajung, tu-

f. 80r   mut putra-Dalem Bendara Pangéran Ngabèhi tigang jung, tumut abdi-Dalem Radèn / Adi-pati Danureja tigang jung, tumut abdi-Dalem pun Ngabèhi Sindujaya sajung, jangkep walulas jung, wonten lelangkunganipun kalih jung, paosipun sami jung angenem,   wah ing Katembèn sajung, tumut abdi-Dalem Mantri Pinilih pun Samprabongsa, wonten lelang-kunganipun salupit, paosipun jung gangsal,   wah ing Pacabèyan kalih jung, tumut abdi-Dalem Singanagara, pun Ngabèhi Wiryadikara, wonten lelangkunganipun sabau, paosipun jung sakawan,   wah ing Tambakbaya sakikil, tumut abdi-Dalem Mantri Pinilih Ngabèhi Tirtasengaja, wonten lelangkunganipun salupit, paosipun jung sakawan,   wah ing

Pacangakan sajung, inggih tumut abdi-Dalem pun Tumenggung Mangundipura, wonten lelangkunganipun sabau, paosipun jung sakawan,   wah ing Jomboran nem jung, tumut abdi-Dalem Wirabraja Radèn Ngabèhi Onggadipa sajung, tumut abdi-Dalem Sarag(e)ni Kiwa gangsal jung, pun Wirarosa sajung, pun Wiradriya sajung, pun Wirasana sajung, pun Wirakertika kalih jung, jangkep nem jung, wonten lelangkunganipun kalih jung, paosipun sami jung angenem,   wah ing Ketanggalan kalih jung, tumut abdi-Dalem nongsong pun Setradiwongsa sajung, tumut abdi-Dalem Ketanggel pun Ja/yasepali sajung, jangkep kalih jung, wonten lelangkunganipun sakikil, paosipun jung sakawan,   wah ing Mlangsèn tigang jung sakikil, inggih tumut abdi-Dalem Wirabraja Radèn Ngabèhi Onggadipa, wonten lelangkunganipun tigang bau salupit, paosipun jung sakawan,   wah ing Kadaleman sajung, tumut abdi-Dalem Mantri Pinilih Mas Ngabèhi Kramadiwirya, wonten lelangkunganipun sakikil, paosipun jung sakawan,   wah ing Sindhutan kalih jung sakikil, tumut abdi-Dalem Anggandhèk Kiwa pun Sutapraya, wonten lelangkunganipun tigang bau salupit, paosipun jung sakawan,   wah ing Tatapan sajung, tumut abdi-Dalem Wirabraja pun Suradriya, wonten lelangkunganipun sabau, paosipun jung sakawan,   wah ing Pangènan tigang jung, tumut abdi-Dalem Mantri Gedhong Tengen Ngabèhi Trunamenggala, sajung sakikil, tumut abdi-Dalem pun Tumenggung Mangundipura sajung, tumut abdi-Dalem Anggandhèk Tengen pun Wirawongsa sakikil, jangkep tigang jung, wonten lelangkunganipun sakikil, paosipun jung sakawan,   wah ing Kujon sajung sakikil, tumut abdi-Dalem Ketanggel pun Jayap(r)ahara, wonten lelangkunganipun sajung, paosipun jung sakawan,   wah ing Candhi tigang jung, tumut abdi-Dalem Mantri Gedhong Tengen Ngabèhi Sutayuda kalih jung, / tumut abdi-Dalem Ngabèhi Tanusetra sajung, jangkep tigang jung, wonten lelangkunganipun sakikil, paosipun jung sakawan,   wah ing Tonabadhèn nem jung, tumut wayah-Dalem Bendara Radèn Mas Timur sajung, tumut abdi-Dalem Mantri Jawi Kiwa Ngabèhi Pusparana gangsal jung, jangkep nem jung, wonten lelangkunganipun sajung, paosipun jung pitu,   wah ing Ngulakan kalih jung, tumut abdi-Dalem Anggandhèk Kiwa pun Prayadiwongsa sajung, tumut abdi-Dalem Radèn Tumenggung Sasrakusuma sajung, jangkep kalih jung, wonten lelangkunganipun sabau, paosipun jung gangsal,   wah ing Sutapadan Giyantèn Ngongkèk wolung jung, tumut abdi-Dalem Wirabraja pun Suradiwongsa kalih jung, tumut abdi-Dalem Tumenggung Mangundipura sajung, tumut abdi-Dalem Radèn Tumenggung Sasrakusuma sajung, tumut abdi-Dalem Sarag(e)ni Kiwa pun Wirakriya sajung, jangkep wolung jung, wonten lelangkunganipun sakikil, paosipun jung sakawan,   wah ing Palempukan gangsal jung, tumut abdi-Dalem Katanggel pun Jayamiruda sajung, tumut abdi-Dalem pun Tumenggung Mangundipura sajung, tumut abdi-Dalem Mantri Lebet pun Ngabèhi Yudaprayitna sajung, tumut abdi-Dalem Ngabèhi Kanèman sajung, jangkep gangsal jung, wonten lelangkunganipun sakikil, paosipun jung sakawan,   wah ing Kadhundang nem jung, tumut abdi-Dalem sikep ingkang nyanggi damel ing Tamansari, wonten lelangkunganipun sajung, paosipun jung gangsal,   wah ing Pandhuhan nem jung, tumut abdi-Dalem Mantri Jawi Te/ngen Ngabèhi Mertadiwirya tigang jung, tumut abdi-Dalem Mantri Gedhong Kiwa Ngabèhi Tirtayuda sajung, tumut abdi-Dalem Mantri Kaparak Tengen Ngabèhi Sutapatra kalih jung, jangkep nem jung, wonten langkunganipun tigang bau, paosipun jung gangsal, wah ing Pejambon sangang jung, inggih tumut abdi-Dalem Mantri Kaparak Tengen Ngabèhi Sutapatra, wonten lelangkunganipun kalih jung, paosipun sami jung anyakawan, wah ing Kulur kalihwelas jung, tumut abdi-Dalem pun Tumenggung Mangundipura nem jung, tumut abdi-Dalem gamel pun Resawijaya gangsal jung, tumut abdi-Dalem Radèn Riya Sindureja sajung, jangkep kalihwelas jung, wonten lelangkunganipun kalih jung, paosipun sami jung amalu,   wah ing Kebanaran sajung, tumut abdi-Dalem pun Ngabèhi Mangunyuda, wonten lelangkunganipun sakikil paosipun jung sakawan,   wah ing Kepuh sajung, tumut abdi-Dalem Panèket Gedhong Kiwa pun Mangunresa, wonten lelang-kunganipun sabau, paosipun jung sakawan,   wah ing Bercak kawan jung, tumut abdi-Dalem Radèn Tumenggung Sasrakusuma sajung, tumut Radèn Adipati Danureja sakikil, tumut abdi-Dalem Nyutra pun Sasrawana sakikil, tumut abdi-Dalem pun Tumeng-

f. 82r   gung Mangundipura sajung, tumut abdi-Dalem Ngabèhi Jagasura sajung, / jangkep kawan jung, wonten lelangkunganipun sajung, paosipun jung sakawan,   wah ing Kemasiyan sajung, tumut abdi-Dalem Nyutra pun Jasanga, wonten lelangkunganipun sabau, paosipun jung sakawan, wah ing Lèpènbudheg sabau, tumut abdi-Dalem pun Ngabèhi Sindujaya, wonten lelangkunganipun salupit, paosipun jung nem, wah ing Tambak kawanlikur jung, tumut abdi-Dalem Mantri Jawi Kiwa Ngabèhi Jadirana nem jung, tumut abdi-Dalem Katanggel pun Jayapenambung kalih jung, tumut abdi-Dalem Sarag(e)ni-mriyem pun Gunapenglantak kalih jung, tumut wayah-Dalem Bendara Radèn Mas Timur kalih jung, tumut abdi-Dalem Mantri Jawi Kiwa Ngabèhi Jayadipa kalihwelas jung, jangkep kawanlikur jung, wonten lelangkunganipun kalih jung, paosipun sami jung nyakawan, wah ing Babadan sabau, tumut abdi-Dalem Radèn Tumenggung Sasrakusuma, wonten lelang-kunganipun salupit, paosipun jung sakawan, wah ing Sosogan kawan jung, tumut putra-Dalem Kangjeng Gusti, wonten lelangkunganipun sakikil, paosipun jung sakawan, wah ing Glagah sabau inggih tumut putra-Dalem Kangjeng Gusti, wonten lelangkunganipun salupit, paosipun jung sakawan,   wah ing Kemasiyan sajung, tumut putra-Dalem Bendara

f. 82v   Pangéran Adiwijaya, wo/nten lelangkunganipun sabau, paosipun jung sakawan, wah ing Jurug sakikil, inggih tumut putra-Dalem Kangjeng Gusti, wonten lelangkunganipun sabau, paosipun jung sakawan,   wah ing Gebangmalang walung jung, tumut putra-Dalem Kangjeng Gusti tigang jung, tumut putra-Dalem Bendara Pangéran Natakusuma tigang jung, tumut putra-Dalem Bendara Pangéran Riya Kusumayuda sajung, tumut putra-Dalem Bendara Radèn Mas Semadin sajung, jangkep walung jung, wonten lelangkunganipun tigang bau, paosipun jung sakawan,   wah ing Kenthèng nem jung, tumut putra-Dalem Bendara Pangéran Ngabèhi, wonten lelangkunganipun tigang jung, sapunika namung sajung, paosipun sami jung nyakawan,   wah ing Bothokan sakikil, tumut Pangéran Belatèr, wonten langkunganipun sabau, paosipun jung sakawan, wah ing Pasabinan kalih jung, inggih tumut Pangéran Belatèr, wonten lelangkunganipun sabau, paosipun jung sakawan,   wah ing Grahulan kalih jung, tumut abdi-Dalem Mertalulut pun Singa-menggala, wonten lelangkunganipun sakikil, paosipun jung sakawan,   wah ing Kulwaru kawanlikur jung, tumut abdi-Dalem pun Tumenggung Mangundipura sajung, tumut abdi-Dalem undhagi pun Wongsadita sajung, tumut abdi-Dalem Nyutra pun Kawijaya sa-

f. 83r   jung, / tumut abdi-Dalem Taman pun Ditasuta sajung, tumut abdi-Dalem Mantri Pinilih Ngabèhi Resaatmaja kalih jung, tumut abdi-Dalem pambelah pun Ograsemita sajung, tumut abdi-Dalem Tanusetra pun Wirawongsa sajung, pun Resatruna sajung, tumut abdi-Dalem kebayan ing Dipakusuman pun Singasemita kalih jung, tumut abdi-Dalem niyaga pun Angongendhing sakancanipun sadasa jung, tumut abdi-Dalem gamel pun Kartawongsa sajung sakikil, tumut abdi-Dalem pambelah malih pun Prawita sajung, tumut abdi-Dalem Kadhaèngan pun Nitirana sakikil, jangkep kawanlikur jung, wonten langkunganipun sakawan jung, paosipun sami jung nyakawan,

gunggung bumi langkungan dados tigang-dasa jung langkung pitung jung tigang bau salupit, paosipun ing dalem satengah taun wolung-dasa réyal langkung pitung réyal tigang seka, satangsul, ing dalem sataun dados satus pitung-dasa gangsal réyal langkung tigang seka, sami réyal anigang-dasa uwang saréyalipun.

3 BL Add. MS. 12342
f. 95r–98v

Memo of Pangéran Dipakusuma listing excess royal lands and villages in Mataram of some 31 *jung* recalculated into some 128 royal work units (*damel-Kula*) with a half-yearly tax/tribute of 75 real. Dated 4 May 1788.

5r Punika pémut kahula pun Dipakusuma amémuti kagengan-Dalem bumi dhusun ing tanah Metawis ingkang sami wonten lelangkunganipun, ingkang kapendhet dhateng abdi-Dalem pun Adhi Bausasra sakancanipun, punika pratélanipun, ing Palembon sajung sakikil, tumut abdi-Dalem pun Sutadipura, wonten langkunganipun sakikil, paosipun jung gangsal, wah ing Wonadri sajung, tumut abdi-Dalem pun Jambu, wonten langkunganipun sakikil, paosipun jung kawan, wah ing Kebarongan kalih jung, kagengan-Dalem sabin ampas lenggahipun abdi-Dalem pun Go(n)dhawijaya, ingkang kegantung dhateng Pangéran Dipakusuma, wonten langkunganipun sakikil, paosipun jung nem, wah ing Kamusuh kawan jung, tumut abdi-Dalem pun Ngabèhi Samatali, wonten langkunganipun sabau, paosipun jung walu, wah ing Klinyo sajung, tumut abdi-Dalem Mantri Kaparak Tengen Ngabèhi Martawijaya, wonten langkunganipun sabau, paosipun jung sekawan, wah ing Sembungan sakikil, tumut abdi-Dalem Mantri Gedhong Tengen pun Ngabèhi Wongsadita, wonten langkunganipun sabau, paosipun jung tigang, wah ing Kowanan tigang jung, ingkang tumut abdi-Dalem Mantri Lebet pun Ngabèhi Yudaswara sajung, tumut pun Ngabèhi Yudapr: mèya sajung, tumut abdi-Dalem Jagasura pun Jayuda sajung, 5v jangkep tigang jung, wonten langkung/anipun sakikil, paosipun jung kawan, wah ing Kebitan kalih jung, tumut abdi-Dalem anggandhèk pun Martawijaya sajung, tumut abdi-Dalem Priyontaka pun Citrayuda sajung, wonten langkunganipun sakikil, paosipun jung gangsal, wah ing Kejuron sakikil, tumut abdi-Dalem Kadhaèngan pun Cakradenta, wonten langkunganipun salupit, paosipun jung gangsal, wah ing Wedari nem jung, tumut abdi-Dalem pun Jayaseponta, wonten langkunganipun tigang bau, paosipun jung gangsal, wah ing Juragan tigang jung, tumut abdi-Dalem Radèn Tumenggung Danu-kusuma, wonten langkunganipun tigang bau paosipun jung nem, wah ing Pambergan Klèlèn Pageran Sélabongga sajung, tumut abdi-Dalem Mantri Jawi Kiwa Radèn Ngabèhi Wongsakusuma, wonten langkunganipun sajung, paosipun jung gangsal, wah ing Palumbon sajung, tumut abdi-Dalem Mantri Lebet pun Ngabèhi Ranadiwirya, wonten langkunganipun sabau, paosipun jung sakawan, wah ing Kemorangan sajung, tumut abdi-Dalem Mantri Jawi Tengen pun Ngabèhi Semaradana, wonten langkunganipun sakikil, paosipun jung gangsal, wah ing Ganjuran sajung, tumut putra-Dalem Bendara 6r Pangéran Ngabèhi, wonten langkunganipun sabau, paosipun jung kawan, / wah ing Murtèn sajung, tumut abdi-Dalem Priyataka pun Martajaya, wonten langkunganipun sabau, paosipun jung nem, wah ing Mrisènlapar sakikil, tumut abdi-Dalem Mantri Kaparak Tengen Ngabèhi Sontayuda, wonten langkunganipun sabau salupit, paosipun jung kawan, wah ing Temon sakikil, tumut abdi-Dalem nongsong, pun Patrayuda, wonten langkungan-ipun sakikil, paosipun jung kawan, wah ing Kemlaka sajung, tumut abdi-Dalem Kawandasa, pun Imaswara, wonten langkunganipun sabau, paosipun jung kawan, wah ing Pasabinan sajung sakikil, tumut abdi-Dalem Mantri Jawi Tengen pun Ngabèhi Semaradana, wonten langkunganipun sabau salupit, paosipun jung kawan, wah ing

Krapyak sajung, tumut wayah-Dalem Bendara Radèn Mas Timur, wonten langkunganipun sabau, paosipun jung gangsal, wah ing Beberan sakikil, tumut abdi-Dalem Mantri Jawi Tengen pun Ngabèhi Sutasentana, wonten langkunganipun sabau, paosipun jung kawan, wah ing Kapitu sajung, tumut abdi-Dalem Mantri Lebet pun Ngabèhi Yudasumarma, won-

f. 96v   ten langkunganipun sakikil, paosipun jung nem, wah ing Kutu tigang jung, tu/mut Pangéran Jayakusuma, wonten langkunganipun sakikil paosipun jung tigang, wah ing Pejatèn sekawan jung, tumut abdi-Dalem Radèn Tumenggung Natayuda, kalih jung, tumut Radèn Ngabèhi Cakradiwirya sajung, tumut abdi-Dalem nongsong pun Sutadiwongsa sajung, jangkep sekawan jung, wonten langkunganipun sajung sabau, paosipun sami jung angenem, wah ing Ngrandhu Gow(o)ng sajung, tumut abdi-Dalem Sarag(e)ni-mriyem pun Gunasentika, wonten langkunganipun tigang bau, paosipun jung kawan, wah ing Tegal-weru sajung, tumut putra-Dalem Kangjeng Gusti, wonten langkunganipun tigang bau, paosipun jung sakawan, wah ing Ngemplak Grojogan kalih jung, tumut abdi-Dalem Kawandasa, pun Imawatangan sajung, tumut pun Imamuka sajung, jangkep kalih jung, wonten langkunganipun sakikil, paosipun jung sakawan, wah ing Tracab kalih jung, inggih tumut abdi-Dalem pun Imawatangan sajung, tumut abdi-Dalem Miji pun Bauleksana sajung, wonten langkunganipun sakikil salupit, paosipun jung kawan, wah ing Pejatèn malih sajung, tumut putra-Dalem Bendara Pangéran Natakusuma, wonten lang-

f. 97r   kunganipun sabau, paosipun jung gangsal, / wah ing Pagedhangan sajung, tumut abdi-Dalem pun Danureja, wonten langkunganipun sakikil salupit, paosipun jung gangsal, wah ing Bedhog sajung, tumut abdi-Dalem pun Mendura, wonten langkunganipun sabau, paosipun jung gangsal, wah ing Cepaka sajung, tumut Bendara Radèn Ayu Lèr, wonten langkunganipun sakikil, paosipun jung nem, wah ing Kuwarasan sangang jung, tumut Bendàra Radèn Ayu Lèr nem jung, tumut putra-Dalem Bendara Pangéran Natakusuma, sajung, tumut abdi-Dalem Wirabraja pun Wirakanthi sajung, tumut pun Kertapati sajung, jangkep sangang jung, wonten langkunganipun sajung sakikil, paosipun sami jung gangsal, wah ing Panusupan tigang jung, tumut abdi-Dalem Mantri Bojong pun Demang Truna-semita sajung sakikil, tumut Ngabèhi Secalegawa sajung sakikil, jangkep tigang jung, wonten langkunganipun sakikil, paosipun jung sakawan, wah ing Kaingan sajung, tumut abdi-Dalem pun Jayasuponta, wonten langkunganipun sakikil, paosipun jung nem, wah ing Kapundhung sajung, tumut abdi-Dalem Mantri Lebet pun Bausemitra, wonten la-

f. 97v   ngkunganipun sabau, paosipun jung gangsal, / wah ing Ngawèn tigang jung, dados kagengan-Dalem pamaosan kalih rumeksa kagengan-Dalem dhawahan pun Bédhog, wonten langkunganipun sajung sakikil, paosipun sami jung gangsal, wah ing Ngendhak Karanggedhé sajung, tumut putra-Dalem Bendara Pangéran Dipasonta, wonten lang-kunganipun sabau salupit, paosipun jung nem, wah ing Sembung kalih jung, tumut putra-Dalem Kangjeng Gusti sajung, tumut abdi-Dalem Mantri Gedhong Kiwa pun Ngabèhi Tepaswara sajung, wonten langkunganipun sajung, paosipun jung kawan, wah ing Mlaran kalih jung, tumut abdi-Dalem Mas Ngabèhi Imadiguna Maésadelajah, wonten langkunganipun tigang bau, paosipun jung sakawan, wah ing Ngepas nem jung, tumut wayah-Dalem Bendara Radèn Mas Timur sajung, tumut abdi-Dalem Mantri Jawi Tengen pun Ngabèhi Jarata tigang jung, tumut abdi-Dalem Mantri Jawi Kiwa pun Ngabèhi Mandanasraya kalih jung, jangkep nem jung, wonten langkunganipun sajung, paosipun jung nem, wah ing Maron sakikil, tumut abdi-Dalem Sarag(e)ni pun Ngabèhi Wirat-

f. 98r   maka, wonten langkunganipun sabau salupit, paosipun jung gangsa/l, wah ing Gadhing Pakiringan kalih jung sakikil, dados kagengan-Dalem pamaosan ingkang kagadhahaken Radèn Ngabèhi Wiryakusuma, kalih Radèn Ngabèhi Cakradiwirya, wonten langkunganipun sabau salupit, paosipun jung gangsal, wah ing Kenaruwan ing Tépan Dhadhapan Jembulan Pekalangan Lèpènwanglu, Karangtanjung, Ngadisaba pitu jung, tumut Radèn Tumenggung Sumadiningrat, wonten langkunganipun kalih jung, paosipun sami jung nem, wah ing Gatèp tigang jung, tumut abdi-Dalem Mantri Jawi Tengen Radèn Ngabèhi Purwawijaya, wonten langkunganipun sajung, paosipun jung gangsal, wah ing Kemranggèn sakikil, tumut abdi-Dalem emban pun Kartawongsa, wonten langkunganipun sabau, paosipun jung gangsal, wah ing Padakan tigang jung, tumut Pangéran Jayakusuma, wonten langkunganipun sajung sakikil, paosipun sami anyakawan, wah ing S(u)wèla sekawan jung, tumut abdi-Dalem pun Demang Angongendhing, wonten langkunganipun sajung, paosipun jung tiga, wah ing Puhkombang kalih jung, tumut abdi-Dalem pun Tumenggung Mangundipura sajung, tumut abdi-Dalem Mantri Gedhong Tengen pun Ngabèhi Singawedana sajung, wonten langkunganipun sabau, paosipun jung sakawan, wah ing Sulur sakikil, tumut abdi-Dalem pun Tumenggung Mangundipu/ra, wonten langkunganipun salupit, paosipun jung sakawan, wah ing Kecèmé sajung, tumut abdi-Dalem Bubut pun Sayuda, wonten langkunganipun sabau, paosipun jung sakawan, wah ing Duwegan kalihwelas jung, ingkang tumut abdi-Dalem Nyutra, Mas Ngabèhi Samawijaya kalih jung, tumut abdi-Dalem Ngabèhi Jayèngtaruna sajung, tumut abdi-Dalem Mas Dhandhangwinangsi sajung, tumut Mas Bagong sajung, ingkang tumut abdi-Dalem Katanggel pun Jayaèsthi kalih jung, tumut pun Jayawinangun kalih jung, tumut pun Jayapramuni kalih jung, ingkang tumut abdi-Dalem Mantri Jawi Tengen pun Ngabèhi Pakujaya sajung, jangkep kalihwelas jung, wonten langkunganipun sajung, paosipun jung nem,

gu(ng)gung kagengan-Dalem bumi lelangkunganipun dados tigang-dasa siji jung langkung salupit, kapétang damel dados damel-Kula, satus walulikur langkung salupit, dadosipun ing dalem satengah taun pitung-dasa réyal langkung gangsal réyal sajampel, ing dalem sataun dados satus sèket réyal langkung saréyal, sami réyalan anigang-dasa uwang saréyalipun.

[address at bottom of page in slightly bolder hand]
Serat puniki saking Radèn Bausasra tanah Metawis, dhatengipun ing sasa Rejep tanggal kawanwelas taun Jimakir, 1 7 1 4 [Sunday, 4 May 1788].

4 BL Add. MS. 12341
f. 165r–166v

Memo of Pangéran Dipakusuma listing retrenched excess royal land in Mataram, some nineteen *jung* with a half-yearly tax/tribute of fifty real. Undated, but pre-April 1792.

165r Punika pémut kahula pun Dipakusuma amémuti kagengan-Dalem bumi dhusun ingkang tanah Metawis ingkang sami wonten lelangkunganipun, ingkang kapendhet dhateng pun Adhi Bausasra, sakancanipun, punika pratélanipun, gadhahanipun sabin abdi-Dalem pun Mangunjaya, ing Jatingarang nem jung, wonten lelangkunganipun tigang bau, paosipun jung wolu, wah gadhahanipun sabin abdi-Dalem Mantri Lebet pun Yudaprayitna, ing Lèpènjeram kalih jung, ingkang tumut abdi-Dalem Sarageni-mriyem pun Gunadhahana sajung, dados tigang (jung), wonten langkunganipun sajung, paosipun jung wolu, wah ing Wanaraja tigang jung, tumut abdi-Dalem pun Ondakara, wonten lelangkunganipun sabau salupit, paosipun jung sekawan, wah ing Lèpènwunglon sakikil, tumut abdi-Dalem pun Demang Sukup, Mantri Kaparak Kiwa, wonten langkunganipun sabau, paosipun jung nem, wah ing Lèpèngalang gangsal jung, ingkang tumut abdi-Dalem pun

Sindujaya kalih jung, ingkang tumut Radèn Purwawijaya sajung, ingkang tumut abdi-Dalem Lurah Mandhung sajung, ingkang tumut abdi-Dalem Mantri Keparak Tengen pun Driyanala sajung, wonten lelangkunganipun sajung, paosipun jung nem,   wah ing Lèpèn-

f. 165v   andong nem jung, ingkang tumut / abdi-Dalem Mantri Jawi Tengen sajung, ingkang tumut abdi-Dalem pun Sutawijaya gangsal jung, ingkang tumut abdi-Dalem pun Pakujaya sajung, wonten langkunganipun sajung, paosipun jung sakawan,   wah ing Kopat sajung, tumut abdi-Dalem pun Danukusuma, wonten langkunganipun sabau, paosipun jung sakawan, wah ing Kedhungwringin kalih jung, tumut abdi-Dalem Lurah Kawandasa pun Imayuda, wonten langkunganipun sakikil, paosipun jung sakawan,   wah ing Girinyana nem jung, tumut abdi-Dalem Kyai Tumenggung Mangundipura, wonten langkunganipun sajung sakikil, paosipun sami jung angenem,   wah ing Kadipan tigang jung, tumut abdi-Dalem Radèn Riya Sindureja, wonten langkunganipun tigang bau, paosipun jung nem,   wah ing Grahulan kawan jung, ingkang tumut abdi-Dalem Mantri Pinilih pun Samasudira kalih jung, ingkang tumut abdi-Dalem Mantri Ngampil pun Onggayuda sajung, ingkang tumut abdi-Dalem Ketanggel pun Jayapanerang sajung, wonten langkunganipun sajung, paosipun jung sakawan,   wah ing Kedhungpring kalihwelas jung, ingkang tumut abdi-Dalem sungging pun Adiwerna, kawan jung sakikil, ingkang tumut abdi-Dalem Mantri Gedhong

f. 166r   Tengen, pun Singawedana, kalih jung sakikil, ingkang tumut Pangé/ran Mertasana tigang jung, ingkang tumut abdi-Dalem niyaga pun Kresapanatas kalih jung, wonten langkunganipun kalih jung, paosipun sami jung nyakawan,   wah ing Lèpènwates nem jung, tumut abdi-Dalem pun Brajawikara, wonten langkunganipun sajung sakikil, paosipun sami jung angangsal,   wah ing Lèpènwates nem jung, tumut abdi-Dalem Martalulut pun Wiryadikara, wonten langkunganipun sajung sakikil, paosipun sami jung nyakawan,   wah ing Wanasidi nem jung, ingkang tumut abdi-Dalem Radèn Riya Sindureja tigang jung, ingkang tumut abdi-Dalem Ketanggel pun Jasukarni sajung, ingkang tumut abdi-Dalem Radèn Tumenggung Sasrakusuma sajung, ingkang tumut Pangéran Natapura sajung, wonten langkunganipun kalih jung sakikil paosipun sami jung angenem,   wah ing Wanadriyan tigang jung, ingkang tumut abdi-Dalem Nyutra pun Resamuka sajung, ingkang tumut Bendara Pangéran Natakusuma sajung, ingkang tumut abdi-Dalem Mantri Pinilih pun Jayawirana sajung, wonten langkunganipun sabau salupit, paosipun jung gangsal,   wah langkunganipun ing Lèpènwates malih, ingkang tumut abdi-Dalem Marta-lulut pun Wiryadikara sajung, paosipun jung sakawan, ingkang tumut abdi-Dalem pun

f. 166v   Brajawikara, inggih langkung malih sakikil, / paosipun jung gangsal,   wah ing Jati-ngarang nem jung, tumut putra-Dalem Kangjeng Gusti, wonten langkunganipun tigang bau, paosipun jung wolu,   wah ing Kawiskopèk Pucanggadhing kalih jung, tumut Radèn Ayu Sepuh, wonten langkunganipun sakikil, paosipun jung nem,

gunggung bumi lelangkungan dados sangalas jung, paosipun ing dalem satengah taun dados sèket réyal langkung sajampel satangsul sapalih tangsul, ing dalem setaun dados satus réyal langkung saréyal seka satangsul, sami réyal anigang saréyalipun.

5   BL Add. MS. 12341
                                                                       f. 134r–135r

Memo of R.T. Natayuda I with Pangéran Dipakusuma and the *lurah carik*, Radèn Ngabèhi Prawirasastra, noting excess (*langkunganipun*) royal possessions (*kagengan-Dalem bumi dhusun*) in Mataram which have been retrenched by Radèn Ngabèhi Bauwesèsa, *jeksa negari* Radèn Ngabèhi Wirawongsa, and colleagues. Dated 31 October 1789.

134r Punika pémut kahula abdi-Dalem pun Natayuda kalih pun Dipakusuma katiga abdi-Dalem pun Prawirasastra amémuti kagengan-Dalem bumi dhusun tanah Metawis ingkang sami wonten langkunganipun, ingkang kapendhet dhateng abdi-Dalem pun Bauwesèsa kalih abdi-Dalem jaksa negari pun Wirawongsa, sakancanipun, punika pratélanipun, ing Sepuri Kenanggulan damel-Kula satus, tumut kagengan-Dalem bumi ngajeng, gegadhahanipun abdi-Dalem pun Nayaita, kalih pun Kartawijaya, ingkang kawedalaken sikep angresiki kagengan-Dalem alun-alun, wonten langkunganipun kalih jung, paosipun sami jung nyekawan, wastanipun sabin ingkang dados langkunganipun inggih ing Sepuri sajung, ing Kenanguggulan sajung, wah tumut ing Senuka kalih jung, tumut abdi-Dalem pun Tumenggung Jayawinata, wonten langkunganipun tigang bau, paosipun jung nem, wastanipun sabin ingkang dados langkungan inggih ing Senuka,

134v sadaya dados kalih jung tigang bau, paosipun ing dalem satengah taun nem réyal langkung saseka, ing dalem sataunipun da/dos kalihwelas réyal langkung sajampel, sami réyal anigang-dasa uwang saréyalipun,

135r / konjuk ing dinten Septu tanggal ping sawelas sasi Sapar ing taun Éhé angkaning warsa, 1 7 1 6   [Saturday, 31 October 1789].

6   BL Add. MS. 12341
f. 96r–97v

Memo of Radèn Tumenggung Natayuda I, with Pangéran Dipakusuma and the *lurah carik*, Radèn Ngabèhi Prawirasastra, concerning excess (*lelangkunganipun*) royal lands (*bumi dhusun*) in Mataram and giving the number of *jung*, names of villages, excess fields, and tribute/tax (*paos*). Dated 27 November–6 December 1789.

96r Punika pémut kahula abdi-Dalem pun Natayuda kalih pun Dipakusuma katiga abdi-Dalem pun Prawirasastra amémuti kagengan-Dalem bumi dhusun tanah Metawis, ingkang sami wonten lelangkunganipun, ingkang kapendhet dhateng abdi-Dalem pun Bauwesésa, kalih abdi-Dalem jeksa negari pun Wirawongsa sakancanipun, punika pratélanipun, ing Kawayuhan tigang jung, ingkang tumut abdi-Dalem prajurit panakawan Radèn Wasèngsari sajung, tumut pun Jara sajung, tumut pun Samad sajung, jangkep tigang jung, wonten langkunganipun tiga bau, paosipun jung tiga, wastanipun dhusunipun ingkang dados langkungan inggih ing Kawayuhan, wah ing Kapanasan sajung sakikil, tumut abdi-Dalem Mantri Lebet Pinilih pun Ngabèhi Jayasemita, wonten langkunganipun sakikil, paosipun jung tiga, wastanipun dhusunipun ingkang dados langkungan inggih ing Kapanasan, wah ing Lèpènurang kalih jung, tumut abdi-Dalem pun Tumenggung Mangundipura sajung, ingkang tumut abdi-Dalem Kyai Riya sajung, wonten langkunganipun sakikil, paosipun jung sekawan, wastanipun dhusunipun ingkang dados lang-

96v kungan inggih ing Lèpènurang, wah ing Sendhangpitu Udagatèn, kalihwela/s jung, tumut abdi-Dalem pun Tumenggung Mangundipura, wonten langkunganipun sajung, paosipun jung tiga, wastanipun dhusunipun ingkang dados langkungan ing Gumuk, wah ing Saragenèn sajung sakikil, tumut abdi-Dalem Mantri Kaparak Tengen pun Ngabèhi Citraboma sajung, ingkang tumut, abdi-Dalem pun Riya Mendura sabau, ingkang tumut putra-Dalem Bendara Pangéran Natakusuma, sabau, wonten langkunganipun sabau, paosipun jung sekawan, wastanipun dhusunipun ingkang dados langkungan, inggih ing Saragenèn, wah ing Kradènan sakikil, tumut abdi-Dalem Radèn Adipati Danureja, wonten langkunganipun sabau, paosipun jung sekawan, gu(ng)gung sadaya dados tigang jung sabau, kapétang damel dados damel-Kula tigawelas, paosipun satengah taun dados gangsal réyal seka satunggil, ing dalem sataun dados sadasa réyal langkung seka satunggil, sami réyal anigang-dasa uwang saréyalipun,

[smaller script]
daweg kaserat ing dinten Jumungah tanggal ping sanga sasi Mulud ing taun Éhé, angkaning warsa 1 7 1 6   [Friday, 27 November 1789]

f. 96r   [blank]

f. 97v   kunjuk ing dinten Ngahad tanggal ping walulas sasi Rabingulawal ing taun Éhé, angkaning warsa, 1 7 1 6   [Sunday, 6 December 1789].

Bagelèn

Bagelèn documents show a pattern similar to those of Mataram despite the fact that none are dated. Documents nos. 7–9 were likewise issued solely by Pangéran Dipakusuma and cite the names of Ngabèhi Jayènggati and his associates as those charged with the repossession of excess royal village lands. Document no. 10 is issued jointly by Radèn T. Natayuda, Pangéran Dipakusuma, and Radèn Ngabèhi Prawirasastra, the actual repossession being carried out by Ngabèhi Jayènggati assisted by the state magistrate (*jeksa negari*), Radèn Ngabèhi Ranuwita.

7
                                                   BL Add. MS. 12341
                                                      f. 61r–62r

Memo of Pangéran Dipakusuma listing the amount of excess lands (*bumi lelangkunganipun*) given in *jung* repossessed in villages in the Urutsèwu district of Bagelèn, primarily by Ngabèhi Jayènggati and his colleagues, totalling some twenty-one *jung* with a half-yearly tax/tribute (*paos*) of seventy-eight *real*. Undated, but pre-April 1792.

f. 61r   Punika pémut kahula pun Dipakusuma amémuti kagengan-Dalem bumi dhusun ingkang tanah Bagelèn Urutsèwu, ingkang sami wonten lelangkunganipun, ingkang kapendhet dhateng abdi-Dalem pun Ngabèhi Jayènggati sakancanipun,   punika pratélanipun,   ing Puncu sajung, tumut abdi-Dalem Tumenggung Mangundipura, wonten lelangkunganipun sakikil, paosipun jung sadasa,   wah ing Teges Tanggulangin kalih jung, tumut putra-Dalem Kangjeng Gusti, wonten lelangkunganipun sajung sabau, paosipun jung pitu, wah ing Jethis Teges kalih jung, tumut abdi-Dalem Ngabèhi pun Dentawikrama sajung, ingkang tumut abdi-Dalem Mantri Lebet pun Ngabèhi Yudapranata sajung, wonten lelangkunganipun sajung, paosipun jung pitu,   wah ing Wanarata Kajagran Wongsa-pranan kalih jung sakikil, tumut abdi-Dalem sepuh bujeng pun Ngabèhi Sasrarudita, wonten lelangkunganipun sajung sabau, paosipun jung sakawan,   wah ing Tanggulangin sajung, tumut abdi-Dalem Radèn Ngabèhi Ja(ya)panular, wonten lelangkunganipun sakikil, paosipun jung pitu,   wah ing Gadhing tigang jung, tumut abdi-Dalem pun Samadirana, wonten lelangkunganipun sajung sakikil, paosipun jung sanga,   wah ing Gadhing Ngenthak sakikil, inggih tumut abdi-Dalem pun Ngabèhi Sasrarudita, wonten lelang-kunganipun sabau, paosanipun jung gangsal,   wah ing Gadhing malih kawan jung, ingkang tumut abdi-Dalem Katanggel pun Jayangwilangen sajung, ingkang tumut abdi-Dalem Nyutra pun Agrasèna sajung, tumut pun Citraksa sajung, ingkang tumut abdi-Dalem Mantri Gedhong Tengen pun Cakradipa sajung, jangkep kawan jung, wonten lelangkunganipun kalih jung, paosipun sami jung amitu, wah ing Teges malih sajung, tumut abdi-Dalem pun Secasrawa, wonten lelangkunganipun sakikil, paosipun jung pitu,

61v wah ing Gadhing Butuhan sajung, tumut abdi-Dalem Mantri Ge/dhong Tengen pun Ngabèhi Setrayuda, wonten lelangkunganipun sakikil, paosipun jung pitu, wah ing Rawipasumbinan nem jung sakikil, ingkang tumut Kangjeng Ratu nem jung, ingkang tumut wayah-Dalem Bendara Radèn Mas Timur sakikil, wonten lelangkunganipun sajung salupit, paosipun jung nem, wah ing Palempukan nem jung, tumut abdi-Dalem Katanggel pun Ngabèhi Jayasentana sajung, tumut pun Jayawacana sajung, tumut pun Jaya-warayang sajung, tumut pun Jayawatangan sajung, tumut Jayapaneteg sajung, tumut pun Jayasujalmi sajung, jangkep nem jung, wonten lelangkunganipun kawan jung, paosipun sami jung amalu, wah ing Gonaman kalih jung, inggih tumut abdi-Dalem Katanggel pun Jayapralaga sajung, ingkang tumut pun Jayasangpati sakikil, ingkang tumut abdi-Dalem Nyutra pun Jasèna sakikil, jangkep kalih jung, wonten lelangkunganipun sajung sabau, paosipun jung walu, wah ing Welangkung sajung, tumut abdi-Dalem Katanggel pun Jayawasèsa, wonten lelangkunganipun sakikil salupit, paosipun jung walu, wah ing Kèpèk sajung, tumut abdi-Dalem pun Ngabèhi Jayawidenta, wonten lelangkunganipun sajung, paosipun jung walu, wah ing Pajuritan sajung, tumut abdi-Dalem Katanggel pun Jayagada, wonten lelangkunganipun sakikil salupit, paosipun jung walu, wah ing Waringin sajung, tumut abdi-Dalem pun Ngabèhi Sumatali, wonten lelangkunganipun sabau salupit, paosipun jung sakawan, wah ing Pandhan kalih jung, tumut abdi-Dalem Mantri Pinilih pun Ngabèhi Samasudira, sajung, ingkang tumut abdi-Dalem Katanggel pun Jayasumiling sajung, wonten lelangkunganipun sajung sakikil salupit, paosipun jung walu,

62r wah ing Semaji sajung, tumut abdi-Dalem pun Nga/bèhi Samatali, wonten lelangkunganipun sajung, paosipun jung nem, wah ing Padhas Polèyan sajung, inggih tumut abdi-Dalem pun Ngabèhi Samatali, wonten lelangkunganipun tigang bau, paosipun jung nem,

gu(ng)gung kagengan-Dalem bumi lelangkungan dados salikur jung langkung sakikil salupit, paosipun ing dalem satengah taun pitung-dasa walung réyal langkung seka satangsul, ing dalem sataun dados sèket réyal langkung nem réyal tigang seka, sami réyalan anigang-dasa uwang saréyalipun.

8 BL Add. MS. 12341
f. 115r–116r

Memo of Pangéran Dipakusuma concerning excess royal possessions in Bagelèn originating (*angsal-angsalipun*) from Ngabèhi Jayènggati and his colleagues, totalling some sixteen *jung*, recalculated as sixty-four royal work units (*damel-Kula*) with a half-yearly tribute/tax (*paos*) of twenty-six real. Undated, but pre-April 1792.

115r Punika pémut kahula pun Dipakusuma amémuti kagengan-Dalem bumi dhusun ingkang tanah Bagelèn ingkang sami wonten lelangkunganipun, angsal-angsalipun abdi-Dalem pun Jayènggati sakancanipun, punika pratélanipun, ing Waja nem jung, tumut abdi-Dalem Radèn Ngabèhi Puspadiwirya tigang jung, tumut abdi-Dalem Tumenggung Jayadirja kalih jung, tumut abdi-Dalem Ngabèhi Jalana sajung, jangkep nem jung wonten langkunganipun sajung, paosipun jung tiga, wah ing Wanamambeng tigang jung, tumut putra-Dalem Kangjeng Gusti kalih jung sakikil, tumut abdi-Dalem Nyutra sakikil tigang jung, wonten langkunganipun sakikil, paosipun jung sakawan,   wah ing Paosan Kebonagung nem jung, tumut wayah-Dalem Bendara Radèn Mas Timur kalih jung, tumut abdi-Dalem pun Mendura kalih jung, tumut abdi-Dalem Radèn Ngabèhi Puspadiwirya malih kalih jung, jangkep nem jung, wonten lelangkunganipun sajung, paosipun jung gangsal,   wah ing Geparang nem jung, tumut abdi-Dalem Ngabèhi Ranuwita kalih jung, tumut abdi-Dalem Mandhung sajung, tumut abdi-Dalem pun Patranongga sajung, tumut abdi-Dalem Ngabèhi Yudawinangun sajung, tumut abdi-Dalem pun Demang Reksapradata sajung, jangkep nem jung, wonten langkunganipun sajung, paosipun jung tiga,   wah ing Pinatak nem jung, tumut abdi-Dalem pun Prawirasastra, wonten langkunganipun sajung sakikil, paosipun sami jung angenem,   wah ing Jeruken Lèpèntanjung tigang jung, tumut abdi-Dalem pun Jayapramadi sajung, tumut abdi-Dalem Katanggel pun Jayawilangan sajung, pun Jayasepeni sajung, jangkep tigang jung, wonten langkunganipun sakikil, paosipun jung tiga,   wah ing Kalepu Pandhak tigang jung, tumut abdi-Dalem Ngabèhi Wiramantri sajung, tumut putra-Dalem Kangjeng Gusti kalih jung, jangkep tigang jung,

f. 115v wonten langkunganipunipun sakikil, paos jung tiga,   wah ing / Balendhung sadasa jung, tumut putra-Dalem Bendara Pangéran Natakusuma sajung, tumut abdi-Dalem Ngabèhi Jayaatmaja sajung, tumut abdi-Dalem Ngabèhi Secawijaya sajung, tumut abdi-Dalem (Dhaèng) Secadipura, pun Éndrajaya sajung, tumut abdi-Dalem Kadhaèngan pun Kramayuda sajung, tumut abdi-Dalem Sarag(e)ni-mriyem pun Kertajaya sajung, pun Gunabrama sajung, tumut abdi-Dalem Katanggel pun Jayawikatha sajung, pun Jayakrama sajung, tumut abdi-Dalem Ngabèhi Prabakèsa sajung, jangkep sadasa jung, wonten langkunganipun sajung sakikil, paosipun sami jung aniga,   wah ing Tegalkarèn nem jung, tumut abdi-Dalem Ngabèhi Baupratondha sajung, tumut abdi-Dalem Katanggel pun Jayasinga sajung, pun Jayapenatas sajung, pun Jayarencana sajung, pun Jayapracondha sajung, tumut abdi-Dalem tukang pun Sutadiwongsa sajung, jangkep nem jung, wonten langkunganipun sajung, paosipun jung tiga,   wah ing Salam Sumingkir nem jung, tumut putra-Dalem Kangjeng Gusti sajung, tumut abdi-Dalem Radèn Riya Sindureja sajung, tumut abdi-Dalem Nyutra pun Asihis sajung, tumut abdi-Dalem pambelah pun Tanutengara sajung, tumut abdi-Dalem Kanèman pun Secataruna sakikil, tumut abdi-Dalem pun Nayaburuh sajung sakikil, jangkep nem jung, wonten langkungan sakikil, paosipun jung tiga,   wah ing Jenar kalihwelas jung, tumut Bendara Pangéran Ariya Kusumayuda, wonten langkunganipun kawan jung, paosipun sami jung angalih,   wah ing Guyangan kawan jung, tumut putra-Dalem Kangjeng Gusti, wonten langkunganipun sajung, paosipun jung tiga,   wah ing Nampu kalih jung, tumut abdi-Dalem pun Baumercita sajung, tumut abdi-Dalem gerji sajung, jangkep kalih, wonten langkunganipun sakikil paosipun jung tiga,

f. 116r wah ing Jaha / kalih jung, tumut abdi-Dalem pun Citrapatèyan, wonten langkunganipun sakikil, paosipun jung tiga,   wah ing Gesing kalihwelas jung, tumut abdi-Dalem pun Samapenawang sajung, tumut abdi-Dalem pun Resaatmaja sajung, tumut abdi-Dalem Kedhaèngan kalih jung, tumut abdi-Dalem pun Pendelegan sajung, tumut abdi-Dalem pun Driyaatmaja sajung, tumut abdi-Dalem Nyutra pun Sencaka sajung, tumut abdi-Dalem pun Bautrisula sajung, tumut abdi-Dalem Singanegara pun Udatruna sajung, tumut abdi-Dalem pun Riya Mendura kalih jung, abdi-Dalem Sarag(e)ni pun Wiratruna sajung,   jangkep kalihwelas jung, wonten langkunganipun sajung, paosipun jung tiga,

gunggung abdi-Dalem bumi langkungan dados nembelas jung,   kapétang damel dados damel-Kula sawidak sakawan, paosipun ing dalem satengah taun selawé réyal langkung sajampel, ing dalem sataun dados sèket réyal langkung saréyal, sami réyalan anigang-dasa uwang saréyalipun.

9 BL Add. MS. 12341
f. 199r–200r

Memo of Pangéran Dipakusuma concerning excess royal lands in Bagelèn which have been repossessed by Ngabèhi Jayènggati and his colleagues, totalling some 41 *jung*, recalculated into 168 royal work units (*damel-Kula*) with a half-yearly tribute/tax (*paos*) of 104 real. Undated, but pre-April 1792.

199r Punika pémut kahula pun Dipakusuma amémuti kagengan-Dalem bumi dhusun ing tanah Bagelèn ingkang sami wonten lelangkunganipun ingkang kapendhet dhateng abdi-Dalem pun Ngabèhi Jayènggati, sakancanipun, punika pratélanipun, ing Pagedhangan wolulas jung, sami tumut abdi-Dalem Penandhon sakancanipun, ingkang tumut abdi-Dalem Ngabèhi pun Nitipraya nem jung, tumut pun Kertayuda kawan jung, tumut pun Resadirana kawan jung, tumut pun Resawongsa kawan jung, jangkep sabin wolulas jung, wonten lelangkunganipun tigawelas jung, paosipun sami jung nem, wah ing Karadènan sajung, tumut abdi-Dalem pun Jayaseponta wonten lelangkunganipun sajung, paosipun jung gangsal, wah ing Kayor tigang jung, tumut abdi-Dalem pun Tumenggung Jayadirja, wonten lelangkunganipun tigang jung, paosipun sami jung nem, wah ing Temapel kalih jung, ingkang tumut abdi-Dalem Ketanggel pun Jayapideksa sajung, ingkang tumut abdi-Dalem Mantri Gedhong Kiwa pun Ngabèhi Mangunresa sajung, wonten lelangkunganipun kalih jung, paosipun sami jung gangsal, wah ing Kagongan kawan jung, tumut abdi-Dalem Katanggel pun Jayapranata sajung, ingkang tumut abdi-Dalem Mantri Ngampil pun Ngabèhi Patrayuda sajung, ingkang tumut putra-Dalem Kangjeng Gusti kalih jung, wonten lelangkunganipun kawan jung, paosipun sami jung gangsal, wah ing Gedhong Gedhangan nem jung, tumut abdi-Dalem pun Ngabèhi Samatali, wonten lelangkunganipun sajung, paosipun jung sakawan, wah ing Gamelan sajung, tumut abdi-Dalem pun Ngabèhi Samatali, wonten lelangkunganipun sajung, paosipun jung sakawan, wah ing Winong kalih-dasa jung, ingkang tumut Pangéran Mertasana sawelas jung, ingkang tumut abdi-Dalem Dhaèng pun Nitipura, tigang jung,

199v jung, ingkang tumut abdi-Dale/m Gedhong Kiwa pun Setranongga sajung sakikil, tumut pun Sadirana sajung, tumut pun Onggadirana sajung sakikil, tumut Sapatra sajung, ingkang tumut abdi-Dalem Mantri Lebet pun Ngabèhi Ranaprabajaya kalih jung, jangkep kalih-dasa jung, wonten lelangkunganipun pitung jung, paosipun sami jung nyakawan, wah ing Mertul sajung, tumut putra-Dalem Kangjeng Gusti, wonten lelangkunganipun sajung, paosipun jung sakawan, wah ing Bonjok kawanlikur jung, ingkang tumut abdi-Dalem Katanggel pun Ngabèhi Jayalengkara sajung, pun Jayasepali sajung, pun Jayapralaga sajung, pun Jayarencana sajung, tumut putra-Dalem Kangjeng Gusti nem jung, tumut Pangéran Jayakusuma nem jung, tumut abdi-Dalem Mantri Jawi Tengen pun Ngabèhi Suradinala nem jung, jangkep kawanlikur jung, wonten lelangkunganipun kalih jung, paosipun jung nyakawan, wah ing Kajengpuring tigang jung, tumut putra-Dalem Kangjeng Gusti, wonten lelangkunganipun kalih jung, paosipun jung nyekawan, wah ing Dharatan kalih jung, tumut abdi-Dalem Mas Ngabèhi Samawijaya, wonten lelangkunganipun sakikil, paosipun jung sakawan, wah ing Sembir kalihwelas jung, ingkang tumut abdi-Dalem Mantri Jawi Tengen pun Ngabèhi Semaradana tigang jung, ingkang tumut abdi-Dalem pun Danureja sajung, ingkang tumut abdi-Dalem geladhag ingkang nyanggi wilah-welit pun Reksawikrama wolung jung, jangkep kalihwelas jung, wonten lelangkunganipun sajung sakikil, paosipun jung nyakawan, wah ing Kalitan

f. 200r

sajung sakikil, tumut abdi-Dalem para gusti Nyai Wida, wonten lelangkunganipun sakikil, paosipun jung nem,   wah ing Garubungan kalih jung, wah ingkang tumut putra-Dalem Kangjeng Gusti sajung, / ingkang tumut abdi-Dalem Radèn Tumenggung Danukusuma sajung, wonten lelangkunganipun sakikil, paosipun jung gangsal,   wah ing Karawanan tigang jung, ingkang tumut putra-Dalem Kangjeng Gusti sajung, ingkang tumut abdi-Dalem pun Ngabèhi Mangunjaya kalih jung, wonten lelangkunganipun sajung, paosipun jung gangsal,   wah ing Lèpènjirak kalih jung, tumut Radèn Ngabèhi Jayèngsari, wonten lelangkunganipun kalih jung, paosipun jung anggangsal,

gunggung kagengan-Dalem bumi lelangkungan dados kawan-dasa jung langkung sajung, paosipun ing dalem satengah taun satus kawan réyal langkung seka, ing dalem sataun dados kalih-atus wolung réyal langkung sajampel, sami réyalan anigang-dasa uwang saréyalipun,   kapétang damel dados damel-Kula satus sawidak walu.

10

BL Add. MS. 12341
f. 106r–108r

Memo of Radèn Tumenggung Natayuda I with Pangéran Dipakusuma and the *lurah carik*, R. Ng. Prawirasastra, concerning royal possessions in Bagelèn which have been repossessed by Ngabèhi Jayènggati, the magistrate (*jeksa negari*) R. Ng. Ranuwita, and their colleagues. These total some twenty-six *jung* recalculated in royal work units (*damel-Kula*) with a half-yearly tax/tribute (*paos*) of some fifty-five real. Undated, but pre-August 1792.

f. 106r

Punika pémut kawula abdi-Dalem pun Natayuda kalih pun Dipakusuma katiga abdi-Dalem pun Prawirasastra amémuti kagengan-Dalem bumi dhusun tanah Pagelèn, ingkang sami wonten langkunganipun, ingkang kapendhet dhateng abdi-Dalem pun Ngabèhi Jayènggati, kalih abdi-Dalem jeksa negari, pun Ranuwita sakancanipun,   punika pratélanipun,   ing Kroya nem jung, tumut abdi-Dalem Saos-siti ing alun-alun kidul, wonten langkunganipun tigang jung, paosipun sami jung nyekawan,   wah ing Kroya malih kawanlikur jung, ingkang tumut abdi-Dalem pun Danureja tigalikur jung, ingkang tumut abdi-Dalem Mantri Jawi Kiwa pun Ngabèhi Kartawiyoga sajung, jangkep kawanlikur jung, wonten langkunganipun tigang jung, paosipun sami jung nyekawan,   wah ing Tumenggungan tigang jung, inggih tumut abdi-Dalem pun Danureja, wonten langkunganipun sajung, paosipun jung sakawan,   wah ing Pranggo tigang jung, inggih tumut abdi-Dalem pun Danureja, wonten langkunganipun sajung, paosipun jung sakawan,   wah ing Brangok sajung, inggih tumut abdi-Dalem pun Danureja, wonten langkunganipun sabau sairing, paosipun jung sakawan, ingkang punika langkunganipun dados gangsal jung sabau sairing, sami dados papenedipun abdi-Dalem pun Danureja, kalebet langkunganipun saking abdi-Dalem pun Kartawiyoga, inggih papenedipun, ingkang kapatedhakaken wangsul malih dhateng abdi-

f. 106v

Da/lem pun Danureja, kalih jung sakikil sairing saidu, paosipun ing dalem satengah taun gangsal réyal langkung satangsul sapalih tangsul,   ingkang kapatedhakaken wangsul dhateng abdi-Dalem pun Kertawiyoga, sairing, paosipun ing dalem satengah taun setangsul, kagengan-Dalem dados kantun kalih jung, sakikil salupit saidu, kalebet langkunganipun saking pun Kartawiyoga paosipun ing dalem satengah taun gangsal réyal langkung saseka sapalih tangsul,   wah ing Dungus kawan jung, tumut abdi-Dalem Mantri Jawi Kiwa pun Ngabèhi Pusparana, wonten langkunganipun sakikil, ingkang dados papenedipun abdi-Dalem pun Ngabèhi Pusparana tigang jung, langkunganipun sajung salupit, paosipun jung sakawan, ingkang kapatedhakaken wangsul dhateng abdi-Dalem pun

Ngabèhi Pusparana, sakikil sairing, paosipun ing dalem satengah taun saréyal setangsul, wah ing Sikambang nem jung, ingkang tumut abdi-Dalem pun Tumenggung Jayadirja tigang jung, ingkang tumut abdi-Dalem Mantri Jawi Kiwa pun Ngabèhi Jayalana tigang jung, jangkep nem jung, wonten langkunganipun nem jung, paosipun sami jung nyekawan, nanging ingkang tigang jung lenggahipun abdi-Dalem Ngabèhi Jayalana wau punika, dados papenedipun ingkang kapatedhakaken, wangsul dhateng abdi-Dalem pun Ngabèhi
107r Jayalana sajung sakikil, pao/sipun sami jung nyekawan, ingkang taksih dados kagengan-Dalem dados kantun kawan jung sakikil, paosipun sami jung anyekawan,   wah ing Bakung kawan jung, tumut abdi-Dalem Mantri Jawi Kiwa pun Ngabèhi Semarondona kalih jung, ingkang tumut abdi-Dalem ngampil sajung, ingkang tumut abdi-Dalem Mantri Jawi Tengen Radèn Ngabèhi Purwawijaya sakikil, tumut abdi-Dalem Radèn Tumenggung Sasrakusuma sakikil, dados jangkep kawan jung, wonten langkunganipun kalih jung, paosipun sami jung nyekawan,   wah ing Brangkok malih kalih jung, tumut putra-Dalem Bendara Pangéran Riya Kusumayuda, wonten langkunganipun sakikil salupit saidu, paosipun jung nyekawan,   wah ing Pakéyongan sangang jung, tumut abdi-Dalem Katanggel Kejayèngatèn kawan jung, ingkang tumut wayah-Dalem Bendara Pangéran Riya Pringgalaya sajung, tumut abdi-Dalem pun Danureja kawan jung, dados jangkep sangang jung, wonten langkunganipun kalih jung, paosipun sami jung nyekawan,   wah ing Kemiri nem jung, tumut abdi-Dalem ngampil pun Ngabèhi Prawirasraya tigang jung, tumut abdi-Dalem Bekel Katanggel pun Jayasukarno sajung, tumut abdi-Dalem pun Riya Mendura sajung, tumut abdi-Dalem Nyutra pun Yundona sajung, jangkep nem jung, won-
107v ten langkunganipun sajung sakikil salupit, paosipun sami jung / anyekawan,   wah ing Ngampèlmalang walulas jung, tumut abdi-Dalem Mantri Gedhong Kiwa Ngabèhi Singadirana, kalih jung, ingkang tumut abdi-Dalem Ngabèhi Citrayuda tigang jung, tumut abdi-Dalem Ngabèhi Tanumenggala sajung, ingkang tumut abdi-Dalem Mantri Jawi Tengen pun Ngabèhi Resawongsa nem jung, tumut abdi-Dalem pun Tumenggung Mertalaya nem jung, jangkep walulas jung, wonten langkunganipun kawan bau salupit, paosipun jung sakawan,   wah ing Kroya nem jung tumut abdi-Dalem Panèket Ngajeng pun Singadriya medal sikep malang-pundhak, wonten langkunganipun kalih jung, paosipun sami jung nyekawan,   wah ing Gronggongan tigang jung, tumut abdi-Dalem Mantri Bojong pun Demang Trunasemita, wonten langkunganipun sajung, paosipun jung sakawan,   wah ing Pakembaran tigang jung, tumut abdi-Dalem Ngajeng medal sikep malang-pundhak, wonten langkunganipun sajung, paosipun jung sakawan, wah ing Ungaran sangang jung, tumut kagengan-Dalem bumi taman tumut abdi-Dalem pun Onggaresa, wonten langkunganipun kalih jung sabau, paosipun jung gangsal,   wah ing Kedhungpasar sajung, tumut abdi-Dalem Radèn Tumenggung Sasrakusuma, wonten langkunganipun sajung, paosipun jung gangsal,   wah ing Jethiswaru sajung, tumut abdi-Dalem Radèn Tumenggung Sasrakusuma, wonten langkunganipun sajung, paosipun jung gangsal,   wah ing Lèpènkucir nem jung, tumut abdi-Dalem Nyutra pun Dasawikrama sajung, tumut pun Jayabanu sajung, tumut abdi-Dalem Radèn Ngabèhi Puspakusuma sajung, tumut abdi-Dalem pun
108r Danureja kalih jung, tumut abdi-Dalem Lurah Trunajaya Mas Ja/yèng taruna sakikil, tumut abdi-Dalem pun Onggaresa, sakikil, dados jangkep nem jung, wonten langkunganipun sabau salupit, paosipun jung gangsal,

gu(ng)gung bumi langkungan ingkang dados kagengan-Dalem dados nemlikur jung sakikil, saidu, kapétang damel dados damel-Kula satus sadasa langkung saidu,   paosipun ing dalem satengah taun dados sèket gangsal réyal langkung saseka, satangsul,   sami réyal anigang-dasa uwang saréyalipun, kajawi kagengan-Dalem bumi langkungan ingkang kapatedhakaken wangsul malih wau punika, kathahipun kawan jung salupit sairing saidu, paosipun ing dalem satengah taun saréyal langkung seka satangsul sapalih tangsul, sami réyal anigang-dasa uwang saréyalipun.

Kedhu

Documents nos. 11 and 12 deal with repossession of excess royal village lands in Kedhu. Both were issued by Pangéran Dipakusuma, the repossession being carried out by Radèn Tumenggung Jayapanular, possibly a son of Pangéran Panular (*c.* 1771–1826), author of the *Babad Bedhah ing Ngayogyakarta*, see Carey (ed.), *The British in Java*, p. 58 n. 50.

11   BL Add. MS. 12341
                                                                             f. 23r–25v

Memo of Pangéran Dipakusuma concerning the repossession of excess royal lands in Kedhu totalling 40 *jung* with half-yearly tax/tribute (*paos*) of 90 real estimated for some 180 (*jung*) which have been retrenched by R.T. Jayapanular and his colleagues. The sum has been recalculated into royal work units (*damel-Kula*), coming to around 1,800. Undated but pre-April 1792.

f. 23r   Punika pémut kahula pun Dipakusuma amémuti kagengan-Dalem bumi dhusun ingkang tanah Kedhu ingkang sami wonten lelangkunganipun, kapendhet dhateng abdi-Dalem pun Adhi Jayapanular sakancanipun,   punika pratélanipun,   ing Kasirat sajung tumut putra-Dalem Bendara Pangéran Natakusuma, wonten lelangkunganipun sakikil, paosipun jung gangsal,   wah ing Kamal nem jung, ingkang tumut abdi-Dalem pun Tumenggung Mangundipura kalih jung, ingkang tumut abdi-Dalem Katanggel pun Jayasempani kalih jung, ingkang tumut abdi-Dalem Mantri Jawi Kiwa pun Ngabèhi Jadirana kalih jung, jangkep nem jung, wonten lelangkunganipun sebau salupit, paosipun jung sakawan,   wah ing Tegal tigang jung, tumut abdi-Dalem gladhag, wonten lelangkunganipun sebau, paosipun jung sakawan,   wah ing Mendut tigang jung, tumut abdi-Dalem pun Danureja, wonten lelangkunganipun sebau, paosipun jung sakawan,   ing Cokrang kawan jung, tumut abdi-Dalem Mantri Kaparak Kiwa, pun Ngabèhi Jawirya, wonten lelangkunganipun sakikil paosipun jung tiga,   wah Wanayu kalih jung, tumut abdi-Dalem Mantri Kaparak Kiwa pun Ngabèhi Setrapati, wonten lelangkunganipun sebau, paosipun jung sakawan, wah ing Pagendulan sajung tumut abdi-Dalem Mantri Jawi Tengen pun Ngabèhi Wirayuda, wonten lelangkunganipun salupit paosipun jung gangsal,   wah ing Pasabinan Pecanthangan kalih jung, tumut abdi-Dalem pun Riya Mendura, wonten lelangkunganipun sebau, paosipun jung sakawan,   wah ing Kademangan sajung, tumut abdi-Dalem pun Citraboma, wonten lelangkunganipun sabau, paosipun jung sakawan,   wah ing Geben

f. 23v   sajung, tu/mut abdi-Dalem Lurah Priyataka Kiwa pun Ngabèhi Sutamenggala, wonten lelangkunganipun sakikil, paosipun jung sakawan,   wah ing Pakawisan sajung, tumut abdi-Dalem Gedhong Tengen pun Kartawijaya, wonten lelangkunganipun sakikil paosipun jung tiga,   wah ing Wates gangsal jung, tumut abdi-Dalem pun Riya Mendura, wonten lelangkunganipun sakikil, paosipun jung saréyal,   wah ing Tegalwungu tigang jung, tumut abdi-dalem Mantri Jawi Kiwa pun Ngabèhi Jagaduta, wonten lelangkunganipun sakikil, paosipun jung saréyal, wah ing Sambung nem jung, tumut abdi-Dalem pun Danureja kalih jung, tumut abdi-Dalem Mantri Lebet pun Ngabèhi Yudamijaya sajung, tumut abdi-Dalem Mantri Jawi Kiwa pun Ngabèhi Jagaduta tigang jung, jangkep nem jung, wonten lelangkunganipun sakikil, paosipun jung gangsal, wah ing Samirana tigang jung, tumut abdi-Dalem Nyutra pun Legawa sajung sakikil, tumut abdi-Dalem Suranata pun Amadsari sajung sakikil, wonten lelangkunganipun sabau salupit, paosipun jung sakawan, wah ing Margiyasa sajung sabau, tumut abdi-Dalem Suranata pun Murtasem, wonten lelangkunganipun sakikil, paosipun jung gangsal, wah ing Kendhayakan kalih jung, tumut abdi-Dalem Mantri Jawi Kiwa pun Ngabèhi Surakrama, wonten lelangkunganipun sajung, paosipun jung tiga, wah ing Kalonthong kalih jung, tumut abdi-Dalem Mantri Jawi Kiwa pun Ngabèhi Jadirana, wonten lelangkunganipun sakikil, paosipun jung sakawan, wah ing Ngèncèk tigang jung, tumut abdi-Dalem Kebayan Gedhong Kiwa pun Ngabèhi Kertiwedana, wonten lelangkunganipun sakikil paosipun jung gangsal, wah ing Lèpènkutha nem jung, tumut putra-Dalem Bendara

4r Radèn Mas Su/tama, wonten lelangkunganipun sakikil, paosipun jung sakawan, wah ing Pingit kalih jung, tumut abdi-Dalem pun Ngabèhi Derpawongsa, wonten lelangkunganipun sakikil, paosipun jung sakawan, wah ing Tembelang gangsal jung, tumut abdi-Dalem Mantri Jawi Kiwa pun Ngabèhi Jagaduta, wonten lelangkunganipun sakikil, paosipun jung sakawan, wah ing Pèngèngan sajung, tumut putra-Dalem Kangjeng Gusti, wonten lelangkunganipun sakikil paosipun jung sakawan, wah ing Ungaran nem jung, tumut abdi-Dalem Radèn Tumenggung Natayuda, wonten lelangkunganipun sakikil, paosipun jung sakawan, wah ing Wanasari nem jung, tumut abdi-Dalem Mantri Jawi Tengen pun Ngabèhi Pringgadiwirya, wonten lelangkunganipun sakikil paosipun jung gangsal, wah ing Wringinanom tigang jung, tumut abdi-Dalem tukang pun Tirtadiwongsa kalih jung, tumut abdi-Dalem Mantri Jawi Kiwa pun Ngabèhi Citrayuda sajung, wonten lelangkunganipun sebau salupit, paosipun jung sakawan, wah ing Sementaha kalihwelas jung, tumut abdi-Dalem Mantri Jawi Kiwa pun Ngabèhi Resawongsa, wonten lelangkunganipun sajung, paosipun jung nem, wah ing Sempu tigang jung, tumut abdi-Dalem para gusti Nyai Sugita, wonten lelangkunganipun sakikil, paosipun jung tiga, wah ing Kasetan kalih jung, tumut abdi-Dalem Gandhèk Tengen pun Werganaya, wonten lelangkunganipun sebau, paosipun jung gangsal, wah ing Pending kalih jung tumut abdi-Dalem pun Danureja, wonten lelangkunganipun sebau, paosipun jung tiga, wah ing

4v Grojogan kawan jung, tumut Pangéran Jayakusuma, wonten lelangkung/anipun sabau, paosipun jung sakawan, wah ing Sumber nem jung, tumut kagengan-Dalem bumi pamaosan ingkang kagadhahaken abdi-Dalem pun Puspakusuma, wonten lelangkunganipun sajung, paosipun jung tiga, wah ing Sumber Singamenggalan tigang jung, tumut abdi-Dalem Radèn Citraleksana kalih jung, tumut abdi-Dalem Nyutra pun Ugrabanu sajung, wonten lelangkunganipun sakikil, paosipun jung tiga, wah ing Kertèn sajung, tumut abdi-Dalem Ngabèhi Atmawijaya, wonten lelangkunganipun sakikil, paosipun jung tiga, wah ing Pulutan kalih jung, tumut abdi-Dalem Anggandhèk Tengen pun Wongsayuda, wonten lelangkunganipun sakikil, paosipun jung gangsal, wah ing Karangsambung sajung, tumut abdi-Dalem Lurah Priyataka Tengen pun Ngabèhi Simbarjaya, wonten lelangkunganipun sabau, paosipun jung nem, wah ing Kalèran, Ranjang kawanwelas jung, tumut abdi-Dalem pun Tumenggung Mangunnegara, wonten lelangkunganipun gangsal jung sakikil, ingkang kawan jung sakikil, paosipun sami jung anyekawan, ingkang sajung paosipun jung tiga, wah ing Lèpènnongka kalihwelas jung, tumut Pangéran Mertasana, wonten lelangkunganipun tigang jung, paosipun sami jung anggangsal, wah ing Kemlaka sangang jung, tumut abdi-Dalem mantri kraton pun Ngabèhi Wongsatruna gangsal jung sakikil, tumut pun Ngabèhi Wongsayuda tigang jung sakikil, wonten lelangkunganipun sajung, paosipun jung sakawan, wah ing Sumawana

f. 25r sèket jung langkung tigang jung, ingkang kawanlikur jung / tumut abdi-Dalem Radèn Tumenggung Natayuda, ingkang pitulikur jung, tumut abdi-Dalem geladhag, wonten lelangkunganipun tigang jung, paosipun sami jung anyekawan, wah ing Widaralangon kawan jung, tumut abdi-Dalem pun Ngabèhi Ja(ya)panular, wonten lelangkunganipun sajung, paosipun jung sakawan, wah ing Kedhu Singamenggala kawanlikur jung, tumut putra-Dalem Kangjeng Gusti, wonten lelangkunganipun sajung, paosipun jung sakawan, wah ing Bringinan nem jung, tumut abdi-Dalem pun Ngabèhi Onggaresa, wonten lelangkunganipun sakikil, paosipun jung sakawan, wah ing Bakung nem jung, tumut putra-Dalem Kangjeng Gusti, wonten lelangkunganipun sajung, paosipun jung sakawan, wah ing Joho kalihwelas jung, tumut abdi-Dalem pun Japan sakancanipun, wonten lelangkunganipun sajung, paosipun jung gangsal, wah ing Giyanti kalihwelas jung, tumut abdi-Dalem penandhon pun Kartapati nem jung, tumut pun Kartajaya nem jung, wonten lelangkunganipun sakikil, paosipun jung gangsal, wah ing Paduresan nem jung, tumut abdi-Dalem geladhag, wonten lelangkunganipun sajung, paosipun jung sakawan, wah ing Kasihan kawan jung, inggih tumut abdi-Dalem geladhag, wonten lelangkunganipun sajung, paosipun jung nem, wah ing Gunturbawang nem jung, tumut wayah-Dalem Bendara Radèn Mas Timur, wonten lelangkunganipun sajung, paosipun jung sakawan, wah ing Kowangan kalihwelas jung, tumut Pangéran Mertasana, wonten lelangkunganipun sakikil, paosipun jung sakawan, wah ing Gentung sajung, tumut putra-

f. 25v Dale/m Kangjeng Gusti, wonten lelangkunganipun sebau, paosipun jung tiga, wah ing Salam tigang jung, tumut abdi-Dalem pun Riya Mendura, wonten lelangkunganipun sebau salupit, paosipun jung gangsal, wah ing Larangan kalih jung, inggih tumut abdi-Dalem pun Riya Mendura, wonten lelangkunganipun sakikil, paosipun jung gangsal, wah ing Lungka kalih jung, tumut abdi-Dalem Anggandhèk Kiwa pun Singamenggala, wonten lelangkunganipun sakikil paosipun jung gangsal, wah ing Mergawati walulas jung, tumut abdi-Dalem pun Demang Rejawongsa, wonten lelangkunganipun tigang jung, paosipun sami jung gangsal, wah ing Tanubayan kalihwelas jung, tumut putra-Dalem Kangjeng Gusti, wonten lelangkunganipun kalih jung, paosipun sami jung ngenem, wah ing Kragilan kalih jung, tumut abdi-Dalem Mantri Kaparak Kiwa pun Ngabèhi Kertiwijaya, wonten lelangkunganipun sebau paosipun jung sakawan,

gu(ng)gung kagengan-Dalem bumi lelangkungan-Dalem dados kawan-dasa jung sabau salupit, paosipun ing dalem satengah taun sangang-dasa réyal langkung saseka, ing dalem setaunipun dados satus sangang-dasa réyal langkung tigang seka, sami réyalan anigang-dasa uwang saréyalipun, kapétang damel dados damel-Kula satus wolung-dasa satunggil langkung salupit.

12

BL Add. MS. 12341
f. 168r–171r

Memo of Pangéran Dipakusuma listing excess royal lands which have been repossessed in Kedhu by Radèn Tumenggung Jayapanular and his colleagues amounting to eighteen *jung* recalculated into seventy-five royal work units (*damel-Kula*) with a half-yearly tax/ tribute (*paos*) of forty-three real. Undated, but pre-April 1792.

8r Punika pémut kahula pun Dipakusuma amémuti kagengan-dalem bumi dhusun ingkang tanah Kedhu ingkang sami wonten lelangkunganipun ingkang kapendhet dhateng abdi-Dalem pun Adhi Jayapanular sakancanipun, punika pratélanipun, ing Kemutug Temanggung sajung, tumut abdi-Dalem gamel pun Citrayuda, wonten langkunganipun sabau, paosipun jung sekawan, wah ing Gunungsari sajung, tumut Pangéran Natapura, wonten langkunganipun sakikil, paosipun jung sakawan, wah ing Kaliwonan sajung, tumut abdi-Dalem gamel pun Naladiwongsa, wonten langkunganipun salupit, paosipun jung tiga, wah ing Béji sajung sakikil, inggih tumut abdi-Dalem gamel pun Wongsadipa, wonten langkunganipun sabau salupit paosipun jung sakawan, wah ing Jagasaran sajung, tumut abdi-Dalem Mantri Lebet Ngabèhi Baudrana wonten langkunganipun salupit paosipun jung tiga, wah ing Kumijèn sajung, tumut abdi-Dalem pun Mangundipura, wonten langkunganipun salupit paosipun jung sekawan, wah ing Lèpènkijing tigang jung, tumut abdi-Dalem Mas Wiryawijaya kalih jung, tumut Mas Wiryataruna sajung, wonten langkunganipun sabau salupit, paosipun jung sakawan, wah ing Kuwasan sajung, tumut abdi-Dalem Jeksa Kaparak Kiwa pun (Re)samenggala, wonten langkunganipun sabau, paosipun jung tiga, wah ing Pamotan sajung, tumut abdi-Dalem Mantri Kaparak Tengen pun Ngabèhi Citraboma, wonten langkunganipun salupit, paosipun

8v jung tiga, wah ing Jemblong sajung, tumut abdi-Dalem Mantri Jawi Tengen pun Ngabè/hi Singawecana, wonten langkunganipun salupit, paosipun jung sakawan, wah ing Semi sajung, tumut abdi-Dalem gandhèk pun Singamenggala, wonten langkunganipun sabau salupit, paosipun jung tiga, wah ing Pakéron-Pasikepan kalih jung, tumut abdi-Dalem pun Riya Mendura, wonten langkunganipun sabau salupit, paosipun jung sakawan, wah ing Matèsèh sakikil, tumut putra-Dalem Bendara Pangéran Ngabèhi, wonten langkunganipun salupit sairing, paosipun jung gangsal, wah ing Parembulan Susukan Tegilmambet Rediwijil kalih jung, tumut Bendara Radèn Ayu Mangkupraja, wonten langkunganipun sakikil paosipun jung sekawan, wah ing Parembulan, ing Susukan sajung, tumut abdi-Dalem pun Tumenggung Sindupati, wonten langkunganipun salupit, paosipun jung tiga, wah ing Jogan sakikil, tumut abdi-Dalem Saos-siti ing Taman, wonten langkunganipun sabau, paosipun jung tiga, wah ing Mayungan sakikil, tumut abdi-Dalem Saos-siti ing Sitinggil Kidul, wonten langkunganipun salupit, paosipun jung sakawan, wah ing Kebonwagé sajung, tumut abdi-Dalem Mantri Kaparak Kiwa pun Ngabèhi Jawirya, wonten langkunganipun sabau, paosipun jung gangsal, wah ing Kedhungkedhiri Pangungangan sajung, tumut abdi-Dalem Tumenggung Mangundipura, wonten langkunganipun sajung, paosipun jung pitu, wah ing Ngadiwongsa sakikil, tumut putra-

69r Dalem Kangjeng Gusti wonten langkunganipun sakikil paosipun jung sakawan, / wah ing Lèpènabon nem jung, tumut Pangéran Dipakusuma, wonten langkunganipun sajung, paosipun jung sakawan, wah ing Bambusari tigang jung, tumut abdi-Dalem pun Ngabèhi Jiwaraga, wonten langkunganipun sakikil, paosipun jung sakawan, wah ing Pandhansari sajung, tumut abdi-Dalem Mantri Lebet pun Ngabèhi Ranawijaya, wonten lelangkunganipun sabau, paosipun jung sakawan, wah ing Sidapurna Wanasena kalih jung tumut abdi-Dalem Mantri Lebet pun Ngabèhi Ranawijaya, wonten langkunganipun sabau, paosipun jung sekawan, wah ing Ngaliyan kalih jung, tumut abdi-Dalem pun Ngabèhi Jawirya, wonten langkunganipun sakikil, paosipun jung sekawan, wah ing Kagungan kalih jung, tumut abdi-Dalem pun Ngabèhi Prawirasastra, wonten langkunganipun sabau, paosipun jung sekawan, wah ing Katanon sakikil, tumut abdi-Dalem gandhèk pun Suratruna, wonten langkunganipun sabau salupit, paosipun jung nem, wah ing Lèpènpethung kalih jung, tumut kelangenan-Dalem pamaosan ingkang kagadhahaken abdi-Dalem pun Ngabèhi Dentawikrama, wonten langkunganipun tigang bau salupit, paosipun jung gangsal,   wah ing Jabalamar kalih jung, tumut abdi-Dalem pun Rongga Kertayuda, wonten langkunganipun sabau, paosipun jung sakawan,   wah ing Parakan sajung, tumut abdi-Dalem Mantri Kaparak Kiwa pun Ngabèhi Citrapada, wonten lang-kunganipun sakikil, paosipun jung gangsal,   wah ing Saragan kalih jung, tumut abdi-

f. 169v Dale/m Tumenggung Jayadirja, wonten langkunganipun sakikil, paosipun jung gangsal, wah ing Banthèngan sajung, tumut abdi-Dalem Priyataka pun Ngabèhi Simbarjaya, wonten langkunganipun sabau, paosipun jung nem,   wah ing Krinjingan kalih jung, tumut wayah-Dalem Bendara Radèn Mas Timur, wonten langkunganipun sakikil, paosipun jung nem,   wah ing Jethis kalih jung, tumut wayah-Dalem Bendara Radèn Mas Timur, won-ten langkunganipun sakikil, paosipun jung nem, wah ing Kartasari kalih jung, inggih tumut wayah-Dalem Bendara Radèn Mas Timur, wonten langkunganipun salupit, paosipun jung sekawan,   wah ing Gondhangan kalih jung, inggih tumut wayah-Dalem Bendara Radèn Mas Timur sajung, tumut abdi-Dalem pun Ngabèhi Jiwaraga sajung, wonten langkungan-ipun sabau, paosipun jung gangsal,   wah ing Pasunggingan sajung, tumut abdi-Dalem Miji pun Rongga Jejeran, wonten langkunganipun salupit, paosipun jung gangsal,   wah ing Kajurangan sajung, tumut abdi-Dalem pun Nayadiwongsa, wonten langkunganipun sakikil, paosipun jung gangsal,   wah ing Penjalinan sajung, tumut abdi-Dalem Radèn Puspakusuma, wonten langkunganipun salupit, paosipun jung sekawan, wah ing Wongsa-patèn Kalusèn kalih jung, tumut abdi-Dalem pambelah pun Trunabaya sajung, tumut abdi-Dalem Mantri Lebet pun Ngabèhi Prawiraleksana sajung, wonten langkunganipun sa-

f. 170r lupit sairing, paos jung gangsal, wah ing Kanerangan Kaliwonan Kalipelu/s kawan jung, tumut abdi-Dalem pun Ngabèhi Jiwaraga, wonten langkunganipun sakikil paosipun jung gangsal,   wah ing Ngemplak tigang jung, tumut abdi-Dalem pun Tumenggung Mangun-negara kalih jung, tumut abdi-Dalem Mantri Jawi Kiwa pun Ngabèhi Prabakèsa sajung, wonten langkunganipun tigang bau, paosipun jung sekawan,   wah ing Kanerangan malih sajung, tumut abdi-Dalem Katanggel pun Jayathathit, wonten langkunganipun salupit, paosipun jung gangsal,   wah ing Mudal Kasaran nem jung, tumut abdi-Dalem Radèn Riya Sindureja, wonten langkunganipun sajung, paosipun jung tiga, wah ing Ranjang tigang jung, tumut abdi-Dalem Katanggel pun Jayaèsthi sajung, tumut pun Jayapambereg sajung, tumut abdi-Dalem Mantri Pinilih Radèn Citrakusuma sajung, wonten langkunganipun salupit sairing, paosipun jung sakawan,   wah ing Menggoran nem jung, tumut abdi-Dalem pun Gunawijaya, wonten langkunganipun sabau, paosipun jung nem, wah ing Kajoran kalih jung, tumut abdi-Dalem Radèn Jayèngsari, wonten langkunganipun sabau, paosipun jung gangsal,   wah ing Pesalakan sajung, tumut abdi-Dalem Mantri Kaparak Tengen pun Ngabèhi Citraboma, wonten langkunganipun sabau, paosipun jung sekawan,   wah ing Lèpènbagor sajung, tumut abdi-Dalem Mantri Jawi Tengen pun Nga-

f. 170v bèhi Singawijaya, wonten langkunganipun salupit pao/sipun jung sekawan,   wah ing Kadhudhan sajung, tumut abdi-Dalem Radèn Adipati Danureja, wonten langkunganipun sabau, paosipun jung sekawan,   wah ing Karangtengah kalih jung, tumut abdi-Dalem pun Ngabèhi Citrapada sajung, tumut abdi-Dalem panakawan pun Bongsaatmaja sajung, wonten langkunganipun sabau, paosipun jung sekawan,   wah ing Kiyaran sajung, tumut abdi-Dalem pun Ngabèhi Brajawikara wonten langkunganipun sabau, paosipun jung gangsal,   wah ing Kapacungan kalih jung, tumut putra-Dalem Bendara Pangéran Kusumayuda sajung, tumut abdi-Dalem gandhèk pun Mertadiwongsa sajung, wonten langkunganipun sabau, paosipun jung nem,   wah ing Kalitan kalih jung, tumut abdi-Dalem pun Ngabèhi Jawirya, wonten langkunganipun salupit, paosipun jung gangsal, wah ing Pangabèyan kalih jung, tumut putra-Dalem Bendara Pangéran Ngabèhi, wonten langkunganipun sakikil, paosipun jung nem,

gu(ng)gung kagengan-Dalem sabin langkungan dados walulas jung langkung tigang bau salupit sairing, kapétang damel dados damel-Kula tigang-lawé langkung salupit sairing, / paosipun ing dalem satengah taun kawan-dasa réyal langkung tigang réyal satangsul, ing dalem sataun dados walung-dasa réyal langkung nem réyal saseka, sami réyalan anigang-dasa uwang saréyalipun.

/1r

Pajang

Four documents, nos 13–16, list repossessed excess royal village lands in Pajang. Most of them were issued by Pangéran Dipakusuma with Ngabèhi Imayuda and his colleagues being entrusted with the actual repossession. In contrast, the last document was issued jointly by Radèn Tumenggung Natayuda I, Pangéran Dipakusuma, and the *lurah carik*, R. Ngabèhi Prawirasastra, with the assistance of the Yogyakarta magistrate (*jeksa negari*) Radèn Ngabèhi Puspadipura.

13   BL Add. MS. 12341
                                                                 f. 7r–8v

Memo of Pangéran Dipakusuma concerning excess royal lands in Pajang which have been retrenched by Ngabèhi Imayuda and his colleagues listing *jung* in villages, sixteen *jung* with a yearly tribute/tax (*paos*) of ninety-five real. Undated, but probably pre-April 1792.

Punika pémut kahula pun Dipakusuma amémuti kagengan-Dalem bumi dhusun, ingkang tanah Paos ingkang sami wonten lelangkunganipun ingkang kapendhet dhateng abdi-Dalem pun Ngabèhi Imayuda sakancanipun, punika pratélanipun, ing Gondhang Sambèng gangsalwelas jung, tumut abdi-Dalem Mantri Jawi Tengen pun Ngabèhi Sutasentona, wonten lelangkunganipun sajung tigang bau, paosipun sami jung amitu, wah ing Gathak Trunuh sajung, inggih tumut abdi-Dalem pun Ngabèhi Sutasentana, wonten lelangkunganipun sakikil, paosipun jung gangsal, wah ing Gondhang Plawikan sadasa jung, ingkang tumut abdi-Dalem pun Tumenggung Mangunnegara pitung jung, ingkang tumut abdi-Dalem pun Tumenggung Resapraja kalih jung, ingkang tumut abdi-Dalem Katanggel pun Jayapenatag sajung, jangkep sadasa jung, wonten lelangkunganipun sajung, paosipun jung nem, wah ing Gathak tigang jung, tumut abdi-Dalem pun Sutadipura, wonten lelangkunganipun sakikil, paosipun jung pitu, wah ing Krapyak Bunder kalih jung, tumut abdi-Dalem pun Ngabdolah, wonten lelangkunganipun sajung, paosipun jung gangsal, wah ing Tratok kawan jung, tumut abdi-Dalem Mantri Kersan pun Ngabèhi Udamenggala, wonten lelangkunganipun sajung, paosipun jung sakawan, wah ing Semangkak nem jung, tumut abdi-Dalem Radèn Tumenggung Danukusuma, / tigang jung, ingkang tumut abdi-Dalem pun Demang Suraleksana tigang jung, jangkep nem jung, wonten lelangkunganipun kalih jung sakikil, ingkang kalih jung paosipun sami jung amitu, ingkang sakikil paosipun jung gangsal, wah ing Dasaséla tigang jung, tumut abdi-Dalem pun Mangunjaya kalih jung, ingkang tumut abdi-Dalem Mantri Jawi Tengen Demang Malang sajung, jangkep tigang jung, wonten lelangkunganipun sajung, paosipun jung pitu, wah ing Tangkisan nem jung, tumut abdi-Dalem pun Demang Sutadiwongsa ing Tangkisan, wonten lelang-

v

kunganipun sakikil, paosipun jung sakawan,   wah ing Nglinggi tigawelas jung, tumut
Bendara Radèn Mas Timur, wonten lelangkunganipun kalih jung, paosipun sami jung
angenem,   wah ing Sumyang Pa(n)katholan sakikil inggih tumut abdi-Dalem pun
Ngabdolah, wonten lelangkunganipun sebau, paosipun jung gangsal,   wah ing Sarebeg
tigang jung, tumut abdi-Dalem Kebayan Gedhong Kiwa pun Wisamenggala sajung sakikil,
ingkang tumut abdi-Dalem Katanggel pun Jayanila, sajung sakikil, jangkep tigang jung,
wonten lelangkunganipun sajung, paosipun jung sakawan, wah ing Marebung nem jung,

f. 8r   ingkang tumut abdi-Dalem Mantri Jawi Kiwa pun Ngabèhi Jaya/lana kawan jung, ingkang
tumut abdi-Dalem Mantri Jawi Tengen pun Ngabèhi Pakujaya, kalih jung, jangkep nem
jung, wonten lelangkunganipun sajung, paosipun jung nem,   wah ing Srawot Lemah-
abangan sajung sakikil, tumut abdi-Dalem pun Tumenggung Mertalaya sakikil, ingkang
tumut abdi-Dalem Katanggel pun Jayasentika sajung, wonten lelangkunganipun tigang bau,
paosipun jung nem,   wah ing Bakung sajung, tumut abdi-Dalem pun Tumenggung
Mertalaya, wonten lelangkunganipun sajung, paosipun jung nem,   wah ing Kedhung-
pring Kalamprèngan tigang jung sakikil, tumut abdi-Dalem Priyataka Tengen Ngabèhi
Simbarjaya kalih jung, ingkang tumut abdi-Dalem Mantri Kaparak Tengen pun Ngabèhi
Sontayuda sakikil, ingkang tumut abdi-Dalem pun Ngabèhi Leres sajung, jangkep tigang
jung sakikil wonten lelangkunganipun sakikil, paosipun jung gangsal,

f. 8v   / gu(ng)gùng bumi lelenggahipun dados nembelas jung langkung sabau, paosipun ing
dalem satengah taun kawan-dasa nem réyal sajampel saseka, ing dalem setaun dados
sangang-dasa gangsal réyal, sami réyal anigang-dasa uwang saréyalipun.

14   BL Add. MS. 12341
                                                                  f. 26v–28r

Memo of Pangéran Dipakusuma concerning excess royal lands in Pajang which have been
retrenched by Ngabèhi Imayuda and his colleagues, totalling some thirteen *jung* with a tax
/tribute (*paos*) of forty real. Incompletely dated, but pre-April 1792.

f. 26v   [on envelope] kasaosaken ing sasi Jumadilakir
f. 27r   punika pémut kahula pun Dipakusuma amémuti kagengan-Dalem bumi dhusun ingkang
sami tanah Paos ingkang sami wonten lelangkunganipun ingkang kapendhet abdi-Dalem
pun Ngabèhi Imayuda sakancanipun,   punika pratélanipun,   ing Gesikan kalihwelas
jung, tumut abdi-Dalem pun Tumenggung Mangunnegara nem jung, tumut Pangéran
Natapura kalih jung, ingkang tumut abdi-Dalem pun Tumenggung Mertalaya sajung
sakikil, ingkang tumut putra-Dalem Bendara Pangéran Ngabèhi sajung sakikil, ingkang
tumut abdi-Dalem Radèn Riya Sindureja sajung, dados jangkep kalihwelas jung, wonten
lelangkunganipun sangang jung, paosipun sami jung angenem,   wah ing Buntalan kalih
jung, tumut putra-Dalem Kangjeng Gusti sajung, tumut abdi-Dalem Mantri Kaparak Kiwa
sajung pun Ngabèhi Salingsingan sajung, jangkep kalih jung, wonten lelangkunganipun
sajung, paosan jung walu,   wah ing Kertasadu kalih jung, tumut abdi-Dalem Sarageni
Brajanala pun Wirèngseca sajung, ingkang tumut putra-Dalem Kangjeng Gusti sajung,
jangkep kalih jung, wonten lelangkunganipun kalih bau, paosipun jung pitu,   wah ing
Kethithang nem jung, tumut putra-Dalem Bendara Pangéran Ngabèhi, wonten
lelangkunganipun kalih jung, paosipun sami jung amalu,   wah ing Sudimara sajung,
tumut putra-Dalem Bendara Pangéran Ngabèhi, wonten lelangkunganipun sakikil, paosipun
f. 27v   jung nem,   wah ing Kawisnongka, kalih jung, / tumut abdi-Dalem ngampil sajung,
tumut abdi-Dalem Gandhèk Kiwa pun Pradiwongsa sajung, wonten lelangkunganipun

sajung, paosipun jung nem,   wah ing Lèpènbandung sakikil, tumut abdi-Dalem Mantri Pinilih pun Jayaprakosa, wonten lelangkunganipun sakikil, paosipun jung nem,   wah ing Pandhes kalih jung, tumut Bendara Radèn Mas Timur, wonten lelangkunganipun sakikil, paosipun jung wolu,   wah ing Sidawayah sajung, tumut abdi-Dalem Mantri Pinilih pun Ngabèhi Samaprakosa, wonten lelangkunganipun sakikil, paosipun jung sakawan,   wah ing Samaitan sakikil, tumut abdi-Dalem Radèn Tumenggung Natayuda, wonten lelangkunganipun, ing Ngemplak Grudhawétan sakikil, paosipun jung gangsal,   wah ing Ngadisima sajung sakikil, tumut putra-Dalem Bendara Pangéran Ngabèhi, wonten lelangkunganipun sakikil, paosipun jung nem,   wah ing Gathak sajung, tumut abdi-Dalem Gandhèk Kiwa pun Mertadiwongsa, wonten lelangkunganipun sakikil, paosipun jung nem,   wah ing Kebonagung sajung, tumut abdi-Dalem pun Tumenggung Mertalaya, wonten lelangkunganipun sakikil, paosipun jung nem,

r   / gunggung bumi lelangkungan tigawelas jung langkung tigang bau, paosipun ing dalem satengah taun kawan-dasa réyal langkung kawan réyal seka satangsul,   ing dalem setaun dados walung-dasa réyal langkung walung réyal tigang seka,   sami réyal anigang-dasa uwang saréyalipun.

15   BL Add. MS. 12341
f. 161r–162v

Memo of Pangéran Dipakusuma concerning royal tax lands in Pajang which were in excess (*ingkang sami wonten langkunganipun*) and which had been retrenched by Ngabèhi Imayuda and his colleagues. The lands affected belonged to various Yogyakarta nobles and officials, amongst them the *Patih* and the Crown Prince and totalled some twenty-one *jung* recalculated into eighty-five work work units (*damel-Kula*) with a half-yearly tribute/tax (*paos*) of sixty-one real. The document may have been was presented (*kunjuk*) to the Sultan (?HBI) at the royal hunting lodge of Krapyak to the south of Yogyakarta in the Javanese year Jimakir, context most likely placing it in A.J. 1714 (1787/88).

61r   Punika pémut kahula pun Dipakusuma amémuti kagungan-Dalem bumi dhusun ingkang tanah Paos ingkang sami wonten langkunganipun, ingkang kapendhet dhateng abdi-Dalem pun Imayuda sakancanipun,   punika pratélanipun,   ing Bayawangsul wolung-dasa jung, langkung kawan jung, sami tumut abdi-Dalem Mantri Bayawangsul, ingkang walu-likur jung, tumut abdi-Dalem pun Demang Suradirana, ingkang walulikur jung malih, tu-mut abdi-Dalem pun Demang Surayuda, ingkang walulikur jung malih, tumut abdi-Dalem pun Demang Citrawadana, jangkep walung-dasa jung langkung kawan jung, wonten langkunganipun tigang jung, paosipun sami jung anyekawan,   wah kagengan-Dalem sabin pamaosan ing Penthongan sajung, wonten langkunganipun sajung, paosipun jung sa-dasa,   wah kagengan-Dalem sabin pamaosan ing Padhedhekan sajung, ingkang kawedal-aken paos gendhis-arèn, gadhahanipun abdi-Dalem pun Tumenggung Mangundipura, wonten langkunganipun sajung, paosipun jung wolu,   wah kagengan-Dalem sabin pamaosan malih, ing Kawisnongka Kadhangéan sakikil, ingkang kawedalaken paos kadhelé pethak kalih katumbar, gadhahanipun abdi-Dalem Radèn Tumenggung Sasra-kusuma, wonten langkunganipun sabau, paosipun inggih kadhelé pethak kalih katumbar, satangah taunipun sarembat,   wah ing Sambèngan kalih jung, tumut abdi-Dalem Taman pun Mertatruna, wonten langkunganipun sakikil, paosipun jung gangsal,   wah ing Wanasegara sakikik, tumut abdi-Dalem pun Ngabèhi Caruban, wonten langkunganipun sakikil, paosipun jung kalih-dasa,   wah ing Penthongan Wanaléla saidu, tumut abdi-Dalem taman pun Nurkapi, wonten langkunganipun saidu, paosipun ing dalem setengah taun saréyal, ing dalem satfaunipun kalih réyal,   wah ing Pangabè(y)an sajung,

f. 161v tumut abdi-Dalem pun Danure/ja, wonten langkunganipun sabau, paosipun jung pitu, wah ing Kemadhu tigang jung, tumut abdi-Dalem Radèn Riya Sindureja, wonten langkunganipun tigang bau, paosipun jung kawanwelas,   wah ing Wringinlarik sajung sakikil, tumut abdi-Dalem Radèn Tumenggung Sasrakusuma, wonten langkunganipun salupit, paosipun jung pitu,   wah ing Sepetjambu kawan jung sakikil, ingkang tumut abdi-Dalem pun Tumenggung Mertalaya tigang jung, ingkang tumut abdi-Dalem Mantri Jawi Kiwa pun Ngabèhi Wiraragi sakikil, wonten langkunganipun sakikil, paosipun jung pitu,   wah ing Balang sajung sakikil, tumut abdi-Dalem Wirabraja pun Surèngpramana, wonten langkunganipun sabau salupit, paosipun jung sekawan,   wah ing Dhawuhan tigang jung, tumut abdi-Dalem Mas Ngabèhi Prawirawijaya kalih jung, ingkang tumut Mas Ngabèhi Sinduatmaja sajung, wonten langkunganipun sajung, paosipun jung gangsal, wah ing Birun nembelas jung, ingkang tumut abdi-Dalem Mantri Gedhong Kiwa pun Ngabèhi Tanumenggala sajung, tumut pun Ngabèhi Mondhalika kalih jung, tumut pun Ngabèhi Onggasara kalih jung, tumut abdi-Dalem Panèket Gedhong Kiwa pun Secanongga kalih jung, tumut pun Tanongga tigang jung, ingkang tumut abdi-Dalem Katanggel pun Ngabèhi Jayatengara tigang jung, tumut pun Jayanekula sajung, ingkang tumut abdi-Dalem Martalulut pun Ngabèhi Brajawikara sajung, ingkang tumut abdi-Dalem Secadipura pun Mondhalika sajung, jangkep sabin nembelas jung, wonten langkunganipun kalih jung, paosipun jung gangsal,   wah ing Kingkang kalih jung, tumut abdi-Dalem pun Ngabèhi Mangunyuda, wonten langkunganipun tigang bau, paosipun jung kawan,   wah ing Butuh sajung, tumut putra-Dalem Kangjeng Gusti wonten langkunganipun sebau salupit, paos-

f. 162r ipun jung sadasa,   wah ing Maja sajung sakikil, tumut putra-Dalem Bendara Pangér/an Natakusuma sajung, tumut abdi-Dalem Gandhèk Kiwa pun Kertiyuda sakikil, wonten langkunganipun sakikil, paosipun jung sakawan,   wah ing Gawokwiyaga gangsal jung sakikil, ingkang tumut abdi-Dalem Mantri Gedhong Tengen pun Ngabèhi Wirawangsa tigang jung sakikil, tumut kancanipun Panèket pun Wirasemita kalih jung, wonten langkunganipun sakikil, paosipun jung gangsal,   wah ing Luyu kawanlikur jung, ingkang tumut putra-Dalem Bendara Radèn Ayu Jayaningrat kalihwelas jung, ingkang tumut abdi-Dalem pun Ngabèhi Mangunjaya tigang jung, ingkang tumut abdi-Dalem Mantri Gedhong Tengen, pun Ngabèhi Wongsawijaya sangang jung, jangkep kawanlikur jung, wonten langkunganipun gangsal jung tigang bau, paosipun ingkang kawan jung tigang bau, jung anyekawan, ingkang sajung paosipun jung kalih,   wah ing Kaworan sajung, tumut abdi-Dalem Katanggel pun Jayamuluh, wonten langkunganipun sabau, paosipun jung nem, wah ing Kelalung kalihwelas jung, tumut abdi-Dalem geladhag ingkang nyanggi pamaosan welah-welit, wonten langkunganipun sajung, paosipun jung gangsal, wah ing Ngupit walung jung, ingkang tumut abdi-Dalem geladhag, ingkang nyanggi pamaosan welah-welit, wonten langkunganipun sajung, paosipun jung nem,

gunggung kagengan-Dalem bumi langkungan sadaya dados salikur jung, langkung sabau salupit, saidu,   kapéteng damel dados damel-Kula walung-dasa gangsal langkung salupit
162v saidu,   paosipun ing dalem setengah taun sawidak réyal langkung saréyal setangsul / ing dalem setaun dados satus kalihlikur réyal langkung sedasa tangsul, sami réyalan anigang-dasa uwang saréyalipun,

[at bottom of folio] kunjuk ing sasi (Rejeb) Jumadilakir wonten Krapyak.

16   BL Add. MS. 12342
f. 81r–87v

Pre-April 1792 memo of Pangéran Dipakusuma concerning excess royal lands in Pajang retrenched by Ngabèhi Imayuda and his colleagues, totalling some 56 *jung* recalculated into 132 royal work units (*damel-Kula*) with a half-yearly tax/tribute (*paos*) of 105 real.

r Punika pémut kahula pun Dipakusuma amémuti kagengan-Dalem bumi dhusun ingkang tanah Paos ingkang sami wonten kalangkunganipun ingkang kapendhet dhateng abdi-Dalem pun Ngabèhi Imayuda sakancanipun,   punika pratélanipun,   ing Kalèsan kawan-dasa jung, ingkang tumut putra-Dalem Kangjeng Gusti gangsal jung, ingkang tumut abdi-Dalem Mantri Gedhong Kiwa pun Ngabèhi Nayasuta, pitung jung, ingkang tumut abdi-Dalem Radèn Tumenggung Sasrakusuma pitung jung, ingkang tumut abdi-Dalem Mantri Gedhong Tengen pun Ngabèhi Rediguna nem jung, ingkang tumut abdi-Dalem Mantri Jawi Tengen pun Ngabèhi Jayarata gangsal jung, ingkang tumut abdi-Dalem Kawandasa pun Imasrengkara kalih jung, ingkang tumut abdi-Dalem Secadipura, pun Ja(ya)lengkara sajung, ingkang tumut abdi-Dalem Mantri Kaparak Kiwa pun Ngabèhi Secaranu sajung, ingkang tumut abdi-Dalem Mantri Gedhong Tengen malih pun Ngabèhi Sadita sajung, ingkang tumut abdi-Dalem Nyutra pun Bimatengara sajung, ingkang tumut abdi-Dalem pandhé pun Resadiwongsa sajung, ingkang tumut abdi-Dalem Mantri Lebet pun Ngabèhi Yudasumarma sajung, ingkang tumut abdi-Dalem Sarag(e)ni-mriyem pun Trijaya sajung, ingkang tumut abdi-Dalem Saos-siti ing Pulo Gedhong Argapuri pun Trinongga, sajung,   dados jangkep sabin sekawan-dasa jung, wonten lelangkunganipun pitung jung sakikil, paosipun sami jung nyakawan,   wah ing Petoyan walulas jung, tumut abdi-Dalem pun Tumenggung Reksanegara, wonten lelangkunganipun tigang jung, paosipun sami jung nyakawan,   wah ing Pasendhèn Cawas nem jung, ingkang tumut putra-Dalem Kangjeng Gusti sajung, ingkang tumut abdi-Dalem Kawandasa pun Imapane-
1v teg sajung, ingkang tumut a/bdi-Dalem Mantri Gedhong Tengen pun Ngabèhi Rediguna sajung, ingkang tumut abdi-Dalem pun Ngabèhi Jayaprabawa sajung, ingkang tumut abdi-Dalem Mantri Jawi Tengen pun Ngabèhi Sawijaya sajung, ingkang tumut Radèn Tumenggung Sasrakusuma sajung, jangkep nem jung, wonten langkunganipun sajung, paosipun jung sakawan,   wah ing Sutaprayan kalih jung, tumut abdi-Dalem pun Ngabèhi Rediguna, wonten langkunganipun sabau, paosipun jung sakawan,   wah ing Lèpènderes sangang jung, ingkang tumut putra-Dalem Bendara Pangéran Natakusuma tigang jung, ingkang tumut abdi-Dalem carik pun Sastradiwongsa kalih jung, ingkang tumut abdi-Dalem Secadipura pun Wasèngrana sajung, ingkang tumut abdi-Dalem Penambur Pinilih pun Trunasuwara sajung, ingkang tumut abdi-Dalem Mantri Kaparak Kiwa pun Ngabèhi Yudabongsa sajung, ingkang tumut abdi-Dalem Mantri Geladhag pun Ngabèhi Prawira-menggala sajung, dados jangkep sabin sangang jung, wonten lelangkunganipun sakikil, paosipun jung sakawan,   wah ing Sideta tigang jung, ingkang tumut Radèn Tumenggung Sumadiningrat sajung, ingkang tumut abdi-Dalem Brajanala pun Suranongga kalih jung, jangkep sabin tigang jung, wonten lelangkunganipun sakikil, paosipun jung sa-kawan,   wah ing Talang nem jung, ingkang tumut abdi-Dalem Brajanala pun Surawani sajung, ingkang tumut pun Suramenggala sajung, ingkang tumut abdi-Dalem Katanggel pun Jayasupadmi sajung, ingkang tumut abdi-Dalem Mantri Ngampil pun Ngabèhi Jayaderma sajung, ingkang tumut pun Ngabèhi Dermajaya sajung, ingkang tumut abdi-Dalem Kadhaèngan pun Surèngyuda sajung, jangkep sabin nem jung, wonten lelangkung-

f. 82r   anipu/n sakikil, paosipun jung sakawan,   wah ing Gadhèn gangsal jung sakikil, ingkang
          tumut abdi-Dalem Secadipura pun Ngabèhi Gunawasèsa tigang jung, ingkang tumut
          abdi-Dalem pun Ngabèhi Wiratmaka, kalih jung sakikil, jangkep sabin gangsal jung
          sakikil, wonten lelangkunganipun sajung, paosipun jung sekawan,   wah ing Katemas
          sekawan jung, ingkang tumut abdi-Dalem Mantri Gedhong Kiwa pun Ngabèhi Sawijaya,
          tigang jung, ingkang tumut abdi-Dalem Miji pun Ngabèhi Bauleksana sajung, jangkep
          sabin sakawan jung, wonten lelangkunganipun sajung, paosipun jung sekawan,   wah
          ing Kajothangan sakikil, tumut abdi-Dalem Mantri Kaparak Kiwa pun Ngabèhi Kerta-
          dipraya, wonten lelangkunganipun sabau, paosipun jung sekawan,   wah ing Bugel
          Sutajayan sekawan jung, ingkang tumut abdi-Dalem Kawandasa pun Imajanu kalih jung,
          ingkang tumut abdi-Dalem Mantri Kaparak Tengen pun Ngabèhi Puspadirana kalih jung,
          jangkep sabin kawan jung, wonten lelangkunganipun sabau salupit, paosipun jung
          sakawan,   wah ing Katreban sajung, tumut abdi-Dalem Radèn Riya Sindureja, wonten
          lelangkunganipun salupit paosipun jung nem,   wah ing Tegilampèl nem jung, ingkang
          tumut abdi-Dalem Katanggel pun Jayabereg sajung sakikil, ingkang tumut abdi-Dalem
          Mantri Gedhong Tengen pun Ngabèhi Kertawirya kalih jung, ingkang tumut abdi-Dalem
          pun Ngabèhi Gunawijaya sakikil, ingkang tumut abdi-Dalem pun Ngabèhi Adiwerna kalih
          jung, jangkep sabin nem jung, wonten lelangkunganipun sakikil, paosipun jung gangsal,
          wah ing Palumbon sekawan jung, ingkang tumut abdi-Dalem Katanggel pun Jayakinanthi

f. 82v   kalih jung, ingkang tumut abdi-Dalem Brajanala / pun Suraprabha kalih jung, wonten
          lelangkunganipun sajung, paosipun jung sakawan,   wah ing Kapugeran Kajothangan
          nem jung, ingkang tumut Tuwan Sarif sajung, ingkang tumut abdi-Dalem pun Ngabèhi
          Surèngpati sajung, ingkang tumut abdi-Dalem pun Ngabèhi Mandhung tigang jung,
          ingkang tumut abdi-Dalem Nyutra pun Trunasèna sajung, jangkep sabin nem jung, wonten
          lelangkunganipun sajung, paosipun jung sakawan,   wah ing Gelagah kawan jung,
          ingkang tumut abdi-Dalem Mas Ngabèhi Imadiguna Maésadelajah sajung, ingkang tumut
          abdi-Dalem Katanggel pun Jayamiruda sajung, ingkang tumut putra-Dalem Kangjeng Gusti
          sajung, ingkang tumut abdi-Dalem Mantri Lebet pun Ngabèhi Prawiradipa sajung, wonten
          lelangkunganipun sakikil, paosipun jung sakawan,   wah ing Segawuh nem jung,
          ingkang tumut abdi-Dalem pun Ngabèhi Prawirasastra sajung, ingkang tumut abdi-Dalem
          Mantri Lebet pun Ngabèhi Bausengara sajung, ingkang tumut abdi-Dalem Gandhèk Kiwa
          pun Kertayuda sajung, ingkang tumut abdi-Dalem Miji Mas Bagong sajung, ingkang tumut
          putra-Dalem Bendara Pangéran Adiwijaya   sajung, wonten lelangkunganipun sakikil
          paosipun jung tiga,   wah ing Tegilampèl Kasunggingan sajung, tumut abdi-Dalem
          kemasan pun Trunadiwongsa, wonten lelangkunganipun salupit, paosipun jung sakawan,
          wah ing Cinthangan sakikil tumut abdi-Dalem pun Ngabèhi Nirbaya, wonten lelangkung-
          anipun sabau, paosipun jung sekawan,   wah ing Kabakungan sakikil, tumut abdi-Dalem

f. 83r   Gandhèk Kiwa pun Kertiyuda, wonten lelangkunganipun sabau, / paosipun jung sakawan,
          wah ing Ganturan kalih jung, ingkang tumut abdi-Dalem pun Demang Reksaboma,
          Cengkrama sajung, ingkang tumut abdi-Dalem Gedhong Tengen pun Mertadiwongsa
          sajung, jangkep sabin kalih jung, wonten lelangkunganipun sabau, paosipun jung gangsal,
          wah ing Péngkol sakikil, tumut abdi-Dalem pun Tumenggung Mangundipura, wonten le-
          langkunganipun sabau, paosipun jung kalih réyal,   wah ing Bengkak sajung, tumut abdi-
          Dalem Mantri Kaparak Kiwa, pun Ngabèhi Danukrama, wonten lelangkunganipun sakikil
          paosipun jung sakawan,   wah ing Lumuru sajung, tumut abdi-Dalem salomprèt pun
          Swarajaya, wonten lelangkunganipun sakikil, paosipun jung sakawan, wah ing Lèpènsoga
          nem jung,   tumut abdi-Dalem Brajanala pun Surabraja kalih jung, pun Surawani sajung,

pun Suraprana sajung, pun Surapraya sajung, pun Suradriya, sajung, jangkep sabin nem
jung, wonten lelangkunganipun sakikil, paosipun jung sakawan,　　wah ing Bulu sadasa
jung, tumut abdi-Dalem Mergongsa pun Ngabèhi Brajadirana, wonten lelangkunganipun
sakikil paosipun jung sakawan,　　wah ing Bagor kalih jung, tumut abdi-Dalem pandhé
pun Supadriya, wonten lelangkunganipun sakikil, paosipun jung sakawan,　　wah ing
Ngasinan walulas jung, ingkang tumut putra-Dalem Kangjeng Gusti sadasa jung sakikil,
ingkang tumut abdi-Dalem Radèn Tumenggung Danukusuma tigang jung, ingkang tumut
abdi-Dalem pun Tumenggung Mertalaya kalih jung sakikil, ingkang tumut abdi-Dalem
pu/n Riya Mendura sakikil, ingkang tumut abdi-Dalem pun Ngabèhi Jayènggati sakikil,
ingkang tumut abdi-Dalem Mantri Jawi Tengen pun Ngabèhi Suraleksana sajung, jangkep
sabin wolulas jung, wonten lelangkunganipun tigang jung tigang bau, paosipun sami jung
angenem,　　/ wah ing Picis Pasèrènan sekawan jung sakikil, tumut abdi-Dalem pun
Tumenggung Resapraja, wonten lelangkunganipun tigang bau, paosipun jung sakawan,
wah ing Bangsri tigang bau, tumut abdi-Dalem Gandhèk Kiwa pun Secayuda, wonten
lelangkunganipun sebau, paosipun jung tiga,　　wah ing Kayen sajung, tumut abdi-Dalem
pun Ngabèhi Kramadiwirya, wonten lelangkunganipun sakikil, paosipun jung tiga,　　wah
ing Papringan kalih jung, tumut abdi-Dalem Gedhong Tengen pun Sayuda, wonten lelang-
kunganipun salupit, paosipun jung gangsal,　　wah ing Gondhanglegi tigang jung, tumut
abdi-Dalem Gandhèk Tengen pun Sutayasa, wonten lelangkunganipun sabau, paosipun
jung tigang,　　wah ing Katurèn sakikil tumut abdi-Dalem Katanggel pun Jayawidari,
wonten lelangkunganipun sabau paosipun jung tigang,　　wah ing Wanarawi tigang bau,
tumut putra-Dalem Kangjeng Gusti, wonten lelangkunganipun sabau paosipun jung tiga,
wah ing Brubung tigang jung, ingkang tumut abdi-Dalem pun Tumenggung Mangundipura
sajung, ingkang tumut abdi-Dalem Sarag(e)ni pun Janembung sajung, ingkang tumut pun
Medirona sajung, jangkep tigang jung, wonten lelangkunganipun sajung sakikil, paosipun
jung aniga,　　wah ing Tempuran sabau tumut abdi-Dalem para gusti Nyai Sumarma,
wonten lelangkunganipun salupit, paosipun jung tiga,　　wah ing Kawiswuni sajung
sakikil, tumut putra-Dalem Bendara Pangéran Kusumayuda, wonten langkunganipun sabau,
paosi/pun jung tiga,　wah ing Singkil tigang jung, tumut abdi-Dalem Mantri Kaparak
Tengen pun Demang Sepakon, wonten lelangkunganipun sajung, paosipun jung tiga,　　wah
ing Pokak tigang jung, tumut putra-Dalem Kangjeng Gusti, wonten lelangkunganipun
tigang bau, paosipun jung tiga,　　wah ing Kartawirya tigang jung, ingkang tumut abdi-
Dalem Wirabraja pun Surèngsantika sajung, tumut pun Surèngprayitna sajung, tumut pun
Surèngleksana sajung, jangkep tigang jung wonten lelangkunganipun sakikil, paosipun
jung tiga,　　wah ing Padhalangan sajung, tumut abdi-Dalem pun Tumenggung
Mangundipura, wonten lelangkunganipun sabau, paosipun jung tiga,　　wah ing Wotgalih
nem jung, tumut putra-Dalem Bendara Pangéran Riya Kusumayuda tigang jung, ingkang
tumut abdi-Dalem Radèn Tumenggung Sasrakusuma sajung, ingkang tumut abdi-Dalem
pun Surèng sajung, ingkang tumut Pangéran Dipakusuma sajung, jangkep nem jung,
wonten lelangkunganipun tigang bau, paosipun jung tiga,　　wah ing Siring Kajothangan
kalih jung, tumut abdi-Dalem Radèn Mangunrana, wonten lelangkunganipun sakikil, paos-
ipun jung tiga,　　wah ing Pendhawa sekawan jung, tumut abdi-Dalem Wirabraja pun
Surèngleksana sajung, ingkang tumut pun Surèngsemita sajung, ingkang tumut pun
Surèngprawira sajung, ingkang tumut pun Surèngjaya sajung, jangkep sekawan jung, won-
ten lelangkunganipun / sabau, paosipun jung tiga,　　wah ing Macanan kalih jung, tumut
abdi-Dalem prajurit ing Sanasèwu Kyai Haji Abdulwahid sajung, ingkang tumut Pangéran
Jayakusuma sajung, wonten lelangkunganipun sabau salupit, paosipun jung tiga,　wah ing

Belothan sajung, tumut abdi-Dalem Mantri Kaparak Tengen pun Ngabèhi Bener, wonten lelangkunganipun sabau, paosipun jung tiga,   wah ing Tambakbaya sekawan jung, ingkang tumut abdi-Dalem Mantri Gedhong Tengen Ngabèhi Sadita tigang jung, ingkang tumut abdi-Dalem pun Ngabèhi Gunawasèsa sajung, jangkep kawan jung, wonten langkunganipun sajung, paosipun jung tiga,   wah ing Lengkingasinan Barawatu, kalih jung sakikil, ingkang tumut abdi-Dalem Radèn Tumenggung Sasrakusuma kalih jung, ingkang tumut abdi-Dalem Mantri Kaparak Tengen Radèn Puspadipura sakikil, wonten langkunganipun sakikil, paosipun jung tiga,   wah ing Pakundhèn Kuwangsan kalih jung, ingkang tumut abdi-Dalem Mantri Gedhong Tengen pun Ngabèhi Wongsadita sajung, ingkang tumut abdi-Dalem pun Ngabèhi Gunawasèsa sajung, wonten lelangkunganipun tigang bau, paosipun jung tiga,   wah ing Majesta kalihwelas jung, tumut abdi-Dalem Radèn Riya Sindureja sajung, ingkang tumut abdi-Dalem Katanggel pun Jayasrati sajung,

f. 85v ingkang / tumut abdi-Dalem Radèn Tumenggung Sasrakusuma sajung, ingkang tumut abdi-Dalem Mantri Kaparak Kiwa pun Ngabèhi Ujumanuk sajung, ingkang tumut putra-Dalem Bendara Pangéran Natakusuma kalih jung, ingkang tumut abdi-Dalem pun Ngabèhi Jagabaya kalih jung, ingkang tumut abdi-Dalem prajurit Sanasèwu pun Dulgapur sajung, ingkang tumut abdi-Dalem Sarag(e)ni-mriyem pun Trileksana sajung, ingkang tumut abdi-Dalem emban pun Damenggala sajung, jangkep kalihwelas jung, wonten langkunganipun kalih jung sabau, paosipun jung aniga,   wah ing Paningron kalihwelas jung, tumut abdi-Dalem pun Dhaèng Nitipura sakancanipun sangang jung, ingkang tumut abdi-Dalem pun Ngabèhi Jayaprabawa tigang jung, jangkep kalihwelas jung, wonten langkunganipun kalih jung, paosipun jung aniga,   wah ing Redisundha Kawisanyar Gantèn kawan jung, tumut abdi-Dalem Gandhèk Tengen pun Paing sajung sakikil, ingkang tumut abdi-Dalem Mantri Gedhong Tengen pun Ngabèhi Wongsadita sajung, ingkang tumut abdi-Dalem pun Demang Angongendhing sajung sakikil, jangkep sekawan jung, wonten langkunganipun tigang bau, paosipun jung kalih,   wah ing Wuluhricik Barebes Katurèn kawan jung, tumut Pangéran Jayakusuma kalih jung, ingkang tumut abdi-Dalem Mantri Jawi Tengen

f. 86r pun Ngabèhi Trunamenggala sajung, ingkang tumut abdi-Dalem pun De/mang Angongendhing sajung, jangkep sekawan jung, wonten langkunganipun sajung, paosipun jung kalih,   wah ing Nguter Pojok gangsal jung, tumut abdi-Dalem Mantri Gedhong Tengen pun Ngabèhi Resadinongga wonten langkunganipun sajung, paosipun jung tiga,   wah ing Kawisp(a)brekan sajung sakikil, inggih tumut pun Ngabèhi Resadinongga, wonten langkunganipun sabau salupit, paosipun jung tiga,   wah ing Kawisanyar Camethuk Tangkisan nem jung, ingkang tumut abdi-Dalem pun Ngabèhi Gunawasèsa sajung, ingkang tumut abdi-Dalem Sungging pun Ngabèhi Adiwarna kalih jung, ingkang tumut abdi-Dalem Suranata pun Gambuh tigang jung, jangkep nem jung, wonten langkunganipun sajung, paosipun jung tigang,   wah ing Tangkisan Kawedhèn Kradènan gangsal jung, tumut abdi-Dalem Suranata pun Nuramad tigang jung, ingkang tumut abdi-Dalem Katanggel pun Jayawidari sajung, ingkang tumut abdi-Dalem undhagi pun Ngabèhi Citradirana sajung, jangkep gangsal jung, wonten langkunganipun tigang bau salupit paosipun jung tiga,   wah ing Kalengisan Tambaksigit kawan jung, tumut abdi-Dalem Mantri Jawi Tengen pun Ngabèhi Butahijo tigang jung, ingkang tumut abdi-Dalem pun Ngabèhi Gunawijaya sajung, jangkep sekawan jung, wonten langkunganipun sajung, paosipun jung

f. 86v tiga,   wah ing Jagadipan / Grembyang pitung jung, ingkang tumut putra-Dalem Bendara Radèn Mas Sipari, sajung , ingkang tumut abdi-Dalem pun Tumenggung Mangundipura, kalih jung, tumut abdi-Dalem pun Dhaèng Nitipura kawan jung, jangkep pitung jung, wonten lelangkunganipun sajung, paosipun jung sekawan, wah ing Badawaluh Kasekulan

Kabaturan kalih jung, tumut abdi-Dalem Gedhong Tengen pun Manguntruna sajung, tumut Ngabèhi Resadinongga sajung, jangkep kalih jung, wonten lelangkunganipun sakikil, paosipun jung sekawan,   wah ing Kalangan Gathak Kemranggèn kalih jung, sakikil tumut abdi-Dalem Kawandasa pun Imasebawa kalih jung, ingkang tumut Bendara Pangéran Demang sakikil, jangkep kalih jung sakikil, wonten lelangkunganipun tigang bau, paosipun jung sekawan,   wah ing Pasu(ng)gingan sajung, tumut abdi-Dalem pun Tumenggung Mangundipura, wonten langkunganipun sakikil, paosipun jung sekawan, wah ing Gathak Pèpèdan sajung sakikil, tumut abdi-Dalem Mantri Jawi Tengen pun Ngabèhi Kartileksana, wonten langkunganipun sakikil, paosipun jung gangsal,   wah ing Katandhan sajung, tumut abdi-Dalem Ketib Anèm, wonten langkunganipun sajung, paosipun jung sekawan, wah ing Tanjung sajung, tumut abdi-Dalem Kebayan Kaparak Kiwa pun Ngabèhi Citrapada, wonten langkunganipun saki/kil, paosipun jung nem,   wah ing Gondhangan sajung, tumut abdi-Dalem Mantri Lebet pun Ngabèhi Baudaka, wonten lelangkunganipun sabau, paosipun jung gangsal,   wah ing Kopang kawan jung, tumut abdi-Dalem pun Ngabèhi Gunawijaya, wonten lelangkunganipun sabau paosipun jung tiga, wah ing Tanjung Pekalangan tigang jung, tumut abdi-Dalem Merga(ng)sa pun Brajayuda, wonten langkunganipun sabau paosipun jung nem,   wah ing Kacandran sajung, tumut abdi-Dalem Sarag(e)ni-mriyem pun Nalajaya, wonten langkunganipun sabau, paosipun jung nem,   wah ing Krècèk sangang jung, tumut putra-Dalem Kangjeng Gusti, wonten langkunganipun sajung, paosipun jung sekawan,   wah ing Soka sawelas jung, ingkang tumut abdi-Dalem Mantri Jawi Tengen pun Ngabèhi Pakujaya tigang jung, ingkang tumut abdi-Dalem Sarag(e)ni Tengen pun Wiratruna, kalih jung, ingkang tumut abdi-Dalem pun Ngabèhi Sindujaya sajung, ingkang tumut wayah-Dalem Bendara Radèn Mas Timur tigang jung, ingkang tumut abdi-Dalem Katanggel pun Jayabesat sajung, tumut pun Jayapuwaka kalih jung, jangkep sawelas jung, wonten langkunganipun sajung, paosipun jung sekawan,

gu(ng)gung kagengan-Dalem bumi lalangkungan dados sèket jung, langkung nem jung, kapétang damel dados damel-Kula kalih-atus tigang-dasa kakalih paosipun ing dalem sa-tengah / taun satus langkung gangsal réyal saseka satangsul sapalih tangsul ing dalem sataunipun dados kalih-atus sadasa réyal langkung sajampel saseka satangsul,   sami réyalan anigang-dasa uwang saréyalipun.

17   BL Add. MS. 12341
                                                                                   f. 65r–v

Memo of Radèn Tumenggung Natayuda I, Pangéran Dipakusuma, and the *lurah carik*, Radèn Ngabèhi Prawirasastra, concerning excess royal lands in Pajang which have been retrenched by Ngabèhi Imayuda, *jeksa negari* Radèn Ngabèhi Puspadipura, and their colleagues. Undated, but probably pre-August 1792.

Punika pémut kahula abdi-Dalem pun Natayuda, akaliyan pun Dipakusuma, katiga abdi-Dalem pun Prawirasastra,   amémuti kagengan-Dalem bumi dhusun tanah Paos, ingkang sami wonten langkunganipun ingkang kapendhet dhateng abdi-Dalem pun Ngabèhi Imayuda, kalih abdi-Dalem jeksa nagari pun Ngabèhi Puspadipura, sakancan-ipun,   punika pratélanipun,   ing Kabirin kawan jung, tumut abdi-Dalem Mantri Gedhong Tengen pun Ngabèhi Sutayuda kalih jung, tumut abdi-Dalem Katanggel pun Jayanambur kalih jung, jangkep kawan jung, wonten lelangkunganipun sakikil salupit, paosipun jung sakawan,   wah ing Gajihyan kawan jung, tumut abdi-Dalem Mantri Jawi

Tengen pun Ngabèhi Secaleksana kalih jung, tumut abdi-Dalem Mantri Anèm Katimuran
pun Tirtadiwongsa kalih jung, jangkep kawan jung, wonten lelangkunganipun sajung,
paosipun jung sakawan,   wah ing Lèpènjené nem jung, tumut abdi-Dalem Kawandasa
pun Imacipta sajung, pun Imarusita sajung, pun Imapratala sajung, pun Imaprawira sajung,
tumut abdi-Dalem Nyutra pun Sasramuka sajung, jangkep nem jung, wonten langkungan-
ipun sakikil paosipun jung tiga,   wah ing Jagatamu nem jung, tumut Bendara Pangéran
Riya Pringgalaya sajung, tumut abdi-Dalem pun Tumenggung Mangunnegara kalih jung,

f. 65v   tumut abdi-Dalem Penèket Gedhong Tengen pu/n Resapraja kalih jung, tumut abdi-Dalem
Jajar Gedhong Tengen pun Wirabongsa sajung, jangkep nem jung wonten langkunganipun
sajung, paosipun jung tiga,   wah ing Katuwuhan sajung, tumut abdi-Dalem Brajanala,
pun Suradriya, wonten langkunganipun salupit paosipun jung kalih, wah ing Dhèrèkan
sajung, tumut abdi-Dalem Sarageni pun Wirèngdanti wonten langkunganipun salupit
paosipun jung sakawan,

kagengan-Dalem bumi langkungan dados tigang jung sabau salupit, paosipun ing dalem
satengah taun gangsal réyal langkung sajampel satangsul, sami réyal anigang-dasa uwang
saréyalipun.

Gowong

Gowong, a region lying in the modern-day Wonosobo district of Kedhu, is
represented by a single document listing repossessed royal village lands of the
three local *mantri*, Ngabèhi Onggawikrama, Ngabèhi Brajaduta, and Ngabèhi
Onggawijaya.

18   BL Add. MS. 12341
                                                                      f. 104r–105v

Memo relating to the division of lands in Gowong amounting to some 30 *jung* from the
land holdings of the three local *mantri*, namely Ngabèhi Onggawikrama, Ngabèhi
Brajaduta, and Ngabèhi Onggawijaya, at a half-yearly tribute/tax (*paos*) of 120 real. The
lands are subsequently re-divided into four parts, each consisting of around 7 *jung* listed
with their respective villages.

f. 104r   Punika pémut kagengan-Dalem bumi Gowong, lelangkunganipun lenggahipun abdi-Dalem
mantri titiga, kathahipun sangang jung, sasampunipun kapundhut ing Paréntah, nunten
kadadosaken tigang-dasa jung,   punika pratélanipun,   lelangkunganipun Ngabèhi
Onggawikrama, tigang jung, nunten kapecah dados kalihwelas jung, punika wastanipun
dhusun, ing Ngadisalam Pangempon Candhi Lempuyang Kawadungan Pringomba kawan
jung, paosipun sami jung malu,   wah ing Pantunankilèn Pantunanwétan Kamranggèn
Kabumèn Kateguhan Karinjing, kawan jung, paosipun sami jung malu,   ing Tempuran
Kayogan Senggungmati Ngaglik Genting Kasemèn Kalowoh Kawayon kawan jung, paos-
ipun sami jung amalu, dados jangkep kalihwelas jung,

wah lelangkunganipun Ngabèhi Brajaduta tigang jung, nunten kapecah dados sangang
jung, punika wastanipun dhusun,   ing Kapirang Karangjoho Pakacangan, Sélamaya, ing

Wanadri Senèpan tigang jung, paosipun sami jung amalu, ing Karanganyar Kamejingkilèn Kamejingwétan Kamejinginggil Gemantung Kamejing Sidayu, kalih jung, paosipun sami jung amalu, wah ing Dhempel Karangtengah Pakawisan Kajoran Martalèlawétan, Marta-

04v lé/lakilèn, ing Canggal Bandhongan Palumbon kalih jung, paosipun sami jung amalu, wah ing Kalipuru Kabubutan, Caledhok Kalipuru-elèr Gondawulan kalih jung, paosipun sami jung amalu, dados jangkep sangang jung,

wah lelangkunganipun Ngabèhi Onggawijaya tigang jung, nunten kapecah dados sangang jung, punika wastaning dhusun, ing Kalibawang Segaran Kemiriomba sajung, paosipun jung walu, wah ing Bendungan Matamanuk sajung, paosipun jung walu, wah ing Sabrangkilèn Garogol Jethis Karètèk sajung sakikil, paosipun sami jung amalu, wah ing Sidayu Jojogan Sabrangwétan sajung sakikil, paosipun sami jung amalu, wah ing Wanasraya Pagedhongan Kasimpor Jelarang sajung, paosipun jung walu, ing Pangrengan-lèr Pangrengankidul sajung, paosipun jung walu, wah ing Kalimangur Karangmalang Gemawang Gamblok Watudhuwur Kademangan Ketempuran Pasuruwan Karanganyar Dhukuhkidul kalih jung, paosipun sami jung amalu, dados jangkep sangang jung,

05r gu(ng)gung sabin lelangkungan lenggahipun mantri titiga, dados tigang-dasa jung, paosipun dalem satengah taun satus kalih-dasa réyal, ing dalem sataun dado/s kalih-atus kawan-dasa réyal, sami réyalan anigang-dasa wang saréyalipun,

sabin tigang-dasa jung punika nunten kapara sekawan, punika pratélanipun, ing Karanganyar Kamejingkilèn Kamejinginggil Gondawulan ing Gamblok Kamejingan Sidayu kalih jung, ing Dhempel Karangtengah Pakawisan Kajoran Maratalèlakilèn, Martalèlawétan Canggal Kabandhongan Palumbon kalih jung, ing Kalipuru Kaubutan sakikil, ing Ngadisalam Pangempon Candhi Tanjung, dados pitung jung sakikil, paosipun sami jung amalu,

wah ing Lempuyang Pringomba Kawadungan sajung, ing Pantunankilèn Karinjing kalih jung, ing Kapirang Karangjoho Pakacangan, Sélamaya Wanadri Senèpan tigang jung, ing Sabrangkilèn Karètèg Jethis Garogol sajung sakikil, dados pitung jung sakikil, paosipun sami jung amalu,

wah ing Kalimangur Karangmalang Gemawang Watudhuwur Pakambangan Tempuran Pasuruhan Dhukuhkidul kalih jung, ing Caledhok sakikil, ing Wanasraya Jelarang **05v** Kasempar Pagedhongang Kayugan sajung, ing Pangarengankilèn / ing Pangarengankidul sajung, ing Kayugan Senggungmati, Ngaglik-genting kalih jung, dados pitung jung sakikil, paosipun sami jung amalu,

ing Tempuran sajung, ing Pantunanwétan Karanggèn Kabumèn Kateguhan Kawagèyan Kasemèn Kalowoh tigang jung, ing Kalibawang Segaran Kemiriomba sajung, ing Bendungan Matamanuk sajung, ing Sidayu Jojogan Sidayu Sabrangkidul sajung sakikil, ing Gemantung sajung, dados pitung jung sakikil, paosipun sami jung amalu, dados sampun sumerep sabin tigang-dasa jung wau punika kapara sakawan.

Gunung Kidul

Gunung Kidul is likewise represented by a single document. Yet, unlike that for Gowong, it is issued jointly by Radèn Tumenggung Natayuda I, Pangéran

Dipakusuma, and the *lurah carik,* Radèn Ngabèhi Prawirasastra, with Ngabèhi Imayuda and *jeksa negari,* Radèn Ngabèhi Puspadipura, being charged with the actual repossession.

19   BL Add. MS. 12341
                                                                              f. 112r–v

Memo of Radèn Tumenggung Natayuda I, Pangéran Dipakusuma, and the *lurah carik,* Radèn Ngabèhi Prawirasastra, concerning excess royal lands in Gunung Kidul retrenched by Ngabèhi Imayuda, *jeksa negari* Radèn Ngabèhi Puspadipura, and their colleagues. The total reaches five *jung* with a half-yearly tribute/tax (*paos*) of eleven real. Undated, but pre-1804.

f. 112r Punika pémut kahula abdi-Dalem pun Natayuda, kalih pun Dipakusuma, katiga abdi-Dalem pun Prawirasastra, amémuti kagengan-Dalem bumi dhusun Redi Kidul, ingkang sami wonten langkunganipun ingkang kapendhet dhateng abdi-Dalem pun Imayuda kalih abdi-Dalem jeksa negari, pun Puspadipura sakancanipun,   punika pratélanipun,   ing Wulusan nem jung, tumut abdi-Dalem pun Wanayuda, ingkang angladosaken kagengan-Dalem damel kajeng, wonten langkunganipun kalih jung, paosipun jung nyekawan wastanipun sabin ingkang dados langkungan inggih Wulusan, ing Kawis-kilèn sakikil, ing Polaman sakikil, ing Cuwèla sajung,   wah ing Paré nem jung, tumut abdi-Dalem pun Wanawijaya, inggih angladosaken kagengan-Dalem kajeng, wonten langkunganipun sajung, paosipun jung sakawan, wastanipun sabin ingkang dados langkungan, ing Pucanganèm sakikil, ing Pampang sakikil,   wah ing Payaman pitung jung, tumut abdi-Dalem pun Onggayuda, pun Wiradipa, inggih angladosaken kajen, wonten langkunganipun kalih jung sakikil, paosipun sami jung nyekawan, wastanipun sabin ingkang dados langkungan, [crossed out text: inggih ing Payaman, ing Playen sajung, ing Ngelak Pakuwon sajung, ing Kajar sabau, ing Gelung sabau],

f. 112v sadaya dados gangsal jung sakikil, paosipun satengah ta/un sawelas réyal, ing dalem sataun dados kalihlikur réyal, sami réyalan anigang-dasa uwang saréyalipun.

Miscellaneous

Document no. 20 deals only in passing with excess royal village lands in the provinces of Sokawati, Mataram, and Bagelèn. More importantly, it differentiates royal work obligations (*damel-Kula*) between those still functioning (i.e. *gesang* = living) and those no longer functioning (i.e. *pejah* = dead). A similar subject is the focus of the document fragment no. 21. The final two documents, nos. 22 and 23, seem to be a variation of a single document. Moreover, they appear to have resulted from a legal victory in a civil suit (*menangan paben*) at the *pradata* court in the *Pagelaran* pavilion. Both were issued without mentioning a *jeksa* or any other specifically legally-trained official. This omission possibly indicates an administrative rather than judicial decision not uncommon for the Yogyakarta realm at this time.

20

BL Add. MS. 12341
f. 92r–93v

Memo of royal lands in Sokawati which were given to Radèn Rongga Prawiradirja (almost certainly Radèn Rongga Prawiradirja III, in office 1796–1810, see *Archive I*, p. 190), the Yogyakarta Bupati Wedana of Madiun, for the supply of labourers (*kuli*) for the Yogyakarta kraton (*kagungan-Dalem bumi dhusun ingkang papancèn anyanggi*), a total of 60 *jung* recalulated into some 250 royal work units (*damel-Kula*) of which 40 were not functional and 211 were still in force. The document ends with a list of excess royal lands in Bagelèn, Kulon Praga, Pajang, and Mataram, followed the royal appanage lands taken from the porters' guild (*bumi dhusun pamaosan cublikan saking geladhag*).

2r Punika pémut kagengan-Dalem bumi dhusun, ingkang papancèn anyanggi damel, ingkang sami tanah Sokawati, ingkang badhé tumut kapaosan, dhateng Radèn Rongga Prawiradirja, kathahipun sèket jung langkung sabau,   wah kagengan-Dalem bumi dhusun lalang-kungan, kathahipun tigang-dasa jung langkung sangang jung sabau,

gu(ng)gung kagengan-Dalem bumi dhusun, sadaya dados walung-dasa jung, langkung sangang jung sakikil,   anunten kaelong sangalikur jung, langkung salupit,   serpipun kadamel lilintonipun, kagengan-Dalem bumi cucublikan geladhag,

kagengan-Dalem dados kantun sawidak jung,   punika pratélanipun ing dhusun, ingkang sami tanah Sokawati, ing Maja tigang jung, ing Kumusuk sajung, ing Wanusekar Resa-gamping kalih jung, paosipun sami jung nyekawan, ing Manggih Gandhèn Lorija Tuhutalok Kayulemah nem jung, paosipun sami jung nyakawan, ing Rogah tigang jung, ing Bener kalih jung sakikil, paosipun sami jung aniga, ing Jamuslèr tigang jung, paosipun sami jung aniga, ing Ngelukpinggir nem jung, (ing) Gedhang kawan jung, paosipun sami jung aniga, ing Jethis sabau, ing Kendhal sakikil, paosipun sami jung aniga, ing Poncol

2v sajung pejah, ing Gongganggalungan Carot nem jung, paosipun sami jung aniga, / nanging ing Gongganggalungan punika, dipunlambangi dhateng pun Prabakèsa, lalambanganipun, ing Palumbon tigang jung, paosipun sami jung nyakawan tanah Kedhu, ing Karangjinem sajung, paosipun jung nem, tanah Bagelèn, ing Gebal kalih jung, paosipun sami jung gangsal, tanah Paos, dados sami nem jung, ing Kenthèngpucung Kawisanyar gangsal jung, paosipun sami jung aniga, dados tigang-dasa jung, langkung sangang jung sabau, pejah tigang jung, ingkang gesang tigang-dasa jung, langkung nem jung sabau, paosipun satus réyal tigang-dasa réyal, langkung tigang seka, ing dalem sataunipun,

wah kagengan-Dalem bumi dhusun lalangkungan,   punika pratélanipun,   ing dhusun, ing Sengara gangsal jung, paosipun sami jung ngalih, ing Lobang sajung, paosipun jung kalih, sami tanah Bagelèn, ing Wanasari sakikil, paosipun jung nem, tanah sakilèn Praga, ing Demakijem pitung jung sakikil paosipun sami jung anggangsal, tanah Metawis, ing Pépé Kalimati kawan jung pejah, tanah Bagelèn, ing Weru tigang jung, tanah Paos, dados

93r salikur jung pejah pitung jung, ing/kang gesang jung, paosipun sèket réyal langkung tiga-tengah réyal, ing dalem sataunipun,

gu(ng)gung kagengan-Dalem bumi dhusun kalih prakawis ingkang sampun mungel ingajeng punika wau, dados sawidak jung langkung sabau, kapétang damel dados damel-Kula, katiga-belah langkung satunggil,   pejah damel-Kula kawan-dasa, ingkang gesang damel-Kula kalih-atus sawelas, paosipun satus walung-dasa réyal langkung tigang réyal saseka, ing dalem sataunipun, wah kagengan-Dalem bumi dhusun pamaosan, cublikan saking geladhag,   punika pratélanipun ing dhusun,   ing Kalegèn kalihwelas jung, paosipun sami jung anyakawan, ing Lètèr kalih jung, paosipun sami jung nyakawan, ing Lèpènguci nem jung, paosipun sami jung angenem, ing Pakembaran tigang-jung, paosipun sami jung angenem, sami tanah Bagelèn, ing Jelapa kawan jung, paosipun sami jung amitu, tanah Paos, ing Kajebugan

f. 93v ka/lih jung, paosipun sami jung anggangsal, tanah Metawis, dados sanganglikur jung gesang sadaya, kapétang damel, dados damel-Kula satus kalih-dasa, paosipun satus kawan-dasa réyal langkung walung réyal, ing dalem setaunipun, anunten katimbang paosipun, kagengan-Dalem bumi cublikan saking geladhag, kalih paosipun kagengan-Dalem bumi lalangkungan, ingkang kajeng kepaken bumi kawan-atus ingkang anyaga damel, dados kaot kalih réyal langkung sataun, akathah kagengan-Dalem bumi cublikan saking geladhag.

21   BL Add. MS. 12341
f. 110r–111v

Memo concerning the division of various royal landholdings, particularly of damaged lands (*kagengan-Dalem bumi ririsakan*), of the *Mantri Miji*, Mas Nitipura, as reported by Pangéran Dipakusuma. Eighteen *jung* of Mataram lands were recalculated into seventy-five work units (*damel-Kula*), while thirty *jung* in Pajang, Kedhu, and Bagelèn were recalculated to become 140 royal work units, forty of which were no longer functioning (= dead/*pejah*) and ninety were still in force (= living/*gesang*) with a half-yearly tribute/tax (*paos*) of twenty-one real. See Plate 10.

f. 110r Pémut amémuti lenggah Nitipuran,   punika pratélanipun,   i(ng)kang tanah Metawis, ing Sudimara sajung, ing Jethis sajung, ing Breja sajung, ing Sendhangpitu sajung sakikil, ingkang tanah Paos, ing Sompilan sajung, i(ng) Samping sakikil, ing Dhukuh Jatinom sakikil, ing Ngendho kalih jung, ing Bokongan sakikil, ingkang tanah Kedhu, ing Banyusri sajung sakikil, ing Ponggok sakikil, ing Lèpènabo pitung jung, jangkep lenggahipun walulas jung, kaétang kadamel karya dados damel-Kula tigang-lawé,   wah lelang-kunganipun, ingkang tanah Metawis, ing Pendhem kalih jung, ing Pengabadan sakikil, ing Brongkol sakikil,

wah ingkang tanah Bagelèn, ing Jambu kalih jung, ing Banon sajung, ing Sebara sajung, ing Dharat nem jung,

f. 110v / wah ingkang tanah Kedhu, ing Lèpèntengah sajung, ing Waringinpethak sakikil, wah bebektan sabin saking Mangundipuran, ingkang tanah Metawis, ing Katégan sajung, ing Patrabayan sajung, ing Ked(h)ungpring Guyangan kalih jung, ing Pajok sajung, ing Jamegatan, ing Pasèkan kalih jung,   wah ing tanah Paos, ing Mundhu sajung sakikil, wah ing tanah Bagelèn, ing Walahar tigang jung,

f. 111r wah kagengan-Dalem bumi ririsakan ing tanah Pajang Metawis, tanah Kedhu Bagelèn, ingkang kagadhahaken abdi-Dalem pun Nitipura, kathahipun tigang-dasa jung, langkung gangsal jung sebau, kapétang damel dados damel-Kula satus kawan-dasa gangsal, ingkang pejah damel-Kula sèket sekawan, ingkang gesang damel-Kula sangang-dasa satunggil, paosipun ing dalem satengah taun salikur réyal sami réyalan anigang-dasa uwang saréyalipun, boten mawi pandhèrèk patumbasing lurik, paosipun ing dalem sataun dados kawan-dasa réyal langkung kalih réyal sami réyal anigang-dasa uwang saréyalipun,   wah gadhahanipun pamaosan ing Pacok, boten wonten cacahipun paosipun sèket réyal, sami réyalan amalulikur wang saréyalipun, ladosanipun pendhak Mulud, tanah Bagelèn, mantrinipun wastanipun, abdi-Dalem pun Bapang Pengalasan, wah kagengan-Dalem bumi ririsakan, tanah Bagelèn, ing Bungkah Lèpènpejah gangsalwelas jung, kapétang damel dados damel-Kula sawidak kalih, paosipun ing dalem satengah taun sangang réyal 11v sami réyalan ani/gang-dasa uwang saréyalipun, boten mawi pandhèrèk patumbasing lurik, paosipun ing dalem sataun dados walulas réyal, sami réyalan anigang-dasa uwang saréyalipun, mantrinipun wastanipun, abdi-Dalem pun Resawikrama, ingkang kagadhahan ing lebet, kula abdi-Dalem pun Dipakusuma.

22   BL Add. MS. 12341
                                                                              f. 266r–267r

Royal order on *dluwang* relating to the redistribution of rice fields stemming from the appanage of Radèn Tumenggung Purwadipura which had become the appanage of Radèn Riya Brongtakusuma, a *panakawan* and favourite of Hamengkubuwana II. Residual rice lands (*ampas*) from Kyai Tumenggung Mangundipura are also mentioned, as are those from the appanage of Radèn Tumenggung Purwadipura II. All of the mentioned rice fields were to be surrendered for the support of newly enrolled officers and men of the Sultan's bodyguard (*lurah-lurah prajurit anyar*). Undated, but probably post-December 1810.

266r Punika pémut kagungan-Dalem sabin ingkang kakarsaken kapundhut, punika pratélanipun, sabin saking Purwadipuran, ing Pendhawa sawelas jung, ing Pendhem sajung kapundhut kamaosan, wah ing tanah Wrayang nem jung, kakarsakaken kapundhut, wah ing Kokap kalih jung medal sesah kapundhut, wah ingkang dados lenggahipun Radèn Riya Brongtakusuma, ing Gawong Samabumi sajung, ing Gawong Pangirang Ngadisalam sajung, ing Kalisat Mayungan sajung, ing Gamol Sawahan sajung, ing Lèpènmanjung Patukan sajung, ing Teruman sajung, ing Saman Karangmaja sajung, dados nem jung sakikil, sami saking Purwadipuran,

wah ampas saking Mangundipuran, ing Patrabayan sajung, ing Rancah sajung, ing Sendhangpitu tigang jung, ing Panuhulap sakikil kapundhut kapaosan, dados jangkep kalihwelas,

wah ingkang kapatedhakaken dados lenggahipun lurah-lurah prajurit anyar, sabin ampas 266v Purwadipuran, ing Granti sajung, ing Sarage/nèn Jagabayan sakikil, ing Babadan Pakem Darmasari sajung, ing Kiyangkong kawan jung, ing Jarobang sajung, ing Kedhungrong sajung, ing Secang tigang jung, ing Gawong sajung, ing Kajombokan kawan jung, ing Pucanganom sajung, ing Kombangkalèsan sajung, ing Pakiringan sajung, ing Sundhi kalih jung,

wah sabin saking Mangundipuran ingkang badhé dados prajurit anyar, ing Palumbon sajung, ing Pambregan sakikil, ing Kuwel sajung, ing Gadhing sakikil, ing Gawong sakikil, ing Gempolan kalih jung sakikil, ing Ledhok Kembangarum sajung, ing Pucangkerep tigang jung, ing Berasan sajung, ing Pacekelan sajung sakikil, ing Terwatang sajung, ing Kulur Jombokan kalih jung, ing Colok Tembelang Damarjati sajung, ing Kahudèn 267r sajung, ing Kaduwang sajung, ing Karangasem sakikil, / ing Kalikotes tigang jung, ing Karangmindi sebau, ing Kawadhèn kalih jung, ing Pagè(n)dhèlan kalih jung.

23   BL Add. MS. 12341
                                                                        f. 132r–v

Memo of Radèn Tumenggung Sumadiningrat, Radèn Ngabèhi Mangunrana, and the *lurah carik*, Radèn Ngabèhi Prawirasastra, concerning suspended royal possessions (*kagengan-Dalem bumi dhusun gantungan*) which were to be given as a royal allowance (*patedhan-Dalem*) in exchange (*lintonipun*) for royal rice fields (*sabin*) which had been wrongly scratched out (*kakerikan*) in a royal appanage grant (*nuwala*) for Kyai T. Mangundipura II, see *Archive I*, pp. 152–3; and below Section III, Part 1, nos 37 and 43. The memo lists all royal lands involved, including those scratched out in Mangundipura's letter and those set aside for the upkeep of the Wirabraja and Brajanala regiments, as well as for officials of the *Gedhong Tengen* department, a total of 1,100 *jung* listed in villages with their tax rates in Mataram, Pajang, and Bagelèn. Undated, but probably *c.* 1786–97. See Plate 11.

f. 132r   Punika pémut kawula abdi-Dalem pun Sumadiningrat pun Mangunrana pun Prawirasastra, amémuti kagengan-Dalem bumi dhusun gantungan ingkang badhé kula saosaken dados patedhan-(Da)lem lintonipun kagengan-Dalem sabin ingkang kawrat kagengan-Dalem nuwala kakerikan ingkang kagadhahaken abdi-Dalem pun Mangundipura, kajawi kersa-Dalem,   punika pratélanipun ingkang kalebet kakerikan kagengan-Dalem nuwala sèwu satus,   ing Lèpènpakis tigang jung, paosipun sami jung gangsal tanah Matawis, saosan kula linton ing Rancah tigang jung, paosipun sami jung anyekawan, sami tanah Matawis, ing Lo Ageng sajung, paosipun jung walu, tanah Paos, saosan kula linton ing Kemadhu sajung, paosipun jung nem, tanah Bagelèn, ing Lèpènpucang sakikil, paosipun jung sakawan, tanah Matawis, saosan kula linton, ing Weru sakikil, paosipun jung tiga, tanah Paos, ing Sumberan sangang jung, paosipun sami jung anyekawan tanah Bagelèn, saosan kula linton ing Wingka Tinumpuk kawan jung, paosipun sami jung anyekawan tanah Bagelèn, ing Wingka Kawisanyar gangsal jung, ingkang tigang jung paosipun sami jung aniga, ingkang kalih jung paosipun sami jung angalih, sami tanah Bagelèn,   dados sumerep ingkang pitung jung sami jung aniga, ingkang kalih jung, jung anyekawan, dados sabin tigawelas jung, langkung sakikil, ingkang sumerep dados lintonipun kagengan-Dalem sabin ingkang mungel nuwala kakerikan sèwu satus wau punika,

wah kagengan-Dalem sabin sanggènipun abdi-Dalem Wirabraja Brajanala sabin tigang-atus kalebet ingkang wonten abdi-Dalem Gedhong Tengen satus ingkang kalebet kagengan-Dalem nuwala kakerikan,   punika pratélanipun,   ing Kajapan sakikil paosipun jung sakawan, tanah Paos, paosan kula lintonan, ing Sayangan sakikil, paosipun jung sakawan
f. 132v   / tanah Paos, ing Kadhupuk sakikil paosipun jung gangsal, tanah Paos, saosan kula linton ing Bendungan sakikil paosipun jung sakawan, tanah Paos, ing Sebara walung jung, paosipun sami jung angalih, sami tanah Bagelèn, saosan kula linton, ing Sebara Krapyak kawan jung, ing Sebara Malingmati sajung, paosipun sami jung angalih, sami tanah Bagelèn, ing Kawiswungu tigang jung, paosipun sami jung angalih, tanah Paos, ing Bana sajung, dèrèng kula paosi, lintonipun ing Dilanggu kalih jung, inggih dèrèng kula paosi, linton mila dèrèng kula paosi lintonipun sabin tigang jung punika, kula upados dèrèng kapanggih, dados sangang jung, lintonipun kagengan-Dalem sabin, sanggèn Wirabraja, Brajanala, nunten kagelengaken sadaya, lintonipun ingkang mungel kekerikan sabin sèwu satus kalih ingkang mungel kakerikan sabin sanggèn Wirabraja Brajanala,

gu(ng)gung dados kalihlikur jung, langkung sakikil, kajawi sabin tigang jung ingkang kaupados dèrèng kapanggih, wau punika,   nunten gu(ng)gung paosipun sabin ingkang sami kapundhut ing dalem sataun dados walung-dasa réyal langkung saréyal sajampel, sami réyalan anigang-dasa saréyalipun,

wondéné paosipun kagengan-Dalem, sabin gantungan ingkang kula saosaken badhé dados patedhan-Dalem lintonipun ing dalem sataun dados sawidak réyal langkung réyal sajampel nu(n)ten katimbang paosipun sami ing dalem sataun dados kaot tiga(ng)welas réyal kathah medalipun sabin ingkang kapundhuk kalih sabin kagengan-Dalem ingkang badhé kapatadhaken ingkang punika kula sumongga karsa-Dalem.

24   BL Add. MS. 12341
f. 70r–71r

Memo of Pangéran Dipakusuma and the *lurah carik*, Radèn Ngabèhi Prawirasastra, concerning excess royal lands which have become available as the result of a legal decision of the *pradata* court at the *Pagelaran* pavilion. Judging from the contents of the memo the case must have concerned the redistribution of lands in Kedhu, Mataram, Pajang, and Gunung Kidul.

70r   Punika pémut kula Pangéran Dipakusuma, kalih abdi-Dalem pun Prawirasastra, amémuti kagengan-Dalem bumi dhusun langkungan angsal kula menangan paben wonten ing Pagelaran,   punika pratélanipun,   ing Ngèncèk tigang jung, tumut Ngabèhi Kertiwedona, wonten langkunganipun sakikil, paosipun jung nem,   wah ing Ungaran nem jung, tumut Radèn Tumenggung Natayuda, wonten langkunganipun sakikil, paosipun jung sakawan,   wah ing Tégawanon kawanlikur jung, tumut Bendara Pangéran Ngabèhi, wonten langkunganipun kalih jung, paosipun sami angangsal,   wah ing Ngènjèr tigang jung, tumut Radèn Adipati Danureja, wonten langkunganipun sabau, paosipun jung sakawan,   wah ing Medana walulas jung, tumut Kyai Tumenggung Mertalaya, wonten langkunganipun sajung tigang bau sairing saidu, paosipun sami tanah Kedhu sadaya,

wah ingkang sami tanah Paos, ing Temanggel sajung, tumut Kyai Tumenggung Mangun-
70v   dipura, wonten langkunganipun sabau, paosipun jung pitu,   wah ing / Papringan kalih jung, tumut abdi-Dalem Singanagara, pun Resawongsa, wonten langkunganipun sakikil, paosipun jung nem,   wah ingkang tanah Metawis, ing Remamé kawan jung, tumut Radèn Jayaningrat, wonten langkunganipun sajung sakikil, paosipun sami jung nyekawan,   wah ing Gadhing Ngenthak tigawelas jung, tumut Kyai Tumenggung Mangundipura, wonten langkunganipun nem jung, paosipun sami jung angenem,

wah ingkang sami tanah Redi Kidul, ing Playen kalihwelas jung, tumut pun Patrayuda, kalih pun Wanamenggala, wonten langkunganipun tigang jung, paosipun sami jung nyekawan,   wah ing Getas sakikil, tumut Radèn Wonayuda, wonten langkunganipun sabau, paosipun jung tiga,   wah ing Sampar kalihwelas jung, tumut Radèn Tumenggung Jayawinata, wonten langkunganipun sajung, paosipun jung tiga,

71r   gunggung sadaya dados nembelas jung sakikil, / sairing, saidu, kapétang damel dados damel-Kula tigang-dasa kalih langkung sairing saidu,   paosipun ing dalem satengah taun, kawan-dasa réyal langkung kalih réyal tigang seka satangsul.

25   BL Add. MS. 12341
                                                                              f. 84r–v

Memo of Pangéran Dipakusuma and the *lurah carik*, R.Ng. Prawirasastra, a variant of the above, concerning readjustment of lands as the result of a legal decision.

f. 84r   Punika pémut kahula pun Dipakusuma, kalih abdi-Dalem pun Prawirasastra, amémuti kagengan-Dalem bumi dhusun ingkang sami wonten lelangkunganipun, kapendhet lelang-kunganipun pun Bebekel Tabon sami maprok, nunten kapaben dipunleresi dhateng abdi-Dalem ingkang ageng-ageng, wonten ing Pagelaran, ing mangké sampun sah pun Bebekel Tabon trimah kapendhet lelangkunganipun,   punika pratélanipun,   ing Medana walulas jung, tumut abdi-Dalem pun Tumenggung Mertalaya, wonten langkunganipun sajung tigang bau sairing saidu, paosipun jung nyekawan, tanah Kedhu,   wah ing Ngènjèr tigang jung, tumut abdi-Dalem pun Adipati Danureja, wonten langkunganipun sabau, paosipun jung sakawan, tanah Kedhu,   wah ing Temanggel sajung, tumut abdi-Dalem pun Tumenggung Mangundipura, wonten langkunganipun sabau, paosipun jung pitu, tanah Paos,   wah ing Papringan kalih jung, tumut abdi-Dalem Singanagara, pun Resawongsa, wonten langkunganipun sakikil, paosipun jung nem tanah Paos,   wah ing Gadhing Ngenthak tigawelas jung, tumut abdi-Dalem pun Tumenggung Mangundipura, wonten langkunganipun nem jung, paosipun jung angenem, tanah Gadhing,   wah ing Pelayan kalihwelas jung, tumut abdi-Dalem Mantri Redi Kidul, pun Setrayuda kalih pun Wanamenggala, wonten langkunganipun tigang jung, paosipun jung nyekawan, inggih tanah Redi Kidul,   wah ing Getas sakikil, tumut abdi-Dalem pun Wanayuda, wonten langkunganipun sabau, paosipun jung tiga,   wah ing Sampar kalihwelas jung, tumut abdi-Dalem Tumenggung Jayawinata, wonten langkunganipun sajung, paosipun jung tiga, wah ing Remamé kawan jung, tumut abdi-Dalem Radèn Jayaningrat, wonten langkung-anipun sajung sakikil, paosipun jung sakawan, tanah Metawis,

f. 84v   / gu(ng)gung sadaya dados kawanwelas jung sakikil sairing saidu, paosipun ing dalem satengah taun tigang-dasa réyal langkung tigang réyal, tigang seka sapalih tangsul saprapatan tangsul, ing dalem sataun dados sawidak réyal langkung pitung réyal sajampel satangsul sapalih tangsul, sami réyalan nigang-dasa uwang saréyalipun,   wah ing Kabakungan sajung, ing Kedhu Sutamenggalan sajung, paosipun sami jung nyekawan, sami tanah Kedhu, sami lelangkunganipun saking bumi Kadospatèn.

26   BL Add. MS. 12303
                                                                              f. 180r

Notification (by Pangéran Dipakusuma?) of a royal order (*timbalan-Dalem*) to the royal troop commander, Radèn Panji Jayèngrana, concerning redistribution of suspended residual rice fields (*sabin gantungan ampas*) from the appanage of Radèn T. Danukusuma I, which are to be bestowed on various *priyayi* colleagues. Document incomplete. Undated, but possibly post-25 January 1812 when R.T. Danukusuma I was murdered in a mosque on his way to Pacitan after being banished from Yogyakarta by HB II, see *Archive I*, p. 10.

f. 180r   Kakang Panji Jayèngrana, kakang andhawahaken timbalan-Dalem amundhut kagengan-Dalem sabin gan(th)ungan ampas saking Kadanukusuman, kathahipun tigang jung sakikil, ingkang kénging kasabin, badhé kaganjaraken priyayi kanca, kajawi kersa-Dalem, punika saosan kula, ing Kabarongan Pangumbulan kalih jung, ing Kacambahan sajung, ing Genitem sakikil dados jangkep tigang jung sakikil, paosipun sami jung angenem, sami tanah Metawis, ingkang punika kula sumongga ing kersa-Dalem.

27   BL Add. MS. 12342
99r

Memo concerning exchanges and readjusted lands in Mataram, Bagelèn, Gunung Kidul, and Pajang originating from the appanage of Radèn Tumenggung Sumadiningrat, suggesting that the document may postdate his death on 20 June 1812, see Carey, *British in Java*, p. 419, n. 94. See further below Section V no. 5 on the plight of Sumadiningrat's followers after his death.

99r Punika pémut, amémuti kagengan-Dalem sabin ing Sumadiningratan, ingkang kapaosaken, sabin damel-Kula satus, punika pratélanipun, ing Tuban Kulon, Tuban Sendhèn, damel kula kalih jung sakikil, paos jung walu tanah Metawis, wah ing Lopati damel-Kula sakikil, paos jung walu, tanah Me(n)tawis, wah ing Grisa damel-Kula sakikil, paos jung nem, tanah Paos, kapundhut Bendara Mas Ajeng Kemlawati, kapatedhan lambangan, ing Kanggutan damel-Kula sajung, paos jung gangsal, tanah Me(n)tawis, wah ing Sembur Kapendhètan damel-Kula kalih jung, paos jung nem tanah Me(n)tawis, kapundhut kapatedhan lambangan, ing Balong damel-Kula, kalih jung, paos jung nem tanah Me(n)tawis, wah ing Ked(h)ungpring Paguyangan Pela(s)a, damel-Kula gangsal jung, paos jung gangsal, tanah Me(n)tawis, kapundhut kapatedhan lambangan ing Kemasan Kapatran damel-Kula sajung, paos jung gangsal tanah Me(n)tawis, ing Piji damel-Kula sajung paos jung walu, ing Salam damel-Kula sakikil paos jung kalih sami tanah Bagelèn, ing Sosoran damel-Kula sakikil paos jung kalih tanah Bagelèn, ing Cupu damel-Kula sajung sakikil, paos jung nem tanah Urutsèwu, ing Gebal damel-Kula kalih jung, paos jung nem tanah Paos, ing Bureng Patambakan, damel-Kula sangang jung, paos jung sakawan tanah Redi Kidul, ing Kawratan Palu(m)bon damel-Kula kalih jung paos jung walu tanah Paos, ing Jelok damel-Kula sakikil paos jung sakawan tanah Redi Kidul, ing Ngawu-awu damel-Kula sakikil paos jung nem tanah Urutsèwu, dados jangkep damel-Kula sabin satus.

PART 4

Appanage, *Mancanagara*

What separates the documents listing appanages located within the *mancanagara* from those of the *nagara agung* is their form. *Mancanagara* documents are often arranged in parallel columns, which can extend over several pages, making their contents more easily accessible. Here it should be pointed out that, although the appanages were physically located in the *mancanagara*, the appanage holders themselves resided in the *nagara agung* and were usually high officials in the core region. Although none of them are dated, some can be situated in the period immediately before the British invasion of Java on the basis of external evidence.

1

BL Add. MS. 12342
f. 166v–175r

Memo of royal lands (*kagengan-Dalem*) which were to become the appanage of Pangéran Dipakusuma in Madiun 'set by Us' [i.e. the monarch as *damel-Kula*) at 10,000 persons (*cacah tiyang*). Of these 4,600 are 'living' (*gesang*), i.e. functioning and 5,400 'dead' (*pejah*) or non-functional. Some 187 villages are listed by *bekel* or *Demang* (Dem.), amount of taxes (*paos*) in real (r.), and number of individuals and families (*sémah* or *sm.*) totalling some 1,594 real in cash taxes, 200 individuals, and 394 families. Undated, but probably January 1811 when Pangéran Dipakusuma was appointed joint *Bupati Wedana* of Madiun with Radèn T. Prawirasentika, see *Archive I*, p. 155 n.1, p. 189 and p. 194.

f. 166v   Punika pémut kagengan-Dalem siti ing Madiyun, damel-Kula saleksa, ingkang gesang damel-Kula kawan-èwu nem-atus,   ingkang pejah damel-Kula gangsal-èwu kawan-atus, wondéning ingkang dados lenggahipun Pangéran Dipakusuma piyambak, ingkang gesang damel-Kula kalih-èwu, punika pratélanipun ing dhusun,

f. 167r	*pratélanipun ing dhusun*	*pratélanipun ing bekel*	*pratélanipun ing paos*	*pratélanipun ing cacah tiyang*
	Candhi Bandung	Wiramenggala	kalih-dasa réyal	slawé sémah
	Dalapa	Sanajaya	kalih-dasa réyal	nembelas sémah
	Juranglebet	Jagadipa	kalih-dasa réyal	salawé sémah
	Tupang	Kriyasentika	gangsal réyal	gangsal sémah
	Jeblog	Sagati	kawan réyal	gangsal sémah
	Banaran	Anomdriya	kalih-dasa réyal	pitulas sémah
	Sumbersoka	Trunameja	sedasa réyal	pitung sémah
	Ngegal	Singadrana	gangsal réyal	nem sémah
	Ngurèn	Kertadongsa	gangsal réyal	pitung sémah
	Segulung	Kertabong(s)a	walulas réyal	kalih-dasa sémah
	Bulu	Tidrana	walung réyal	rolas sémah
f. 167v	Ketandhan	Tadongsa	sangang réyal	kalihwelas sémah

	Bosok	Singatruna	walung réyal	sawelas sémah
	Daha	Suradrana	sedasa réyal	sawelas sémah
	Lodhèrèk	Wiraguna	kawanwelas réyal	pitulas sémah
	Sucèn	Singanala	walung réyal	sadasa sémah
	Wonakaya	Derpanala	sangang réyal	kalihwelas sémah
	Kedhungbanthèng	Wirajaya	gangsalwelas réyal	kalihlikur sémah
	Luwara	Citrawarsa	slawé réyal	tigang-dasa sémah
	Pelurung	Sontawirya	kalihwelas réyal	kalih-dasa sémah
	Krerompol	Mertajaya	tigang-dasa réyal	kawan-dasa sémah
	Legu(n)dhi	Dem. Poncawilaga	slawé réyal	tigang-dasa sémah
168r	Winonga	Suradriya	slawé réyal	tigang-dasa sémah
	Padhas	Suratruna	tigang-dasa réyal	tigang-dasa sémah
	Kedhungprau	Nayayuda	selawé réyal	tigang-dasa sémah
	Planggaran	Trunadiwirya	selawé réyal	tigang-dasa sémah
	Wedhi	Satruna	walulas réyal	selawé sémah
	Dera	Demang Rejaguna	pitung-dasa gangsal réyal	satus kalih-dasa sémah
	Blabok	Singadipa	gangsalwelas réyal	kalih-dasa sémah
	Tawun	Demang Kertajaya	tigang-dasa réyal	kawan-dasa sémah
	Pecangakan	Demang Surayuda	kawan-dasa réyal	sèket sémah
	Prayungan	Ékadrana	tigang-dasa gangsal réyal	sèket sémah
	Geger	Ki Resa	tigang-dasa réyal	kawan-dasa sémah
168v	Kacreman	Puradongsa	selawé réyal	tigang-dasa sémah
	Pradhon	Dipajaya	pitung réyal	sedasa sémah
	Paras	Singatruna	kalih réyal	tigang sémah
	Klandhing	Dem. Wiramenggala	kalih-dasa réyal	selawé sémah
	Kuwatangan	Trabawa	gangsalwelas réyal	selawé sémah
	Brongol	Wiratruna	sadasa réyal	gangsalwelas sémah
	Wonasantun Sabrang-kidul Sabranglèr	Demang Sasrayuda	satus pitung-dasa gangsal réyal	kalih-atus salawé sémah
	Meluwur	Sadrana	sanganglas réyal	selawé sémah
	Sobah	Sawijaya	tigang réyal	nem sémah
	Ngadipati	Jakerta	kawan réyal	nem sémah
169r	Ganting	Saleksana	tigang réyal	gangsal sémah
	Balong Dhondhong	Onggadongsa	nem seka réyal	tigang sémah
	Puti(h)	Prayadongsa	kalih-dasa réyal	tigang-dasa sémah
	Sumbang	Setratruna	nem réyal	sangan sémah
	Karangpoh	Sadika	kalihwelas	gangsalwelas sémah
	Gempol	Dajaya	nem réyal	sedasa sémah
	Dhanguk	Tadrana	kawan réyal	walung sémah
	Pangkur	Kertadongsa	pitung réyal	sedasa sémah
	Krobat	Jadongsa	gangsalwelas réyal	kalih-dasa sémah
	Cabé	Jakerta	saréyal	kalih sémah
	Sawo	Wiramenggala	sedasa réyal	pitulas sémah
	Kalempun	Wiratruna	tigang réyal	pitung sémah
169v	Turi	Sadika	sedasa réyal	gangsalwelas sémah

	Banggon	Kertadipa	kalih réyal	gangsal sémah
	Dipo	Jamerta	pitung réyal	sedasa sémah
	Baron	Wirasona	gangsal réyal	pitung sémah
	Celem	Sadongsa	sedasa réyal	gangsalwelas sémah
	Waruk	Tamenggala	tigang réyal	walung sémah
	Ngetal	Tidita	walung réyal	walulas sémah
	Candhi	Cadongsa	gangsal réyal	sedasa sémah
	Nglayang	Singadita	pitung réyal	gangsalwelas sémah
	Garon	Kertayuda	kawan réyal	walung sémah
	Plèsèd	Singadrana	walung réyal	tigawelas sémah
	Nguwin	Jiwa	gangsal réyal	sedasa sémah
f.170r	Karangjati	Jatruna	pitung réyal	kawanbelas sémah
	Crongoh	Sajaya	walung réyal	kawanbelas sémah
	Bala	Tasona	walulas réyal	nembelas sémah
	Soga	Tatruna	pitung réyal	nem sémah
	Gagangmendhak	Sagati	nem réyal	tigang sémah
	Ngunèng	Surajaya	tigang-dasa réyal	kawan-dasa sémah
	Tanjung	Tadrana	sawelas réyal	kalih-dasa sémah
	Sona	Wiratruna	kalihwelas réya	songanglas sémah
	Barahan	Suradita	walung réyal	kawanwelas sémah
	Miling	Wirasentika	gangsal réyal	walung sémah
	Waruk	Ditatruna	kawan réyal	walung sémah
	Waruk malih	Sadrana	gangsal réyal	pitung sémah
f. 170v	Babadan	Dipadrana	pitung réyal	nembelas sémah
	Sima	Singatruna	nem réyal	sedasa sémah
	Jati	Nayadongsa	gangsal réyal	sedasa sémah
	Sumur	Saleksana	pitung réyal	sanga sémah
	Sambèn	Kertadongsa	tigang-dasa réyal	kawan-dasa sémah
	Jati	Wiradongsa	gangsal réyal	kalih-dasa sémah
	Nglondèr	Catruna	kalih réyal	tigang sémah
	Setèn	Jamaya	kalih réyal	kawan sémah
	Kragan	Sagati	kalih réyal	pitung sémah
	Ngelego	Wiramaya	kalih réyal	kawan sémah
	Gilang	Tatruna	tigang réyal	gangsal sémah
	Thengklik	Jamenggala	nem réyal	sedasa sémah
f.171r	Palesungan	Trunadrana	tigang réyal	gangsal sémah
	Tapèn	Tadita	tigang réyal	pitung sémah
	Cerma	Dasona	sedasa réyal	gangsalwelas sémah
	Gedhangan	Tisuta	pitung réyal	sedasa sémah
	Gunungan	Singadongsa	nem réyal	sewelas sémah
	Dhempelan	Wiradrana	sedasa réyal	gangsalwelas sémah
	Gelonggong	Sakerta	tigang réyal	nem sémah
	Kepuh	Sadongsa	sejampel	kalih sémah
	Wanguk	Tasari	saréyal	tigang sémah
	Getermalang	Jadongsa	tigang réyal	nem sémah
	Patiyan	Singatruna	walung réyal	pitulas sémah
	Nglemas	Jatruna	gangsal réyal	walung sémah

71v	Kuweg	Jadongsa	kawan réyal	walung sémah
	Bagi	Sawijaya	sewalas réyal	kalihlikur sémah
	Candhi	Tidongsa	sedasa réyal	gangsalwelas sémah
	Gebugangin	Jatruna	pitulas réyal	kawan réyal
	Tambak	Wirayuda	saréyal	kalih semah
	Weru	Wiradongsa	walung réyal	sadasa sémah
	Pekilèn	Darani	tigang réyal	gangsal sémah
	Papringan	Dajaya	kawan réyal	gangsal sémah
	Satriyad	Sakerta	nem réyal	sedasa sémah
	Krerep	Kertadongsa	kalih réyal	tigang sémah
	Plèmbang	Sambangkerta	nemlikur réyal	tigang sémah
	Mantrèn	Kertadipa	kalih réyal	tigang sémah
72r	Garon	Singadrana	gangsal réyal	sedasa sémah
	Kembangan	Naladita	kalih réyal	kawan sémah
	Kalibedhah	Tidongsa	kalih réyal	tigang sémah
	Banthèngan	Singayuda	gangsal réyal	sedasa sémah
	Kendhayakan	Wiratruna	saréyal	kalih sémah
	Jagabayan	Trunadita	kalih réyal	kawan sémah
	Tiron	Jamerta	gangsal réyal	sedasa sémah
	Karangingas	Dipatruna	kawan réyal	sedasa sémah
	Sambèyan	Datruna	saréyal	kalih sémah
	Boging	Kertadipa	kalih réyal	gangsal sémah
	Gondarosa	Mertagati	kalih réyal	kawan sémah
	Ngranget	Singadipa	seréyal	sedasa sémah
	Cèlèngan	Dipatruna	kalih réyal	gangsal sémah
72v	[blank]			
73r	Kawelutan	Kertabongsa	saréyal	kalih sémah
	Dhuwet	Singagati	kalih réyal	tigang sémah
	Watulesung	Mayakerta	nem réyal	tigang sémah
	Tempuran	Wonajaya	tigang réyal	nem sémah
	Pikatan	Dipajaya	nem réyal	tigang sémah
	Kendhayakan	Nalajaya	gangsal réyal	sangang sémah
	Geg(er)	Mayadongsa	tigang réyal	pitung sémah
	Mranggèn	Jadipa	tigang réyal	sangang sémah
	Rangkah	Mayakerta	nem seka	tigang sémah
	Waru	Wonakerta	kalih réyal	nem sémah
	Bathok	Surakerti	tigang réyal	nem sémah
	Trenggilis	Singakerta	kalih réyal	kawan sémah
	Talang	Mayadita	tigang réyal	pitung sémah
73v	Tambakmerang	Ke(r)tijaya	saréyal	tigang sémah
	Gr(o)gol	Pak Saridin	kalih réyal	kawan sémah
	Palur	Makarya	saréyal	tigang sémah
	Wonakrama	Surajaya	saréyal	kalih sémah
	Buluh	Mertajaya	tigang réyal	gangsal sémah
	Bulak	Pak Midin	saréyal	tigang sémah
	Prayan	Sakerta	kawan réyal	pitung sémah
	Malilir	Kramadongsa	tigang réyal	gangsal sémah

	Lembah	Kertayuda	tigang réyal	walung sémah
	Putih	Mayakerta	kalih réyal	gangsal sémah
	Pucang	Pak Gariman	saréyal	tigang sémah
f.174r	Petung	Kriyatruna	kalih réyal	gangsal sémah
	Ngrata	Nalajaya	saréyal	tigang sémah
	Jambangan	Pak Jawi	kalih réyal	gangsal sémah
	Majapurna	Satruna	pitung réyal	kalih sémah
	Palepasan	Mayasuta	kalih réyal	gangsal sémah
	Kembangan	Suradipa	tigang réyal	pitung sémah
	Plasa	Sagati	kalih réyal	gangsal sémah
	Mantrèn	Sadongsa	kalih réyal	kawan sémah
	Kedho(ng)dhong	Mayaseca	tigang réyal	pitung sémah
	Panasan	Jiwasuta	kalih réyal	kawan sémah
	Jatisari	Singadipa	nem réyal	tigang sémah
	Pandhansari	Mayasuta	kalih réyal	gangsal sémah
f.174v	Bulubang	Sakerta	saréyal	tigang sémah
	Dermasari	Pak Garèng	tigang réyal	gangsal sémah
	Ngunut	Pak Kadar	tigang réyal	nem sémah
	Badhèr	Pak Sadipa	kalih réyal	gangsal sémah
	Kawongan	Dipatruna	saréyal	tigang sémah
	Kuwiran	Murmajaya	kalih réyal	kawan sémah
	Ngiliran	Mertajaya	sejampel	kalih sémah
	Brayud	Jakerta	nem seka	tigang sémah
	Klagèn	Jasuta	tigang réyal	nem sémah
	Si(ng)gahan	Suradita	sangang réyal	tigangwelas sémah
	Jatimungal	Jakerti	nem réyal	kawan sémah

f.175r gu(ng)gung kathahipun kagengan-Dalem dhusun ingkang nyanggi paos yatra, punapa déné cacahipun tiyang ingkang sami nyanggi paos yatra sedaya,   kathahipun ing dhusun satus wolung-dasa langkung pitu,   cacahipun tiyang ingkang nyanggi paos yatra,   kalih-èwu, tigang-atus sangang-dasa langkung kawan sémah,   wondéné kathahipun yatra paos, dados yatra sèwu gangsal-atus sangang-dasa langkung kawan réyal,

wah cacahipun tiyang salebetipun ing kitha kalih-atus sémah, nanging boten kénging yatra.

2

BL Add. MS. 12342
f. 151r–158r

Memo detailing the appanage of Kyai Ngabèhi Mangundirana in Kalangbrèt consisting of 700 *cacah*. It lists the names of villages, *demang/bekel*, *sikep*, *welit* (lit: roof thatch), *pacumpleng* (ground-rent tax for houses), hanks of cotton (*benang*), and cash or harvest tax to a total of 1,020 cash, 2,860 harvest tax, and 850 house-tax payers (*pacumpleng*), as well as the old and infirm (*gapuk tepo*), widows, and those liable for night watch (*rondha*). Undated, but almost certainly post-January 1811, see *Archive I*:155–6.

f. 151r Punika pémut lenggahipun abdi-Dalem Mangundirana, kagengan-Dalem siti ing Kelangbrèt, cacah damel-Kula pitung-atus,   punika pratélanipun,   dhusun, punapa déné pratélanipun demang-demang bekel ing dhusun sedaya, utawi pamedalipun ingkang werni paos yatra, ingkang werni paos pantun, utawi ingkang anyanggi sikep,

gu(ng)gung kathahipun, 107,
gunggung pamedalipun kagengan-Dalem ing Kelangbrèt ingkang werni yatra, 1020,
gu(ng)gung ingkang werni paos pantun, 2860,
gunggung tiyang dhusun utawi redi, 850, tiyang walung-atus sèket wau punika ingkang
    kénging pacumpleng, tiyang, 700, ingkang gapuk tepo dhudha rondha, tiyang, 15,
gu(ng)gung yatra pacumpleng, 140, gu(ng)gung benang, 1500,

dhusun	Demang	sikep (satunggilipun)
Gondhang	Surakerta	4
Babadan	Jadipa	2
Dhempok	Pak Singkrih	1
Pajaran	Suraleksana	2
Paingan	Jatika	2
Bendungan	Sawijaya	1
Loparèn	Singado(ng)sa	2
Kepuhgayar	Mertadita	1
		gu(ng)gung 15

52r	dhusun	bekel	welit
	Karanganom	Séladongsa	1200
	Jati	Tisona	1500
	Srabah	Tradipa	3300
	Pucangan	Ke(r)tiyuda	3000
	Gélang	Singatruna	1200
	Gempolan	Tiyuda	1800
			gu(ng)gung 12000

152v	dhusun	Demang	yatra
	Pathupromasan	Surameja	10
	Ngambak	Sadriya	20
	Jethis	Mertajaya	20
	Larangan	Satruna	6
	Semèn	Camerta	12
	Sambitan	Malangtruna	27
	Ngolakkalèn	Suramenggala	12
	Ngegong	Resayuda	16
			gunggung 123

153r	Turunasih	Wiradipa	13
	Gebang	Pa(k) Wéla	36
	Sindon	Saboga	38
	Alasmalang	Iramenggala	12
	Teguhan	Pak Jana	15
	Papringan	Iratama	17
	Langèh	Sutadongsa	27
	Sokaramé	Gunaserona	16
	Widara	Tirtatika	18
			gunggung 192

f. 153v	Tawing	Surayuda	10
	Kalitengah	Wiradongsa	8
	Ngasem	Kertadongsa	8
	Bethol	Ke(r)tidongsa	6
	Beladher	Iradongsa	5
	Kalikajar	Maya(d)ongsa	3
	Sasaran	Nalajaya	1
	Pondhok	Nala(d)ongsa	2
			gunggung 43
f. 154r	Gunungcilik	Suradikara	8
	Mundhu	Nitidongsa	4
	Wayung	Kertadongsa	4
	Katès	Iratika	3
	Suwaru	Sutadongsa	10
	Jénggot	Nalajaya	4
	Pulé	Ditamerta	7
	Buluh	Jongsa	3
			gu(ng)gung 43
f. 154v	ing Kasugiyan	Trunamenggala	35
	Badawaluh	Pak Ridin	36
	Wonakrama	Mertajaya	30
	Telagèn	Jatruna	20
	Ngarob	Wiradongsa	7
	Kaligarok	Pak Sibah	7
	Wedana	Cakradongsa	25
			gu(ng)gung 160
f. 155r	Babadan	Wirajaya	30
	Mejasem	Japrungsa	30
	Kasrepan	Singamerta	8
	Dhépok	Pak Wuh	7
	Karang	Trapati	8
	Gambuhan	Pak Diyah	25
	Gedhong	Jongsa	10
	Krasok	Tramenggala	5
			gu(ng)gung 123
f. 155v	Lurub	Resayuda	10
	Tambibendha	Irajaya	15
	Babakan	Suradriya	10
	Jajar	Ranadipa	12
	Kemulus	Singadipa	5
	Tepus	Kertanaya	2
	Giliran	Nayagati	6
	Sendhang	Nayadongsa	5
	Jurangampèl	Samerta	2
	Gendhingan	Jongsa	3

	Dhasun	Sutamenggala	2
	Sugiyan	Singadipa	3
	Pandansari	Ragamerta	5
		gu(ng)gung 80	
56r	Sanak	Jagasura	17
	Santos	Jasuta	9
	Puring	Pak Tambir	2
	Wagah	Naladita	3
	Prajegan	Naladipa	4
	Pakèl	Kertadita	3
	Trètès	Jalangkas	2
	Sawaluh	Iramenggala	6
	Pelem	Jasuta	4
	Gawèh	Japatra	3
	K(a)rangnongka	Nalajaya	2
		gu(ng)gung 55	
56v	Pakis	Ke(r)tiyuda	5
	Pandhanan	Gunasraya	11
	Pesagi	Tratika	11
	Balong	Nalayuda	4
	Tretek	Kertanala	10
	Ngambak	Jagaleksona	10
	Belaring	Naladipa	15
	Pucangan	Cadongsa	10
		gu(ng)gung 76	
157r	*dhusun*	*Bekel*	*yatra*
	Gembolo	Jagakersa	16
	Siwalan	Mertadika	26
	Rèndèng	Singayuda	28
	Wonakrama	Amatjayad	12
	Kiyudan	Ékadongsa	16
	Patik	Singayuda	16
	Ngelo	Sadongsa	4
	Péngkol	Pak Jalid	4
	Lègok	Wirajaya	3
		gu(ng)gung 125	
	dhusun	*Demang*	*pantun*
157v	Pohgadhing	Jatirta	350
	Sedayu	Wirayuda	60
	Jabon	Trawongsa	300
	Jatiwekas	Jayaniman	150
		wah pantun kitha 2,000	
		gu(ng)gung 2,860	
158r		/ paosan 12 réyal	

3   BL Add. MS. 12341
                                                      f. 208r

Memo of royal lands in Jipang-Wanaseraya which have become the appanage of Radèn
Tumenggung Natadiwirya. These comprise some 725 *cacah* of which all 725 were
declared functional (*cacah gesang*). The taxable population of the town Rajegwesi, the
seat of administration for Jipang and its dependant districts, of which Wanaseraya was
one, and the surrounding countryside, were calculated at that figure. Of these 225 were
liable for the ground rent for houses (*pacumpleng*) at five real and two threads of yarn
(*benang kalih tugel*). Undated, but almost certainly post-January 1811 and pre-June 1812.

f. 208r   Punika pémut kagengan-Dalem siti ing Jipang-Wanasaraya ingkang dados lenggahipun
           Radèn Tumenggung Natadiwirya, cacah damel-Kula siti pitung-atus sèket, ing mangké
           gesang damel-Kula pitung-atus selawé, kathah-kedhikipun tiyang dhusun punapa déné
           tiyang salebetipun ing kitha, punika pratélanipun, sedaya kapanggih tiyang pitung-atus
           sawidak, ingkang kénging pacumpleng tiyang kalih-atus salawé, tiyang satunggilipun
           kénging yatra gangsal, benang kalih tugel, ing dalem sataun,   gu(ng)gung dados yatra
           kawan-dasa gangsal benang, kawan-atus sèket,

           ingkang boten kénging pacumpleng, tiyang gangsal-atus tigang-dasa gangsal.

4   BL Add. MS. 12342
                                                      f. 125r–136r

Memo of royal lands in Jipang-Panolan under the authority of Radèn Tumenggung
Natawijaya IV giving the names of *bekel* and *Demang*, cash payments (*yatra*), and har-
vests. Totals include 226 villages, 1,376 real cash (*yatra*), 1,671 *pantun* (rice plants/
sheaves), with 1,000 *cacah* of R.T. Natawijaya's appanage being listed as presently
functional (*kesaweg gesang*) and 1,000 non-functional (*taksih pejah*). The list closes with
names of 42 villages (*dhusun*) which are deemed to be 'empty' (*suweng*, i.e. abandoned).

f. 125r   Punika pémut kagengan-Dalem siti Jipang-Kepanolan bawah Natawijayan, punika
           namanipun demang, punapa malih bekel utawi wedalipun yatra kalih pantun cacah-Dalem
           kalih-èwu, ingkang kesaweg gesang ingkeng sèwu, ingkeng taksih pejah siti-Dalem kula
           sèwu, punika pratélanipun,

f. 126v	*punika dhusun*	*namaning bekel*	*punika yatra*	*punika pantun*
	Bung(g)ur	Jawongsa	5	12
	Ngrata	Sayuda	4	6
	Pencilan	Trasuta	2	-
	Nguleng	Wanajaya	6	-
	Gondhang	Singarana	3	6
	Landhèyan	Tajaya	2	3
	Taunan	Tirtawongsa	10	15
			gu(ng)ung 32	gu(ng)ung 32
f. 127r	Kemantrèn	Caprawita	4	5
	Tengguyung	Setra	2	10
	Serut	Satruna	1	2
	Mérah	Singadongsa	7	8

	Tanjang	Sadipa	1	-
	Wedari	Wirapati	1	4
	Pilang	Jatruna	1	4
			gu(ng)ung 18	gu(ng)ung 33
27v	Ngrawa	Singayuda	10	5
	Telaga	Setradongsa	6	-
	Gadhon	Setradrana	7	7
	Caremé	Citradongsa	3	3
	Jegong	Sutatruna	3	10
	Canthèl	Kertajana	30	20
	Ngumbrug	Sakerta	3	5
			gu(ng)ung 62	gu(ng)ung 50
28r	Purbalingga	Singajaya	6	7
	Pelang	Onggatruna	6	5
	Cepu	Matangrana	6	7
	Jambé	Wiratruna	6	5
	Pelunturan	Surayana	4	5
	Tambakrama	Wiradongsa	5	4
	Kerep	Kertadipa	2	4
			gu(ng)ung 36	gu(ng)ung 36
28v	Mundhu	Wiratruna	6	-
	Borongan	Pak Sana	5	5
	Nglanjuk	Iradongsa	7	10
	Sunggun	Sontajaya	4	5
	Nglaja	Mondraguna	6	10
	Ngasem	Wanadipa	7	5
	Candhi	Wongsatruna	16	20
			gu(ng)ung 51	gu(ng)ung 55
29r	Temèngèng	Tapraya	3	-
	Loram	Trunadipa	15	30
	Pitu	Mertayuda	12	5
	Ngambong	Mertamenggala	6	5
	Juga	Trunadongsa	10	25
	Sumber	Jadipa	3	10
	Sugih	Mertatruna	8	-
			gu(ng)ung 57	gu(ng)ung 68
29v	Belimbing	Kertajaya	12	10
	Pelasareja	Resayuda	10	20
	Sélagongsa	Wirasuta	10	-
	Pelasa	Suradita	6	15
	Kedinding	Wirakerta	30	-
	Ngliron	Wiradrana	2	-
	Kawisènggal	Pak Ayom	8	15
			gu(ng)ung 78	gu(ng)gung 60

f. 130r	Ngrandhukori	Naladipa	12	20
	Nginggil	Citrayuda	6	-
	Belunggun	Singatruna	2	-
	Pèngkol	Agrayuda	22	30
	Cabéyan	Trunadipa	10	15
	Wangkot	Pranajaya	8	10
	Brangkal	Nalaguna	15	20
			gu(ng)gung 75	gu(ng)gung 95
f. 130v	Lèpèntengah	Samadrana	200	70
	Jombelang	Sareja	50	30
	Bulukumendhung	Jagayuda	60	30
	Bakah	Nalayuda	50	40
	Barengus	Surayuda	50	30
	Giyanti	Samatruna	50	30
	Sélabrem	Wirakerta	70	30
			gu(ng)gung 53	gu(ng)gung 260
f. 131r	Dhukuh Kawis	Wirasana	50	20
	Ngarèng	Mertajaya	15	20
	Gadhu	Setraleksana	30	30
	Kedhungtubin	Kertajaya	30	50
	Bajo	Prayadita	15	20
	Tanjung	Sajaya	10	20
	Jimbung	Jalagi	20	25
			gu(ng)gung 170	gu(ng)gung 185
f. 131v	Keradènan	Sontatruna	10	-
	Jipang	Mertaruna	60	30
	Wadho	Trunawongsa	60	50
	Balun	Sutatruna	100	40
	Ketuwan	Sarayuda	100	50
	Geneng	Singadrana	5	-
	Ngrandhu	Wirajaya	14	30
			gu(ng)gung 349	gu(ng)gung 200
f. 132r	Lowanu	Pak Konyil	4	10
	Banaran	Kertadrana	2	-
	Jati	Pranayuda	10	10
	Tengguluk	Jakerta	12	40
	Jeruk	Jatruna	5	5
	Kepuh	Sadipa	10	-
	Kedhungbanthèng	Tradana	3	10
			gu(ng)gung 46	gu(ng)gung 39
f. 132v	Mesada	Jatruna	6	8
	Bisu	Prayatruna	7	-
	Tangiran	Kertajaya	4	5
	Dhahu	Satruna	6	5
	Sentana	Sondriya	7	6

	Jigar	Kertadipa	8	8
	Binaya	Trajaya	8	1
			gu(ng)gung 46	gu(ng)gung 33
33r	Jajar	Sawirana	7	-
	Kelandhing	Singadrana	8	15
	Pandhan	Tamenggala	7	10
	Dhoplang	Samenggala	7	15
	Dhudha	Citrawongsa	6	-
	Ngadhap	Nalatruna	7	10
	Cukèn	Singakersa	11	-
			gu(ng)gung 53	gu(ng)gung 50
33v	Nglebak	Nalamerta	3	-
	Bringin	Suradongsa	3	5
	Celèlèk	Singadrana	3	6
	Sélagendèr	Singarana	2	-
	Kambeng	Datruna	6	5
	Tembara	Wiradrana	2	4
	Kuwang	Tarana	1	3
			gu(ng)gung 101	gu(ng)gung 23
34r	Kelumpang	Wirakerta	3	3
	Pèngkol	Cadrana	3	3
	Pasatan	Singaleksana	3	2
	Sumengka	Singadongsa	2	-
	Bacet	Baureksa	2	4
	Bitingan	Singadongsa	3	3
	Wulung	Jadongsa	6	10
			gu(ng)gung 21	gu(ng)gung 23
34v	Bodhèh	Sadrana	8	-
	Sumbang	Pak Simah	2	5
	Sugihwaras	Pak Gandhèn	2	6
	Jagong	Tatruna	1	2
	Kedirèn	Sukakerta	5	10
	Tèmpèl	Tomapakersa	2	4
	Medalem	Sontatruna	8	10
			gu(ng)gung 28	gu(ng)gung 37
35r	Seprih	Setradrana	100	*punika paos pantun*
	Lungger	Suratruna	-	133 amet
	Getas	Wirajaya	-	130 amet
	Patalan	Pranajaya	-	60 amet
	Ngerpitu	Wiratruna	-	60 amet
	Weni	Singaleksana	-	80 amet
				gu(ng)gung 403

35v	gu(ng)gung kathahipun dhusun Jipang-Kepanolan,	226
	gu(ng)gung pamedalipun kagengan-Dalem yatra Jipang-Kepanolan,	1376
	gu(ng)gung pamedalipun ingkeng werni pantun,	1671

gu(ng)gung lenggahipun abdi-Dalem Radèn Tumenggung Natawijaya,

    ingkeng sampun gesang jangkep damel-Kula siti,   1000

ingkeng pejah taksih damel-Kula siti,   1000

ingkang punika kajawi ingkang medal kajang boten kénging kawangenan.

f. 136r   punika pratélanipun dhusun ingkeng suweng, Tajug, Tirisan, Kelagèn, Gelèmpang, Sénggon, Ngipik, Serut, Gumeng, Suru(h), Gendhongan, Gerogol, Pucangan, Puhgasong, Temulawak, Toyagesang, Grogolsétan, Banaran, Ketawang, Wilang, Pondhak, Gubug, Ngrawa, Kemiri, Jipangan, Kalakan, Plasa, Kedebeg, Mabung, Beru, Setrèn, Gana, Gebangan, Margalèla, Dhawé, Ngasahan, Krikilan, Galuk, Tanduran, Mernung, Pakis, Pethak, Nglaju.

5   BL Add. MS. 12341

                                                   f. 187r

Memo of royal lands in Jipang-Kepanolan which have become the appanage of Radèn T. Natawijaya IV (?), consisting of 2,000 *cacah*, of which 1,000 are listed as *cacah gesang*, with a total population, including those living in the town of Jipang and the old and infirm, of 1,400, and with a ground-rent tax for houses (*pacumpleng*) on 700 houses at 15 *wang* (1 *wang* = 10 *duits* or 8½ cents) per 'door' (*kori*), including contributions for feasts (*pasumbang*) and communal hospitality (*pasegahan*). Two hanks of cotton thread (*benang kalih tugel*) are also demanded per house. Undated, but probably Jan. 1811.

f. 187r   Punika pémut kagengan-Dalem siti ing Jipang-Kepanolan ingkang d(a)dos lalenggahipun Radèn Tumenggung Natawijaya, cacah damel-Kula tiyang kalih-èwu ing mangké gesang damel-Kula sèwu, kathah-kedhikipun tiyang dhusun punapa déning tiyang salebetipun ing kitha, ingkang kénging yatra pacumpleng punapa déning kénging benang punika pratélanipun, sedaya gapuk teponipun kepanggih tiyang sèwu kawan-atus, ingkang kénging pacumpleng tiyang pitung-atus kori, sakorinipun kénging pacumpleng gangsal uwang, pasumbang gangsal uwang, pasegahan gangsal uwang, dados kénging gangsalwelas uwang pacumplengipun, benang kalih tugel ing dalem sataun,

gu(ng)gung wedalipun yatra pacumpleng kapanggih kawan-belah atus réyal, sami réyalan nigang-dasa uwang, benangipun medal sèwu kawan-atus uwet.

6   BL Add. MS. 12342

                                                   f. 33r–41v

Memo (*wiyakanipun*) on tribute obligations (*pamedalipun*) of royal possessions in Jipang-Bauwerna and Sekaran which form part of the appanage of R.T. Prawirasentika, the joint *Bupati Wedana* of Madiun, appointed 17 January 1811. The document lists villages, tax collectors (*demang, bekel*), as well as tax and tribute burdens. Totals include 186 villages, with 2,880 work obligation units, harvest tax of 2,020, and Prawirasentika's appanage measured in tribute obligation units of which 1,850 are functional (*sampun gesang*) and 150 are still non-functional (*taksih pejah*). Undated, but *c.* 17 January 1811. See Plate 12.

f. 33r   Punika pémut wiyakanipun pamedalipun kagengan-Dalem ing Bauwerna kalih ing Pasekaran, punika pratélanipun, pun Bauwerna, ingkang werni yatra sèwu walung-atus sangang-dasa walung réyal,   wah ingkang werni pantun kawan-èwu kalih-atus kawan-dasa walung ngamet, wah ingkang medal sikep tigang-dasa, wah pamedalipun kageng-an-Dalem siti ing Pasekaran, ingkang werni yatra sangang-atus walung-dasa langkung kalih réyal, ingkang werni pantun kalih-èwu sangang-atus pitung-dasa nem amet, ingkang medal sikep gangsalwelas,

3v   punika pémut lenggahipun abdi-Dalem Radèn Tumenggung Prawirasentika, kagengan-Dalem siti Jipang-Bauwerna, ing Pasekaran, cacah damel-Kula kalih-èwu, ing mangké saweg gesang sèwu walung-atus sèket, ingkang teksih pejah sabin damel-Kula kalih-belah atus,

punika pratélanipun dhusun, punapa déning pratélanipun demang-demang, babekel ing dhusun sedaya, utawi pamedalipun ingkang werni paos yatra, ingkang werni paos pantun, utawi ingkang anyanggi sikep,

4r   punika pémut lalenggahipun abdi-Dalem Radèn Tumenggung Prawirasentika, kagengan-Dalem siti ing Jipang-Bauwerna, ing Pasekaran, punika pratélanipun ing dhusun, puna(pa) déning demang-demang babekel ing dhusun sedaya, ongka pamedalipun pantun gèndh(è)l,

ing Kebanaran	Demang Wiradiprana	anyanggi paos walung-dasa	100
ing Kamolan	Demang Onggadongsa	anyanggi paos tigang-dasa	30
ing Gawok	Demang Singatirta	anyanggi paos tigang-dasa	50
ing Mranten	Demang Singameja	anyanggi paos gangsalwelas	-
ing Baran	Demang Mertaguna	anyanggi paos pitung-dasa	10
ing Sumengka	Demang Mertawijaya	anyanggi paos satus	100
ing (K)adipira	Demang Sestrawijaya	anyanggi paos gangsalwelas	25
ing Bedhawang	Demang Singatruna	anyanggi paos kalih-dasa	25
ing Karangan	Demang Resadipa	anyanggi paos kawan-dasa	60
ing Tulung	Demang Resawirana	anyanggi paos pitung-dasa	80
ing Sétra	Demang Suradiwongsa	anyanggi paos selawé	40
34v ing Kapal	Demang Kertamenggala	anyanggi paos satus	150
ing Wara	Bekel Pak Tèni	anyanggi paos gangsalwelas	30
ing Kepoh	Demang Kyai Giri	anyanggi paos gangsalwelas	25
ing Metaunan	Demang Jagadongsa	anyanggi paos sèket	30
ing Gémbol	Demang Wiradirana	anyanggi paos selawé	20
ing Pethak	Demang Singadirana	anyanggi paos sèket	60
ing Kedhungadem	Demang Singadipa	anyanggi paos sèket	60
ing Tumbas	Demang Jagayuda	anyanggi paos sèket gangsal	50
ing Meliwek	Demang Secaleksana	anyanggi paos kawan-dasa	50
ing Panjang	Demang Kertareja	anyanggi paos pitung-dasa	70
ing Dayu	Demang Kertawongsa	anyanggi paos sèket gangsal	50
ing Tondhamula	Demang Gunajaya	anyanggi paos sewidak	60
ing Kesanga	Demang Resadongsa	anyanggi paos tigang-dasa	30
35r ing Panasan	Demang Wirasetra	anyanggi paos pantun kalih-atus	90
ing Paloh	pun Cond(r)a	anyanggi paos pantun pitung-dasa	30
ing Gempolwuju	Bekel Waradipa	anyanggi paos pantun sewidak	20
ing Sambong	Bekel Trunasetra	anyanggi paos walung-dasa	30
ing Banglé	Bekel Tajaya	anyanggi paos walung-dasa	30
ing Karanggayam	Ronawijaya	anyanggi paos pantun pitung-dasa	50
ing Karangsedayu	Bekel Mertadiwongsa	anyanggi paos pantun satus	20
ing Banteran	Demang Setratruna	anyanggi paos pantun kalih-atus	30

	ing Pi(ng)gir	Bekel Puspadongsa	anyanggi sikep gamel gangsalwelas	80
	ing Kundur	Bekel Trunawirana	anyanggi sikep madharan gangsalw.	100
	ing Mudhung	Bekel Tadongsa	siti damel yèn kapaosaken kawan-d.	60
	ing Menyunuk	Bekel Prayatruna	siti damel yèn kapaosaken kawan-d.	60
f. 35v	ing Wuluh	Bekel Tatruna	siti damel yèn paos gangsalwelas	20
	ing Bulu	Bekel Condradipa	siti damel yèn paos gangsalwelas	50
	ing Sratu	Bekel Setradongsa	siti damel yèn anyanggi paos kawan-dasa	80
	ing Nguwok	Bekel Mertadirana	siti damel yèn kasanggi paos walu	30
	ing Godhang	Bekel Pak Simah	siti damel yèn anyanggi paos gangsalwelas	30
	(ing) Pelasakerep	Bekel Singaderpa	siti damel paosipun gangsal	10
	ing Dera	Bekel Wirawongsa	siti damel paosipun gangsalwelas	30
	ing Gampèng	Bekel Ontasetra	siti damel paosipun sedasa	20
	ing Ngemplak	Bekel Singadongsa	siti damel paosipun kalih-dasa	20
	ing Kawispilang	Bekel Pak Soblo	siti damel paosipun sedasa	10
	ing Serning	Bekel Nayadongsa	siti damel paosipun tigang-dasa	40
	ing Wersah	Bekel Satoka	siti damel paosipun gangsalwelas	20
	ing Pandelegan	Bekel Wiramerta	siti damel paosipun sedasa	20
f. 36r	(ing) Kesambèn	Bekel Singatruna	siti damel paosipun sedasa	15
	ing Nglandur	Bekel Priyamenggala	siti damel paosipun sedasa	20
	ing Kemantrèn	Bekel Singatruna	siti damel paosipun gangsal	20
	ing Pilang	Bekel Pak Poni	siti damel paosipun gangsal	20
	ing Celingur	Bekel Pak Samiyah	siti damel paosipun gangsal	25
	ing Pratun	Bekel Pak Sapa	siti damel paosipun gangsal	30
	ing Saban	Bekel Trunawongsa	siti damel paosipun sedasa	25
	ing Ngrayudan	Bekel Tatruna	siti damel paosipun sedasa	25
	ing Ngèblèk	Bekel Mertadipa	siti damel paosipun gangsalwelas	30
	ing Ngluber	Bekel Setratruna	siti damel paosipun kalih-dasa	50
	ing Jethak	Bekel Singadongsa	siti damel paosipun gangsal	15
	ing Telanak	Bekel Pak Samiyah	siti damel paosipun gangsal	15
f. 36v	ing Dayu	Bekel Trunadongsa	siti damel paosipun gangsal	15
	ing Jipa	Bekel Trajaya	siti damel paosipun gangsal	20
	ing Temu	Bekel Singadongsa	siti damel paosipun gangsal	25
	ing Juwet	Bekel Wiratruna	siti damel paosipun gangsal	2
	ing Sepat	Bekel Jadiwongsa	siti damel paosipun sedasa	30
	ing Soka	Bekel Setrawirana	siti damel paosipun gangsal	15
	ing Ngapus	Bekel Sadongsa	siti damel paosipun gangsal	15
	ing Banjar	Bekel Pak Sati	siti damel paosipun gangsal	15
	ing Pacul	Bekel Naladongsa	siti damel paosipun gangsal	15
	ing Ngliga	Bekel Sapati	siti damel paosipun gangsal	25
	ing Kareteg	Bekel Ke(r)tapati	siti damel paosipun sedasa	29
	ing Karangdinaya	Bekel Rombong	siti damel paosipun gangsal	10
	ing Nglajer	Bekel Onggapraya	siti damel paosipun sedasa	25
f. 37r	ing Maja	Bekel Bongsatruna	anyanggi pambelah paosipun slawé	25
	ing Tingan	Bekel Tajaya	kasanggi prajurit kalihwelas paosipun sèket	5

	ing Sayang	Bekel Singadipa	anyanggi prajurit pitu paosipun selawé	30
	ing Cadhut	Bekel Pak Napiyah	anyanggi prajurit pitu paosipun selawé	30
	ing Bakalan	Bekel Mayatruna	anyanggi prajurit pitu paosipun selawé	30
	ing Janar	Bekel Setradongsa	nyanggi prajurit sedasa paosipun kawan-dasa	30
	ing Melijeng	Bekel Jakrama	anyanggi prajurit sekawan paosipun nembelas	25
	ing Juwet	Bekel Mertadongsa	kasanggi prajurit setunggil pamedalipun gangsal	15
	ing Jajar	Bekel Tatruna	kasanggi prajurit setunggil pamedalipun gangsal	10
	ing Jasari	Bekel Trunadongsa	kasanggi prajurit setunggil pamedalipun gangsal	10
	ing Ngrindhik	Bekel Datruna	kasanggi prajurit setunggil pamedalipun gangsal	10
	ing Kalipang	Bekel Pak Kasiya	kasanggi prajurit setunggil pamedalipun gangsal	10
7v	(ing) Balongsana	Bekel Pak Borès	kasanggi prajurit setunggil pamedalipun gangsal	20
	ing Srasah	Bekel Pak Kandhung	kasanggi prajurit setunggil pamedalipun gangsal	25
	ing Tengger	Bekel Pak Saya	kasanggi prajurit setunggil pamedalipun gangsal	15
	ing Banjar	Bekel Gunamerta	kasanggi prajurit setunggil pamedalipun gangsal	10
	ing Nguja	Bekel Pak Rona	kasanggi prajurit setunggil pamedalipun gangsal	20
	ing Budhug	Bekel Tatruna	kasanggi prajurit setunggil pamedalipun gangsal	15
	ing Kelanak	Bekel Pak Sulur	kasanggi prajurit setunggil pamedalipun gangsal	10
	ing Kemambang	Bekel Cadrana	kasanggi prajurit setunggil pamedalipun gangsal	10
	ing Guyangan	Bekel Pak Tambak	kasanggi prajurit setunggil pamedalipun gangsal	10
	ing Brabong	Bekel Pak Gebyog	anyanggi prajurit setunggil pamedalipun gangsal	10
	ing Nginas	Bekel Pak Kramatruna	anyanggi prajurit setunggil pamedalipun gangsal	10
	ing Brangkal	Bekel Trunadongsa	prajurit setunggil pamedalipun gangsal	10
8r	ing Bakalan	Bekel Pak Jana	anyanggi prajurit setunggil pamedalipun gangsal	10

ing Baru	Bekel Pak Menik	anyanggi prajurit setunggil pamedalipun gangsal	6
ing Nglègok	Bekel Pak Sereng	anyanggi prajurit setunggil pamedalipun gangsal	5
ing Megelengi	Bekel Sumawongsa	anyanggi prajurit setunggil pamedalipun gangsal	15
ing Sokadhangar	Bekel Wiradongsa	anyanggi prajurit setunggil pamedalipun gangsal	-
ing Kedhapok	Bekel Sadirana	anyanggi prajurit setunggil pamedalipun gangsal	-
ing Wirasaba	Bekel Wirakerta	anyanggi prajurit setunggil pamedalipun gangsal	8
(ing) Pipitan	Kyai Nursidin	kasanggi prajurit setunggil pamedalipun gangsal	10
ing Baga	Kertayana	kasanggi prajurit setunggil pamedalipun gangsal	10
ing Kuratan	Bekel Pak Meneng	pamedalipun sekawan	5
ing Ngrakas	. . . .	kasanggi prajurit setunggil pamedalipun gangsal	30
ing Ngredu	Bekel Pak Nyana	kasanggi damel pamedalipun gangsal	10
f. 38v (ing) Karangpelasa	Kertajaya	kasanggi prajurit setunggil pamedalipun sekawan	10
ing Tawangsari	Bekel Prayatruna	kasanggi prajurit setunggil pamedalipun gangsal	15
ing Belosong	Bekel Pak Pethi	dhusun pamethakan yèn kawedalaken ing paos gangsal	50
ing Pomahan	Bekel Dipatruna	dhusun pamethakan, yèn kawedalaken ing paos salawé	5
ing Lèpèndamel	Setraleksana	siti pamethakan pamedalipun tigang keton	-
wah ing Pasekaran	Demang Wiradirana	amaos pantun, kalih-atus	50
ing Pelem	Demang Wiryawijaya	amaos pantun, kalih-atus	50
ing Teloka	Demang Trunamenggala	amaos pantun, kalih-belah	40
ing Simbatan	Demang Puspadongsa	amaos pantun, pitung-dasa	30
ing Téja	Demang Suramerta	amaos pantun, satus kawan-dasa	40
ing Talun	Demang Wirapati	amaos pantun, walung-dasa	30
f. 39r ing Mengondhan	Bekel Pak Banggi	amaos pantun, sawidak	20
ing Badhug	Bekel Jayatruna	amaos pantun, kawan-dasa	15
ing Jenoli	Bekel Pak Septa	amaos pantun, pitung-dasa	25
(ing) Kebalan	Demang Kertapati	amaos pantun, kalih-belah	40
ing Pewangakan	Demang Trunamenggala	anyanggi paos yatra atus kalih-dasa	100
ing Batoh	Demang Resawijaya	anyanggi paos yatra selawé	60
ing Wiyak	Demang Tamenggala	nyanggi pambelah yèn amaos yatra kalih-dasa	25
ing Ngager-ager	Demang Bongsayuda	amaos yatra kawan-dasa	30
ing Prijenak	Demang Kertatruna	amaos yatra sedasa	25

	ing Mada	Demang Tadongsa	amaos yatra sedasa	10
	ing Tamerta	Demang Wirajaya	amaos yatra kalih-dasa	10
	ing Kalor	Demang Samerta	amaos yatra selawé	20
9v	ing Grapé	Demang Resatruna	amaos yatra tigang-dasa	40
	ing Turasan	Demang Singaleksana	amaos yatra tigang-dasa gangsal	40
	ing Sarangan	Demang Tajaya	amaos yatra kawan-dasa	60
	ing Lèpènageng	Demang Trunadongsa	amaos yatra sèket	5
	ing Nyebed	Demang Mertadongsa	amaos yatra tigang-dasa gangsal	40
	(ing) Karangwaru	Demang Jadipa	amaos yatra gangsalwelas	15
	ing Taraban	Demang Secadiwongsa	amaos yatra kawan-dasa	30
	ing Bahara	Demang Singadirana	amaos yatra selawé	35
	ing Sabatara	Demang Singadikara	amaos yatra tigang-dasa	40
	ing Kabunan	Demang Ongsajaya	amaos yatra selawé	30
	ing Dhurek	Demang Wirameja	anyanggi paos yatra tigang-dasa	40
	ing Balèn	Demang Mertajaya	amaos yatra gangsalwelas	20
0r	ing Deru	Demang Samerta	amaos yatra kalih-dasa	25
	ing Prambatan	Bekel Satata	siti penandhon anyanggi sikep gangsalwelas	80
	ing Majasawit	Bekel Pak Sari	siti penandhon anyanggi sikep kalih-dasa	30
	ing Sentul	Bekel Pak Rati	siti penandhon anyanggi sikep kalih-dasa	30
	ing Kepohbugo	Bekel Wiradongsa	siti penandhon anyanggi sikep kalih-dasa	50
	ing Suwaluh	Bekel Tadongsa	siti damel yèn anyanggi paos kalih-dasa	30
	ing Kawis	Bekel Mayatruna	siti damel pamedalipun gangsal	15
	ing Sambikunci	Bekel Wiradipa	siti damel pamedalipun gangsal	25
	ing Ngrandhu	Bekel Jadongsa	siti damel pamedalipun gangsal	6
	ing Geger	Bekel Jadongsa	siti damel pamedalipun gangsal	30
	ing Gedhangan	Bekel Wiradongsa	siti damel pamedalipun gangsal	5
	ing Bama	Bekel Pak Rajeg	siti damel pamedalipun gangsal	5
40v	ing Kapuran	Bekel Pak Agung	siti damel pamedalipun sedasa	15
	ing Pengantèn	Bekel Pak Jala	siti damel pamedalipun sedasa	20
	ing Jalak	Bekel Onggadongsa	siti damel pamedalipun sedasa	20
	ing Pakuwon	Bekel Singadongsa	siti damel pamedalipun kalih-dasa	40
	ing Pilangbango	Bekel Pak Dhugel	siti damel pamedalipun gangsal	10
	ing Belabur	Bekel Prayadrana	siti damel pamedalipun gangsal	15
	ing Lemahabang	Bekel Nayatruna	siti damel pamedalipun sedasa	15
	ing Banglé	Bekel Singgatruna	siti damel pamedalipun sedasa	10
	ing Lalu	Bekel Onggatruna	siti damel pamedalipun sakawan	10
	ing Semapil	Bekel Pak Wiwit	siti damel pamedalipun sedasa	25
	ing Ontalan	Bekel Prayaguna	siti damel pamedalipun tiga	10
	ing Medayun	Bekel Resajaya	siti damel pamedalipun kalih-dasa	25
41r	(ing) Ketapang	Bekel Pak Gemah	siti damel pamedalipun gangsal	15
	ing Cepit	Bekel Sumatruna	siti damel pamedalipun gangsal	10
	ing Gebugangin	Bekel Sadipa	siti damel pamedalipun gangsal	20

	ing Ngruken	Bekel Pak Sangkep	siti damel pamedalipun gangsal	10
	ing Tinglèran	Bekel Pak Sangkep	siti damel pamedalipun gangsal	5
	ing Geragol	Bekel Singapati	siti damel pamedalipun gangsal	15
	ing Sémbok	Bekel Pak Gusik	siti damel pamedalipun gangsalwelas	20
	ing Juma	Bekel Tawongsa	siti damel pamedalipun nembelas	30
	ing Pesèn	Bekel Priyadita	siti damel pamedalipun gangsalwelas	30
	ing Pesèdhèng	(Bekel) Wiratruna	siti damel pamedalipun sedasa	10
	ing Maja	(Bekel) Singapati	siti damel pamedalipun sedasa	-
	ing Nglèngkong	(Bekel) Prayadita	siti damel pamedalipun gangsal	5
f. 41v	ing Bukal	Bekel Prayadita	siti damel pamedalipun kalih	5
	ing Kedhung	Amadèkah	pamethakan yèn anganggi paos sedasa	10
	ing Bulakweru	Amadngari(h)	siti pamethakan pamedalipun tiga	-
	ing Susukan	Amadngarpiyah	siti pamethkan pamedalipun gangsal	5
	ing Besini	Bekel Pak Santri	pamedalipun kalih	10

gunggung kathahipun dhusun ing Jipang-Bauwerna-Pasekaran	186
gunggung pamedalipun kagengan-Dalem ing Jipang-Bauwerna-Pasekaran ingkeng werni yatra	2880
gunggung ingkang werni paos pantun	2020
gunggung pantun gèndhel dados tedhanipun ing lulurah	5204
gunggung ingkang medal sikep	45
gunggung lenggahipun abdi-Dalem Radèn Tumenggung Prawirasentika ingkang sampun gesang jangkep damel-Kula	1850
ingkang teksih pejah	150

7

BL Add. MS. 12342
f. 89v–94v

Memo of royal lands in Jipang-Rajegwesi under the authority of R.T. Sasradiningrat I (?), listing cash tribute/tax (*paos yatra*), name of *bekel*, and rice yields. Totals include 224 villages, a tax of 1,970 real, rice yields of 1,423 *amet*, and 28 *sikep*. *Kertas dhedhak.*

f. 89v   Pémut kagengan-Dalem siti ing Jipang-Rajegtosan ingkeng bawah Sasradiningratan, punika pratélanipun,   demang bebekel, utawi pamedalipun ing paos,   pun Maosranu, Padhang, Metaya, Ngrasih, Ngrambah, Gempol-Grawok, Bonturi, Ngrawan, Demang Onggadita, paos yatra kalih-atus réyal, pantun sèket amet,   Wedhi, Tandhingara, Paluwasan, Jeblogan, Tikusan, Janggan, Gelagah, Demang Jagaleksana, nyanggi sikep sedasa, pantun kalih-atus,   Palesungan, Ngaglik, Butuh, Kapas, Guyangan, Demang Condra, paos yatra satus réyal, pantun sèket amet,   Pinggir, Bekel Jatruna, paos yatra tigang-dasa réyal pantun sedasa amet,   Semèn, Bekel Nalajaya, paos yatra tigang-dasa réyal pantun sedasa amet,   Kelampok, Bekel Kertatruna, paos pantun sèket amet, Pagak, Bekel Singadangsa, paos yatra sedasa réyal, pantun gangsal amet,   Semandhing, Sumbang, Baga, Jati, Kalilara, Gedhangan, Galendheng, Demang Onggamurti, paos yatra

kawan-dasa réyal, pantun kalih-dasa amet, Jantur-Lojembut, Bekel Wirajaya, paos
yatra kalihwelas réyal, pantun gangsal amet, Ledhok, Kelangon, Péngkol, Krandhon,
Dhalangara, Demang Singayuda, paos yatra satus réyal, Sedarum, Bekel Jatruna paọ/s
pantun sedasa amet, Sekartoya, Bekel Samenggala, paos pantun tigang-dasa amet,
Sumbang, Bekel Trunayuda, paos yatra wolung-dasa réyal, Pacul, Bekel Praya, paos
yatra sedasa réyal, pantun gangsal amet, Kendhayakan, Bekel Suta, paos yatra sedasa
réyal pantun gangsal amet, Panggangwétan, Bekel Pak Momot, paos yatra tigang réyal,
pantun kalih amet, Panggangkilèn, Bekel Prayadongsa, paos pantun tigang-dasa amet,
Telasih, Madéyan-Timiwang, Bekel Singadongsa, paos yatra sekawan-dasa réyal, Sem-
bung, Bangilan, Jagul-Meluwur, Demang Tawongsa, paos pantun satus amet, Ngitik-
Tapelan, Bekel Dongsa, nganggi sikep walu, Sokasantun, Patoman-Pirang, dados
methakan Ki Amatasim, Dhandher, Amadjinal, Guyangan Ki Nadipa, Pilak Ki
Alimuntaha, sami dados pamethakan, Jepar, Bekel Wiradipa, paos pantun gangsalwelas
amet, Ngunut, Bekel Pak Pager, paos pantun sedasa amet, Tawang, Bekel
Loncayuda, paos pantun sedasa amet, Masong, Bekel Sawongsa, paos yatra gangsal
réyal, Bli(m)bing, Bekel Saguna, paos yatra saréyal, Sampang, Bekel Sadita, paos
yatra saréyal, Giling-Unjaran, Bekel Onggadipa / paos yatra sedasa réyal, pantun
gangsal amet, Buntalan, Bekel Wiradita, paos yatra sedasa réyal, pantun gangsal amet,
Pancur, Bekel Prayadrana, paos yatra kalih réyal, Lèpènalit, Bekel Saleksana, paos
yatra sedasa réyal, pantun gangsal amet, Ngrayudan, Bekel Naladita, paos yatra saréyal,
Puhjajar, Bekel Jatruna, paos yatra gangsal réyal, Bitingan, Bekel Onggatruna, paos
yatra nem réyal, pantun kalih amet, Kedhungpapag, Bekel Sayuda, paos yatra kalih
réyal, Balongtuwangi, Bekel Suta, paos yatra kalih réyal, Kedhaton, Bekel Pak
Genjur, paos yatra kalihwelas réyal pantun nem amet, Baru, Bekel Kramapati, paos
yatra saréyal, Ngasem, Bekel Jiwa, paos yatra saréyal, Ngelèrang, Bekel Sumadongsa,
paos yatra kalih réyal, Sumbangtimun, Bekel Sanadangsa, paos yatra sedasa réyal,
pantun gangsal amet, Mejayan, Bekel Satruna, paos yatra saréyal, Pungpungan, Bekel
Tampi, paos yatra sekawan réyal, pantun tigang amet, Nguja, Bekel Pak Sorok, paos
yatra saréyal, Pilang, Jambé, Trutub, Demang Jayawitana, paos yatra kalihwelas réya/l,
Mayang, Ngijem, Bekel Jatruna, paos yatra tigang-dasa réyal, Wotan, Bekel Tirtadipa,
paos yatra sedasa réyal, Jampet, Bekel Mertadongsa, paos yatra kalih réyal, Garebegan,
Bekel Tajaya, paos yatra gangsal réyal, Tawuran, Bekel Sadriya, paos yatra saréyal,
Kepel, Bekel Pak Soyi, paos yatra saréyal, Brenggala, Bekel Brajaima, paos yatra
tigang-dasa réyal, Talok, Bekel Satruna, paos yatra kalih réyal, Bakalan, Bekel Tajaya,
paos yatra sedasa réyal, pantun gangsal amet, Tenggaron, Demang Trunadongsa, paos
(yatra) selawé réyal, Melathèn, Bekel Jasuta, paos yatra kawan réyal, Ngraho, Bekel
Sumadongsa, paos yatra tigang réyal, Semengka, Bekel Jatruna, paos yatra sedasa
réyal, Nadri, Bekel Pak Soma, paos yatra saréyal, Salakbendha, Bekel Pak Oyod,
paos yatra kalih réyal, Dhongin, Bekel Pak Pandi, paos yatra kalih réyal, Cenglunglung,
Bekel Jatruna, paos yatra tigang réyal, Tlubung, Bekel Sadongsa paos yatra kalih réyal,
Manukan, Bekel Tirtamenggala, paos yatra gangsal réyal, Karangan, Bekel Tatruna, paos
yatra kalih réya/l, Sudhu, Bekel Singatruna, paos yatra gangsal réyal, Banjarsantun,
Bekel Danamerta, paos yatra sekawan réyal, Gadhon, Bekel Tatruna, paos yatra kalih
réyal, Brabo, Bekel Pak Sohi, paos yatra kalih réyal, Bringin, Bekel Satruna, paos yatra
saréyal, Wanasari, Bekel Pak Soma, paos yatra saréyal, Jelu, Bekel Pak Songka, paos
yatra saréyal, Tunjung, Bekel Pak Mail, paos yatra saréyal, Badhong, Bekel Rèka,
paos yatra kalih réyal, Bantru, Bekel Trunadongsa, paos yatra kalih réyal, Papringan,

Bekel Onggatruna, paos yatra kalih réyal,   Pacing, Bekel Pak Uyun, paos yatra tigang-dasa réyal, pantun sedasa amet, Tengger, Dhukuh, Demang Wirasetra, paos yatra sèket réyal, Ngumpak, Demang Sarayuda, paos yatra sèket réyal,   Wulan, Bekel Truna-dongsa, paos yatra sedasa réyal, Klumpang, Bekel Pak Mondha, paos yatra sedasa réyal, Butuh, Bekel Marajaya, paos yatra gangsalwelas réyal,   Kalong, Demang Takara, paos yatra selawé réyal, Blimbing, Demang Trunadongsa, paos yatra sèket réyal, Kacangan,

f. 92r   Demang Mertaleksana, paos yatra sewidak réyal, / Majasawit, Bekel Kertajaya, paos yatra gangsalwelas réyal, Bandhung-Tuwalan, Bekel Wirajaya, paos yatra gangsal réyal, Majadhelik, Bekel Ongga, paos yatra kalih réyal, Ledhok, Bekel Onggatruna, paos yatra kalih réyal, Kedhawung, Bekel Wirarona, paos yatra kalih réyal,   Kèkèt, Bekel Timenggala, paos yatra tigang réyal,   Lèngkong, Bekel Onggatruna, paos yatra kalih réyal,   Galam, Bekel Sadipa, paos yatra saréyal,   Buntalan, Bekel Tamenggala, paos yatra walung réyal, Cembung, Bekel Wirakerta, paos yatra sedasa réyal pantun tigang amet,   Tlatok, Bekel Praya, paos yatra walung réyal, pantun tigang amet,   Bubulan, Bekel Sajaya, paos sedasa réyal, pantun tigang amet,   Calebung, Bekel Trunadongsa, paos yatra gangsalwelas réyal, pantun gangsal amet,   Tembelangan, Bekel Sakerta, paos yatra saréyal, Negara, Bekel Sagati, paos yatra kalih réyal,   Sumber Bendha, Bekel Sadita, paos yatra kalih réyal,   Ngegong, Bekel Jadita, paos yatra kalih réyal, Maor, Bekel Praya, paos yatra kalih réyal, Tikung, Bekel Singadita, paos yatra saréyal,   Sukun

f. 92v   Bekel Satruna, paos yatra kalih réyal, / Sambong, Bekel Trunadongsa, paos yatra sajampel,   Bringin, Bekel Suradongsa, paos yatra tigang réyal,   Tugu, Bekel Sajaya, paos yatra kalih réyal, Tritig, Bekel Taleksana, paos yatra tigang réyal,   Pundhu, Bekel Wiratruna, paos yatra tigang réyal, Bangeran, Bekel Prayadongsa, paos yatra saréyal, Senganten, Bekel Pak Soni, paos yatra tigang réyal,   Dhancé, Bekel Wiramaya, paos yatra tigang réyal, Lèngkong, Bekel Dongsa, paos yatra kalihwelas réyal,   Bajang-ngepung, Demang Onggamenggala, paos yatra selawé réyal,   Pajang, Bekel Wiradita, paos yatra gangsal réyal,   Wotan, Bekel Pak Sénog, paos yatra tigang réyal, Sugihsaras, Bekel Jatruna, paos yatra kalihwelas réyal,   Banglé, Bekel Trunadita, paos yatra kalih-welas réyal, pantun gangsal amet,   Ngluyu, Demang Kramatruna, paos yatra wolung-dasa réyal, Pecabéyan Nyanggi-Pasaréyan,   Jeram, Bekel Satruna, paos yatra saréyal,   Jari, Bekel Jiramaya, paos yatra tigang réyal, Pandhantoya, Kuwadungan, Papringan, Sélapethak, Demang Jagadrana, paos yatra sèket réyal, pantun kalih-dasa amet,

f. 93r   Kelumpit, Bekel Tirtaleksana, paos yatra kalih-dasa réyal, pantun sedasa / amet, Panemon, Bekel Wiryadrana, paos yatra kalihwelas réyal, pantun sedasa amet,   Semawot, Bekel Pak Soyi, paos yatra saréyal, pantun samet,   Kelèpèk, Bekel Condra, paos yatra sedasa réyal, pantun gangsal amet,   Semèn, Bekel Dipatruna, paos yatra tigang réyal, Matajaran, Bekel Saguna, paos yatra saréyal,   Majarata, Bekel Sakerti paos yatra gangsal réyal,   Kendhuyungan, Bekel Sanala, paos yatra gangsalwelas réyal, pantun sedasa amet, Kalipang, Bekel Onggatruna, paos yatra tigang réyal,   Mekalèn Bekel Jadongsa, paos yatra tigang réyal,

punika siti pamaosan,   Jeram-Tegalka(n)dha, Jumput, Juju(ng), Barawulan, Kembangan, Penu(ng)galan, Kayen, Jangkat, Kranggatan, Kelarang, Beluk, Bekel Sutadongsa, nyanggi sikep sedasa, pantun sèket amet,   Bulu, Bekel Mayawongsa, paos yatra sekawan-dasa réyal, pantun tigang-dasa amet,   Traté, Demang Sarayuda, paos yatra kawan-dasa réyal, pantun selawé amet,   Sugihsaras, Demang Taliwongsa, paos yatra sawidak réyal, pantun tigang-dasa amet,   Mekukur, Bekel Jadongsa, paos yatra kalih réyal, Balongbata, Bekel

v Mayatruna pao/s yatra sedasa réyal, pantun gangsal amet,   Rawa-anyar, Bekel Saguna,
paos yatra pitung réyal, pantun tigang amet,   Janthok, Bekel Sadita, paos yatra kalih
réyal,   Grinting, Bekel Ongga, paos yatra tigang réyal,   Tales, Bekel Prayawongsa,
paos yatra tigang réyal,   Kepetengan, Bekel Pak Cèlèng, paos yatra saréyal, Mergasana,
Bekel Jatruna, paos yatra sedasa réyal, pantun gangsal réyal, Wedara, Bekel Sadriya, paos
yatra gangsal réyal, pantun kalih amet,   Nglajang, Bekel Sadrana, paos yatra sekawan
réyal, pantun samet,   Gadhung, Bekel Satruna, paos yatra gangsal réyal, pantun kalih
amet,   Barèng, Demang Mertadipa, paos yatra sèket réyal, pantun kalih-dasa amet,
Gempol, Bekel Sadita, paos yatra nem réyal, pantun kalih amet,

punika siti miji,   Tugu, Sugihsaras, Demang Ronggawijaya, paos yatra sedasa réyal,
pantun gangsal amet,   Pojokjanthok Ngulanan, Cumpleng, Jarakan, Ngablak, Malo,
Kendhil, Demang Kramadipura, paos yatra sèket réyal, pantun satus amet, Wringinmaja,
r Demang Cakramenggala, paos ya/tra sèket réyal, pantun satus amet,

punika siti narawita,   Sranak, Banaran, Kepuh, Butuh, Candhi, Maja, Demang Wiradi-
wongsa, paos yatra tigang réyal, pantun sedasa amet,   Pandhan, Genengan, Cèwèng,
Brenggala, Keluwih, Bekel Sakerta, nyanggi paos pantun tigang-atus amet,

wondéning kagengan-Dalem siti pun Jipang-Rajegtosan lenggahipun abdi-Dalem Sasra-
diningrat siti damel-Kula tiyang sèwu, gangsal-atus, sapunika gesang sedaya,

wondéning gu(ng)gungipun ing dhusun kalih-atus langkung kawanlikur, gu(ng)gungipun
ing paos ingkang werni yatra, sèwu sangang-atus pitung-dasa, langkung sajampel, keton,
ingkang werni pantun sèwu, kawan-atus langkung tigalikur amet,   ingkang werni sikep
tiyang walulikur,

ingkang punika kejawi ingkang medal kajeng jatos baten kénging wangenan,

punika lenggahipun Radèn Tumenggung Sasradiningrat, ingkang warni yatra sèwu
kawan-atus langkung sèket jatos, ingkang warni pantun sèwu tigalikur amet, ingkang
warni sikep wolulas, kathahipun ing bekel satus, pitung-dasa kalih,   kagengan-Dalem
siti pamaosan kawan-atus, pamedalipun yatra tigang-atus keton, pantun kalih-atus amet,
4v sikep sedasa, kathahipun / ing dhusun tigang-dasa nem,   punika siti miji tugu,
pamedalipun ingkang warni yatra satus,   ingkang warni pantun kalih-atus,   kathahipun
ing dhusun kalihwelas,   punika siti narawita, pamedalipun ing yatra, tigang-dasa,
ingkang warni pantun sedasa amet, dhusun kalih.

8
BL Add. MS. 12342
f. 147r–150r

Memo of royal lands and villages (*kagengan-Dalem siti dhusun*) in the Goranggarèng
district of Madiun which have been given to Radèn Tumenggung Sasradipura, listing the
names of villages money payments in *real* and families (*sémah*). Undated, but *c*.January
1811.

47r Punika pémut kagungan-Dalem siti dhusun ing Madiyun tanah Garanggarèng, ingkang
kagadhahaken Radèn Tumenggung Sasradipura, siti gangsal-atus punika pratélanipun,

punika *pratélanipun* *dhusun*	*punika* *pratélanipun* *bekel*	*punika* *pratélanipun* *yatra*	*punika* *pratélanipun* *tiyang*
Gandhèk	Mertadongga	selawé réyal	selikur sémah
Punukan	Sadipa	gangsalwelas réyal	kalihwelas sémah
Kelambu	Kertabongsa	pitulas réyal	gangsalwelas sémah
Pajok	Taleksana	tigawelas réyal	pitung sémah
Telecer	Tatruna	pitung réyal	sangang sémah
Sapung	Trunadipa	selikur réyal	pitulas sémah
Tiron	Sadongsa	pitulas réyal	gangsalwelas sémah
Kelurahan	Irasana	kawanwelas réyal	sadasa sémah
Jaranan	Sitatruna	sangang réyal	sadasa sémah
f. 147v Pringapus	Agadipa	gangsal réyal	nem sémah
Sidawayah	Suradawa	sangangwelas réyal	pitulas sémah
Driyan	Kramasèna	pitulikur réyal	tigalikur sémah
Dhobol	Singadrana	sedasa réyal	sangang sémah
Jethak	Sadipa	pitung réyal	nem sémah
Gempolan	Pak Sidin	gangsal réyal	kawan sémah
Waruk	Setrayuda	walulikur réyal	selawé sémah
Cigrok	Tatruna	pitulas réyal	sadasa sémah
Dhuyung	Sutatruna	sadasa réyal	walung sémah
Cermé	Tisuta	gangsal réyal	tigang sémah
Gundhé	Jat(i)rta	tigang réyal	tigang sémah
f. 148r Sibatan	Tirtamenggala	kalih-dasa réyal	pitulas sémah
Pijènan	Sagati	tigawelas réyal	sadasa sémah
Jaranmati	Sanala	pitung réyal	kalihwelas sémah
Weliki	Satruna	tigawelas réyal	sangang sémah
Gempolan	Sakerti	sangang réyal	nem sémah
Karanganyar	Tidrana	pitu-tengah réyal	tigang sémah
Timang	Pak Manis	nem seka	kalih sémah
Keluwih	Singatruna	nem seka	tigang sémah
Karangkatir	Irauda	kalihlikur réyal	gangsalwelas sémah
Besut	Saleksana	kalihwelas réyal	sangang sémah
Panggaran	Pak Kami	sadasa réyal	sawelas sémah
f. 148v Srubug	Singadaya	gangsal réyal	kawan sémah
Janti	Singarana	nem seka	kalih sémah
Bakor	Pak Kasim	tiga-tengah réyal	tiga sémah
Tulung	Ranadongsa	tigang-dasa kalih réyal	tiga-dasa sémah
Tara	Jakerti	gangsalwelas réyal	tigawelas sémah
Ngapiran	Sagati	kalihwelas réyal	sangang sémah
Pagaran	Dulgani	pitung réyal	nem sémah
Jethak	Kramadipa	sangalikur réyal	tigalikur sémah
Gaprang	Sadriya	kalihwelas réyal	sadasa sémah
Belukuk	Satajaya	tigawelas	réyal walung sémah
Bojar	Citragati	pitung réyal	gangsal sémah
f. 149r Telipik	Pak Dinah	gangsal réyal	tigang sémah
Bagem	Secadongsa	kawanwelas réyal	sangang sémah

Sinyatan	Sitatruna	kalih-dasa réyal	nembelas sémah
Takeran	Pak Garèng	sadasa réyal	walung sémah
Léwan	Sanala	sawelas réyal	pitung sémah
Gapakrijal	Pak Cébong	kawan réyal	gangsal sémah
Teladhan	Patrasita	pitulas réyal	kawanwelas sémah
Subrung	Singapatra	tigawelas réyal	kalihwelas sémah
Talang	Pak Sana	pitung réyal	kawan sémah
Kuwatangan	Suradipa	tigawelas réyal	nem sémah
Kèpèk	Wiramerta	kawan réyal	kawan sémah
49v Sokawidi	Pak Munah	sangang seka	kalih sémah
Wadhug	Pak Jebrag	seka	kalih sémah
Gambiran	Sitadipa	gangsal seka	kalih sémah

gu(ng)gung kathahipun ing dhusun dados sèket nem,
gu(ng)gung kathahipun ing tiyang saleksa kalebet bekel dados gangsal-atus
      sangang-dasa,
gu(ng)gung kathahipun ing yatra dados nem-atus kawan-dasa pitung réyal langkung
      seka,
50r / gu(ng)gung kathahipun ing dhusun kalempakipun sadaya dados satus langkung
      tigawelas,
gu(ng)gung kathahipun ing tiyang kalempakipun sadaya dados satus
      pitung-dasa langkung satunggil,
gu(ng)gung kathahipun ing yatra kalempakipun sadaya dados sèwu
      tigang-atus pitung réyal langkung sajampel.

9 BL Add. MS. 12342
f. 144r-146v

Memo concerning royal lands and villages (*kagengan-Dalem siti dhusun*) in the Gorang-
garèng district of Madiun which have been given as an appanage to Radèn T. Sasrawinata
III (?), listing villages, tax-collectors (*bekel*), money taxes (*yatra*) in real, and families
(*sémah*). Totals include 67 villages, 580 families, and 660 real in tax. *c*.Jan. 1810.

44r Punika pémut kagungan-Dalem siti dhusun ing Madiyun tanah G(o)ranggarèng ingkang
kagadahaken Radèn Tumenggung Sasrawinata, siti gangsal-atus punika pratélanipun,

punika *pratélanipun* *dhusun*	*punika* *pratélanipun* *bekel*	*punika* *pratélanipun* *yatra*	*punika* *pratélanipun* *tiyang*
Jambangan	Surajaya	tigang-dasa kalih réyal	tigalikur sémah
Pijènan	Samenggala	sedasa réyal	pitung sémah
Sembaèng	Singadrana	walung réyal	nem sémah
Jetrek	Suradipa	sangang réyal	gangsal sémah
Batoh	Wirasuta	walung réyal	kawan sémah
Tiron	Tirtaleksana	gangsalwelas réyal	kawanwelas sémah
Nganyar	Jasana	gangsalwelas réyal	kalihwelas sémah
Kelurahan	Setrayuda	kalihlikur réyal	gangsalwelas sémah
Ngamprum	Dasita	sawelas réyal	pitung sémah
44v Kiringan	Pak Cawit	walung réyal	nem sémah

	Tenggilis	Satruna	tigalikur réyal	salikur sémah
	Pekuwon	Anggasana	kalih-dasa réyal	pitulas sémah
	Peniwèd	Trunadongsa	gangsalwelas réyal	sewelas sémah
	Wager	Pak Sawi	nem réyal	pitung sémah
	Gurungan	Sitariti	sadasa réyal	sawelas sémah
	Genan	Kertajaya	tigang-dasa réyal	pitulas sémah
	Ganggong	A(ng)gadasa	gangsalwelas réyal	kalihwelas sémah
	Beladeg	Sauda	nembelas réyal	sawelas sémah
	Pengkung	Iragati	kalihwelas réyal	pitung sémah
	...	Tituna	gangsalwelas réyal	sangang sémah
f. 145r	Belabag	Pak Urip	sedasa réyal	pitung sémah
	Keluwih	Prayagati	gangsal réyal	nem sémah
	Sidiwayah	Trunaseca	walung réyal	pitung sémah
	Kuwatangan	Setradongsa	kalihwelas réyal	dasa sémah
	Meladanggan	Secatruna	sejampel	kawan sémah
	Turi	Sanila	saréyal	tigang sémah
	Tapan	Jarana	gangsal réyal	tigang sémah
	Madégada	Pak Gemi	seka	kalih sémah
	Wagar	Jamerta	gangsal seka	tigang sémah
	Timang	Pak Wader	tigang seka	kalih sémah
	Belug	Pak Jiten	tiga-tengah réyal	kawan sémah
f. 145v	Baneran	Dajaya	tigang seka	kalih sémah
	Céplukan	Pak Gendhul	seka	kalih sémah
	Dadar	Pak Rawot	(se)jampel	kalih sémah
	Betil	Irasraya	tigang réyal	kawan sémah
	Sana	Tamerta	tigang seka	kalih sémah
	Tèmpèl	Ki Suta	sajampel	kalih sémah
	Telasenas	Patrajaya	kalih-dasa réyal	gangsalwelas sémah
	Gurut	Tradongsa	tigang-dasa kalih réyal	salikur sémah
	Keladhan	Wirasraya	tigang-dasa tiga réyal	pitulas sémah
	Pamuktan	Jasana	nembelas réyal	sawelas sémah
	ing Tara	Silauda	kalihwelas réyal	sangang sémah
f. 146r	Kelubuk	Pak Sami	sedasa réyal	pitung sémah
	Pagaran	Sadongsa	tigawelas réyal	sangang sémah
	Garan	A(ng)gamaya	kawanwelas réyal	sedasa sémah
	Pikatan	A(ng)gatruna	gangsalwelas réyal	kalihwelas sémah
	Kemiri	Kertadipa	kalihwelas réyal	tigawelas sémah
	Nambangan	Taserta	sadasa réyal	sawelas sémah
	Welingin	A(ng)ganiti	walung réyal	sangang sémah
	Karangkacar	Pak Sana	pitung réyal	walung sémah
	Sekaran	Ranasuta	tigang-dasa réyal	tigalikur sémah
	Melathèn	Trunadita	sadasa réyal	kalihwelas sémah
f. 146v	Kelampok	Pak Cépluk	sadasa réyal	sanga sémah
	Kelèpèt	Wiratruna	pitung réyal	gangsal sémah
	Kerit	Datruna	gangsal réyal	tigang sémah
	Tulung	Driyamenggala	tigang-dasa réyal	kawanlikur sémah
	Kuwajon	Siladongsa	sewelas réyal	sangang sémah

gu(ng)gung kathahipun ing dhusun dados sèket pitu,
gu(ng)gung kathahipun tiyang kalebet ing bekel dados gangsal-atus
walung-dasa langkung satunggil,
gu(ng)gung kathahipun yatra dados nem-atus sawidak langkung seka.

10   BL Add. MS. 12341
                                                     f. 62v–63r

Memo on royal lands in Jipang-Kepadhangan which have become the appanage of Mas Tumenggung Suradireja (Suradirja). 925 *cacah* have been designated, of which 450 are deemed *cacah gesang,* with the house-tax *(pacumpleng)* set at 13 *tèng* (1 *tèng* = 5 *duit* ± 4 cents), and two hanks of cotton thread *(benangipun kalih tukel)* per household.

2v   Punika ingkang dhateng kunjuk ing sasi Jumadilawal,

3r   Punika pémut kagengan-Dalem siti ing Jipang-Kepadhangan ingkeng dados lenggahipun
       Mas Tumenggung Suradireja, cacah damel-Kula tiyang sangang-atus selawé, ing mangké
       gesang damel-Kula kawan-atus sèket, kathah-kedhikipun tiyang ing dhusun, utawi tiyang
       salebetipun ing kitha ingkeng kénging pacumpleng, punapa déning ingkeng kénging
       benang punika pratélanipun, sedaya gapuk teponipun kepanggih tiyang pitung-atus
       langkung kalih-dasa, ingkeng kénging pacumpleng tiyang gangsal-atus sangalikur kori,
       sakoripun kénging pacumpleng tigawelas tèng benangipun kalih tukel ing dalem sataun,

       gu(ng)gung wedalipun yatra pacumpleng kepanggih kalih-atus sawidak langkung
       gangsal-tengah réyal, benangipun medal satus sèket langkung walung tukel.

11   BL Add. MS. 12342
                                                     f. 47v–55v

Memo of the Yogyakarta Bupati of Kertasana, Radèn Tumenggung Wiryanegara, detailing royal lands *(kagengan-Dalem siti)* in Kertasana with a total of 3,000 *cacah* of arable land *(cacah lempungipun)* of which 1,125 were deemed *cacah gesang.* The document lists villages, tax-collectors *(Demang, bekel),* taxes *(paos),* and number of *cacah* based on families *(sémah).* Totals include 265 *bekel,* 1,700 families, 2,400 in cash, 180 real from the house-tax, and 6,800 hanks of thread *(tukel benang).* At the end a series of villages set aside for upkeep of men of religion *(pamethakan)* are listed. Undated, but almost certainly after 27 June 1811 (Section I, Part I, no. 56 above) when Radèn Tumenggung Wiryanegara II was appointed Bupati of Kertasana replacing the previous incumbent, Radèn Tumenggung Pringgalaya, who had failed to resist the advance of Radèn Rongga Prawiradirja III and his rebel force in December 1810, see Carey, *British in Java,* p. 444 n.218.

47v   Punika pémut kula abdi-Dalem pun Wiryanegara, amémuti kagungan-Dalem siti ing
       Kertasana, cacah lempungipun tigang-èwu sapunika gesang damel-Kula sèwu satus selawé,
       kalebet ingkeng rumeksa ing pesaréyan ingkeng selawé, punika pratélanipun ing dhusun,

48r | *punika dhusun* | *punika Bekel* | *punika paos* | *punika cacah tiyang* |
       |---|---|---|---|
       | Munung | Demang Dermayuda | walung-dasa réyal | tigangdasa sémah |
       | Pelem | Sapati | pitung réyal | gangsal sémah |

Lènbong	Tatruna	pitung réyal	nem sémah
Wuluh	Tamala	pitung réyal	gangsal sémah
Kedhungsoka	Sajaya	walung réyal	nem sémah
Ngrayung	Tagati	nem réyal	kawan sémah
Kedhungnongka	Nalajaya	walung réyal	nem sémah
Pulo	Tamala	nem réyal	gangsal sémah
Watuluyu	Sélatruna	kawan réyal	tigang sémah
Semandhing	Kanthitruna	nem réyal	kawan sémah
Kedhungkelapok	Ditatruna	sawelas réyal	nem sémah
Ngasem	Singala	pitung-dasa réyal	pitulikur sémah
Bulak	Sondaka	walung réyal	pitung sémah
Begèndhèng	Gunatruna	sawelas réyal	pitung sémah
Begèndhèng	Nalatruna	sawelas réyal	pitung sémah
Kalèn	Kalajaya	tigang réyal	gangsal sémah
Tambak	Tadita	kalih réyal	kawan sémah
Perning	Tatruna	tigang réyal	kawan sémah

f. 48v

Pelèsèn	Pak Lamdep	seréyal	kalih sémah
Deléré	Nalagati	sejampel	sasémah
Lèngkong	Ditatruna	sedasa réyal	sedasa sémah
Jati	Sajaya	nem seka	kalih sémah
Tadhawesi	Jatruna	pitung réyal	kawan sémah
Dhekes	A(ng)gatruna	sejampel	kalih sémah
Kedhungbiru	Sadita	tigang réyal	gangsal sémah
Melathèn	Singajaya	pantun sedasa amet	pitung sémah
Dadol	Sawijaya	pantun kalih-dasa amet	tigang sémah

Gondhang	Capati	sedasa réyal	tigawelas sémah
Bacek	Pak Tana	nem réyal	gangsal sémah
Balongasem	Singamerta	kalih réyal	tigang sémah
Banjar	Jamerta	kalih réyal	tigang sémah
Jègreg	Sanongga	kawan réyal	tigang sémah
Sawahan	Truna	pitung réyal	pitung sémah
Ngrayung	Kertinaya	kalih réyal	kawan sémah
Wringin	Kertidita	nem réyal	pitung sémah
Sambègan	Nayagati	kawan réyal	tigang sémah

f. 49r

Dhawuhan	Naladita	tigang réyal	pitung sémah
Kedhungbedhok	Nalawongsa	tigang réyal	tigang sémah
Bangkreng	Jakerti	kalih réyal	tigang sémah
Sumberkepuh	Naladongsa	sedasa réyal	pitung sémah
Lèngkong	Cidradongsa	kawan réyal	gangsal sémah
Pinggir	Sagati	kalih réyal	tigang sémah
Logawé	Sutagati	tigang réyal	nem sémah
Semandhing	Jasuta	tigang réyal	kawan sémah
Gadhing	Jakerti	kawan réyal	gangsal sémah
Bakalan	Bongsa	sedasa réyal	gangsal sémah
Bancang	Jayatruna	nem réyal	kawan sémah
Kalongan	Sapati	pitung réyal	kawan sémah

Kedhungcèlèng	Janala	walung réyal	pitung sémah
Pandhéyan	Kriyatruna	kalihwelas réyal	sangang sémah
Mungsir	Trunayuda	kalih-dasa réyal	sedasa sémah
Ciklak	Tayuda	kawan réyal	tigang sémah
Jati	Tapraya	gangsal réyal	kawan sémah
Wringin	Cadipa	nem réyal	nem sémah
v Sèdhèng	Nalatruna	gangsal réyal	kawan sémah
Talun	Sadita	nem réyal	nem sémah
Kedhungbening	Jakerti	kawan réyal	kawan sémah
Ngrami	Jasuta	sedasa réyal	gangsal sémah
Bara	Sadita	gangsal réyal	pitung sémah
Bungur	Sajaya	sedasa réyal	nem sémah
Lingga	Nalapati	kawan réyal	nem sémah
Keputrèn	Sadongsa	gangsal réyal	nem sémah
Sokamara	Sajaya	sawelas réyal	sedasa sémah
Ketawang	Demang Cina Ci Ki	sekèt réyal	tigawelas sémah
Sona	Datruna	sekèt réyal	gangsalwelas sémah
Sona (malih)	Metadrana	sekèt réyal	walulas sémah
Ngetreb	Mertadongsa	sekawan-dasa tigang réyal	gangsalwelas sémah
Takat	Tajaya	pitung réyal	gangsal sémah
Kerep	Setra	sedasa réyal	nem sémah
Pandhantoya	Pak Sona	wolung réyal	gangsal sémah
Mentaos	Sawijaya	gangsal réyal	kawan sémah
Jabon	Cakrama	sedasa réyal	nem sémah
r Kelinter	Datruna	pitung réyal	pitung sémah
Tégongwangon	Nalagati	tigang réyal	kalih sémah
Semandhing	Nalatruna	walung réyal	gangsal sémah
Tanjung	Wiratruna	kawan réyal	tigang sémah
Tarongmalang	Singatruna	kalih réyal	kalih sémah
Gondhang	Satruna	gangsal réyal	kawan sémah
Cangkring	Tanala	tigang réyal	kawan sémah
Derèngès	Tongsa	kalih réyal	kalih sémah
Sembota	Mertajaya	kawan réyal	kawan sémah
Sabawana	Pak Pari	kalih réyal	kalih sémah
Kathi	Sasentika	nem réyal	gangsal sémah
Cèngkok	Sadriya	gangsal réyal	kawan sémah
Kemlaka	Sajaya	gangsal réyal	kalih sémah
(G)uyangan	Truna	nem réyal	tigang sémah
Watung	Trunapati	kawan réyal	tigang sémah
Gondhang	Sagati	tigang réyal	tigang sémah
Sumber	Pak Kampil	kalih réyal	kalih sémah
Ngambar	Sajaya	gangsal réyal	gangsalwelas sémah
Ov Pudhakawu	Kertajaya	kawan réyal	kalih sémah
Waru	Truna	nem réyal	kawan sémah
Pecinan	Ja(y)èngtruna	tigang réyal	kalih sémah
Patuk	Jagapati	tigang réyal	tigang sémah

Bara	Pak Rambyang	kawan réyal	gangsal sémah
Bojan	Metanaya	tigang réyal	kalih sémah
Ngelunda	Pak Kerig	kalih réyal	kalih sémah
Pelem	Ranadipa	tigang réyal	kalih sémah
Kujon	Singatruna	walung réyal	sangang sémah
Jagamerta	Jagatruna	sangang réyal	walung sémah
Losari	Jayapati	kawan réyal	gangsal semah
Jengking	Pak Beja	kawan réyal	kawan sémah
Senggowar	Trunadongsa	kalihwelas réyal	nem sémah
Gatho	Pak Milah	kalih réyal	tigang sémah
Sambong	Pak Padi	gangsal réyal	nem sémah
Ketawang	Pak Baniyah	nem réyal	kawan sémah
Gondhang	Singamerta	kawan réyal	pitung sémah
Balonggelagah	Truna	sedasa réyal	nem sémah

f. 51r

Keringan	Tadongsa	kalih réyal	kawan sémah
Ngujung	Ranatruna	sedasa réyal	walung sémah
Pulo	Tawongsa	pitung réyal	pitung sémah
Ngepung	Sadrana	seréyal	kalih sémah
Tempuran	Jamerta	pitung réyal	walung sémah
Ngasem	Singajaya	nem réyal	sangang sémah
Kapas	Trunasentika	kalih réyal	tigang sémah
Maragedhang	Sadrana	gangsal réyal	walung sémah
Mantub	Me(r)tadongsa	tigang réyal	kawan sémah
Sumengka	Dipatruna	nem réyal	sedasa sémah
Kajang	Satruna	tigang réyal	tigang sémah
Ngringin	Jatruna	kalih réyal	tigang sémah
Sekarpethak	Citranongga	tigang réyal	kalih sémah
Kaloran	Pak Jemana	tigang réyal	kawan sémah
Kelurahan	Ékaleksona	pitung réyal	gangsal sémah
Bendharayun	Pak Pithi	kawan réyal	tigang sémah
Bebaron	Sutatruna	pitung réyal	nem sémah
Ngepuh	Wirasetra	nem réyal	gangsal sémah

f. 51v

Ngara-ara a(m)ba	Pak Landhung	kalih réyal	tigang sémah
Demangan	Setratruna	kawan réyal	tigang sémah
Mabung	Setrasentika	pitung réyal	kawan sémah
Sumberwungu	Tadita	pitung réyal	walung sémah
Pisang	Trunadongsa	pantun kalih-d. amet	pitung sémah
Kapulaga	Pak Sradi	pantun pitung amet	kawan sémah
Gelagahan	Saritruna	sedasa réyal	pitung sémah
Taman	Cadongsa	walung réyal	kawan sémah
Beruk	Demang Cina	gangsal réyal	tigang sémah

Cao Ting

Jangur	Cabelaka	walulas réyal	gangsal sémah
Besuk	Tajaya	tigawelas réyal	gangsal sémah
Tembarak	Pak Tariyah	kalih-dasa réyal	pitung sémah
Juwana	Téjajaya	walulas réyal	gangsal sémah
Kendhal	Tadita	sangalas réyal	nem sémah

Sona	Prayamenggala	kalih-dasa réyal	sedasa sémah
Gendhingan	Prayadongsa	walulas réyal	nem sémah
Singkal	Wanajaya	kawanwelas réyal	gangsal sémah
Bantenan	Bra(ja)leksona	kalih-dasa réyal	pitung sémah
2r Ta(n)jung	Brajasentika	selawé réyal	sedasa sémah
Pajok	Brajayuda	wolulas réyal	pitung sémah
Ngelo	Nalatruna	tigawelas réyal	sakawan sémah
Ngelèrèp	Marajaya	kalihwelas réyal	gangsal sémah
Terayang	Citradongsa	kalihwelas réyal	nem sémah
Kulutan	Wanatruna	tigawelas réyal	kawan sémah
Grampang	Wiratika	tigawelas réyal	kawan sémah
Juwet	Brajaleksona	kalihwelas réyal	tigang sémah
Tèmplèk	Brajayuda	pitulas réyal	nem sémah
Kudhu	Saguna	pitung réyal	gangsal sémah
Bangsri	Pak Dulat	tigawelas réyal	nem sémah
Pandhansa(n)tun	Sadaka	kawanwelas réyal	pitung sémah
Jawar	Cina pun Abon	gangsal réyal	kawan sémah
Pilang	Tatruna	gangsalwelas réyal	gangsal sémah
Tegaron	Pringgawinata	walung réyal	sedasa sémah
Ta(n)jungsari	Caleksona	nem réyal	gangsal sémah
Séladadang	Tajaya	kalih réyal	tigang sémah
Seweru	Brajatruna	kalih réyal	tigang sémah
2v Kembangan	Brajadita	kalih réyal	kawan sémah
Dhadhapan	Me(r)taleksona	sedasa réyal	sedasa sémah
Muneng	Pak Kandhil	kalih réyal	tigang sémah
Winong	Demang Wiradipura	walung-dasa réyal	gangsalwelas sémah
Bujed	Bongsatruna	sèket réyal	sedasa sémah
Bungur	Mertajaya	sèket réyal	gangsalwelas sémah
Kendoya	Wirapati	gangsal réyal	nem sémah
Ngelungé	A(ng)gadongsa	gangsal réyal	sekawan sémah
Coban	A(ng)gakerti	gangsal réyal	gangsal sémah
Sélakari	Pak Sabruk	gangsal réyal	nem sémah
Ngeblek	Wirapati	tigang-dasa réyal	sèket sémah
Getas	Brajaleksona	gangsalwelas réyal	tigang-dasa sémah
Pelasa	Tatruna	walung réyal	gangsal sémah
Maostiga	Satruna	kalih réyal	tigang sémah
Ngembat-embat	Wirasuta	sangang réyal	gangsal sémah
Kepatihan	Kramayuda	gangsalwelas réyal	pitung sémah
Kuwagèyan	Jadongsa	sedasa réyal	kawan sémah
Sekartoya	Sadaka	sedasa réyal	sangang sémah
3r Ngrambé	Mayatruna	sedasa réyal	walung sémah
Ngrawan	Suradongsa	nem réyal	walung sémah
Jaruman	Ékaleksona	kalih réyal	tigang sémah
Lurubung	Sanongga	tigang réyal	nem sémah
Suru	Wanagati	kalih réyal	tigang sémah
Sélajaler	Wanajaya	kalih réyal	kalih sémah
Sana	Trunayuda	pitung réyal	pitung sémah

	Badhor	Tayuda	tigang réyal	tigang sémah
	Kecubung	Cayuda	tigang réyal	tigang sémah
	Kepanjèn	Wanatruna	pitung réyal	gangsal sémah
	Sidanganti	Kramawirya	kawan réyal	tigang sémah
	Ngepèh	Samenggala	walung réyal	gangsal sémeh
	Tulung	Sajaya	tigang réyal	tigang sémah
	Kanigara	Marjani	pitung réyal	gangsal sémah
	Sambong	Tirtawijaya	pitung réyal	nem sémah
	Saba	Sadaka	tigang réyal	kawan sémah
	Kelodhan	Sadita	walung réyal	nem sémah
	Salam	Nalajaya	pitung réyal	nem sémah
f. 53v	Ngetos	Mertadongsa	kalih réyal	sedasa sémah
	Nglajer	Ranadipa	kalih-dasa réyal	sedasa sémah
	Belongka	Trunasetra	pitung réyal	gangsal sémah
	Kemaguwan	Sonongga	pitung réyal	gangsal sémah
	Sokanada	Pak Méndhong	tigang réyal	kawan sémah
	Sidalapa	Sakrama	tigang réyal	kawan sémah
	Kebonagung	Talimara	tigang-dasa réyal	walulas sémah
	Jawuh	Sajaya	sedasa réyal	pitung sémah
	Kawedhèn	Banjar	gangsal réyal	nem sémah
	Taunan	Datruna	gangsal réyal	nem sémah
	Durèn	Sajaya	sedasa réyal	nem sémah
	Sabinan	Sapati	gangsalwelas réyal	nem sémah
	Salam	Ranadongsa	sedasa réyal	gangsal sémah
	Cepaka	Mertadipa	gangsalwelas réyal	gangsal sémah
	Jenangan	Mertadongsa	kalih-dasa réyal	walung sémah
	Barèng	Singatruna	kalih-dasa réyal	walung sémah
	Ngadha	Mertadongsa	nem réyal	gangsal sémah
	Méka	Keriya	nem réyal	gangsal sémah
f. 54r	Pringapus	Wirakerta	kawan réyal	tigang sémah
	Sugiyan	Wiradrana	kawan réyal	kawan sémah
	Ngliman	Kyai Pendhapa	dados pamethakan rumeksa sentana	selawé sémah
	Gedhong	Dura(h)man	dados pamethakan rumeksa sentana	walung sémah
	Maos-inggil	Amadngarpiyah	dados pamethakan rumeksa sentana	gangsalwelas sémah
	Lestari	Tapsirodin	dados pamethakan rumeksa sentana	sedasa sémah
	Bendungan	Amadsarimin	dados pamethakan rumeksa sentana	gangsal sémah
	B(e)rbeg	Demang Kyai Jasetra	satus réyal	kawan-dasa sémah
	Pelagri	Setradipa	tigawelas réyal	sedasa sémah
	Kundhir	Ranapati	gangsalwelas réyal	sedasa sémah
	Gerih	Samenggala	pitu-tengah réyal	kawan sémah
	Puton	Tidita	pitu-tengah réyal	kawan sémah

Sumawindu	Sagati	pitu-tengah réyal	gangsal sémah
Ngadipira	Tanaya	tigang réyal seka	nem sémah
Jabon	Jadriya	pitu-tengah réya	gangsal sémah
Mangkang	Wiraguna	pitu-tengah réyal	kawan sémah
Daleman	Singadita	tiga réyal seka	kawan sémah
Bajulan	Nayadongsa	pitu-tengah réyal	tigang sémah
54v Tiripan	Singakerti	pitu-tengah réyal	nem sémah
Barakan	Singadrana	pitu-tengah réyal	tigang sémah
Kemelaka	Jagati	pitu-tengah réyal	kawan sémah
Bethèh	Sadrana	pitu-tengah réyal	kawan sémah
Sudimara	Jamerta	pitu-tengah réyal	pitung sémah
Sembung	Ganaya	pitu-tengah réyal	pitung sémah
Tèmpèl	Jagati	pitu-tengah réyal	kawan sémah
Sudimara	Maradita	pitu-tengah réyal	sangang sémah
Banthèngan	Sagati	pitu-tengah réyal	gangsal sémah
Patran	Patradongsa	pitu-tengah réyal	tigang sémah
Tarukan	Jagati	tigang réyal seka	kalih sémah
Semaré	Pak Tana	tigawelas réyal	sedasa sémah
Bumèn	Wiradipa	pitu-tengah réyal	kawan sémah
Kantèn	Kathitruna	pitu-tengah réyal	kawan sémah
Semi	Patrasuta	pitu-tengah réyal	nem sémah
Gelagahan	Pak Séba	pitu-tengah réyal	kawan sémah
Panasan	Garesa	pitu-tengah réyal	tigang sémah
Katogan	Jakerti	tigang réyal seka	kalih sémah
55r Tunglur	Sutadrana	gangsal réyal	kawan sémah
Jabon	Kertadongsa	gangsal réyal	kawan sémah
Ngadipira	Trunadongsa	nem réyal	gangsal sémah
Tampang	Dipayuda	nem réyal	gangsal sémah
Wilangan	Singadrana	pitung réyal	pitung sémah
Jegong	Sagati	nem réyal	walung sémah
Sudimajeng	Surariya	pitung réyal	pitung sémah
Daleman	Wirayuda	nem réyal	pitung sémah
Genengan	Nayadongsa	pitung réyal	sangang sémah
Bajal	Singameja	nem réyal	sangang sémah
Bedrèg	Wiramenggala	pitung réyal	sedasa sémah
Pandhéyan	Danatruna	tigang réyal	pitung sémah
Tèmpèl	Naladipa	nem réyal	walung sémah

55v / punika gunggung cacah ing bekel kalih-atus sawidak gangsal,
punika gunggung cacah ing tigang sèwu pitung-atus sémah,
punika gunggung paos ingkang werni yatra kalih-èwu kawan-atus,
punika gunggung yatra pacumpleng satus wolung-dasa réyal,
punika gunggung benang pacumpleng nem-èwu wolung-atus tukel tiyang sasémahipun
kénging yatra pacumpleng tigang uwang, benang kawan tukel,
punika gunggung paos ingkeng werni pantun sèket amet pitung amet.

12   BL Add. MS. 12342
                                                              f. 158v–165r

Memo of the Yogyakarta Bupati of Grobogan-Wirasari, Radèn Tumenggung Yudakusuma, concerning royal lands in the Grobogan-Wirasari area which form his appanage. This consists of 3,650 *cacah* of arable land (*lempungipun*) of which 1,100 are recognized as 'living' (i.e. functional) *cacah* (i.e. *cacah gesang*). Also listed are the names of villages, tax collectors (*demang*), cash tax (*paos-yatra*), rice harvest shares (*pamedalipun pantun*) and inhabitants (*tiyang*). Undated, but probably c.Jan. 1811. See Plate 13.

f. 158v   Punika pémut kula abdi-Dalem pun Tumenggung Yudakusuma amémuti kagengan-Dalem siti ing Wirasantun ingkeng kagadhahaken dados lenggah kula lempungipun tigang-èwu nem-atus sèket, sapunika kakersakaken gesang sèwu-satus,

wondéné kathahipun ing dhusun utawi westanipun demang bebekel ing dhusun sedaya, punapa déné pamedalipun ingkeng maos yatra, pamedalipun pantun, pratuwin ingkeng anyanggi sikep punika pratélanipun,

f. 159r	*punika pratélanipun dhusun*	*(punika) namanipun Demang*	*(punika) kathahipun paos yatra*	*(punika) pamedalipun pantun*	*(punika) kathahipun ing tiyang*
	Kajengjené	Me(r)taguna	70	-	44
	Ngetos	Trunaleksana	120	-	65
	Werdaya	Poncamenggala	90	-	20
	Winong	Suraleksana	90	-	60
	Siraman	Sajaya	70	-	30
	Kumadhok	Wirayuda	130	-	60
	Berja	Kramajaya	60	-	30
	Sima	Suramenggala	120	-	70
	Banjar	Setrawijaya	111	-	30
	Banjarlèr	Cakramenggala	99	-	25
f.159v	Mendhikil	Poncatoya	100	-	37
	Jatos	Resawijaya	30	-	15
	Konduran	Wiryayuda	70	-	30
	Pangan	Wirayuda	40	-	15
	Garanggayam	Singabau	30	-	15
	Tirem	Trobongsa	80	-	30
	Pelang	Jagatruna	40	-	10
	Panjungan	Capiyoga	30	-	15
	Tambakséla	Tawongsa	60	-	60
f.160r	Presada	Sadipa	30	20	50
	Kragilan	Cadongsa	25	-	29
	Pencil	Go(n)dhayuda	50	-	34
	Sarip	Singadrona	50	-	50
	Pelem	Trunadipa	36	10	30
	Kawistalun	Jayatruna	10	10	8
	Mringin	Tijaya	18	18	4
	Kunusan	Sadriya	18	18	15

	Kasyan	Singadipa	15	10	12
	Jatoskidul	Delingsari	7	7	6
160v	Ngaliyan	Timenggala	7	7	10
	Tambakbanggi	Pak Tambruk	6	6	3
	Sucèn	Pak Trusuk	6	7	4
	Réwan	Me(r)tadongsa	4	4	4
	Prakitan	Tidipa	2	2	2
	Sedhuwuh	Patruna	8	7	3
	Kayut	Singakersa	20	10	15
	Tirisan	Gunajaya	10	10	10
	Jethis	Singatruna	10	18	8
	Semènlèr	Sadipa	7	7	8
161r	Dhempel	Trunadongsa	4	-	14
	Kawisgeneng	Onggadipa	4	-	7
	Bebelan	Jayakerta	15	8	36
	Banon	Sawijaya	10	7	13
	Legundhi	Tatruna	7	10	10
	Me(n)dhang-ramesan	Mayatruna	10	8	12
	Gadhon	Jayuda	10	-	12
	Waru	Sadrona	6	7	20
	Tambakroma	Me(r)tadongsa	4	4	6
	Sendhang	Onggadrona	6	-	3
.161v	Kambeng-widasantun	Singajaya	6	3	8
	Kedi(n)ding	Singajaya	6	-	2
	Sempu	Naladongsa	3	2	5
	Kawisgetan	Sajaya	4	2	5
	Delèwa	Poncapengrawit	4	3	5
	Bélor	Sadongsa	2	2	3
	Mèndhèn	Iradongsa	3	3	2
	Kambenglunda	Tadongsa	20	20	22
	Pécol	Iradrona	4	4	9
	Sadhéyan	Jayatruna	20	20	5
".162r	Jethakwanger	Suratruna	10	-	5
	Jambetan	Iradongsa	4	-	3
	Jedhing	Me(r)tajaya	7	7	7
	Welahan	Titruna	12	8	6
	Beku	Sajaya	5	5	4
	Kuwaja	Tadrona	7	4	7
	Me(n)dhang Kamolan	Sadongsa	10	10	14
	Getasantun	Wirya	4	-	5
	Nguwadhuk	Suradipa	2	2	2
	Semutan	Me(r)tatruna	20	-	29
f.162v	Pondhok	Sadrona	40	20	30
	Kasiman	Singabau	30	10	25

	Tanjung	Naladongsa	4	4	5
	Bringin	Proyatruna	6	2	7
	Pucung	Singatruna	6	6	4
	Bandhung	Tajaya	10	4	12
	Pancur	Singado(ng)sa	6	-	9
	Babar	Tijaya	2	-	5
	Patih	Singakerta	15	15	8
	Siwalan	Gunawijaya	7	7	10
f.163r	Jatostengah	Singakerta	7	2	4
	Kedhungtalang	Sadaka	7	5	10
	Tumpuk	Tajaya	2	-	5
	Sabinan	Singasa	9	9	60
	Kuwarungan	Onggaresa	8	-	12
	Ngulakan	Maratruna	6	-	3
	Gagakan	Singarona	10	10	15
	Semènkidul	Payuda	6	6	8
	Semènlor	Tatruna	7	7	10
	Pucanganèm	Sanongka	1	-	3
	Caya	Tapati	5	-	10
f.163v	Jamur	Bongsayuda	15	-	25
	Tengger	Kertayuda	10	10	12
	Ngrawu	Jakerti	10	10	3
	Kawispung	Tawongsa	15	10	25
	Kayen	Tiguna	5	-	8
	Jrayungan	Singaguna	3	3	5
	Sendhangan	Jadirona	8	8	10
	Su(ng)son	Satruna	7	2	12
	Pucang	Naladongsa	7	2	10
	Ngiringan	Ékadongsa	6	7	10
	Pedhakwarung	Dipa	8	8	12
f.164r	Ngrunut	Sadongsa	8	10	16
	Anggil-anggil	Tasuta	3	-	8
	Kajongan	Tisuta	1	1	3
	Semandhung	Amadsari	9	8	15
	Wunipareng	Tatruna	4	4	7
	Gelaran	Iratruna	2	2	3
	Krandhon	Singakerta	4	4	6
	Bubak	Singongsa	1	-	3
	Jolatara	Gongsa	3	3	5
	Banaran	Singatruna	2	-	3
	Penambangan	Sadata	10	-	8
f.164v	Lèpènwiyar	Sontadongsa	1	1	3
	Sekaran	Wiradipa	100	-	60
	Pulo	Suradrona	100	-	60
	Kundhèn	Sutaleksana	48	-	25
	Kliling	Tatruna	48	-	19
	Karas	Kertasentika	100	-	68

Barucoran	Pajaya	anyanggi sikep 9	-	130
Gebang	Trunadongsa	anyanggi sikep 2	10	20
Tara	Wirakerta	anyanggi sikep 2	10	25
Ngrapah	Wirajaya	anyanggi sikep 2	10	25
Menowa	Irayuda	anyanggi sikep 2	10	15
Berukudhon	---	anyanggi sikep 5	-	25
Dhupil	Trunongsa	-	50	15
Jethis	Singatruna	-	20	6
Jatosantun	Mujahit	methakan	-	60

65r (at Menowa row)

gu(ng)gungipun ing dhusun sedaya kepanggih, 271,
gu(ng)gungipun ing yatra sedaya kepanggih, 2844,
gu(ng)gungipun ing pantun sedaya kepanggih, 612 amet,
gu(ng)gungipun ing tiyang kalebet ingkeng gapuk tepo sedaya kepanggih, 2247.

13   BL Add. MS. 12342
                                                              f. 137v–143r

Memo of the Third Bupati of Madiun, Radèn Tumenggung Yudaprawira, concerning royal lands in Madiun which have been granted him in appanage. These amount to 2,000 *cacah*, of which 800 are deemed to be 'functional' (*cacah gesang*), listing the names of villages, tax-collectors (*bekel*), cash tax (in *real*), hanks of cotton yarn due per family, and number of inhabitants (given in family units [*sémah*]). Totals are given in the introduction rather than, as is more common, in the summary. Undated, but certainly after Yudaprawira´s appointment as Bupati on 17 January 1811, see above Section I, Part I, no. 49.

137v Punika pémut kula abdi-Dalem pun Tumenggung Yudaprawira amémuti kagungan-Dalem siti ing Madiyun ingkeng kagadhuhaken dados lenggah kula siti kalih-èwu kakersakaken gesang damelipun walung-atus,   punika pratélanipun wondéning cacahipun ing dhusun satus langkung sedasa,   wondéning paosipun walung-atus tigang-dasa gangsal réyal tigang seka, sikepipun ingkeng pitulikur,   wondéning cacahipun ing tiyang kalih ingkeng gapuk tepo nem-atus walung-dasa walung sémah,   wondéning cacahipun ing tiyang nem-atus walung-dasa walung sémah punika, ingkeng kénging kawedalaken benangipun pacumpleng, ingkeng nem-atus tigang-dasa gangsal sémah, tiyang sesémahipun, kawedalaken benang kawan tukel, yatranipun kawan uwang, kapétang wedalipun benang, dados benang kalih-èwu gangsal-atus kawan-dasa ukel wondéning yatranipiun satus réyal langkung nem seka, wondéning pamendhetipun benang sepisan sataun,

138r

punika pratélanipun dhusun	punika pratélanipun bekel	punika pratélanipun paos	punika pratélanipun tiyang
ing Kincang	D. Trunadongsa	paos sawidak réyal	selawé sémah
ing Bulu	D. Poncawiguna	paos salawé réyal	gangsalwelas sémah

	ing Kelumpit	D. Setrawijaya	paos salawé réyal	sedasa sémah
	ing Banjeng	Poncawara	paos kawan-dasa réyal	gangsalwelas sémah
	ing Kelagèn	Sutayuda	paos kawan-dasa réyal	tiganglikur sémah
	ing Jograng	Sadrana	paos selawé réyal	tigang-dasa sémah
	ing Jenangan	Satruna	paos kalih-dasa réyal	kalih-dasa sémah
	ing Karas	Mertadongsa	paos kalih-dasa réyal	gangsalwelas sémah
	ing Bayem	Trunaleksona	paos kawan-dasa réyal	pitulikur semah
	ing Tempuran	Japrusa	paos kalihwelas réyal	kalih-dasa sémah
f.138v	ing Wagé	Condra	paos gangsalwelas réyal	walung sémah
	ing Sumengka	Trunadongsa	paos gangsalwelas réyal	walung sémah
	ing Tulung	Jatruna	paos pitulas réyal	kalihwelas sémah
	ing Winong	Sajaya	paos kalih-dasa réyal	tigawelas sémah
	ing Kukur	Sadita	paos kawan réyal	nem sémah
	ing Terong	Sadrana	paos gangsal réyal	pitung sémah
	ing Dhukuh	Sawijaya	paos kalih-dasa réyal	gangsalwelas sémah
	ing Kapasan	Sadongsa	paos gangsalwelas réyal	sedasa sémah
	ing Jenangan	Wiradongsa	paos kawanlikur réyal	pitulikur sémah
	ing Jajar	Samenggala	paos selawé réyal	kalih-dasa sémah
f. 139r	ing Tebara	Sayuda	paos kawanlikur réyal	kawanlikur sémah
	ing Kedhung-guwa	Sutatruna	paos walung réyal	nem sémah
	ing Babong	Wirasona	paos walung réyal	sedasa sémah
	ing Belimbing	Setradongsa	paos gangsal réyal	pitu sémah
	ing Sendhah	Setratruna	paos tigang réyal	sekawan sémah
	ing Tala	Wiradongsa	paos gangsal réyal	nem sémah
	ing Wotan	Wiradrana	paos kawan réyal	kawan sémah
	ing Belaran	Mertadongsa	paos sedasa réyal	tigalikur sémah
	ing Babadan	Tidongsa	paos sedasa réyal	pitu sémah
	ing Pakèlan	Wirasona	paos kalih réyal	tiga sémah
f. 139v	ing Pénjol	Jadongsa	paos gangsal réyal	nem sémah
	ing Belut	Singadongsa	paos nem réyal	pitung sémah
	ing Sokawadi	Wiratruna	paos nem réyal	pitung sémah
	ing Wayut	Singadongsa	paos gangsal réyal	sedasa sémah
	ing Singalaba	Jadongsa	paos kawan réyal	tigang sémah
	ing Bukung	Sonadongsa	paos kawan réyal	gangsal sémah
	ing Kajang	Sajaya	paos walung réyal	pitung sémah
	ing Tegel	Sadipa	paos sedasa réyal	walung sémah
	ing Sanggèn	Sanadongsa	paos kalih réyal	tigang sémah
	ing Kiringan	Sajaya	paos nem réyal	kalih sémah
f. 140r	ing Melahar	Singamerta	paos sedasa réyal	pitung sémah
	ing Putat	Jatruna	paos sedasa réyal	sedasa sémah
	ing Kersikan	Palguna	paos kalih réyal	tigang sémah
	ing Punukan	Singadongsa	paos sedasa réyal	sewelas sémah
	ing Plaosan	Sanadongsa	paos gangsal réyal	nem sémah
	ing Kodhokan	Titruna	paos saréyal	kalih sémah
	ing Payak	Jadongsa	paos kalih réyal	tigang sémah
	ing Maron	Wiramenggala	paos kalih réyal	kalih sémah

ing Serut	Jasuta	paos nem réyal	kalih sémah
ing Gambuhan	Camenggala	paos nem réyal	kalih sémah
140v ing Narab	Jasuta	paos nem seka	kalih sémah
ing Gemelem	Jatruna	paos nem seka	kalih sémah
ing Sambi- rembé	Wirasona	paos nem seka	kalih sémah
ing Cerobo	Sadita	paos kalih réyal	tigang sémah
ing Dhongos	Sadipa	paos saréyal	kalih sémah
ing Pilang	Satruna	paos saréyal	kalih sémah
ing Melarik	Wiramerta	paos nem réyal	gangsal sémah
ing Karang	Sadita	paos kalih réyal	kalih sémah
ing Megunung	Jadipa	paos tigang réyal	kawan sémah
ing Barat	Sonadongsa	paos kalih réyal	tigang sémah
141r ing Bakung	Singadipa	paos tigang réyal	kawan sémah
ing Kelumpit	Singayuda	paos tigang réyal	kawan sémah
ing Pokangan	Wiradika	paos saréyal	kalih sémah
ing Candhi	Wiratruna	paos saréyal	kalih sémah
ing Patihan	Sadongsa	paos gangsal réyal	nem sémah
ing Ngetrap	Tatruna	paos tigang réyal	kawan sémah
ing Carat	Trunasona	paos saréyal	kalih sémah
ing Sagatèn	Pak Mendhung	paos gangsal réyal	nem sémah
ing Kinan- dhang	Wiradongsa	paos gangsal réyal	kawan sémah
ing Gendhu	Wiradika	paos nem réyal	tigang sémah
141v ing Tanjung	Sayuda	paos kalih réyal	kawan sémah
ing Sembilang	Jasuta	paos saréyal	tigang sémah
ing Belawu	Ambar	paos nem réyal	gangsal sémah
ing Sunguwi	Jatruna	paos saréyal	kalih sémah
ing Tambak	Satruna	paos gangsal réyal	kawan sémah
ing Krabet	Jatara	paos sedasa réyal	pitung sémah
ing Jurang- belawan	Jasupéra	paos nem réyal	tigang sémah
ing Balébayu	Jasuta	paos kawan réyal	gangsal sémah
ing Susuran	Jadongsa	paos tigang seka	kalih sémah
ing Dhukuh	Jadipa	paos tigang réyal	kalih sémah
142r ing Kaliwader	Jatruna	paos saréyal	kalih sémah
ing Binap	Satruna	paos walung réyal	sedasa sémah
ing Geneng	Jayuda	paos walung réyal	pitung sémah
ing Gemarang	Wirayuda	paos gangsal réyal	walung sémah
ing Kadiraja	Jayuda	paos saréyal	kalih sémah
ing Kaji	Wiradongsa	paos walung réyal	pitu sémah
ing Ginuk	Samenggala	paos tigang réyal	nem sémah
ing Kapong	Tadita	paos kalih réyal	kalih sémah
ing Bawa	Satruna	paos nem réyal	gangsal sémah
ing Turi	Tamenggala	paos saréyal	kalih sémah
142v ing Dalon	Wiratruna	paos gangsalwelas réyal	tigang sémah
ing Sanggrahan	Tatruna	paos saréyal	kalih sémah

	ing Krokèh	Sagati	paos saréyal	kalih sémah
	ing Dhuwet	Tadita	paos saréyal	kalih sémah
	ing Ngabèyan	Jadongsa	paos tigang réyal	tigang sémah
	ing Taman	Tirona	paos gangsal réyal	nem sémah
	ing Pajok	Citrakaya	paos sedasa réyal	pitung sémah
	ing Pikul	Satruna	paos saréyal	sasémah
	ing Pangèr	Wiramenggala	sikep walu	selawé sémah
	ing Jabung	Wirayuda	sikep sekawan	kawan sémah
f. 143r	ing Kerep	Sadongsa	sikep sekawan	nemlikur sémah
	ing Tales	Jasèna	sikap sekawan	selawé sémah
	ing Jethak	Tiyuda	sikep kalih	tigang sémah
	ing Bacem	Samenggala	sikep kalih	sekawan sémah
	ing Gunting	Satruna	sikep satunggil réyal	tigang sémah
	ing Balem	Suratruna	sikep satunggil réyal	nem sémah
	ing Tulung	Wiradongsa	sikep satunggil	kalih sémah
	ing Banjareja	Mahedi	methakan	sedasa sémah
	ing Prabon	Aruman	methakan	kalihwelas sémah
	ing Jeraman	Tamenggala	paos pitulas réyal	sangang sémah.

14

BL Add. MS. 12342
f. 176r–179v

Fragment (which lacks the introduction) detailing the produce of royal lands in an unspecified *mancanagara* appanage. From internal evidence (e.g. the reference to Kyai Banjarsari of the famous Yogyakarta-controlled *pesantrèn* of Banjarsari in the Uteran district of Madiun), it is almost certainly Madiun. Undated, but probably 1811.

	punika	*punika*	*punika*	*punika*
	pratélanipun	*pratélanipun*	*pratélanipun*	*pratélanipun*
f. 176r	*ing dhusun*	*ing bekel*	*ing paos*	*ing cacah tiyang*
	Kalithak	Kramadongsa	medal sangang-dasa amet	sedasa sémah
	Padhas	Sadongsa	medal tigang-dasa amet	pitung sémah
	Brengosan	Tawirona	medal selawé amet	gangsal sémah
	Winonga	Maradongsa	medal sangang-dasa amet	gangsal sémah
	Kelubuk	Amatsari	medal sèket amet	kawan sémah
	Sonakeling	Wirasuta	medal kawan-dasa amet	gangsal sémah
	Teras	Tatruna	medal pitung-dasa amet	sedasa sémah
	Sindon	Caleksana	boten medal paosipun	rolas sémah
	Kalegèn	Sadipa	medal sangang-dasa amet	kalihwelas sémah
	Kertaécan	Onggawongsa	boten medal paosipun	tigang sémah
	Jatikampir	Trayuda	botan medal paosipun	gangsal sémah
f. 176v	Karangnongka	Citrabèla	medal kawan-dasa amet	gangsal sémah
	Kawedhusan	Wiradongsa	medal sangang-dasa amet	kalih-dasa sémah
	Sambiramé	Satruna	medal tigang-dasa amet	kawan sémah
	Plasa	Dajaya	medal sèket amet	kalihwelas sémah
	Ara-ara a(m)ba	Trayuda	medal tigang-dasa amet	kawan sémah
	Patoman	Jatirta	medal tigang-dasa amet	sasémah

Corah	Amad J(a)elani	medal gangsalwelas amet	nem sémah
Kedhung	Setratruna	medal sèket amet	kawan sémah
Jongglong	Sayuda	boten medal paosipun	kalih sémah
Ketawang	Jatruna	gangsalwelas amet	sasémah
Patiyan	Wiratruna	sawidak amet	kawan sémah
Pulusantun	Kramadarsa	medal tigang-dasa amet	sedasa sémah
Wiyagung	Singayuda	medal sawidak amet	tigang sémah
Gandhèkan	Caleksana	medal kawan-dasa amet	kawan sémah
Babadan	Dipadrana	medal satus amet	sedasa sémah
Tanjunganom	Trunaprawira	medal sèket amet	tigang sémah
Sélakidul	Singaleksana	medal pitung-dasa amet	sasémah
Gupit	Wiramenggala	medal walung-dasa amet	tigang sémah
Puwungan	Ranutruna	medal pitung-dasa amet	kawan sémah
Sembungan	Sadongsa	medal walung-dasa amet	sedasa sémah
Pilangbango	Trunadongsa	medal kawan-dasa amet	pitung sémah
Sélalèr	Kramaleksana	medal sèket amet	sasémah
Nongkabener	Singaleksana	medal gangsalwelas amet	pitung sémah

177r (row Pulusantun)

177v gunggung kathahipun

kagengan-Dalem dhusun ingkang sami medal paos pantun, punapa déné cacahipun ing tiyang ingkang sami nyanggi paos pantun sedaya, kathahipun ing dhusun, tigang-dasa langkung sekawan, kathahipun ing tiyang kalih-atus langkung kawan sémah,

gunggung kathahipun pantun paos dados pantun sèwu, gangsal-atus sangang-dasa langkung gangsal amet,

178r *punika* *pratélanipun* *ing dhusun*	*punika* *pratélanipun* *ing bekel*	*punika* *pratélanipun* *ing paos*	*punika* *pratélanipun* *ing cacah*
Kepadhangan	Kertadongsa	sikep pitung	tigang-dasa sémah
Sokawidi	Mayadipa	sikep pitung	walulikur sémah
Weru	Samenggala	sikep pitung	pitulikur sémah
Manjungkidul	Wirosona	sikep nem	kalihlikur sémah
Wengkal	Wirajaya	sikep nem	tigalikur sémah
Ponakan	Wiradongsa	sikep gangsal	walulas sémah
Werulèr	Tijaya	sikep gangsal	pitulas sémah
Manjunglèr	Sadita	sikep gangsal	pitulas sémah
Plasa	Singarona	sikep gangsal	walulas sémah
Kuluhan	Nayayuda	sikep kawan	pitulas sémah
Karanglo	Singajaya	sikep sekawan	nembelas sémah
Karanggeneng	Yudatruna	sikep sekawan	nembelas sémah
Trunèng	Setragati	sikep sekawan	nembelas sémah
Bugel	Wiradika	sikep kalih	pitung sémah
Kenitèn	Mertajaya	sikep kalih	walung sémah
Pojok	Wiraseca	sikep kalih	walung sémah
Ngasem	Pandari	sikep kalih	sangang sémah
Sidawayah	Kertijaya	sikep kalih	pitung sémah
Go(n)dhang	Ronadongsa	sikep satunggil	kawan sémah

178v (row Karanggeneng)

	Kuwangsan	Singamenggala	sikep satunggil	kawan sémah
	Blawèyan	Sadipa	sikep satunggil	gangsal sémah
	Ngelumbi	Jaleksana	sikep satunggil	kawan sémah
f. 179r	Pam(e)thakan Banjarsari	Kyai Banjarsari	boten medal paosipun	sawidak sémah
	Séwulan	Kyai Amad-santri	boten medal paosipun	satus sémah
	Bungeng	Amadmusa	boten medal paosipun	gangsalwelas sémah
	Pitu	Mursada	boten medal paosipun	selawé sémah
	Pagutan	Waridin	boten medal paosipun	gangsalwelas sémah
	Kembangsoré	Sayidin	boten medal paosipun	sedasa sémah
	Jeblogan	Sariman	boten medal paosipun	pitung sémah
	Dagangan	Janjani	boten medal paosipun	sedasa sémah
	Plaosan	Amadjayan	boten medal paosipun	gangsal sémah
	Su(m)b(e)reja	Nursidin	boten medal paosipun	pitung sémah
	Banaran	Nuriman	boten medal paosipun	kawan sémah
f. 179v	Banjareja	Nuriman	boten medal paosipun	pitung sémah
	Sélakodhok	Sariyah	boten medal paosipun	nem sémah
	Prabon	Nurahman	boten medal paosipun	pitung sémah
	Kepet	Talabodin	boten medal paosipun	gangsal sémah
	Sarèng	Nursana	boten medal paosipun	kawan sémah
	Babadan	Nursamsu	boten medal paosipun	nem sémah

gunggung kathahipun kagengan-Dalem ingkang nyanggi sikep, punapa déné cacahipun ing tiyang ingkang sami nyanggi sikep sedaya,

kathahipun ing dhusun kalihlikur, cacahipun ing tiyang ingkang sami nyanggi sikep sedaya, kawan-atus langkung nem sémah, tiyang kawan-atus langkung nem punika, ingkang dados sikep walung-dasa langkung tiga sémah,

gunggung kathahipun kagengan-Dalem dhusun ingkang dados pamethakang punapa déné cacahipun ing tiyang pamethakan sedaya, kathahipun ing dhusun pitulas, cacahipun ing tiyang dados kalih-atus langkung sangang-dasa kawan sémah kalebet lurah bekel.

PART 5

Military Resources

1

BL Add. MS. 12342
f. 279v–280v

Register of weapons and accoutrements at the Garebeg Siyam (*Puwasa*) of A.J. 1698 (26 December 1772) held by the entire Yogyakarta court beginning with Radèn Adipati Danureja I (in office 1755–99), whose inventory comprised 500 pikes (*waos*), eight banners (*gendéra*), two large state umbrellas with two flags, and one *saléndro gamelan* orchestra. The list continues citing the military inventory of Pangéran Ngabèhi, Radèn Tumenggung Natayuda I, Radèn Tumenggung Mertalaya I, Radèn Tumenggung Jayadirja, mentioning the inventory of Kyai Tumenggung Mangundipura I and Kyai Tumenggung. Reksanegara, the Crown Prince, Gusti Pangéran Adipati Anom Amangkunegara (the future Sultan Hamengkubuwana II, r. 1792–1810/1811–12/1826–28), and Pangéran Arya Dipanagara (the nephew and son-in-law of HB I, r. 1749–92), who was married to Ratu Bendara I (died 30 December 1801) and who himself died on 27 July 1787, see Ricklefs, *Mangkubumi*, pp. 117–118. Dated 26 December 1772.

279v   Pémut cacah ing dadamel Garebegan ing sasi Siyam ing taun Jimakir 1 6 9 8, ingkang mila-mila dadamelipun Radèn Adipati Danureja, ingkang awarni senjata satus kalih-dasa, waos gangsal-atus, gendéra walu, songsong agung kalih umbul-umbul kakalih gamelan saléndro sarancak,

wah dadamelipun Kangjeng Pangéran Ngabèhi, ingkang awarni senjata kawan-dasa, waos satus tigang-dasa, gendéra nenem, songsong agung kakalih, umbul-umbul kakalih, gamelan saléndro sarancak,

wah dadamelipun Radèn Tumenggung Natayuda, ingkang awarni senjata sèket sakawan, waos satus kalihwelas, gendéra sakawan, songsong agung kakalih, umbul-umbul kakalih, gamelan carawangsul sarancak,

wah dadamelipun Kyai Tumenggung Mertalaya ingkang awarni senjata tigang-dasa nenem, waos satus sangang-dasa tiga, gendéra sakawan, songsong agung kalih, umbul-umbul kalih, gamelan saléndro sarancak,

wah dadamelipun Kyai Tumenggung Jayadirja, ingkang awarni senjata walulikur, waos sawidak sasanga, gendéra kakalih,

wah dadamelipun Kyai Riya Mandura, ingkang warni senjata kalihlikur, waos pitung-dasa kakalih, gendéra kakalih, umbul-umbul satunggil,

wah dadamelipun Kyai Tumenggung Sawunggaling, ingkang awarni senjata sangalikur, waos sèket sakawan, gendéra kakalih,

wah dadamelipun Kyai Tumenggung Sutadipura, ingkang awarni senjata nembelas, waos pitung-dasa kalih, gendéra kakalih, wah dadamelipun Kyai Tumenggung Kartinagara, ingkang awarni senjata kalih-dasa, waos sawidak, gendéra kakalih,

wah dadamelipun Kaparak Kiwa Kyai Tumenggung Sindupati sagolonganipun, ingkang awarni senjata pitung-dasa sakawan, waos pitung-atus kawan-dasa sakawan, gendéra sakawan, umbul-umbul sakawan, gamelan kalih rancak,

wah dadamelipun Gedhong Kiwa Kyai Tumenggung Mangundipura sagolonganipun, ingkang awarni senjata sawidak nenem, waos kawan-atus sèket, gendéra nenem, umbul-umbul sakawan, gamelan kalih rancak,

wah dadamelipun Kyai Tumenggung Reksanegara, ingkang awarni senjata salawé, waos kawan-dasa, gendéra nenem, songsong agung kakalih, umbul-umbul kakalih, gamelan saléndro sarancak,

gunggung dadamel sapangiwa Jawi Lebet, ingkang awarni senjata, gangsal-atus tigang-dasa, waos kalih-èwu tigang-dasa sanga-dasa nenem, gendéra kawan-dasa kakalih, songsong agung walu, umbul-umbul sangalas, gamelan sangang rancak,

f. 280r / wah dadamelipun Kangjeng Gusti Pangéran Adipati Anèm Amengkunegara, ingkang awarni senjata satus tigang-dasa kawan, waos kalih-dasa sanga-dasa kalih, gendéra walu, songsong agung kakalih, umbul-umbul nenem, gamelan saléndro sarancak, kodhok-ngorèk sarancak,

wah dadamelipun Pangéran Ariya Dipanegara, ingkang awarni senjata sawidak kalih, waos kalih-atus, gendéra nenem, songsong agung kakalih, umbul-umbul kakalih, gamelan saléndro sarancak,

wah dadamelipun Pangéran Singasari, ingkang awarni senjata tigang-dasa pitu, waos satus sèket pipitu, gendéra kakalih, songsong agung kakalih, umbul-umbul kakalih, gamelan saléndro sarancak,

wah dadamelipun Pangéran Ariya Mertasana, ingkang awarni senjata kalih-dasa, waos walung-dasa, gendéra kalih, umbul-umbul satunggil,

wah dadamelipun Pangéran Ariya Pakuningrat, ingkang awarni senjata nembelas, waos sawidak sasanga, gendéra kakalih, umbul-umbul satunggil,

wah dadamelipun Kyai Tumenggung Mangunegara, ingkang awarni senjata kalih-dasa, waos sawidak sasanga, gendéra kakalih, umbul-umbul satunggil, gamelan saléndro sarancak,

wah dadamelipun Radèn Rongga Wanèngpati, ingkang awarni senjata walulikur, waos satus sawelas, gendéra kakalih, umbul-umbul satunggil,

wah dadamelipun Mas Ariya Jayasuponta, ingkang awarni senjata walunglikur, waos tigang-dasa nenem, gendéra kalih, umbul-umbul satunggil,

wah dadamelipun Radèn Tumenggung Jayaningrat, ingkang awarni senjata kawan-dasa kakalih, waos satus kawanlikur, gendéra sakawan, songsong agung kakalih, umbul-umbul kakalih, gamelan saléndro sarancak,

wah dadamelipun Kyai Tumenggung Sindureja sagolonganipun, ingkang awarni senjata kalih-atus tigang-dasa, waos sangang-atus tigang dasa, gendéra sadasa, songsong agung kakalih, umbul-umbul kawan, gamelan tigang rancak, wah dadamelipun Pangéran Ariya Jayakusuma sagolonganipun, ingkang awarni senjata kawan-dasa nenem, waos kawan-atus sangang-dasa nenem, gendéra kawan, umbul-umbul sakawan, gamelan sarancak,

wah dadamelipun Pangéran Ariya Silarong sagolonganipun, ingkang awarni senjata tigang-dasa kalih, waos kawan-atus tigang-dasa kawan, gendéra kakalih, umbul-umbul kakalih, gamelan saléndro sarancak,

gunggung dadamel sapanengen Jawi Lebet, ingkang awarni senjata nem-atus sangang-dasa gangsal, waos kalih-èwu sangang-atus sangang-dasa walu, gendéra sawidak nenem, songsong agung wawalu, umbul-umbul pitunglikur, gamelan kalihwelas rancak,

80v / gunggung sadaya sapangiwa sapanengen Jawi Lebet, ingkang awarni senjata sèwu kalih-atus salawé, waos gangsal-èwu tigang-atus sangang-dasa sakawan, gendéra satus wawalu, songsong agung nembelas, umbul-umbul kawan-dasa nenem, gamelan salikur rancak, anjawi kagengan-Dalem,

wondéning cacah dadamel Garebeg ing sasi Mulud, kalayan ing sasi Siyam punika, sami taun Jimakir, ingkang awarni senjata, kaot nem-atus sèket walu, akathahing Garebeg ing sasi Mulud, ingkang awarni waos kaot sèwu pitung-atus pitung-dasa kalih, inggih kathah Garebeg ing sasi Mulud,

sinerat wonten alun-alun-Dalem ing Ngayogyakarta Adiningrat ing dinten Saptu tanggal pisan sasi Sawal ing taun Jimakir angkaning warsa, 1 6 9 8

[Saturday, 26 December 1772].

2 BL Add. MS. 12342
f. 281r–282r

Memo of weapons, flags, state sunshades (*payung*), gamelan orchestras, and accoutrements at the Garebeg Besar of A.J.1699 (23 February 1774) held by the entire Yogyakarta court ordered by rank of officials, e.g. Radèn Adipati Danureja I, Pangéran Ngabèhi, Radèn Tumenggung Natayuda I, Radèn Tumenggung Mertalaya I, etc. through the official functionaries of the *Kaparak Kiwa*, Mangundipuran (i.e. *Gedhong Kiwa*), and the Reksanegaran (i.e. the office of the *Wedana Bandar*, Kyai Tumenggung Reksanegara) to the royal princes.

81r Punika pémut cacah dadamel Gagarebegan ing sasi Besar taun Alip, angkaning warsa 1 6 9 9 [23 February 1774], dadamel sapangiwa, awit saking dadamel Kadanurejan, ingkang awarni senjata satus, waos kawan-atus, gendéra nenem, umbul-umbul sakawan, songsong agung kakalih, gamelan salindro sarancak,

wah dadamel Pangabèyan, ingkang awarni senjata kawan-dasa wawalu, waos satus titiga, gendéra nenem, umbul-umbul kakalih, songsong agung kakalih, gamelan salindro sarancak,

wah dadamel Kanatayudan, ingkang awarni senjata kawan-dasa wawalu, waos satus, gendéra sakawan, umbul-umbul kakalih, songsong agung kakalih, gamelan carawangsul sarancak, kalebet Kyai Jagaduta, wah dadamel Kamertalayan, ingkang awarni senjata tigang-dasa sasanga, waos sangang-dasa sakawan, gendéra sakawan, umbul-umbul kakalih, songsong agung kakalih, gamelan salindro sarancak,

wah dadamel Kadanukusuman, ingkang awarni senjata nemlikur, waos walung-dasa kakalih, gendéra kakalih, umbul-umbul kakalih, songsong agung kakalih, gamelan salindro sarancak,

wah dadamel Kajayadirjan, ingkang awarni senjata kalih-dasa, waos sawidak nenem, gendéra titiga,

wah dadamel Kamanduran, ingkang awarni senjata pitulikur, waos pitung-dasa, gendéra kakalih, umbul-umbul satunggil,

wah dadamel Kajayasupantan, ingkang awarni senjata kalih-dasa, waos sawidak gangsal, gendéra kakalih,

wah dadamel Kaparak Kiwa Kasindupatèn sagolonganipun, ingkang warni senjata pitung-dasa walu, waos sakawan-atus, gendéra sakawan, umbul-umbul sakawan, gamelan saléndro kalih rancak,

wah dadamel Gedhong Kiwa Kamangundipuran sagolonganipun, ingkang awarni senjata pitung-dasa satunggil, waos tigang-atus sèket, gendéra sakawan, umbul-umbul sakawan, gamelan kalih rancak salindro carawangsul,

wah dadamel sebandaran Kareksanegaran sagolonganipun, ingkang awarni senjata tigang-dasa, waos satus, gendéra sakawan, u(m)bul-u(m)bul kakalih, songsong agung kakalih, gamelan salindro sarancak,

f. 281v gunggung dadamel sapangiwa Jawi Lebet, ingkang awarni senjata gangsal-atus pipitu, waos waos sèwu pitung-atus / tigang-dasa, gendéra kawan-dasa satunggil, umbul-umbul tiga-likur, songsong agung kalihwelas, gamelan sadasa,

wah malih dadamel sapenengen awit saking dadamel Kadospatèn, ingkang warni senjata satus kawanlikur, waos tigang-atus pitulas, gendéra pipitu, umbul-umbul nenem, songsong agung kakalih, gamelan tigang rancak, pélog salindro kodhok-ngorèk,

wah dadamel Kadipanegaran, ingkang awarni senjata pitung-dasa sasanga, waos satus kawan-dasa satunggil, gendéra nenem, umbul-umbul kakalih, songsong agung kakalih, gamelan salindro sarancak, kalebet dadamel Jagakriyan,

wah dadamel Kajayakusuman, ingkang warni senjata tigang-dasa sakawan, waos satus kalihlikur, gendéra kakalih, u(m)bul-u(m)bul kakalih, songsong agung kalih, gamelan salindro sarancak,

wah dadamel Kajayawinatan, ingkang warni senjata salawé, waos satus sadasa, gendéra sakawan, u(m)bul-u(m)bul kakalih, songsong agung kakalih, gamelan carawangsul sarancak,

wah dadamel Kamertasanan, ingkang awarni senjata gangsalwelas, waos sèket sakawan, gendéra kakalih, u(m)bul-u(m)bul satunggil,

wah dadamel Kapakuningratan, ingkang awarni senjata gangsalwelas, waos sèket gangsal, gendéra kakalih, u(m)bul-u(m)bul satunggil, wah dadamel Kamangunegaran, ingkang awarni senjata salawé, waos sèket, gendéra kakalih, u(m)bul-u(m)bul kakalih, songsong agung kakalih, gamelan salindro sarancak,

wah dadamel Kajayaningratan, ingkang awarni senjata sèket satunggil, waos satus sadasa, gendéra sakawan u(m)bul-u(m)bul, kakalih songsong agung kakalih, gamelan salindro sarancak,

wah dadamel Kaparak Tengen Kasindurejan sagolonganipun, ingkang awarni senjata kalih-atus pipitu, waos nem-atus, gendéra nembelas u(m)bul-u(m)bul sakawan, songsong agung kakalih, gamelan tigang rancak, carawangsul kodhok-ngorèk puwi-puwi,

wah dadamel Gedhong Tengen Kamangundirdjan sagolonganipun, ingkang warni senjata kawan-dasa gangsal, waos gangsal-atus pitung-dasa gangsal, gendéra sakawan, u(m)bul-u(m)bul sakawan, gamelan salindro kalih rancak,

wah dadamel Kasilarongan, ingkang awarni senjata tigang-dasa, waos tigang-atus tigang-dasa, gendéra kakalih, u(m)bul-u(m)bul kakalih,

82r / gunggung dadamel sapanengen Jawi Lebet, ingkang awarni senjata nem-atus sèket, waos kalih-èwu kawan-atus pitung-dasa titiga, gendéra sèket satunggil, u(m)bul-u(m)bul walu-likur, songsong agung kawanwelas, gamelan tigawelas,

nunten kagengan sadaya dadamel Jawi Lebet Kiwa Tengen, ingkang awarni senjata sèwu satus sèket pipitu, waos kawan-èwu titiga, gendéra sangang-dasa kakalih, u(m)bul-u(m)bul sèket satunggil, songsong agung nemlikur, gamelan tiganglikur, kajawi kagengan-Dalem, anunten dadamel Garebeg Besar punika kakalih Garebeg Siyam, ingkang awarni senjata, kaot satus tigang-dasa sasanga, kakathah Garebeg Siyam, ingkang awarni waos kaot sèwu satus pitung-dasa, inggih akathah Garebeg Siyam,

3 BL Add. MS. 12342
f. 277r–278v

Memo of weapons, flags, state sunshades (*payung*), gamelan orchestras, and accoutrements paraded at the Garebeg Mulud of A.J. 1701 (1 May 1775) ordered by courtly/ official rank, e.g. Radèn Adipati Danureja I, Pangéran Ngabèhi, R.T. Natayuda I, etc. The document's contents include the *mancanagara* officials R.T. Sasranegara (Grobogan), R.T. Kertanadi (Madiun), R.T. Kertanegara (Madiun), and R.T. Natawijaya (Madiun), Kyai T. Wiryanegara (Warung-Wirasari), R.T. Sumawijaya (Japan), R.T. Kartayuda (Rawa), and R.T. Tondhawijaya (Rawa), R.T. Sasrawinata (Kertasana), R.T. Prawiradiwirya (Magetan), R.T. Jayèngrana (Magetan), and Ngabèhi Secawijaya (Kalangbret).

277r Punika pémut cacah dadamel Gagarebegan ing sasi Mulud taun Jimawal angkaning warsa, 1 7 0 1 [1 May 1775], awit saking dadamel Kadanurejan, ingkang awarni senjata satus kalih-dasa, waos gangsal-atus, gendéra nenem, umbul-umbul papat, songsong agung kalih, gamelan salindro sarancak,

wah dadamel Pangabèyan, ingkang awarni senjata sèket walu, waos satus salawé, gendéra sakawan, u(m)bul-u(m)bul kalih, songsong agung kalih, gamelan salindro sarancak,

wah dadamel Kanatayudan, ingkang awarni senjata sèket kawan, waos kalih-belah, gendéra nenem, umbul-umbul kakalih, songsong agung kakalih, gamelan carawangsul sarancak, kalebet Jagadutan, wah dadamel Kamertalayan, ingkang awarni senjata kawan-puluh, waos satus sangang-dasa nenem, gendéra kawan, u(m)bul-u(m)bul kakalih, songsong agung kakalih, gamelan salindro sarancak,

wah dadamel Kadanukusuman, ingkang awarni senjata tigang-dasa nenem, waos kalih-belah, gendéra kawan, u(m)bul-u(m)bul kakalih, songsong agung kakalih, gamelan salindro sarancak,

wah dadamel Kajayadirjan, ingkang awarni senjata salawé, waos walung-dasa titiga, gendéra kakalih,

wah dadamel Kamanduran, ingkang awarni senjata tigang-dasa, waos satus gendéra kalih, u(m)bul-u(m)bul satunggil,

wah dadamel Kajayasupantan, ingkang awarni senjata salawé, waos satus gendéra kakalih,

wah dadamel Kaparak Kiwa Kasindupatèn sagolonganipun, ingkang awarni senjata satus, waos walung-atus, gendéra sakawan, u(m)bul-u(m)bul sakawan, gamelan salindro kalih rancak,

wah dadamel Gedhong Kiwa Kamangundipuran sagolonganipun, ingkang awarni senjata pitung-dasa, waos gangsal-atus sèket, gendéra sakawan, u(m)bul-u(m)bul sakawan, gamelan kalih rancak, salindro kalih carawangsul,

f. 277v wah dadamel kasabandaran Kareksanegaran sagolonganipun, ing/kang awarni senjata nemlikur, waos satus sanganglikur, gendéra sakawan, u(m)bul-u(m)bul kakawan, songsong agung kakalih, gamelan salindro sarancak,

gunggung dadamel sapangiwa Jawi Lebet, ingkang awarni senjata gangsal-atus walung-dasa kawan, waos kalih-èwu walung-atus walung-dasa tiga, gendéra kawan-dasa kalih, u(m)bul-u(m)bul tigalikur, songsong agung kalihwelas, gamelan sadasa,

wah dadamel moncanegari, ing Garobogan Sasranegaran, ingkang awarni senjata walung-dasa, waos satus kalih-dasa, gendéra sakawan, u(m)bul-u(m)bul satunggil, gamelan kodhok-ngorèk sarancak,

wah dadamel Madiyun Kartanadèn, ingkang awarni senjata pitung-dasa, waos pitung-dasa, gendéra sakawan,

wah dadamel Madiyun Natawijayan, ingkang awarni senjata sawidak, waos sawidak, gendéra sakawan,

wah dadamel ing Wandé Wiryanegaran, ingkang awarni senjata tigang-dasa, waos kawan-dasa, gendéra kakalih,

wah dadamel (ing) Japan Sumawijayan, ingkang awarni senjata tigang-dasa, waos tigang-dasa, gendéra kalih,

wah dadamel ing Rawi Kartayudan, ingkang awarni senjata sadasa, waos kalih, gendéra kakalih,

wah dadamel ing Rawi Tondhawijayan, ingkang awarni senjata sadasa, waos kalih-dasa, gendéra kakalih, gunggung dadamel moncanegari ingkang kiwa, ingkang awarni senjata kalih-atus sangang, waos tigang-atus sawidak, gendéra kalih-dasa, u(m)bul-u(m)bul satunggil, gamelan satunggil,

gunggung dadamel sapangiwa Jawi Lebet kalayan moncanegari, ingkang awarni senjata walung-atus pitung-dasa sakawan, waos tigang-èwu kalih-atus kawan-dasa titiga, gendéra sawidak titiga, u(m)bul-u(m)bul kawanlikur, songsong agung kalihwelas, gamelan sawelas,

'8r   / wah malih dadamel sapenengen awit saking dadamel Kadospatèn, ingkang awarni senjata satus kawan-dasa, waos tigang-atus salikur, gendéra wawalu, u(m)bul-u(m)bul nenem, songsong agung kalih, gamelan kalih rancak sami salindro,

wah dadamel Kadipanegaran, ingkang awarni senjata pitung-dasa, waos kalih-atus sawidak nenem, gendéra nenem, u(m)bul-u(m)bul kakalih, gamelan salindro sarancak, kalebet Jabakriyan,

wah dadamel Jayakusuman, ingkang awarni senjata kawan-dasa, waos satus tigang-dasa, gendéra kakalih, u(m)bul-u(m)bul kakalih, songsong agung kakalih, gamelan carawangsul sarancak,

wah dadamel Kajayawinatan, ingkang awarni senjata tigang-dasa nenem, waos satus tigang-dasa gangsal, gendéra sakawan, u(m)bul-u(m)bul kakalih, songsong agung kakalih, gamelan carawangsul sarancak,

wah dadamel Kamertasanan, ingkang warni senjata nemlikur, waos sangang-dasa, gendéra kakalih, u(m)bul-u(m)bul satunggil,

wah dadamel Kapakuningratan, ingkang awarni senjata kawanwelas, waos sèket sasanga, gendéra kakalih, u(m)bul-u(m)bul satunggil,

wah dadamel Kamangunegaran, ingkang warni senjata sangalikur, waos sawidak nenem, gendéra kakalih, u(m)bul-u(m)bul kakalih, gamelan salindro sarancak,

wah dadamel Kajayaningratan, ingkang warni senjata sèket, waos satus walulikur, gendéra nenem, u(m)bul-u(m)bul kakalih songsong agung kakalih, gamelan salindro sarancak,

wah dadamel Kaparak Tengen Kasindurejan sagolonganipun ingkang awarni senjata kalih-atus tigang-dasa tiga, waos sangang-atus kalihlikur, gendéra kalihwelas, u(m)bul-u(m)bul sakawan, songsong agung kakalih, gamelan tigang rancak kodhok-ngorèk carawangsul puwi-puwi,

wah dadamel Gedhong Tengen Kamangundirjan sagolonganipun, ingkang awarni senjata sawidak kakalih, waos nem-atus pitulikur, gendéra nenem, u(m)bul-u(m)bul sakawan, gamelan kalih rancak salindro kalih carawangsul,

78v   / wah dadamel Kasilarongan, ingkang awarni senjata tigang-dasa, waos tigang-atus tigang-dasa, gendéra kakalih, u(m)bul-u(m)bul kakalih,

wah dadamel Kamagetan Prawiradiwiryan, ingkang awarni senjata kalih-dasa, waos kawan-dasa, gendéra kakalih, gamelan salindro sarancak,

wah dadamel Kamagetan Jayèngranan, ingkang awarni senjata tigalikur, waos kawan-dasa, gendéra kakalih, gamelan salindro sarancak, gunggung dadamel sapanengen Jawi Lebet, ingkang awarni senjata pitung-atus walung-dasa titiga, waos tigang-èwu satus sèket kawan, gendéra sèket nenem, u(m)bul-u(m)bul walulikur, songsong agung kalihwelas, gamelan kawanwelas, kalebet Kamagetan,

wah dadamel moncanegari, ing Jipang-Karanggan, ingkang awarni senjata kalih-atus kalih-dasa, waos kalih-belah, gendéra nenem, u(m)bul-u(m)bul kalih, songsong agung kakalih, undur-undur kakalih, gamelan tigang rancak kalebet ing Sésélakaras,

wah dadamel Kertasana Sasrawinatan, ingkang awarni senjata kawan-dasa, waos kawan-dasa, gendéra kalih,

wah dadamel Madiyun Kertanegaran, ingkang awarni senjata sawidak, waos sawidak, gendéra kakalih, gamelan salindro sarancak,

wah dadamel Kalangbrèt Secawijayan, ingkang awarni senjata gangsalwelas, waos kalih-dasa, gendéra kakalih,

gunggung dadamel moncanegari ingkang tengen, ingkang awarni senjata tigang-atus tigang-dasa gangsal, waos kalih-atus pitung-dasa, gendéra kalihwelas, u(m)bul-u(m)bul kakalih, songsong agung kakalih, undur-undur kakalih, gamelan kawan rancak,

gunggung dadamel sapanengen Jawi Lebet kalayan moncanegari, ingkang awarni senjata sèwu satus walulas, waos tigang-èwu kawan-atus kawanlikur, gendéra sawidak walu, u(m)bul-u(m)bul tigang-dasa, songsong agung kawanwelas, undur-undur kakalih, gamelan walulas.

4   BL Add. MS. 14397

f. 63r–67v

Memo of weapons, flags, state sunshades (*payung*), gamelan orchestras, and accoutrements paraded at the Garebeg Siyam of A.J. 1734 (1 November 1807) beginning with R.T. Mertalaya II (*Bupati Nayaka Jawi Kiwa*), followed by R.T. Wiryanegara II (son of Kyai Wiryanegara I, Bupati of Warung-Wirasari, who appeared in document no. 3), R.T. Wiryakusuma, and Pangéran Dipakusuma (the future joint *Bupati Wedana* of Madiun) etc.

f. 63r   Punika pémut amémuti cacah damelipun abdi-Dalem ingkang sami Garebegan Bakda Siyam ing taun Jé punika, angkaning warsa sèwu pitung-atus tigang-dasa sekawan, [1 November 1807],   punika pratélanipun,   dedamelipun abdi-Dalem Jawi sapangiwa, awit sangking dedamelipun abdi-Dalem ing Kamertalayan, ingkang warni senjata kalih-dasa, waos kalih-dasa, kancanipun mantri sekawan, senjatanipun nembelas, waos nem-belas, gendéra kalih, tambur satunggil, suling satunggil, bendhé tetiga, umbul-umbul kalih, gamelan carawangsul sarancak, wah waos arahan Kamertalayan samantrinipun kalih-dasa,

wah dedamel ing Wiryanegaran, ingkang warni senjata nembelas, waos nembelas, kancanipun mantri sakawan, senjatanipun nembelas, waos nembelas, gendéra kalih, umbul-umbul kalih, tambur satunggil, suling satunggil, bendhé bèri tetiga, gamelan salindro sarancak, wah waos arahan Wiryanegaran samantrinipun sangaliku(r),

wah dedamel ing Wiryakusuman, ingkang warni senjata kalih-dasa, waos kalih-dasa, kancanipun mantri sekawan, senjatanipun nembelas, waos nembelas, gendéra kalih, umbul-umbul kalih, tambur satunggil, suling satunggil, bendhé bèri sakawan, gamelan salindro sarancak, wah waos arahan Wiryakusuman samantrinipun tigang-dasa kalih, wah dedamelipun abdi-Dalem sèwu Kadipakusuman, ingkang warni senjata kawan-dasa sekawan, waos kawan-dasa sekawan, kancanipun mantri nem, senjatanipun kawanlikur waos kawanliku(r), gendéra sekawan, umbul-umbul kalih, songsong agung kalih, tambur kalih, suling satunggil, gamelan saléndro sarancak, wah waos arahan Kadipakusuman samantrinipun, walung-dasa sekawan,

3v   wah dedamelipun abdi-Dalem Bumija, ing Kanatadiningratan, ingkang warni senja/ta kawan-dasa sekawan, waos kawan-dasa sekawan, kancanipun mantri walu, senjatanipun tigang-dasa kalih, waos tigang-dasa kalih, gendéra sekawan, umbul-umbul kalih, songsong agung kalih, tambur, kalih suling kalih, bendhé bèri tiga, gamelan saléndro sarancak, wah waos arahan Natadiningratan samantrinipun satus kalih,

wah dedamelipun abdi-Dalem Jawi Tengen, ing Jayawinatan, ingkang warni senjata kalih-dasa, waos kalih-dasa, kancanipun mantri kekalih, senjatanipun walu, waos walu, gendéra kalih, umbul-umbul kalih, tambur satunggil, suling satunggil, bendhé tetiga, gamelan salindro sarancak, wah waos arahan Jayawinatan samantrinipun pitulikur,

wah dedamel ing Danukusuman, ingkang warni senjata kawanlikur, waos kawanlikur, kancanipun mantri sekawan, senjatanipun nembelas, waos nembelas, gandéra kalih, umbul-umbul kalih, tambur satunggil, suling satunggil, gamelan salindro sarancak, bendhé tetiga, wah waos arahan, Danukusuman samantrènipun selawé,

wah dedamel ing Wiryadiningratan, ingkang warni senjata nembelas, waos nembelas, kancanipun mantri kawan, senjatanipun nembelas, waos nembelas, gandéra kalih, umbul-umbul kalih, tambur satunggil, suling satunggil, gamelan salindro sarancak, wah waos arahan Wiryadiningratan samantrènipun kalihlikur,

wah dedamelipun abdi-Dalem pamaos anyar, ing Ngadinegaran ingkang warni senjata ka-
4r   wan-dasa, waos kawan-dasa, kancanipun mantri pitu, senjatanipun walu/likur, waos tigang-dasa, gendéra kalih, umbul-umbul kalih, songsong agung kalih, tambur satunggil, suling satunggil, bendhé bèri tetiga, gamelan salindro sarancak, wah waos arahan Ngadinegaran samantrènipun walung-dasa,

wah dedamelipun abdi-Dalem penumping, ing Sindunegaran, ingkang warni senjata kawan-dasa sekawan, waos kawan-dasa sekawan, kancanipun mantri walu, senjatanipun tigang-dasa kalih, waos tigang-dasa kalih, gendéra sekawan, tambur kalih, suling satunggil, bendhé bèri sekawan, umbul-umbul kalih, songsong agung kalih, gamelan salindro sarancak, wah waos arahan Sindunegaran samantrènipun sangang-dasa gangsal,

wah dedamelipun abdi-Dalem sebandaran Kareksanegaran samantrènipun, ingkang warni senjata kalihlikur, waos kalihlikur, gendéra kalih, umbul-umbul kalih, songsong agung kalih, tambur satunggil, suling satunggil, bendhé bèri tiga, gamelan salindro sarancak, wah waos arahan Kareksanegaran samantrènipun tigang-dasa gangsal,

wah dedamelipun abdi-Dalem arahan, Bajong Bayawangsul Tangkisan, ingkang warni senjata tigang-dasa gangsal, waos kawan-dasa, gendéra kekalih,

wah dedamelipun abdi-Dalem arahan ing Lowanu, Mangundiwiryan kalih Pringgadi-wiryan, ingkang warni senjata kawan-dasa, waos kawan-dasa, gendéra kalih, tambur kalih,

54v   wah dedamelipun abdi-Dalem ing Kadanurejan, ingkang warni senjata satus ka/lih-dasa, waos satus kalih-dasa, gendéra nem, umbul-umbul sakawan, songsong agung kalih, tambur kalih, suling kalih, gamel(an) kodhok-ngorèk sarancak, wah waos arahan Kadanurejan, kalebet arahanipun abdi-Dalem jeksa, abdi-Dalem jurubasa, kathahipun satus selawé,

wah dedamelipun abdi-Dalem ing Kasumadiningratan, ingkang warni senjata walung-dasa, waos sawidak gangsal, gendéra kalih, tambur kalih, bendhé bèri sakawan, songsong agung kalih, gamelan salindro sarancak, wah waos arahan Kasumadiningratan tigang-dasa,

wah dedamelipun abdi-Dalem Kaparak Kiwa Kasindujayan, sakancanipun mantri sagolonganipun sadaya, ingkang warni senjata satus pitung-dasa, waos satus pitung-dasa, gendéra kalih, tambur satunggil, suling satunggil, bendhé bèri sakawan, gamelan salindro sarancak, wah waos arahan Kasindujayan sakancanipun abdi-Dalem Kaparak Kiwa sagol(o)nganipun sadaya, satus sawidak gangsal,

wah dedamel ing Kanatayudan, senjata sadasa, waos sadasa,

wah dedamelipun abdi-Dalem Kaparak Tengen ing Kasindurejan, ingkang warni senjata tigang-dasa, waos selawé, kancanipun mantri Mangunranan sagolunganipun abdi-Dalem Kaparak Tengen, ingkang warni senjata satus selawé, waos satus sèket, gendéra sekawan, umbul-umbul kalih, tambur kalih, suling satunggil, wah waos arahan Kasindurejan sagol(o)nganipun abdi-Dalem Kaparak Tengen, satus sangang-dasa, gamelan salindro sarancak,

f. 65r
wah dedamelipun abdi-Dalem Gedhong Kiwa Kemangundipuran, ingkang warni senjata / kawan-dasa gangsal, waos kawan-dasa sekawan, kancanipun mantri Ranawijayan sagol(o)nganipun abdi-Dalem Gedhong Kiwa, ingkang warni senjata sèket sekawan, waos sawidak, gendéra sekawan, umbul-umbul sekawan, songsong agung kalih, tambur kalih suling kalih, bendhé bèri gangsal, gamelan salindro sarancak, carawangsul sarancak, wah waos arahan Kamangundipuran sagolunganipun abdi-Dalem Gedhong Kiwa sadaya kalih-belah,

wah dedamelipun abdi-Dalem Gedhong Tengen ing Purwadipuran, ingkang warni senjata, kawan-dasa gangsal, waos kawan-dasa gangsal, kancanipun mantri Mangunjayan sagol(o)nganipun abdi-Dalem Gedhong Tengen, ingkang warni senjata walung-dasa, waos kalih-belah, gendéra sekawan, umbul-umbul sakawan, songsong agung kalih, tambur tetiga, suling kalih, gamelan salindro sarancak, wah waos arahan Purwadipuran sagol(o)nganipun abdi-Dalem Gedhong Tengen satus walung-dasa.

wah dedamelipun bendara-bendara putra sentana ing Kanatakusuman, ingkang warni senjata sèket, tawok tamèng kalihlikur, waos kawan-dasa, gendéra kalih, umbul-umbul kalih, songsong agung kalih, tambur kalih suling satunggil, gamelan salindro sarancak, wah waos arahan sawidak,

wah dedamel ing Adikusuman, Kusumayudan, Adiwijayan, ingkang warni senjata kawan-dasa, waos kawan-dasa, gendéra kalih, tambur satunggil, suling satunggil,

f. 65v
wah dedamel ing Pengabèyan, ingkang warni senjata sèket, towok tamèng walu, waos kawan-dasa gangsal, umbul-umbul kalih, gendéra kalih, songsong agung kalih, / tambur kalih, suling satunggil, gamelan salindro sarancak, wah waos arahan, kawan-dasa gangsal,

wah dedamel Kamangkukusuman, Kademangan, Panularan, ingkang warni senjata kawan-dasa, waos kawan-dasa, gendéra sekawan tambur kalih suling kalih, wah dedamel ing Kamangkubumèn, ingkang warni senjata kawan-dasa gangsal, waos kawan-dasa gangsal, gendéra kalih, umbul-umbul kalih, songsong agung kalih, tambur kalih, suling satunggil, gamelan salindro sarancak, wah waos arahan kawan-dasa gangsal,

wah dedamel ing Kamangkudiningratan, ingkang warni senjata kawan-dasa sekawan, waos kawan-dasa gangsal, gendéra kalih, tambur kalih, suling satunggil, umbul-umbul kalih, songsong agung kalih, gamelan salindro sarancak, wah waos arahan kawan-dasa walu,

wah dedamel ing Kadospatèn, ingkang warni senjata, kalihlikur, waos kalihlikur, wah senjata malih selawé, waos selawé, wah senjata malih kawan-dasa, waos kawan-dasa, wah senjata malih tigang-dasa kalih, waos tigang-dasa kalih, wah senjata malih kawanlikur, waos kawanlikur, wah senjata malih kalihlikur, waos kalihlikur, wah senjata malih kawanlikur, waos kawanlikur, wah senjata malih walulikur, waos walulikur, wah senjata malih nemlikur, waos nemlikur, wah towok tamèng tigang-dasa kalih, gendhéwa kalih, jemparing kalih éndhong, senjata arahan selawé, waos arahan satus, gendéra gangsalwelas, umbul-umbul nem, songsong agung kalih, tambur sadasa, suling sadasa, / bendhé bèri kalihwelas, gamelan salindro sarancak, gamelan kodhok-ngorèk sarancak,

wah dedamel ing Wiryawinatan, ingkang warni senjata kalih-dasa, waos kalih-dasa, gendéra kalih,

wah dedamelipun abdi-Dalem pamaosan ingkang inggih punika,   punika pratélanipun, dedamelipun Prawirawinatan sagolunganipun, ingkang warni senjata, tigang-dasa, waos tigang-dasa, gendéra kalih, tambur satunggil, suling satunggil, bendhé tetiga,

wah dedamelipun abdi-Dalem pun Setrapenatas ing Ngupit tanah Paos, ingkang warni senjata kalihlikur, waos kalihlikur, gendéra kalih, tambur satunggil,

wah dedamelipun abdi-Dalem pun Purwadirana, pun Purwadigdaya ing Purwareja, ingkang warni senjata kawan-dasa, waos kawan-dasa sekawan, gendéra kalih, tambur satunggil, wah waos arahan sadaya walung-dasa,

wah dedamelipun abdi-Dalem pamaosan ingkang lami, abdi-Dalem pun Demang Kertawijaya ing Sélamanik, sagol(o)nganipun abdi-Dalem pamaosan, tanah Redi Kidul, Genthankecubung, tanah Kedhu, Bagelèn, Ledhok, Worawari, Sehèbèk, Gagatan sadaya, ingkang warni senjata sèket, waos satus kalih-dasa, gendéra kalih, tambur satunggil,

wah dedamelipun abdi-Dalem pun Setrawijaya ing Pacitan, kalebet abdi-Dalem pamaosan pun Kawisudha, ingkang warni senjata kalih-dasa, waos kalih-dasa, gendéra kalih, tambur satunggil, suling satunggil,

wah dedamelipun abdi-Dalem pun Demang Resawinata ing Kerapyak, ingkang warni senjata kalih-dasa, waos kalih-dasa, gendéra kalih tambur satunggil,

/ wah dedamelipun abdi-Dalem pun Gundhanglipura, ingkang warni senjata kawan-dasa, waos kawan-dasa, gendéra kalih, ingkang punika anunten kagunggung sadaya,

gu(ng)gung dedamelipun abdi-Dalem Jawi sapangiwa, ingkang warni senjata, kalih-atus kawan-dasa walu, waos kalih-atus kawan-dasa walu, gendéra kawanwelas, tambur pitu, suling nenem, bendhé bèri tigawelas, umbul-umbul sadasa, songsong agung sekawan, gamelan gangsal rancak, waos arahan Jawi sapangiwa kalih-atus sawidak pitu, gu(ng)gung dedamelipun abdi-Dalem Jawi sapanengen, ingkang warni senjata kalih-atus kawan-dasa nem, waos kalih-atus kawan-dasa walu, gendéra sadasa, tambur nenem, suling gangsal, bendhé bèri tigawelas, umbul-umbul sadasa, songsong agung sakawan, gamelan gangsal rancak, wah waos arahan Jawi sapanengen kalih-atus kawan-dasa sanga,

gu(ng)gung dedamel ing Kadanurejan, kalebet ing Kasumadiningratan sapangrembènipun sadaya, ingkang warni senjata kalih-atus sangang-dasa pitu, waos kalih-atus walung-dasa pitung, gendéra kawanwelas, tambur pitu, suling tiga, bendhé bèri pitung, umbul-umbul nenem, songsong agung nenem, gamelan tigang rancak, waos arahan satus sanga,

gu(ng)gung dedamelipun abdi-Dalem Kaparak Kiwa Tengen, kalebet ing Kanatayudan, ingkang warni senjata tigang-atus tigang-dasa gangsal, waos tigang-atus sèket gangsal, gendéra nenem, tambur tiga, suling kalih, bendhé bèri sakawan, gamelan kalih rancak, umbul-umbul kalih, waos arahan tigang-atus sèket gangsal,

f. 67r gu(ng)gung dedamelipun, abdi-Dalem Gedhong Kiwa Tengen, ingkang warni senjata satus se/lawé, waos kalih-atus sangang-dasa walu, gendéra walu, tambur gangsal, suling sekawan, bendhé bèri gangsal, umbul-umbul walu, songsong agung sekawan, gamelan tigang rancak, waos arahan tigang-atus tigang-dasa,

gu(ng)gung dedamelipun abdi-Dalem ing Kadospatèn saputra sentananipun, kalebet ing Wiryawinatan, ingkang warni senjata, gangsal-atus sèket pitu, waos gangsal-atus wolulas, gendéra tigang-dasa, tambur salikur, suling pitulas, umbul-umbul kawanwelas, songsong agung sadasa, towok tamèng tigang-dasa kalih, gendhéwa jemparing sekawan, gamelan nem rancak, waos arahan tigang-atus langkung tiga,

gu(ng)gung dedamelipun abdi-Dalem pamaosan ingkang inggal, kalih ingkang lami, kalebet dedamelipun abdi-Dalem Purwareja, abdi-Dalem pun Gundhanglipura, abdi-Dalem Demang Resawinata, punapa déning dedamelipun abdi-Dalem ing Pacitan pamaosan pun Kawisudha, ingkang warni senjata, kalih-atus kalihlikur, waos kalih-atus kawan-dasa nenem, gendéra kawanwelas, tambur nenem, suling kalih, waos arahanipun abdi-Dalem pamaosan sadaya satus tigang-dasa gangsal,

anunten kagu(ng)gung sadaya, dedamelipun abdi-Dalem ing Ngayogyakarta Adiningrat ingkang sami mungel ing ngajeng wau punika sadaya, ingkang warni senjata kalih-èwu langkung tigang-dasa, waos kalih-èwu kalih-atus, gendéra sangang-dasa nenem, tambur

f. 67v sèket gangsal, suling tigang-dasa sanga, / bendhé bèri kawan-dasa kalih, towok tamèng sawidak kekalih, bendhé jemparing sekawan, umbul-umbul sèket, songsong agung walulikur, gamelan kawanlikur rancak, waos arahan sèwu pitung-atus kawan-dasa walu,

gu(ng)gungipun sadaya dados nem-èwu tigang-atus pitung-dasa walu, ingkang punika kajawi saking kagengan-Dalem.

5

BL Add. MS. 14397
f. 5r

Memo of Radèn Panji Jayèngresmi, commander of the royal bodyguard regiment, the Trunajaya Nyutra, listing the numbers of musketeers (*sarageni*) serving in various kraton infantry regiments. A total of 718 musketeers serving in eighteen separate regiments.

Punika pémut kahula abdi-Dalem pun Jayèngresmi amémuti abdi-Dalem prajurit sarageni, punika pratélanipun, rèrèyan ing Prawirawinatan abdi-Dalem Katanggel saragenènipun wolung-dasa satunggil, wah abdi-Dalem Pranakan Bela(m)bangan saragenènipun tigang-dasa nenem, wah abdi-Dalem Belambangan Sepuh saragenènipun tigang-dasa nenem, wah abdi-Dalem Suryagoma kawan-dasa pitu, wah abdi-Dalem Ngupit saragenènipun kalih-dasa,

wah rèrèyan ing Kasurèngranan abdi-Dalem Mantri Lebet saragenènipun kalihlikur, wah abdi-Dalem Mandhung saragenènipun kawan-dasa kalih, wah abdi-Dalem Kawandasa saragenènipun kawan-dasa kalih, wah abdi-Dalem Dhaèng Secadipura saragenènipun kawan-dasa, wah rèrèyan ing Kajayèngranan abdi-Dalem Mantri Pinilih saragenènipun kalihlikur, wah abdi-Dalem Jagakarya saragenènipun tigang-dasa sekawan, wah abdi-Dalem Wirabraja saragenènipun kawan-dasa walu, wah abdi-Dalem Kanèman saragenènipun kawan-dasa kalih,

wah rèrèyan kula piyambak abdi-Dalem Nyutra Trunajaya saragenènipun sawidak kalih, wah abdi-Dalem Namèngyuda Patrayuda (Y)udamenggala saragenènipun satus kawan-dasa sekawan,

gu(ng)gung sadaya abdi-Dalem prajurit saragenènipun dados pitung-atus walulas.

6 BL Add. MS. 14397
f. 37r

Memo on the obligations of the various royal regiments to produce horse for military service (*paos geladhi kapal*) for the Monday troop reviews on the *alun-alun*. *Dluwang*.

7r Punika pémut abdi-Dalem prikonca prajurit i(ng)kang sami paos geladhi kapal ing di(n)ten Senèn punika, punika pratélanipun, rèrèyan Prawirawinatan, rè(h)rèyan Prawiradiwiryan, prikonca Katanggel sagelenganipun lurah sekawan satus langkung nenem, wah prikonca Trunajaya Nyutra Kiwa Tengen sangang-dasa langkung satunggil, wah prikonca priksa dhusun tigang-dasa gangsal, sedaya dados kalih-atus tigang-dasa kalih, wah rèrèyan Kasurèngranan satus sangang-dasa pitu, wah rèrèyan Kajayèngranan kalih-atus tigalikur, gu(ng)gung abdi-Dalem prikonca prajurit dados nem-atus sèket kalih, wah abdi-Dalem Suranata tigang dasa tiga, wah prikonca gandhèk nembelas, wah abdi-Dalem prajurit Krapyak sawidak langkung walu, wah prajurit Gondhangl ipunten sawidak, nu(n)-ten kagu(ng)gung sedaya dados walung-atus langkung sangalikur.

7 BL Add. MS. 14397
f. 38r

List of weapons held by various royal regiments, e.g. Mantri Lebet Pinilih, Katanggel, Trunajaya, Jagakarya, Wirabraja, etc. with special reference to pairs (*rakit*) of (cavalry) pistols. Javanese tree-bark paper (*dluwang*).

38r Punika pratélanipun senjata, Mantri Lebet Pinilih, senjatanipun tigang-dasa tiga, pestulipun tigang-dasa rakit, wah Katanggel senjatanipun sèket walu, pestulipun sèket rakit walung rakit, wah Trunajaya senjatanipun kawan-dasa langkung sanga, wah Jagakarya senjatan-ipun kalih-dasa, wah Wirabraja senjatanipun tigang-dasa walu, wah Mandhung senjatanipun nemlikur, wah Kanèman senjatanipun salawé, wah Kawandasa senjatanipun salawé, wah Suranata senjatanipun kawanwelas, wah Krapyak senjatanipun tigang-dasa, wah Gondhanglipunten senjatanipun tigang-dasa,

gu(ng)gung senjata sedaya dados tigang-dasa sèket walu, pestulipun sangang-dasa rakit langkung serakit.

8   BL Add. MS. 14397
                                                                  f. 40r–41v

Report of the officials of the *Mantri Miji* and *Gandhèk* (royal messengers) charged with investigating the number of soldiers and the respective equipment of R.T. Purwadipura and Radèn Riya Sindureja's *Gedhong Tengen* department. Undated, but clearly written sometime between *c.* 1794/6 and December 1810, when Purwadipura served in the *Gedhong Tengen* department, see above Section I, Part 1, no. 17, and *Archive I*:189–90.

f. 40r   Kawula abdi-Dalem Miji, kalih abdi-Dalem gandhèk, kawula kakersakaken pirsa, prajurit-
         ipun abdi-Dalem pun Purwadipura, sa(r)èrèyanipun Gedhong Tengen sedaya,   punika
         pratélanipun,   prajurit Purwadipuran, saragenènipun kawan-dasa, isènipun kerga sen-
         dawanipun angalih bengkeh, séla-apènipun anyekawan, pamaosipun kawan-dasa, gu(ng)-
         gung dados wolung-dasa,   tambur suling gendéra, bendhé bèri sedasa,

         wah prajuritipun abdi-Dalem Gedhong, saragenènipun kawan-dasa nem, isènipun kerga
         angalihwelas jubung, séla-apènipun aniga, pamaosipun kawan-dasa sekawan, gu(ng)gung
f. 40v   / dados sangang-dasa, tambur suling gendéra sekawan,

         gu(ng)gung prajurit Gedhong Tengen sedaya, satus wulung-dasa sekawan kang kalebet
         tambur suling gendéra,

         wah abdi-Dalem prajurit ing Sindurejan, kathahipun kawan-dasa, senjata kalih-dasa, waos
         kalih-dasa, kerga satunggilipun, isi sendawa patruman nyalawé prah, séla-apènipun nye-
         kawan,   wah prajurit Mangunranan, senjata walu, waos walu, kerga satunggil, isi
         patruman kalihwelas jubung, séla-api nyekawan,   wah prajuritipun abdi-Dalem Kaparak
f. 41r   Tengen kathahipun sawidak kalih, senjata / tigang-dasa satunggil, paos tigang-dasa
         satunggil, kerga satunggil, isi patruman kalihwelas jubung séla-api nyekawan,   wah
         prajuritipun abdi-Dalem Mergongsa, kathahipun kawan-dasa, senjata kalih-dasa, waos
         kalih-dasa, kerga satunggil, isi patruman kalihwelas jubung, séla-api nyekawan,   wah
         abdi-Dalem Mantri Gawong kekalih prajuritipun nembelas, senjata walu, waos walu, kerga
         satunggil, isi patruman kalihwelas jubung, séla-api nyekawan,   wah abdi-Dalem Miji
         Jadirja prajuritipun walu, senjata sekawan, waos sekawan, kerga satunggilipun, isi
         patruman kalihwelas jubung, séla-api nyekawan,   wah prajurit Wangsèngsarèn walu, sen-
f. 41v   jata sekawan, waos sekawan, kerga satunggil, isi patruman / kalihwelas jubung, séla-api
         nyekawan,   wah prajuritipun abdi-Dalem Mertalulut sekawan pepak sadedamelipun,
         wah prajuritipun abdi-Dalem Priyantaka sekawan pepak sadedamelipun,

         gu(ng)gung prajurit ing Kasindurejan, kalebet sarèrèyanipun kalih-atus kawan-dasa
         gangsal.

9
BL Add. MS. 14397
f. 61r–v

Memo of the mounted troops and foot-soldiers of the Crown Prince's establishment (*Kadospatèn*) giving types, numbers, battle-dress (*prajuritan*), and names of regiments.

1r Punika pémut cacahipun abdi-Dalem prajurit ing Kadospatèn sedaya,   punika pratélan-
ipun,   abdi-Dalem prajurit Ngasinan, gelodhogan padhan, senjatanipun kalihlikur, waos-
ipun kalihlikur, gendéra kalih, tambur suling kalih, bendhé kalih,   abdi-Dalem prajurit
Dasaséla, senjatanipun kalihlikur, waosipun kalihlikur, gendéra kalih, tambur suling kalih,
bendhé kalih,   abdi-Dalem prajurit Poncasura, senjatanipun sèket satunggil, waosipun
sèket satunggil, gendéra kalih, tambur suling tiga, bèri satunggil,   abdi-Dalem prajurit
Udakersa, senjatanipun kalihlikur, waos kalihlikur, gendéra kalih tambur kalih,   abdi-
Dalem prajurit Ngasrama, senjatanipun pitulikur, waosipun pitulikur, gendéra kalih, tambur
suling kalih, bendhé kalih,   abdi-Dalem prajurit Trunasura, ingkang kapalan,
senjatanipun kalihlikur, waosipun sangalikur, gendéra kalih, tambur suling kalih,   abdi-
Dalem prajurit Jayapertoma, senjatanipun walulikur, waosipun walulikur, gendéra
satunggil, tambur suling tiga,   abdi-Dalem prajurit Jayèngastra, senjatanipun pitulikur,
waosipun kawanlikur, gendéra satunggil, tambur suling tiga,   abdi-Dalem prajurit
Langenastra, senjatanipun sangalikur, waosipun selawé, gendéra satunggil, tambur suling
tiga,   abdi-Dalem Trunasmara walulas anyepeng senjata sedaya,   abdi-Dalem pang-

1v rembé ngampil gamel Suranata sapanunggilanipun abdi-/Dalem lurah pangrembé sedaya
sèket pitu, abdi-Dalem pemaosan jurusabin sademangipun punapa déning abdi-Dalem
tampingan ingkang baten medalaken prajurit kala Gerbeg, yèn anggladhi inggih akapalan
sarta prajuritan sami anyepeng waos sedaya, ingkang pancèn prajuritan satus sangalas sami
anyepengaos sedaya, demangipun tigang-dasa tiga, kancanipun wolung-dasa nem,

gu(ng)gungipun abdi-Dalem ing Kadospatèn ingkang kapalan, pitung-atus tigang-dasa
walu, nunten kapérang ingkang nyepeng senjata kalih-atus sawidak walu, ingkang nyepeng
waos tigang-atus sawidak sanga, gendéra tambur suling bendhé kawan-dasa sekawan,

wah abdi-Dalem Trunasura senjatanipun kalihlikur, waosipun kawanlikur, gendéra kalih
tambur suling kalih, gu(ng)gung abdi-Dalem Trunasura ingkang dharat sèket.

10
BL Add. MS. 12341
f. 311r–314v

Memo concerning troops of the *Kaparak Kiwa* and other key departments. Document gives the service obligations on rice fields (*sabin*), as well as the type of troops, i.e. mounted or not, for all the major officials, e.g. Radèn Tumenggung Sumadiningrat, Mas Ngabèhi Sindujaya, Radèn Tumengung Wiryawinata, Mas Ngabèhi Sutamenggala, etc.

11r Punika pémut amémuti prajuritipun abdi-Dalem Kaparak Kiwa sapangrembènipun, pun-
ika pratélanipun,   prajuritipun Radèn Tumenggung Sumadiningrat sabin damel-Kula
sèwu satus prajuritipun kalih-belah, sami kapalan sedaya,

wah prajuritipun ingkang dharat satus,   wah prajuritipun abdi-Dalem pun Sindujaya,
sagolonganipun pangrembé, prajuritipun sabregada, prajuritipun abdi-Dalem pun
Sindujaya, sabin damel-Kula kalih-atus, prajuritipun ingkang sami kapalan tigang-dasa,

wah prajuritipun abdi-Dalem Priyataka, pun Sutamenggala sakancanipun sabin damel-Kula satus, prajuritipun ingkang sami kapalan kalihwelas, prajuritipun abdi-Dalem Singanegara, pun Wiryadikara sakancanipun, sabin damel-Kula kalih-atus, prajuritipun ingkang sami kapalan kawanlikur,   wah prajuritipun abdi-Dalem jeksa negari pun Sindusetra Nitisetra, sabin damel-Kula satus, prajuritipun ingkang sami kapalan kalihwelas,   wah prajuritipun abdi-Dalem kebayan pun Jagasemita, sakancanipun sabin damel-Kula satus, selawé,   wah prajuritipun ingkang sami kapalan gangsalwelas, sedaya prajuritipun abdi-Dalem pun Sin-
f. 311v   dujaya, kalih prajuritipun pangrembé Priyataka, Singanegara jeksa / negari, kebayan dados sangang-dasa kalih,   wah prajuritipun abdi-Dalem Mantri Kaparak pun Kartileksana sakancanipun sabin damel-Kula sangang-atus tigang-lawé, prajuritipun ingkang sami kapalan satus langkung pitulas,   wah prajuritipun Mergongsa pun Brajamusti sakancanipun, sabin damel-Kula sèwu, prajuritipun ingkang sami kapalan sawidak,   wah prajuritipun abdi-Dalem pun Onggawikrama, pun Jayawikrama Gowong, sabin damel-Kula kalih-atus, prajuritipun ingkang sami kapalan kawanlikur, sedaya prajuritipun Mergongsa Gowong dados walung-dasa kawan,   wah prajuritipun Radèn Tumenggung Wiryawinata, lenggahipun damel-Kula satus, pamaosanipun damel-Kula tiga-belah kalebet pamaosanipun Bendara Radèn Ayu tigang-lawé, kagengan-Dalem belandhong ing Redi Kidul, damel-Kula kalih-atus, dados sabin damel-Kula gangsal-atus sèket, prajuritipun satus sami kapalan,

anunten kagu(ng)gung-Dalem sedaya prajuritipun abdi-Dalem Kaparak Kiwa sapengiwa, dados gangsal-atus kawan-dasa sekawan,   wah abdi-Dalem Mantri Kaparak Mergo(ng)sa Gawong kalebet lurah Priyataka, lurah jeksa negari, lurah Singanegara, lurah tukang, kathahipun tigang-dasa nenem, anunten kagalongaken sedaya dados gangsal-atus walung-dasa, gu(ng)gung sabin dalem-Kula sedaya kawan-èwu tigang-atus kawan-dasa,

f. 312r   wah prajuritipun abdi-Da/lem Kaparak Tengen sagolonganipun sedaya,   punika pratélan-ipun,   abdi-Dalem Radèn Riya Sindureja, sabin damel-Kula gangsal-atus prajuritipun satus sami kapalan, kajawi mantrinipun,   wah abdi-Dalem pun Brajaduta pun Ondhamahi, sabin damel-Kula kalih-atus, prajuritipun kalihlikur, kajawi mantrinipun, wah abdi-Dalem Jagaduta, pun Trunayuda, sabin damel-Kula satus tigang-dasa nem, prajurit-ipun pitu, kajawi mantrinipun kalih jajaripun gangsal, wah abdi-Dalem pu(n) Nitikrama, sabin damel-Kula satus tigang-dasa kalih, prajuritipun satus sèket langkung kalih, kalebet prajuritipun mantri nenem jajaripun nenem,

wah prajuritipun abdi-Dalem Mangunrana, sagolonganipun,   punika pratélanipun, prajuritipun abdi-Dalem pun Mangunrana, piyambak walulikur, sabinipun damel-Kula kalih-atus,   wah abdi-Dalem pun Jayadirja, sabin damel-Kula satus prajuritipun sedasa sami kapalan kajawi mantrinipun,   wah abdi-Dalem pun Trunadikrama, sabin damel-Kula satus tigang-lawé, prajuritipun pitu sami kapalan kajawi mantrinipun jajaripun walu, wah abdi-Dalem pun Simbarjaya, sabin damel-Kula satus prajuritipun nenem sami kapalan, kejawi mantrinipun satunggil jajaripun kawan, wah abdi-Dalem pun Brajadenta
f. 312v   sakancanipun mantri Mergongsa, sabin damel-Kula sèwu, prajuritipun / sèket sami kapalan, kajawi mantrinipun sedasa kapétang dados sawidak, nunten kapétang sagolonganipun mantri kawanwelas, jajar Mertalulut walu, jajar Priyataka sekawan, sadaya dados satus pitulikur, kalebet mantri sajajaripun sami kapalan,   wah abdi-Dalem pun Onggadiwirya sakancanipun mantri, sabin damel-Kula sangang-atus tigang-lawé, prajurit-ipun sangang-dasa pitu, sami kapalan kajawi mantrinipun walulas, nunten kapétang dados satus gangsalwelas kalebet mantrinipun walulas wau punika,

anunten gu(ng)gung sedaya prajuritipun abdi-Dalem Kaparak Tengen sagolonganipun, sabin damel-Kula tigang-èwu gangsal-atus nembelas karya, prajuritipun tigang-atus sangang-dasa langkung sekawan, kalebet mantri sajajaripun sami kapalan sedaya, kalebet abdi-Dalem Radèn Wongsasari, sabin damel-Kula satus, prajuritipun sedasa,

wah prajuritipun abdi-Dalem Gedhong Kiwa sapengiwa, punika pratélanipun, abdi-Dalem Radèn Tumenggung Jayadipura, sabin damel-Kula gangsal-atus, prajuritipun satus, wah abdi-Dalem pun Nitipura, sabin damel-Kula tigang-lawé, prajuritipun walu sami kapalan, wah abdi-Dalem mantri kraton gangsal sabin damel-Kula kalih-belah, prajurit-

13r ipu/n gangsalwelas, wah abdi-Dalem kebayan sabinipun satus tigang-dasa nenem, prajuritipun kalihwelas, kalebet Mantri Panèket satunggil, wah abdi-Dalem pangrembé ingkang medal prajuritipun, abdi-Dalem carik abdi-Dalem Prawirasetra, Setrasemita, sabin damel-Kula satus, prajuritipun sedasa, wah abdi-Dalem su(ng)ging sabin damel-Kula nembelas prajuritipun kalih, gu(ng)gung prajuritipun abdi-Dalem Jayadipura, sagolongan-ipun sabin damel-Kula sangang-atus pitung-dasa nenem, prajuritipun satus kawan-dasa walu, mantrinipun sawelas, wah abdi-Dalem pun Ronawijaya, sabin damel-Kula kalih-atus, prajuritipun tigang-dasa,

wah abdi-Dalem pun Mondhalika sakancanipun Mantri Panèket jajar, mantri damelipun karya, sabin damel-Kula sèwu langkung wolung-dasa sekawan prajuritipun satus walu,

13v gunggung prajuritipun abdi-Dalem pun Ronawijaya sakancani/pun Mantri Panèket jajar, sabin damel-Kula sèwu kalih-atus wolung-dasa sekawan, mantrinipun kawanwelas, panèket pitu,

anunten kagelengaken prajuritipun abdi-Dalem pun Jayadipura, sagolonganipun Gedhong Kiwa, sapangrembènipun i(ng)kang medal prajuritipun, sedaya sabin damel-Kula kalih-èwu kalih-atus sawidak, gu(ng)gung prajuritipun kalih-atus walung-dasa nenem, sami kapalan, mantrinipun selawé panèket pitu,

wah prajuritipun abdi-Dalem Gedhong Tengen sapanengen, punika pratélanipun, prajuritipun abdi-Dalem Radèn Tumenggung Mertalaya, sabin damel-Kula gangsal-atus, prajuritipun satus sami kapalan, wah prajuritipun abdi-Dalem ngampil i(ng)kang nyanggi damel, sabin damel-Kula kalih-atus, prajuritipun kalih-dasa, wah prajuritipun abdi-Dalem pun Purwawijaya, pun Singawedana kalebet sosoranipun abdi-Dalem kebayan,

14r sabin damel-Kula kalih-atus, prajuritipun kalih-/dasa, wah abdi-Dalem jeksa, sabin damel-Kula tigang-dasa nenem prajuritipun sekawan, gu(ng)gung prajurit ing Mertalayan sagolonganipun kalebet sabin damel-Kula kawan-atus selawé wau punika, sadaya dados satus kawan-dasa sekawan,

wah prajuritipun abdi-Dalem pun Mangunjaya, sabin damel-Kula kalih-atus, prajuritipun tigang-dasa, wah prajuritipun abdi-Dalem Panèwu pun Mangunegara, sakancanipun abdi-Dalem Mantri Panèket jajar, kalebet ingkang tumedhak damelipun abdi-Dalem pandhé ingkang sèket dados abdi-Dalem damel-Kula sèwu sèket prajuritipun dados satus-gangsal, prajurit sagolonganipun ing Mangunjayan, dados satus tigang-dasa gangsal, mantrinipun sedaya tigalikur kalebet mantrinipun sadaya dados satus sèket walu sami kapal,

gu(ng)gung sabinipun sagolonganipun Gedhong Tengen, dados kalih-èwu satus walung-dasa nem, prajuritipun sedaya dados tigang-atus langkung kalih, anunten kagelengaken sabin Gedhong Kaparak Kiwa Tengen sapangrembènipun, sedaya dados sabin damel-Kula

f. 314v saleksa kalih-èwu tigang-atus langkung / kalih karya, gu(ng)gung prajuritipun Gedhong Kaparak Kiwa Tengen sapangrembènipun sedaya dados sèwu pitung-atus sangang-dasa pitu, sami kapalan.

11

BL Add. MS. 12341
f. 1r–3v

Memo concerning the number of weapons held by troop contingents of the various senior Bupati beginning with Radèn Adipati Danureja II (in office, 1799–1811), the *Wedana Bandar*, Kyai Tumenggung Reksanegara, and Radèn Tumenggung Natadiningrat. Undated, but from internal evidence (e.g. the reference to Radèn Tumenggung Natadiningrat, who was only appointed to that name and title on 31 January 1805, see above Section I, Part 1, no. 23) clearly composed between 1805 and 1811.

f. 1r Punika pémut amémuti cacahipun dedamelipun abdi-Dalem Bupati Mantri, Jawi Lebet Kiwa Tengen sadaya,   punika pratélanipun,   dedamelipun abdi-Dalem prajurit ing Kadanurejan, senjata pitung-dasa sakawan, waosipun wolung-dasa, gendéra kalih, tambur kalih, suling kekalih,   wah dedamelipun abdi-Dalem prajurit Kareksanegaran senjatanipun gangsalwclas, waos gangsalwelas, gendéra kalih, tambur satunggil, suling satunggil, bendhé bèri kawan,

wah dedamelipun prajurit abdi-Dalem Jawi sapangiwa,   punika pratélanipun,   dedamelipun abdi-Dalem prajurit ing Kanatadiningratan, senjatanipun kawan-dasa, waosipun tigang-dasa walu, gendéra kalih, tambur satunggil, suling satunggil, kancanipun mantri pipitu senjatanipun nemlikur, waos walulikur, gendéra kalih, tambur satunggil, suling satunggil,

wah dedamelipun abdi-Dalem prajurit ing Kadipakusuman samantrinipun gangsal, senjatanipun sawidak, waosipun sèket enem, gendéra kalih, tambur satunggil, suling satunggil,

wah dedamelipun abdi-Dalem prajurit ing Kawiryakusuman samantrinipun sakawan, senjatanipun tigang-dasa enem, waosipun tigang-dasa kalih, gendéra kalih, tambur satunggil, suling satunggil,

f. 1v / wah dedamelipun abdi-Dalem prajurit ing Kawiryanegaran samantrinipun sekawan, senjatanipun tigang-dasa kalih, senjatanipun selawé, gendéra kalih, tambur satunggil, bendhé bèri sakawan,

wah dedamelipun abdi-Dalem prajurit ing Kamertalayan sakancanipun mantri sakawan, senjatanipun tigang-dasa kalih, waos walulikur, gendéra kalih, tambur satunggil, suling satunggil,

wah dedamelipun abdi-Dalem prajuritipun Jawi sapanengen,   punika pratélanipun, dedamelipun abdi-Dalem prajurit ing Kasindunegaran, sakancanipun mantri wewalu, senjatanipun sèket, waosipun sawidak kawan, gendéra sekawan, tambur satunggil, suling satunggil, bendhé bèri sakawan,

wah dedamelipun abdi-Dalem Kaadinegaran sakancanipun mantri pipitu, senjatanipun sawidak walu, waos sawidak walu, gendéra kalih, tambur satunggil, suling satunggil, bendhé sakawan, wah dedamelipun abdi-Dalem prajurit ing Wiryadiningratan, sakancanipun mantri sa-kawan, senjatanipun tigang-dasa kalih, waosipun inggih tigang-dasa kalih, gendéra kalih tambur satunggil, suling satunggil, bendhé titiga,   wah dedamelipun / abdi-Dalem prajurit ing Kadanukusuman, sakancanipun mantri tetiga, senjatanipun kawan-dasa kalih, waos tigang-dasa kalih, gendéra kalih, tambur satunggil, suling satunggil,

wah dedamelipun abdi-Dalem prajurit Kajayawinatan sakancanipun mantri kekalih, senjatanipun walulikur, waos walulikur, gendéra kalih, tambur satunggil, suling satunggil bendhé sekawan,

wah dedamelipun abdi-Dalem prajurit Kaparak Kiwa,   punika pratélanipun,   dedamel-ipun abdi-Dalem prajurit Kaparak Kiwa ing Kasumadiningratan, senjatanipun sawidak, waosipun kawan-dasa, gendéra kalih, tambur kalih, suling satunggil,

wah kancanipun mantri Kasindujayan sakancanipun abdi-Dalem Kaparak Kiwa kalebet ing Kanatayudan,   kapétang senjatanipun sawidak kalih, waosipun inggih sawidak kalih, gendéra kalih, tambur satunggil, suling satunggil, bendhé sakawan,

wah prajuritipun abdi-Dalem Mergongsa Gedhong Kiwa, kalebet abdi-Dalem kebayan senjatanipun tigang-dasa tiga, waosipun sangalikur, gendéra kalih,

wah dedamelipun abdi-Dalem prajurit Kaparak Tengen, ing Kasindurejan, senjatanipun kalih-dasa, waos kalih-dasa, awarni / gendéra kalih, tambur satunggil,   wah dedamelipun abdi-Dalem Mantri Kaparak Tengen, Kamangunranan samantripun, kalebet prajuritipun abdi-Dalem Miji Wangsèngsarèn Jayadirjan, senjata sèket, waos sèket, gendéra kalih, tambur suling satunggil,   wah dedamelipun abdi-Dalem kebayan kalebet abdi-Dalem Mergongsa Gedhong Tengen, senjatanipun tigang-dasa kalih, waos kawan-dasa kalih, wah abdi-Dalem prajurit Gedhong Kiwa, Kamangundipuran senjatananipun kawan-dasa, waos kawan-dasa, gendéra kalih, tambur satunggil, suling satunggil, bendhé nenem, kancanipun Mantri Resawijayan sakancanipun Mantri Gedhong Kiwa, senjatanipun kawan-dasa, waos kawan-dasa, gendéra kalih, tambur satunggil, suling satunggil, bendhé tiga,

wah cacahipun abdi-Dalem prajurit Gedhong Tengen, ing Purwadipuran senjatanipun kawan-dasa, waos kawan-dasa, gendéra kalih, tambur kalih, suling kalih,   wah abdi-Dalem prajurit Mangunjayan Mangunegaran Suryawijayan, senjatanipun walulas, waos walulas,   wah prajuritipun abdi-Dalem Mantri Gedhong Tengen sagolonganipun, / senja-tanipun kawan-dasa waos, kawan-dasa, prajuritipun abdi-Dalem kebayan senjata sakawan, waos sakawan,

ingkang punika anunten kagu(ng)gung sagolonganipun piyambak-piyambak, gu(ng)gung dedamelipun abdi-Dalem ing Kadanurejan, kalebet ing Kareksanegaran, senjata walung-dasa sanga, waos sangang-dasa gangsal, gendéra tambur suling bendhé bèri kawanwelas,

gu(ng)gung dedamelipun abdi-Dalem Jawi sapangiwa, senjatanipun kalih-atus kalihlikur, waosipun kalih-atus salikur, gendéra tambur suling be(ndh)é bèri tigang-dasa pitu,

gu(ng)gung dedamelipun abdi-Dalem damel Jawi sapanengen, senjata satus sangang-dasa kalih, waos kalih-atus kawanlikur, gendéra tambur suling bendhé bèri tigang-dasa pitu,

gu(ng)gung dedamelipun abdi-Dalem Kaparak Kiwa Tengen, senjatanipun kalih-atus sèket pitu, waos kalih-atus kawan-dasa tiga, gendéra tambur suling bendhé bèri, tigalikur, gu(ng)gung dedamelipun abdi-Dalem Gedhong Kiwa Tengen, senjatanipun satus walung-dasa kalih, waos satus walung-dasa, gendéra tambur suling bendhé bèri, tigalikur,

f. 3v ingkang punika anunten / kagu(ng)gung dedamelipun abdi-Dalem damel Jawi Lebet Kiwa Tengen, ingkang munggel ing ngajeng wau punika, senjatanipun sadaya sangang-atus kawan-dasa kalih, waos sangang-atus sawidak gangsal, gendéra tambur suling bendhé bèri satus kawanlikur,

gu(ng)gungipun sadaya dados kalih èwu tigang-dasa satunggil.

12   BL Add. MS. 12341
                                                                                  f. 9r–10v

Memo of infantry contingents, in particular musketeers (*prajurit sarageni*), with their weapons, equipment, and provisions (*pamaosan*), belonging to various senior court officials and princes beginning with Kyai Tumenggung Sindunegara I (later Kyai Adipati Danureja III, in office 1811–1813), the Second Outer Bupati and Assistant (*Kliwon*) of Radèn Adipati Danureja II. Undated, but from internal evidence (e.g. the reference to R.T. Natadiningrat), composed between January 1805 and 1811 (see above document 11).

f. 9r Punika pémut amémuti prajuritipun abdi-Dalem pun Sindunegara, saragenènipun kawan-dasa kalebet tambur suling gendéra, kreganipun sami isi patruman sendawa anyabengket, waosipun kawan-dasa, wah prajuritipun abdi-Dalem mantri, saragenènipun walulikur kalebet tambur suling gendéra, kreganipun isi patruman anyabengket, waosipun walulikur, sedaya dados satus tigang-dasa nenem,

prajuritipun abdi-Dalem Pangéran Adinegara, senjatanipun kawan-dasa, sendawanipun sakerganipun isi anyabengket, séla-apinipun angalih, waosipun kawan-dasa, wah gendéra kalebet ungel-ungelanipun nenem, wah prajurit mantri, senjatanipun walulikur, kerga satunggilipun isi sendawa, anggangsalwelas jubung, séla-apinipun angalih, waosipun walulikur, wah gendéra kalih, sedaya dados satus kawan-dasa kawan, wah prajurit-ipun abdi-Dalem pun Jayawinata, senjatanipun kalebet gendéra kalih-dasa, kerga satunggil-ipun isi patrum sendawa angalih-dasa jubung, séla-apinipun angalih, waosipun kalih-dasa, wah prajuritipun mantri, senjatanipun walu, isinipun kerga sendawa angalih-dasa, séla-
f. 9v apinipun angalih, wa/osipun walu, sedaya dados sèket walu, kalebet ungel-ungelan kalih,

wah prajurit Wiryadiningratan, senjatanipun kalebet tambur suling gendéra nembelas, kerganipun isi sendawa patrum anyalikur jubung, séla-apinipun angalih, waosipun nembelas, wah prajuritipun mantri kawan, senjatanipun nembelas, kerganipun sami isi patruman sendawa nyalikur jubung, waosipun nembelas, sedaya dados sawidak sekawan,

wah prajurit Danukusuman, saragenènipun kalebet tambur suling gendéra nembelas, kreganipun sami isi patrum ngalihwelas jubung, pemaosipun nembelas, wah prajuritipun abdi-Dalem mantri kalih saragenènipun walu, pemaosipun walu, kreganipun sami isi sen-dawa nyadasa jubung, sedaya dados kawan-dasa walu,

gu(ng)gung prajuritipun abdi-Dalem Bupati sapanengen saragenènipun, sedaya kalebet tambur suling gendéra, satus tigang-dasa kalih, pemaosipun satus tigang-dasa kalih, gu(ng)gung prajuritipun abdi-Dalem mantri sapanengen, saragenènipun kalebet tambur suling gendéra sangang-dasa, pemaosipun walung-dasa walu, anunten kagelengaken saragenènipun abdi-Dalem Bupati Mantri sapanengen sedaya dados kalih-atus kalihlikur, pemaosipun sedaya dados kalih-atus sangalas,

0r / wah prajurit Natadiningratan, saragenènipun kawan-dasa kalebet tambur suling gendéra, sendawanipun andhungan wonten tong kawan-dasa bengket pemaosipun kawan-dasa, wah prajuritipun abdi-Dalem mantri, saragenènipun kalebet gendéra tambur walulikur, kreganipun sami isi patruman ngabengket, waosipun walulikur, sedaya dados satus tigang-dasa nenem,

wah prajurit Dipakusuman, saragenènipun kawan-dasa kalebet tambur suling gendéra, kreganipun isi patruman nyabengket, waosipun kawan-dasa, wah prajuritipun mantri gangsal, saragenènipun kalih-dasa, kreganipun sami isi patrum sendawa anyabengket waosipun kalih-dasa, sedaya dados satus kalih-dasa,

wah prajurit Wiryakusuman, saragenènipun kalebet tambur suling gendéra kalih-dasa, kreganipun sami isi patruman anyabengket, waosipun kalih-dasa, wah prajuritipun abdi-Dalem mantri, saragenènipun nembelas, kerganipun sami isi patruman anyabengket, waosipun nembelas, sedaya dados pitung-dasa kalih,

wah prajurit Wiryanegaran saragenènipun, nembelas, kalebet tambur suling gendéra, kre-
0v ganipun / sami isi patruman gangsalwelas jubung, pemaosipun nembelas, wah prajurit-
ipun abdi-Dalem mantri, saragenènipun nembelas, kreganipun sami isi patrum nyadasa jubung, waosipun nembelas, sedaya dados sawidak sakawan,

wah prajurit Mertalayan, saragenènipun kalebet tambur suling gendéra kalih-dasa, kregan-
ipun sami isi sendawa, angalihwelas jubung, pemaosipun kalih-dasa, wah prajuritipun abdi-Dalem mantri, saragenènipun kalihwelas, sendawanipun wonten kerga sami ngalih-
welas jubung, pemaosipun kalihwelas,

gunggung saragenènipun abdi-Dalem Bupati sapengiwa dados satus tigang-dasa nem, pe-
maosipun sedaya satus tigang-dasa nenem, gunggung saragenènipun abdi-Dalem mantri sapengiwa dados sangang-dasa kalih, pemaosipun sedaya, sangang-dasa kalih, gunggung saragenènipun abdi-Dalem Bupati mantri sapengiwa dados kalih-atus walulikur, pemaos-
ipun dados kalih-atus walulikur, anunten kagu(ng)gung saragenènipun abdi-Dalem Bupati Mantri Jawi Tengen dados kawan-atus sèket, pemaosipun kawan-atus kawan-dasa pitu, anunten kagelengaken sarageni kalih pamaos sedaya dados, wolung-atus sangang-dasa pitu.

13

BL Add. MS. 12341
f. 31r–35r

Memo listing the royal mounted troop contingents of the Crown Prince's establishment (*Kadospatèn*) and the royal relatives (*saputra sentananipun*), all the principle kraton administrative departments (*Jawi / Lebet, Kiwa / Tengen*), and the *mancanagara* Bupati, all of which are to be paraded on horseback (*kapalan*) at the royal country retreat (*pasanggrahan*) at Arjawinangun (Rajawinangun) just to the east of Yogyakarta on Wednesday, 1 June 1808 (6 Rabingulakir A.J. 1735). The list begins with the troop contingents of the *mancanagara* Bupati. See further Arsip Nasional (Jakarta) 'Djokjo Brieven' 23, 'Translaat Notitie van zoodanige troepen van Z. H. den Sulthan te Djokjocarta also op den 6e van het ligt Rabiolakeer in 't jaar Dal 1735 ofte den 1e Junij 1808 door Z. H. den Kroonprins op 's vorstens buiten plaats Rodjo-Winangoen g'inspecteerd zijn, ten bijweesen van den Opperkoopman en Eerste Resident Pieter Engelhard, en den Colonel Adjutant Generaal en Chef d'Etat Major Frans Carel Philip von Winkelman .....'

f. 31r Punika pémut kala ing dinten Rebo tanggal ping nem wulan Rabingulakir ing taun Dal angkaning warsa sèwu pitung-atus tigang-dasa gangsal [Wednesday, 1 June 1808], amé-muti cacahipun abdi-Dalem prajurit ing Kadospatèn saputra sentananipun, punapa déning prajuritipun abdi-Dalem Jawi Lebet Kiwa Tengen samoncanegarinipun, ingkang sami kakersakaken geladhi mawi kakapalan dhateng ing Arjawinangun,   punika pratélanipun, ingkang rumiyin awit saking prajuritipun abdi-Dalem ing moncanegari,

abdi-Dalem prajurit ing Kamangundipuran, kathahipun sadaya kapalan tigang-dasa nem, wah ingkang wonten wi(ng)king kathahipun kapal nenem,

wah abdi-Dalem prajurit ing Sasrakusuman, kathahipun sadaya kapalan kawan-dasa walu, wah ingkang wonten wi(ng)king kathahipun kapalan nenem,

wah abdi-Dalem prajurit ing Samadipuran, kathahipun sadaya kapalan walung-dasa, wah ingkang wonten wi(ng)king kathahipun kalihwelas,

wah abdi-Dalem prajurit ing Prawirayudan, kathahipun sadaya kapalan kawan-dasa walu, wah ingkang wonten wi(ng)king kathahipun kapalan nenem,

wah abdi-Dalem prajurit ing Natawijayan, kathahipun sadaya kapalan sawidak, wah ing-kang wonten wi(ng)king kathahipun kapalan sesanga,

f. 31v / wah abdi-Dalem prajurit ing Natadiwiryan, kathahipun sadaya kapalan kawan-dasa, wah ingkang wonten wi(ng)king kathahipun kapalan sanga,

wah abdi-Dalem prajurit ing Samanegaran, kathahipun sadaya kapalan kawan-dasa kalih, wah ingkang wonten wi(ng)king kathahipun kapalan sanga,

wah abdi-Dalem prajurit ing Pringgakusuman, kathahipun sadaya kapalan sèket kalih, wah ingkang wonten wi(ng)king kathahipun kapalan sangalas,

wah abdi-Dalem prajurit ing Pringgalayan kathahipun sadaya kapalan pitung-dasa pipitu, wah ingkang wonten wi(ng)king kathahipun kapalan pitu,

wah abdi-Dalem prajurit ing Prawirasentikan, kathahipun sadaya kapalan pitung-dasa, wah ingkang wonten wi(ng)king kathahipun kalihwelas,

wah abdi-Dalem prajurit ing Yudakusuman, kathahipun sadaya kapalan sawidak, wah ing-kang wonten wi(ng)king kathahipun kapalan wawalu,

wah abdi-Dalem prajurit ing Sasranegaran, kathahipun sadaya kapalan sawidak, wah ing-kang wonten wi(ng)king kathahipun kapalan sadasa,

f. 32r wah abdi-Dalem prajurit ing Sasradiningratan, kathahipun sadaya kapalan walung-dasa nenem, wah ingkang wonten wi(ng)king kathahipun kapalan / sadasa,

wah abdi-Dalem prajurit ing Karanggan, kathahipun sadaya kathahipun kapalan satus nem, wah ingkang wonten wi(ng)king kathahipun kapalan kalihwelas,

wah abdi-Dalem prajurit ing Purwadiningratan, kathahipun sadaya kapalan sawidak, wah ingkang wonten wi(ng)king kathahipun kapalan kalihwelas, gu(ng)gung abdi-Dalem prajurit ing moncanegari, sadaya kathahipun kapalan sangang-atus salawé, gu(ng)gung ingkang wonten wi(ng)king kathahipun kapalan satus sèket,

wah abdi-Dalem prajurit Jawi sapengiwa, punika pratélanipun, ingkang rumiyin abdi-Dalem prajurit ing Mertalayan, kathahipun sadaya kapalan sawidak sakawan, wah ingkang wonten wi(ng)king kathahipun kapalan walulas,

wah abdi-Dalem prajurit ing Wiryanegaran, kathahipun sadaya kapalan sèket nem, wah ingkang wonten wi(ng)king kathahipun kapalan kalihwelas,

wah abdi-Dalem prajurit ing Wiryakusuman, kathahipun sadaya kapalan sawidak sakawan, wah ingkang wonten wi(ng)king kathahipun kapalan sadasa,

32v / wah abdi-Dalem prajurit ing Dipakusuman, kathahipun sadaya kapalan, satus kalih-dasa, wah ingkang wonten wi(ng)king kathahipun kapalan kawanlikur,

wah abdi-Dalem prajurit ing Natadiningratan, kathahipun sadaya kapalan satus kawan-dasa langkung sakawan, wah ingkang wonten wi(ng)king kathahipun kapalan sawidak,

gu(ng)gung abdi-Dalem prajurit Jawi sapengiwa, kathahipun sadaya kapalan kawan-atus kawan-dasa, gu(ng)gung ingkang wonten wi(ng)king kathahipun sadaya, kapalan satus langkung kawanlikur,

wah abdi-Dalem prajurit Jawi sapanengen, punika pratélanipun, ingkang rumiyin abdi-Dalem prajurit ing Jayawinatan, kathahipun sadaya kapalan kawan-dasa, wah ingkang wonten wi(ng)king kapalan kalih-dasa,

wah abdi-Dalem prajurit ing Kadanukusuman, kathahipun sadaya kapalan pitung-dasa kekalih, wah ingkang wonten wi(ng)king kathahipun kapalan walulas,

wah abdi-Dalem prajurit ing Wiryadiningratan, kathahipun sadaya kapalan kawan-dasa gangsal, wah ingkang wonten wi(ng)king kathahipun kapalan gangsalwelas,

33r / wah abdi-Dalem prajurit ing Ngadinegara, kathahipun sadaya kapalan satus kalih-dasa, wah ingkang wonten wi(ng)king kathahipun kapalan kalih-dasa,

wah abdi-Dalem prajurit ing Sindunegaran, kathahipun sadaya kapalan satus sadasa, wah ingkang wonten wi(ng)king kathahipun kapalan tigang-dasa,

gu(ng)gung abdi-Dalem prajurit Jawi sapenengen, kathahipun sadaya kapalan tigang-atus walung-dasa langkung pitu gu(ng)gung ingkang wonten wi(ng)king kathahipun sadaya kapalan satus langkung tiga,

wah abdi-Dalem prajurit ing Reksanegaran, kathahipun sadaya kapalan tigang-dasa kalih, wah ingkang wonten wi(ng)king kathahipun kapalan wawalu,

wah abdi-Dalem prajurit ing Kadanurejan, kathahipun sadaya kapalan satus sawidak, wah ingkang wonten wi(ng)king kathahipun kapalan walulikur,

gu(ng)gung abdi-Dalem prajurit ing Reksanegaran, kalih ing Kadanurejan kathahipun sadaya kapalan satus sangang-dasa kalih, gu(ng)gung ingkang wonten wi(ng)king kathahipun kapalan tigang-dasa nenem,

f. 33v　　wah abdi-Dalem prajurit salebet,　　punika pratélanipun,　　/ ingkang rumiyin abdi-Dalem prajurit ing Sumadiningatan, kathahipun sadaya kapalan walung-dasa, wah ingkang wonten wi(ng)king kathahipun kapalan walulikur,

wah abdi-Dalem prajurit ing Kasindujayan, sagolonganipun sapangrembènipun abdi-Dalem Kaparak Kiwa, kathahipun sadaya kapalan satus tigang-dasa langkung nenem, wah ingkang wonten wi(ng)king kathahipun kapalan satus kawan-dasa langkung sakawan,

wah abdi-Dalem prajurit ing Kasindurejan, sagolonganipun sapangrembènipun abdi-Dalem Kaparak Tengen, kathahipun sadaya kapalan satus sawidak, wah ingkang wonten wi(ng)-king kathahipun kapalan satus kawan-dasa,

wah abdi-Dalem prajurit ing Kamangundipuran sagolonganipun sapangrembènipun abdi-Dalem Gedhong Kiwa, kathahipun sadaya kapalan satus walung-dasa kawan, wah ingkang wonten wi(ng)king kathahipun kapalan walung-dasa sanga,

wah abdi-Dalem prajurit ing Purwadipuran sagolonganipun sapangrembènipun abdi-Dalem Gedhong Tengen, kathahipun sadaya kapalan satus walung-dasa sakawan, wah ingkang wonten wi(ng)king kathahipun kapalan sangang-dasa satunggil,

f. 34r　　gu(ng)gung abdi-Dalem prajurit salebet, kathahipun sadaya ka/palan pitung-atus kawan-dasa sakawan, gu(ng)gung ingkang wonten wi(ng)king kathahipun kapalan tigang-atus sangang-dasa langkung kalih,

wah abdi-Dalem prajurit ing Kadospatèn sapangrembènipun, kathahipun sadaya kapalan pitung-atus sawidak tiga,

wah abdi-Dalem prajurit ing Pangabèyan sasentananipun kalebet ingkang dhèrèk, kathahipun sadaya kapalan kalih-atus kalih-dasa,

wah abdi-Dalem prajurit ing Natakusuman sasentananipun kalebet ingkang dhèrèk, kathahipun sadaya kapalan kalih-atus gangsalwelas,

wah abdi-Dalem prajurit ing Mangkudiningratan, kathahipun sadaya kapalan sangang-dasa gangsal kalebet ingkang dhèrèk,

wah abdi-Dalem prajurit ing Kamangkubumèn kalebet ingkang dhèrèk, kathahipun sadaya kapalan satus,

wah abdi-Dalem prajurit ing Panengahan kalebet ingkang dhèrèk, kathahipun sadaya kapalan tigang-dasa kalih,

wah abdi-Dalem prajurit ing Mertasanan kalebet ingkang dhèrèk, kathahipun sadaya, kapalan pitung-dasa,

f. 34v　　wah abdi-Dalem prajurit ing Pamotan, kalebet ingkang dhè/rèk, kathahipun, gangsalwelas,

wah abdi-Dalem prajurit ing Wiryawinatan, kathahipun sadaya kapalan selawé,

wah abdi-Dalem prajurit ing Dipasanan, kathahipun sadaya kapalan kawanwelas, wah abdi-Dalem prajurit ing Sontakusuman, kathahipun kapalan sadasa, wah abdi-Dalem prajurit ing Natabayan, kathahipun kapalan salikur, wah abdi-Dalem prajurit ing Jayakusuman, kathahipun kapalan selawé, wah abdi-Dalem prajurit ing Sontawijayan, kathahipun kapalan gangsalwelas, wah abdi-Dalem prajurit ing Salarongan, kathahipun kapalan sadasa, wah abdi-Dalem prajurit putra Kadospatèn, ing Ontawiryan, kathahipun gangsalwelas, wah abdi-Dalem prajurit ing Sumawijayan, ing Poncakusuman, ing Mertawijayan, kathahipun sadaya kapalan kalih-dasa,

gu(ng)gung abdi-Dalem prajurit putra sentana, sadaya kapalan sèwu nem-atus sèket langkung gangsal,

gu(ng)gung kapalanipun abdi-Dalem ing Kadospatèn saputra sentananipun abdi-Dalem Jawi Lebet Kiwa Tengen samoncanegaranipun, ingkang sami mungel ing ngajeng wau punika sadaya, dados / gangsal-èwu satus sèket gangsal.

35r

14   BL Add. MS. 12303
f. 176r–177v

Memo specifying the number of long-lash whips (*sabet*) and saddle cloths (*borongan*) allowed to each of the highest-ranking Bupati in both the *nagara agung* and *mancanagara*. Undated, but pre-August 1799 because of the reference to R.T. Mertanegara, who only succeeded his father as Yogyakarta Patih with the title of Radèn Adipati Danureja II in that month.

176r Punika pémut kagengan-Dalem sabet ingkang sami kagadhahaken abdi-Dalem Bupati sedaya ingkang sami kawawrat, punika pratélanipun, gadhahanipun abdi-Dalem pun Adipati Danureja, baten mawi kawawrat, mila baten kawawrat sawab sampun p(e)kantuk anggènipun, wah gadhahanipun putra-Dalem Radèn Tumenggung Sumadiningrat, boronganipun wawrat sawidak sakawan sabetipun wawrat sèket nenem, timbalan-Dalem wawrat nanging sampun pakantuk, wah gadhahanipun putra-Dalem Radèn Tumenggung Mertanegara, boronganipun wawrat sawidak satunggil sabetipun wawrat sèket kalih, timbalan-Dalem awrat nanging sami embatipun dados sampun pakantuk, wah gadhahanipun abdi-Dalem pun Jayawinata, boronganipun wawrat kawan-dasa nenem, sabetipun wrat tigang-dasa walu, timbalan-Dalem wonten gadhahanipun nanging sampun pekantuk, wah gadhahanipun Radèn Tumenggung Wiryadiningrat boronganipun pun wawrat sawidak walu, sabetipun wawrat sawidak kalih, timbalan-Dalem kawraten, baten pekantuk, wah gadhahanipun abdi-Dalem pun Mangunegara, boronganipun wawrat sèket

176v pitu, sabetipu/n wawrat kawan-dasa kalih, timbalan-Dalem sampun pekantuk, wah gadhahanipun abdi-Dalem pun Mendura, boronganipun wawrat kawan-dasa tiga, sabetipun wawrat tigang-dasa gangsal timbalan-Dalem sampun pekantuk, wah gadhahanipun abdi-Dalem pun Mertalaya, boronganipun wawrat kawan-dasa kawan sabetipun wawrat tigang-dasa walu, timbalan-Dalem sampun pekantuk, wah gadhahanipun abdi-Dalem pun Natayuda, boronganipun wawrat kawan-dasa pitu, sabetipun wawrat tigang-dasa nenem timbalan-Dalem sampun pekantuk, wah gadhahanipun abdi-Dalem pun Re(k)sanegara, boronganipun wawrat kawan-dasa sakawan sabetipun wawrat tigang-dasa nenem, timbalan-Dalem sampun pekantuk, wah gadhahanipun abdi-Dalem pun Tirtadiwirya, boronganipun wawrat kawan-dasa satunggil sabetipun wawrat tigang-dasa tiga, timbalan-Dalem pun p(e)kantuk, wah gadhahanipun abdi-Dalem pun Sindujaya, boronganipun wawrat sèket pitu, sabetipun wawrat sèket satunggil, timbalan-Dalem kawraten gandhul pucuk, wah gadhahanipun abdi-Dalem pun Mangunjaya, boronganipun wawrat kawan-dasa sakawan

177r sabetipun wawra/t tigang-dasa walu, timbalan-Dalem sampun pekantuk, wah gadhahanipun abdi-Dalem pun Mangunrana, boronganipun wawrat sèket sakawan sabetipun wawrat kawan-dasa tiga, timbalan-Dalem wawrat gandhul pucuk, wah gadhahanipun abdi-Dalem pun Mangunyuda, boronganipun wawrat kawan-dasa pitu, sabetipun wawrat tigang-

dasa kalih, timbalan-Dalem sampun pekantuk,   wah gadhahanipun abdi-Dalem pun
Prawirasastra, boronganipun wawrat kawan-dasa sanga, sabetipun wawrat kawan-dasa
satunggil timbalan-Dalem èndhèng gandhul pucuk,   wah gadhahanipun abdi-Dalem
Pangéran Dipakusuma, boronganipun wawrat sawidak tiga, sabetipun wawrat sèket gangsal
timbalan-Dalem awrat gandhul pucuk,   wah sabetipun abdi-Dalem pun Yudakusuma,
boronganipun wawrat sèket sakawan, sabetipun wawrat kawan-dasa gangsal timbalan-
Dalem pekantuk,

wah gadhahanipun Kyai Dipati Purwadiningrat boronganipun wawrat sèket sabetipun
wawrat kawan-dasa kalih, timbalan-Dalem sampun pekantuk,   wah gadhahanipun putra-
Dalem Radèn Rongga Prawiradirja, boronganipun wawrat sawidak kalih, sabetipun wawrat
kawan-dasa sangga, timbalan-Dalem anggoné sampun pekantuk,   wah gadhahanipun
abdi-Dalem pun Sasradiningrat boronganipun wawrat sèket tiga, sabetipun wawrat kawan-
dasa gangsal timbalan-Dalem anggènipun sampun pekantuk,   wah gadhahanipun abdi-
f. 177v   Dalem pun Sasranegara, boronganipun wawrat sèke/t sakawan sabetipun wawrat kawan-
dasa tiga, timbalan-Dalem sampun pekantuk,   wah gadhahanipun abdi-Dalem pun
Sasrakusuma, boronganipun wawrat sèket nenem sabetipun wawrat kawan-dasa sakawan
timbalan-Dalem anggènipun sampun pekantuk,   wah gadhahanipun abdi-Dalem pun
Prawirasentika, boronganipun wawrat sèket sakawan sabetipun wawrat kawan-dasa tiga,
timbalan-Dalem anggènipun sampun pekantuk,   wah gadhahanipun abdi-Dalem pun
Natadiwirya, boronganipun wawrat sèket nenem sabetipun wawrat kawan-dasa nenem
timbalan-Dalem anggènipun baten pekantuk gandhul pucuk,   wah gadhahanipun abdi-
Dalem pun Mangundirana, boronganipun wawrat sèket nenem, sabetipun wawrat kawan-
dasa sangga, timbalan-Dalem anggènipun baten pekantuk gandhul pucuk,

gu(ng)gung kagengan-Dalem sabet sedaya dados nemlikur.

SECTION III

CORRESPONDENCE

PART 1

Incoming Correspondence

1

BL Add. MS. 12303
f. 175r

Certification (*serat pratandha*) of Kyai Setratruna sent to Kyai Jayakarta concerning the letting out of the former's rice fields at Pagamelan in Mataram via the system of cash down payment in anticipation of harvest (*tebas*). The issue on the liability for the surtax on tribute (*taker-tedhak*), the house tax (*pacumpleng*), and the terms of payment. Dated 21 December 1785.

175r   Ingkang serat pratondha kula Kyai Setratruna kacepenga dhateng Kyai Jayakarta, pramila kula anyepengi serat pratondha asta dhateng Kyai Jayakarta, déné kula anebasaké gadhahan kula sabin sajung westaning dhusun ing Pagamelan tanah Metawis, paosipun jung nem dipuntebas jung kalihwelas, pejah samubarang taker-tedhak ing negari amung pacump(l)eng ingkang kalih, wondéné praja(ng)jèyan kula sakungsum pantun sakatigan-ipun mongsa ngajeng punika,

kala sinerat ing dinten Kemis ping Paing sasi Sapar, tanggal ping walulas, ing taun Jimakir, angkaning warsa, 1 7 1 2
[Thursday [*sic*] (in fact, Wednesday), 21 December 1785].

2

BL Add. MS. 12303
f. 179r

Certification (*serat pratandha*) of Kyai Jayasuprata sent to Radèn T. Sumadiningrat complementing the above letter to Kyai Jayakarta. Undated, but probably 1785 or 1786.

179r   Punika ingkang serat prata(n)dha kula Kyai Jayasuprata kaatura dhumateng Bendara Rahadèn Tumenggung Sumadiningrat, pramila kula anyaosi serat prata(n)dha kula dhumateng Bendara Radèn Tumenggung Sumadiningrat déné konca kula Ki Jayakarta, anebas sitènipun prikonca gamel awasta pun Setratruna, westanipun dhusun ing Pagamelan siti sajung, paosipun jung nem dipuntebas jung kalihwelas gesang pacump(l)eng, pejah semubarang taker-tedhak, praja(ng)jènipun Ki Jayakerta, kalih Ki Setratruna, saku(ng)sum-ipun satu mangsa rendheng, sakatiganipun, wondéné rendhenganipun sampun kelampahan, kantun katiganipun sapunika kantun methik, nanging pun Setratruna sapunika kema(n)-tunan, sapunika pun Malik kula suhun, karsaning Bendara Radèn Tumenggung anglilani, pratiganipun tulusa dipuntedha ingkang nebas wau,

yèn saupami pawingkingipun wonten tatika ingkang kados makaten, kaci ketanggel kalih kacakep parak, inggih mulura prakawisipun.

3

BL Add. MS. 12341
f. 158r

Letter to Mas Jayèngsari (post-*c*. 1794/96, Radèn Tumenggung Purwadipura, Section I, Part 1, no. 17) giving notice of a royal order delivered by Radèn Ng. Bausasra and Radèn Ng. Jayuda regarding the repossession by the Sultan of all suspended rice fields (*sabin gantungan*) in Radèn Mas Jayèngsari's appanage with the exception of those guarding (*rumeksa*) the royal retreats at Arjawinangun, Babadan, and Taman Wanacatur, as well as taxable rice fields (*sabin pamaosan*) at Wanasegara. All were to be repossessed if they were not registered in the list of lands (*serat rèngrèng*). Undated, but probably 1786-87.

f. 158r   (Pa)man Mas Jayèngsari, kula suka priksa dhateng paman yèn kula kadhawahan timbalan-Dalem, ingkang dhawahaken pun Adhi Bausasra, kalih pun Jayuda, yèn kula kakersakaken amundhut sabin gantungan agegadhuhané paman, kajawi lenggahé paman, pamintanipun Radèn Riya Sindureja, kalih ingkang rumeksa ing Arjawinganun, ingkang rumeksa ing Babadan, ingkang rumeksa Taman Wanacatur, kalih kagengan-Dalem sabin pamaosan ing Wanasegara sajung, kajawènipun punika, timbalan-Dalem kakersakaken kapundhutan sadaya, senajan wontena ingkang sampun kapintakaken priyayi konca, yèn dèrèng mungel ing serat rèngrèng, ingkang wonten kula, timbalan-Dalem inggih kakersakaken mundhuti sedaya, kula kakersakaken anyerepaken, kalih réngréng ingkang wonten kula, punika paman asanget panedha kula, sampun paman kalintu tampi, sakathah-kathahé paman kekirangan punapa, kula permi anglimpahi ing sakersa-kersa-Dalem.

4   BL Add. MS. 12341
                                                                      f. 50r-v
                                                              (also f. 204r-v)
                                                             Archive I:47-8

Anonymous report, probably by Danureja I, on Hamengkubuwana I's reaction to the proposed pardon for Mangkunegara I suggested by the Governor of Java's Northeast Coast (*Tuwan Idlèr*), Jan Greeve (in office, 1787-91). Undated, but probably October 1790.

5   BL Add. MS. 12342
                                                                       f. 242r
                                                          Archive I:147-48

Letter of Pangéran Ngabèhi to his sister (*bibi*) Radèn Ayu Ja(ya)ningrat informing her of the betrothal of his son to a daughter of Sunan Pakubuwana IV. Dated 28 December 1792.

6   BL Add. MS. 12341
                                                                f. 304r-305r
                                                          Archive I:142-43

Report to R.T. Sumadiningrat from an unknown informant on the difficulties which some Yogyakarta officials are experiencing with HB II. One official had already been suspended and had complained that the Sultan's reign would be like that of Mangkurat I (1646-77).

7   BL Add. MS. 12341
                                                                       f. 22r
                                                             Archive I:46-7

Letter of Radèn Tumenggung Jayawinata I to Radèn T. Sumadiningrat reporting on his tour of Pajang where lands belonging to a Yogyakarta village close to the Gunung Kidul frontier had been overrun by subjects of Mangkunegara I. Undated, but *c.* 1790.

8
BL Add. MS. 12341
f. 224r–225v
(f. 226r–228r)
*Archive I:*119–21

Statements of the witnesses interrogated with regard to the murder of Ratu Ageng Tegalreja's trading factor, Ngabèhi Mertaleksana, on the eve of Friday, 15 January 1802. Statements dated between 6 and 13 February 1802.

9
BL Add. MS. 12341
f. 205r–206r
*Archive I:*122–23

Letter of Radèn Adipati Mangkupraja, Patih of Surakarta (in office 1796–1804), to Danureja II concerning the murder of Ngabèhi Mertaleksana. Dated 9 March 1802.

10
BL Add. MS. 12341
f. 20r–21v
*Archive I:*123–25

Letter of Mas Panji Padmawijaya to R.T. Sumadiningrat reporting Hamengkubuwana II's anger with Pangéran Adinegara and R.T. Jayawinata due to their dilatoriness in following up the murder of Ngabèhi Mertaleksana. He also informs him of the exchange of letters between the Residents at Surakarta and Yogyakarta over the complaints about the Yogyakarta mission to Surakarta territory. Undated, but *c.* 17 March 1802.

11
BL Add. MS. 12341
f. 44r–v
*Archive I:*129

Letter to Radèn Adipati Danureja from an anonymous sender concerning a legal dispute between Mas Panji Padmawijaya and the *Kapitan Cina* of Yogyakarta, Tan Jin Sing . The suit had been pending for years and the 'Great Law Code' (*Angger Ageng*) was to be consulted as to whether the case should be allowed to lapse. Undated, but *c.* 1803/04.

12
BL Add. MS. 12341
f. 140r–141r
*Archive I:*126–28

Reports (*awèh weruh*) from Danureja II (?) to the Yogyakarta *Wedana Jero*, Radèn Riya Sindureja, regarding two cases of murder by Chinese, the latter involving a question of jurisdiction between Yogyakarta and the 'High Court' (*Raad van Justitie*) at Semarang. Undated, but *c.* 1802–08.

13
BL Add. MS. 12341
f. 125r–126r
*Archive I:*18–19

Report on political conditions at Cirebon. Undated, but between 1804 and 1806.

14

BL Add. MS. 12341
f. 302r
*Archive I:*76

Note to Radèn Riya Brongtakusuma asking him to inform the Sultan HB II that the Resident wishes to have an audience the following day. Undated, but *c.* 1808–1811.

15

BL Add. MS. 12341
f. 207r–v
*Archive I:*154–55

Letter to Danureja II from an anonymous sender (probably Radèn Riya Sindureja) concerning court politics and the arrangements for reporting urgent matters to the Sultan in the event of sickness amongst senior officials with access to the ruler. Undated, but pre-1808.

16

BL Add. MS. 12341
f. 114r
*Archive I:*134–35

Report of an unidentified person sent to Japan (Majakerta) to deliver letters regarding the investigation of a robbery. Undated, but probably 1808–12.

17

BL Add. MS. 12341
f. 185r
*Archive I:*145–46

Letter of Radèn Tumenggung Sumadilaga to Radèn Tumenggung Sumadiningrat on fighting cocks. Dated 25 August 1810.

18

BL Add. MS. 12341
f. 18r–19v
*Archive I:*41–43

Anonymous report to an unnamed Yogyakarta Bupati (probably Radèn T. Prawirayuda, Yogyakarta Bupati of Sekaran) giving an account of his activities during the recent revolt of Radèn Rongga in 1810. Not dated, but probably December 1810.

19

BL Add. MS. 12341
f. 11r–12r
*Archive I:*36–38

Proclamation of Radèn Rongga proclaiming himself protector of all Javanese and Chinese who have been ill-treated by the Dutch and taking the title Kangjeng Susuhunan Prabu Ngalaga. Dated 26 November 1810.

20

BL Add. MS. 12341
f. 29r–v
Archive I:40

Letter of Radèn Rongga to Kapitan Cina Sing Sèh Sam of Surabaya asking for help during his rebellion. Dated 13 December 1810.

21

BL Add. MS. 12341
f. 46r–47r
Archive I:135–36

Letter of Mas Tumenggung Sumanegara (?) to a senior Yogyakarta eastern *mancanagara* official (probably Radèn Rongga Prawiradirja III of Madiun or Radèn Tumenggung Sasradiningrat II of Jipang-Rajegwesi) concerning his nephew, Mas Resadiwirya of Maos. Wrongly ascribed to Danureja II in *Archive I*.

22

BL Add. MS. 12341
f. 298r
Archive I:35

Letter of Radèn Rongga to Radèn Tumenggung Sumadiningrat informing him of the death of Rongga's relative, Bibi Dayawati. Dated 12 March 1810.

23

BL Add. MS. 12341
f. 239v
Archive I:44

Report by Kyai Singadirona, a *Mantri Panèket*, describing his role in the Yogyakarta expedition against Radèn Rongga. Undated, but probably Dec. 1810.

24

BL Add. MS. 12341
f. 239r–v
Archive I:136

Report from Kyai Setrayuda to the court describing his mission to Pajang to investigate a robber band. Undated, but probably December 1810.

25

BL Add. MS. 12341
f. 245r–246v
Archive I:20

Letter of Danureja II to R.T. Sumadiningrat concerning the purchase of guns and horses by Sumadiningrat and his followers. Undated, but probably 6 February 1811.

26

BL Add. MS. 12341
f. 109r
Archive I:22

Letter of three *Mantri* of the *Gedhong Kiwa*, Jayadipura, Ranawijaya, and Mondhalika, concerning the hand over of officials of their department for not doing their duty. Undated, but probably late September 1811.

27

BL Add. MS. 14397
(not Add. 12341)
f. 35r–36v
Archive I:50–51

Letter of Kyai Nitimenggala to R.T. Sumadiningrat relating arrangements for Raffles' official reception in Surakarta and Yogyakarta. Undated, but likely mid-December 1811.

28

BL Add. MS. 12341
f. 174r
Archive I:85–6

Letter from John Crawfurd to the Yogyakarta Crown Prince (the future Hamengkubuwana III, then acting as Prince Regent) reassuring him of British goodwill and support. Dated 19 December 1811.

29

BL Add. MS. 12341
f. 103r
Archive I:137

Letter of Radèn Tumenggung Sasrakusuma of Grobogan to Radèn Tumenggung Prawirasentika reporting on gambling dens in the tax-free villages allotted to religious officials at Seséla on the North Coast. Dated 6 May 1812. See Section I, Part 2, no. 24.

30

BL Add. MS. 12341
f. 144r–v
Archive I:91–2

Letter from HB II in reply to John Crawfurd's of 2 March 1812 regarding his obligations under the December 1811 treaty. Dated 8 March 1812.

31

BL Add. MS. 12341
f. 247r–248v
Archive I:25–6

Letter of the Yogyakarta *Demang* of Pacitan, Setrawijaya, to Crawfurd regarding deliveries of teak logs.

32

BL Add. MS. 12341
f. 138r–139r
Archive I:23–4

Letter of Kyai Demang Setrawijaya to Crawfurd mentioning that he would order his tax-collectors (*bekel*) to make a survey of people and ricefields in Pacitan. Undated, but probably late 1812.

33
BL Add. MS. 12341
f. 151r–152r
Archive I:27–8

Letter from Pangéran Natakusuma (later Pakualam I, r. 1812–29) to Crawfurd with complaints about Sultan Hamengkubuwana II and the Crown Prince (the future Hamengkubuwana III). Dated 13 May 1812.

34
BL Add. MS. 12341
f. 183r
Archive I:25

Letter from Kyai Demang Setrawijaya of Pacitan to the Resident at Yogyakarta complaining about two insubordinate local officials. Undated, but probably 1812.

35
BL Add. MS. 12341
f. 299r–v
Archive I:174–75

Undated letter to Radèn Tumenggung Sumadiningrat from a religious official relating that the mosques at Wedhi and Setona are in need of repair.

36
BL Add. MS. 12341
f. 196r–v
Archive I:153–54

Anonymous letter to an unknown recipient drawing illusions to places and figures in the wayang plays.

37
BL Add. MS. 12341
f. 178r–179v
Archive I:152–53

Undated statements from the royal scribes pleading their innocence with regard to omissions in Kyai Tumenggung Mangundipura II's appanage list, see Section II, Pt 3, no. 23.

38
BL Add. MS. 12341
f. 209r–v
Archive I:148–49

Undated letter to the Yogyakarta Crown Prince begging forgiveness for two officials who have allowed a prisoner (or bondman) to die on the road.

39
BL Add. MS. 14397
f. 53r
Archive I:144

Undated note to Radèn Tumenggung Sumadiningrat regarding the housing of various Yogyakarta pangérans outside the kraton.

40
BL Add. MS. 12341
f. 303r–v
Archive I:144

Undated letter from Kyai Tambi Jenggi to Radèn Tumenggung Sumadiningrat informing him of a serious personal illness.

41
BL Add. MS. 14397
f. 49r

Letter in report form from Ragadiwongsa, Kertamenggala, and Resawéya, royal rice field overseers (*abdi-Dalem jurusabin*) at Krapyak, concerning their responsibilities with regard to distribution of the royal rice harvest (*kagengan-Dalem pantun*). On Rebo Legi, 5 Rejeb, Kyai Resawinata unlawfully took (*culika*) three *amet* which he distributed to his three wives, giving one *amet* to each. Others followed his example, namely Nitipraya (one *amet*), Onggaresa (two *amet* which he gave for safekeeping [*dipuntitipaken*] to Resawongsa), Resawongsa (two *amet*), Reksaleksana (eight *songga*), Tirtayuda (six *songga*), and Resayuda (six *songga*), making a total of eleven *amet* and two *songga* (one *amet* = 240 *kati* = 148 kgs; one *songga* = ± 50 *kati* = 30.85 kgs).

f. 49r   Pémut kawula, pun Ragadiwongsa, pun Kertamenggala, katiga pun Resawéya, abdi-Dalem jurusabin Krapyak, amémuti ragan kula rumeksa kagengan-Dalem pantun kala dinten Rebo Legi, tanggal ping gangsal sasi Rejeb punika, Kyai Resawinata culika amendhet kagengan-Dalem pantun, kathahipun tigang amet lajeng dipunsukakaken ingkang èstri titiga, nyaamet,   wah malih Nitipraya mendhet saamet,   wah pun Onggaresa mendhet sa-amet dunungipun pantun kalih amet wau punika, dipuntitipaken pun Resawongsa,   wah malih pun Resawongsa inggih mendhet kalih amet,   wah malih pun Reksaleksana mendhet walung songga,   wah pun Tirtayuda mendhet nem songga,   wah malih pun Resayuda mendhet nem songga,   dados kagengan-Dalem pantun ingkang sami dipun-pendheti gu(ng)gungipun sawelas amet, langkung kalih songga, mila kula purun gadhah unjuk sapunika, déné boten sapisan punika kimawon ngantos tigang ungsum punika, kalih déning pamendhetipun saya kathah saya kathah mila sakelangkung jrih kula, kula tiyang alit, bilih kadengangan saking liyanipun kula, tan wandé kula tumut bilahi boten, ingkang punika sakathah-kathahipun unjuk kula i(ng)kang kawrat ing serat punika, kauningana ingkang ageng-ageng.

42
BL Add. MS. 14397
f. 23r

Letter from Demang Ranawijaya at Kebondalem in Kedhu appealing to the Resident (aka 'Minister') of Yogyakarta. The letter concerns 'ownership' (*gagadhuhan*) of the lands (*siti dhusun*) of Kebondalem consisting of 100 *jung* or rice fields (*sabin*) repossessed by Mas Ngabèhi Danukrama, Mantri of Bojong in Kedhu, which are to be awarded to Suralegawa. This was refused (*mopo*) by the writer who points out that twelve *jung* have been held by him for a long time, another twenty-five *jung* are held by two of his *bekel*, and a further twenty-five have been maintained (*sanggi*) personally (*piyambak*) by him. Undated, but certainly post-July 1808 when the title '*Minister*' was introduced by Daendels for Residents at the Central Javanese courts, and probably post-September 1812 when John

Crawfurd commenced his enquiries into the land rent system in Kedhu using Danukrama as one of his assistants, see Carey, *The British in Java*, p. 439 n.203. *Kertas dhedhak.*

3r   Punika atur kawula abdi-Dalem Demang Ranawijaya ing Kebondalem, saha ingkang pejah gesang kawula, sayogya konjuka ing tapak pada sampéyan-Dalem, ing Kangjeng Tuwan Besar saha Minister ingkang apilenggah pan nagri ing Ngayogyakarta Adiningrat, wondéning atur kawula punika pratélanipun,

aprakawis gagadhuhan kawula siti dhusun ing Kebondalem, cacah sabin kalihwelas jung, punika dipunpundhut dhumateng Mas Angabèhi Danukrama, kersanipun badhé dipunparingaken dhateng abdi-Dalem pun Suralegawa Mantri Jawi, nanging kawula mopo sanget yèn kawula boten suka, ingkang mawi siti dhusun pun Kebondalem, kalihwelas jung wau punika, inggih cacepengan kawula lami, ingkang selawé wonten bebekelipun kalih, ingkang selawé kawula sanggi piyambak, ingkang punika menawi tamtu kapatedhaken dhateng abdi-Dalem pun Suralegawa, sanget panuwun kawula, saha pejah gesang kawula, konjuka ing Kangjeng Tuwan Besar, éwa sapunika saking wrat kawula atengga petakipun kaki, menggah pun Kebondalem sabin kalihwelas jung, medal ejung pitu, yèn wonten kersanipun Kangjeng Tuwan Besar, kakersakaken paos tikelipun kawula inggih sendika, paos wau punika kénginga kawula ladosaken piyambak-piyambak.

43   BL Add. MS. 12342
                                                                f. 106r–v

Note of Radèn Tumenggung Sumadiningrat informing the Sultan that he had been called by the Patih (Danureja I?) to the Danurejan where all the notables (*ingkang ageng-ageng*) were gathered. There he was queried by Danureja about his retrenching of the lands of Kyai Tumenggung Mangundipura II. To this Sumadiningrat replied that his actions had been on (the Sultan's ?) written orders (*serat pémut pratélanipun bumi ingkang kula pendheti*), further proclaiming that if he can be shown to have acted wrongly, he deserved to be fined or even suspended from his post (*inggih prayogi kadhendha-kadhendhaa, prayogi kamantunan-kamantunan*). Undated, but probably between 1786 and 1797, see above Section II, Part 3, no. 23.

106r   Punika pémut kawula abdi-Dalem pun Sumadiningrat ngunjuki priksa ing Panjenengan-Dalem saweg ing dinten Sala(sa) ing wingking punika, kula dipunundang dhateng abdi-Dalem pun Danureja, sadhateng kula ing Kadanurejan, ingkang ageng-ageng wonten sadaya, nunten kula dipunpriksa dhateng abdi-Dalem pun Danureja, aprakawis angsal kula amendheti buminipun abdi-Dalem pun Mangundipura,   kula kawestanan salang cahak amendheti bumi ingkang déné karsa-Dalem, ingkang déné paréntahipun abdi-Dalem pun Danureja, kula boten rumaos, yèn amendhet ingkang kajawi karsa-Dalem, ingkang jawi saking paréntahipun abdi-Dalem pun Danureja,   kula dipunpendheti serat pémut pratélanipun bumi ingkang kula pendheti,   nanging mopo yèn baten wontena kadadosipun, mila kula mopo, déning kula sampun kasaosaken awon, wondéning panuwun kula dhateng abdi-Dalem pun Danureja, kula nuwun keleresipun ingkang ageng-ageng, yèn saupami kula lepat, inggih wonten abilai kula, prayogi kadhendha-kadhendaa, prayogi kamantunan-kamantunan, yèn saupami ingkang amestani kula awon nyebal saking kersa-

106v   Dale/m, lepat angsalipun amestani, panuwun kula dhateng abdi-Dalem pun Danureja, inggih prayogi kadhendha-kadhendaa, prayogi kamantunan-kamantunan, pengraos kula piyambak, kejawi karsa-Dalem raosipun angsalipun mementahi karsa-Dalem, mila kula kasaosaken awon, kula sumongga karsa-Dalem, sareng ing dinten Jumungah punika nunten kula kadhatengan utusanipun abdi-Dalem pun Danureja, westanipun pun Onggadirana, ambekta serat pémut,   sapunika kula saosaken ing Panjenengan-Dalem.

44   BL Add. MS. 12341
f. 30r

Radèn Tumenggung Sumadiwirya (a Yogyakarta *Bupati Miji*) gives notice to an unnamed superior regarding the division of lands of the Wiryanegaran (Yogyakarta Bupati of Warung-Wirasari, later [post-June 1811] Kertasana) and Sindupatèn (i.e. Sindunegaran) families. The document mentions various members of the Wiryanegaran family, e.g. Wiryanegara's wife and son, R.T. Wiryakusuma, a Yogyakarta *Bupati Miji*. See Plate 14.

f. 30r   Kawula pun Paman Tumenggung Sumadiwirya, anyaosaken ing sampéyan aprakawis kula kapatedhan siti satus sabin i(ng)kang saking Kawiryanegaran yèn tamtunipun siti kawan-atus Kasindupatèn sabin kawan-atus kabagé kapara sekawanipun, saé sami saé, awon sami awon kula inggih nuhun sendika, yèn i(ng)kang Bok Kangjeng Bendara Radèn Ayu Wiryanegara, boten amarengi, kula kapatedhan siti satus, lenggahipun Radèn Tumenggung Wiryakusuma, daweg kala teksih Radèn Masipun yèn boten éwah, teksih kados ingkang k(a)lampahan kula inggih nuhun sendika, yèn boten kados sapunika trapipun kula sanget panuwun kula,

wondéning kawuninganipun ing rayi sampéyan Radèn Dipati, utawi konjukipun dhateng Kangjeng Raja Putra Naléndra, kula sumongga ing Panjenengan-Sampéyan.

45   BL Add. MS. 12341
f. 177r–v

Letter of Mantri Resawikrama, one of the Sultan's village overseers (*mantri priksa dhusun*), reporting on the difficulties of retrenching royal lands. Undated, but certainly post-1802 i.e. when HB II's *pancas* revision came in leading to massive land retrenchments. On Resawikrama—also spelt 'Resadikrama'—see Carey, *The British in Java*, p. 482 n. 390; and on the *pancas*, see above p. 80.

f. 177r   Punika pémut kawula, pun Resawikrama, abdi-Dalem Mantri priksa dhusun, amémuti unjuk kula, sakonca kula, ingkang sami priksa dhusun sedaya, konjuka ing Paréntah, punika pratélanipun,   yèn sampun tamtu kersa-Dalem angersakaken mundhut kagungan-Dalem bumi dhusun, ingkang kajawi saking nuwalanipun, abdi-Dalem sedaya, panuwun kula ing Paréntah, ingkang dados jejenengipun, kakersakena satunggil kimawon, mila sapunika yèn kakersakena ingkang dados jejeneng kekalih, adat ingkang sampun kalam-pahan, akathah pakèwedipun, kalih déning yèn angsal berkat-Dalem, sampun gèn kula, anglampahi ayahan-Dalem priksa dhusun, panuwun kula ing Paréntah kawedanakna, ingkang dados jejeneng, pasowan kula, kados saabdi-Dalem, ingkang kathah-kathah, kalih déning malih, yèn kula angsal gèn kula anglampahi ayahan-Dalem, panuwun kula ing Paréntah kalilana sami ngladosaken, angsalipun piyambak-piyambak, saupami wonten kersa-Dalem, badhé kapatedhak-kapatedhakaken dhateng putra-putra-Dalem sentana-sen-
f. 177v   tana-Dalem, abdi-abdi-Dalem, panuwun kula ing Paréntah ku/la, sakonca kula, kapriyog-iya, kawawrata, ing Paréntah, ingkang priyogi, dados abdi-Dalem prajurit, inggih dados,

abdi-Dalem prajurit, ingkang priyogi, dados abdi-Dalem damel, panuwun kula inggih
dadosa, abdi-Dalem damel, mila kula kamipurun gadhah unjuk, kathah-kathah ing
Paréntah, boten sapisan kaping kalih, gèn kula anglampahi ayahan-Dalem priksa dhusun,
samongsa, sampun mantun, pedamelan kula boten mawi karaosaken pisan, dhateng ing
Paréntah, ingkang punika yèn sampun kauningan, saunjuk-unjuk kula, ing Paréntah,
sumongga kersaning Paréntah.

46   BL Add. MS. 12341
                                                                          f. 186r–v

Incomplete letter from an unknown *mantri priksa dhusun* concerning a report from Radèn
Panji Jayèngsari (post–*c.*1794–96, Radèn Tumenggung Purwadipura, see above Section
I, Part 1, no. 17) relating to difficulties in retrenching royal lands.

86r   (...) kalih déning malih kula kadhawahan timbalan-Dalem miji saking abdi-Dalem pun
Jayèngsantun, kawrat ing serat pémut,   dhawah ing timbalan-Dalem amirsa lampahipun
abdi-Dalem priksa dhusun, angsalipun anglampahi ayahan-Dalem angupados kagengan-
Dalem bumi lelangkungan, pamendhetipun resah, ingkang punika sapamirsa kula menggah
lampahipun abdi-Dalem priksa dhusun, pangraos kula boten, éwa sapunika kula nuwun
pangapunten-Dalem, ingkang mawi abdi-Dalem priksa dhusun dèrèng pepak sadaya,
wondéning paréntah-kula dhateng abdi-Dalem priksa dhusun sampun-sampun boten
kakirangan, kalayan malih menggah sabinipun para Bendara-Bendara, ingkang wau mila
alon wonten ingkang kapendhet, dhateng abdi-Dalem priksa dhusun, ingkang wau abdi-
Dalem pun Jayèngsantun dèrèng suka serat rè(ng)rèng dhateng kula, sareng abdi-Dalem
pun Jayèngsantun sampun suka serat rè(ng)rèng dhateng kula, nunten bumi ingkang
kapendhet wau, inggih sampun sami kawangsulaken malih,   kaping tigangipun wonten
86v   dhawah ing ti/mbalan-Dalem, kagengan-Dalem sabin gantungan ingkang sampun resik,
wonten kula, kapriksa menggah kekajengan kula, kula boten gadhah kajeng, sumongga ing
karsa-Dalem, wondéning menggah satatanipun tiyang lumampah damel, bekel dhusun,
sadèrèngipun dhawah ing timbalan-Dalem, abdi-Dalem bebekel dhusun inggih saweg sami
kawernèkaken,   ingkang punika kula sumongga ing kersa-Dalem.

47   BL Add. MS. 12341
                                                                          f. 57r

Letter apparently sent to the Yogyakarta Crown Prince (*Kangjeng Gusti*) referring to
orders carried out in relation to Radèn Arya Panengah and Pangéran Arya Mangkubumi.
Undated, but probably between December 1810 and October 1811 when the Yogyakarta
Crown Prince (the future HB III) ruled as Prince Regent.

57r   A(ng)gèr kula ngunjuki uninga ing sampéyan wau dalu sampéyan matedhani serat pémut
dhateng kula, aprakawis karsanipun rayi sampéyan Bendara Radèn Arya Panengah,
sampun kula munjuk dhateng rayi sampéyan Bendara Pangéran Arya Mangkubumi, kalih
serat pémut kula saosaken timbalanipun rayi sampéyan Bendara Pangéran Arya Mangku-
bumi, serat punika prakawisipun boten susah konjuk ing Kangjeng Gusti, rayi sampéyan
Kangjeng Bendara Pangéran Arya Mangkubumi ingkang ananggel prakawisipun dhateng
rayi sampéyan Bendara Radèn Arya Panengah, wondéning dhusun ingkang mungel ing
serat pémut wau punika, inggih sampéyan peksa sampéyan timbali, kalih déning a(ng)gèr

kula kadhawahan timbalanipun kangjeng rama ij(e)ngandika Kangjeng Gusti, sampéyan
dipundikakaken anyarati mangkata ing dinten bénji(ng) énjing saking padamelan sam-
péyan, i(ng)kang mawi pengajengipun dintenipun awon kangjeng rama ij(e)ngandika boten
angersakaken, kalih déning malih aprakawis rayi sampéyan Bendara Radèn Mas Murdiman
sapunika saweg dipuntimbali, dhateng rayi sampéyan Bendara Pangéran Arya Mang-
kubumi.

48   BL Add. MS. 12341
                                                              f. 15r

Letter from an unknown writer giving information that he has been ordered by the Sultan
(?HB II) to take the place of the Yogyakarta Bupati Miji Mas Aria Jayasuponta. The letter
also refers to matters concerning official land-holdings (*tanah bengkok*) and tribute
payments.

f. 15r   Kang Mas kula canthèl unjuk ing sampéyan, samangké wonten kersa-Dalem, kula
          kakersakaken, anggentosipun paman Jayasuponta, kula sakelangkung panuwun kula, inggih
          sandika, sasampun ing sandika, yèn amarengi lega, galih-Dalem, kula gadhah panuwun
          lenggah kula lami, kalilana kula bekta sabin satus, kalih kagengan-Dalem pamaosan kawan
          jung, wastaning dhusun pun Bajang tigang jung, pun Katembi sajung, mila kula gadhah
          panuwun kagengan-Dalem kawan jung punika, déné dados tedha kula, wondéné gèn kula
          gadhah panuwun anglambangi bengkok kula satus punika, sampun sami dados tedhanipun
          réncang kula lami, wondéné lelambanganipun ingkang sami, dados panuwun kula wau
          punika, kula anyaosi ingkang sami pamedalipun punika sanget panuwun kula ing
          sampéyan konjukipun Kangjeng Pangéran Arya Mangkubumi, kula sumongga ing
          sampéyan.

49   BL Add. MS. 12341
                                                              f. 5r–v

Letter from an unknown writer to the Sultan (HB II?) concerning tax-collection duties of
Radèn Tumenggung Wiryadiningrat and Radèn Tumenggung Wiryawinata, who had
recently been given their new names (they had earlier been known as Wiryakusuma and
Cakradiwirya) and raised to the rank of Tumenggung with taxed appanages. These duties
in the *nagara agung* (Mataram) were to be as they had been in the time of Radèn
Tumenggung Rajaniti, a previous royal tax-collector in Mataram.

f. 5r   Kula nuwun kula nyaosaken unjuk kawrat ing serat nyaosaken unjukipun pun
          Wiryadiningrat pun Wiryawinata, kala ing dinten Kemis pun Wiryakusuma, pun
          Cakradiwirya namanipun kapundhut kapatedhan nama Tumenggung Wiryadiningrat,
          Wiryawinata, kalih kapathedan lenggah sabin nyatus kagadhahan pamaosan nigang-atus
          nigang-dasa kalih, sami sakelangkung, panuwunipun ingkang mawi angraos kadamel
          wawrat ing Panjenengan-Dalem sareng Kemis sonten sami dhateng pagriyan kula, arerem-
          bagan sami angraos sanget kasusahanipun sami nyaosaken pejah gesangipun yèn amarengi
          kersa-Dalem panuwunipun kalilana, anglurahi pamaosan sawarnènipun pun Metawis pun
          Pakawisan Gadhing, pun Krapyak, pun Gondhang, pun Lipura mila gadhah panuwun
          makaten angraos ical bebaunipun kalih déning malih daweg dèrèng wonten kersa-Dalem
          kula pun Wiryadiningrat pun Wiryadinata, dipunundang dhateng abdi-Dalem pun Mangun-

dipura wicantenipun kadugi nglempakaken pamaosan pun Metawis, ngantu/kaken kados alamipun abdi-Dalem pun Rajaniti, sapunika kelampahan boten pangraos kula, kula kasim-par, saking pun Metawis kula sumongga kersa-Dalem mila sapunika, sampun tanggel raganipun nyaosaken pejahipun, bilih manawi amarengi kelilan panuwunipun watiripun nala-Dalem risak ing dhusun kalih déning kagengan-Dalem pamaosan ingkang medal yatra, uwos pantun wonten karépotanipun pun Wiryadiningrat pun Wiryawinata, kajawi kersa-Dalem inggih kula warnènipun kula sumongga kersa-Dalem.

PART 2

Outgoing Correspondence

1

BL Add. MS. 12303
f. 3r–v

Letter from Radèn Tumenggung Sumadiningrat to Radèn Tumenggung Jayawinata I discussing interest and/or prior payment (*bungah, tempah*) of debts owing to the Sultan contracted by Kyai Ngabèhi Puspayuda and two other royal officials, Jatinaya and Sutadita, of some sixty-two real. Dated 21 December 1786.

f. 3r   Ingkang serat Rahadèn Tumenggung Sumadiningrat ka(a)tura ingkang paman Rahadèn Tumenggung Jayawi(na)ta,   sasampun ing (t)aklim kula, kula suka wersa dhateng paman yèn pun Kramawijaya késah saking kula, antawisipun késah kala ing dinten Septu sonten utusan suka serat dhateng pun Surawijaya, pratélaning serat nedha pamit dhateng kula késah ngaos wangsulan kula sakelangkung legané manah kula, ingkang mawi déné angupados pedamelan ingkang saé, amung panedha kula dhateng paman pun Kramawijaya anyambut yatra kagungan-Dalem kathahipun sawidak la(ng)kung kalih réyal tiga seka, déné ingkang nampènipun Puspayuda, wondéning jangji kula yèn urut dhateng kula boten mawi kula tedha bubungahanipun yèn boten urut dhateng kula, kula tedha bubungahanipun salami-lamipun anyuwangi saréyalipun ing dalem sataun mangké késah saking kula, sarta boten anglampahi sakajeng-kajeng kula, panedha kula dhateng paman kula tempahaken dhateng pun Puspayuda, kagengan-Dalem yatra sawidak réyal langkung kalih réyal tigang seka, bubungahaning pun kaétang ing dalem sawulan sawidak uwang, langkung kalih

f. 3v   uwang pitung dhuwit sasigar kaé/tang laminipun sampun kawan-dasa wulan langkung walung wulan kaétang bubungahipun kawan-dasa wulan langkung walung wulan, satus kalihwelas réyal sajampel kawan uwang, réncangipun tampèn-tinampèn yatra sawidak kalih réyal tigang seka wau punika, pun Puspayuda, pun Jatinaya kalih pun Sutadita, kala sah tampèn-tinampèn, ing dinten Ngahad tangal ping sangalikur wulan Safar taun Alip [*sic*] (in fact, Wawu) angkaning warsa, 1 7 1 3 [Sunday (*sic*) (in fact, Wednesday), 21 December, 1786], mila kula suka uni(ng) dhateng sampéyan-paman bilih wonten dangunipun Puspayuda, kula boten sandé candhak-rawud dhateng gegadhahanipun Puspayuda, mila kula suka ing sampéyan sampun ngantos dados kagèté galih sampéyan.

2

BL Add. MS. 12341
f. 130r
Archive I:45–6

Letter of the Yogyakarta Crown Prince (the future Sultan Hamengkubuwana II) to Radèn Tumenggung Sumadiningrat, Radèn Tumenggung Wiryadiningrat, and Radèn Tumenggung Wiryawinata (later Bupati of Gunung Kidul) informing them of the dispatch of officials to Gunung Kidul. Dated 23 October 1790.

3

BL Add. MS. 12303
f. 110v–111r
Archive I:49–50

Letter of HB II to Pangéran Arya Mangkunegara II retracting the oath of enmity previously taken which was binding for seven generations. Dated 3 September 1796.

4

BL Add. MS. 12341
f. 259r–v
Archive I:38–9

Rough draft of a letter from Danureja II to R.T. Purwadipura, commander of Yogyakarta expeditionary forces against Radèn Rongga. Undated, but probably 12 December 1812.

5

BL Add. MS. 12341
f. 157r–v
Archive I:51–2

Letter of the Sultan and Crown Prince to Pakubuwana IV informing him of the 'dismissal' of Danureja II and his replacement by Mas T. Sindunegara I. Dated 30 December 1811.

6

BL Add. MS. 12341
f. 193r–v
Archive I:29

Letter of the Yogyakarta Kapitan Cina Tan Jin Sing (in office, 1803–13) to Kyai Demang Resadikara of Kalisat (Kedhu) concerning the land settlement in Kedhu and non-recognition of *bekel* appointed by Pakualam I. Dated 9 August 1812.

7

BL Add. MS. 14397
f. 1r–v
Archive I:138

Letter of Tuwan Jurutulis Taman to Mas Wirameja of Bengawan acknowledging his report of a robbery by one of R.T. Sumadiningrat's *bekel*. Dated 14 August 1812.

8

BL Add. MS. 12341
f. 240r–244r
Archive I:72–5

Letter of Hamengkubuwana II to Governor-General Daendels in reply to the latter's missive complaining of repeated incursions and robberies by Yogyakarta inhabitants in the Pekalongan area. Undated, but probably January 1810.

9

BL Add. MS. 12341
f. 172r–v
Archive I:97–8

Note regarding Hamengkubuwana III's attitude toward some of the terms of the draft treaty between Yogyakarta and the British, which was eventually ratified on 1 August 1812. Undated, probably mid-July 1812.

10   BL Add. MS. 12341
f. 145r–v
*Archive I:*77–8

Letter of Hamengkubuwana II and the Crown Prince to John Crawfurd in reply to the latter's missive concerning the developments at the Yogyakarta court before his arrival. Dated 17 November 1811.

11   BL Add. MS. 12341
f. 146v
*Archive I:*79–81

Letter of Hamengkubuwana II and the Crown Prince to John Crawfurd concerning the poor relations between the Sepoy garrison and local Javanese market people. Dated 4 December 1811.

12   BL Add. MS. 12341
f. 155r–156r
*Archive I:*81–3

Letter of Hamengkubuwana II and the Crown Prince to John Crawfurd concerning proper respect to the British government. Dated 13 (?) December 1811.

13   BL Add. MS. 12341
f. 153r–154r
*Archive I:*83–5

Letter of Hamengkubuwana II and the Crown Prince to John Crawfurd concerning the dispatch of a Yogyakarta embassy to greet Raffles prior to his visit 27–28 December 1811 to the Yogyakarta court. Dated 15 December 1811.

14   BL Add. MS. 12341
f. 173r–v
*Archive I:*86–7

Letter of Hamengkubuwana II to Raffles at British official instigation explaining the reasons for his breach of contract entered into with the previous Franco-Dutch Government of Marshal Daendels (in office, 1808–11). Dated 19 December 1811.

15   BL Add. MS. 12341
f. 131r–v
*Archive I:*87–8

Letter of Hamengkubuwana II and the Crown Prince to John Crawfurd inquiring about Raffles' military escort. Dated 21 December 1811.

16   BL Add. MS. 14397
f. 55r–v
*Archive I:*89

Letter of Hamengkubuwana II and the Crown Prince replying to John Crawfurd's missive and wishing good relations to continue. Dated 24 December 1811.

17
BL Add. MS. 12341
f. 149r–150r
Archive I:90–1

Letter of Hamengkubuwana II replying to John Crawfurd's missive regarding execution of the terms of the treaty of 28 December 1811. Dated 2 March 1812.

18
BL Add. MS. 12341
f. 127r
Archive I:93–4

Letter of Danureja III to John Crawfurd concerning his meeting with the Kapitan Cina Tan Jin Sing in Kedhu on his journey to Semarang. Dated 7 June 1812.

19
BL Add. MS. 12341
f. 188r
Archive I:30

Report of Danureja III to John Crawfurd regarding a request for 4,000 *cacah* of poor quality rice fields for the appanage of Pakualam I. Undated, but probably late October or early November 1812.

20
BL Add. MS. 12341
f. 307r

Certification (*serat pratondha*) of Ngabèhi Jagawedana to Tuwan Kalèrek (Mr de Klerck, a Dutch land renter in Yogyakarta) laying out the conditions of rental of the lands of Temanggal. Dated 8 November 1810.

307r Punika ingkang serat pratondha Kyai Ngabèhi Jagawedana kacepenga dhateng Tuwan Kalèrek, mila kula anyepengi pratondha, déné kula nyambut yatra kathahipun satus anggris langkung kalih-dasa anggris, déné ingkang kula cepengaken gadhahan kula siti dhusun pun Temanggal kalih jung sapamedalipun paos, paosipun jung kalih-dasa anggris pasokanipun Garebeg Mulud kalih-dasa anggris Garebeg Pasa kalih-dasa anggris, pejah katubarang sadaya, bèrbaten pagunungan boten dipunsanggi samupakaté dhusun déné tanemanipun angsal kula anyepengaken gadhuhan kula siti pun Temanggal kalih jung, kacepeng dhateng Tuwan Kalèrek amung ing dalem sataun kalihwelas pasokan, yèn sampun jangkep kalihwelas pasokan siti dhusun mantuk dhateng kula malih, kala tampi yatra serta serat i(ng) di(n)ten Kemis tanggal sadasa wulan Sawal taun Wawu, 1 7 3 7
[Thursday, 8 November 1810].

21
BL Add. MS. 12342
f. 181r–v

Letter of Pangéran Arya Tepasana to Mr. de Klerck (Tuwan Kalèrek) in the form of a title deed (*layang piyagem*) concerning the tax/rent of his lands (*bumi désa*) at Margawangsan (8 *jung*) and Kebondalem (12 *jung*). Letter sets rental conditions and time limits. Dated 27 November 1809. See Plate 15.

f. 181r No. 1

Pènget layang manira Benda(ra) Pangéran Arya Tepasana kagadhuhwa marang ingkang saudara Tuwan Kalèrek,

marmanira gadhuhi layang piyagem déné amajegi gadhuhan manira, bumi désa ing Mergawangsan gawéné wong walung jung, sapadhas pèrèngé, Kebondalem gawéné wong rolas jung, sapadhas pèrèngé, déné p(a)jeg nem-atus anggris ing dalem sataun, ben(e)r mati terker-turuné ratu kabèh, kejaba karsa-Dalem urip wong pagunungan samupakaténé sakabèh iku metu pajeg tengahan ping pi(n)dho sataun tengahané pajeg Garebeg Mulud telung-atus anggris, Gar(e)beg Puwasa telung-atus anggris, déné lawasé enggoné majegi Tuwan Kalèrek marang kagungan manira bumi désa ing Mergawangsan lan ing Kebondalem rong-puluh jung, amung ing dalem pitung taun yèn wis genep pitung taun kagungan manira bumi désa rong-puluh ejung mulih ing manira, sarta manira wis anam-

f. 181v pani kencèngané, pajeg songka Tuwan Ka/lèrek pajegé ing dalem pitung taun manira pu(n)dhut kabèh, gunggungé pajeg rong-èwu rong-atus inggris manira wis tarima nampani pangencèngé pajeg ing dalem pitung taun, songka Tuwan Kalèrek pajeg rong-èwu rong-atus anggris déné enggoné tompa kagungan manira bumi désa rong-puluh jung, Tuwan Kalèrek atompa irèngané, bésuk yèn bumi mulih ing manira iya muya irengan déné sekanani kagunganira bumi rong-puluh jung iku mongsa kalané kalebu ping patbelas paosan dadiya isi abang kuning Tuwan Kalèrek kang duwé, titi,

kasah ing jangji kalih ingkang saudara Tuwan Kalèrek ing di(n)ten Senèn tanggal kaping walulas sasi Sawal ing taun Bé, angkaning warsa, 1 7 3 6

[Monday, 27 November 1809].

22 BL Add. MS. 12341
f. 118r
Archive I:77

Letter of HB II to Pieter Engelhard, Resident of Yogyakarta (in office, April to December 1808; 1810–11) informing him of the dismissal of the Yogyakarta Patih Danureja II for various reasons, among others for sullying Islam and daring to challenge (*anerajang*) the prohibitions of the Sultan (*wewaler-Dalem*). Radèn Danukusuma, his father, has also been dismissed. Dated 31 October 1811 (f. 119r is a Dutch translation).

23 BL Add. MS. 12342
f. 182r

Certification (*serat pratondha*) of Radèn Ngabèhi Agawijaya to Mr. de Klerck (Tuwan Kalèrek) concerning conditions for letting lands at Kalibendha. Dated 16 January 1812.

f. 182r No. 2

Ingkang serat pratondha, Radèn Ngabèhi Agawijaya kacepenga dhateng ingkang saudara Tuwan Kalèrek,

marmané Tuwan Kalèrek anyepeng serat pratondha, déné Radèn Agawijaya agantosaken gadhuhanipun siti dhusun pun Kalibendha, cacah sawah gawéning wong tigang jung, satabon sawukiré, kagantosaken walung-atus anggris ing dalem walulas pasokan déné patokanipun kalih-atus ing dalem sataun pejah sumakawis kajawi bèr pagunungan watena déning janjéyanipun Tuwan Kalèrek kalih ingkang saudara Radèn Agawijaya, kakersakna punapa-punapa suma(ng)ga, sampun baten kauningani Radèn Ngabèhi Agawijaya, déning yèn waten pocotan tiyang kalih ingkang darbé,

sinerat ing di(n)ten Kemis ta(ng)gal sapi(n)dah wulan Sura taun Alip, 1 7 3 9,
[Thursday, 16 January 1812].

24   BL Add. MS. 12342
f. 183r–v

Ditto of Radèn Ngabèhi Mertawijaya to Mr. de Klerck (Tuwan Kalèrek) concerning conditions for letting lands at Kaligawé. Dated 21 April 1812.

33r   No. 3

Pènget ingkang serat pratondha Radèn Ngabèhi Mertawijaya, kagadhuhaken dhateng ingkang saudara Tuwan Kalèrek, pramila ingkang saudara Tuwan Kalèrek kagadhuhan serat pratondha, déné saudara Tuwan Kalèrek gantos gadhuhan kula bumi désa ing Kaligawé, satabona karya 12 jung dipungantos dhateng ingkang saudara Tuwan Kalèrek 2500 bu(n)der ing dalem sadasa pasokan déné pamedalipun siti dhusun ing Kaligawé, karya 12 (jung) wau punika ing dalem sataun 800 bu(n)der, déné sapasokanipun, 400 bu(n)der pejah samubarang taker-turun, déné yèn sampun sah jangkep sadasa pasokan siti dhusun ing Lèpèndamel karya 12 jung, inggih mantuka dhateng Radèn Ngabèhi Merta-wijaya malih, déning tampènipun sabin ingkang saudara Tuwan Kalèrek ing taun Alip ing 33v   wulan Besar, kala sah ing janji ingkang sarta / tampi yatra, Radèn Ngabèhi Mertawijaya, sah ingkang saudara Tuwan Kalèrek ing dinten Selasa, ping 8, ing sasi Rabingulakir, taun Alip angkaning warsa, 1 7 3 9   [Tuesday, 21 April 1812].

25   BL Add. MS. 12342
f. 184r

Ditto of Radèn Ngabèhi Brajayuda to Mr. van Tol[1] (*Tuwan pan Tol*) concerning conditions for letting lands of Karangtengah. Dated 26 May 1812.

34r   No. 4

Pènget ingkang serat pratondha Kiyai Ngabèhi Brajayuda kacepenga dhateng ingkang saudara Tuwan pan Tol, pramila Tuwan pan Tol kacepengan serat prat(on)dha, déné Tuwan pan Tol gantos gadhuhan kula siti dhusun ing Karangtengah, satabon karya gangsal jung, dipungantos dhateng Tuwan pan Tol kawan-atus saket bunder ing dalem gangsal taun déné pamedalipun siti dhusun Karangtengah, karya gangsal jung punika ing dalem sataun kalih-belah bunder, déné pasokanipun pendhak Siyam kalih-belah bunder, pejah samubarang taker-turun kabèh, déné yèn sampun sah jangkep gangsal taun siti dhusun ing Karangtengah mantuk dhateng Kiyai Ngabèhi Brajayuda malih, déné tampènipun siti dhusun ing Karangtengah, Tuwan pan Tol taun Alip wulan Jumadil(a)wal punika, kala sah ing janji sarta tampi yatra, Kiyai Ngabèhi Brajayuda, saking Tuwan pan Tol ing di(n)ten Salasa tanggal ping kawanwelas sasi Jumadilawal taun Alip, 1 7 3 9
[Tuesday 26 May 1812].

[1]This was probably Mr. J. van Tol, born Rotterdam *c.* 1783 and resident in Surakarta from 1808. He is listed as a land renter in Surakarta in January 1823, see Algemeen Rijksarchief (The Hague), Ministerie van Koloniën (MvK) archive, no. 3125, 'Register van Europese Personnel te Soerakarta' (1819); and P.J.F. Louw, *De Java-Oorlog van 1825–30*, Volume I (Batavia: Landsdrukkerij and 's Hage: M. Nijhoff, 1894), p. 610.

ACCOUNTANCY RECORDS

PART 1   BALANCE

CREDIT

PART 2   TAXES

PART 3   LOANS

PART 4   CONTRIBUTIONS

DEBIT

PART 5   ALLOWANCES

PART 6   CASH OUTLAYS

SECTION IV

ACCOUNTANCY RECORDS

Information on the Javanese realm's external relations, export production, and even territorial boundaries is readily obtainable through supplementing the sparse data obtainable from local source material—itself often incomplete or of unclear provenance—with the considerably more extensive evidence available from foreign documentation, especially Chinese and European. Financial documents of the type represented in the accountancy records which constitute the present section of the archive of Yogyakarta are otherwise absent in Javanese historical sources. This does not mean, however, that scholarship now has mastery of Central Java's economic history in the late eighteenth and early nineteenth centuries. Interpretation of the facts and figures[1] contained in these documents remains a formidable challenge. This is made even more difficult by the fact that accountancy documents recording the central administration's cash income must somehow be made congruent with the actual and potential resources listed in other parts of the archive. What is certain, however, is that any claim by scholarship to understand the workings of the Javanese realm must be based upon local records such as these rather than on the observations of foreigners, however well informed these may seem.

---

[1]Most striking in this respect is the presence of Javanese accountancy notations as yet unclear to the present editors. In Part 1, no. 4 (balance); Part 2, nos. 1-2 (taxes) and 13-14 (*pengawis-awis*); and Part 3, nos. 4, 10, and 15 (loans), a number of symbols are found following the sum of real. The most common resembles the symbol added to *aksara* to form the 'u', with an elongated '9', an 'x', a '+', and a double '::' comprising the remaining of the five symbols used solely in the half-dozen or so manuscripts from BL Add. MS. 12303. These symbols are always preceded by the term '*langkung*' and are indicated in this work by '(?)'. These almost certainly represent fractions of the preceding real value, roughly equivalent of the Dutch accountancy notations of *stuivers*, *dubbeltje*, and *cent*, although their precise value remains to be worked out. See further Plate 18.

PART 1

Balance

1   BL Add. MS. 12303
                                                                        f. 158r-160v

Balance in the form of a notice (*pémut*) concerning royal income in cash (*kagengan-Dalem yatra ingkang minggah*). The notice contrasts the old (*lami*) income of 100,000

English real (*anggris wetah*)[1] with the new incoming sum (*kagengan-Dalem yatra ingkang minggah anyar*) starting with the five-season period encompassing Dulkangidah, Jé, A.J. 1718 to Dulkangidah, Bé, A.J. 1720 [20 June 1792–29 June 1794],[2] a total of 64,000 real. In A.J. 1721 (1794/95) taxes (*yatra paos*) amounted to 11,000 real, making a running total of 75,000. To this was added the *strandgeld* (*paos ing pasisir*)[3] from the Dutch Resident of Yogyakarta (*Tuwan Uprup*) of 2,000 real plus an additional 15,000 real, some of it also from the *strandgeld*, making a total yearly income of 92,000 real. In A.J. 1722 (1795/96) this equalled 125,000 real; in A.J. 1723 (1796/97) 163,000 real; in A.J. 1724 (1797/98) 195,000 real; in A.J. 1725 (1798/99) 210,000 real, in A.J. 1726 (1799/1800) 260,000 real; and in A.J. 1727 (1800/1801) 300,000 real. Undated, but probably *c.* 1801.

[1] If this is the same as a *ronde real* or a *réyal anggris* then it would be worth Dfl. 2.56 or 4/6d in contemporary (1811) Dutch and English money, see Carey, *British in Java*, p. 456 n. 269; and *Archive I*, p. 199.

[2] The text gives five seasons (*gangsal mangsa*). Usually, *mangsa* refers to one of the twelve months of the Javanese sun year, but here it seems to refer to one of the two six-month periods which follow the *Garebeg Mulud* and *Garebeg Puwasa*. The five *mangsa* cited here should thus be equivalent to between two and two-and-a-half Javanese years embracing the period A.J. 1718 to A.J. 1720.

[3] The *strandgeld* were payments made by the Dutch East India Company for 'lease' of the Northeast Coast territories following Pakubuwana II's concession in 1749. After 1755, the total sum of 20,000 *ronde real* per year was divided between Surakarta and Yogyakarta, becoming 10,000 *ronde real* each, see Ricklefs, *Mangkubumi*, p. 62 and 68–73.

f. 158r   Punika pémut amémuti kagengan-Dalem yatra ingkang minggah lami wonten Gedhong Umbul Winangun ingkang lèr, kathahipun 100,000 réyal anggris wetah,

wah kagengan-Dalem yatra ingkang minggah anyar, wit ing wulan Dulkangidah, ing taun Jé angkaning warsa, 1 7 1 8 [20 June–20 July 1792], dumugi ing wulan Dulkangidah ing taun Bé angkaning warsa, 1 7 2 0 [31 May–29 June 1794], ing dalem gangsal mongsa, kathahipun nem leksa, kawan-èwu réyal anggris wetah,

f. 158v   wah ing dinten Jumungah tanggal ping kalihwelas, / wulan Jumadilawal ing taun Wawu angkaning warsa, 1 7 2 1 [Friday, 5 December 1794], kula anginggahaken kagengan-Dalem yatra paos, kathahipun saleksa sèwu réyal anggris wetah, gu(ng)gung kagengan-Dalem yatra ingkang minggah anyar dados pitung leksa gangsal-èwu réyal anggris wetah,

wah ing dinten Jumungah tanggal ping pitulas wulan Jumadilakir, ing taun Wawu angkaning warsa, 1 7 2 1 [Friday, 9 January 1795], kula anginggahaken kagengan-Dalem yatra, panyauripun Tuwan Uprup, srepipun paos ing pasisir, kathahipun kalih-èwu réyal, anggris wetah, gu(ng)gung kagengan-Dalem yatra ingkang minggah anyar sedaya dados pitung leksa pitung-èwu réyal anggris wetah,

wah ing dinten Selasa tanggal ping nemlikur, wulan Dulkangidah, ing taun Wawu angkaning warsa, 1 7 2 1 [Tuesday [*sic*] (in fact, Sunday), 14 June 1795], kula anginggahaken kagengan-Dalem yatra paos, kathahipun saleksa gangsal-èwu réyal anggris wetah, gu(ng)gung kagengan-Dalem yatra ingkang minggah anyar sedaya dados sangang leksa kalih-èwu réyal anggris wetah, wah ing dinten Kemis tanggal ping sangalas wulan Sapar ing taun Jimakir, angkaning warsa, 1 7 2 2 [Thursday [*sic*] (in fact, Friday), 4 September 1795], kula anginggahaken kagengan-Dalem yatra paos pasisir, kathahipun nem-èwu réyal anggris wetah, gu(ng)gung kagengan-Dalem yatra ingkang minggah anyar sedaya dados sangang leksa wolung-èwu réyal anggris wetah,

59r wah ing dinten Jumungah tanggal ping kalihlikur, / wulan Jumadilawal ing taun Jimakir angkaning warsa, 1 7 2 2 [Friday, 4 December 1795], kula anginggahaken kagengan-Dalem yatra paos, kathahipun saleksa kalih-èwu réyal anggris wetah, gunggung kagengan-Dalem yatra ingkang minggah anyar, sedaya dados sakethi saleksa réyal anggris wetah,

wah ing dinten Kemis tanggal ping selawé, wulan Dulkangidah ing taun Jimakir angkaning warsa, 1 7 2 2 [Thursday 2 June 1796], kula anging-gahaken kagengan-Dalem yatra paos, kathahipun saleksa gangsal-èwu réyal anggris wetah, gu(ng)gung kagengan-Dalem yatra ingkang minggah anyar, sedaya dados sakethi kalih leksa gangsal-èwu réyal anggris wetah,

wah ing dinten Jumungah tanggal ping pitu wulan Rabingulawal ing taun Alip angkaning warsa, 1 7 2 3 [Friday [*sic*] (in fact, Saturday), 10 September 1796], kula anginggahaken kagengan-Dalem yatra paosipun ing pasisir, kathahipun gangsal-èwu réyal anggris wetah, gu(ng)gung kagengan-Dalem yatra ingkang minggah anyar, sedaya dados sakethi tigang leksa réyal anggris wetah,

wah ing dinten Kemis tanggal ping tigang-dasa, wulan Jumadilawal ing taun Alip angkaning warsa, 1 7 2 3 [Thursday, 1 December 1796], kula anginggahaken kagengan-Dalem yatra paos, kathahipun saleksa gangsal-èwu réyal anggris wetah, gu(ng)gung kagengan-Dalem yatra ingkang minggah anyar, sedaya dados sakethi kawan leksa gangsal-èwu réyal anggris wetah,

59v wah ing dinten Kemis tanggal ping walulikur, wulan Dulkangidah ing taun Alip angkaning warsa, 1 7 2 3 [Thursday, 25 May 1797], kula anginggahaken kagengan-Dalem yatra paos, kathahipun saleksa wolung-èwu réyal anggris wetah, gu(ng)gung kagengan-Dalem yatra ingkang minggah anyar, sedaya dados sakethi nem leksa tigang-èwu réyal anggris wetah,

wah ing dinten Kemis tanggal ping sangalas wulan Jumadilawal ing taun Éhé angkaning warsa, 1 7 2 4 [Thursday, 9 November 1797], kula anginggahaken kagengan-Dalem yatra paos kalebet paos pasisir, kathahipun kalih leksa kalih-èwu réyal anggris wetah, gu(ng)-gung kagengan-Dalem yatra ingkang minggah anyar, sedaya dados sakethi wolung leksa gangsal-èwu réyal anggris wetah,

wah ing dinten Jumungah tanggal ping kalih, wulan Besar ing taun Éhé angkaning warsa, 1 7 2 4 [Friday, 18 May 1798], kula anginggahaken kagengan-Dalem yatra paos, kathahipun saleksa réyal anggris wetah, gu(ng)gung kagengan-Dalem yatra ingkang minggah anyar, sedaya dados sakethi sangang leksa gangsal-èwu réyal anggris wetah,

wah ing dinten Jumungah tanggal ping walu wulan Jumadilawal, ing taun Jimawal angkaning warsa, 1 7 2 5 [Friday, 19 October 1798], kula anginggahaken kagengan-Dalem
160r yatra paos kathahipun, saleksa gangsal-èwu réyal anggris wetah, kalebet paos pasisir / gangsal-èwu réyal, gu(ng)gung kagengan-Dalem ingkang minggah anyar, sedaya dados kalih kethi saleksa réyal anggris wetah,

wah ing dinten Selasa tanggal ping pitu wulan Sura ing taun Jé angkaning warsa 1 7 2 6 [Tuesday, 11 June 1799], kula anginggahaken kagengan-Dalem yatra paos, kathahipun saleksa nem-èwu réyal anggris wetah, gu(ng)gung sedaya kagengan-Dalem yatra ingkang minggah anyar, sedaya dados kalih kethi kalih leksa nem-èwu réyal anggris wetah,

wah ing dinten Rebo tanggal ping kalih wulan Jumadilawal ing taun Jé angkaning warsa, 1 7 2 6 [Wednesday, 2 October 1799], kula anginggahaken kagengan-Dalem yatra paos, kathahipun kalih leksa réyal anggris wetah, ingkang nem-èwu gangsal atus réyal paos ing pasisir, gu(ng)gung kagengan-Dalem yatra ingkang minggah anyar, sedaya dados kalih kethi kawan leksa nem-èwu réyal anggris wetah,

wah ing dinten Selasa tanggal ping sawelas ing wulan Besar taun Jé angkaning warsa, 1 7 2 6 [Tuesday, 29 April 1800], kula anginggahaken kagengan-Dalem yatra paos, kathahipun saleksa wolung-èwu réyal anggris, ingkang tigang-èwu pitung-atus sèket réyal, sumerep panyauripun saking Tuwan Uprup, gu(ng)gung kagengan-Dalem yatra ingkang minggah anyar sedaya dados kalih kethi nem leksa kawan-èwu réyal anggris wetah,

f. 160v / wah ing dinten Jumungah tanggal ping gangsal wulan Jumadilakir ing taun Dal angkaning warsa, 1 7 2 7 [Friday, 21 November 1800], kula anginggahaken kagengan-Dalem yatra paos, kathahipun kalih leksa réyal anggris, kalebet kagengan-Dalem paos pasisir wolung-èwu, gu(ng)gung kagengan-Dalem yatra ingkang minggah anyar sedaya dados kalih kethi wolung leksa kawan-èwu réyal anggris wetah,

wah ing dinten Jumungah tanggal ping kawanlikur wulan Besar ing taun Dal angkaning warsa, 1 7 2 7 [Friday, 9 May 1800], kula anginggahaken kagengan-Dalem yatra paos, kathahipun saleksa nem-èwu réyal anggris, gu(ng)gung kagengan-Dalem yatra ingkang minggah anyar, sedaya dados tigang kethi réyal anggris wetah.

2 BL Add. MS. 12303
f. 160v–161r

Memo of cash flow in *dinar* (one *dinar* = one gold ducat = Dfl. 4.32, see *Archive I*, p. 199) starting with 20,400 *dinar* and accounting for increases over the period 1794–95. On Friday, 1 Mulud, Wawu, A.J. 1721 (26 September 1794) income was received in *dinar* from the *strandgeld* or Dutch East India Company payments for the lease of the Northeast Coast (*paos ing pasisir*) amounting to 21,900 *dinar*. This increased on Friday, 19 Jumadilawal, Wawu, A.J. 1721 (12 December 1794) to 22,200 *dinar* and on Thursday, 17 Sapar, Jimakir, A.J. 1722 (3 September 1795) to 23,000 *dinar*.

f. 160v Punika pémut amémuti kagengan-Dalem dinar ingkang lami, ingkang sampun minggah sedaya kathahipun 20,400 dinar,

wah kagengan-Dalem dinar ingkang minggah anyar, sedaya kathahipun, 600 dinar, gu(ng)-gung sedaya kagengan-Dalem dinar ingkang lami kalih ingkang anyar dados 21,000 dinar,

wah ing dinten Jumungah tanggal pisan wulan Mulud ing taun Wawu angkaning warsa 1 7 2 1 [Friday, 26 September 1794], kula anginggahaken kagengan-Dalem dinar paosipun ing pasisir, kathahipun 900 dinar, kalebet kageng(an)-Dalem dinar tutumbasan, gu(ng)-gung kagengan-Dalem dinar ingkang anyar dados 1500 dinar, kalebet kagengan-Dalem
f. 161r dinar ingkang minggah rumiyin 600 dinar, wondéning ka/gengan-Dalem dinar 1500 wau punika, jakatipun tigang-dasa dinar, langkung sasigar dinar, kagengan-Dalem dinar

cepakan dados kantun 102 dinar, gu(ng)gung kagengan-Dalem dinar ingkang sampun minggah kajawi dinar cepakan dados 21,900 dinar,

wah ing dinten Jumungah tanggal ping sangalas, wulan Jumadilawal ing taun Wawu angkaning warsa, 1 7 2 1 [Friday, 12 December 1794], kawula anginggahaken dinar malih, kathahipun 300 dinar, wondéning srepipun ingkang satus sangang-dasa dinar, sumerep paosipun kagengan-Dalem bumi pamaosan, ingkang satus dinar langkung kalih dinar, sumerep kagengan-Dalem dinar cepakan, dados jangkep dinar 300 wau punika, wondéning kagengan-Dalem dinar, cepakan dados sampun telas, kantun sigar dinar, lajeng katunggilaken dinar jakat, dados sampun telas sedaya, anunten kagu(ng)gung sedaya kagengan-Dalem dinar, ingkang minggah sedaya dados 22,200 dinar,

wah ing dinten Kemis tanggal ping walulas wulan Sapar, ing taun Jimakir angkaning warsa 1 7 2 2 [Thursday, 3 September 1795], kawula anginggahaken kagengan-Dalem dinar, kathahipun 800 iji, srepipun dinar saking pasisir, anunten kagu(ng)gung sedaya, kagengan-Dalem dinar, ingkang sampun minggah dados kalih leksa tigang-èwu, kalebet ingkang minggah anyar, kalebet kalih-èwu nem-atus iji.

3 BL Add. MS. 12303
f. 151v

Balance in the form of a memo dealing with the Sultan's cash (income /assets) amounting to 3,121 real for the year's fourth season, i.e. September-October in A.J. 1723 (1796/97). Dated 5 September 1796.

151v Punika pémut ing dinten Senèn tanggal pisan wulan Rabingulawal ing taun Alip angkaning warsa, 1 7 2 3 [Monday, 5 September 1796], amémuti kagengan-Dalem yatra ingkang kadamel timbangipun Panjenengan-Dalem, kathahipun 3121 réyal langkung, kala timbang wanci pukul pitu énjing mongsa sakawan wuku Wugu.

4 BL Add. MS. 12303
f. 151v

Cash income from the *strandgeld* or Dutch East India Company payments for lease of the Northeast Coast (*yatra paos pamedalipun kagengan-Dalem bumi pasisir*) comes to 10,000 real *batu* evaluated (*kapétang*) in English real at 9,375 (one *real batu* = Dfl. 2.40; one *real anggris* = Dfl. 2.56). From this is deducted the estimated allowances (*kapatedhaken*) for the Crown Prince of 1,000, estimated governmental (*Paréntah*) expenses, grants to the Dutch Resident (*Tuwan Uprup*) of 400 real, allowances to various officials such as the keepers of the royal *sirih* (betel) set (*lurah pasedhahan*), Nyai Tumenggung and Nyai Adisana, and the bodyguard commander Mas Panji Padmawijaya etc., leaving some 8,025 real. Document incomplete.

151v Punika pémut kagengan-Dalem yatra paos pamedalipun kagengan-Dalem bumi pasisir kathahipun 10,000 réyal batu, kapétang réyal anggris dados 9375 réyal, anunten kaelong kapatedhakaken putra-Dalem Kangjeng Gusti 1000 réyal, kapétang réyal Paréntah dados 937 réyal, langkung (?), wah ingkang kapatedhakaken Tuwan Uprup 400 réyal batu, kapétang réyal Paréntah 37, wah ingkang kapatedhaken Nyai Tumenggung, kalih Nyai Adisana, sakancanipun lurah pasedhahan 10 réyal anggris, wah ingkang kapatedhakaken Mas Panji Padmawijaya, sakancanipun patèyan 13 réyal anggris,   wah ingkang kapatedhakaken kaliwon kakalih, Radèn Ngabèhi Mangunjaya, Mas Ngabèhi Mangunyuda 4 réyal,   wah ingkang dhateng kebayan Gedhong Kiwa Tengen 4 réyal, wah i(ng)kang dhateng abdi-Dalem carik 4 réyal,   wah ingkang dhateng abdi-Dalem kemasan 2 réyal,

gu(ng)gung kagengan-Dalem yatra ingkang kapatedhakaken 1349 réyal, langkung, kagengan-Dalem yatra dados kantun 8025 réyal, langkung (?).

5   BL Add. MS. 12303
                                                    f. 152v–153r

Balance in the form of a memo dated 30 August 1798. The cash income from the *strand-geld* or Dutch payments for lease of the Northeast Coast (*paos pamedalipun*) of 10,000 *real batu*, evaluated at 9,385 English real. From this deductions are made for various mantri of 1,357 real, leaving 9,027 real. A further 3,000 real has been deducted for the inner palace (*kadhaton*) (i.e. private apartments of the Sultan), as well as a further unspecified sum of 750 real [plus 350?], leaving 5,027 real. This was in turn reduced by various deductions, leaving 3,750 real which were paid to the palace.

f. 152v Punika pémut ing dinten Kemis tanggal ping pitulas ing wulan Mulud ing taun Jimawal angkaning warsa, 1 7 2 5 [Thursday, 30 August 1798], amémuti kagengan-Dalem yatra paos, pamedalipun kagengan-Dalem bumi pasisir, kathahipun 10,000, réyal batu, kapétang réyal anggris dados 9,375 réyal,   anu(n)ten kaelong kapatedhakaken Kangjeng Gusti, Tuwan Uprup, kalih abdi-Dalem ingkang pancèn kapatedhan sedaya yatranipun 1,347 réyal anggris,   kagengan-Dalem yatra dados kantun 9,027 réyal anggris, kagengan-Dalem

f. 153r yatra 9,027 réyal wau punika, nu(n)ten kaelong kapundhut 3000 / réyal, kadamel lili(n)tonipun kagengan-Dalem yatra ing kadhaton, ingkang kasuwun sambut dhateng Tuwan Uprup, nanging lili(n)tonipun yatra ing kadhaton taksih kirang 750 réyal, yèn kagengan-Dalem yatra pasisir, dados kantun 5,027 nu(n)ten kaelong malih, kapundhut kadamel angli(n)toni yatra jangkepipun ing kabon(g), ingkang kasuwun kasambut dhateng Tuwan Uprup wau punika, kathahipun 777 (réyal) kagengan-Dalem yatra kalebet ing kadhaton, dados sampun jangkep 3,750 réyal.

6   BL Add. MS. 12303
                                                    f. 151v–152v

Memo of cash tribute payments (*yatra patampi*) received at the Garebeg Siyam (i.e. *Puwasa*) in Jé, A.J. 1726 (25 February 1800). From taxes (*paos*) came 163 real, from tolls (*bandar*) 280 real, and from the *mancanagara* tolls 47 real, totalling 578 real. From this was deducted payments for mantri named in the document, leaving 160 real.

f. 151v Punika pémut kagengan-Dalem yatra patampi ing Bakda Garebeg Siyam, ing taun Jé angkaning warsa, 1 7 2 6 [25 February 1800],   punika pratélanipun,   patampènipun kagengan-Dalem yatra paos 163 réyal langkung patampènipun yatra bandar 280 (réyal)

f. 152r patampènipun bandar / moncanegari, 47 réyal langkung,   wah patumbas lurik 87 réyal,

gu(ng)gung kagengan-Dalem yatra patampi, kalebet patumbas ing lurik sedaya dados 578 réyal, langkung,   anunten kaelong kapatedhakaken dhateng abdi-Dalem ingkang sami pancèn kapatedhan sedaya,   punika pratélanipun,   ingkang dhateng Nyai Tumenggung sakancanipun pasedhahan, 80 réyal, ingkang dhateng Mas Panji Padmawijaya piyambak, 50 réyal, ingkang dhateng abdi-Dalem pun Puspakusuma, 32 réyal, ingkang dhateng abdi-Dalem pun Prawirapuspita, 30 réyal, ingkang dhateng abdi-Dalem pun Padmadikara, 20 réyal, ingkang dhateng abdi-Dalem pun Partaatmaja, 20 réyal, ingkang dhateng abdi-Dalem pun Minarsa, 20 réyal, ingkang dhateng abdi-Dalem pun Atmajaya, 20 réyal, ingkang dhateng abdi-Dalem pun Resajiwaatmaja, 20 réyal, ingkang dhateng abdi-Dalem pun Onang-Onang Manis, 20 réyal,

sedaya patedhan-Dalem Mas Panji Padmawijaya, sakancanipun patèyan sedaya dados, 232 réyal,

wah ingkang dhateng abdi-Dalem pun Purwadipura, 15 réyal,   wah ingkang dhateng abdi-Dalem pun Mangundipura, 50 réyal,   wah ingkang dhateng abdi-Dalem kebayan Gedhong Kiwa Tengen, 14 réyal,   wah ingkang dhateng abdi-Dalem carik, 7, réyal, wah ingkang dhateng abdi-Dalem taman, 20, réyal,

gu(ng)gung patedhan-Dalem yatra patampi sedaya dados 418 réyal,

152v   / kagengan-Dalem yatra patampi dados kantun, 160, réyal, langkung.

7   BL Add. MS. 12303
                                                               f. 178r

List of types of fine cloth and other royal stores some of which had been bought from Dutch merchants in Semarang.

178r   Punika pémut aosing barang,   cindhé nem kayuh aosipun, kalih-atus sedasa réyal,   wesi sèket dhacin aosipun, pitung-atus réyal,   sama Belanda Semarang beli barang, satus sawidak réyal,   peti alit satunggal, gelas kawan-ribu, aosipun kawan-dasa réyal, sangkelat biru tigang-dasa wolu élo, aosipun satus sèket langkung kalih réyal, sutra kuning sakayuh, aosipun pitung réyal,   lawon cina pethak, gangsal kayuh, aosipun pitulas réyal langkung sejampel,   Welandi Samawis sangalikur élo sangkalat, aosipun wolung-dasa sangang réyal,   bludhru wungu, kalihlikur élo, aosipun satus langkung kawan réyal sejampel,   setin lurik pitulas élo, aosipun kalih-atus tigang réyal sangang wang, nem dhuwit,   kriser sadasa élo, aosipun selawé réyal,   kapal satunggal aosipun satus kalih-dasa,   jenèwer, kawan-dasa titi,   kopi, regènipun wolung-dasa langkung nem réyal, awis, gangsalwelas, kopi, aosipun sangang réyal, suku setali,   anggur kawan-dasa titiga, botol, aosipun kawan-dasa titiga, réyal,   bir gangsal, aosipun kalih réyal, wolung wang wolung dhuwit,   roti, aosipun selikur réyal, langkung sajampel setali,   gelas sekawan aosipun, tigang réyal,

(in margin: fl. 1827:46)

gunggung sadaya dados yatra, 1827 réyal, langkung 13 wang, 4 dhuwit.

CREDIT

PART 2

Taxes

BL Add. MS. 12303
f. 139v–144r

Notice of total royal yearly income from taxable rice lands (*sabin pemaosan*) and a smaller amount from sale of locally manufactured cloth (*lurik* and *serbèt*). Income received at the *Garebeg Mulud* totals 6,629 real of which the tax from rice lands accounts for over half. A similar amount in the same proportion is received at the *Garebeg Siyam*. Undated, but from the terms in office of Kyai Adipati Purwadiningrat of Goranggarèng and Radèn Rongga Prawiradirja III of Madiun the document must date from between 1796 and 1810.

f. 139v Punika pémut-amémuti kagengan-Dalem sabin pemaosan sedaya,   punika pratélanipun, ing Worawari, 60 jung, paosipun ing dalem satengah taun, 1500 réyal, amalulikur wang saréyalipun, patampènipun saréyal uwang, patumbas ing lurik, 60 réyal anggris, patumbas ing serbèt 45 uwang, mantrinipun sakawan, Demang Kertiyuda, 12 jung, paosanipun ing dalem satengah taun, 200 réyal, patumbas ing lurik 12 réyal, patumbas ing serbèt sangang wang,

wah Demang Surawedana, gadhuhanipun pemaosan 16 jung, paosanipun ing dalem satengah taun, 400 réyal, patumbas ing lurik 16 réyal, patumbas ing serbèt 12 uwang,

wah pun Surayuda, pun Surawijaya, gadhuhanipun pemaosan, sami ang(ka) (?), 16 jung, paosanipun ing dalem satengah taun, 400 réyal, patumbas ing lurik sami, 16 réyal, patumbas ing serbèt sami, 12 uwang, ingkang kagadhuhan pun Kertawir(y)a,

f. 140r wah ing Tersana, 55 jung, paosipun ing dalem satengah taun, 500 réyal, anigang-dasa wang saréyalipun, mantrinipun kakalih, Radèn Tirtawijaya, kalih Demang Jayènglaga, gadhahanipun pemaosan sami ang(ka) (?), 27 jung, ladosipun paos mantri satunggilipun, 250 réyal, anigang-dasa wang saréyalipun, patampènipun saréyal suwang, patumbas ing lurik, mantri satunggilipun sami, 2 réyal anggris, patumbas ing serbèt sami nigang wang, ingkang kagadhuhan Radèn Tirtawijaya, Pangéran Dipakusuma, Demang Jayènglaga, Mas Panji Padmawijaya,

wah ing Lipur(a), 36 jung, paosipun ing dalem satengah taun, 300 réyal anigang-dasa wang saréyal, mantrènipun kakalih, Demang Cakrasentika, kalih Demang Ranamenggala, mantri satunggilipun gadhahanipun pemaosan sami ang(ka) (?), 18 jung, ladosanipun paos mantri satunggilipun, ing dalem satengah taun sami ang(ka) (?), 150 anigang-dasa wang saréyalipun, patampènipun saréyal suwang, patumbas ing lurik sami, 2 réyal, ingkang kagadhuhan pun Kertadirana,

f. 140v wah gadhuhanipun Demang Mertawijaya ing Lèpènsalak, 18 jung, paosipun ing dalem satengah taun, 200 réyal anigang-dasa wang saréyalipun patampènipun saréyal suwang, patumbas ing lurik 4 réyal, patumbas serbèt nem wang, ingkang kagadhuhan Bendara Radèn Ayu Danukusuma, wah gadhahanipun Mas Demang Kartawijaya, ing Sélamanik, 18 jung, paosipun ing dalem satengah taun 225 réyal, anigang-dasa saréyalipun, patampènipun saréyal suwung, patumbas ing lurik 6 réyal, wah ing Gawong-gebig, 14 jung, paosipun(ipun) dalem satengah taun 148 réyal anggris baten mawi patampi, ingkang kagadhahan Radèn Panji Surèngrana,

wah ing Lèpènlunjar, 24 jung, paosipun ing dalem satengah taun, 200 réyal anigang-dasa wang saréyalipun baten mawi patampi, pejah pengawis-awis kerigaji, ingkang kagadhahan Lurah Sarja,

wah ing Bandongan, 8 jung, paosipun ing dalem satengah taun, 25 réyal anigang-dasa wang saréyalipun, patampènipun saréyal suwang, ingkang kagadhahan inggih lurah Sarja, patumbas lurik sajampel,

141r wah ing Imbamerta, 6 jung, paosipun ing dalem sateng/ah taun, 150 réyal, amalulikur wang saréyalipun, baten mawi panampi, ingkang kagadhahan pun Jaganegara, wah ing Palobangan 6 jung, paosipun ing dalem satengah taun, 30 réyal anigang-dasa wang saréyalipun, patampènipun saréyal suwang, ingkang kagadhahan inggih pun Jaganegara,

wah gadhahanipun Radèn Demang Natawirya, ing Sumawana, 24 jung, kalebet siti dados lenggah, 4 jung, paosipun ing dalem satengah taun, 60 réyal, anigang-dasa wang saréyalipun, patampènipun saréyal suwang, patumbas ing lurik kalih réyal anggris, ingkang kagadhahan Radèn Tumenggung Natayuda,

wah gadhahanipun Demang Mangunmenggala, ing Genthan, 26 jung, kalebet ingkang dados lenggah, 4 jung, paosipun ing dalem satengah taun, 88 réyal anigang-dasa wang saréyalipun, patampènipun saréyal suwang, patumbas ing lurik 3 réyal, ingkang kagadhahan Radèn Panji Surèngrana,

wah gadhahanipun Demang (?), ing Kacubung, 48 jung, paosipun ing dalem satengah taun, 128 réyal, anigang-dasa wang saréyalipun, patampènipun saréyal suwang, patumbas
141v ing lurik 3, réyal anggris ingkang / kagadhahan Mas Panji Padmawijaya,

wah gadhahanipun Demang Jasentika, ing Penthongan Kajengmas Sélaagung, 4 jung, kalebet ingkang tengga pasaréyan sajung, paosipun ing dalem satengah taun, 34 réyal anigang-dasa wang saréyalipun, patampènipun saréyal suwang, patumbas ing lurik, 1 réyal anggris ingkang kagadhahan Radèn Panji Surèngrana,

wah gadhu(h)anipun Bendara Radèn Ayu Jayaningrat, bumi Metawis, 48 jung, paosanipun ing dalem satengah taun, 156 réyal anigang-dasa wang saréyalipun, boten mawi patampi,

wah bumi Metawis ingkang kagadhahaken Bendara Radèn Ayu Sumadiningrat, kalebet ing Gadhing, 24 jung, paosanipun ing dalem satengah taun, 1000 réyal, anigang-dasa wang saréyalipun, patampènipun saréyal suwang, patumbas ing lurik 2 réyal,

wah bumi ing Metawis, ingkang kagadhahaken Radèn Tumenggung Wiryawinata, 24 jung, paosanipun ing dalem satengah taun, 97 réyal, anigang-dasa wang saréyalipun, patampènipun saréyal suwang, patumbas ing lurik, 1 réyal,

wah ing Redi Kidul ingkang kagadhahaken Radèn Tumenggung Wiryawinata malih, 18
f. 142r jung, paosanipun ing dalem sa/tengah taun, 22 réyal, anigang-dasa wang saréyalipun, patampènipun saréyal suwang,

wah ing Redi Kidul malih, ingkang kagadhahaken Bendara Radèn Ayu Wiryawinata, 18 jung, paosipun ing dalem satengah taun, 27 réyal, anigang-dasa wang saréyalipun, patampènipun saréyal suwang,

wah gadhahanipun Demang Surawijaya, ing Pakawisan, 23 jung, kalebet ingkang dados lenggah, 4 jung, paosipun ing dalem satengah taun, 46 réyal, anigang-dasa wang saréyalipun, patampènipun saréyal suwang, ingkang kagadhahaken Radèn Riya Sindureja,

wah gadhahanipun Demang Setragadhingan, ing Lèpènkajar, 12 jung, paosipun ing dalem satengah taun, 80 réyal, anigang-dasa wang saréyalipun, patampènipun saréyal suwang, ingkang kagadhahan Bendara Radèn Ayu Danukusuma,

wah ing Gagatan, 14 jung, kalebet ingkang dados lenggah ing mantri titiga, 15 jung, paosipun ing dalem satengah taun, 36 réyal, anigang-dasa wang saréyalipun, patampènipun saréyal suwang, mantri titiga punika, Radèn Prawirasekti ladosanipun paos, ing dalem satengah taun, 20 réyal, Radèn Prawiratruna, 8 réyal, Radèn Prawiradigdaya, 9 réyal, ingkang kagadhahaken Radèn Riya / Sindureja,

f. 142v

wah gadhahanipun Demang Ranadipa, ing Sumber, 16 jung, kalebet ingkang dados lenggah, 4 jung, paosipun ing dalem satengah taun, 24 réyal, anigang-dasa wang saréyalipun, patampènipun saréyal suwang, ingkang kagadhahaken Radèn Tumenggung Natayuda,

wah ing Bendha, 1 jung, ladosanipun paos ing dalem satengah taun, 25 keton, patampènipun saréyal suwang, ingkang kagadhahaken pun Kertadirana,

wah ing Pacitan Kawisudha, 6, jung, paosipun ing dalem satengah taun, 24 réyal anggris, baten mawi patampi,

wah gadhahanipun Kyai Muhammadahir, ing Jatosngawis, 4 jung, kalebet ingkang dados lenggah kalih jung, paosipun ing dalem satengah taun, 8 réyal, anigang-dasa wang saréyalipun, patampènipun saréyal suwang,

wah ing Lobang, 14 jung, paosipun ing dalem satengah taun 10 réyal, anigang-dasa saréyalipun boten mawi panampi, ingkang kagadhahaken Radèn Tumenggung Sumadiningrat,

wah gadhahanipun Kyai Ngabèhi Sindusastra, ing Jatosrajeg, 1 jung, paosipun ing dalem satengahan taun, 3 réyal, anigang-dasa wang saréyalipun, patampènipun saréyal suwang,

f. 143r   wah gadhahanipun Mas Ngabèhi Nitipura, 3 jung, paosipun ing dalem satengah taun, 6 réyal anigang-dasa wang saréyalipun, patampènipun saréyal suwang,

wah paosipun ing Goranggarèng, paosipun Kyai Adipati Purwadiningrat, 285 réyal anigang-dasa wang saréyalipun, patampènipun saréyal suwang,

wah paosipun ing Madiyun, ladosanipun Radèn Rongga Prawiradirdja, 525 réyal anigang-dasa saréyalipun, panampènipun saréyal suwang, ingkang medal pendhak Mulud,

wah gadhahanipun Nyai Tumenggung, ing Gebyang Cepaka, 13 jung, paosipun ing dalem satengah taun, 330 réyal anigang-dasa wang saréyalipun,

wah gadhahanipun Demang Jagaresa, ing Ngawisan Pacok, 12 jung, paosipun ing dalem satengah taun, 44 réyal amalulikur wang saréyalipun, patampènipun saréyal suwang, wah gadhahanipun Bapang Pengalasan, ing Ngawisan Pacok, 12 jung, paosipun ing dalem satengah taun, 44 réyal amalulikur wang saréyalipun, patampènipun saréyal suwang, kagadhahaken Ngabèhi Kartadirana,

143v gu(ng)gung kagengan-Dalem bu/mi pemaosan sedaya dados, 589 jung, ingkang dados lenggah ing mantri, 36 jung, kagengan-Dalem bumi pemaosan-Dalem, 553 jung, kapétang karya, dados damel-Kula 3,454, kalebet ingkang dados lenggah ing mantri damel-Kula, 150, kajawi bumi pamaosan ing Madiyun Goranggarèng, kalih pemaosanipun Nyai Tumenggung,

gu(ng)gung paosanipun ing Bakda Garebeg Mulud, ingkang sami, réyalan anigang-dasa wang, 3,393 réyal, langkung (?)[1] ingkang sami réyalan amalulikur wang 1,938, réyal, ingkang sami réyalan Paréntah, 533 réyal, langkung (?),

gu(ng)gung sedaya dados, 5,864 réyal, langkung (?) réyalan resah,   kapétang réyal Paréntah, sedaya dados, 6,629 réyal, langkung (?),

wondéning paosipun ing Bakda Garebeg Siyam ingkang sami réyalan anigang-dasa wang, 3,393 réyal, langkung (?), ingkang sami réyalan amalulikur wang, 1,850 réyal, ingkang sami réyalan Paréntah, 203, réyal, langkung (?),

gu(ng)gung sedaya dados, 5,446 réyal, langkung (?) réyal resah,   kapétang, réyal Paréntah
144r sedaya dados, 6,203 / réyal, langkung (?).

[1]These almost undoubtedly refer to fractional increases of the preceding *real* value. As the precise value represented by the one to five symbols following the number of *real* are not known, they are indicated by the '(?)', see p. 323 note 1 above.

2   BL Add. MS. 12303
                                                                   f. 144r–v

Memo on royal taxable rice fields (*kagengan-Dalem sabin pemaosan*), as well as an additional impost (*pasumping*) at Kuwarakan (Kuwarasan) for the overseer of the royal fruit orchard there of 18 *real anggris* per year. Additional places and officials are cited.

f. 144r Punika pémut kagengan-Dalem sabin pemaosan ingkang kapundhut paosipun,   punika pratélanipun,   pasumpingipun ing Kuwarakan, ingkang jagi dhahar-Dalem wohan, sabin 12 jung, pasumpingipun ing dalem satengah taun, 18 réyal anggris,

wah pancasanipun ing Kuwarakan, 1 jung, paosipun ing dalem satengah taun, 1 réyal, langkung (?) anigang-dasa wang saréyalipun, patampènipun saréyal suwang, kagadhahaken Ngabèhi Prawirasastra,

wah sabin pemaosan ngajeng ingkang kapundhut, ing Matanggrawong Sanyung Séla-tumpang, 5 jung (?), paosipun ing dalem satengah taun, 80 réyal anggris, ingkang kagadhahan Radèn Adipati Danureja,

wah ing Sélakarung, 12 jung, paosipun ing dalem satengah taun, 48 réyal anigang-dasa wang saréyalipun, patampènipun saréyal suwang,

wah ing Jungkaré, 5 jung, paosipun ing dalem satengah taun, 15 réyal, anigang-dasa wang saréyalipun, patampènipun saréyal suwang, ingkang kagadhahan Mas Panji Padmawijaya,

f. 144v   / wah ing Kalegèn, 10 jung, paosipun ing dalem satengah taun, 22 réyal, anigang-dasa wang saréyalipun, patampènipun saréyal suwang.

3   BL Add. MS. 14397

                                                f. 18r–19r

Memo concerning cash yields from royal rice fields received by officials of the *Gedhong* department. The sum of 2,383 real is recalculated (*wicalan*) at several different rates for the real in relation to *uwang* and *dhuwit*. *Dluwang* (Javanese tree-bark paper).

f. 18r   Punika mémut(i) kagengan-Dalem yatra pamedalipun kagengan-Dalem bumi dhusun pamaosan ingkang katampèn abdi-Dalem Gedhong.

gu(ng)gung kalih-èwu, tigang-atus wolung-dasa, tigang réyal la(ng)kung seka,   wondéning pratélanipun ingkang wiwicalan anigang-dasa uwang, saréyalipun,   gu(ng)gung sèwu gangsal-atus kalih-dasa wolung réyal satangsul,

ingkang wiwicalan amalulikur uwang saréyalipun,   gu(ng)gung pitung-atus sangang-dasa gangsal réyal langkung kawan uwang,

ingkang wiwicalan angenemlikur tèng sadhuwit saréyalipun, gu(ng)gung sawidak réyal, anunten kapétang wiwicalan anigang-dasa uwang saréyalipun sadaya,   gu(ng)gung kalih-èwu tigang-atus sangalas réyal la(ng)kung nemlikur uwang,

kapétang wiwicalan amalulikur uwang, saréyalipun sadaya,   gu(ng)gung kalih-èwu kawan-atus wolung-dasa gangsal réyal la(ng)kung nembelas uwang,

f. 18v   / wiwicalan angenemlikur tèng sadhuwit saréyalipun sadaya,   gu(ng)gung kalih-èwu pitung-atus wolulas réyal langkung gangsalwelas uwang,

wah kagengan-Dalem yatra, pamedalipun kagengan-Dalem bumi dhusun, kalebet pamedalipun bandar mi(ng)giran ingkang dipuntampèni, Nyai Riya kalih pun Surèng, gu(ng)gung kawan-atus sawidak nem réyal langkung seka, satangsul,   pratélanipun ingkang wiwicalan anigang-dasa uwang saréyalipun,   gu(ng)gung tigang-atus nembelas réyal langkung seka satangsul,   ingkang wiwicalan, amalulikur uwang, saréyalipun gu(ng)gung kalih-belah réyal,   anunten kagu(ng)gung sadaya, kagengan-Dalem yatra paos ingkang wonten gedhong jawi, kalebet ingkang dipuntampèni Nyai Riya, kalih pun Surèng, gu(ng)gung kalih-èwu, pitung-atus pitung-dasa nem réyal la(ng)kung pitung uwang

f. 19r   punika sampun kapétang wiwicalan anigang-/dasa uwang, sadaya, saréyalipun.

4   BL Add. MS. 14397

                                                f. 9r

Memo of Secaleksana's tax payments due for royal lands.

f. 9r   Punika pémut kahula abdi-Dalem pun Secaleksana, kula anyaosaken kagengan-Dalem paos,   punika pratélanipun,   kagengan-Dalem siti ing Imbamerta nem jung, paosipun kalih-atus réyal sami réyalan amalulikur uwang saréyalipun,   wah kagengan-Dalem siti ing Lèpènbawang sawelas jung, paosipun sèket langkung pitung réyal sajampel,   sami réyalan anigang-dasa uwang saréyalipun,   wah kagengan-Dalem siti ing Reca sajung, paosipun sèket anggris.

5

BL Add. MS. 14397
f. 58r

Memo on Javanese tree-bark paper (*dluwang*) concerning payment of taxes by Onggadirana at Tegilan. Document incomplete.

58r   Punika pémut saosanipun kagengan-Dalem paos saking abdi-Dalem pun Onggadirana ing Tegilan, paosipun, sèket langkung gangsal réyal sami anigang-dasa saréyalipun, penampènipun saréyal suwang, walanipun sajung seka (...).

6

BL Add. MS. 12303
f. 174r

Memo of taxable royal rice fields (*sabin pamaosan*) held by (*kagadhahaken*) Radèn Tumenggung Sumadiningrat. Document incomplete.

174r   Punika pémut amémuti kagengan-Dalem sabin pemaosan, ingkang kagadhahaken Kangjeng Bendara Radèn Tumenggung Sumadiningrat,   punika pratélanipun,   ing Tersana, damel-Kula satus, paosipun ing dalem sataun gangsal-atus réyal (...).

Tolls (*Bandar*)

7

BL Add. MS. 12341
f. 76r–77r

Memo of Radèn Rongga Mangundirja (aka Prawiradirja II), Nyai Riya, and colleagues amongst the female officials (*nyai*) of the court concerning the receipt of tollgate moneys from the *Wedana Bandar*, Kyai Tumenggung Reksanegara. From the total of 8,000 *real anggris* are deducted various purchases and grants (e.g. for upkeep of the Sultan's Chinese herbalist/doctor [*dhukun Cina*] and for his coachman [*kusir*]) amounting to some 2,652 real. The remaining 5,800 real includes the tolls from the eastern *mancanagara*. Undated, but likely from 1784–96 during Mangundirja's tenure as *Bupati Wedana* of Madiun.

76r   Punika pémut kahula, abdi-Dalem pun Mangundirja, kalih abdi-Dalem Nyai Riya, sakancanipun amémuti, angsal kula, anampèni,   kagengan-Dalem yatra paos pamedalipun kagengan-Dalem bandar, saking abdi-Dalem pun Re(k)sanegara,   kathahipun walung-èwu réyal anggris,   anunten kacawok tutumbasan-Dalem,   ingkang awarni tosan tigawelas dhacin langkung nembelas katos sadhacinipun apengaos kalihwelas réyal sadaya, dados apengaos kalihbelas langkung wolung réyal,   ingkang awarni cèt sangang tong, satongipun apengaos sèket réyal sadaya, dados apengaos kawan-atus sèket réyal, ingkang awarni gi(n)cu, kalih-atus bungkus langkung wolung bungkus sabungusipun apengaos kalih réyal sadaya dados apengaos kawan-atus nembelas réyal,   ingkang awarni baludru sadasa élo, saélonipun apengaos kawan réyal sadaya, apengaos sadasa réyal, ingkang awarni sengkelat

76v   / wolung élo, saélonipun apengaos tigang réyal sadaya, dados apengaos kawanlikur réyal, ingkang awarni praos gangsalwelas banon sabanonipun apengaos sadasa réyal sadaya, dados apengaos kalih-belah réyal,   ingkang awarni paku, tigang dhacin langkung kawanwelas katos sadhacinipun apengaos salawé réyal sadaya, dados apengaos pitung-dasa, langkung wolung réyal sajampel, ingkang awarni p(e)stul sèket rakit serakitipun apengaos pitung réyal langkung sawelas uwang, sadaya, dados apengaos tigang-atus pitung-dasa, langkung kalih réyal, ingkang kapatedhakaken abdi-Dalem dhukun Cina, nem-atus kalebet patumbas ing jampi, ingkang katumbasaken panga(ng)gènipun kusir, tigang-atus sawidak langkung kawan réyal,

f. 77r gu(ng)gung kagengan-Dalem ingkang sumerep tumbasan kalih ingkang kapatedhakaken dhukun Cina, sadaya kalih-èwu nem-atus sèket kalih réya/l sajampel, kagengan-Dalem yatra dados kantun nem-èwu, satus pitung-dasa, kalih réyal sajampel kalebet kagengan-Dalem yatra pamedalipun bandar moncanegari, saupami wonten karsa-Dalem kapatedhakaken abdi-Dalem ingkang sami kapatedhan Jawi Lebet sadaya, kalebet putra-Dalem Kang-jeng Gusti, patedhan-Dalem dados gangsal-èwu wolung-atus tigang seka satangsul, kage-ngan-Dalem dados kantun tigang-atus pitung-dasa, langkung saréyal sajampel satangsul.

8   BL Add. MS. 12341
f. 64r

Memo of Radèn Puspakusuma, Radèn Prawirapuspita, and other royal retainers of the *Kepatihan* concerning the receipt of the royal land tax/tribute payments (*kagengan-Dalem yatra paos siti*) and tollgates (*paos bandar*) from the (eastern) *mancanagara*, as well as interest (*sekaran*) received at the *Garebeg Puwasa* of the year Bé, A.J. 1736 [*c.* 8 Nov. 1809]. Tolls of the *mancanagara* amount to 4,750 English real (*anggris*), including that for birds' nests, with the land tax at Goranggarèng (1,414 real *anggris*) and other areas making a sum of 8,900 real. From this is drawn 6,150 for the Nyai Riya and her colleague (i.e. pun Surèng), leaving 2,750 real. Undated, but likely mid-November 1809.

f. 64r Punika pémut kahula abdi-Dalem pun Puspakusuma, pun Prawirapuspita, sakonca kula abdi-Dalem Patèyan sedaya, amémuti angsal kula anampèni kagengan-Dalem yatra paos siti, paos bandar moncanegara, sekaran ingkang katampèn ing bakda Garebeg Siyam ing taun Bé, angkaning warsa, 1 7 3 6, punika pratélanipun, kagengan-Dalem paos ban-dar moncanegari, kalebet paos ing sesah kathahipun kawan-èwu pitung-atus sèket réyal anggris, wah paos siti ing Goranggarèng, kathahipun sèwu kawan-atus kawanwelas réyal anggris, wah paos ing Pide(k)sa kathahipun sawidak kawan réyal anggris, wah paos ing Tawèn kathahipun walulikur réyal anggris, sedaya kagengan-Dalem paos ing siti dados sèwu wolung-atus sawidak gangsal réyal anggris, wah kagengan-Dalem yatra sekaran kathahipun sangang-dasa réyal anggris, wah kagengan-Dalem yatra mariyos kan-tun kalih-èwu sangang-dasa gangsal réyal, kagengan-Dalem yatra sedaya dados wolung-èwu sangang-atus, nunten kapundhut kainggahaken kathahipun nem-èwu satus sèket réyal anggris, kagengan-Dalem yatra ingkang mundhut Nyai Riya sekalian, kagengan-Dalem yatra dados kantun kalih-èwu pitung-atus sèket réyal anggris.

9   BL Add. MS. 12341
f. 308r–310r

Memo of cash income deriving from the tollgates (*bandar*) and the birds' nest tax (*paos ing sesah*) from the *Wedana Bandar* Kyai Tumenggung Reksanegara for the amount of 30,000 real. This is given out directly for food purchases for the kraton and purchasing of clothing, etc, and for the upkeep of various royal officials and soldiers, some of whom are granted allocations for purchase of pantaloons/trousers (*celana*), amounting to 22,944 real, leaving 7,055. Undated, but probably *c.* 1808.

08r Punika pémut amémuti kagungan-Dalem yatra paosipun kagungan-Dalem bandar, kalih paos ing sesah, ingkang saking abdi-Dalem Re(k)sanegara, kathahipun tigang leksa, ingkang sumerep kadamel paringan,   punika pratélanipun,   saosan belonja dhahar-Dalem kathahipun sèwu tigang atus,

wah paringan ingkang dhateng salebet ing kadhaton, kathahipun kalih-èwu tigang-atus,

wah patumbas ing cindhé sembagi, satus langkung kawan real,

wah paringan dhateng Saos-siti, nem-atus réyal,

wah paringan ingkang dhateng Kadospatèn kathahipun sèwu gangsal-atus pitung-dasa walung réyal,

wah paringan ingkang dhateng Bendara-Bendara, putra sentana kathahipun, sèwu tigang-atus sèket langkung saréyal, kalebet patumbas ing celana,

08v / wah paringan ingkang dhateng Bendara-Bendara putri, kalebet Bendara-Bendara putri moncanegari, kathahipun kalih-èwu langkung kawan réyal,

wah paringanipun Bendara-Bendara putri sedaya kathahipun walung-atus salawé réyal kalebet patumbas ing celana,

wah paringan ingkang dhateng abdi-Dalem prajurit Kawan Wedana, kathahipun kawan-èwu, tigang-atus kawan-dasa, kawan réyal tigang seka,

wah paringan ingkang dhateng abdi-Dalem prajurit Panakawan, kathahipun sèwu satus gangsalwelas,

wah paringan dhateng abdi-Dalem salomprèt, kathahipun satus sangang-dasa gangsal réyal,

wah paringan ingkang dhateng abdi-Dalem prajurit Kestabel ingkang anyar, kathahipun kalih-belah atus réyal,

309r wah paringan wewah-wewah abdi-Dalem prajurit Belambangan kalih-atus / réyal,   wah paringan ingkang dhateng abdi-Dalem Rahadèn Adipati Danureja, sakancanipun Bupati Jawi Lebet Kiwa Tengen, kalebet abdi-Dalem Wedana prajurit abdi-Dalem Kaliwon, abdi-Dalem Kyai Pangulu, Tuwan-Tuwan, Wedana Kadospatèn, kathahipun sèwu gangsal-atus kalihlikur réyal, kalebet patumbas ing celona,

wah paringan ingkang dhateng abdi-Dalem Bupati moncanegari, sedaya kathahipun pitung-atus sawidak kalih réyal, kalebet patumbas ing celona,

wah paringan ingkang dhateng paos ing sabin dhateng abdi-Dalem Mantri Jawi Lebet, Kiwa Tengen, kalebet kang dhateng abdi-Dalem prajurit dhateng putra sentana, kathahipun nem-atus pitung-dasa sangang réyal,

wah paringan dhateng abdi-Dalem kusir Kenèk, satus kawan-dasa gangsal réyal,

wah paringan dhateng abdi-Dalem kaji ing Kawiskajèn, kathahipun sangang-dasa pitung
309v réyal, kalebet mar/bot,

wah paringan patumbas ing sepuh dhateng abdi-Dalem kemasan kalih-dasa réyal,

wah paringan dhateng abdi-Dalem prajurit Pacitan, satus sawidak réyal,

wah paringan wragad tambur dhateng abdi-Dalem prajurit, salikur réyal tigang seka,

wah paringan pelatha kalih lalohipun kagengan-Dalem liman, pitulikur réyal tigang seka,

wah paringan dhateng Pangéran Natapura, Resaleksana kalih-dasa réyal,

wah paringan dhateng abdi-Dalem dhalang Kertasana, abdi-Dalem pandhé, abdi-Dalem Rejasentika, Nursalim, pitulas réyal,

wah abdi-Dalem Nyai Riya Segondo, amundhut langkungan saweg paringan putra-sentana tigang-dasa tigang réyal,

f. 310r / wah paringan dhateng Kumpeni, kathahipun sèwu gangsal-atus,

wah paringan dhateng abdi-Dalem pun Resanegara, pun Resapraja, sakancanipun abdi-Dalem mantri, kathahipun gangsal-atus réyal,

wah paringan sumerep patumbas ing songsong tèh gendhis manisan, patumbas ing songsong gilap kang anyar sèwu tigang-atus pitung-dasa pitung réyal sajampel,

gu(ng)gung kagungan-Dalem yatra, kang sampun sumerep kadamel paringan, kathahipun kalih leksa, kalih-èwu, sangang-atus kawan-dasa kawan réyal tigang seka,

kagungan-Dalem yatra tigang leksa wau punika, dados kantun, pitung-èwu, sèket gangsal réyal langkung seka.

10   BL Add. MS. 12341
                                                                  f. 48r

Memo on cash from the tollgates (*yatra bandar*), which is recalculated in reals of 28 *wang*, becoming 370 *wang*. Various other conversions are also given.

f. 48r Punika pémut kagengan-Dalem yatra bandar, ingkang kantun kadamel wicalan amalulikur uwang, saréyalipun, dados tigang-atus pitung-dasa saréyal satangsul,

anunten kadamel wicalan angenemlikur tèng sadhuwit saréyalipun dados kawan-atus nem réyal kalih uwang kalih dhuwit,

anunten kacawok ingkang sampun kapundhut inggih sami, wicalan angenemlikur tèng sadhuwit saréyalipun, kathahipun sadaya, satus kalihlikur réyal langkung seka, kagengan-Dalem dados kantun kalih-atus wolung dasa, tiga réyal tigang seka, kalih uwang, kalih dhuwit,

punika pémut kagengan-Dalem yatra cowokanipun patedhan-Dalem dhateng abdi-Dalem sadaya, yatra sepuh kadamel anem nunten kadamel wicalan amalulikur.

11   BL Add. MS. 12341
                                                              f. 48v–49v

Memo of tax/tribute cash payments, including the '*strandgeld*' payments (*yatra paosipun pasisir*) by the Dutch East India Company for 'lease' of the northeast coast (*pasisir*), calculated at different rates.

8v Punika pémut kagengan-Dalem yatra paos, ingkang kantun kadamel wicalan amalulikur uwang, saréyalipun dados kalih-atus tigang-dasa, gangsal réyal,   anunten kadamel wicalan angenemlikur tèng sadhuwit saréyalipun dados kalih-atus sèket pitung réyal wolung dhuwit,

wah kagengan-Dalem yatra paosipun pasisir, ingkang kantun kadamel wicalan amalulikur uwang saréyalipun, dados tigang-atus sèket   anunten kadamel wicalan angenemlikur tèng sadhuwit saréyalipun dados tigang-atus wolung-dasa kalih réyal tigang seka kalih-welas dhuwit,

anunten kagu(ng)gung sadaya, nem-atus tigang-dasa, sanga réyal tigang seka, kalih uwang,
9v / nemlikur uwang saréyalipun dados tigang-atus sawidak langkung saréyal satangsul, anunten kadamel wicalan angenemlikur tèng sadhuwit saréyalipun, dados tigang-atus sangang-dasa réyal,   anunten kagu(ng)ung kagengan-Dalem yatra cowokan kalih kagengan-Dalem yatra bandar, dados nem-atus pitung-dasa, wolung réyal tigang seka, kalih uwang kalih dhuwit,

anunten kagu(ng)gung kagengan-Dalem yatra sadaya, yatra paos kalih yatra paosipun pasisir, kagengan-Dalem yatra cowokan kantunanipun yatra bandar, dados sèwu tigang-atus walulas réyal la(ng)kung sajampel satangsul.

12   BL Add. MS. 12303
                                                     f. 178v

Memo of moneys (calculated in *wang*) received from the Medono tollgate (*bandar Mandana kang sapisan*), the most important tollgate in Kedhu, amounting to 100 real. Document undated and incomplete.

78v Pémut manira tarima uwang saking bandar Mandana, kang sapisan, satus kaping pindho, sangang-puluh, jaran siji, regané satus réyal (...).

Pengawis-awis[1]

[1]As with many Javanese financial terms relating to taxes and imposts, the exact meaning of '*pengawis-awis*' (alternatively *pangawis-awis*) remains unclear. Hence no attempt has been made to given an English translation. Gericke and Roorda, vol. I. p. 64, suggest it means to pay more for something than it is worth, i.e. possibly a form of additional impost or surtax. Whatever the origins, as used in documents nos. 13 through 20, the term is clearly bound up with taxes to the extent that it can be given a numerical value, whether measured in real, *jung*, or work units.

13   BL Add. MS. 12303
                                                     f. 145r–146r

Memo on lands (*bumi ngajeng*) burdened with the *pengawis-awis* impost amounting to 3,777 *cacah*. From these units are calculated a number of imposts, including the surtax on tribute payments (*taker-tedhak*) and the corvée obligation (*kerigaji*).

f. 145r Punika pémut bumi ngajeng ingkang sampun tamtu dipunladosi pangawis-awisipun, sajung
seka ing salami-laminipun,   gu(ng)gungipun ing sabin sedaya, cacah damel-Kula 3,777,

f. 145v kapétang / jung-jungan dados, 106 jung, langkung (?), kapétang pengawis-awisipun sajung
seka, dados 226, réyal, langkung (?), wondéning bumi ngajeng damel-Kula 3,777 wau
punika, ingkang dados lenggah ing mantri titiga, damel-Kula 250, ingkang dados pemaosa
nyanggi taker-tedhak ageng, dados kantun damel-Kula 112, gu(ng)gung dados damel-Kula
362, kapétang yatranipun kerigaji, medal sajung setangsul dados 11 réyal, langkung (?),
wondéning bumi ngajeng damel-Kula 3,777, wau punika, sasampunipun kaelong damel-
Kula 362, dados kantun bumi malangpundhak damel-Kula 3,415, kapétang yatranipun
kerigaji, medal sajung sapalih tangsul, dados 56 réyal langkung (?),

gu(ng)gung yatranipun kerigaji ingkang medal sajung satangsul kalebet ingkang medal
sajung sapalih tangsul sedaya dados 68 réyal, langkung (?), anu(n)ten kagu(ng)gung
pengawis-awisipun medal sajung seka, kalih kerigajènipun medal sajung satangsul, kalebet
ingkang medal sajung sapalih tangsul, sedaya dados, 295, réyal, langkung (?), anu(n)ten
kalong kapundhut damel-Kula 11,

westaning dhusun ing Mantang Grawong Sambung Sélatumpang, 5 jung (?), ing Sekar-

f. 146r arum 6 jung, ing Jungkaré 5 jung, ing Kalegèn 10 jung, pengawis-awis sakerigaji/nipun
10 réyal kirang sapalih tangsul.

14   BL Add. MS. 12303
f. 146r–v

Memo of correct amounts of surtaxes and relevant interest payments (*yatra pengawis-awis*,
kerigaji, and *sekaran*) at the Garebeg Siyam (*Puwasa*) *taun* Dal 1727 (16 January 1801)
coming from royal retainers of the *Jawi Kiwa*, *Jawi Tengen*, *Kaparak*, and *Gedhong*
departments. The *pengawis-awis* totals 1,230 real, the *kerigaji* 767 real, and the interest
(*sekaran*) 93 real, making 2,080 real.

f. 146r Punika pémut ing Bakda Garebeg Siyam ing taun Dal angkaning warsa 1 7 2 7 [Friday,
16 January 1801], amémuti sahipun kagengan-Dalem yatra pengawis-awis, kerigaji sekar-
an, saking abdi-Dalem Jawi Lebet Gedhong Kaparak Kiwa Tengen,   punika pratélan-
ipun, pengawis-awis saking Jawi Kiwa, 354 réyal,   wah kerigajinipun, 276 réyal, lang-
kung (?),   wah sekaranipun, 18 réyal, langkung (?),

wah pengawis-awis saking Jawi Tengen (...), wah kerigajinipun (...), wah sekaranipun, (...),

wah pengawis-awis saking Kaparak Kiwa, 229 réyal, langkung (?),   wah kerigajinipun,
152, réyal, langkung (?),   wah sekaranipun, 10, réyal, langkung (?),

wah pengawis-awis saking Kaparak Tengen, 244, réyal, langkung (?),   wah ke-
rigajinipun, 150, réyal, langkung (?),   wah sekaranipun, 16, réyal, langkung (?),

wah pengawis-awis saking Gedhong Tengen, 216, réyal,   wah kerigajinipun, 41, réyal,

f. 146v langkung (?),   / wah sekaranipun, 41, réyal, langkung (?), kalebet sekaranipun Radèn
Tumenggung Purwadipura,

wah pengawis-awis saking Gedhong Kiwa, 187 réyal, langkung (?),   wah kerigajinipun,
148, réyal, langkung (?),   wah sekaranipun, 8, réyal.

15

BL Add. MS. 12341
f. 268r–269v

Note on *dluwang* (Javanese tree-bark paper) concerning the royal surtax and corvée (*yatra pengawis-awis* and *kerigaji*) due from various *abdi-Dalem* and the interest (*sekaran*) due from various senior Yogyakarta officials. Totals are given as: *yatra pengawis-awis* 1,545 reals, *kerigaji* 1,236 reals, and *sekaran* 430 reals.

68r Punika pémut, amémuti kagungan-Dalem yatra pengawis-awis kalih kagengan-Dalem yatra kerigaji, punika pratélanipun, pengawis-awis abdi-Dalem Jawi Kiwa tigang-atus sèket kawan réyal langkung tigang seka, wah kerigajinipun kalih-atus pitung-dasa nem réyal langkung sajampel, wah sekaranipun sèket tigang réyal langkung setangsul,

wah pengawis-awis abdi-Dalem Jawi Tengen tigang-atus kawan-dasa réyal langkung tigang seka, setangsul, wah kerigajinipun kalih-atus pitung-dasa réyal langkung setangsul, wah sekaranipun satus tigang réyal langkung setangsul,

wah pengawis-awis abdi-Dalem Kaparak Kiwa satus sangang-dasa walung réyal langkung seka, wah kerigajinipun satus sangalas réyal langkung sajampel, wah sekaranipun gangsal-welas réyal langkung seka setangsul,

68v wah pengawis-awisipun abdi-Dalem Kaparak Tengen kathah/ipun satus sangalikur réyal langkung seka, wah kerigajinipun satus kalih-dasa nem réyal langkung seka, wah sekaran-ipun nembelas réyal langkung sajampel,

wah pengawis-awisipun abdi-Dalem Gedhong Tengen satus tigang-dasa siji, wah kerigajin-ipun satus kalih réyal, wah sekaranipun kawan-dasa réyal langkung gangsal seka, kalebet sekaranipiun Radèn Tumenggung Purwadipura,

wah pengawis-awis abdi-Dalem Gedhong Kiwa satus kalih-dasa réyal langkung sajampel, wah kerigajinipun satus sangang réyal sajampel setangsul, wah sekaranipun satus gangsal réyal langkung seka setangsul,

wah pengawis-awis saking Kadanurejan pangrembènipun kalih-atus kalih réyal langkung 69r sajampel satangsul, / wah kerigajinipun satus kawan-dasa walung réyal langkung tigang seka setangsul,

wah pengawis-awisipun ing Sumadiningratan sawidak nem réyal langkung sajampel, kalebet lenggahipun Radèn Natawirya, Mantri Jawi damel-Kula satus, wah kerigajinipun tigang-dasa nem réyal, wah sekaranipun satus nembelas réyal, sekaranipun Radèn Tumenggung piyambak,

wah pengawis-awis saking kagengan-Dalem pamaosan pitung-dasa walung réyal,

gu(ng)gung kagengan-Dalem yatra pengawis-awis sadaya dados sèwu gangsal-atus kawan-dasa gangsal réyal langkung sajampel,

gu(ng)gung kagengan-Dalem yatra kerigaji sadaya dados sèwu kalih-atus tigang-dasa nem reyal,

269v / gu(ng)gung kagengan-Dalem yatra sekaran dados kawan-atus tigang-dasa réyal langkung nem seka, gu(ng)gung yatra pengawis-awis kerigaji sarta kang katampèn kanca Gedhong sadaya dados tigang-èwu kalih-atus pitulas réyal sajampel, kajawi abdi-Dalem prajurit kalih putra sentana.

16   BL Add. MS. 12341
f. 143r

Note concerning excess cash from the royal *pengawis-awis* tax of 370 real, of which some 280 real were to be given to Kyai Tumenggung Jaganegara (the *Wedana Gladhag*) and 80 to Radèn Adipati Danureja I(?) for the purchase of iron, leaving some five real.

f. 143r   Punika pémut amémuti kagungan-Dalem yatra langkunganipun kagungan-Dalem yatra pengawis-awis, kathahipun tigang-atus pitung-dasa réyal,   anunten kapundhut kapatedhakaken abdi-Dalem pun Jaganegara, kathahipun kalih-atus wolung-dasa réyal langkung pitung seka,   wah kapatedhakaken dhateng abdi-Dalem Rahadèn Adipati Danureja, sumerep patumbasipun tosan ing lajeng, kathahipun wolung-dasa réyal, kagungan-Dalem yatra ingkang tigang-atus pitung-dasa réyal wau punika dados kantun gangsal réyal langkung seka.

17   BL Add. MS. 14397
f. 21r–22r

Memo on various incoming taxes, including tribute from royal suspended rice lands (*siti dhusun pemaosan gantungan*) in Mataram, Pajang, Kedhu, and Bagelèn, from the *pengawis-awis* and *kerigaji* taxes, as well as from a cash impost (*yatra penampi*) totalling some 230 *jung* converted to tax (*paos*) units of 316 *réyal*. Javanese tree-bark paper (*dluwang*).

f. 21r   Punika pémut, amémuti kagengan-Dalem siti dhusun pemaosan gantungan,   punika pratélanipun,   sabinipun sedaya tanah Metawis, tanah Paos, tanah Kedhu, tanah Pagelèn, dados sabin kalih-atus jung, tigalikur jung, langkung sakikil sairing, ingkang pejah kawan-dasa jung langkung tigang jung sabau, ingkang gesang satus wolung-dasa jung sabau sairing, paosipun ing dalem satengah taun tigang-atus pitung-dasa réyal langkung tigang réyal sajampel, sami réyalan anigang-dasa,   yatra tigang-atus pitung-dasa tigang réyal sajampel wau punika, ingkang kaladosaken paos, satus pitung-dasa gangsal réyal langkung seka setangsul, sami réyalan anigang-dasa wang, kalebet paosipun ing Lobang sadasa réyal,   ingkang kantun dados kantun satus sangang-dasa réyal langkung wolung réyal satangsul, sami réyalan nigang-dasa wang saréyalipun,

wah yatra pengawis-awis sakerigajènipun, wolung-dasa réyal langkung pitung réyal saseka satangsul, sami réyalan anigang-dasa wang, ingkang boten medal pengawis-awis saking kerigajènipun sabin gangsal jung sakikil, ingkang kaladosaken pengawis-awis sakerigajèn-
f. 21v   ipun, tigang dasa ré/yal langkung gangsal réyal, ingkang réyalan anyalikur wang, walulas tengah, ingkang réyalan Paréntah, inggih walulas tengah,   yatra pengawis-awis kerigaji walung-dasa réyal langkung pitung réyal seka satangsul wau punika dados kantun sèket réyal langkung gangsal réyal sajampel kawalu sigar dhuwit, kalebet cowokanipun ingkang kaladosaken tigang réyal setangsul kawalu sigar dhuwit, sami réyalan anigang-dasa saréyalipun,

wah yatra penampi pitung-atus kawan-dasa wang, langkung pitung wang, ingkang kaladosaken satus sawidak wang langkung gangsal wang, ingkang kantun dados kantun gangsal-atus wolung-dasa wang langkung kalih wang, kapétang réyalan anigang-dasa wang, dados sangalas réyal langkung kalihwelas uwang,

wah yatra rembatan kawan-dasa réyal langkung tigang réyal sangalas wang tigang dhuwit, sami réyalan amalulikur wang saréyalipun, ingkang boten medal rembatanipun sabin gangsal jung sakikil,

2r / anunten kagalongaken sedaya sakantunipun ingkang kaladosaken, yatra paos yatra pengawis-awis kerigaji, penampi rembatan, gu(ng)gung sedaya dados tigang-atus réyal langkung nembelas réyal sajampel satangsul kalih uwang, kalebet ingkang réyalan amalulikur wang, kawan-dasa réyal langkung tigang réyal, kajawi punika sami réyalan anigang-dasa wang sedaya.

18 BL Add. MS. 14397
f. 57r–v

Memo of taxes due from a number of close female relatives of the first two Yogyakarta rulers (i.e. HB I and HB II), including two the HB I's unofficial wives (*garwa ampéyan*), B.R.A. Srenggara and B.R.A. Dayaasmara, as well as several daughters of HB II married to high kraton officials, amounting to some 21 real. The second paragraph specifies the *pengawis-awis* imposts. Document incomplete. Javanese tree-bark paper (*dluwang*).

7r Punika saosanipun Bendara Radèn Ayu Jayaningrat, saosanipun pitung réyal kirang setangsul, wah Bendara Radèn Ayu Danukusuma saosanipun gangsal seka, wah saosanipun Bendara Radèn Ayu Natayuda kalih réyal, wah saosanipun Bendara Radèn Ayu Ja(yadi)wirya tigang réyal, wah saosanipun Bendara Radèn Ayu Tirtadiwirya tigang réyal, wah saosanipun Bendara Radèn Ayu Jayap(r)awira tigang réyal, wah saosanipun Bendara Radèn Ayu P(r)awirakusuma sangang seka, dados sedaya gunggungipun selikur réyal langkung seka setangsul,

punika saosanipun Bendara Radèn Ayu Jayaningrat pengawis-awis pitung réyal, kirang setangsul, wah saosanipun Bendara Radèn Ayu S(r)enggara yatra pengawis-awis tigang réyal, wah saosanipun Bendara Radèn Ayu Dayaasmara yatra pengawis-awis tigang réyal, wah saosanipun Bendara Radèn Ayu Danukusuma yatra pengawis-awis gangsal seka, wah saosanipun Bendara Radèn Ayu Natayuda yatra pengawis-awis kalih réyal, wah saosanipun Bendara Radèn Ayu Ja(yadi)wirya yatra pengawis-awis tigang réyal, wah saosanipun Bendara Radèn Ayu Tirtadiwirya yatra pengawis-awis tigang réyal, wah saosa-
57v nipun Bendara Radèn Ayu Jayap(r)awira yatra pengawis-awis tigang ré/yal, wah saosanipun Bendara Radèn Ayu P(r)awirakusuma yatra pengawis-awis sangang seka.

19 BL Add. MS. 12303
f. 46v–47r

Memo dated Monday, 3 Mulud Jé A.J. 1718 (31 October 1791) concerning lands of the *Jawi Tengen* deparment producing cash taxes from the *kerigaji* totalling 7,800 real. Only those of Radèn Tumenggung Sumadiningrat and the *Kanèman* (i.e. *wong Kanoman*) corps/regiment are listed. Document incomplete.

f. 46v   Pémut ing dinten Senèn tanggal ping tiga, sasi Mulud taun Jé angkaning warsa, 1 7 1 8 [Monday, 31 October 1791], siti Jawi sapenengen ingkang kawedalaken yatra k(e)r(i)gaji sajung seka, gu(ng)gung sadaya dalem-Kula pitung-èwu, walung atus, anunten sapartiga,

f. 47r   ingkang kagolong Kasumadiningratan, punika pratélanipun, lenggah / Kasumadiningratan, samantrinipun gangsal, dados damel-Kula sèwu gangsal-atus,   wah lenggah ing Kanèman sèwu tigang-atus, gu(ng)gung dados jangkep dalem kula kalih-èwu walung-atus.

20   BL Add. MS. 12303
                                                          f. 51r

Letter of agreement (*serat pethuk*) from Ngabèhi Wirayuda concerning the matter of Ki Sélakontha and Ki Sarawadi and the rate of cash payment of the *pengawis-awis* tax. Dated 4 June 1794.

f. 51r   Punika serat pethuk saking Ngabèhi Wirayuda, kacepenga Ki Sélakontha, Ki Sarawadi, mila anyepeng serat pethuk Ki Sélakontha Ki Sarawadi, déning sampun asosokan tetarog yatra pengawis-awis, kathahipun salawé réyal langkung sajampel satangsul réyalan anyongalikur wangsa réyalipun,

kala ing dinten Rebo tanggal ping gangsal sasi Dulka(ng)idah taun Bé, angkaning warsa, 1 7 2 0   [Wednesday, 4 June 1794].

Taker-Tedhak (Surtax/Surplus Tribute)

21   BL Add. MS. 12341
                                                          f. 4r–v

Memo on the surtax (*taker-tedhak*) from royal retainers of the *Kaparak Kiwa* department and their colleagues levied on lands belonging to R.T. Sindujaya, R.T. Natayuda, and others confirmed by the sovereign (*damel-Kula*) and subsequently adjusted (*kaleresan*) into *réyal* and *seka*. The total of the *taker-tedhak* comes to 4,546 real.

f. 4r   Punika pémut taker-tedhakipun abdi-Dalem Kaparak Kiwa sapangrembènipun sadaya ka-jawi konca gamel,   punika pratélanipun,   bumi Kasindujayan damel-Kula kalih-atus taker-tedhakipun kawanwelas réyal, wah bumi Kanatayudan damel-Kula tigang-atus kaleresan kalihlikur réyal saseka satangsul, wah bumi Kaparak damel-Kula sangang-atus tigang-lawé, kaleresan pitung-dasa nem réyal tigang seka, pitulikur dhuwit, wah bumi Singanegara damel-Kula kalih-atus, kaleresan nembelas tengah satangsul, wah bumi Priyataka ingkang nyanggi damel, damel-Kula satus kaleresan pitung réyal tigang seka sapalih tangsul, wah bumi pangrembé punika pratélanipun, bumi Mergangsa damel-Kula sèwu taker-tedhakipun kaleresan, sawidak nem réyal saseka, wah bumi Gowong damel-Kula kalih-atus, kaleresan tigang-welas réyal, wah bumi gandhèk, damel-Kula kawan-atus, kaleresan nemlikur réyal, wah bumi Suranata damel-Kula kawan-atus sèket kalebet lurahipun, nanging ingkang tumedhak taker-tedhakipun nanging damel-Kula kawan-atus, damel-Kula kawan-atus kaleresan nemlikur réyal, wah bumi tukang damel-Kula tigang-lawé, kaleresan kawan réyal tigang seka satangsul, wah bumi Priyataka maos lawung damel-Kula walung-dasa, kaleresan gangsal réyal saseka satangsul sadasa dhuwit, wah bumi nongsong damel-Kula sèket, kaleresan tigang réyal saseka, wah bumi jeksa damel-Kula tigang-dasa nenem, kaleresan kalih réyal seka satangsul sapalih tangsul, wah bumi Padmawijayan damel-Kula sèket, kaleresan tigang réyal saseka, wah bumi Kasindu-setran damel-Kula tigang-lawé, kaleresan kawan réyal tigang seka satangsul, wah bumi miji alit, Jasembodra Puspawijaya Citraleksana Rongga Jejeran, / damel-Kula sèket, kaleresan tigang réyal saseka, wah bumi kebayan damel-Kula kalih-atus kirang tigang jung, kaleresan kalihwelas réyal satangsul sapalih tangsul, wah bumi taman damel-Kula satus tigang dasa, kaleresan sawelas réyal seka satangsul,

nunten kagunggung sadaya taker-tedhakipun damel-Kula kawan-èwu gangsal-atus kawan-dasa nenem, yatranipun, tigang-atus walulas réyal tigang seka pitung dhuwit.

22 BL Add. MS. 12303
f. 167r

Memo concerning the allocation of shares of the *taker-tedhak* surtax for the purchase (*patumbas*) of various objects, amounting to 13,215 real.

167r Punika pémut padumipun taker-tedhak patumbas ing werni, kalih-belahan, patumbas ing kapal alus kalih jené, gu(ng)gung sedaya apengaos saleksa tigang-èwu kalih-atus gangsal-welas réyal, langkung sajampel, kapundhut ingkang sapalih,   ingkang sapalih kathah-ipun, nem-èwu nem-atus pitung réyal tigang seka,   nu(n)ten kabagé kaparatiga, monca-negari ingkang saduman, kathahipun kalih-èwu kalih-atus kalih réyal sajampel, ingkang kalih duman kathahipun, kawan-èwu kawan-atus gangsal réyal langkung kawan wang gangsal dhuwit,   anu(n)ten kabagé sawernènipun abdi-Dalem ing Ngayogyakarta Adiningrat sedaya, kajawi abdi-Dalem ingkang kapundhut, kapara damel-Kula gangsal-leksa, kalih-èwu gangsal-atus wolung dasa,   saleksanipun kaleresan, wolung-atus kawan-dasa réyal, langkung saréyal satangsul, damel-Kula sèwunipun kaleresan wolung-dasa kawan réyal.

Bekti (Homage)

23 BL Add. MS. 12341
f. 60r–v

Memo concerning work obligations on rice fields (*saosanipun bekti padamelan*) for various high-ranking ladies of the court, all close relatives (i.e. sisters and daughters) of the ruler (HB II) computed on the basis of the number of *jung sabin* at roughly 2 *jung* = 1 real *bekti padamelan*. Undated, but from internal evidence (e.g. references to Ratu Ben-dara, Ratu Anom, and Ratu Anggèr, who received their titles on 26 August 1805), drawn up sometime between August 1805 and December 1810; when HB II was temporarily replaced as ruler by the Crown Prince, the future HB III, who acted as Regent.

60r Punika pémut saosanipun bekti padamelan, Kangjeng Ratu Bendara, sabin nem jung saosanipun tigang réyal,   wah sabin emban kalih jung, saosanipun saréyal,   wah saosanipun bekti padamelan, Kangjeng Ratu Anggèr, sabin kawan jung, saosanipun kalih réyal,   wah sabin emban kalih jung, saosanipun saréyal,   wah saosanipun bekti padamelan, Kangjeng Ratu Anom, kalebet sabin emban, sabin kawanlikur jung langkung sakikil, saosanipun kalihwelas réyal langkung seka,   wah saosanipun bekti padamelan Bendara Radèn Ayu Wiryanegara, sabin pitung jung, saosanipun tigang réyal langkung sajampel,   wah sabin emban kalih jung, saosanipun saréyal,   wah saosanipun bekti padamelan, Bendara Radèn Ayu Wiryadiningrat, sabin tigang jung, saosanipun nem seka, wah sabin emban sajung, saosanipun sajampel,   wah sabin gadhuhan lepat ing damel, tigang jung, saosanipun nem seka,   wah saosanipun bekti padamel Bendara Radèn Ayu Wiryawinata, sabin tigang jung, saosanipun nem seka,   wah sabin emban kalih jung, saosanipun saréyal,   wah saosanipun bekti padamelan, Bendara Radèn Ayu Wiryakusuma, sabin tigang jung, saosanipun nem seka,   wah sabin emban kalih jung, saosanipun saréyal,   wah saosanipun bekti padamelan, Bendara Radèn Ayu Yudaprawira, sabin kalih jung, saosanipun saréyal,   wah saosanipun bekti padamelan, Bendara Radèn Ayu Cakrakusuma, sabin kawan jung, saosanipun kalih réyal,   wah sabin

emban kalih jung, saosanipun saréyal,   / wah saosanipun bekti padamelan, Bendara Radèn Ayu Jayèngrana, sabin kalih jung, saosanipun saréyal,   wah sabin emban kalih jung, saosanipun saréyal,   wah saosanipun bekti padamelan, Bendara Radèn Ayu Ranawinata, sabin kalih jung, saosanipun saréyal,   wah saosanipun bekti padamelan, Bendara Radèn Ayu Jayadipura, sabin sajung sakikil saosanipun tigang seka,   wah saosanipun bekti padamelan, Bendara Radèn Ayu Prawirawinata, sabin kalih jung, saosanipun saréyal,   wah saosanipun bekti padamelan Bendara Radèn Ayu Prawiramantri, sabin kawan jung saosanipun kalih réyal,   wah sabin emban kalih jung, saosanipun saréyal,   wah saosanipun bekti padamelan Bendara Radèn Ayu Sasrawijaya sabin kalih jung saosanipun saréyal,

gu(ng)gung sabin lenggahipun Bendara Radèn Ayu putri sentana, kalebet emban, kalebet gadhuhan sadaya dados sangang-dasa jung langkung gangsal, saosanipun bekti padamelan kawan-dasa réyal langkung nem réyal sajampel.

24   BL Add MS. 12341
f. 122r

Request from an unknown writer to Radèn (Riya) Tumenggung Sindureja asking for payment of the house tax in cash (*yatra pacumpleng*) for the six-year period *Alip-Bé* (i.e. either 1788/9–1793/4, or 1796/7–1801/2, or 1804/5–1809/10) to the amount of 5,886 *real anggris* subject to certain deductions for goods delivered.

Adhi Tumenggung Sindureja, kula canthèl unjuk nyaosaken kagengan-Dalem yatra pacumpleng, lamènipun ing dalem nem taun kawit taun Alip dumugi ing taun Bé, kathahipun gangsal-èwu, walung-atus walung-dasa, nem réyal tigang seka, awarni dhuwit sadaya, réréyalipun anggris Paréntah angenemlikur tèng sadhuwit, yatra kagengan-Dalem kang mungel ngajeng wau punika, ingkang sumerep pupundhutan-Dalem kawan-atus sangang-dasa nem réyal,   punika pratélanipun,   ingkang katumbasaken baludru satus réyal, ingkang katumbasaken gamping kalih buruhan ngusung banon ingkang katrapaken cepunken Kadospatèn tigang-atus tigang-dasa, ingkang kadamel anebusipun malang sawidak nem réyal, nanging dhaweg nicil sadasa réyal,   kagengan-Dalem ingkang kantun gangsal-èwu kawan-atus anggris tigang seka, mangké kagengan-Dalem sampun kula saosaken wonten ing Gedhong, kunjukipun mongsa boronga adhi.

25

Note of payment on installment for purchases of houses (*patumbas ing griya*) by Radèn Tumenggung Prawirawinata for a sum of 300. Dated 1 January 1809.

06r Punika pémut saosanipun yatra panicil patumbas ing griya, abdi-Dalem Radèn Tumeng- gung Prawirawinata, kathahipun tigang-atus réyal, anyaosaken saweg ing dinten Akad tanggal ping tigawelas wulan Dulkangidah ing taun Dal angkaning warsa, 1 7 3 5 [Sunday, 1 January 1809].

26

Receipt of cash for lace and black velvet (*rénda* and *baludru cemeng*) by Radèn Adipati Danureja II. Dutch signature at the bottom of the text is that of Johannes Gerard van den Berg (Resident of Yogyakarta, in office 1798–1803). Dated 9 November 1802.

66r Kalih kula inggih sampun tampi yatra rénda kang kapend(h)eté ing Radèn Adipati Danureja, kathahipun kawan-atus anggris, kalih yatra baludru cemeng sadasa élo, sawidak anggris, ing dina Kemis sasi Rejep, 1 7 2 9 [9 November 1802].

27

A promissory note (*anggeran*) from Mas Ngabèhi Puspadiwirya, Mas Kramawijaya, and others apparently officials of the Sumadiningratan (see *Archive I*, p.145 for a list of names of Sumadiningrat's followers, many of whom appear here) concerning various cash transactions. Undated, but probably pre-1797.

1v Pémut anggeran saking Puspadiwiryan, walung réyal kalebet pun Gamping, saking Sélakontha Sélabegoda, walulas réyal saking Kramawijayan kalebet pun Singajaya pun Sadi sadasa réyal, wah sabin gantungan pun Sekarsonga sréyal, pun Panjangjiwa saréyal, pun Cepaka sejampel pun Suwakulan seka, Kramadiwongsa kanem-tengah, wah miji sagolonganipun, Wiryajaya, Mertawijaya, Timbangjaya, Nilajaya, Ki Sarawadikerta, (Kerta)léyangan, Saléman, Jayakerta, Ki Jayasentana, yatranipun sawelas tengah, Rum- pa(k)jaya sakancanipun tigawelas réyal langkung tigang seka, Patrawijaya, sakancanipun tigawelas réyal, Setrawijaya sakancanipun tigawelas réyal, Sékajaya sakancanipun kalihwelas réyal langkung tigang seka, Resabongsa sarèrèyanipun kalebet pun Gadhuh- kawis Secang pun Nagacantun Kalurahan nembelas réyal langkung sajampel, wah Ngawis kalih réyal Cawèya sréyal sikep gl(a)dh(a)g saréyal, Cablaka sakancanipun gamel tigang réyal sajampel, gu(ng)gung ingkang saking Radèn Puspadiwirya nemlikur réyal, gu(ng)gung ingkang saking Mas Kramawijaya satus nem réyal tigang seka, wah saking Poncaparwata kalih-dasa tigang réyal sejampel, saking Poncadriya kalihwelas **2r** réyal langkung tigang seka, saking Poncadikara sangang réyal, saking / Wiratruna sangang réyal, saking Poncadrima kalihwelas réyal, saking Poncasura songalas réyal langkung tigang seka, wah Jayatinaya sagolonganipun panakawan kalebet Tengarajaya, Amadausup gangsalwelas réyal, gu(ng)gung yatra saking Jayatinaya, satus langkung saréyal.

28   BL Add. MS. 12303
                                                                         f. 2r

Memo concerning lands free from imposts (*lepat angger-angger*) which are contrasted
with those burdened with the house tax (*pacumpleng*) and corvée (*kerigaji*) based on rice
lands held by named officials.

f. 2r   Pémut bumi ingkang lepat angger-angger,   pedharan kalih jung sebau,   wah penandhon
          sajung sakikil, gamel kalih jung, upacara gangsal jung, sikep galidhig gangsal jung,
          gu(ng)gung ingkang kénging pacumpleng kerigaji, sabin kalih-atus kawan-dasa jung,
          langkung sangang jung sakikil, kalebet angsalipun maosi Bendara Radèn Ayu Sepuh,
          Radèn Ayu Jayèngsari, Radèn Cakradiwirya, kawan jung langkung sakikil kalih jung,
          kalih sajung sakikil dados sabin pitung jung,   kalebet angsalipun gadhé sabinipun
          Ranawinata sajung, Kramawijaya dados wewah sabin gangsalwelas jung langkung tigang
          bau, kalih ingkang mungel ngajeng wau punika, dados satus kalihlikur jung langkung
          sakikil,

          yèn anglempakaken anggeran banon cawok pun Lèpènampo tigang jung, kalih ingkang
          lepat anggeran banon sabin gangsalwelas jung tigang bau, lepat ing banon ingkang
          kénging anggeran banon ingkang kalempakaken Mas Kramawijaya dados kantun satus
          tigang jung tigang bau,   ingkang wonten Radèn Puspadiwirya cawok tigang jung, dados
          kantun tigalikur jung bumi ingkang p(e)jah Kawisna(ng)ka kalih jung sakikil kebaturan
          kapencar tigang jung sumbangan sakikil.

PART 3

Loans

1

BL Add. MS. 12303
f. 2v–3r

Memo of Radèn Tumenggung Sumadiningrat concerning the debt of Ja(ya)diwirya. Sumadiningrat has been repaid some sixty-two real by Jatinaya and Kyai Ngabèhi Puspayuda but threatens to demand repayment with interest in monthly installments (*kapundhut sabubungahanipun kaétang sawulanipun*). Dated 21 December 1786.

Pémut Bendara Radèn Tumenggung Sumadiningrat amémuti sambutanipun Ja(ya)diwirya, saweg kakersahaken kabilahèn kagedhong anyuhu nyambut dhateng Bendara Radèn Tumenggung Sumadiningrat pun Ja(ya)diwirya, anyaosaken awakipun timbalanipun Bendara, kadugi anyampeti, yèn urut sakersanipun yèn amantuni pedamelipun ingkang awon sun sagah mantuni, lajeng kapatedhan yatra, sapanuhunipun sawidak kalih réyal tigang seka, ingkang ngesrahaken yatra pun Jatinaya, kalih Kyai Ngabèhi Puspayuda, timbalanipun Bendara, yèn gega sakersa-kersanipun Bendara yèn kuwawi anyaur, dipundik/kaken anicil yèn boten kuwawi inggih boten dipunlilani anyaur, yèn gega sakersa-kersanipun Bendara, yèn boten gega(s), kagunganipun yatra sawidak kalih réyal tigang seka, kapundhut sabubungahanipun kaétang sawulanipun kalih keton kirang kalihwelas dhuwit langkung segar,

kala kapatedhan yatra ing dinten Ahad tanggal ping songalikur sasi Sapar, taun Alip [*sic*], (Wawu) a(ng)kaning warsa, 1 7 1 3

[Sunday [*sic*] (in fact, Thursday), 21 December 1786].

2

BL Add. MS. 12303
f. 156r

Fragment of a document concerning the Crown Prince's royal loan of 500 real (from Hamengkubuwana II) and installment repayment of 150 real on Sunday, 25 Mulud A.J. 1727 (18 August 1800) through the Patih of the *Kadipatèn* (Crown Prince's establishment), Kyai Tumenggung Wiraguna. Dated 18 August 1800.

56r Punika pémut ing dinten Akad tanggal ping salawé wulan Mulud ing taun Dal angkaning warsa, 1 7 2 7 [Sunday, 18 August 1800], amémuti kagengan-Dalem yatra ingkang kasambut kasuwun Kangjeng Gusti, kathahipun, 500 réyal anggris, ingkang nampèni Kyai Tumenggung Wiraguna,   nu(n)ten ing Bakda Siyam Kangjeng Gusti anyaosi panicil, kathahipun, 150 réyal.

3

BL Add. MS. 12341
f. 94r–95r

Memo on royal loans and installment repayments by various high-placed officials starting with Adipatihs Danureja and Purawadiningrat, totalling some 6,870 real.

f. 94r Punika pémut amémuti patedhan-Dalem yatra sambutan dhateng abdi-Dalem Rahadèn Adipati Danureja sasentananipun abdi-Dalem Bupati Jawi Kiwa Tengen, kalebet Kyai Adipati Purwadiningrat, kalih sapangrembènipun Jawi sadaya, kathahipun, kalih-èwu walung-dasa réyal, saweg anyaosi panicil sapalih, kathahipun sèwu kawan-dasa réyal, (k)agengan-Dalem ingkang kantun dados kantun sèwu kawan-dasa réyal,

wah sambutanipun abdi-Dalem Bupati moncanegari, kathahipun gangsal-atus sangang-dasa réyal, dèrèng nyaosi panicil,

wah patedhan-Dalem dhateng abdi-Dalem Kaparak sapengiwa, kathahipun pitung-atus pitung-dasa réyal, saweg anyaosi panicil sapalih, kathahipun tigang-atus walung-dasa réyal, langkung kawan réyal, kagengan-Dalem ingkang kantun dados tigang-atus walung-dasa kawan réyal,

wah patedhan-Dalem dhateng abdi-Dalem Kaparak sapanengen, kathahipun pitung-atus sawidak kawan réyal, saweg anyaosi panicil sepalih, kathahipun tigang-atus walung-dasa kalih réyal, kagengan-Dalem ingkang kantun, dados kantun tigang-atus walung-dasa kalih réyal,

f. 94v wah patedhan-Dalem dhateng abdi-Dalem Gedhong sapengiwa, kathahipun gangsal-atus pitung-dasa sangang réyal, saweg nyaosi sepalih, kathahipun kalih-atus walung-dasa sang-ang réyal langkung sajampel, kagengan-Dalem ingkang kantun dados kantun kalih-atus walung-dasa sangang réyal sajampel,

wah patedhan-Dalem dhateng abdi-Dalem Gedhong sapanengen, kathahipun pitung-atus sangang-dasa walung réyal, saweg nyaosi panicil sepalih, kathahipun tigang-atus sangang-dasa kawan réyal, kagengan-Dalem ingkang kantun, dados tigang-atus sangang-dasa kawan réyal, kajawi abdi-Dalem Radèn Sumadiwirya sedasa réyal, dèrèng nyaosi panicil,

wah patedhan-Dalem dhateng abdi-Dalem prajurit, Kawan Wedana, kathahipun kawan-èwu nem-atus nembelas réyal, saweg nyaosi kalih-èwu kalih-atus sawidak réyal langkung wal-ung réyal, kagengan-Dalem dados kantun kalih-èwu tigang-atus kawan-dasa walung réyal, anunten, kagu(ng)gung sadaya kagengan-Dalem yatra ingkang kapatedhakaken sambutan, wetahipun dados saleksa tigang-atus langkung pitung réyal,

f. 95r gu(ng)gungipun saosipun panicil sadaya dados kawan-èwu pitung-atus sawidak tigang réyal, langkung sajampel, / kagengan-Dalem yatra ingkang taksih wonten abdi-Dalem Rahadèn Adipati sasentananipun Bupati Mantri Jawi Lebet samoncanegarinipun dados kantun gangsal-èwu kawan-atus kawan-dasa tigang réyal langkung sajampel, kajawi putra sentana, wah sambutanipun Kangjeng Gusti saputra sentananipun kathahipun sèwu walung-atus sawidak réyal, saweg nyaosi panicil gangsal-atus sangang-dasa sakawan réyal, ingkang kantun dados kantun sèwu kalih-atus sawidak nem réyal,

anunten kagu(ng)gung saosan(ipun) panicil sadaya dados, gangsal-èwu tigang-atus sèket pitung réyal langkung sajampel, kagengan-Dalem yatra ingkang kantun ingkang dèrèng kasaosaken dados nem-èwu walung-atus sangang réyal langkung sajampel.

4

BL Add. MS. 12303
f. 156r–v

Memo on Pangéran Dipakusuma's debts and outstanding interest, some of which is owed to Radèn Tumenggung Purwadipura, as well as the debts and outstanding interest of Purwadipura and Radèn Panji Surèngrana. All are demanded (*panyaur*) for the forthcoming *Garebeg Mulud* along with the eastern *mancanagara* tollgate receipts. Undated, but due to mention of Radèn Tumenggung Purwadipura, it must date from his term in office between *c.* 1794–96 and December 1810.

56r   Punika pémut sambutanipun Pangéran Dipakusuma, kathahipun, 1,011, (?), sekaranipun ing dalem satengah taun, 75, (?), padamelanipun Pangéran Dipakusuma, katumbas dhateng Radèn Tumenggung Purwadipura, pengaos, 1,400 réyal, lajeng kasaosaken panyaur yatra kagengan-Dalem, ingkang sèwu sawelas réyal langkung sajampel, gadhahanipun yatra Pangéran Dipakusuma, ingkang wonten Radèn Tumenggung Purwadipura, kantun 388, (?), Radèn Tumenggung Purwadipura, sambutanipun yatra kagengan-Dalem sèwu walulas réyal langkung sajampel wau punika, kawewahan sambutanipun saweg Kadospatèn-Dalem 275 réyal, kawewahan malih, sambutanipun ingkang mawi anggep-anggep supé / séla-tajugan

56v   tigang rakit, apengaos 150 réyal,

gu(ng)gung sambutanipun Radèn Tumenggung Purwadipura sedaya dados 1,436, (?), anu(n)ten kalong kasaosan panicil, ingkang kasrepaken griyanipun ingkang sambut Radèn Panji Surèngrana, kathahipun 700 réyal, sambutanipun Radèn Tumenggung Purwadipura, dados kantun 736, (?), sekaranipun ing dalem satengah taun, 55, (?).

5

BL Add. MS. 12303
f. 156v

Memo of Radèn Mas Panji Padmawijaya concerning the repayment of debts incurred for purchase of metals (iron, tin) during the coming *Garebeg Mulud*. Dated 15 April 1801.

56v   Punika pémut kula Mas Panji Padmawijaya, déning kula sampun angakeni cabut tosan, dhateng dumeni, kathahipun sèket dhacin, sadhacinipun apengaos angalih-dasa réyal, wah (t)imah tigang dhacin, sadhacinipun apengaos angalih-dasa réyal,   wondéning panyaur kula bénjing bakda Garebeg Mulud, salebetipun bandar,

sinerat ing dinten Rebo, tanggal pisan sasi Besar, taun Dal angkaning warsa, 1 7 2 7

[Wednesday, 15 April 1801].

6

BL Add. MS. 12341
f. 101r–102v

Notification in the form of an official letter (*serat*) of debts of high-ranking royal officials in Yogyakarta and the eastern *mancanagara* provinces remaining after receiving largesse and presents from the Sultan. Undated, but due to reference to Radèn T. Natadiningrat, who received his appointment in February 1805 (see above Section I, Part 1, no. 23), and Kyai Adipati Purwadiningrat, who died in 1810, it must be from the 1805–10 period.

101r   Punika serat pémut sampun kasaosaken,

punika pémut abdi-Dalem ingkang sami kapatedhan nyambut kagengan-Dalem yatra ingkang sampun anyaosi panicil, minggah kagengan-Dalem yatra ingkang kantun,   punika pratélanipun,   abdi-Dalem Radèn Adipati Danureja, kantun sawidak réyal,   wah sambutan Kyai Adipati Purwadiningrat, Radèn Tumenggung Sumadiningrat, Radèn Tumenggung Natadiningrat, abdi-Dalem Radèn Tumenggung Purwadipura, abdi-Dalem Kyai Tumenggung Mangundipura, abdi-Dalem Kyai Tumenggung Sindunegara, dados abdi-Dalem nenem, sambutanipun sami kantun anigang-dasa réyal satunggilipun, yatranipun sadaya dados satu walung-dasa réyal, wah sambutanipun abdi-Dalem Radèn Tumenggung Prawirawinata kantun kalih-dasa réyal,   wah sambutanipun abdi-Dalem Radèn Riya Sindureja, abdi-Dalem Radèn Tumenggung Prawiradiwirya, Pangéran Adinegara, abdi-Dalem Pangéran Dipakusuma, dados abdi-Dalem sakawan, sambutanipun sami kantun nyalawé réyal satunggilipun, yatranipun dados satus réyal,   wah sambutanipun abdi-Dalem Radèn Panji Surèngrana, abdi-Dalem Radèn Panji Jayèngrana dados abdi-Dalem kekalih, sambutanipun sami kantun anigalikur tengah réyal, yatranipun dados kantun kawan-dasa gangsal réyal,   wah sambutanipun abdi-Dalem Radèn Tumenggung Jayadipura, Radèn Tumenggung Wiryadiningrat, abdi-Dalem Radèn Tumenggung Danukusuma

f. 101v   Radèn Tumenggung Wiryakusuma, abdi-Dalem Radèn Tu/menggung Wiryanegara, abdi-Dalem Radèn Tumenggung Martalaya, abdi-Dalem Radèn Tumenggung Jayawinata, abdi-Dalem Tumenggung Reksanegara, dados abdi-Dalem wawalu, sambutanipun sami kantun ngalih-dasa réyal satunggilipun, yatranipun dados satus sawidak réyal, wah sambutanipun abdi-Dalem Ngabèhi Sindujaya, abdi-Dalem Ngabèhi Mangunjaya, abdi-Dalem Ngabèhi Ranawijaya, abdi-Dalem Ngabèhi Mangunrana, abdi-Dalem Ngabèhi Prawirasetra, dados abdi-Dalem gangsal, sambutanipun sami kantun gangsalwelas réyal satunggilipun, yatranipun dados pitung-dasa gangsal réyal,   wah sambutanipun abdi-Dalem Radèn Ngabèhi Tirtadiwirya, Radèn Tumenggung Martadiwirya, abdi-Dalem Tumenggung Alap-Alap, abdi-Dalem Tumenggung Singaranu, abdi-Dalem Ngabèhi Nitipraja, dados abdi-Dalem gangsal sambutanipun sami kantun gangsal réyal satunggilipun, yatranipun dados salawé réyal,   wah sambutanipun abdi-Dalem Ngabèhi Jaganegara kantun satus réyal, wah sambutanipun abdi-Dalem Mantri Jawi Kiwa Tengen, abdi-Dalem Kawandasa wawalu sambutanipun sami kantun anggangsal réyal satunggilipun, yatranipun dados kalih-atus tigang-dasa réyal,   wah sambutanipun abdi-Dalem Danukrama, abdi-Dalem Derpawong-

f. 102r   sa, abdi-Dalem mantri sabandar/an, dados abdi-Dalem pipitu, sambutanipun sami anggangsal réyal satunggilipun, yatranipun dados tigang-dasa gangsal réyal, ingkang punika nunten kagengan-Dalem yatra sambutan ingkang kantun, ingkang sampun mungel ingajeng wau punika sadaya,   dados kantun sèwu langkung kawan-dasa réyal,

wondéné kagengan-Dalem yatra ingkang kapatedhakaken nyambut dhateng abdi-Dalem Bupati moncanegari,   kajawènipun Kyai Adipati Purwadiningrat,   punika pratélanipun, wah Radèn Rongga Prawiradirja, kapatedhan sawidak réyal,   wah Radèn Tumenggung Sasradiningrat kapatedhan sèket réyal,   wah Radèn Tumenggung Sasranegara, abdi-Dalem Radèn Tumenggung Pringgalaya, abdi-Dalem Radèn Tumenggung Prawirasentika, abdi-Dalem Tumenggung Pringgakusuma, abdi-Dalem Tumenggung Yudakusuma, abdi-Dalem Mas Tumenggung Samanegara, abdi-Dalem Radèn Tumenggung Natawijaya, abdi-Dalem Radèn Tumenggung Natadiwirya, abdi-Dalem Mas Tumenggung Samadipura, abdi-Dalem Mas Tumenggung Prawirayuda, abdi-Dalem Radèn Tumenggung Sasrakusuma, abdi-Dalem Ngabèhi Mangundirana, dados abdi-Dalem, kalihwelas, sami kapatedhan anga-

f. 102v   wa/n-dasa réyal satunggilipun, nunten kagu(ng)gung kagengan-Dalem yatra sambutan ingkang kapatedhakaken abdi-Dalem Bupati moncanegari kathahipun sadaya, dados gangsalatus tigang-dasa réyal.

7

BL Add. MS. 12341
f. 58r–59r

Memo listing payments by high-ranking royal officials in Yogyakarta and the eastern *mancanagara* on debts owed the Sultan, totalling some 1,040 real. A copy of or draft of the above. Undated, but probably between 1805 and 1810.

8r Punika serat sampun kasaosaken,

punika pémut amémuti abdi-Dalem ingkang sami nyaosaken kagengan-Dalem yatra patedhan-Dalem yatra sambutan, ingkang kapatedhakaken dhateng Kadanurejan, punika pratélanipun, saosanipun abdi-Dalem Radèn Adipati Danureja sawidak réyal, wah saosanipun Kyai Adipati Purwadiningrat, Radèn Tumenggung Sumadiningrat, Radèn Tumenggung Natadiningrat, abdi-Dalem Radèn Tumenggung Purwadipura, abdi-Dalem Kyai Tumenggung Mangundipura, abdi-Dalem Kyai Tumenggung Sindunegara, abdi-Dalem Radèn Tumenggung Prawirawinata, dados abdi-Dalem pipitu, saosanipun sami anigang-dasa réyal satunggilipun, yatranipun dados kalih-atus sadasa réyal, wah saosanipun abdi-Dalem Radèn Riya Sindureja, abdi-Dalem Radèn Tumenggung Prawiradiwirya, Pangéran Adinegara, abdi-Dalem Pangéran Dipakusuma, dados abdi-Dalem sakawan, saosipun sami anyelawé réyal satunggilipun, yatranipun dados satus réyal, wah saosanipun abdi-Dalem Radèn Panji Surèngrana, abdi-Dalem Radèn Panji Jayèngrana, dados abdi-

8v Dalem ke/kalih, saosanipun sami aniganglikur tengah réyal satunggilipun, yatranipun dados kawan-dasa gangsal réyal, wah saosanipun abdi-Dalem Radèn Tumenggung Jayadipura, Radèn Tumenggung Wiryadiningrat, Radèn Tumenggung Wiryakusuma, abdi-Dalem Radèn Tumenggung Danukusuma, abdi-Dalem Radèn Tumenggung Wiryanegara, abdi-Dalem Radèn Tumenggung Mertalaya, abdi-Dalem Radèn Tumenggung Jayawinata, abdi-Dalem Tumenggung Reksanegara, dados abdi-Dalem walu, saosanipun sami angalih-dasa réyal satunggilipun, yatranipun dados satus sawidak réyal, wah paosanipun abdi-Dalem Ngabèhi Sindujaya, abdi-Dalem Ngabèhi Mangunjaya, abdi-Dalem Ngabèhi Ranawijaya, abdi-Dalem Mangunrana, abdi-Dalem Ngabèhi Prawirasastra, dados abdi-Dalem gangsal, saosanipun sami angangsalwelas réyal satunggilipun, yatra dados pitung-dasa gangsal réyal, wah saosanipun abdi-Dalem Radèn Ngabèhi Tirtadiwirya, Radèn Tumenggung Martadiwirya, abdi-Dalem Radèn Tumenggung Alap-Alap, abdi-Dal-

9r em Tumenggung Singaranu, abdi-/Dalem (Ngabèhi) Nitipraja, dados abdi-Dalem gangsal, saosanipun sami anganggsal réyal satunggilipun, yatranipun dados selawé réyal, gu(ng)gung sadaya, yatranipun dados nem-atus pitung-dasa gangsal réyal, wah saosanipun abdi-Dalem Ngabèhi Jaganegara, satus réyal, wah saosanipun abdi-Dalem Mantri Jawi Kiwa Tengen, abdi-Dalem Kawandasa walu, saosanipun sami anganggsal réyal satunggilipun, yatranipun dados kalih-atus kawan-dasa réyal, sawab abdi-Dalem mantri pun Pusparana, rumiyin sampun anyaosi sadasa réyal, ingkang kasaosaken sapunika dados kantun kalih-atus tigang-dasa réyal, wah saosanipun abdi-Dalem pun Danukrama, abdi-Dalem pun Derpawongsa, abdi-Dalem mantri bandaran gangsal, dados abdi-Dalem pipitu, saosanipun sami angangsal réyal satunggilipun, yatranipun dados tigang dasa gangsal réyal,

ingkang punika anunten kagunggung kagengan-Dalem yatra ingkang kasaosaken sapunika, kathahipun sadaya dados, sèwu langkung kawan-dasa réyal.

8 BL Add. MS. 12342
f. 114r–124r

Memo in the form of an official letter (*serat*) concerning debts and interest payments due from *nagara agung* and *mancanagara* officials, along with the cash payments for the work obligation tax (*pengawis-awis kerigaji*) collected at the *Garebeg Siyam* (*Puwasa*) by Radèn Tumenggung Sumadiningrat and Kyai Tumenggung Mangundipura II, totalling some 11,100 real. Undated, but from internal evidence (references to Radèn Rongga Prawiradirja III and Radèn Tumenggung Jayawinata I), almost certainly between 1796 and 1803.

f. 114r Punika serat sampun kasaosaken,

punika pémut amémuti kagengan yatra sekaranipun abdi-Dalem Jawi Lebet Gedhong Kaparak Kiwa Tengen, samoncanegarinipun, kalih kantunanipun yatra pengawis-awis kerigaji, abdi-Dalem Jawi Lebet Gedhong Kaparak Kiwa Tengen, saweg ing Bakda Garebeg Siyam, ingkang katampèn Radèn Tumenggung Sumadiningrat, kalih Kyai Tumenggung Mangundipura,   punika pratélanipun,   sambutanipun abdi-Dalem Jawi sapangiwa, sambutanipun Radèn Tumenggung Natayuda, kathahipun tigang-atus pitung-dasa gangsal réyal sekaranipun ing Bakda Garebeg Siyam, kathahipun walulikur réyal langkung satangsul, sekaranipun ing Bakda Garebeg Mulud punika inggih walulikur réyal langkung satangsul sedaya sekaranipun dados sèket nem réyal langkung seka,

wah sambutanipun Radèn Tumenggung Jayawinata, kathahipun nem-atus réyal, sekaran-ipun ing Bakda Garebeg Siyam kawan-dasa gangsal réyal, sekaranipun ing Bakda Garebeg Mulud punika inggih kawan-dasa gangsal réyal sedaya sekaranipun dados sangang-dasa réyal,

sambutanipun Kyai Tumenggung Reksanegara kathahipun satus réyal, sekaranipun ing
f. 114v Bakda Garebeg Siyam pitung réya/l langkung sajampel, sekaranipun ing Bakda Garebeg Mulud punika inggih pitung réyal langkung sajampel, sedaya sekaranipun dados gangsal-welas réyal,

wah sambutanipun abdi-Dalem Mantri Jawi sapengiwa, kathahipun tigang-atus tigang-dasa kalih réyal langkung sajampel, sekaranipun ing Bakda Garebeg Siyam kawanlikur réyal langkung tigang seka satangsul sapalih tangsul sekaranipun ing Bakda Garebeg Mulud punika inggih kawanlikur réyal langkung tiga seka satangsul sapalih tangsul, sedaya sekaranipun dados kawan-dasa sangang réyal, langkung tigang seka satangsul,

wah sambutanipun abdi-Dalem pun Jaganegara, kathahipun kalih-atus réyal, sekaranipun ing Bakda Garebeg Siyam gangsalwelas réyal, sekaranipun ing Bakda Garebeg Mulud punika inggih gangsalwelas réyal, sedaya sekaranipun dados tigang-dasa réyal,

gu(ng)gung sambutanipun abdi-Dalem Jawi sapengiwa, kalebet sambutanipun Kyai
f. 115r Tumenggung Reksanegara kalih sambutanipun Ngabèhi Jaganegara, / sadaya dados sèwu nem-atus pitung réyal langkung sajampel, sekaranipun ing Bakda Garebeg Siyam dados satus kalih-dasa réyal langkung sajampel sapalih tangsul, sekaranipun ing Bakda Garebeg Mulud punika inggih satus kalih-dasa réyal langkung sajampel sapalih tangsul, sadaya sekaranipun ing Bakda Garebeg Siyam kalih ing Bakda Garebeg Mulud punika, dados kalih-atus kawan-dasa réyal langkung saréyal satangsul,

wah sambutanipun abdi-Dalem Jawi Tengen, sambutanipun Kyai Tumenggung Sindunegara, kathahipun sangang-dasa kalih réyal langkung sajampel, sekaranipun ing Bakda Garebeg Siyam nem réyal langkung tigang seka satangsul sapalih tangsul, sekaranipun ing Bakda Garebeg Mulud punika, inggih nem réyal langkung tigang seka satangsul sapalih tangsul, sadaya sekaranipun dados tigawelas réyal langkung tigang seka satangsul,

wah sambutanipun Pangéran Adinegara, kathahipun kalih-atus sawidak kalih réyal langkung sajampel, sekaranipun ing Bakda Garebeg Siyam sangalas réyal langkung tigang seka satangsul sapalih tangsul, sekaranipun ing Bakda Garebeg Mulud punika / inggih sangalas réyal langkung tigang seka satangsul sapalih tangsul, sedaya sekaranipun dados tigang-dasa sangang réyal tigang seka satangsul,

15v

wah sambutanipun abdi-Dalem Mantri Jawi sapanengen, kathahipun kawan-atus kalih-dasa réyal, sekaranipun ing Bakda Garebeg Siyam tigang-dasa réyal langkung nem seka, sekaranipun ing Bakda Garebeg Mulud punika inggih gangsalwelas réyal, sedaya sekaranipun dados tigang-dasa réyal dados sawidak tigang réyal,

gu(ng)gung sambutanipun abdi-Dalem Jawi sapanengen sedaya dados pitung-atus pitung-dasa gangsal réyal,

sekaranipun ing Bakda Garebeg Siyam dados sèket wolung réyal langkung seka satangsul, sekaranipun ing Bakda Garebeg Mulud punika inggih sèket wolung réyal langkung seka satangsul, sadaya sekaranipun ing Bakda Garebeg Siyam kalih ing Bakda Garebeg Mulud punika, dados satus nembelas réyal langkung tigang seka,

16r

/ wah sambutanipun abdi-Dalem Kaparak Kiwa, sambutanipun Radèn Tumenggung Sumadiningrat piyambak kathahipun sèwu tigang-atus pitung-dasa gangsal réyal, sekaranipun ing Bakda Garebeg Siyam satus réyal langkung gangsal seka, sekaranipun ing Bakda Garebeg Mulud punika inggih satus réyal langkung gangsal seka, sedaya sekaranipun dados kalih-atus kalih réyal langkung sajampel,

wah sambutanipun abdi-Dalem pun Kertileksana kathahipun salawé réyal, sekaranipun ing Bakda Garebeg Siyam pitung seka satangsul, sekaranipun ing Bakda Garebeg Mulud punika inggih pitung seka satangsul, sadaya sekaranipun dados tigang réyal tigang seka,

wah sambutanipun abdi-Dalem Sindusetra salawé réyal, sekaranipun ing Bakda Garebeg Siyam pitung seka satunggil, sekaranipun ing Bakda Garebeg Mulud punika inggih pitung seka setangsul, sadaya sekaranipun dados tigang réyal langkung tigang seka,

16v

wah sambutanipun abdi-Dalem pun Kertiwijaya salawé / réyal, sasekaranipun ing Bakda Garebeg Siyam pitung seka satangsul, sekaranipun ing Bakda Garebeg Mulud punika inggih pitung seka satangsul, sadaya sekaranipun dados tigang réyal tigang seka,

wah sambutanipun abdi-Dalem Mantri Kaparak sapanengen kathahipun sangang-dasa, sekaranipun ing Bakda Garebeg Siyam nem réyal langkung tigang seka, sekaranipun ing Bakda Garebeg Mulud punika inggih nem réyal langkung tigang seka, sadaya sekaranipun dados tigangwelas réyal langkung sajampel,

wah sambutanipun abdi-Dalem Gedhong Kiwa, pun Tirtawijaya ing Tresa kathahipun sawidak réyal, sekaranipun saweg ing Bakda Garebeg Siyam kawan réyal langkung sajampel, sekaranipun ing Bakda Garebeg Mulud punika, inggih kawan réyal langkung sajampel, sadaya sekaranipun dados sangang réyal,

f. 117r

nunten kagolongan sambutanipun abdi-Dalem Kaparak sapengiwa, kalebet sambutanipun Radèn Tumenggung Sumadiningrat piyambak, sadaya dados sèwu nem-atus réyal, / sekaranipun ing Bakda Garebeg Siyam dados, satus walulas réyal langkung satangsul, sekaranipun ing Bakda Garebeg Mulud punika inggih satus walulas réyal langkung sajampel, sadaya dados kalih-atus tigang-dasa nem réyal langkung seka,

wah sambutanipun abdi-Dalem Mantri Kaparak sapanengen kathahipun kalih-atus kalihdasa réyal langkung sajampel, sekaranipun ing Bakda Garebeg Siyam nembelas réyal langkung sajampel, sekaranipun ing Bakda Garebeg Mulud punika inggih nembelas réyal langkung sajampel, sedaya sekaranipun dados tigang-dasa tigang réyal,

wah sambutanipun abdi-Dalem Gedhong Kiwa, sambutanipun Kyai Tumenggung Mangundipura piyambak kathahipun wolung-atus sangang-dasa kalih réyal, sekaranipun ing Bakda Garebeg Siyam sawidak nem réyal langkung tigang seka satangsul nem dhuwit, sekaranipun ing Bakda Garebeg Mulud punika inggih sawidak nem réyal langkung tigang

f. 117v

seka satangsul nem dhuwi/t, sedaya sekaranipun dados satus tigang-dasa tigang réyal langkung tigang seka kalihwelas dhuwit,

wah sambutanipun abdi-Dalem pun Prawirasastra, kathahipun tigang-atus tigang-dasa gangsal réyal, sekaranipun ing Bakda Garebeg Siyam kawanlikur réyal langkung tigang seka, sekaranipun ing Bakda Garebeg Mulud punika inggih kawanlikur réyal langkung tigang seka, sedaya sekaranipun dados kawan-dasa sangang réyal langkung sajampel,

wah sambutanipun abdi-Dalem pun Ondakara sèket réyal, sekaranipun ing Bakda Garebeg Siyam tigang réyal tigang seka, sekaranipun ing Bakda Garebeg Mulud inggih tigang réyal tigang seka, sedaya sekaranipun dados pitung réyal langkung sajampel,

wah sambutanipun abdi-Dalem Mantri Gedhong sapengiwa, kathahipun satus nem réyal, sekaranipun ing Bakda Garebeg Siyam wolung réyal, sekaranipun ing Bakda Garebeg Mulud punika inggih walung réyal, sedaya sekaranipun dados nembelas réyal,

f. 118r

nunten kagolongaken sambutanipun abdi-Dalem Gedhong sapengiwa kalebet sekaranipun Kyai Tumenggung Mangundipura piyambak, / sadaya dados sèwu tigang-atus pitung-dasa wolung réyal, sekaranipun ing Bakda Garebeg Siyam dados satus tigang réyal langkung seka satangsul, sekaranipun ing Bakda Garebeg Mulud punika inggih satus tigang réyal langkung saka satangsul, sekaranipun sadaya dados kalih-atus nem réyal langkung tigang seka réyal langkung tigang seka,

wah sambutanipun abdi-Dalem Gedhong Tengen, sambutanipun Radèn Tumenggung Purwadipura piyambak kathahipun pitung-atus réyal,   ingkang boten kalilan mawi sekaran kawan-atus réyal, ingkang mawi sekaran tigang-atus réyal, sekaranipun ing Bakda Garebeg Siyam kalihlikur réyal langkung sajampel, sekaranipun ing Bakda Garebeg Mulud punika inggih kalihlikur réyal langkung sajampel, sadaya sekaranipun dados kawan-dasa gangsal réyal,

wah sambutanipun abdi-Dalem pun Mangunjaya sèket réyal, sekaranipun ing Bakda Garebeg Siyam tigang réyal tigang seka, sekaranipun ing Bakda Garebeg Mulud punika inggih tigang réyal tigang seka, sadaya sekaranipun dados pitung réyal langkung sajampel,

118v   wah sambutanipun abdi-Dalem / Radèn Purwawijaya sèket réyal, sekaranipun ing Bakda
Garebeg Siyam tigang réyal tigang seka, sekaranipun ing Bakda Garebeg Mulud punika
inggih tigang réyal tigang seka, sedaya sekaranipun dados pitung réyal langkung sajampel,

wah sambutanipun abdi-Dalem Mantri Gedhong sapanengen, kathahipun kalih-atus réyal,
sekaranipun ing Bakda Garebeg Siyam, sekaranipun gangsalwelas réyal, sekaranipun ing
Bakda Garebeg Mulud inggih gangsalwelas réyal, sadaya sekaranipun dados tigang-dasa
réyal,

nunten kagalongaken sambutanipun abdi-Dalem Gedhong sapanengen, kalebet sam-
butanipun Radèn Tumenggung Purwadipura, piyambak sadaya dados sèwu réyal, kalebet
ingkang boten kalilan mawi sekaran kathahipun kawan-atus réyal, ingkang mawi sekaran
dados nem-atus réyal, sekaranipun ing abdi-Dalem Garebeg Siyam, kawan-dasa gangsal
réyal, sekaranipun ing Bakda Garebeg Mulud inggih kawan-dasa gangsal réyal, sadaya
sekaranipun dados sangang-dasa réyal,

119r   wah sambutan pun Radèn Panji Surèngrana kathahipun pitung-atus réyal, / ingkang boten
kalilan mawi sekaran nem-atus réyal, ingkang mawi sekaran satus réyal, sekaranipun ing
Bakda Garebeg Siyam pitung réyal langkung sajampel, sekaranipun ing Bakda Garebeg
Mulud punika inggih pitung réyal langkung sajampel, sedaya sekaranipun dados
gangsalwelas réyal,

wah sekaranipun kongsi saweg ing Bakda Garebeg Siyam gangsal-atus kawan-dasa réyal,
sekaranipun ing Bakda Garebeg Mulud punika inggih gangsal-atus kawan-dasa réyal,
sedaya sekaranipun kongsi dados sèwu wulung-dasa réyal,

gu(ng)gung sambutanipun abdi-Dalem Jawi Lebet Gedhong Kaparak Kiwa Tengen sadaya
dados pitung èwu kalih-atus wolung-dasa réyal langkung saréyal, kalebet ingkang boten
kalilan mawi sekaran kathahipun sèwu réyal, Radèn Tumenggung Purwadipura ingkang
kawan-atus réyal,

Radèn Panji Surèngrana ingkang nem-atus réyal, ingkang kalilan mawi sekaran, dados
nem-èwu kalih-atus wolung-dasa réyal langkung saréyal,   wondéning sekaranipun ing
Bakda Garebeg Siyam sedaya dados sèwu réyal langkung sangang réyal seka setangsul
119v   sapalih tangsul, sekaranipun ing Bakda Ga/rebeg Mulud punika sedaya dados sèwu réyal
langkung sangang réyal seka satangsul sapalih tangsul, kalebet sekaranipun kongsi ingkang
gangsal-atus kawan-dasa réyal,   gu(ng)gung sekaranipun ing Bakda Garebeg Siyam
kalih ing Bakda Garebeg Mulud punika sedaya dados kalih-èwu wolulas réyal langkung
tigang seka satangsul, kalebet sekaranipun kongsi ingkang sèwu walung-dasa réyal,

wah sambutanipun abdi-Dalem Bupati moncanegari, sambutanipun Radèn Rongga
Prawiradirja piyambak, kathahipun sèwu nem-atus réyal, sekaranipun ing Bakda Garebeg
Siyam satus kalih-dasa réyal, sekaranipun ing Bakda Garebeg Mulud punika inggih satus
kalih-dasa réyal, sedaya sekaranipun dados kalih-atus kawan-dasa réyal,

wah sambutanipun Radèn Rongga Prawiradirja malih, liyeran saking Prawirasentikan,
kathahipun tigang-atus réyal, sekaranipun ing Bakda Garebeg Siyam kalihlikur réyal
langkung sajampel, sekaranipun ing Bakda Garebeg Mulud punika inggih kalihlikur réyal
langkung sajampel, sekaranipun sadaya dados kawan-dasa gangsal réyal,

120r   / wah sambutanipun Radèn Tumenggung Sasradiningrat kathahipun sèwu kawan-atus
réyal, sekaranipun ing Bakda Garebeg Siyam satus gangsal réyal, sekaranipun ing Bakda

Garebeg Mulud punika inggih satus gangsal réyal, sekaranipun sedaya dados kalih-atus sedasa réyal,

wah sambutanipun Radèn Tumenggung Pringgakusuma kathahipun satus sèket réyal, sekaranipun ing Bakda Garebeg Siyam sawelas réyal langkung saka, sekaranipun sedaya ing Bakda Garebeg Mulud punika inggih sawelas réyal langkung seka, sekaranipun sedaya dados kalihlikur réyal langkung sajampel,

wah sambutanipun Radèn Tumenggung Natadiwirya, kathahipun sèwu réyal, sekaranipun ing Bakda Garebeg Siyam pitung-dasa gangsal réyal, sekaranipun ing Bakda Garebeg Mulud punika inggih pitung-dasa réyal, sekaranipun sadaya dados satus sèket réyal,

f. 120v

wah sambutanipun Radèn Tumenggung Samadiwirya, kathahipun tigang-atus réyal, sekaranipun ing Bakda Garebeg Siyam kalihlikur réyal, langkung sajampel, sekaranipun ing Bakda Garebeg Mulud punika inggih kalihlikur réyal langkung sajampel, sekaranipu/n sedaya dados kawan-dasa gangsal réyal,

wah sambutanipun Kyai Ngabèhi Mangundipura, kathahipun sèket réyal, sekaranipun ing Bakda Garebeg Siyam tigang réyal langkung tigang seka, sekaranipun ing Bakda Garebeg Mulud punika inggih tigang réyal langkung tigang seka, sekaranipun sedaya dados pitung réyal langkung sajampel,

wah sambutanipun Radèn Tumenggung Prawirayuda, kathahipun sèwu satus réyal, sekaranipun ing Bakda Garebeg Siyam wolung-dasa kalih réyal langkung sajampel, sekaranipun ing Bakda Garebeg Mulud punika inggih wolung-dasa kalih réyal langkung sajampel, saweg anyaosi kalih-dasa réyal, dados taksih kantun sawidak kalih réyal langkung sajampel, sekaranipun saweg Bakda Garebeg Mulud punika wolung-dasa kalih réyal langkung sajampel, sedaya kantunanipun sekaran Radèn Tumenggung Prawirayuda dados satus kawan-dasa gangsal réyal, dèrèng anyaosi,

f. 121r

gu(ng)gung sambutanipun abdi-Dalem Bupati moncanegari kalebet sambutanipun Radèn Rongga Prawiradirja piyambak, sedaya dados gangsal-èwu sangang-atus réyal, won-déning sekaranipun ing Bakda Gare/beg Siyam sedaya dados tigang-atus wolung-dasa réyal, kajawi kantunanipun sekaran Radèn Tumenggung Prawirayuda kathahipun sawidak kalih réyal langkung sajampel, sekaranipun ing Bakda Garebeg Mulud punika tigang-atus sawidak réyal kajawi sekaranipun Radèn Tumenggung Prawirayuda, taksih wetah kathahipun wolung-dasa kalih réyal langkung sajampel,

gu(ng)gung sekaranipun abdi-Dalem Bupati moncanegari ing Bakda Garebeg Siyam kalih sekaranipun ing Bakda Garebeg Mulud punika, sedaya dados pitung-atus kawan-dasa réyal,

anunten kagunggung kagalongaken sambutanipun abdi-Dalem Jawi Lebet Gedhong Kaparak Kiwa Tengen samoncanegarinipun sedaya dados saleksa tigang-èwu satus wolung-dasa réyal langkung saréyal, kalebet ingkang kalilan boten mawi sekaran, kathahipun sèwu réyal, Radèn Tumenggung Purwadipura ingkang kawan-atus réyal, Radèn Panji Surèngrana ingkang nem-atus réyal,

f. 121v

gu(ng)gung sekaranipun abdi-Dalem Jawi Lebet Gedhong Kaparak Kiwa Tengen samonca-negarinipun ing Bakda Garebeg Siyam sedaya dados sèwu tigang-atus walung-dasa sang-ang réyal langkung / seka satangsul sapalih tangsul, sekaranipun ing Bakda Garebeg Mulud punika sedaya dados sèwu tigang-atus sawidak sanga réyal langkung seka setangsul sapalih tangsul, anunten kagolongaken sekaranipun ing Bakda Garebeg Siyam kalih sekaranipun ing Bakda Garebeg Mulud punika sedaya dados kalih-èwu pitung-atus sèket wolung réyal langkung tigang seka setangsul kajawi, kantunanipun yatra sekaran, Radèn Tumenggung Prawirayuda, kathahipun satus kawan-dasa gangsal réyal,

wah kantunanipun yatra pengawis-awis abdi-Dalem Jawi Kiwa, saweg ing Bakda Garebeg Siyam, kathahipun kalih-dasa réyal, réyalan amolulikur uwang saréyalipun, kapétang réyalan paréntah, dados kalihlikur réyal langkung sajampel, sapalih tangsul saprapat tangsul,

122r wah kantunanipun pengawis-awis abdi-Dalem Jawi Tengen saweg ing Bakda Garebeg Siyam kathahipun sawelas réyal langkung seka satangsul, sami réyalan amolulikur / wang saréyalipun, kapétang réyalan paréntah dados kalihwelas réyal langkung tigang seka satangsul,

kantunanipun pengawis-awis abdi-Dalem Jawi Tengen sadaya dados, tigang-dasa gangsal réyal langkung seka satangsul sapalih tangsul saprapat tangsul, sampun kapétang réyalan paréntah sadaya,

wah kantunanipun pengawis-awis abdi-Dalem Kaparak Kiwa kathahipun pitung réyal langkung seka, sami réyalan amalulikur wang saréyalipun, kapétang réyalan paréntah dados wolung réyal langkung seka setangsul,

wah kantunanipun pengawis-awis abdi-Dalem Kaparak Tengen kathahipun wolulikur réyal langkung sajampel setangsul, amolulikur wang saréyalipun, kapétang réyalan paréntah dados tigang-dasa kalih réyal langkung seka satangsul,

wah kantunanipun pengawis-awis abdi-Dalem Gedhong Kiwa, kathahipun nembelas réyal langkung sajampel amolulikur uwang saréyalipun, kapétang réyalan paréntah dados wolulas réyal langkung sajampel, satangsul sapalih tangsul,

122v sadaya kantunanipun pengawis-awis abdi-Dalem Gedhong Kapa/rak Kiwa Tengen sadaya dados sèket sanga réyal langkung seka satangsul, sapalih tangsul, sami réyalan paréntah sadaya,

nunten kagolongaken kantunanipun yatra pengawis-awis abdi-Dalem Jawi Lebet Gedhong Kaparak Kiwa Tengen, sadaya dados sangang-dasa kawan réyal langkung tigang seka setangsul sapalih tangsul, sampun sami kapétang réyalan paréntah sadaya,

wah kantunanipun yatra kerigaji abdi-Dalem Jawi Kiwa ing Kadanurejan kathahipun satus tiganglikur tigang seka satangsul, wah kantunanipun kerigaji, ing Kanatayudan kathahipun kalih-atus sangalikur, wah kagunganipun kerigaji abdi-Dalem Jawi Tengen, ing Kasindunegaran kathahipun satus sangalikur réyal langkung sajampel, sadaya kantunanipun yatra kerigaji abdi-Dalem Jawi Kiwa Tengen sadaya dados kawan-atus wolung-dasa kalih réyal langkung seka setangsul,

wah kantunanipun yatra kerigaji abdi-Dalem Kaparak Kiwa, tigang réyal tigang seka, langkung sapalih tangsul, wah kantunanipun kerigaji abdi-Dalem Kaparak Tengen, kathah-
. 123r ipun pitung / dasa wolung réyal langkung tigang seka setangsul, wah kantunanipun kerigaji abdi-Dalem Gedhong Kiwa, kalih réyal langkung seka, wah kantunanipun yatra kerigaji abdi-Dalem Gedhong Tengen kathahipun sangalikur réyal sadaya kantunaninpun

yatra kerigaji abdi-Dalem Gedhong Kaparak Kiwa Tengen, sadaya dados satus tigawelas réyal langkung tigang seka satangsul sapalih tangsul,

anunten kagolongaken kantunanipun yatra kerigaji abdi-Dalem Jawi Lebet, Gedhong Kaparak Kiwa Tengen, sadaya dados gangsal sangang-dasa nem réyal langkung seka sapalih tangsul,

anunten kagunggung kagolongaken kagungan-Dalem yatra sekaran pengawis-awis kerigaji, kalebet sekaranipun kongsi, ingkang sampun katampèn Radèn Tumenggung Sumadiningrat kalih Kyai Tumenggung Mangundipura sadaya dados, tigang-èwu kawan-atus sèket réyal langkung sapalih tangsul saprapat tangsul, kajawi sekaranipun Radèn Tumenggung Prawirayuda kathahipun satus kawan-dasa gangsal réyal,

f. 123v   wah kagengan-Dalem yatra ingkang kajawi saking ing ajeng wau punika, sambu/tanipun Bendara Pangéran Mangkudiningrat kathahipun kalih-atus sèket réyal, sekaranipun ing dalem satengah taun walulas réyal langkung tigang seka,

wah kagengan-Dalem yatra ingkang kakarsakaken boten mawi sekaran, sambutanipun Radèn Rongga Prawiradirja, kathahipun gangsal-atus réyal,

wah sambutanipun Radèn Tumenggung Natawijaya kathahipun kawan-atus réyal, sadaya dados sangang-atus réyal,

wah kagengan-Dalem yatra ingkang pejah sekaranipun, sambutanipun Kyai Tumenggung Reksapraja, kathahipun sangang èwu sèket réyal,   wah sambutanipun Kyai Cakrakerti, kathahipun nem-atus réyal,

wah sambutanipun Kyai Cakratruna, kathahipun sèket réyal,   wah sambutanipun Radèn Wongsakusuma, kathahipun sèket réyal,   wah sambutanipun pun Samadigdaya, kathahipun sèket réyal,   wah sambutanipun Kyai Tumenggung Mangunnegara, kathahipun kalih-atus réyal,

f. 124r   / gu(ng)gung kagungan-dalem yatra ingkang pejah sekaranipun sedaya dados saleksa réyal,

anunten kagolongaken kalih sambutanipun Bendara Pangéran Mangkudiningrat katahipun kalih-atus sèket réyal ingkang mawi sekaran kalih ingkang boten kalilan mawi sekaran kalebet ingkang pejah sekaranipun sedaya dados saleksa sèwu satus sèket réyal.

9   BL Add. MS. 14397
                                                            f. 15r

Debts of Radèn Tumenggung Sasradiningrat I, Bupati of Jipang-Rajegwesi (1794–1807) (died 8 May 1807), of 400 real in cash with interest (*sekaranipun*) of 105 real to be paid following the *Garebeg Mulud* and *Garebeg Siyam* (*Puwasa*), amounting to a yearly interest of 210 real. Dated 3 September 1804.

f. 15r   Serat sampun kasaosaken

punika pémut sambutanipun abdi-Dalem Radèn Tumenggung Sasradiningrat, yatra sèwu kawan-atus réyal, wondéning sekaranipun ing Bakda Mulud angladosaken satus gangsal réyal, Bakda Siyam angladosaken satus gangsal réyal, ing dalem sataun sesekaranipun kalih-atus sedasa réyal, sinerat ing dinten Senèn tanggal kaping (pitu)likur sasi Jumadilawal ing taun Alip angkaning warsa, 1 7 3 1   [Monday, 3 September 1804].

10   BL Add. MS. 12303
                                                              f. 146v–149v

Memo listing debts (*sambutan*) and half-yearly interest payments (*sekaran ing dalem setengah taun*) of major court officials, as well as those from the *mancanagara*. Totals for officials come to 6,000 real with half-yearly interest of 450 real, and royal debts owed by the Chinese merchants' guild (*kagengan-Dalem kongsi*) to 12,000 real with interest of 540 real. Undated, but from internal evidence (the references to Radèn Tumenggung Jaya-winata I (died January 1803) and Radèn Rongga Prawiradirja III, *Bupati Wedana* of Madiun, 1796–1810) almost certainly between 1796 and 1803.

146v Punika pémut amémuti abdi-Dalem Bupati Mantri, Jawi Lebet Gedhong Kaparak Kiwa Tengen, kalebet abdi-Dalem Bupati moncanegari, ingkang sami nyambut kagengan-Dalem yatra, ingkang mijil saking abdi-Dalem pun Resapraja,   punika pratélanipun,   sam-butanipun abdi-Dalem pun Natayuda, 377 réyal, sekaranipun ing dalem satengah taun, 28 réyal, langkung, (?),

wah sambutanipun abdi-Dalem pun Jayawinata, 600 réyal, sekaranipun ing dalem satengah taun, 42 réyal, langkung, (?),

wah sambutanipun abdi-Dalem pun Reksanegara, 100 réyal, sekaranipun ing dalem satengah taun, 7 réyal langkung, (?),

wah sambutanipun abdi-Dalem Mantri Jawi sapengiwa, 332 réyal, langkung, (?), sekaranipun ing dalem satengah taun, 24 réyal, langkung, (?),

wah sambutanipun abdi-Dalem pun Jaganegara, 200 réyal, sekaranipun ing dalem satengah taun, 15 réyal,

wah sambutanipun Bendara Pangéran Mangkudiningrat, 25 réyal, sekaranipun ing dalem satengah taun, 18 réyal, langkung, (?),

147r wah sambutanipun abdi-Dalem pun Sindunegara, 92 (réyal), / sekaranipun ing dalem satengah taun, 6 réyal, langkung, (?),

wah sambutanipun abdi-Dalem Pangéran Adinegara, 262 réyal, langkung, (?), sekaranipun ing dalem satengah taun, 19 réyal, langkung, (?),

wah sambutanipun abdi-Dalem Mantri Jawi sapanengen, 430 réyal, sekaranipun ing dalem satengah taun, 21 réyal, langkung, (?),

gu(ng)gung sambutanipun abdi-Dalem Bupati Mantri Jawi Tengen, sedaya dados, 2,632 réyal, langkung, (?), sekaranipun sedaya ing dalem satengah taun dados, 197 réyal, langkung, (?),

wah sambutanipun putra-Dalem Radèn Tumenggung Sumadiningrat, 1,350 réyal, sekaran-ipun ing dalem satengah taun, 101, réyal, langkung, (?),

wah sambutanipun abdi-Dalem pun Kertileksana, 50 réyal, sekaranipun ing dalem satengah taun, 3 réyal, langkung, (?), wah sambutanipun abdi-Dalem pun Sindusastra, 25 réyal, sekaranipun ing dalem satengah taun, 1 réyal, langkung, (?),

wah sambutanipun abdi-Dalem pun Kertiwijaya, 25 réyal, sekaranipun ing dalem satengah taun, 1 réyal, langkung, (?),

wah sambutanipun abdi-Dalem pun Kertadirana, 40 réyal, sekaranipun ing dalem satengah taun, 3 réyal,

f. 147v   / wah sambutanipun abdi-Dalem Mantri Kaparak sapengiwa, 90 réyal, (wah) sekaranipun ing dalem satengah taun, 6 réyal, langkung, (?),

gu(ng)gung sambutanipun abdi-Dalem Kaparak sapengiwa sedaya dados, 1580 réyal, sekaranipun ing dalem satengah taun dados,118 réyal, langkung, (?),

wah sambutanipun abdi-Dalem Mantri Kaparak sapanengen, 220 réyal, langkung, (?), sekaranipun ing dalem satengah taun, 16 réyal, langkung, (?),

wah sambutanipun abdi-Dalem pun Purwadipura, 736 réyal, langkung, (?), ingkang kakersakaken mawi sekaran, 300 réyal, sekaranipun ing dalem satengah taun, 22 réyal, langkung, (?),

wah sambutanipun abdi-Dalem pun Mangunjaya, 50 réyal, sekaranipun ing dalem satengah taun, 3 réyal, langkung, (?),

wah sambutanipun abdi-Dalem pun Mangunnegara, 200 réyal, sekaranipun ing dalem satengah taun, 15 réyal,

wah sambutanipun abdi-Dalem pun Purwawijaya, 50 réyal, sekaranipun ing dalem satengah taun, 3 réyal, langkung, (?),

f. 148r   wah sambutanipun abdi-Dalem pun Tirtawijaya, 60 réyal, / sekaranipun ing dalem satengah taun, 4 réyal, langkung, (?),

wah sambutanipun abdi-Dalem Mantri Gedhong sapanengen, 200 réyal, sekaranipun ing dalem satengah taun, 15 réyal,

gu(ng)gung sambutanipun abdi-Dalem Gedhong sapanengen sedaya dados, 860 réyal, sekaranipun sedaya ing dalem satengah taun dados 64 réyal, langkung, (?), kajawi ingkang baten mawi sekaran, 436 réyal, langkung, (?),

wah sambutanipun abdi-Dalem pun Mangundipura, kathahipun 892 réyal, sekaranipun ing dalem satengah taun, 66 réyal, langkung, (?),

wah sambutanipun abdi-Dalem pun Mangunyuda, 150 réyal, sekaranipun ing dalem satengah taun, 11 réyal, langkung, (?),

wah sambutanipun abdi-Dalem pun Prawirasastra, 300 réyal, sekaranipun ing dalem satengah taun, 22 réyal, langkung, (?),

wah sambutanipun abdi-Dalem pun Sastrawirya, 30 réyal, sekaranipun ing dalem satengah taun, 2 réyal, langkung, (?),

wah sambutanipun abdi-Dalem pun Ondakara 50, réyal, sekaranipun ing dalem satengah taun, 3 réyal, langkung, (?), gu(ng)gung sambutanipun abdi-Dalem Gedhong sapanengen sedaya dados 1,528 sekaranipun ing dalem satengah taun, 114 réyal, langkung, (?),

148v / wah sambutanipun abdi-Dalem pun Surèngrana, 700, réyal, ingkang kakersakaken mawi sekaran, 100 réyal, sekaranipun ing dalem satengah taun, 7 réyal, langkung, (?),

wah sambutanipun abdi-Dalem Bupati moncanegari, sambutanipun Radèn Rongga Prawiradirja, 1,600 réyal, sekaranipun ing dalem satengah taun, 120 réyal,

wah sambutanipun abdi-Dalem pun Sasradiningrat, 1,400 réyal, sekaranipun ing dalem satengah taun, 105 réyal,

wah sambutanipun abdi-Dalem pun Pringgakusuma, 150 réyal, sekaranipun ing dalem satengah taun, 11 réyal, langkung, (?),

wah sambutanipun abdi-Dalem pun Prawirayuda, 1,100 réyal, sekaranipun ing dalem satengah taun, 82 réyal,

wah sambutanipun abdi-Dalem pun Natadiwirya, 1,000 réyal, sekaranipun ing dalem satengah taun, 75 réyal,

wah sambutanipun abdi-Dalem pun Sumadiwirya, 400 réyal, sekaranipun ing dalem satengah taun 30 réyal,

wah sambutanipun abdi-Dalem pun Prawirasentika, 300 réyal, sekaranipun ing dalem satengah taun, 22 réyal, langkung, (?),

wah sambutanipun abdi-Dalem pun Mangundirana, 50 réyal, sekaranipun ing dalem satengah taun, 3 réyal, langkung, (?),

149r gu(ng)gung sambutanipun abdi-Dalem Radèn Rongga Prawiradirja, sasentanipun abdi-Dale/m Bupati moncanegari sedaya dados, 6000 réyal, sekaranipun sedaya ing dalem satengah taun, 450 réyal,

wah sambutanipun kagengan-Dalem kongsi, 12,000 réyal, sekaranipun kagengan-Dalem kongsi, 540 réyal,

gu(ng)gung sedaya sambutanipun abdi-Dalem Jawi Lebet Gedhong Kaparak Kiwa Tengen samoncanegarinipun, kalebet sekaran kongsi sedaya, 24,921 (réyal),

gu(ng)gung sekaranipun ing dalem satengah taun sedaya dados, 1,509 réyal, langkung, (?),

wah ingkang sami pejah sekaranipun, punika pratélanipun, sambutanipun abdi-Dalem pun Resapraja, kathahipun, 9,050 réyal,

wah sambutanipun abdi-Dalem pun Cakrakerti, 600 réyal,

wah sambutanipun abdi-Dalem Riya Cakratruna, 50 réyal, wah sambutanipun abdi-Dalem Wongsakusuma, 50 réyal, wah sambutanipun abdi-Dalem pun Samadigdaya, 50 réyal,

gu(ng)gung ingkang pejah baten mawi sekaran, 1800 réyal,

wah ingkang boten kalilan mawi sekaran, sambutanipun Radèn Tumenggung Purwadipura, 436 réyal, langkung, (?),

wah sambutanipun Radèn Panji Surèngrana, 600 réyal,

wah sambutanipun Radèn Rongga Prawiradirja, 500 réyal,

f. 149v / wah sambutanipun abdi-Dalem Radèn Tumenggung Natawijaya, 400 réyal,

gu(ng)gung ingkang boten kalilan mawi sekaran, 1,936 réyal, langkung, (?).

11
BL Add. MS. 12341
f. 54r
Archive I:32

Letter (*serat*) of Radèn Rongga Prawiradirja III to the royal government (*Paréntah*) requesting a new loan (*anuwun nyambut*) of 4,765 real and referring to a previous one of 1,900 real. He indicates his willingness to pay annual interest following every *Garebeg Mulud* of 1,900 *real anggris*, starting on 6 June 1805.

12
BL Add. MS. 12341
f. 55r–56r
Archive I:32-3

Letter listing the debts of various eastern *mancanagara* Bupati to the Sultan (HB II), their size, and the yearly interest (*sekar*). Non-loaners are also named. Included is a list of cash payments (*paringanipun*) made by HB II to Bupati and special remissions of interest payments. Undated, but probably 1803–1807.

13
BL Add. MS. 12303
f. 164v

Memo of Radèn Panji Padmawijaya and colleagues at the *Kepatihan* on pawned goods (*gegadhah*) from Radèn Tumenggung Resapraja redeemed (*tebus*) for the listed sums.

f. 164v Punika pémut abdi-Dalem pun Padmawijaya, sakonca kula abdi-Dalem patèyan sedaya, amémuti kagengan-Dalem gegadhah ingkang saking abdi-Dalem pun Resapraja, punika pratélanipun, awarni kandelan carawangsul baléwahan satunggil, supé séla-saselé, gelang-kana kalih rakit, bangkol satunggil kaanggepaken, 300 réyal, sami gadhahanipun pun Sasranegara sampun katebus,

wah cepuk kakalih, candh(u)ng titiga, kroncong kalih rakit, wadhah lisah satunggil, kaanggepaken, 200 réyal, wah èpèk jené sagagragan, kaanggepaken 100 réyal sami gadhahanipun pu(n) Resapraja, wah kandelan jené bunton titiga, carapang satunggil, kaanggepaken, 284, réyal, wah sengkang ranyok sarakit, krabu tigang selé, lusé konang-konang sakebon saselé, kaanggepaken, 200, réyal, gadhahanipun abdi-Dalem pun Prawirayuda, wah sengkang ronyok malih sarakit, supé sela-saselé, kaanggepaken 200 réyal, kandelan carawangsul cawèn satunggil, kaanggepaken, 116 réyal, gadhahanipun abdi-Dalem pun Resapraja.

14 BL Add. MS. 12303
f. 165r

Memo of the value of pawned goods ostensibly redeemed (*anebus gantosan*) by Radèn Tumenggung Sasranegara through the intermediary of Candrayuda, including personal jewellery, i.e. a diamond ring, gold armband, and a *kris* sheath worth around 500 real. Dated 23 December 1799.

165r Punika pémut ing dinten Selasa, tanggal ping selawé, wulan Rejep ing taun Jé angkaning warsa, 1 7 2 6 [Tuesday [*sic*] (in fact, Monday), 23 December 1799], Radèn Tumenggung Sasranegara, anebus gantosan, awarni kandelan carawangsul baléwahan satunggil, supé inten saselé gelang-kana kalih rakit, selépé sameripun kakalih, kagantosaken, 300 réyal, kalebet sambutanipun ingkang boten mawi (k)anggep-anggepan, 100 réyal, ingkang kautus pun Candrayuda, katebus, 400 réyal.

15 BL Add. MS. 12341
f. 260r–261v

Memo concerning income from interest (*sekaran*), as well as money from corvée duties, totalling some 1,200 real. Undated, but from internal evidence (reference to Radèn Tumenggung Natadiningrat; apptd. 4 February 1805) post-February 1805. *Dluwang.*

260r Punika pémut yatra sekaran ingkang katampèn Gedhong Kiwa, ingkang mungel ing buk, punika pratélanipun, sekaranipun Kyai Tumenggung (Mangundipura II), 66, (?), wah sekaranipun Ngabèhi Prawirasastra, 15, wah sekaranipun Ngabèhi Setrasemita, 10, wah sekaranipun Radèn Ondakara 3, (?), wah sekaranipun Gedhong Kiwa, 109, wah se-karanipun Surèngranan, 7, (?), gu(ng)gung sekaranipun saGedhong Kiwa, 109, kang konjuk namung, 87, (?), wah sekaranipun Radèn Tumenggung Sumadiningrat, 101, wah sekaranipun Kertileksana, 3, (?), wah sekaranipun Sindusetra, 1, (?), wah sekaran-ipun Mantri Kaparak Kiwa 16, (?), gu(ng)gung sekaran saKaparak Kiwa, 13, serat kang konjuk amung, 116, (?),

wah sekaranipun Jawi Tengen, sekaran Jayawinata, 45, wah sekaran Re(k)sanegaran, 7, (?), wah sekaran Jawi Kiwa 25, (?), wah sekaran Jaganegaran, 15, wah sekaran Sindunegaran, 6, (?), wah sekaran pun Pangéran Adinegara, 17, (?), wah sekaranipun Mantri Jawi sapanengen, 31, (?), wah sekaranipun Radèn Tumenggung Natadiningrat, 9, (?), gu(ng)gung sekaranipun Jawi Tengen, 157, (?), serat ingkang
260v konjuk amung mungel, 106, wondéning / sekaranipun Radèn Natayuda, sekaranipun Radèn Tumenggung Natadiningrat sambutan anyar, sekaranipun Sindunegara anyar, sekaranipun Pangéran Adinegara anyar sampun kajawi,

wah sekaran Gedhong Tengen, sekaranipun Radèn Tumenggung Purwadipura, 22, (?), wah sekaranipun Radèn Mangunjaya, 3, (?), wah sekaranipun Radèn Purwawijaya 3, (?), wah sekaranipun Radèn Tirtawijaya, 4, (?), wah sekaranipun pun Kertawijaya, 1, (?), wah sekaranipun Mantri Gedhong sapanengen, 38, (?), gu(ng)gung sekaranipun Gedhong sapanengen kejawi (Rek)sanegaran kalih Jaganegaran, dados 85, (?), serat ingkang konjuk amung mungel 21, wah sekaran Kaparak Tengen, 16, (?), wah se-karanipun Radèn Dipati Danureja sekaranipun sambutan lami, 45, kajawi sambutan anyar, sekaranipun 60, gu(ng)gung sekaranipun abdi-Dalem Jawi Lebet Gedhong Kaparak Kiwa Tengen sadaya dados 526, (?),

punika Adhi Dipamenggala Adhi Trunapengirid serat gu(ng)gungipun ingkang konjuk yatra sekaran namung, 382, dados langkungipun kajawi ingkang konjuk dados 155, (?),

f. 261r punika anak utawi pun adhi, yatra semanten punika punapa ba/ten wonten sihipun pun anak utawi pun adhi, adhi saksih-sihipun dhateng kula priyayi punika kula baten amestani, kula inggih trima, amrih rapetipun, yèn saupami lipat pétangipun saungeling ngebuk kula aturi anyerepaken pundi ingkang kirang pundi ingkang langkung, dipundunungna, kula aturi mangsuli pémut, wawrat wanten pun Adhi Wisamenggala, sawab siti, kula punika tiyang tumut kangèlan kedhik-kedhik kalih priksa, sapunika èmung wontena pitulungipun pun anak gangsal keton kimawon dhateng kula, pun Adhi Trunapengirid inggih wontena pitulungipun semanten,

wah kerigaji Jawi Kiwa, 276, (?),   wah ing kerigaji Jawi Tengen, 271,   wah kerigajin-ipun Kaparak Kiwa, 119, (?),   wah kerigajinipun Kaparak Tengen, 136,   wah kerigajin-

f. 261v ipun Gedhong Tengen, 134,   wah kerigajinipun Gedhong / Kiwa, 133, (?), wah kerigaji (-nipun) Kadanurejan, sapangrembènipun, 148,   gu(ng)gung dados 1219, (?), seratipun kang konjuk gu(ng)gungipun 1200, dados langkung 19, (?), ingkang jawi, ingkang punika kula sampun trimah ètang kula yatra sekaran kalih yatra kerigaji dados langkung satus sawidak tigang réyal sajampel satangsul.

16   BL Add. MS. 12341
                                                                   f. 147r

Note on Radèn Tumenggung Pringgalaya's debt (*sambutanipun*) amounting to 300 real from which interest (*sekaranipun*) amounts to 45 real per year, payment being equally divided between *Garebeg Mulud* and *Puwasa*. Dated 14 September 1804. See Plate 17.

f. 147r   [at top in different script] serat sampun kasaosaken

Punika pémut sambutanipun abdi-Dalem pun Pringgalaya, kathahipun tigang-atus réyal, sekaranipun ing Bakda Mulud anyaosi tigalikur-tengah réyal, ing Bakda Siyam anyaosi tigalikur-tengah réyal, dalem sataun sekaranipun dados kawan-dasa ga(ng)sal réyal,

sinerat ing dinten Jumungah tanggal ping sanga wulan Jumadilakir ing taun Alip angkaning warsa 1 7 3 1   [14 September 1804].

17   BL Add. MS. 14397
                                                                   f. 12v

Note of a financial transaction involving the Dutch Resident of Yogyakarta (Johannes Willem Moorrees, in office 9 March–18 August 1810) and a sum of 15,000 real, most likely part of the so-called '*strandgeld*', i.e. payment by the Dutch East India Company for the 'lease' of Java's Northeast Coast, paid on 20 Mulud A.J. 173(7) (25 April 1810).

f. 12v   Punika pémut angsalipun nyuwun nyambut kagengan-Dalem yatra, Tuwan Minester kathahipun kalih-belah leksa, kala kaparingaken ing wulan Mulud dinten Rebo Wagé tanggal ping kalih-dasa taun Wawu angkaning warsa, 1 7 3 (7)
                                                      [Wednesday, 25 April 1810].

18 BL Add. MS. 14397
f. 39r

Memo of Radèn Panji Surèngrana on debts to HB II (*sambutan kula kagengan-Dalem*) from various senior royal retainers for house rents amounting to some 700 real.

39r Punika pémut kahula abdi-Dalem pun Surèngrana amémuti sambutan kula kagengan-Dalem, i(ng)kang sumerep waten kagengan-Dalem griya i(ng)kang kula e(ng)gèni, griya kakalih griya kori satu(ng)gil sapageripun banon, pemawratipun abdi-Dalem ingkang ageng-ageng, dipunwawrat pangaos pitung-atus, ingkang kalilan kula saosi sekaranipun amung satus, yatra satus wau sekaranipun saketon, sawulanipun ing dalem satengah taun nem keton.

19 BL Add. MS. 14397
f. 43r

Memo of debt installment repayments to the ruler (HB II) from various Yogyakarta Bupati, not including interest, amounting to the sum of 650 real which had been paid on Sunday, 18 November 1810.

43r Punika kagengan-Dalem yatra panicil sambutanipun Bupati ingkang baten mawi sekaran kathahipun pitu-belah atus, kala nyaosaken ing wulan Sawal tanggal ping sangalas dinten Ahad Legi taun Wawu [Sunday, 18 November 1810].

PART 4

Contributions

1

Note on the special festival contributions (*saosanipun bekti pasumbang*) of Radèn Adipati Danureja II (in office, 1799–1811) on the occasion of the marriage of four royal children (sons and daughters of HB II), including Ratu Anom, who married R. T. Natadiningrat, and the Yogyakarta Crown Prince (*Kangjeng Gusti*). Dated 10 September 1805.

f. 316r Punika pémut saosanipun bekti pasumbang, abdi-Dalem Rahadèn Adipati Danureja, saweg pakramènipun putra-Dalem Kangjeng Ratu Anèm, kalih Bendara Pangéran Jayakusuma, Bendara Rahadèn Ayu Jayadipura, sakawan putra-Dalem Kangjeng Gusti, nanging putra-Dalem Kangjeng Gusti baten kasaosan pasumbang, kathahipun satus sèket réyal, ingkang sawidak réyal srepipun dhateng putra-Dalem Kangjeng Ratu Anèm, ingkang sangang-dasa réyal, srepipun dhateng putra-Dalem kekalih, Bendara satunggilipun sami angawan-dasa gangsal réyal, nanging putra-Dalem Kangjeng Ratu Anèm, pétangipun taksih kirang, kala pakramènipun putra-Dalem, amarengi ing wulan Jumadilakir tanggal ping gangsalwelas ing taun angkaning warsa, 1 7 3 2   [10 September 1805].

2

Festival contributions (*saosanipun bekti pasumbang*) on the occasion of the marriages of HB II′s children (see above no. 1) of 10 Jumadilakir, A.J. 1732 (5 Sept 1805) in gold, clothes, real, cash (*wang*), etc.

f. 2r   Punika pémut ing dinten Kemis tanggal ping sedasa sasi Jumadilakir ing taun Éhé angkaning warsa, 1 7 3 2,   [Thursday, 5 September 1805]

amémuti saosanipun bekti pasumbang putra sentana, punapa déné abdi-Dalem Bupati Mantri Jawi Lebet Gedhong Kaparak Kiwa Tengen samoncanegarinipun, punika pratéla-nipun,   saosanipun putra-Dalem Kangjeng Gusti, kalih-atus selawé réyal, ingkang warni sinjang kasemekan paningset dhestar, apengaos satus tigawelas tengah réyal, ingkang warni yatra satus tigawelas tengah réyal,

wah saosanipun bekti pasumbang Bendara Pangéran Ngabèhi, kathahipun walung-dasa kalih réyal langkung sajampel,   wah saosanipun bekti pasumbang Bendara Pangéran Natakusuma, kathahipun pitung-dasa wolu réyal langkung tigang seka,   wah saosanipun bekti pasumbang Bendara Pangéran Mangkudiningrat, kathahipun pitung-dasa gangsal réyal,   wah saosanipun bekti pasumbang Bendara Pangéran Ariya Mangkubumi, kathahipun pitung-dasa gangsal réyal,   wah saosanipun bekti pasumbang Bendara Pangéran Mangkukusuma tigang-dasa réyal,   wah saosanipun bekti pasumbang Bendara Pangéran Adikusuma, tigang-dasa réyal,   wah saosanipun bekti pasumbang, Bendara
f. 2v   Pangéran Ariya Panular, gangsalwelas réyal,   / wah saosanipun bekti pasumbang Pangéran Demang, walulikur réyal,   wah paosanipun bekti pasumbang, Bendara

Pangéran Martasana, gangsalwelas réyal,   wah saosanipun bekti pasumbang Bendara
Pangéran Adiwijaya, sawelas réyal,   wah saosanipun bekti pasumbang Bendara
Pangéran Kusumayuda, walulikur réyal,   wah saosanipun bekti pasumbang, Bendara
Pangéran Ariya Panengah, gangsalwelas réyal,   wah saosanipun bekti pasumbang
Bendara Pangéran Ariya Pamot, tigawelas réyal langkung setangsul,   wah saosanipun
bekti pasumbang, Bendara Pangéran Ariya Wiramenggala, gangsalwelas réyal,   wah
paosanipun bekti pasumbang, Bendara Pangéran Balitar, wolung réyal,   wah saosanipun
bekti pasumbang, Bendara Pangéran Natabaya, gangsal réyal,   wah saosanipun bekti
pasumbang Bendara Pangéran Dipawijaya, nem réyal,   wah saosanipun bekti
pasumbang, Bendara Radèn Mas Sabariya, pitung réyal langkung sajampel,   wah
saosanipun bekti pasumbang, Bendara Radèn Mas Muslimin, kalih réyal,   wah saosan-
ipun bekti pasumbang, abdi-Dalem Kyai Tumenggung Wiraguna, kalihwelas réyal, wah
saosanipun bekti pasumbang, abdi-Dalem tampingan kagengan-Dalem sabin pitung-atus,
saosanipun bekti, satusipun anggangsal réyal, sadaya dados tigang-dasa réyal, wah
saosanipun bekti pasumbang Radèn Tumenggung Wiryawinata, pitung réyal langkung
sajampel,

r / gunggung saosanipun bekti pasumbang putra-Dalem Kangjeng Gusti, sasentananipun
sadaya dados pitung-atus nem réyal langkung tigang seka satangsul, kajawi saosanipun
putra-Dalem Kangjeng Gusti ingkang warni sinjang,

wah saosanipun bekti pasumbang, Bendara-Bendara putri saosanipun Kangjeng Ratu
Bendara, awarni jené wawrat kalih réyal,   wah saosanipun bekti pasumbang, Kangjeng
Ratu Anggèr, awarni jené wawrat satail,   wah saosanipun bekti pasumbang, Kangjeng
Ratu Maduretna, awarni jené warat satail,   wah saosanipun bekti pasumbang, Bendara
Radèn Ayu Purwadipura, awarni jené wawrat seka,   wah saosanipun bekti pasumbang,
Bendara Radèn Ayu Jayaningrat, awarni jené wawrat nem seka,   wah saosanipun bekti
pasumbang, Bendara Radèn Ayu S(r)e(ng)gara, awarni jené wrat seka,   wah saosanipun
bekti pasumbang, Bendara Radèn Ayu Danukusuma, awarni jené wrat seka,   wah
saosanipun bekti pasumbang, Bendara Radèn Ayu Natayuda, awarni jené wrat seka,   wah
saosanipun bekti pasumbang Bendara Radèn Ayu Wiryanegara, awarni jené wawrat gang-
3v sal seka,   wah saosanipun bekti pasumbang, Benda/ra Radèn Ayu Wiryakusuma, awarni
jené wrat saréyal,   wah saosanipun bekti Bendara Radèn Ayu Wiryawinata, awarni jené
wrat saréyal,   wah saosanipun bekti pasumbang Bendara Radèn Ayu Wiryadiningrat,
awarni jené wrat saréyal,   wah saosanipun bekti Bendara Radèn Ayu Jayèngrana, awarni
jené wawrat tigang seka,   wah saosanipun bekti pasumbang, Bendara Radèn Ayu
Prawirakusuma, awarni jené wrat seka,   wah saosanipun bekti Bendara Radèn Ayu
Yudaprawira, awarni jené wrat sajampel,   wah saosanipun bekti pasumbang, Bendara
Radèn Ayu Cakrakusuma, awarni jené wrat sajampel,   wah saosanipun bekti
pasumbang, Bendara Radèn Ayu Prawiramantri, awarni jené wrat sajampel,   wah
saosanipun bekti pasumbang, Bendara Radèn Ayu Jayapuspita, awarni jené wrat seka,
wah saosanipun bekti pasumbang, Bendara Radèn Ayu Kertadipura, awarni jené wrat
sajampel,   wah saosanipun bekti pasumbang, Bendara Radèn Ayu Tirtadiwirya, awarni
jené wrat seka,   wah saosanipun bekti pasumbang, Bendara Radèn Ayu Jayèngasmara,
awarni jené wrat seka setangsul,   wah saosanipun bekti pasumbang, Bendara Radèn Ayu
4r Jayawirya, awarni / jené wawrat seka,   wah saosanipun bekti pasumbang, Bendara
Radèn Ayu Jayaprawira, awarni jené wrat seka,   wah paosanipun bekti pasumbang,
Bendara Radèn Ayu Rongga Sepuh, awarni jené wawrat seka,   wah saosanipun bekti

pasumbang, Bendara Radèn Ayu Sasradiningrat, awarni jené wrat seka,　wah saosanipun bekti pasumbang, Bendara Radèn Ayu Sasradiningrat, awarni jené wrat seka,　wah saosanipun bekti pasumbang, Bendara Radèn Ayu Pringgalaya, awarni jené wrat seka, wah saosanipun bekti pasumbang, Bendara Radèn Ayu Pringgakusuma, awarni jené wawrat saréyal,　wah saosanipun bekti pasumbang, Bendara Radèn Ayu Prawirayuda, awarni jené wawrat saréyal,　wah saosanipun bekti pasumbang, Bendara Radèn Ayu Prawirasentika, awarni jené wawrat saréyal,　wah saosanipun bekti pasumbang Bendara Radèn Ayu Sasradiwirya, awarni jené wawrat saréyal,　wah saosanipun bekti pasumbang Bendara Radèn Ayu Sasrawijaya, awarni jené wawrat sajampel,　wah saosanipun bekti pasumbang, Bendara Radèn Ayu Dayaasmara, awarni jené wrat seka,　wah saosanipun bekti pasumbang, Bendara Radèn Ayu Yudakusuma, awarni jené,　wah saosanipun bekti pasumbang Bendara Radèn Ayu Retna Jumanten,

f. 4v gunggung saosanipun bekti pasumbang Bendara Putri awarni jené,　sedaya dados wrat kalihlikur réyal langkung tigang seka sa/tangsul, kajawi saosanipun Bendara Radèn Ayu kalih,

wah saosanipun bekti pasumbang, kagengan-Dalem sabin pamaosan, ingkang kagadhahaken dhateng Bendara-Bendara putri, gadhahanipun Kangjeng Ratu Bendara, damel-Kula kalih-atus, saosanipun bekti pasumbang sadasa réyal,

wah gadhahanipun pamaosan Kangjeng Ratu Anggèr, kawan jung, saosanipun bekti pasumbang, pitulas wang,

wah gadhahanipun pamaosan Bendara Radèn Ayu Jayaningrat, saosanipun bekti pasumbang, sadasa réyal,

wah saosanipun bekti pasumbang kagengan-Dalem sabin pamaosan ingkang kagadhahaken Bendara Radèn Ayu Wiryadiningrat, gangsal seka,

wah saosanipun bekti pasumbang kagengan-Dalem sabin pamaosan ingkang kagadhahaken Bendara Radèn Ayu Wiryakusuma, sabin damel-Kula sèket, saosanipun bekti pasumbang, kalih réyal langkung sajampel,

wah saosanipun bekti pasumbang kagengan-Dalem sabin pamaosan ingkang kagadhahaken Bendara Radèn Ayu Wiryanegara, kalihlikur uwang,

f. 5r wah saosanipun bekti pasumbang, kagengan-Dalem sabin pa/maosan ingkang kagadhahaken Bendara Radèn Ayu Tirtadiwirya, sabin salawé, saosanipun bekti-Dalem seka,

wah saosanipun bekti pasumbang, kagengan-Dalem sabin pamaosan ingkang kagadhahaken Bendara Radèn Ayu Danukusuma, ing Lèpènsalak damel-Kula satus, saosanipun bekti pasumbang pitung réyal, ing Lèpènkajar damel-Kula selawé, saosanipun bekti pasumbang pitung seka,

wah saosanipun bekti pasumbang, kagengan-Dalem sabin pamaosan ing Rèma, sabin satus, saosanipun bekti pasumbang nem réyal,

wah saosanipun bekti pasumbang abdi-Dalem Demang Wongsadiwirya, abdi-Dalem Demang Kartadiwirya, ing Kacubung sadasa réyal,

wah saosanipun bekti pasumbang abdi-Dalem pun Jalipura nem réyal, wah saosanipun abdi-Dalem Demang Mertagati, walung réyal,

wah saosanipun bekti pasumbang abdi-Dalem (Demang) Pa(n)delegan, abdi-Dalem Demang Surasantika, abdi-Dalem Demang Samirana, abdi-Dalem Demang Tirtawinangun, abdi-Dalem Demang sakawan saosanipun kawan réyal,

wah saosanipun bekti kagengan-Dalem maosan ing Pakawisan ingkang kagadhahaken Radèn Ariya Sindureja kawan réyal,

wah kagengan-Dalem maosan ingkang kagadhahaken Radèn Tumenggung Wiryawinata kalih Bendara Radèn Ayu (Wiryawinata), kathahipun sadasa réyal,

gunggung sedaya dados walung-dasa tigang réyal langkung sajampel,

5v / wah saosanipun bekti pasumbang, putra-Dalem Radèn Tumenggung Sumadiningrat, sakancanipun abdi-Dalem Kaparak sapangiwa, saosanipun putra-Dalem Radèn Tumenggung Sumadiningrat piyambak, pitung-dasa gangsal réyal, wah saosanipun abdi-Dalem pun Sindujaya sawelas réyal, wah saosanipun abdi-Dalem pun Kertileksana, sakancanipun abdi-Dalem Kaparak Kiwa, sabin damel-Kula sèwu, saosanipun bekti pasumbang, kawan-dasa réyal, wah saosanipun abdi-Dalem Mas Padmawijaya, damel-Kula sèket, saosanipun kalih réyal, wah saosanipun bekti pasumbang abdi-Dalem pun Sindusetra sabin damel-Kula tigang-lawé, paosanipun tigang réyal, wah saosanipun bekti pasumbang abdi-Dalem pun Jiwaraga, sakancanipun abdi-Dalem gandhèk, sabin damel-Kula kawan-atus, saosanipun bekti nembelas réyal, wah saosanipun bekti abdi-Dalem Suranata, sabin damel-Kula kawan-atus, saosanipun bekti nembelas réyal, wah saosanipun bekti pasumbang abdi-Dalem pun Taliyuda, abdi-Dalem pun Rejawongsa, abdi-Dalem pun Kudatrisula, sakancanipun abdi-Dalem gamel, sabin damel-Kula kawan-atus, saosanipun bekti, nembelas réyal, wah saosanipun bekti abdi-Dalem pun Martapura, sakancanipun abdi-Dalem taman, sabin damel-Kula satus, tigang-lawé, saosanipun bekti

6r pitung réyal, wah saosanipun bekti pasumbang abdi-Dalem pun Wiryadi/kara, sakancanipun abdi-Dalem Singanegara, sabin damel-Kula kalih-atus, saosanipun bekti wolung réyal, wah saosanipun bekti pasumbang abdi-Dalem pun Sutamenggala, sakancanipun abdi-Dalem Priyataka, sabin damel-Kula satus tigang-lawé, saosanipun bekti pitung réyal, wah saosanipun bekti pasumbang abdi-Dalem pun Brajamusthi, sakancanipun mergongsa, sabin damel-Kula sèwu, anyaosi sapalih, kalih-dasa réyal, wah saosanipun bekti pasumbang, abdi-Dalem Gowong, abdi-Dalem pun Onggawikrama, abdi-Dalem Jawikrama, sabin damel-Kula kalih-atus, saosanipun bekti walung réyal, wah saosanipun bekti abdi-Dalem pun Malangkarsa, sakancanipun abdi-Dalem nongsong sabin damel-Kula sèket, saosanipun bekti kalih réyal, wah saosanipun bekti abdi-Dalem tukang sakancanipun, sabin damel-Kula tigang-lawé, saosanipun bekti tigang réyal, wah saosanipun abdi-Dalem jeksa, sabin damel-Kula tigang-dasa nem, saosanipun bekti nem seka, wah saosanipun abdi-Dalem pun Citraleksana, Rongga Jejeran, Jasembodra, Puspawijaya, Onggadirana, sabin damel-Kula tigang-lawé, saosanipun bekti pasumbang abdi-Dalem pun Jagasemita, sakancanipun kebayan, sabin damel-Kula satus, sangang-dasa walu, saosanipun bekti pitung réyal, langkung sajampel, wah saosanipun bekti pasumbang

6v abdi-Dalem pu/n Nitipraja, kawan réyal, wah saosanipun bekti pasumbang abdi-Dalem Radèn Tumenggung Natayuda, tigawelas réyal langkung tigang seka, gunggung saosanipun putra-Dalem Radèn Tumenggung Sumadiningrat sarèrèyanipun, sedaya dados kalih-atus sawidak kawan réyal langkung tigang seka, wah gadhahanipun pamaosan ing Rèma, sabin kalih-atus, saosanipun kalih-dasa réyal, wah saosanipun bekti pasumbang abdi-Dalem Radèn Tumenggung Purwadipura, sabin damel-Kula sèwu, saosanipun bekti pitung-dasa gangsal réyal, wah saosanipun bekti pasumbang, abdi-Dalem pun Mangunjaya, sabin damel-Kula kalih-atus, saosanipun bekti sawelas réyal, wah saosanipun bekti pasumbang abdi-Dalem pun Mangunnegara, sabin damel-Kula kalih-belah, saosanipun bekti nem réyal, wah saosanipun bekti abdi-Dalem pun Purwawijaya, sabin damel-Kula satus, saosanipun bekti kawan réyal, wah saosanipun abdi-Dalem pun Reksakusuma, sabin damel-Kula kalih-belah saosanipun bekti nem réyal, wah saosanipun abdi-Dalem Mantri Gedhong Tengen sadaya, kalebet abdi-

f. 7r   Dalem mantri ngampil, abdi-Dalem pandhé, sabin damel-Kula walung-atus, saosa/nipun bekti sabin satusipun angawan réyal, sadaya dados tigang-dasa kalih réyal, wah saosanipun abdi-Dalem pangrembé Gedhong Tengen, abdi-Dalem pun Resapraja sakancanipun, sabin damel-Kula satus, abdi-Dalem pun Setrawijaya Pacitan, sabin damel-Kula salawé, abdi-Dalem pun Singawedana, abdi-Dalem pun Suratruna Lèpèngondhang, abdi-Dalem Mantri Sepuhbujeng, abdi-Dalem pun Mangungendhing, sedaya dados sabin damel-Kula nem-atus tigang-dasa, saosanipun bekti pasumbang, sabin damel-Kula satusipun angawan réyal, yatranipun sedaya dados kawanlikur langkung walung uwang,

gunggung saosanipun bekti abdi-Dalem Radèn Tumenggung Purwadipura sakancanipun, sedaya dados satus sèket walung réyal langkung seka sepalih tangsul,

wah saosanipun bekti pasumbang, abdi-Dalem Kyai Tumenggung Mangundipura, pitung-dasa gangsal réyal, wah saosanipun bekti pasumbang, abdi-Dalem pun Mangunyuda sawelas réyal, (wah) saosanipun bekti pasumbang abdi-Dalem pun Prawirasastra gangsal

f. 7v   réyal, wah saosan/ipun bekti pasumbang, abdi-Dalem pun Nitiwijaya, sakancanipun abdi-Dalem Gedhong Kiwa, penèket jajar sapangrembènipun, sawidak réyal langkung kalih réyal,

gunggung saosanipun bekti abdi-Dalem Kyai Tumenggung Mangundipura, sakancanipun sedaya dados sèket réyal langkung tigang réyal,

wah saosanipun bekti pasumbang abdi-Dalem Radèn Ariya Sindureja, tigang-dasa réyal langkung pitung réyal sajampel, wah saosanipun abdi-Dalem pun Mangunrana, sawelas réyal, wah saosanipun abdi-Dalem pun Onggadiwirya, sakancanipun abdi-Dalem Mantri Kaparak Tengen kawan-dasa réyal, wah saosanipun abdi-Dalem pun Brajadenta, sakancanipun abdi-Dalem mergongsa, sabin damel-Kula sèwu tumedhak taksih sapalih, dados damel-Kula gangsal-atus, saosanipun bekti kalih-dasa réyal,

wah saosanipun abdi-Dalem pun Wirasemita, sakancanipun abdi-Dalem Gandhèk Tengen, sabin damel-Kula kawan-atus, abdi-Dalem Suranata damel-Kula tigang-atus, abdi-Dalem Kertayuda Wirapati, sakancanipun abdi-Dalem penandhon damel-Kula kalih-belah, abdi-

f. 8r   Dalem pun Dermaguna sakancanipun abdi-Dalem undhagi, kalebet / abdi-Dalem gerji kambil, sadaya dados damel-Kula sèwu, saosanipun bekti, kawan-dasa réyal, wah saosanipun bekti pasumbang abdi-Dalem Wasèngsari sabin damel-Kula satus, abdi-Dalem Jayadirja, sabin damel-Kula satus, abdi-Dalem pun Trunadikara, sakancanipun Mertalulut damel-Kula satus tigang-lawé, abdi-Dalem Simbarjaya, sakancanipun Priyataka sabin damel-Kula satus, abdi-Dalem penongsong kalebet bubut, sabin damel-Kula satus, abdi-Dalem Wignyawijaya, sakancanipun tukang, kalebet jeksa, sabin damel-Kula satus, abdi-Dalem Gowong, sabin damel-Kula kalih-atus, abdi-Dalem pun Jagaduta sakancanipun kebayan, sabin damel-Kula satus selawé, sadaya dados sabin damel-Kula satus, saosanipun bekti pasumbang kawan-dasa sakawan réyal, wah saosanipun abdi-Dalem Radèn Tumenggung Jayawinata, pitunglikur réyal langkung sajampel,

gunggung sedaya saosanipun bekti abdi-Dalem Ariya Sindureja sakancanipun kalebet abdi-Dalem Radèn Tumenggung Jayawinata, sedaya dados kalih-atus kalih-dasa réyal,

gunggung sedaya saosanipun bekti,

8v wah saosanipun bekti pasumbang, abdi-Dalem prajurit sarèrèy/an Kasurèngranan, saosanipun abdi-Dalem Radèn Panji Surèngrana piyambak, sabin damel-Kula satus, saosanipun bekti, gangsal réyal langkung sajampel,

wah saosanipun bekti pasumbang abdi-Dalem Katanggel sagelenganipun, kawan lurah abdi-Dalem pun Jayabrangta, sakancanipun, sabin damel-Kula gangsal-atus tigang-lawé, satusipun ngawan réyal, sedaya dados tigalikur réyal,

wah abdi-Dalem pun Jayawilaga, sakancanipun, sabin damel-Kula gangsal-atus salawé, saosanipun bekti salikur réyal,

wah abdi-Dalem pun Prawirawijaya, sabin damel-Kula gangsal-atus tigang-lawé, sabin satusipun kaleresan angawan réyal, sadaya yatranipun dados tigalikur réyal, wah saosanipun bekti abdi-Dalem pun Jayaprawira, sakancanipun sabin gangsal-atus salawé, sabin satusipun kaleresan angawan réyal, yatranipun dados salikur réyal,

wah saosanipun bekti abdi-Dalem Kawandasa, sagolonganipun lurah sakawan, saosanipun bekti abdi-Dalem pun Imasentika kalebet sakancanipun, sabinipun satus tigang-lawé, saosanipun pitung réyal,

wah saosanipun bekti abdi-Dalem pun Imawiguna sakancanipun, sabinipun satus tigang-lawé, saosanipun bekti pitung réyal, wah saosanipun bekti abdi-Dalem pun Imayuda sa-
9r kancanipun, sabin satus tigang-lawé, saosanipun bekti pitung / réyal,

wah saosanipun bekti abdi-Dalem ing Imawijaya, sabin satus tigang-lawé, saosanipun bekti pitung réyal, wah saosanipun bekti abdi-Dalem Mandhung, Maudara, Tanuastra, sagolonganipun lurah sakawan, sabin kawan-atus, saosanipun bekti sedaya dados nembelas réyal,

gunggung saosanipun bekti rèrèyan ing Kasurèngranan, sedaya dados satus réyal, tigang-dasa réyal pitung réyal langkung sajampel, wah saosanipun abdi-Dalem lurah ing Wanacatur pun Resawona, kalebet sabekelipun, sabin pitung jung, wah abdi-Dalem lurah ing Arjawinangun, lurah titiga, sabekelipun sabin walung jung sakikil, sedaya dados sabin gangsalwelas jung, saosanipun bekti katiga-tengah réyal, wah saosanipun bekti, kagengan-Dalem sabin pangrembé ing Suwèla, tigang jung ing Kèpèk kawan jung ing Lèpènajir kalih jung dados sabin sangang jung, saosanipun bekti saréyal langkung kalih-welas uwang, sedaya dados tigang réyal langkung tigang seka, setangsul kawanlikur dhuwit,

wah saosanipun bekti pasumbang abdi-Dalem Radèn Panji Jayèngrana damel-Kula sabin satus, saosanipun kanem tengah réyal, wah saosanipun bekti abdi-Dalem prajurit, (r)èrèhyan ing Jayèngrana saosanipun abdi-Dalem prajurit Mantri Lebet Pinilih, saosanipun
9v abdi-Dalem pun Yudaprawira, sakancanipun, sabin damel/-Kula satus sawidak, saosanipun bekti sadasa réyal saseka kawan dhuwit, wah saosanipun bekti abdi-Dalem pun Prawirakusuma, kalebet sakancanipun, sabin damel-Kula kalih-atus walulas, yatranipun

walung réyal tigang seka kalih dhuwit,　　wah saosanipun bekti abdi-Dalem pun Jayèngresmi kalebet sakancanipun, sabinipun damel-Kula satus tigang-lawé langkung walu, saosanipun pitung réyal seka sepalih tangsul nem dhuwit,

wah saosanipun bekti abdi-Dalem Jayapuspita sakancanipun, sabin damel-Kula kalih-atus sakawan, saosanipun bekti walung réyal kawan uwang tigang dhuwit,　　wah saosanipun bekti abdi-Dalem Purwadiwirya sakancanipun, sabin damel-Kula kalih-atus sèket nem, yatranipun sadasa réyal langkung seka,

wah saosanipun bekti abdi-Dalem Jagakarya lurah sakawan, abdi-Dalem pun Partawijaya sakancanipun, sabin damel-Kula satus kawan-dasa gangsal, yatranipun gangsal réyal, sejampel satangsul saprapat tangsul tigang dhuwit,　　wah saosanipun abdi-Dalem pun Partasentika, sakancanipun, sabin damel-Kula kalih-belah atus kalihwelas, yatranipun nem réyal sajampel,　　wah saosanipun abdi-Dalem pun Sasrawijaya, sakancanipun, sabin damel-Kula kalih-atus walung-dasa satunggil, yatranipun sawelas réyal, langkung saseka, wah saosanipun bekti abdi-Dalem pun Partadiwirya sakancanipun, sabin damel-Kula kalih-

f. 10r　　belah atus sakawan, yatranipun nem réyal satangsul / sadhuwit,

wah saosanipun abdi-Dalem Wirabraja, saosanipun abdi-Dalem pun Brajasura sakanca-nipun, sabinipun damel-Kula kalih-atus selawé, langkung kalih jung, yatranipun sangang réyal setangsul pitung dhuwit,　　wah saosanipun bekti abdi-Dalem pun Wirabraja sakancanipun, sabin damel-Kula kalih-atus selawé langkung sakawan, yatranipun sangang réyal satangsul saprapatan tangsul tigang dhuwit,

wah saosanipun abdi-Dalem pun Brajayuda sakancanipun, sabin damel-Kula kalih-atus salawé, yatranipun sangang réyal,

wah saosanipun abdi-Dalem pun Brajawijaya sakancanipun, sabin damel-Kula kalih-atus selawé, langkung sakawan, yatranipun sangang réyal satangsul saprapatan tangsul, tigang dhuwit,

wah saosanipun abdi-Dalem Dhaèngan pun Sasraatmaja, sakancanipun sabinipun kalih-atus salawé kalihwelas, yatranipun saweg sangang réyal sajampel,

wah saosanipun abdi-Dalcm Sccadipura, kalih lurah sakancanipun, sabin damel-Kula kawan-atus sangang-dasa nem, yatranipun sangalas réyal tigang seka sepalih tangsul,

wah saosanipun abdi-Dalem Nirbaya Jagabaya Jagasura, sakancanipun saweg tigang lurah, sabin damel-Kula tigang-atus sèket nem, yatranipun kawanwelas réyal langkung seka,

wah saosanipun abdi-Dalem Kanèman sakancanipun, sabin damel-Kula satus sadasa, yatra-nipun kawan réyal, seka setangsul sawelas dhuwit,

wah saosanipun bekti abdi-Dalem Dhaèngan, kantun sabin damel-Kula kalih-atus, selawé, yatranipun sangang réyal,

f. 10v　　wah saosanipun abdi-Dalem tam/bur suling salomprèt, sabin damel-Kula kalih-atus, yatranipun walung réyal,

gunggung yatra bekti pasumbang lèrèhyan ing Jayèngranan sedaya dados satus walung-dasa walung réyal seka satangsul sepalih tangsul, saprapatan tangsul,

wah saosanipun bekti pasumbang abdi-Dalem ing Pulo Gedhong Kèpèk, sabinipun sadasa jung yatranipun nem seka satangsul kalihwelas dhuwit,

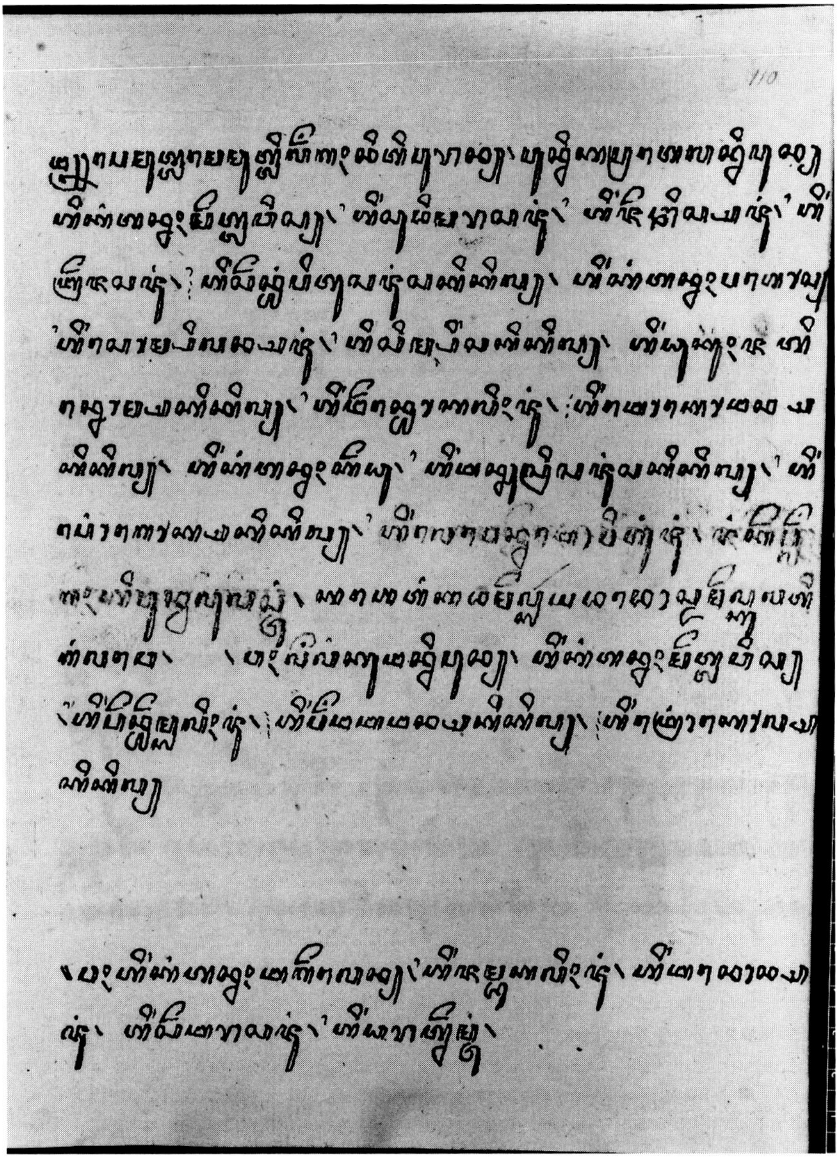

Plate 10: BL Add. MS. 12341 f.110r, memo concerning the division of royal landholdings in Mataram, Pajang, Kedhu and Bagelèn which had formed part of the appanage of the *Mantri Miji*, Ngabèhi Nitipura (Sec.II pt.2 no.21, p.226).

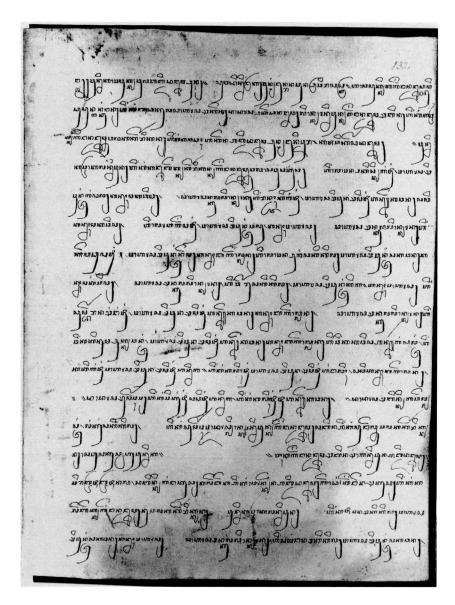

Plate 11: BL Add. MS. 12341 f.132r, memo concerning suspended royal lands which were to be given as an allowance in exchange for royal rice fields scratched out in error by royal scribes in an appanage grant to Kyai Tumenggung Mangundipura II, the head of the *Gedhong Kiwa* department. Undated, but *c.* 1786-97 (Sec.II pt.3 no.23, p.228).

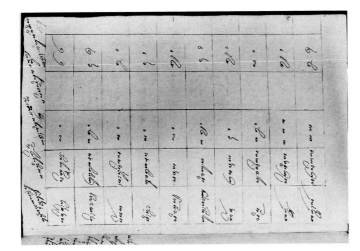

Plate 13: BL Add. MS. 12342 f.159r, list of villages, tax collectors (*demang*), cash tax (*paos yatra*), rice harvest shares (*pantun*) and inhabitants (*tiyang*) on lands in Grobogan-Wirasari which form part of the appanage of the First Bupati of Grobogan-Wirasari, Radèn Tumenggung Yudakusuma (in office, c. 1790s-1812). Undated, but c.1811 (Sec.II pt.4 no.12, p.264).

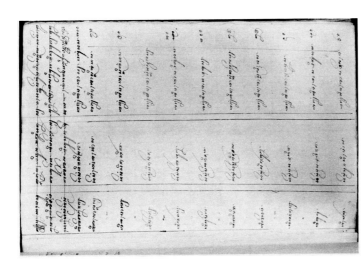

Plate 12: BL Add. MS. 12342 f.34r, list of villages, tax collectors (*demang*, *bekel*) and tribute obligations on lands in Jipang-Bauwerna and Jipang-Pasekaran (Sekaran) which form part of the appanage of Radèn Tumenggung Prawirasentika, the Joint *Bupati Wedana* of Madiun (in office, 1811-26). Undated, but c. 17 January 1811 (Sec.II no.6, p.245).

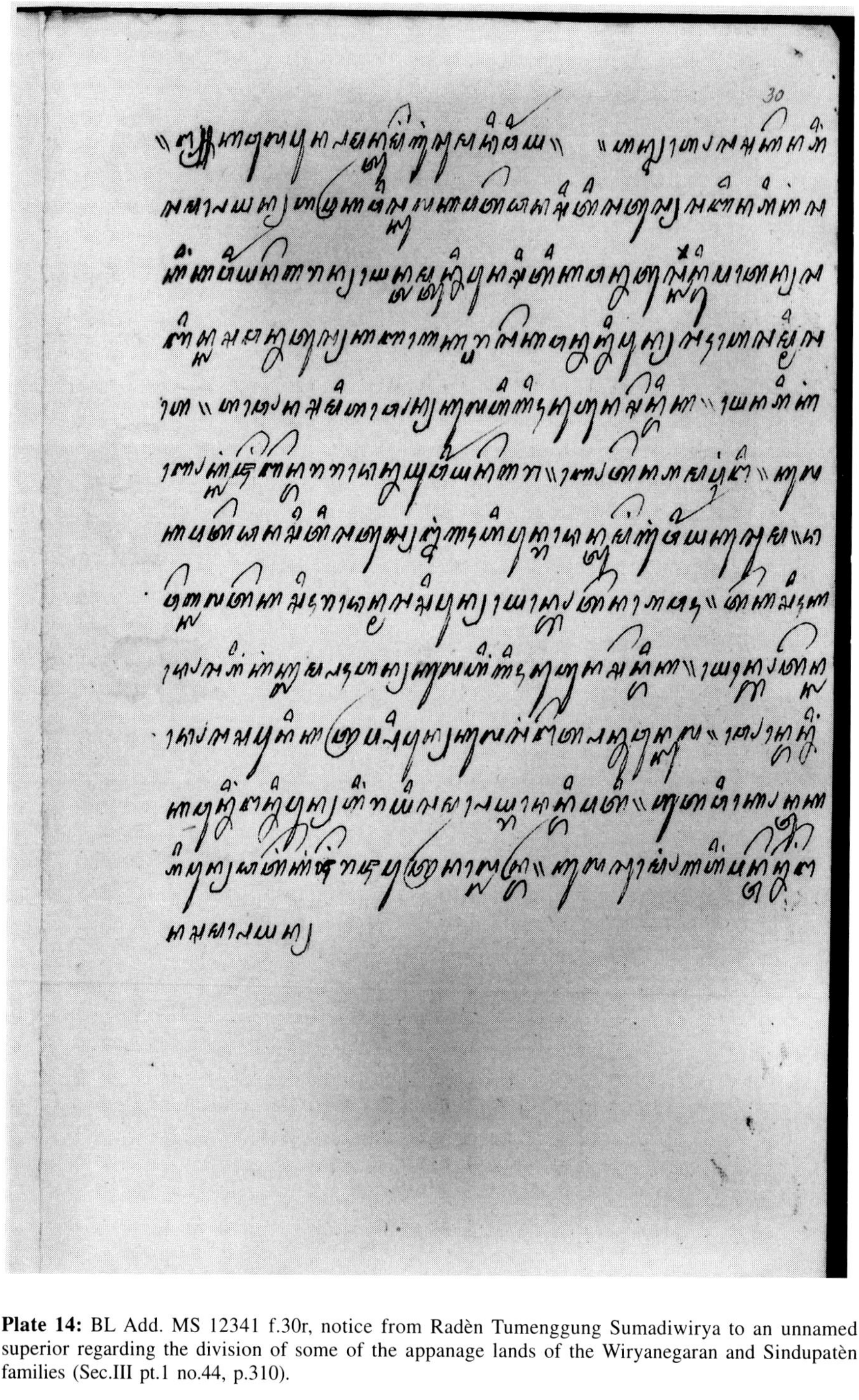

Plate 14: BL Add. MS 12341 f.30r, notice from Radèn Tumenggung Sumadiwirya to an unnamed superior regarding the division of some of the appanage lands of the Wiryanegaran and Sindupatèn families (Sec.III pt.1 no.44, p.310).

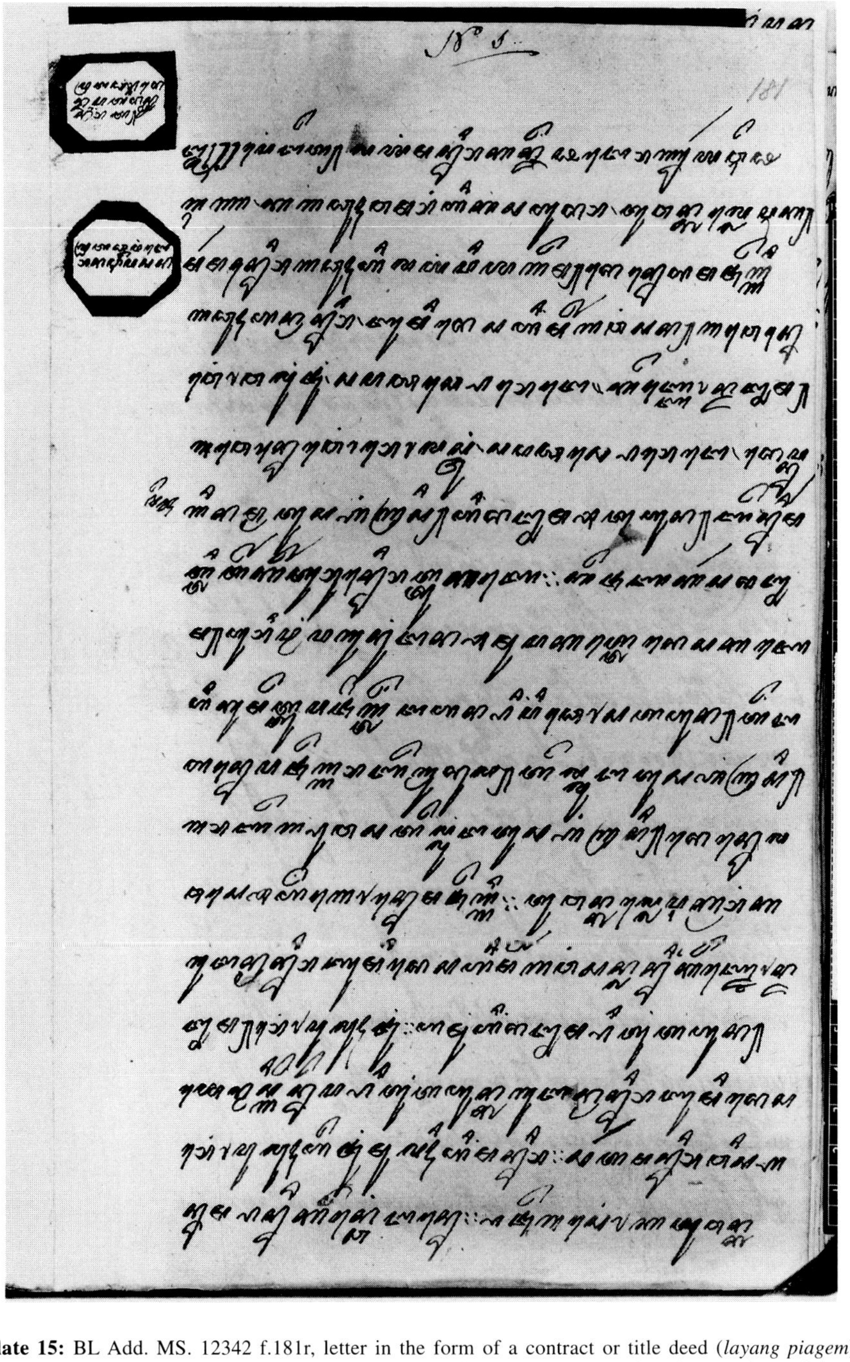

Plate 15: BL Add. MS. 12342 f.181r, letter in the form of a contract or title deed (*layang piagem*) from Pangéran Tepasana to Mr de Klerck, a Dutch landrenter, concerning the rental conditions for his lands at Margawangsan and Kebondalem in Mataram. Dated Monday, 18 Sawal A.J. 1736 (27 November 1809) (Sec.III pt.2 no.21, pp.317-8).

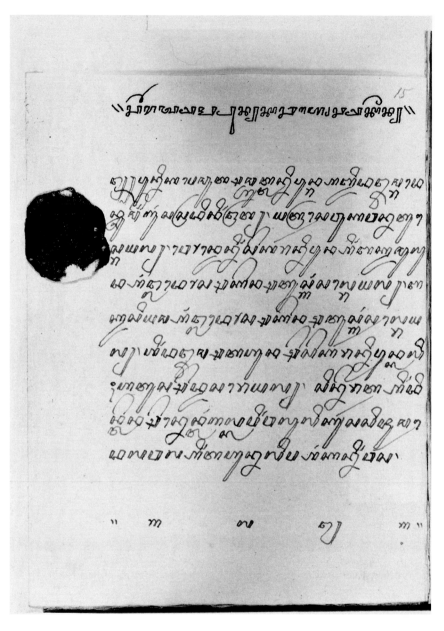

Plate 16: BL Add. MS. 14397 f.15r, notice concerning the debts of Radèn Tumenggung Sasradiningrat I, Bupati of Jipang-Rajegwesi (in office, 1794-1807), dated Monday, 28 Jumadilawal A.J. 1731 (4 September 1804), giving the level of half-yearly interest payments due following the *Garebeg Mulud* and *Garebeg Puwasa* (Sec.IV pt.3 no.9, p.360).

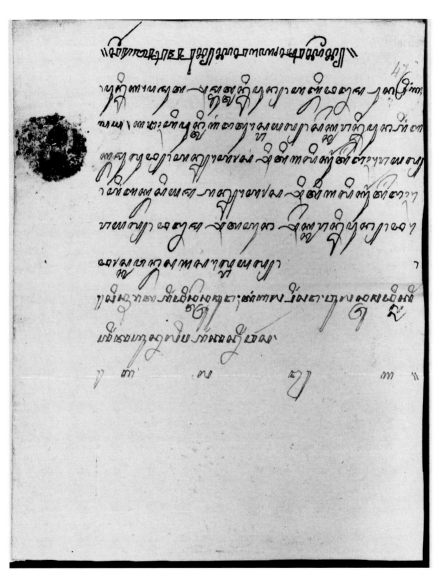

Plate 17: BL Add. MS. 12341 f.147r, notice concerning the debt and interest payments due from Radèn Tumenggung Pringgalaya, Bupati of Kertasana (in office, *c*.1803-12), following the *Garebeg Mulud* and *Garebeg Puwasa*. Dated Friday, 9 Jumadilakir A.J. 1731 (14 September 1804) (Sec.IV pt.3 no.16, p.366).

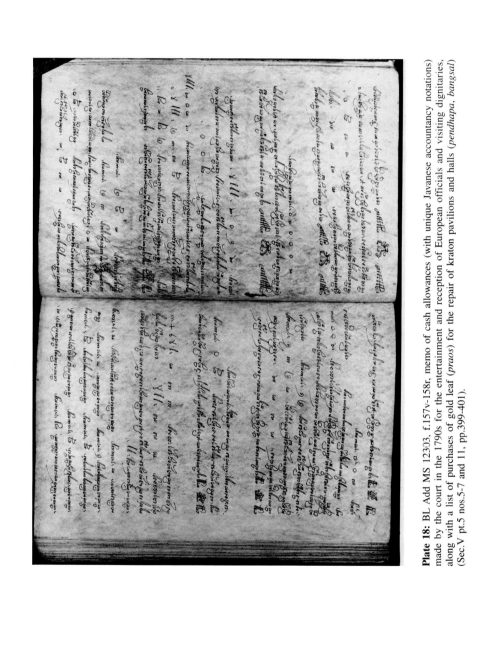

Plate 18: BL Add MS 12303, f.157v-158r, memo of cash allowances (with unique Javanese accountancy notations) made by the court in the 1790s for the entertainment and reception of European officials and visiting dignitaries, along with a list of purchases of gold leaf (*praos*) for the repair of kraton pavilions and halls (*pendhapa, bangsal*) (Sec.V pt.5 nos.5-7 and 11, pp.399-401).

wah saosanipun abdi-Dalem ing Rejawinangun ing Wonacatur, sabin kalih-dasa jung yatranipun tigang réyal, wah saosanipun abdi-Dalem Demang Ngepas sabinipun sangang jung, yatranipun pitung seka satangsul,

wah saosanipun abdi-Dalem Demang ing Ba(m)busa(n)tun, sabin sangang jung sakikil, yatranipun pitung seka satangsul sepalih tangsul, abdi-Dalem Demang kalih saosanipun dados tigang réyal, tigang seka sepalih tangsul, nanging pétangipun sabin satusipun kaleresan gangsal réyal, sedaya saosanipun bekti pasumbang abdi-Dalem Pulo Gedhong Kèpèk ing Rejawinangun Wanacatur, kalebet Demang Ngepas ing Ba(m)busantun, yatranipun dados pitung réyal satangsul sepalih kalihwelas dhuwit,   nunten kagunggung sedaya dados satus sangang-dasa gangsal réyal langkung sajampel satangsul saprapat tangsul saprawalon tangsul,   wah saosanipun bekti pasumbang abdi-Dalem Mas Panji Jayèngasmara, sabin damel-Kula satus, yatranipun kanem-tengah réyal,   wah saosanipun bekti abdi-Dalem Nyutra Trunajaya, sagolonganipun abdi-Dalem lurah walu, sabin damel-

.1r Kula sèwu tigang atus, saosanipun bekti sabin satusipu/n kaleresan kawan réyal, yatranipun sedaya dados sèket kalih réyal,   wah saosanipun bekti abdi-Dalem patèhan sedaya, sabin damel-Kula satus kalih-dasa, yatranipun kawan réyal sajampel satangsul,   wah saosanipun bekti abdi-Dalem Namèngyuda Patrayuda Yudamenggala, sabin damel-Kula kalih-belah, yatranipun dados nem réyal,   wah saosanipun bekti abdi-Dalem Blambangan, sabin damel-Kula tigang-lawé, yatranipun dados tigang réyal,

wah saosanipun bekti abdi-Dalem Miji Sonasèwu, sakancanipun sabin damel-Kula kalih atus walu, yatranipun walung réyal, seka sepalih tangsul,   wah saosanipun bekti pasumbang, abdi-Dalem pun Purwadirona, abdi-Dalem pun Purwadigdaya, sabin damel-Kula kalih-belah walu, yatranipun nem réyal seka sepalih tangsul,

gunggung sedaya dados sawung-dasa, réyal langkung kawan réyal tigang seka,

gunggung saosanipun bekti pasumbang salebet sedaya kalebet abdi-Dalem prajurit dados kalih-èwu kawan-dasa réyal langkung walung réyal saseka sapalih pitung tangsul,

1v / wah saosanipun bekti pasumbang, abdi-Dalem pun Gondadiwirya, sarèhrèyan kula piyambak, sabin tigang-dasa jung, satusipun kawan réyal, yatranipun dados gangsal réyal, wah saosanipun bekti pasumbang, gadhuhanipun sabin pamaosan, sangang jung, yatranipun dados nem seka,   wah saosanipun bekti pasumbang abdi-Dalem pun Prawirabrata, sabinipun pamaosan, kawan jung, yatranipun sajampel setangsul saprapatan tangsul, tigang dhuwit, yatranipun sedaya dados pitung réyal satangsul saprapatan tangsul, tigang dhuwit,

wah saosanipun bekti pasumbang, abdi-Dalem pun Atmawijaya, kalebet sarèhrèyanipun miji, sabin damel-Kula satus salawé, satusipun ngawan réyal, yatranipun dados gangsal réyal,   wah saosanipun bekti pasumbang abdi-Dalem pun Resawikrama, sakancanipun kemitsiti, ingkang sami kapatedhan lenggah sabin, sabinipun kawan jung, yatranipun sajampel setangsul, saprapatan tangsul,

wah saosanipun bekti pasumbang, abdi-Dalem pemaosan, gadhuhanipun piyambak sabinipun satus, yatranipun kawan réyal, yatranipun sedaya dados sangang réyal, sejampel setangsul saprapatan tangsul,

12r / anunten kagolongaken saosanipun bekti pasumbang abdi-Dalem sedaya dados kawan-èwu kalih-atus salawé réyal, langkung kalihwelas uwang, kejawi ingkang awarni jené, kalih sinjang, ingkang punika saosanipun abdi-Dalem taksih kirang, yèn saupami wonten karsa-

Dalem amakramakaken putra-Dalem ingkang miyos saking Kangjeng Ratu, kakarsakaken mindhak,

f. 12v / wah saosanipun yatra bekti pasumbang abdi-Dalem pun Jasentana saosanipun sajungipun angawan uwang kawan dhuwit, yatranipun dados gangsal seka,

f. 13r / wah saosanipun bekti pasumbang, Bendara Radèn Ayu Retna Pujawati, sabinipun kawan jung, yatranipun dados nembelas uwang, langkung walung dhuwit,   wah gadhahanipun pamaosan Demang, kalih bektènipun tigang réyal, kirang setangsul, sedaya dados kawan tengah, langkung wolung dhuwit,

wah saosanipun bekti pasumbang Bendara Radèn Ayu Retna Murtiningsih, sabinipun gangsal jung, yatranipun dados salikur wang,   wah gadhahanipun sabin ing Bahwrayang, bektènipun nem seka, pun Kertanegari bektènipun nem seka, ing Brondongwirid, bektènipun nem seka, ing Bedhug bektènipun nem seka, Gadhing Kenthèng bektènipun nem seka, ing Jombor bektènipun nem seka,   wah gadhuhanipun abdi-Dalem pun Jagabaya, saosanipun bekti sedasa réyal,

sedaya yatranipun dados sangalas réyal, langkung tigang seka sepalih tangsul kalihwelas dhuwit,

wah saosanipun bekti Bendara Radèn Ayu Retna Mutyarawati, sabinipun kalih jung, yatranipun dados walung uwang, langkung kawan dhuwit,   wah gadhahanipun sabin ing Sekararum, sabinipun tigalikur jung, saosanipun bekti tigang réyal langkung sejampel,

wah saosanipun bekti pasumbang, Bendara Radèn Ayu Retna Dèwaningrum, sabinipun kalih jung, bektènipun wolung uwang, langkung kawan dhuwit,   wah gadhahanipun pa-
f. 13v maosan ing Jumeneng, sabinipun sangang jung, kalebet lenggahipun sajung, / saosanipun bekti pasumbang, tigang-dasa uwang, langkung seka walung dhuwit, ing Bantul nem jung kalebet lenggah sajung, saosanipun bekti selawé, langkung kalih dhuwit, wah sabin penajungan sajung, yatranipun bekti kawan uwang,

wah saosanipun bekti pasumbang, Bendara Radèn Ayu Retna Handayawati, sabinipun kalih jung, saosanipun bekti walung uwang langkung kawan dhuwit,

wah gadhahanipun pamaosan sadasa jung, kalebet lenggahipun, saosanipun bekti kawan-dasa wang, langkung kalih uwang,   wah ing Grejèn walung jung, saosanipun bekti tigang wang sawang, langkung tigang wang langkung walung dhuwit, yatranipun dados tigang réyal, langkung kawanlikur,

wah saosanipun bekti pasumbang, Bendara Radèn Ayu Retna Dèwaningsih, sabinipun kawan jung, yatranipun nembelas uwang, langkung wolung dhuwit,   wah saosanipun bekti pasumbang Demang gadhuhan, Demangipun tiga, ladosanipun yatra dados kalih réyal, langkung sawelas uwang, tigang dhuwit,

gunggung saosanipun bekti kagengan-Dalem maosan ingka(ng) kagadhah-gadhahaken dhateng Bendara-Bendara salebet ing kadhaton, sedaya dados tigang-dasa nem langkung sajampel sawelas dhuwit,

f. 14r / wah yatra bekti pasumbang, saking abdi-Dalem Demang Pocok Kawisan ingkang kagadhahaken dhateng abdi-Dalem pun Citra, sabinipun nem jung, yatranipun saréyal, wah saosanipun bekti pasumbang, abdi-Dalem Demang ing Tersidi, gadhuhanipun abdi-Dalem pun Jayapriyoga, sabinipun nem jung, yatranipun saréyal,   wah saosanipun bekti pasumbang, abdi-Dalem pun Jayapuspita, sabin ingkang satus kirang sebau, saosanipun bekti pasumbang kawan réyal, dados sampun jangkep gadhahanipun pamaos gangsal-atus,

wah kagengan-Dalem sabin-sabin ing Sèwon saosanipun bekti pasumbang tiga tengah réyal, sedaya dados walung réyal langkung sajampel,

14v / wah abdi-Dalem pun Jayèngasmara, angladosaken bekti pasumbang, gadhuhanipun pamaosan piyambak, sabin satusipun kaleresan anggangsal réyal, sabin sèwu satus yatranipun dados sèket, langkung gangsal réyal, ingkang nyaosaken sabin satus amitung réyal,   sabin tigang-atus salawé, yatranipun dados tigalikur réyal kirang seka, sedaya sabinipun dados sèwu kawan-atus selawé, kalebet pun Lèpènlu(n)jar, sabin satus yatranipun sedaya dados pitung-dasa wolung réyal kirang seka, kejawi ingkang pejah, kalih ingkang sampun kapundhut,   wah saosanipun bekti gadhahanipun pamaosan abdi-Dalem Mas Prawirawijaya, sabin damel-Kula tigang-atus kalih, saosanipun bekti, satusipun ngawan réyal, yatranipun sedaya dados kalihwelas réyal,

sedaya dados walung-dasa sangang réyal langkung tigang seka,

15r / wah saosanipun bekti pasumbang putra-Dalem Radèn Danureja sakancanipun Bupati Jawi Kiwa Tengen, punika pratélanipun, ladosanipun bekti pasumbang putra-Dalem Radèn Adipati Danureja piyambak, awarni keton anggris pesmat kathahipun satus langkung sèket réyal,   wah saosanipun bekti abdi-Dalem Kyai Pangulu, sakancanipun Ketib Modin sabinipun damel-Kula satus walung-dasa sanga, saosanipun awarni keton anggris yatra, kathahipun pitung réyal sejampel kalihlikur,   wah saosanipun bekti abdi-Dalem pun Sindunegara, sami awarni keton dados walung-dasa réyal langkung kalih réyal sajampel, wah saosanipun bekti pasumbang Radèn Tumenggung Natadiningrat awarni keton dados pitung-dasa réyal langkung gangsal réyal,   wah saosanipun bekti pasumbang abdi-Dalem Pangéran Dipakusuma kathahipun sèket langkung gangsal réyal,   wah saosanipun bekti Pangéran Adinegara kathahipun sèket langkung gangsal réyal sami awarni keton,   wah saosanipun bekti abdi-Dalem Radèn Tumenggung Danukusuma, awarni yatra kathahipun tigang-dasa sakalangkung tiga réyal,   wah saosanipun bekti pasumbang putra-Dalem Radèn Tumenggung Wiryakusuma, kathahipun kalih-dasa langkung pitung réyal sajampel, wah saosanipun bekti abdi-Dalem Kyai Tumenggung Wiryanegara, kathahipun kalihlikur réyal, wah saosanipun bekti abdi-Dalem pun Mertalaya, kathahipun pitunglikur réyal lang-

15v kung sajampel, / sami awarni anggris pesmat,   wah saosanipun bekti pasumbang abdi-Dalem pun Jaganegara, sakancanipun mantri nenem, sabinipun damel-Kula tigang-atus kawan-dasa satunggil, saosanipun bekti kathahipun tigawelas langkung sajampel setangsul, saosanipun abdi-Dalem pun Derpawongsa, kawan réyal,

wah saosanipun bekti abdi-Dalem pun Reksanegara, kathahipun kawanlikur réyal, sami awarni keton anggris pasmat,   wah saosanipun bekti abdi-Dalem Radèn Tumenggung Wiryadiningrat kathahipun kalihlikur sami awarni keton,   wah saosanipun bekti pasumbang Radèn Tirtadiwirya, kathahipun kanem tengah, sami awarni anggris pesmat,

wah saosanipun bekti pasumbang, abdi-Dalem pun Citrayuda, sakancanipun Mantri Jawi sapanengen abdi-Dalem Mantri selawé sabinipun kalih-èwu gangsal-atus damel-Kula satusipun angawan réyal, yatranipun sedaya dados satus réyal,   wah saosanipun bekti pasumbang abdi-Dalem pun Sutamenggala, sakancanipun abdi-Dalem Mantri Jawi sapangiwa, mantrinipun nemlikur, sabinipun kalih-èwu nem-atus damel-Kula satusipun angawan réyal, yatranipun dados satus langkung kawan réyal,   wah saosanipun pasumbang abdi-Dalem Mantri Bojong Bayawangsul Tangkisan, sabin damel-Kula nem-atus, saosanipun bekti kawanlikur réyal,

f. 16r   / gunggung saosanipun bekti putra-Dalem Radèn Adipati Danureja sasentananipun Bupati Jawi, sedaya dados pitung-atus walung-dasa kalih réyal langkung satangsul kalihlikur dhuwit,

wah saosanipun bekti pasumbang, putra-Dalem Radèn Rongga Prawiradireja, siti damel-Kula kalih-èwu, saosanipun dados kalihbelah-atus réyal,   wah saosanipun bekti pasumbang kagengan-Dalem pamaosan siti damel-Kula tigang-èwu gadhuhanipun putra-Dalem Radèn Rongga Prawiradireja, saosanipun awarni yatra kathahipun satus kalih-dasa réyal, wah saosanipun bekti abdi-Dalem Kyai Dipati Purwadiningrat, kathahipun pitung-dasa gangsal réyal, sami awarni pesmat sedaya,   wah saosanipun bekti pasumbang kagengan-Dalem pamaosan ing Goranggarèng ingkang dados gadhuhanipun Kyai Adipati Purwahadiningrat saosanipun awarni yatra kathahipun kalihlikur réyal,   wah saosanipun bekti pasumbang abdi-Dalem Radèn Tumenggung Sasradiningrat siti damel-Kula sèwu kawan-atus, saosanipun awarni arta pitung-dasa pitung réyal,   wah saosanipun bekti pasumbang abdi-Dalem Radèn Tumenggung Sasradiwirya, cacah damel-Kula tiyang sèwu sèket saosanipun yatra dados sèket pitung réyal langkung tigang seka,

wah saosanipun bekti pasumbang abdi-Dalem Radèn Tumenggung Natawijaya, damel-Kula siti sèwu saosanipun awarni yatra kathahipun sèket gangsal réyal, wah saosanipun bekti pasumbang abdi-Dalem Radèn Tumenggung Natadiwirya siti damel-Kula pitung-atus se-

f. 16v   lawé, saosanipun awarni yatra / tigang-dasa sangang réyal langkung sepalih tangsul, wah saosanipun bekti réyal Tumenggung Sasrakusuma siti damel-Kula walung-atus saosanipun awarni yatra kawan-dasa langkung kawan réyal,   wah saosanipun bekti pasumbang abdi-Dalem Radèn Tumenggung Pringgakusuma, siti damel-Kula sangang-atus, saosanipun awarni yatra kawan-dasa sangang réyal langkung sejampel,   wah saosanipun bekti pasumbang abdi-Dalem Radèn Tumenggung Pringgalaya siti damel-Kula sèwu kalih-atus tigang-lawé saosanipun awarni yatra kathahipun pitung-dasa,   wah saosanipun bekti abdi-Dalem Radèn Tumenggung Prawirasentika, siti damel-Kula sèwu saosanipun awarni yatra sèket langkung gangsal réyal,   wah saosanipun bekti pasumbang abdi-Dalem Radèn Tumenggung Yudakusuma, damel-Kula sèwu sèket saosanipun awarni yatra sèket-walung réyal kirang seka,   wah saosanipun bekti pasumbang abdi-Dalem Radèn Tumenggung Prawirayuda siti damel-Kula wolung-atus saosanipun awarni yatra kawan-dasa langkung kawan,   wah saosanipun pasumbang abdi-Dalem Mas Tumenggung Samanegara, siti damel-Kula pitung-atus salawé saosanipun awarni yatra, tigang-dasa san-

f. 17r   gang réyal tigang seka langkung setangsul,   wah saosanipu/n pasumbang abdi-Dalem Mas Tumenggung Samadipura, siti damel-Kula sèwu saosanipun awarni yatra sèket langkung gangsal réyal,

wah saosanipun pasumbang abdi-Dalem Kyai Ngabèhi Mangundrana, siti damel-Kula nem-atus selawé, saosanipun awarni yatra tigang-dasa kawan réyal langkung seka setangsul,

gunggung saosanipun bekti, putra-Dalem Radèn Rongga Prawiradirja sakancanipun abdi-Dalem Bupati moncanegari, sedaya dados sèwu kawan-dasa gangsal réyal, langkung seka sepalih tangsul, wah saosanipun bekti pasumbang, abdi-Dalem pun Kertawijaya, ing Sélamanik, sabinipun tigalikur jung, saosanipun bekti pasumbang dados nem réyal langkung tigang seka, wah sabin ing Lèpènlunjar selawé jung, saosanipun bekti pasumbang pitung réyal, wah sabin ing Worawari sawidak jung, saosanipun bekti pasumbang pitulas réyal langkung sajampel, wah sabin ing Tersana, kawan-dasa jung langkung walung jung, saosanipun bekti pasumbang, kawanwelas réyal, wah sabin ing Limpung Satriyan tigang-dasa jung langkung nem jung, saosanipun bekti pasumbang sadasa réyal langkung sejampel, wah sabin ing Gebik sawelas jung, saosanipun bekti pasumbang tigang réyal langkung sajampel, wah sabin ing Samawana, selawé prah jung saosanipun bekti pasumbang gangsal réyal, wah sabin ing Sumber nembelas jung, / saosanipun bekti pasumbang, tigang réyal langkung sajampel, wah sabin ing Lengis nembelas jung, saosanipun bekti pasumbang, tigang réyal sajampel, wah sabin ing Saruni sadasa jung sakikil, saosanipun bekti pasumbang kalih réyal, wah sabin ing Pocok sangang jung saosanipun bekti pasumbang saréyal langkung tigang seka, wah sabin ing Tapèn Bondhongan kalihwelas jung, saosanipun bekti tigang réyal langkung sajampel, wah sabin ing Gagatan salawé prah jung, saosanipun bekti pasumbang, gangsal réyal, wah sabin ing Genthan kawan-dasa jung langkung wolung jung, saosanipun bekti pasumbang sadasa réyal, wah sabin Lèpènabo sadasa jung, saosanipun bekti pasumbang, kalih réyal,

gunggung sedaya dados sangang-dasa gangsal réyal, langkung sajampel, sabinipun dados sèwu gangsal-atus sèket langkung kalih karya,

wah saosanipun bekti pasumbang, abdi-Dalem pun Yudaatmaja, kathahipun kalihwelas réyal, sabinipun tigang-atus, sumerep satusipun angawan réyal, wah saosanipun bekti pasumbang, abdi-Dalem Demang Kalèlèn ingkang kagadhahaken abdi-Dalem Nyai Lurah Gumu/s, sabinipun tigawelas jung, yatranipun dados tigang tengah réyal,

wah saosanipun bekti pasumbang, abdi-Dalem pun Jayapuspita, sabinipun kawan-atus yatranipun dados nem réyal, ingkang dèrèng kaladosaken pasumbangipun sabin ingkang satus kirang sabau,

wah saosanipun bekti pasumbang abdi-Dalem pun Purwadirana, sabinipun tigang-atus langkung sèket, kawan jung sabau, yatranipun dados walulas, sèket tangsul, sumerep sabin satus gangsal réyal, wah saosanipun bekti pasumbang abdi-Dalem pun Purwadiwirya, sabinipun kalihwelas jung, yatranipun tiga tengah réyal, sumerep sabin satus gangsal réyal, wah saosanipun bekti pasumbang abdi-Dalem Demang Bongos pun Tirtawijaya, sabinipun nem jung, yatranipun dados saréyal, sumerep sajungipun kawan uwang kawan dhuwit, wah saosanipun bekti pasumbang, sabinipun satus langkung kalih jung, yatranipun dados kawan réyal langkung sangang uwang, wah saosanipun bekti pasumbang abdi-Dalem pun Jayèngresmi, sabinipun satus langkung sèket, yatranipun dados nem réyal, sumerep sabin satusipun ngawan réyal,

wah saosanipun bekti pasumbang, kagengan-Dalem pamaosan ing Ngadiraja, sabinipun kalih-atus, / kalebet pun Sampetan, yatranipun dados walung réyal, wah kagengan-Dalem sabin ing Ngadiwongsa nembelas réyal, wah saosanipun bekti pasumbang kagengan-Dalem sabin pamaosan ing Pakembaran siti kalih-atus yatranipun dados kawanwelas réyal, sumerep sabin satus pitung réyal,

wah saosanipun bekti pasumbang abdi-Dalem Demang Jethak, yatranipun pitung seka, wah saosanipun bekti pasumbang, abdi-Dalem Demang Kemanggisan, yatranipun pitung seka, wah saosanipun bekti pasumbang, abdi-Dalem pun Tirtamenggala, sakancanipun bebekel kekalih, sabinipun walung jung, yatranipun dados saréyal, langkung sanga(ng) tèng, wah saosanipun bekti pasumbang, abdi-Dalem priksa dhusun, sabinipun kawan-atus selawé, yatranipun dados pitulas réyal, dados sumerep sabin satusipun angawan réyal,

gunggung sedaya dados satus kalihwelas réyal, langkung sajampel gangsalwelas dhuwit.

3 BL Add. MS. 12342
f. 19r–32r

Special festival contributions (*bekti pasumbang*) for the celebration of the marriages of four royal children (a son and four daughters of HB II) on 1 September 1806.

f. 19r Punika pémut amémuti saosanipun bekti pasumbang Bendara-Bendara putra sentana-Dalem, punapa déning saosanipun bekti pasumbang sawernènipun abdi-Dalem, punika pratélanipun,   ingkang saking putra-Dalem Kangjeng Gusti awarni sinjang semekan paningset dhestar, pengaos satus tigang-dasa yatra satus tigang-dasa gangsal réyal,   wah sangking Pengabèyan kathahipun pitung-dasa walung réyal, langkung tigang seka,   wah saosanipun Bendara Pangéran Natakusuma, kathahipun pitung-dasa walung réyal langkung tigang seka,   wah saosanipun Bendara Pangéran Mangkudiningrat, kathahipun pitung-dasa réyal,

wah saosanipun Bendara Pangéran Mangkubumi, kathahipun pitung-dasa réyal,

wah saosanipun Bendara Pangéran Mangkukusuma, kathahipun nemlikur réyal,   wah saosanipun Bendara Pangéran Adikusuma kathahipun nemlikur réyal,   wah saosanipun Bendara Pangéran Samayuda, kathahipun kalihlikur réyal, langkung tigang seka,   wah saosanipun Bendara Pangéran Demang kathahipun kalihlikur réyal, langkung tigang seka, wah saosanipun Bendara Pangéran Adiwijaya, kathahipun tigawelas réyal,   wah saosanipun Bendara Pangéran Balitar, kathahipun kalihbelas réyal,   wah saosanipun Bendara Pangéran Panular kathahipun sadasa réyal,   wah saosanipun Bendara Pangéran Panengah, kathahipun kawanwelas,   wah saosanipun Bendara Pangéran Mertasana, kathahipun kawanwelas réyal, wah saosanipun Bendara Pangéran Pamot, kathahipun kalihwelas réyal, langkung tigang seka,   wah saosanipun Bendara Pangéran Dipasana, kathahipun sangang réyal,   wah saosanipun Bendara Pangéran Sontakusuma, kathahipun pitung réyal,   wah saosanipun Bendara Pangéran Jayakusuma, kathahipun sadasa réyal

f. 19v langkung sajampel,   wah saosanipun Bendara Pangéran Se/larong kathahipun pitung réyal,   wah saosanipun Radèn Poncakusuma, kathahipun kalih réyal,   wah saosanipun Radèn Tumenggung Wiryawinata, sapamaosanipun kathahipun pitung réyal, wah saosanipun Bendara Radèn Mas Sabariya kathahipun pitung réyal,   wah saosanipun abdi-Dalem pun Wiraguna, kathahipun kalihwelas réyal,

sadaya saosanipun Bendara putra sentana dados gangsal-atus tigang-dasa kalih réyal langkung seka,

wah saosanipun bekti pasumbang Bendara Pangéran Natabaya sawelas tengah réyal,

wah saosanipun Bendara-Bendara putri, putra-Dalem kathahipun Ratu Bendara awarni jené wawrat satail,   wah saosanipun putra-Dalem Kangjeng Ratu Anggèr awarni, jené wawrat satail,   wah saosanipun putra-Dalem Kangjeng Ratu Maduretna awarni jené wawrat setail, wah saosanipun putra-Dalem Kangjeng Ratu Anèm awarni jené wawrat kalih réyal, wah saosanipun Bendara Radèn Ayu Sasradiningrat awarni jené wrat seka, wah saosanipun Bendara Radèn Ayu Pringgakusuma, awarni jené wrat saréyal, wah saosanipun Bendara Radèn Ayu Prawirayuda awarni jené wrat saréyal, wah saosanipun Bendara Radèn Ayu Pringgalaya awarni jené wrat seka, wah / saosanipun Bendara Radèn Ayu Sasradiwirya awarni jené wrat réyal, wah saosanipun Bendara Radèn Ayu Danukusuma awarni jené wrat saréyal, wah saosanipun Bendara Radèn Ayu Prawira-sentika, awarni jené wrat saréyal, wah saosanipun Bendara Radèn Ayu S(r)enggara awarni jené wrat seka, wah saosanipun Bendara Radèn Ayu Rongga awarni jené wrat seka, wah saosanipun Bendara Radèn Ayu Jayaningrat awarni jené, wah saosanipun Bendara Radèn Ayu Natayuda awarni jené wrat seka, wah saosanipun Bendara Radèn Ayu Retna Jumanten awarni jené wrat seka, wah saosanipun Bendara Radèn Ayu Daya-asmara awarni jené wrat seka, wah saosanipun Bendara Radèn Ayu Purwadipura awarni jené wrat seka, wah saosanipun Bendara Radèn Ayu Prawirakusuma awarni jené wrat sajampel, wah saosanipun Bendara Radèn Ayu Prawiramantri awarni jené wrat seka, wah saosanipun Bendara Radèn Ayu Jayadipura awarni jené wrat sajampel,

wah saosanipun abdi-Dalem Radèn Dipati Danureja, kathahipun satus walung-dasa réyal, wah saosanipun abdi-Dalem Kyai Pengulu, sakancanipun Ketib Modin kathahipun pitung réyal langkung sajampel, wah saosanipun abdi-Dalem pun Reksanegara sakancanipun Mantri sabandaran, kathahipun kalih-dasa réyal, wah saosanipun abdi-Dalem pun Tirta-diwirya, kathahipun gangsal réyal, wah saosanipun abdi-Dalem pun Pringgadiwirya Lowanu, kathahipun kawan réyal, wah saosanipun abdi-Dalem pun Nitipraja, kathah-ipun kawan réyal, wah saosanipun abdi-Dalem pun Jaganegara sakancanipun mantri nga-jeng, kathahipun sadasa / réyal, wah saosanipun abdi-Dalem B(o)jong Tangkisan Baya-wangsul, kathahipun kawanlikur,

sadaya saosanipun abdi-Dalem Radèn Adipati Danureja sarèhrèyanipun dados kalih-atus sèket kawan réyal langkung sajampel,

punika saweg pratélanipun putra-Dalem Bendara Pangéran Sontawijaya, Bendara Radèn Ayu Jayasentosa, Bendara Radèn Ayu Sasrataruna, Bendara Radèn Ayu Purwadiwirya, kapakramènipun amarengi ing wulan Jumadilakir tanggal ping gangsalwelas ing taun Jimawal angkaning warsa 1 7 3 3,   [1 September 1806]

wah saosanipun bekti pasumbang putra-Dalem Radèn Tumenggung Natadiningrat, kathahipun sangang-dasa kalih réyal, wah saosanipun abdi-Dalem Pangéran Dipakusuma, kathahipun sawidak réyal, wah saosanipun Radèn Tumenggung Wiryakusuma kathahipun salawé réyal, wah saosanipun abdi-Dalem Mertalaya kathahipun salawé réyal, wah saosanipun abdi-Dalem pun Wiryanegara, kathahipun kalih-dasa réyal, wah saosanipun abdi-Dalem pun Pranayuda sakancanipun abdi-Dalem Mantri Jawi sapengiwa kathahipun satus nem réyal,

sadaya saosanipun abdi-Dalem Jawi sapengiwa dados tigang-atus walulikur réyal,

wah saosanipun bekti pasumbang abdi-Dalem pun Sindunegara, kathahipun sangang-dasa réyal langkung nem réyal sajampel, wah saosanipun Pangéran Adinegara, kathahipun sawidak réyal, wah saosanipun putra-Dalem Radèn Tumenggung Wiryadiningrat, kathahipun kalih-dasa réyal, wah saosanipun abdi-Dalem pun Jayawinata, kathahipun

f. 21r salawé réyal, wah / saosanipun abdi-Dalem pun Danukusuma, kathahipun tigang-dasa réyal, wah saosanipun abdi-Dalem pun Ranayuda, sakancanipun abdi-Dalem Mantri Jawi sapanengen, kathahipun sangang-dasa nem réyal, sadaya saosanipun abdi-Dalem Jawi sapanengen dados tigang-atus pitulikur réyal, langkung sajampel,

wah saosanipun bekti pasumbang putra-Dalem Radèn Tumenggung Sumadiningrat, kathahipun sangang-dasa gangsal réyal langkung seka setangsul, wah saosanipun abdi-Dalem Radèn Tumenggung Natayuda, kathahipun sadasa réyal, wah saosanipun abdi-Dalem pun Sindujaya kathahipun sadasa réyal, wah saosanipun abdi-Dalem pun Kertileksana sakancanipun abdi-Dalem Mantri Kaparak Kiwa, kathahipun kawan-dasa langkung saréyal, wah saosanipun abdi-Dalem pun Jiwaraga sakancanipun gandhèk, kathahipun nembelas réyal, wah saosanipun abdi-Dalem Suranata sakancanipun abdi-Dalem Caruban kathahipun walulas réyal, wah saosanipun abdi-Dalem pun Wiryadikara sakancanipun Singanegara kathahipun walung réyal, wah saosanipun abdi-Dalem pun Mertapura sakancanipun taman, kathahipun pitung réyal, wah saosanipun abdi-Dalem Sutamenggala sakancanipun Priyataka, kathahipun pitung réyal, wah saosanipun abdi-Dalem pun Sindusetra, kathahipun tigang réyal, wah saosanipun abdi-Dalem pun Rejawongsa pun Taliyuda pun Kudatrisula, sakancanipun, kathahipun nembelas réyal, wah saosanipun abdi-Dalem pun Brajamusthi sakancanipun mergongsa kathahipun kalih-dasa réyal,

f. 21v / wah saosanipun abdi-Dalem Gowong kathahipun walung réyal, wah saosanipun abdi-Dalem tukang kathahipun tigang réyal, wah saosanipun abdi-Dalem kebayan sakancanipun pun Jagasemita, kathahipun walung réyal, wah saosanipun abdi-Dalem pamethakan Séséla, kathahipun sadasa réyal, sadaya saosanipun abdi-Dalem Kaparak Kiwa dados kalih-atus pitung-dasa réyal langkung seka satangsul,

wah saosanipun abdi-Dalem pun Purwadipura, kathahipun sangang-dasa, wah saosanipun abdi-Dalem pun Mangunjaya, kathahipun sadasa réyal, wah saosanipun abdi-Dalem pun Mangunnegara kathahipun nem réyal, wah saosanipun abdi-Dalem pun Purwawijaya kathahipun kawan réyal, wah saosanipun abdi-Dalem pun Sutaraga, sakancanipun Mantri Panèket Jajar Gedhong, kathahipun pitulikur réyal, wah saosanipun abdi-Dalem ngampil kathahipun gangsalwelas réyal, wah saosanipun abdi-Dalem Japan sagolonganipun pandhé, kathahipun nem réyal, wah saosanipun abdi-Dalem pun Reksapraja, kathahipun tigang réyal, wah saosanipun abdi-Dalem pun Singawedana sakancanipun kebayan, kathahipun kawan réyal, wah saosanipun abdi-Dalem pun Reksakusuma Imagiri kathahipun nem réyal, wah saosanipun abdi-Dalem pun Angongendhing sabekelipun kimawon, kathahipun kalih réyal,

f. 22r sadaya saosanipun abdi-Dalem Gedhong Tengen, dados satus walung-dasa réyal / langkung saréyal,

wah saosanipun bekti pasumbang abdi-Dalem pun Mangundipura, kathahipun sangangdasa réyal, wah saosanipun abdi-Dalem pun Mangunyuda kathahipun sadasa réyal, wah saosanipun abdi-Dalem pun Nitiwijaya, sakancanipun Mantri Panèket Jajar Gedhong kathahipun kawan-dasa tigang réyal, wah saosanipun abdi-Dalem pun Prawirasastra sakancanipun abdi-Dalem carik kathahipun walung réyal langkung sajampel, wah saosanipun abdi-Dalem pun Citradirana sakancanipun kemasan, kathahipun tiga tengah réyal kalebet barep, wah saosanipun abdi-Dalem pun Adiwerna sakancanipun sungging kathahipun kalih réyal, wah saosanipun abdi-Dalem kebayan pun Ke(r)tiwedana sakancanipun kathahipun kawan réyal, wah saosanipun abdi-Dalem Melaya sabekelipun kimawon kathahipun kalih réyal,   wah saosanipun abdi-Dalem pun Jalipura kathahipun saréyal,   sadaya saosanipun abdi-Dalem Gedhong Kiwa, dados satus sawidak langkung tigang réyal,

wah saosanipun abdi-Dalem pun Sindureja, kathahipun tigang-dasa réyal,   wah saosanipun abdi-Dalem pun Mangunrana, kathahipun sedasa réyal,   wah saosanipun pun Wongsasari, kathahipun kawan réyal,   wah saosanipun pun Jayadirja, kathahipun kawan réyal,

2v   / wah saosanipun abdi-Dalem pun Onggadiwirya sakancanipun abdi-Dalem Mantri Kaparak kathahipun kawan-dasa réyal,   wah saosanipun abdi-Dalem pun Trunadikara sakancanipun abdi-Dalem Mertalulut, kathahipun pitung réyal,   wah saosanipun abdi-Dalem pun Dutawijaya sakancanipun abdi-Dalem anggandhèk, kathahipun nembelas réyal, wah saosanipun abdi-Dalem pun Jayaniman sakancanipun Suranata kathahipun sawelas réyal,   wah saosanipun abdi-Dalem pun Kertayuda, sakancanipun penandhon sadaya, kathahipun nem réyal,   wah saosanipun abdi-Dalem pun Dermaguna, sakancanipun undhagi kalebet tukang kathahipun walung réyal,   wah saosanipun abdi-Dalem Malangjiwa sakancanipun nongsong, kalebet bubut, kathahipun kawan réyal,   wah saosanipun abdi-Dalem gerji kalebet nayalarab, kalebet serati, jeksa kathahipun kalih réyal,   wah saosanipun abdi-Dalem pun Jagaduta, sakancanipun kebayan, kathahipun gangsal réyal, wah saosanipun abdi-Dalem Gowong, kathahipun walung réyal,   wah saosanipun abdi-Dalem pun Brajadenta sakancanipun mergongsa, kathahipun kalih-dasa,   sadaya saosanipun abdi-Dalem Kaparak Tengen dados satus walung-dasa,

wah saosanipun bekti pasumbang putra-Dalem Radèn Rongga Prawiradirja, kathahipun satus walung-dasa,   wah saosanipun abdi-Dalem Kyai Dipati Purwadiningrat, kathahipun
3r   sawidak pitung réyal / langkung sajampel,   wah saosanipun abdi-Dalem pun Sasradiningrat, walung-dasa kawan réyal,   wah saosanipun abdi-Dalem pun Sasradiwirya, kathahipun sèket langkung tiga tengah réyal,   wah saosanipun abdi-Dalem pun Pringgalaya sawidak tigang réyal langkung tigang seka,   wah saosanipun abdi-Dalem pun Natawijaya sèket réyal,   wah saosanipun abdi-Dalem pun Natadiwirya, tigang-dasa nem réyal langkung seka,   wah saosanipun abdi-Dalem pun Prawirayuda, kawan-dasa réyal,   wah saosanipun abdi-Dalem pun Pringgakusuma, kawan-dasa réyal, wah saosanipun abdi-Dalem pun Sasrakusuma, kawan-dasa réyal,   wah saosanipun abdi-Dalem pun Prawirasentika sèket réyal,   wah abdi-Dalem pun Yudakusuma sèket kalih réyal langkung sajampel,   wah saosanipun abdi-Dalem pun Samanegara tigang-dasa nem réyal langkung tigang seka,   wah saosanipun abdi-Dalem pun Samadipura sèket réyal,   wah saosanipun abdi-Dalem pun Mangundrana tigang-dasa réyal, langkung gangsal seka wah saosanipun kagengan-Dalem sabin Goranggarèng kathahipun kalihlikur réyal,

sadaya saosanipun kagengan-Dalem moncanegara dados walung-atus sangang-dasa nem réyal langkung sajampel,

wah saosanipun bekti pasumbang kagengan-Dalem sabin maosan ingkang kagadhahaken putra-Dalem Kangjeng Ratu Anggèr, sajampel satangsul sapalih tangsul, wah kagengan-Dalem sabin pamaosan ing Rèma ingkang kagadhahaken abdi-Dalem Radèn Adipati Danureja, saosanipun nem réyal, wah kagengan-Dalem sabin pamaosan ingkang kagadah-
23v   aken Bendara Radèn Ayu Jayaningrat saosa/nipun walung réyal,   wah kagengan-Dalem sabin pamaosan ingkang kagadhahaken Kangjeng Ratu Bendara, saosanipun walung réyal,   wah kagengan-Dalem sabin pamaosan ingkang kagadhahaken abdi-Dalem Bendara Radèn

Ayu Wiryadiningrat, saosanipun gangsal seka,⁣ wah kagengan-Dalem sabin pamaosan ingkang kagadhahaken Bendara Radèn Ayu Wiryawinata, saosanipun walung réyal langkung sajampel,⁣ wah kagengan-Dalem sabin pamaosan ingkang kagadhahaken Bendara Radèn Ayu Tirtadiwirya, saosanipun tigang seka,⁣ wah kagengan-Dalem sabin pamaosan ingkang kagadhahaken Bendara Radèn Ayu Jayèngrana, saosanipun sajampel, wah kagengan-Dalem sabin ingkang kagadhahaken Bendara Ayu Wiryanegara, saosanipun sajampel satangsul sapalih tangsul,⁣ wah saosanipun kagengan-Dalem sabin ing Sélakarung, kalih réyal,⁣ wah saosanipun kagengan-Dalem sabin pamaosan ing Kacubung sangang réyal,⁣ wah saosanipun kagengan-Dalem sabin pamaosan ing Redi Kidul, walung réyal,⁣ wah saosanipun abdi-Dalem tamping sadaya, walulikur réyal,

wah saosanipun abdi-Dalem Demang gadhuhanipun Kangjeng Ratu Kencana Wulan, saking abdi-Dalem Demang (pun) Nitiwecana, kalih réyal, saking abdi-Dalem Demang Bongos saréyal,⁣ saking abdi-Dalem Demang Guling saréyal,⁣ wah saking abdi-Dalem Demang Sutadiwirya Demang Udadrasa sami ing Pakembaran, sabinipun kawan-dasa gangsal jung saosanipun sawelas réyal, langkung seka, dados sumerep jung seka, yatranipun dados nembelas réyal langkung seka,

wah saosanipun saking gadhuhanipun Kangjeng Bendara Rahadèn Ayu Retna Rumaningra/t saking abdi-Dalem Demang Kartanegari, kalih abdi-Dalem Demang Bahwrayang, saosanipun dados tigang réyal, sumerep jung seka,⁣ wah saosanipun abdi-Dalem Demang Samas, kalih Demang Jombor saosanipun jung satangsul, yatranipun dados tigatengah satangsul,⁣ wah saosanipun Demang Bedhug kalih Demang Brondongmirit, sajung satangsul, yatranipun dados kalih réyal,⁣ yatranipun sadaya dados pitung réyal, sajampel satangsul, sami réyal Paréntah,⁣ wah saosanipun abdi-Dalem pamaosan ingkang kagadhahaken Kangjeng Bendara Rahadèn Ayu Retna Déwaningrat, ing Jemeneng wolung jung, kajawi lenggahipun ing Bantulkawis gangsal jung, kajawi lenggahipun panajungan sajung, saosanipun jung kawan uwang, yatranipun dados kalih réyal langkung tigang uwang,

wah saosanipun bekti pasumbang abdi-Dalem pun Surèngrana, sarèhrèyanipun piyambak abdi-Dalem prajurit, saosanipun piyambak, sabin damel-Kula tiyang satus nem réyal, wah saosanipun abdi-Dalem Katanggel, sagelenganipun lurah sekawan, abdi-Dalem pun Prawirawijaya, sakancanipun sabin damel-Kula tiyang gangsal-atus, satusipun angawan réyal yatranipun dados kalih-dasa réyal,⁣ wah saosanipun bekti pasumbang abdi-Dalem pun Sasrawijaya, sakancanipun kalih-dasa réyal,⁣ wah saosanipun abdi-Dalem pun Jayabra(ng)ta, sakancanipun kalih-dasa réyal,⁣ wah saosanipun abdi-Dalem pun Jayawilaga,

sakancanipun kalih-dasa réyal,⁣ wah saosanipun abdi-Dalem Kawandasa sage/lenganipun lurah sakawan,

saosanipun bekti pasumbang abdi-Dalem pun Imasentika, sakancanipun sabin damel-Kula tiyang kalih-belah sabin satusipun kaleresan angawan réyal, yatranipun dados nem réyal, wah saosanipun abdi-Dalem pun Imawijaya sakancanipun nem réyal,⁣ wah saosanipun abdi-Dalem pun Imadiguna, sakancanipun nem réyal,⁣ wah saosanipun abdi-Dalem pun Imayuda nem réyal,

wah saosanipun bekti pasumbang abdi-Dalem Mandhung Maundara Tanuastra Jayataka, sagelenganipun lurah sakawan, sabin damel-Kula tiyang kawan-atus, sabin satusipun kaleresan kawan réyal, yatranipun sadaya dados nembelas réyal, gunggung saosanipun bekti pasumbang, sakonca kula prajurit sadaya satus langkung nemlikur réyal,

wah saosanipun bekti pasumbang, gegadhahanipun pangrembé, ing Suwèla ing Kèpèk, ing Lèpènajir, ing Wanacatur ing Rejawinangun sabin pancasan ingkang anyar, sadaya cacah damelipun tiyang satus langkung walung,   saosanipun kawan réyal, langkung seka sepalih tangsul, anunten kagunggung,   sadaya dados satus tigang-dasa langkung seka sepalih tangsul,

wah saosanipun bekti pasumbang abdi-Dalem Jayèngrana, sakancanipun abdi-Dalem prajurit rèhrèyanipun piyambak, / wondéning saosanipun bekti pasumbang abdi-Dalem pun Jayèngrana piyambak, sabin-Dalemipun tiyang satus kaleresan nem réyal,

wah saosanipun abdi-Dalem Mantri Lebet Pinilih, sagelenganipun lurah walu, saosanipun abdi-Dalem pun Bausasra, sakancanipun saosanipun damel-Kula tiyang kalih-atus tigang-lawé langkung nem, sabin satusipun kaleresan kawan réyal, yatranipun dados sewelas réyal, langkung seka,   wah saosanipun abdi-Dalem pun Yudaprawira, sakancanipun sawelas réyal langkung sapalih tangsul nem dhuwit,

wah saosanipun abdi-Dalem pun Purwadiwirya, sakancanipun sawelas réyal, langkung sapalih tangsul nem dhuwit, kirang tigang seka kalihlikur dhuwit, srepipun abdi-Dalem songgèng-mèntaraga boten anyaosi, sabinipun gangsal jung,

wah saosanipun Radèn Ngabèhi Cakrakusuma sakancanipun, sabinipun, damelipun tiyang kalih-atus sawidak sabin satusipun kaleresan kawan réyal, yatranipun dados sadasa réyal seka sapalih tangsul nem dhuwit,   wah saosanipun abdi-Dalem pun Jayawirya, sakancanipun sabinipun kalih-atus walulas, sabin satusipun kaleresan kawan réyal, yatranipun dados walung réyal tigang seka langkung kalihwelas dhuwit,

wah saosanipun Radèn Ngabèhi Wiryawijaya, sakancanipun sabinipun kalih-atus tigang-dasa sangang sabin satusipun kawan réyal, yatranipun dados sangang réyal sajampel sapalih tangsul kawan dhuwit,   wah saosanipun abdi-Dalem pun Prawirakusuma sakancanipun sabinipun kalih-atus walulas, satusipun kawan, yatranipun dados walung réyal langkung tigang seka,   wah saosanipun abdi-Dalem pun Jayapuspita, sakancanipun sabinipun kalih-atus sadasa sa/tusipun kawan réyal, yatranipun dados walung réyal seka satangsul,

gunggung sabinipun abdi-Dalem Mantri Lebet Pinilih dados kawan-atus pitung-dasa jung langkung sajung, kapétang karya dados sèwu sangang-atus pitung-dasa, sabin satusipun kaleresan kawan réyal, yatranipun sadaya dados pitung-dasa walung réyal seka sapalih tangsul,   wah saosanipun abdi-Dalem Jagakarya, sagelenganipun lurah sekawan, saosanipun abdi-Dalem pun Partadiwirya, sakancanipun kalih-belah langkung kawan karya, sabin satusipun kawan réyal, yatranipun dados nem réyal setangsul sawelas dhuwit,

wah saosanipun abdi-Dalem pun Partawijaya, sakancanipun sabinipun satus kawan-dasa gangsal, sabin satusipun kawan réyal, yatranipun dados gangsal réyal tigang seka sapalih tangsul nem dhuwit,   wah saosanipun abdi-Dalem pun Partaudara, sakancanipun sabinipun satus pitung-dasa, satusipun kawan réyal, yatranipun dados nem réyal tigang seka, sapalih tangsul nem dhuwit,   wah saosanipun abdi-Dalem pun Partasentika sakancanipun, sabinipun satus sawidak langkung kalih, sabin satusipun kawan réyal, yatranipun dados pitu-tengah réyal, gunggung sabinipun abdi-Dalem Jagakarya, dados satus jung, sèket jung langkung kalih jung kapétang karya dados nem-atus tigang-dasa tiga, sabin satusipun kaleresan kawan réyal, yatranipun dados salawé réyal, seka sapalih tangsul nem dhuwit,

f. 26r   wah saosanipun abdi-Dalem Wirabraja, sagelengan/ipun lurah sakawan saosanipun abdi-Dalem pun Brajayuda, sakancanipun sabinipun, sabinipun kalih-atus salawé, sabin satus kawan réyal, yatranipun dados sangang réyal,   wah saosanipun abdi-Dalem Brajasura, sakancanipun sabinipun kalih-atus walulikur, sabin satus kawan réyal, yatranipun dados sangang réyal,   wah saosanipun abdi-Dalem pun Brajawijaya sakancanipun sabinipun kalih-atus walulikur, sabin satusipun kawan réyal, yatranipun dados sangang réyal setangsul sawelas dhuwit,   wah saosanipun abdi-Dalem Wirabraja, sagelenganipun sabinipun sangang-atus kalihwelas sabin satus kawan réyal, yatranipun dados tigang-dasa nem réyal, wah saosanipun abdi-Dalem Dhaèng Secadipura, sagelenganipun tigang lurah, saosanipun abdi-Dalem pun Sasraatmaja sakancanipun sabinipun tigang-atus tigang-lawé, sabin satusipun kawan réyal, yatranipun dados gangsalwelas réyal,   wah saosanipun abdi-Dalem pun Jayaprabawa sakancanipun sabinipun tigang-atus tigang-dasa nenem sabin satusipun kawan réyal, yatranipun sangang réyal langkung sajampel,

wah saosanipun abdi-Dalem pun Jayapenantang sakancanipun sabinipun kalih-atus tigang-dasa nem, sabin satusipun kawan réyal, yatranipun dados sadasa satengah réyal,

gunggung sabinipun abdi-Dalem Dhaèng Secadipura sadaya dados, walung-atus kawan-dasa yatranipun dados tigang-dasa langkung kawan réyal,

f. 26v   wah saosanipun abdi-Dalem Kanèman Jagasura / Nirbaya, Jagabaya, segelanganipun lurah sakawan sabinipun kawan-atus sawidak langkung nenem, sabin satusipun kawan réyal, yatranipun dados walulas réyal langkung sajampel satangsul kalihwelas dhuwit,   wah saosanipun abdi-Dalem tambur suling, sabinipun satus walung-dasa sekawan, sabin satusipun kawan réyal, yatranipun dados pitung réyal seka setangsul,

gunggung sabinipun abdi-Dalem prajurit rèhrèyan Kajayèngranan dados gangsal-atus sawelas karya sabin satusipun kawan réyal, yatranipun dados kalih-atus,

wah saosanipun abdi-Dalem pangrembé rèhrèyan Kajayèngranan, saosanipun abdi-Dalem Pulo Gedhong, sabinipun pitung jung, yatranipun saréyal satangsul, seprapat tangsul, wah saosanipun abdi-Dalem ing Rejawinangun pun Rejamerjaya kalih sakancanipun kang kalih, sabinipun tigang jung, yatranipun sajampel,   wah saosanipun abdi-Dalem pun Resapragota, sakancanipun kalih, sabinipun wolung jung, yatranipun dados gangsal seka, sapalih tangsul tigang dhuwit,   wah saosanipun abdi-Dalem Kèpèk sabinipun kalih jung, yatranipun seka sapalih tangsul nem dhuwit,   wah saosanipun abdi-Dalem pamaosan Ngepas sabinipun walung jung tigang bau, yatranipun dados gangsal seka, setangsul sapalih tangsul,   wah saosanipun abdi-Dalem Bambusantun, sabinipun sawelas jung, yatranipun pitung seka,

f. 27r   gunggungipun sabinipun abdi-Dalem pangre/mbé rèhrèyan Kajayèngrana, tigang-dasa jung sangang jung tigang bau, yatranipun dados nem réyal sajampel,

wah saosanipun abdi-Dalem pun Jayèngresmi, sarèhrèyanipun abdi-Dalem prajurit, saosanipun piyambak sabin satus gangsal réyal,   wah saosanipun abdi-Dalem Nyutra Trunajaya, sagelenganipun lurah walu, sabinipun sèwu tigang-atus sèket, sabin satusipun kawan réyal, yatranipun sèket kawan,   wah saosanipun abdi-Dalem Namèngyuda

Patrayuda Yudamenggala, sabinipun kalih-belah, yatranipun nem réyal, wah saosanipun abdi-Dalem Belambangan, sabinipun tigang-lawé yatranipun tigang réyal, wah saosanipun abdi-Dalem Kaji Sanasèwu sabinipun kalih-atus walung, yatranipun walung réyal, satangsul sapalih tangsul, gunggung saosanipun sadaya dados pitung-dasa nem réyal sajampel seka satangsul,

wah saosanipun abdi-Dalem gadhuhanipun pangrembé, abdi-Dalem pun Purwadigdaya, sakancanipun abdi-Dalem kalebet gadhahanipun pamaosan, sabinipun kalih-belah yatranipun nem réyal, wah saosanipun abdi-Dalem Purwadirana, sakancanipun walung-dasa
7v gangsal, yatranipun kawan-tengah réyal, wah / saosanipun abdi-Dalem Jelogra, sabinipun tigang-dasa kalih, yatranipun dados saréyal, seka sapalih tangsul, wah saosanipun abdi-Dalem ing Jrébèng, sabinipun kalih jung, yatranipun seka sapalih tangsul, sadaya saosanipun abdi-Dalem sabin pangrembé cacah damel-Kula kalih-atus pitung-dasa gangsal, yatranipun dados sawelas réyal satangsul, wah saosanipun malih gadhahanipun pamaosan ing Ngupit Redi Kidul, Patra Randhugunting, sabinipun tigang-atus nembelas, yatranipun dados tigawelas tengah réyal satangsul,

nunten kagunggung yatranipun sadaya dados satus sajampel satangsul,

wah ladosipun pasumbang abdi-Dalem pun Jayèngasmara, sakancanipun rèhrèyanipun abdi-Dalem pamaosan anyar sadaya, saosanipun piyambak sabinipun sèket saosanipun tiga tengah réyal, wah saosanipun abdi-Dalem patèyan sabinipun salawé saosanipun kawan réyal, langkung seka satangsul, wah abdi-Dalem priksa dhusun, sabinipun kawan-atus langkung nembelas, yatranipun dados nembelas réyal, langkung sajampel satangsul,

8r wah gadhahanipun sabin pamaosan, ing Gancahan walulas jung, ing Pate/gilan nem jung, wah ing Sungapan nem jung, wah ing Sintokan nem jung, wah ing Kedhungrosan gangsal jung, wah ing Sombamertan tigawelas jung tumedhak sapalih, wah ing Sunggingan sadasa jung sakikil, wah ing Ngramé tigawelas jung, langkung sakikil, wah ing Wates sadasa jung, wah ing Pakis sawelas jung, wah ing Bendha walulas jung, wah ing Sirat kalihwelas jung sakikil, wah ing Patut wolung jung kirang sabau, wah ing Pocokawisan nem jung, wah ing Candhi wolung jung, wah ing Waja nem jung, wah ing Rèma wolung jung, sadaya kagengan-Dalem sabin pamaosan, ingkang sampun nyaosaken saweg satus jung sèket jung, kawan jung langkung tigang bau, nunten kapétang damel dados nem-atus kawan-dasa tigang, yatranipun sadaya dados pitulikur réyal, langkung seka setangsul, saprawolon tangsul,

gunggung saosanipun bekti pasumbang, kalebet sarèhrèyanipun sadaya, yatranipun dados sèket réyal, langkung tigang seka satangsul saprawolon tangsul, kalebet kagengan-Dalem sabin pamaosan ingkang paos jung sadasa sapanginggil, satusipun kaleresan nem réyal,

wah saosanipun abdi-Dalem pun Kartawijaya, sakancanipun pamaosan lami sadaya, ing
28v Sélamanik Mertakondha, Samajeng/gecèk Baleleng, sabin tigalikur jung, saosanipun nem réyal, sumerep satusipun nem réyal, wah abdi-Dalem pun Tirtawijaya ing Kresan, sabin kawanlikur jung, saosanipun nem réyal, wah abdi-Dalem pun Natawirya ing Samawana, sabinipun kawanlikur jung, saosanipun nem réyal, wah abdi-Dalem pun Surawijaya, pun Surayuda, pun Surawedana, pun Kertiyuda, sami ing Worawari sedaya, sabinipun sawidak jung, saosanipun gangsalwelas réyal, sumerep sabin satusipun nem réyal,

wah abdi-Dalem pun Wiraleksana, pun Singadiwongsa, pun Sawirana, ing Lèpènlunjar, sabin kawanlikur jung, saosanipun nem réyal, wah abdi-Dalem pun Martawijaya ing

Lèpènsalak sabin walulas jung saosanipun gangsal-tengah réyal,   wah abdi-Dalem pun Ranadipa Sumber sabin nembelas jung saosanipun kawan réyal,   wah abdi-Dalem pun Jayadiwirya, pun Cakrasentika ing Limpung, sabin tigang-dasa nem jung, saosanipun sangang réyal,   wah abdi-Dalem pun Jayènglaga Trasan sabin kawanlikur jung saosanipun nem réyal,   wah abdi-Dalem Setragadhingan ing Lèpènkajar, abdi-Dalem pun Kramaleksana Gebig sabin kawanlikur jung, saosanipun bekti pasumbang nem réyal, wah abdi-Dalem pun Kartawijaya Genthan, sabin kawanlikur jung, saosanipun nem réyal, wah

f. 29r   abdi-Dalem pun Mar/tadiwirya pun Jagawecana, ing Saruni Lèpènabo, sabin tigang-dasa jung sakikil, saosanipun gangsal réyal, kalihlikur dhuwit,   wah abdi-Dalem pun Onggawijaya, pun Sutamenggala ing Pideksa sabin kalihwelas jung, saosanipun kalih réyal,   wah kagengan-Dalem sabin pekawisan walulas jung saosanipun tigang réyal, wah abdi-Dalem pun Prawiradigdaya, pun Prawirasekti, pun Prawiratruna ing Gagatan, sabin kawanlikur jung, saosanipun kawan réyal,   wah abdi-Dalem pun Jiwayuda, pun Pandelegan, pun Samirana, sabin nemlikur jung, kawan réyal seka kalihlikur dhuwit,   wah abdi-Dalem pun Bapang Pengalasan, pun Nayapati pun Nayadirana Sumugih, sabin kawanlikur jung, saosanipun kawan réyal,

gunggung sabinipun sadaya dados kawan-atus jung sawelas jung sakikil, saosanipun pasumbang dados sangang-dasa gangsal réyal langkung tigang seka sekawan wang, kawan dhuwit sami réyalan Paréntah,

wah saosanipun bekti pasumbang abdi-Dalem pamaosan ingkang kagadhahaken abdi-Dalem pun Purwadirana, ing Pasabinan pun Tirtasentika sabinipun kalihwelas jung sakikil, saosanipun kalih réyal kalihlikur,   wah abdi-Dalem pun Suramenggala ing Tulung, sabinipun sangang jung, saosanipun nem seka,   wah abdi-Dalem pun Resawijaya ing Dhénokan sabinipun pitung jung sakikil saosanipun gangsal,   wah abdi-Dalem pun Tirtayuda, ing Kenayan sabinipun walung jung, saosanipun gangsal réyal, seka sapalih tangsul,   wah abdi-Dalem pun Kertaleksana ing Palembon sabinipun sawelas jung, saosanipun pitung seka, sapalih tangsul,   wah abdi-Dalem pun Surawijaya ing Kawisanyar, sabinipun pitung jung tigang bau, saosanipun gangsal seka,

f. 29v   / wah pun Ranamenggala ing Barubuh sabinipun nem jung, saosanipun saréyal,   wah abdi-Dalem pun Ranamenggala (malih) ing Bahadan sabinipun nem jung, saosanipun tigang seka sapalih tangsul,   wah abdi-Dalem pun Sasentika ing Baleber sabinipun pitung jung, saosanipun saréyal satangsul sawelas dhuwit,   wah abdi-Dalem pun Secayuda Gedhong, sabinipun gangsal jung, saosanipun tigang seka sapalih tangsul,

gunggung sabinipun dados tigang-atus jung sèket jung, tigang jung sabau, yatranipun dados kawanwelas réyal seka satangsul,

wah saosanipun bekti pasumbang abdi-Dalem pamaosan gadhuhanipun abdi-Dalem pun Prawirawijaya, abdi-Dalem Ragatruna ing Tambak sakancanipun ing tanah Paos, pun Ragatruna sabinipun kalih-dasa jung, kawan jung, abdi-Dalem pun Kartayuda sabinipun walung jung,   wah lenggahipun abdi-Dalem pun Poncamiruta Miliran sabinipun sawelas jung,   wah lenggahipun pun abdi-Dalem pun Jagapati Baturan sabinipun walung jung sakikil,   wah lenggahipun abdi-Dalem panelawé pun Amad Primram semangkat sabinipun nem jung,   wah lenggahanipun abdi-Dalem panelawé pun Setradirana Terasa, sabinipun nem jung,   wah sabinipun abdi-Dalem panelawé pun Jayadirana, Sekarlampir sabinipun gangsal jung,   wah lenggahipun abdi-Dalem panelawé pun Jagadirana Candhi Rebah sabinipun pitung jung,   wah lenggahipun panelawé abdi-Dalem Demang

Kertasentika Ngramé sabinipun ingkang gesang sangang jung,   wah lenggahipun abdi-Dalem Demang Kramawijaya Sima sabinipun ingkang gesang pitung jung sakikil, wah lenggahipun abdi-Dalem Demang Suradiwirya Sima sabinipun ingkang gesang gangsal jung,

30r gunggung sabinipun / abdi-Dalem pamaosan tanah Paos sadaya dados tigang-atus jung tigang-lawé, kalih jung, sakikil, ladosanipun bekti pasumbang dados gangsalwelas réyal seka satangsul,

wah ladosanipun bekti pasumbang abdi-Dalem pamaosan gadhuhanipun abdi-Dalem pun Yudaatmaja, pun Poncayuda, pun Trunadiwirya, pun Tirtayuda, pun Dipadirana, sabinipun kalih-atus, ladosanipun pasumbang walung,   wah ladosanipun pasumbang abdi-Dalem Demang Jalegong gadhuhanipun abdi-Dalem pun Wongsayuda, kalih réyal,   wah ladosanipun bekti pasumbang abdi-Dalem pamaosan ingkang kagadhahanipun Radèn Tumenggung Sumadiningrat sabinipun tigang-lawé, saosanipun tigang réyal,   wah saosanipun bekti pasumbang abdi-Dalem pamaosan gadhuhanipun abdi-Dalem Imasentika, sabinipun tigang-atus kirang nem jung, saosanipun sawelas réyal,   wah ladosanipun bekti pasumbang abdi-Dalem pamaosan ing Kamecès sabinipun kalihwelas jung,   wah kagengan-Dalem sabin panajungan tigang jung sakikil gadhuhanipun abdi-Dalem pun Purwadiwirya, saosanipun pasumbang tiga tengah réyal salikur dhuwit,   wah saosanipun pasumbang abdi-Dalem pamaosan gadhuhanipun abdi-Dalem pun Rejawongsa, sabinipun kalihwelas, saosanipun kalih réyal,   wah ladosanipun pasumbang abdi-Dalem Surasentika kalihwelas réyal,   wah ladosanipun bekti pasumbang abdi-Dalem Demang Gondhang-lutung sabinipun kawanwelas jung, saosanipun kalih réyal walung uwang,   wah ladosanipun pasumbang abdi-Dalem pamaosan Rèma, gadhuhanipun Radèn Tumenggung
30v Su/madiningrat sabinipun walulas jung, saosanipun tigang réyal,

wah ladosanipun bekti pasumbang abdi-Dalem pun Rejawecana ing Arjawinangun sabinipun gangsal jung, saosanipun salikur uwang,   wah saosanipun bekti pasumbang abdi-Dalem Demang Sekar gadhuhanipun Demang Ngarsa, saosanipun saréyal,   wah ladosanipun pasumbang abdi-Dalem pamaosan gadhuhanipun abdi-Dalem pun Jayapuspita, sadaya sabin damel-Kula gangsal-atus kirang kalih, saosanipun pasumbang kalih-dasa réyal kirang salikur dhuwit,   wah ladosipun abdi-Dalem pun Sebamenggala, kathahipun sangang réyal kirang seka,   wah ladosanipun pasumbang abdi-Dalem pun Rejapengawat gadhuhanipun sabin pitung jung, saosanipun saréyal,   wah ladosanipun pasumbang abdi-Dalem pun Singaleksana gangsal réyal,   wah ladosanipun pasumbang abdi-Dalem Demang Japiyoga, Demang Cakradipa sabinipun kalihwelas jung, saosanipun kalih réyal, wah ladosanipun bekti pasumbang abdi-Dalem pun Atmawijaya, sakancanipun abdi-Dalem Miji, sabin damel-Kula satus selawé saosanipun gangsal réyal,   wah saosanipun bekti pasumbang abdi-Dalem pun Resawikrama sakancanipun sabin kawan jung, saosanipun pitulas uwang,   wah saosanipun abdi-Dalem pamaosan sabin kawanlikur jung, saosanipun kawan réyal,   wah saosanipun bekti pasumbang abdi-Dalem pun Gondadiwirya, sakancanipun abdi-Dalem Miji sabin damel-Kula satus selawé, saosanipun gangsal réyal, wah saosanipun abdi-Dalem pamaosan sabin sangang jung nem seka,   wah ing Sana-
31r pakis saosani/pun sajampel,   wah Tegilpengawé saosanipun kawan wang tigang dhuwit, wah saosanipun bekti pasumbang abdi-Dalem pamaosan ingkang kagadhahaken Kangjeng Bendara-Bendara, gadhuhanipun Kangjeng Bendara Rahadèn Ayu Retna Andayaningrat saosanipun sadasa réyal kirang seka,   wah gadhuhanipun Kangjeng Bendara Rahadèn Ayu Retna Dewaningsih nem réyal,   wah Kangjeng Bendara Rahadèn Ayu Retna

Pujawati saosanipun gangsal réyal walung uwang, wah Kangjeng Bendara Rahadèn Ayu Retna Pandhansantun, saosanipun pitung réyal langkung sajampel kalihlikur dhuwit, wah gadhuhanipun Kangjeng Bendara Rahadèn Ayu Retna Rumaningrat, saosanipun pitung réyal sajampel satangsul, wah gadhuhanipun Kangjeng Bendara Rahadèn Ayu Retna Déwaningrat saosanipun kalih réyal satangsul,

gunggung dados sèket tigang réyal seka satangsul, kalebet saosanipun Kangjeng Ratu Kencana Wulan, ingkang kalihwelas réyal,

wah saosanipun bekti pasumbang abdi-Dalem Radèn Jayadipura, walung uwang gangsal dhuwit, wah saosanipun Bekel Séwaka, walung uwang gangsal dhuwit, wah saosanipun Bekel Sariman walung uwang gangsal dhuwit, wah saosanipun bekti pasumbang abdi-Dalem pamaosan, gadhuhanipun abdi-Dalem Bekel Séwaka, sabin sangalikur jung, saosanipun gangsal réyal satangsul, wah saosanipun bekti pasumbang abdi-Dalem maosan gadhuhanipun abdi-Dalem Jasentana, sabin pitung jung, saosanipun saréyal satangsul, wah saosanipun pasumbang abdi-Dalem pun Ménot, gadhuhanipun sabin kalih jung sakikil Jethis sajung, saosanipun dados sadasa uwang nem dhuwit, wah saosanipun abdi-Dalem Bekel Gariman Bekel Sara/tim, sabinipun ngalih jung, saosanipun sami anyanga tèng, wah saosanipun bekti pasumbang abdi-Dalem Demang Pèpèdan sabin sadasa jung kirang sabau saosanipun pitung seka, wah saosanipun pasumbang abdi-Dalem jurusabin abdi-Dalem jurukebon kawan réyal seka satangsul, wah saosanipun bekti pasumbang abdi-Dalem pamaosan malih gadhuhanipun Kangjeng Ratu Kencana Wulan, ingkang sangking Demang Nitiwecana kalih réyal, ingkang sangking Demang Bongos nem réyal, ingkang sangking Demang Surabayan saréyal, ingkang sangking Demang Guling saréyal, sadaya dados gangsal réyal, wah ingkang sangking Demang Sutadiwirya, Pakembaran kalih abdi-Dalem pun Supadirana, dados sawelas réyal langkung seka,

f. 31v

f. 32r / anunten kagunggung sadaya saosanipun bekti pasumbang putra-putra-Dalem sentana-Dalem, abdi-Dalem Bupati Jawi Lebet Gedhong Kaparak Kiwa Tengen sapangrembènipun, abdi-Dalem moncanegari, abdi-Dalem pamaosan sadaya, punapa déné saosanipun bekti pasumbang, Bendara-Bendara putri Kangjeng Ratu kalebet saosanipun Kangjeng Bendara-Bendara salebet ing kadhaton, ingkang awarni yatra,

gunggung sadaya dados kawan-èwu walung-dasa réyal langkung nem réyal tigang seka satangsul,

ingkang punika kajawi ingkang awarni jené, kalih ingkang awarni sinjang, (...) taksih kirang saosanipun putra sentana punapa déning abdi-Dalem, yèn saupami wonten karsa-Dalem malih angramèkaken putra ingkang kados putra-Dalem Kangjeng Ratu Anèm saosanipun abdi-Dalem sami kakersakaken mendak.

4 BL Add. MS. 12342
f. 1r–v

Fragment, possibly connected with documents nos. 1-3 above, summarizing special festival contributions (*bekti pasumbang*) from various royal retainers and close relatives, including the Crown Prince (*Kangjeng Gusti*). These included the special contribution tax on the royal rice fields at Tegalreja just to the west of Yogyakarta, which the Sultan's (i.e. HB

II´s) mother, Ratu Ageng (aka Ratu Tegalreja, the guardian of the future Pangéran Dipanagara, 1785–1855) had administered until her death on 18 October 1803.

lr Sedaya paosanipun abdi-Dalem Miji dados nembelas réyal langkung tigang sebelah sepalih tangsul,

gunggung saosanipun bekti putra-Dalem Kangjeng Gusti salebet sadaya kalebet abdi-Dalem prajurit dados kalih-èwu kawan-dasa gangsal réyal langkung setangsul,

lv / wah saosanipun bekti pasumbang abdi-Dalem pun Singareja, sabin ing Tegilreja, ingkang wonten Bendara-Bendara putra-putri, sabin damel-Kula sèket, saosanipun bekti pasumbang kalih réyal, wah saosanipun bekti pasumbang kagengan-Dalem pamaosan, sabin damel-Kula tiyang kalih-belah, saosanipun bekti pasumbang dados nem réyal, wah saosanipun bekti pasumbang, kancanipun ing Tegilreja, sabin damel-Kula tiyang sèket, saosanipun bekti pasumbang kalih réyal, wah saosanipun bekti pasumbang kagengan-Dalem sabin ingkang dados maliyan, damel-Kula tiyang selawé, sajungipun kapundhutan angalih wang yatranipun dados kalihwelas uwang,

gunggung sadaya dados sadasa réyal, langkung kalihwelas uwang, sami réyalan Paréntah, dados sampun sumerep sabin satusipun angawan réyal.

5   BL Add. MS. 12341
                                                                                              f. 249r–255v

Festival contributions (*saosanipun bekti pasumbang*) of princes, royal relatives (*sentana*), high-ranking court officials and those from the *mancanagara* regions listing individual contributions in real, totalling some 3,060 real. Undated, but probably *c.* January 1811–June 1812 on the basis of references to the post-5 January 1811 joint *Bupati Wedana* of the eastern *mancanagara*, Pangéran Dipakusuma and Radèn Tumenggung Prawirasentika. Javanese tree-bark paper (*dluwang*).

f. 249r Punika pémut amémuti saos-saosipun bekti pasumbang Bendara putra sentana, punapa déning abdi-Dalem Radèn Adipati, sasentananipun Bupati Jawi Lebet Kiwa Tengen samoncanegarinipun, kalebet abdi-Dalem mantri sapengandhap, punika pratélanipun, saosanipun Bendara Pangéran Ngabèhi, pitung-dasa pitu réyal, wah saosanipun Bendara Pangéran Mangkudiningrat, wolung-dasa kawan réyal, wah saosanipun Bendara Pangéran Mangkubumi wolung-dasa réyal langkung sajampel, wah saosanipun Bendara Pangéran Mangkukusuma tigang-dasa tigang réyal, wah saosanipun Bendara Pangéran Adikusuma, tigang-dasa tigang réyal, wah saosanipun Bendara Pangéran Demang walulas réyal, wah saosanipun Bendara Pangéran Panular, sadasa réyal, langkung sajampel, setangsul,

f. 249v wah saosanipun Bendara Pangéra/n Sontakusuma gangsal réyal, wah saosanipun Bendara Pangéran Sumayuda walulas réyal langkung tigang seka, wah saosanipun Bendara Pangéran Pamot walu réyal langkung tigang seka, wah saosanipun Bendara Pangéran Danupaya pitu réyal langkung sajampel, wah saosanipun Bendara Pangéran Balitar sadasa réyal, wah saosanipun Bendara Pangéran Natabaya, pitu réyal langkung sajampel, wah saosanipun Bendara Pangéran Sontawijaya gangsal réyal, wah saosanipun Bendara Pangéran Panengah sadasa réyal, wah saosanipun Bendara Pangéran Dipasana, pitung réyal langkung sajampel, wah saosanipun Bendara Pangéran Muhamad Abubakar sadasa réyal,
gu(ng)gung yatranipun kawan-atus réyal satangsul,

f. 250r / wah saosanipun Radèn Tumenggung Tirtadiwirya, Radèn Tumenggung Mertawijaya, Radèn Tumenggung Mangkuwijaya, Mas Tumenggung Cakradipura, Radèn Tumenggung Dipadirja, Mas Tumenggung Alap-Alap, dados abdi-Dalem nenem saosanipun sami a(ng)-
f. 250v gangsal réyal, dados tigang-dasa / réyal,

wah saosanipun Radèn Mas Santri kalih ingkang rayi, saosanipun gangsal réyal, wah saosanipun Ngabèhi Pusparana, Ngabèhi Matangrana, angawan réyal dados walu réyal, wah paosanipun Radèn Tumenggung Cakradiwirya kawan réyal, wah saosanipun Radèn Tumenggung Wiryawinata, kalebet abdi-Dalem mantri belandhong Redi Kidul sawelas réyal, wah saosanipun abdi-Dalem tamping, kalebet abdi-Dalem tamping Sokawatos walulikur réyal, wah paosanipun abdi-Dalem pun Singareja kalebet sagawahanipun pitung réyal langkung tigang seka,

gu(ng)gung yatranipun sangang-dasa tigang réyal tigang seka,

f. 251r / wah saosanipun Radèn Adipati satus walung-dasa réyal, wah saosanipun Kyai Tumenggung Sindunegara sangang-dasa kawan réyal, kalebet lenggahipun abdi-Dalem pun Ngabèhi Me(r)tadimeja jeksa kori, wah saosan Tumenggungan sawidak réyal, wah saosanipun Radèn Tumenggung Ranadiningrat sawidak réyal, wah saosanipun Radèn Tumenggung Mertanegara selawé réyal, wah saosanipun Radèn Tumenggung Sumareja kalih-dasa réyal, wah saosanipun Radèn Tumenggung Jayawinata selawé réyal, wah saosanipun Radèn Tumenggung Natayuda kalih-dasa réyal, wah saosanipun abdi-Dalem pun Candramenggala, sakancanipun Mantri Jawi sapanengen, kalebet abdi-Dalem pun Nitipraja, kalih kebayan alit, dados abdi-Dalem kalihlikur, saosanipun sangang-dasa réyal, wah saosanipun Radèn Tumenggung Danukusuma sangang-dasa kalih réyal, kalebet leng-
f. 251v gah jeksa, wah / saosanipun Radèn Tumenggung Jayaningrat sawidak réyal, wah saosanipun Radèn Tumenggung Wiryadiningrat selawé réyal, wah saosanipun Radèn Tumenggung Wiryakusuma kalih-dasa réyal, wah saosanipun Radèn Tumenggung Wiryadipura kalih-dasa réyal, wah saosanipun Radèn Tumenggung Sumadiwirya kalih-dasa réyal, wah saosanipun abdi-Dalem pun Pranayuda, sakancanipun Mantri Jawi sapangiwa, abdi-Dalem kalihlikur, saosanipun sangang-dasa réyal,

gu(ng)gung yatranipun dados sangang-atus réyal,

wah saosanipun putra-Dalem Radèn Tumenggung Sumadiningrat sangang-dasa réyal, wah
f. 252r saosanipun Mas Ngabèhi Sindujaya sadasa réyal, wah saosanipun abdi-/Dalem Kaparak Kiwa, satus walulikur réyal langkung sajampel setangsul, wah saosanipun Radèn Tumenggung Martalaya tigang-dasa réyal, wah saosanipun Radèn Ngabèhi Mangunjaya sadasa réyal, wah saosanipun abdi-Dalem pun Ca(kra)menggala, abdi-Dalem pun Setrawijaya, abdi-Dalem pun Re(k)sakusuma, abdi-Dalem pun Purwawijaya, dados abdi-Dalem sekawan, saosanipun gangsalwelas réyal, wah saosanipun abdi-Dalem pun Mangunnegara sakancanipun mantri Gedhong sapanengen sèket pitung réyal, wah saosanipun Radèn Riya Sindureja, tigang-dasa réyal, wah saosanipun Radèn Ngabèhi Mangunrana sadasa réyal, wah saosanipun Radèn Wasèngsari, Ngabèhi Jadirja walu réyal, wah saosanipun abdi-Dalem Kaparak Tengen satus gangsalwelas réyal langkung
f. 252v seka, wah saosanipun Radèn Tumenggung Jayadipura tigang-dasa ré/yal, wah saos-anipun Mas Ngabèhi Ranawijaya sadasa réyal, wah saosanipun Ngabèhi Prawirasetra gangsal réyal, wah saosanipun Ngabèhi Nitipura kalih réyal, wah saosanipun abdi-Dalem Gedhong Kiwa sapangrembènipun, sawidak réyal,

gu(ng)gung yatranipun dados nem-atus sadasa réyal, tigang seka, sapalih tangsul,

wah saosanipun bekti pasumbang abdi-Dalem Bupati moncanegari, saosanipun Pangéran Dipakusuma, satus selawé réyal, wah saosanipun Radèn Tumenggung Prawirasentika sangang-dasa pitung réyal, wah saosanipun Radèn Tumenggung Yudakusuma sawidak nem réyal, wah saosanipun Radèn Tumenggung Pringgakusuma sawidak réyal, wah

f. 253r / saosanipun Radèn Tumenggung Wiryanegara sèket réyal, langkung gangsal réyal, wah saosanipun Radèn Tumenggung Sasrawinata, walulas réyal, langkung tigang seka, wah saosanipun Radèn Tumenggung Sa(sra)dipura walulas réyal langkung seka, wah saosanipun Radèn Tumenggung Sasranegara sèket réyal, wah saosanipun Radèn Tumenggung Sasradiningrat sèket réyal, wah saosanipun Ngabèhi Mangundirana, tigang-dasa gangsal réyal, wah saosanipun Radèn Tumenggung Yudaprawira kawan-dasa réyal, wah saosanipun Mas Tumenggung Malangnegara kalihlikur réyal langkung sajampel,

gu(ng)gung yatranipun dados nem-atus kawan-dasa réyal langkung sajampel,

f. 253v wah saosanipun bekti pasumbang Pangéran Adinegara sangang / réyal, pun abdi-Dalem prajurit Pangéran Adinegara piyambak nem réyal, wah abdi-Dalem Mantri Lebet Pinilih lurah sekawan sekancanipun, saosanipun tigang-dasa sekawan réyal sajampel, wah saosanipun abdi-Dalem sedaya, kalihlikur réyal langkung sapalih tangsul, wah saosanipun abdi-Dalem Wirabraja tigang-dasa tigang réyal sajampel satangsul, wah saosanipun abdi-Dalem Kanèman Jagasura Nirbaya Jagabaya gangsalwelas réyal sajampel satangsul, wah saosanipun abdi-Dalem tambur suling, sagolonganipun ing Adinegaran, tigang réyal sajampel satangsul, wah saosanipun abdi-Dalem Gedhong Tengen tigang réyal,

wah saosanipun abdi-Dalem pangrembé ing Pulo Gedhong saréyal satangsul saprapatan

f. 254r tangsul, wah / saosanipun abdi-Dalem ing Rejawinangun sekancanipun yatranipun nem seka, wah saosanipun abdi-Dalem ing Wanacatur, sagolonganipun nem seka, wah saosanipun abdi-Dalem Kèpèk, yatranipun seka sapalih tangsul,

gu(ng)gung sadaya sabinipun abdi-Dalem prajurit sarèrèyan ing Adinegaran, sapang-rembèning pandamel-Kula tigang-èwu langkung damel-Kula pitulikur, sabin satusipun kaleresan kawan réyal, yatranipun dados satus tiganglikur réyal satangsul, saprapatan tangsul, kalebet saosanipun Pangéran Adinegara, sabin satus nem réyal,

wah saosanipun abdi-Dalem Radèn Tumenggung Prawirawinata, sarèrèyanipun prajurit saosanipun piyambak sangang réyal, wah saosanipun abdi-Dalem prajurit Katanggel lurah kalih sakancanipun, tigang dasa réyal, wah saosanipun abdi-Dalem Nyutra Truna-

f. 254v jaya kawan lurah saka/ncanipun, saosanipun wolung réyal, wah saosanipun abdi-Dalem Kestabel Penantangyuda kawan real,

gu(ng)gung yatranipun dados sawidak réyal langkung saréyal, wah saosanipun Radèn Tumenggung Prawiradiwirya, sarèrèyanipun prajurit, saosanipun piyambak nem réyal, wah saosanipun abdi-Dalem Katanggel tigang-dasa réyal, wah saosanipun abdi-Dalem Nyutra Trunajaya walulas réyal, wah saosanipun abdi-Dalem Sanasèwu nem réyal, wah saosanipun abdi-Dalem dharat Kestabel, yatranipun tigang réyal, wah saosanipun (abdi-Dalem) priksa dhusun, walung réyal, wah saosanipun abdi-Dalem Belambangan kalih réyal,

gu(ng)gung yatranipun pitung-dasa tigang réyal,

f. 255r　　wah / saosanipun abdi-Dalem pu(n) Surèngrana sakancanipun rèrèyan prajurit, abdi-Dalem
　　　　　　Surèngrana piyambak, nembelas,　　　wah saosanipun abdi-Dalem Mantri Lebet Pinilih
　　　　　　tigang-dasa kawan réyal sajampel,　　　wah saosanipun abdi-Dalem Dhaèng Secadipura
　　　　　　tigang-dasa tigang réyal sajampel,　　　wah saosanipun abdi-Dalem Kawandasa, sangang-
　　　　　　likur,　　wah saosanipun abdi-Dalem Mandhung Mangundara Tanuastra Jayataka, yatran-
　　　　　　ipun gangsalwelas réyal sajampel setangsul sapalih tangsul,　　　wah saosanipun abdi-
　　　　　　Dalem Kestabel tigang réyal setangsul,　　　wah saosanipun abdi-Dalem pangrembé, ing
　　　　　　Rejawinangun, nem seka,　　wah saosanipun abdi-Dalem ing Wanacatur, nem seka,　　wah
　　　　　　saosanipun abdi-Dalem ing Lèpènajir sajampel,

f. 255v　　/ gu(ng)gung yatranipun dados satus salawé réyal seka sapalih tangsul,

　　　　　　anunten kagu(ng)gung sadaya saosanipun bekti pasumbang Bendara putra sentana-Dalem
　　　　　　punapa déning abdi-Dalem sadaya dados tigang-èwu sawidak tigang réyal langkung
　　　　　　sajampel satangsul.

6　　　　　　　　　　　　　　　　　　　　　　　　　　　BL Add. MS. 12341
　　　　　　　　　　　　　　　　　　　　　　　　　　　　　f. 40r–41r
　　　　　　　　　　　　　　　　　　　　　　　　　　　　Archive I:157–59

List of presents given to Yogyakarta court ladies by Mevrouw van der Burgh, wife of the
Governor of Java's Northeast Coast, Johannes Robbert van der Burgh (in office, July
1771–Sept 1780) in reciprocation for presents received from the court. They consisted of
flowered silk cloth (*cindhé*), gold thread (*pipa mas*), silver thread (*pipa salaka*), flowered
cotton cloth (*sembagi, encit*) and white lace trimming (*rinda*). Undated, but *c.* 1772–77.

7　　　　　　　　　　　　　　　　　　　　　　　　　　　BL Add. MS. 12303
　　　　　　　　　　　　　　　　　　　　　　　　　　　　　f. 101v–102r

Gifts to the Sultan consisting of cash and fine Javanese cloths. Dated 5 October 1796.

f. 101v　　Punika pémut amémuti kagengan-Dalem yatra, ingkang kadamel timbang wawrat-Dalem,
　　　　　　Kangjeng Sinuhun, kathahipun tigang-èwu salikur réyal langkung seka, awarni keton
　　　　　　anggris sedaya,

　　　　　　kala kawawrat ing dinten Senèn tanggal ping kalih, sasi Rabingulakir, ing taun Alip
　　　　　　angkaning warsa, 1 7 2 3　　　[Monday [*sic*] (in fact, Wednesday), 5 October 1796],

　　　　　　abdi-Dalem mantri sapengandhap, d(u)mugi pangrembé pemaosan, sami anyaosi bekti
　　　　　　palèmèk, awarni yatra sajung suwang, d(u)mugi abdi-Dalem panajungan, inggih sajung
　　　　　　suwang,　　abdi-Dalem kaliwon sapenginggil, anyaosi awarni sinjang cindhé encit sinjang
f. 102r　　lurik lètrèk,　　wedana Radèn Tumenggung Sumadiningrat, / saosanipun awarni sinjang
　　　　　　cindhé, apengaos tigang-dasa réyal,　　kaliwon awarni encit satunggil, sinjang lurik Jawi
　　　　　　wiyar sakebar, sinjang lètrèk kalih kebar, sedaya apengaos kawan tenggah.

DEBIT

PART 5

Allowances

1   BL Add. MS. 12341
f. 42r–43r

Memo listing cash allowances for food and drink (*yatra belonja dhahar sadhedharanipun sawédangipun*) for married female relatives of the ruler (mostly daughters and sisters of HB II) and others. Undated, but from internal evidence (i.e. mention of B.R.A. Ontawirya, Dipanagara's first wife) certainly post–2 March 1807 when Dipanagara (then known as Radèn Mas Ontawirya [also spelt Antawirya]) married officially for the first time.

42r   Punika pémut amémuti yatra belonja dhahar sadhedharanipun sawédangipun, dhateng Bendara-Bendara putri miwah garwaning prayayi Bupati Jawi Lebet sadaya, lenggahan dhateng Kasumadiningratan ing malem Setu,   punika pratélanipun,   ingkang rumiyin Bendara-Bendara putra-Dalem,   Bendara Radèn Ayu Partasemita, kalih réyal,

Kangjeng Ratu Anèm, kawan réyal, Bendara Radèn Ayu Pringgataruna, kalih réyal, Bendara Radèn Ayu Wiryanegara, kalih réyal, Bendara Radèn Ayu Jayasentana, kalih réyal, Bendara Radèn Ayu Wiryadiningrat, kalih réyal,

wah Bendara-Bendara putri sentana-Dalem,   Bendara Radèn Ayu Wiryawinata, kalih réyal, Bendara Radèn Ayu Jayaningrat, tigang réyal, Bendara Radèn Ayu Pringgakusuma, kalih réyal, Bendara Radèn Ayu Danukusuma, kalih réyal, Bendara Radèn Ayu Prawira-sentika, kalih réyal, Bendara Radèn Ayu Rongga Sepuh, kalih réyal, Bendara Radèn Ayu Wiryakusuma, kalih réyal, Bendara Radèn Ayu Natayuda Sepuh, kalih réyal, Bendara Radèn Ayu Sasradiningrat, kalih réyal, Bendara Radèn Ayu Yudakusuma, kalih réyal, Bendara Radèn Ayu Prawiramantri, kalih réyal, Bendara Radèn Ayu Tirtadiwirya, kalih réyal, Bendara Radèn Ayu Yudaprawira, kalih réyal, Bendara Radèn Ayu Jayawirya, kalih réyal, Bendara Radèn Ayu Prawirayuda, kalih réyal, Bendara Radèn Ayu Jayaprawira, kalih réyal, Bendara Radèn Ayu Jayèngrana kalih réyal, Bendara Radèn Ayu Prawirakusuma, kalih réyal, Bendara Radèn Ayu Cakrakusuma, kalih réyal, Bendara Radèn Ayu Purwadipura, kalih réyal, Bendara Radèn Ayu Natayuda, kalih réyal,

wah Bendara Radèn Ayu garwanipun Bendara putra-Dalem,   Bendara Radèn Ayu Cakrawinata, kalih réyal, Bendara Radèn Ayu Mangkudiningrat, kalih réyal, Bendara Radèn Ayu Sasrawijaya, kalih réyal, Bendara Radèn Ayu Mangkubumi, kalih réyal, Bendara Radèn Ayu Jayadipura, kalih réyal, Bendara Radèn Ayu Panengah, nem seka, Bendara Radèn Ayu Prawirawinata, kalih réyal, Bendara Radèn Ayu Mertasana, nem seka, Bendara Radèn Ayu Wiryataruna, kalih réyal, Bendara Radèn Ayu Silarong, nem seka,

f. 42v   / Bendara Radèn Ayu Natabaya, nem seka, Bendara Radèn Ayu Pengantèn Trunameng-gala, gangsal seka, Bendara Radèn Ayu Jayakusuma, nem seka, Bendara Radèn Ayu Martalaya, gangsal seka, Bendara Radèn Ayu Sontawijaya, nem seka, Bendara Radèn Ayu Wiryaleksana, gangsal seka, wah Bendara Radèn Ayu garwanipun Bendara sentana-Dalem, Bendara Radèn Ayu Wiryadipura, Wiryanegara gangsal seka, Bendara Radèn Ayu Ngabèhi, kalih réyal,

wah Bendara Radèn Ayu se(ntana)-Dalem,   Bendara Radèn Ayu Natakusuma, kalih réyal, Bendara Radèn Ayu Jayapuspita, gangsal seka, Bendara Radèn Ayu Mangkukusuma, nem seka, Bendara Radèn Ayu Wongsadiwirya, gangsal seka, Bendara Radèn Ayu Adikusuma, nem seka, Bendara Radèn Ayu Sama(di)wirya, gangsal seka, Bendara Radèn Ayu Balitar, nem seka, Bendara Radèn Ayu Martayuda, gangsal seka, Bendara Radèn Ayu Kusumayuda, nem seka, Bendara Radèn Ayu Mangundiwirya Ngabèyan, gangsal seka, Bendara Radèn Ayu Adiwijaya, nem seka, Bendara Radèn Ayu Dutawijaya, gangsal seka, Bendara Radèn Ayu Dipasonta, nem seka, Bendara Radèn Ayu Natawijaya, gangsal seka, Bendara Radèn Ayu Sontakusuma, nem seka, Bendara Radèn Ayu Mangundiwirya Lowanu, gangsal seka,

wah Bendara Radèn Ayu wayah-Dalem,   Bendara Radèn Ayu Wongsakusuma, gangsal seka, Bendara Radèn Ayu Wiryawijaya, kalih réyal, Bendara Radèn Ayu Dipakusuma, gangsal seka, Bendara Radèn Ayu Martawijaya, nem seka, Bendara Radèn Ayu Cakrakusuma, gangsal seka, Bendara Radèn Ayu Wiryadipura, nem seka, Bendara Radèn Ayu Kertareja, gangsal seka, Bendara Radèn Ayu Mangkuwijaya, nem seka, Bendara Radèn Ayu Sasradipura, gangsal seka, Bendara Radèn Ayu Pangantèn Wiryanegaran, nem seka; Bendara Radèn Ayu Samadipura, gangsal seka, Bendara Radèn Ayu Ontawirya, nem seka, Bendara Radèn Ayu Martadiwirya, gangsal seka, Bendara Radèn Ayu Mangkudiwirya, gangsal seka, Bendara Radèn Ayu Jiwasentika, gangsal seka, Bendara Radèn Ayu Dipasentana, gangsal seka,

f. 43r   wah garwanipun prayayi lebet, /   Nyai Mas Mangundipura, nem seka,

wah semahing prayayi Tumenggung tamping jeksa,   Mas Ajeng Prawiradiwirya, gangsal seka, Radèn Yudaatmaja, tigang seka, Radèn Surèngrana, gangsal seka,

wah garwaning prayayi Jawi,   Radèn Ayu Secawijaya, saréyal, Mas Ayu Sindunegara, nem seka, Radèn Kertadirja, saréyal, Radèn Ayu Adinegara, nem seka, Bok Ajeng Alap-Alap, tigang seka, Radèn Ayu Jayawinata, gangsal seka, Radèn Singaranu Anèm, tigang seka,

wah garwaning prayayi moncanegari,   Mas Ayu Gali, tigang seka, Radèn Natadiwirya, gangsal seka, Mas Ajeng Kartawijaya, tigang seka, Mas Ajeng Sasrakusuma, gangsal seka, Radèn Cakramenggala, tigang seka,

wah garwaning prayayi Kadospatèn,   Radèn Ayu Pringgadiwirya, saréyal, Mas Ajeng Cakradipura, gangsal seka, Radèn Setrawijaya, tigang seka,

wah sémahipun prayayi Bupati Miji Kaliwon,   Nyai Nitipraja, tigang seka, Nyai Reksanegara, saréyal, Nyai Sindusetra, tigang seka, Radèn Sindujaya, tigang seka, Radèn Mangunjaya, tigang seka,

gu(ng)gung yatranipun sadaya dados satus sawidak langkung tigang réyal, Radèn Mangunrana, tigang seka, Mas Ajeng Prawirasetra, tigang seka, Nyai Resapraja, tigang seka, Mas Ajeng Mangunnegara, tigang seka.

2

Memo concerning the allowances given out to married female relatives of the ruler (mostly daughters and sisters of HB II) from the office of Radèn Tumenggung Sumadiningrat. Undated, but probably contemporaneous with no.1 above (i.e. post-2 March 1807).

43v   Punika pémut Bendara-Bendara ingkang sami kabelonja saking Kasumadiningratan, punika pratélanipun,   Kangjeng Ratu Anèm tigang réyal,   Bendara Radèn Ayu Wiryanegara nem seka,   Bendara Radèn Ayu Danukusuma nem seka,   Bendara Radèn Ayu Pringgakusuma nem seka,   Bendara Radèn Ayu Sasradiningrat nem seka,   Bendara Radèn Ayu Prawirayuda nem seka,   Bendara Radèn Ayu Mangkubumi nem seka, Bendara Radèn Ayu Wiryataruna nem seka,   Bendara Radèn Ayu Prawirawinata nem seka, Bendara Radèn Ayu Jayadipura nem seka,   Bendara Radèn Ayu Sasrawijaya nem seka,   Bendara Radèn Ayu Natayuda,   Bendara Radèn Ayu Mertawijaya gangsal seka,   Bendara Radèn Ayu Pengantèn Wiryanegara gangsal seka,   Bendara Radèn Ayu Dipakusuma gangsal seka,   Bendara Radèn Ayu Adinegara gangsal seka,   Bendara Radèn Ayu Kertareja saréyal,   Radèn Natadiwirya gangsal seka,   Mas Ajeng Sasrakusuma gangsal seka,

gu(ng)gung yatra belonja saweg sapekenipun Bendara pengantèn, dados pitulikur réyal langkung tigang seka.

3

Memo of purchases (*belonja*) and allowances for the preparation of the offerings (*redi*, *gunungan*) for the *Garebeg Mulud*, *Garebeg Puwasa* (kr. *Siyam*), and *Garebeg Besar*, plus some additional expenses relating to the payment of mosque officials and court *santri* for prayer offerings (*terawèh*), as well as for other religious feasts (i.e. *sidhekah Ruwah*) and New Year Celebrations.

149v   Punika pémut patedhan-Dalem yatra belonja Garebeg Mulud,   punika pratélanipun, redi jaler, 14, redi satunggilipun kapatedhan belonja, 10, sedaya dados 140 réyal,   wah redi èstri, 4, redi satunggilipun kapatedhan, 18 réyal, sedaya dados 72 réyal,   wah ancak Jatosngawis, 10, ancak satunggil belanjanipun, 4, sedaya dados 40 réyal,   wah pawohan, 14, pawohan satunggil belanjanipun, sedaya dados 3 réyal, langkung, (?),   wah belonja bodhagan, 3 réyal, langkung, (?),   wah belonja bu(m)bu, 3, (?),   wah belonja dhahar-Dalem kalebet pendhèrèk, 50,

gu(ng)gung belonja redi Garebeg Mulud, sedaya dados, 320 réyal, langkung, (?),

wah belonja ratiban, 21 réyal, wah patedhan-Dalem ingkang sami barang nambur, 21 réyal,   wah belonja tinggalan-Dalem ing wulan Rabingulakir, tanggal ping walulikur, kalebet belonja apem, 155 réyal,   wah belonja darusan, 15 réyal,   wah belonja ratiban dhateng Kaji Kawiskunthi, 10 réyal,

150r   wah belonja tingalan-Dalem ing wulan Ruwah, kalebet belonja a/pem, kalih belonja among, kathahipun, 138, saupami Bupati moncanegari wonten wewah, 30,   wah patumbas jené dedeg-Panjenengan wrat setail, apengaos 16 réyal,   wah selakanipun kalih keton,   wah tosan tembagi, apengaos 1, (?),   wah belonja sidhekah wulan Ruwah, 12 réyal,

punika pémut belonja terawèh, kathahipun 40, wondéning pandumanipun ingkang dhateng Masjid Ageng, 7, ingkang dhateng Suranatan, 3, ingkang dhateng Panepèn, 5, ingkang dhateng Magangan, 5, ingkang dhateng Jamban, 5, ingkang dhateng Kemandhungan, 5, ingkang dhateng Purwareja, 5, ingkang dhateng Arjawinangun, 5, dados sampun sumerep yatra, 40 réyal, wau punika,

punika pémut belonja malem,   punika pratélanipun,   ingkang dipunsanggi Nyai Tumenggung, ancakipun abdi-Dalem sapanengen,   gu(ng)gunging ancak Jatosngawis, dados 33, yatranipun, 123 réyal, ingkang dipunsanggi Nyai Riya Adisana, ancakipun abdi-Dalem sapangiwa,   gu(ng)gunging ancak Jatosngawis sedaya, 33, yatranipun dados 122 réyal, langkung, (?), ingkang kapatedhakaken Mas Panji Padmawijaya, sumerep belonjanipun abdi-Dalem prajurit dharat, 50 réyal,   wah ingkang kunjuk Kangjeng Ratu Kadhaton, 30 réyal,

gu(ng)gung belonja malem sedaya dados, 325 réyal, langkung, (?),

f. 150v
wah belonja Garebeg Siyam,   punika pratélanipun,   redi jaler 12, redi satunggilipun belanjanipun, 10 réyal, yatra se/daya dados 120 réyal,   wah pawohan kalihwelas, pawohan satunggil belanjanipun anyeka, yatranipun sedaya dados 3 réyal,   wah belonja bodhagan, 3, langkung, (?),   wah belonja dhahar-Dalem, 50 réyal,   wah belonja bu(m)bu, 1, (?),   gu(ng)gung belonja Garebeg Siyam sedaya dados 177 réyal, langkung, (?),

wah belonja Garebeg Besar,   punika pratélanipun,   redi jaler, 12, redi satunggil belanjanipun anya, 10 réyal, sedaya dados, 120 réyal,   wah redi èstri kakalih, redi satunggil belanjanipun, 18 réyal, yatranipun sedaya dados 16 réyal,   wah ancak Jatosngawis, 10, ancak satunggil belanjanipun, 4 réyal, yatranipun sedaya dados 40 réyal, wah pawohan, 12, pawohan satunggil belanjanipun, (?), yatranipun dados 3 réyal,   wah belonja bodhagan 4, (?),   wah belonja dhahar-Dalem, 50 réyal,   wah belonja bu(m)bu, 1 réyal, langkung, (?),

gu(ng)gung sedaya belonja Garebeg Besar dados 255 réyal, langkung, (?),

wah belonja kureban, 25 réyal,

wah belonja sidhekah Sura, 12 réyal,

punika pémut patedhan-Dalem yèn taun baru, kathahipun 50 réyal batu, kapétang Paréntah, 46 réyal, langkung, (?),

f. 151r
/ wah patedhan-Dalem patumbas ing tapih kemben dhateng nyonyah-nyonyahipun Uprup, 24 réyal, tapihipun kalih kebar, salirangipun apengaos 4 réyal, kemben kalih kebar, salirangipun apengaos, 2 réyal,   wah belonja dhahar-Dalem kalih dhaharan, kathahipun 11 réyal,

gu(ng)gung patedhan-Dalem taun baru, kalebet dhahar-Dalem, 81 réyal, langkung, (?), wah patedhan-Dalem Welandi barang nambur, 22 réyal, langkung, (?).

4   BL Add. MS. 12303
                                                              f. 151r

Memo of cash allowances (*yatra belonja*) for the purchase of clothes etc at the time of
marriages of the Sultan's children (*yèn Kangjeng Sinuhun mantu*) beginning with Radèn
Adipati Danureja II. Undated, but probably mid-1800s.

151r   Punika pémut amémuti yatra belonja yèn Kangjeng Sinuhun mantu,   punika pratélan-
       ipun,   patedhan-Dalem dhateng Radèn Adipati Danureja, putra satunggilipun kapatedh-
       an, 100 réyal,   wah patedhan-Dalem dhateng abdi-Dalem niyaga, kalebet patumbas ing
       konyoh, sajèn kutug, ingkang nabuh kagengan-Dalem Sekati, kalih pélog, sadalonipun, 10
       réyal, wah patedhan-Dalem dhateng abdi-Dalem ingkang saos bekti jagong, sedalonipun,
       12 réyal,   wah patedhan-Dalem salawat angijabaken, putra satunggilipun, 20 réyal, wah
       patedhan-Dalem dhateng ingkang reksa pengantèn, putra satunggilipun kapatedhan, 10
       réyal,   wah belonja ambengan ijab, ambengipun satus, ambeng satunggilipun sadasa
       uwang, yatranipun sedaya dados, 39 réyal, langkung, (?),   wah patumbas cindhé kadamel
       banbansawung, 30 réyal,   wah patumbas jambé sedhah, 10 réyal,   wah patumbas
       dringin, 2 réyal,   wah patumbas ing gedhog, 1 réyal,   wah patedhan-Dalem belonja
       sapekenipun, sampunipun ngujung, ing ngarsa-Dalem kundur dhateng Dalemipun
       piyambak-piyambak putra satunggilipun, 30 réyal.

5   BL Add. MS. 12303
                                                              f. 157v

Memo noting cash allowances (*yatra belonja*) for the purchase of bedding (*tumbas
pakileman*), entertainment and hospitality for guests (*segah*), and food for the Governor
of Java's Northeast Coast (*Delèr*), P.G. Overstraten, and his party, during his 12-day visit
to Yogyakarta in August 1792, when he came to ratify various points in the treaty bet-
ween HB II and the Dutch East India Company signed in April 1792 (i.e. at the time of
HB II's accession), coming to 1,594 real. Dated 11 August 1792. See Plate 18.

157v   Punika pémut ing dinten Septu tanggal ping sangalikur wulan Besar, ing taun Jé
       angkaning warsa, 1 7 1 8 [Saturday, 11 August 1792], saweg Delèr Setranten [i.e. Pieter
       Gerard van Overstraten, in office, September 1791–October 1796] dhateng mariki,
       patedhan-Dalem yatra belonja, 1594 réyal srepipun kadamel tumbas pakileman, 54 réyal,
       wah belonja segah dhateng Idlèr [Edel Heer] kalih belonja dhahar-Dalem salamènipun
       Idlèr wonten ngriki, lamènipun kalihwelas dinten, yatranipun dados, 800 réyal, ingkang
       punika kunjuk dhateng Kangjeng Ratu Kadhaton,   wah belonja da(n)dan, 700 réyal.

6   BL Add. MS. 12303
                                                              f. 157v-158r

Memo of royal allowances to the European Residency (*Laji*) for food (*belonja dhahar*)
when the Sultan came to visit and for soldiers of the Sultan's bodyguard from the royal
corps of messengers (*gandhèk*), gamelan musicans (*niyaga*), and from the *Gedhong* and
Kaparak administrative departments, totalling 125 real. Dated 22 November 1794. See
Plate 18.

f. 157v   Punika pémut ing dinten Septu tanggal ping walulikur,

f. 158r   wulan Rabing/ulakir, ing taun Wawu angkaning warsa, 1 7 2 1 [Saturday, 22 November 1794], patedhan-Dalem belonja, kala wiyos-Dalem dhateng Laji,   punika pratélanipun, belonja dhahar, 20, belonja dhaharan, 10, belonja ingkang dhateng prajurit, ing gandhèk, niyaga, Gedhong, Kaparak sedaya yatranipun, 95, réyal,

gu(ng)gung sedaya belanjanipun dados, 125, réyal.

7   BL Add. MS. 12303
                                                             f. 158r

List of purchases of gold leaf (*praos*) for repairs of the halls (*bangsal*) and pavilions (*pendhapa*) in the Yogyakarta kraton amounting to 5,313 real, with other expenses of 2,785 real bringing the total purchases of gold leaf to 8,108 real and the wages (*épah*) for skilled carvers (*ngukir-ukir*) of 260 real, all of which add up to 8,408 real, not counting the cost of wood (*kajeng*) at 300 real. See Plate 18.

f. 158r   Punika pémut lebetanipun kagengan-Dalem bangsal mendhapa,   punika pratélanipun, ingkang warni praos kimawon apengaos 5313,   wah patumbas werni sedaya apengaos, 2795, (?),

gu(ng)gung patumbas praos kalih werni sedaya dados apengaos, 8108, (?),   wah épahipun ingkang sami ngukir-ukir, 300,

anu(n)ten kagu(ng)gung sedaya patumbas peraos, werni kalebet épah ngukir, dados, 8408, (?), kajawi patumbas ing kajeng.

8   BL Add. MS. 12341
                                                             f. 38r–39r
                                                          Archive I:161–2

List of presents sent by Yogyakarta court to an incoming Dutch Governor-General (*Tuwan Jindral*) consisting of horses and various silver and gold ornaments for krises and pikes. The purchase cost of some of these items is given together with notes stating whether they have been dispatched or not.

9   BL Add. MS. 12303
                                                             f. 162v–164v
                                                             Archive I:162–4

Memo of presents and allowances sent by the court to Pieter Gerard van Overstraten on the occasion of his appointment as Governor of Java's North East Coast in Semarang and Governor-General in Batavia in respectively August 1791 and October 1796, as well as a list of payments made by the court for entertainments during his visit to Yogyakarta in August 1792 (see further above no. 5).

10
BL Add. MS. 12303
f. 1r

Memo concerning food consumed on the occasion of the visit of the Governor of Java's Northeast Coast Pieter Gerard van Overstraten to Tangkisan near Klathèn (see further above no. 5).

r   Punika pémut segahipun kala Tuwan Idelèr dhateng ing Tangkisan, ingkang werni lembu, (..) tiga, wah sangsam kebiri satunggil, ménda gambèl kakalih sawung kabicik kalihwelas babon sawidak, dhedhara sawidak, kemanggang sawidak ingkang demeruk sawidak bèbèk kalihwelas,   wah malih dhedhara babon kawanlikur, wah bèbèk kawanlikur, wah banyak nenem,   wah bra(m)bang gangsal rembat, bawang sarembat, mriyos gangsalwelas katos, sarem kawan rembat,   wah tigan pitik kawan-atus.

11
BL Add. MS. 12303
f. 157v

Memo of royal gifts on the occasion of the wife (*nyonyah*) of the Dutch Resident, Wouter Hendrik van IJsseldijk (in office, September 1786–June 1798), giving birth. Document incomplete and undated, but certainly betweeen 1786 and 1798. See Plate 18.

157v   Punika pémut saweg nyonyahing pun Uprup fan Iseldhik gadhah anak, pathedhan-Dalem patumbas p(a)nempon, 20 réyal, mari sakayuh, ingkang matedhakaken lurah anggandhèk.

PART 6

Cash Outlays

1

BL Add. MS. 12303
f. 129r–139v

Memo of royal cash outlays (*patedhan-Dalem yatra*) to members of the Sultan (HB II′s) close family (*putra-putra-Dalem*), royal relatives (*sentana-Dalem*), as well as royal retainers (*abdi-Dalem sedaya*), etc., including both unspecified allowances and clothing allowances for the entire court. Undated, but from internal evidence (e.g. the references to Radèn Tumenggung Jayawinata I, who died on 7 January 1803, and Radèn Tumenggung Purwadipura, who was appointed in *c.* 1794/6) probably drawn up between the mid-1790s and early 1800s.

f. 129r Punika pémut amémuti patedhan-Dalem yatra ingkang dhateng putra-putra-Dalem dhateng sentana-sentana-Dalem punapa déning dhateng abdi-Dalem sedaya,   punika pratélanipun, patedhan-Dalem dhateng putra-Dalem Kangjeng Gusti, 1,500,   wah patedhan-Dalem patumbas ing cindhé sembagi, 28, sedaya dados 1,528,

wah patedhan-Dalem dhateng Bendara Pangéran Ngabèhi, 133,   wah patedhan-Dalem patumbas ing celana, 24, sedaya dados 157,

wah patedhan-Dalem dhateng Bendara Pangéran Natakusuma, 133,   wah patedhan-Dalem patumbas ing celana, 24, sedaya dados 157,

wah patedhan-Dalem dhateng Bendara Pangéran Mangkudiningrat, 60,   wah patedhan-Dalem patumbas ing celana, 24, sedaya dados 84,

wah patedhan-Dalem dhateng Bendara Pangéran Ariya Mangkubumi, 60,   wah patedhan-Dalem patumbas ing celana, 24, sedaya dados 84,

f. 129v / wah patedhan-Dalem dhateng Bendara Pangéran Mangkukusuma, 60,   wah patedhan-Dalem patumbas ing celana, 18, sedaya dados 78 réyal,

wah patedhan-Dalem dhateng Bendara Pangéran Adikusuma, 60,   wah patedhan-Dalem patumbas ing celana, 18, sedaya dados 78 réyal,

wah patedhan-Dalem dhateng Bendara Pangéran Demang, 50,   (wah) kapatedhan-Dalem patumbas ing celana, 18, sedaya dados 68 réyal,

wah patedhan-Dalem dhateng Bendara Pangéran Kusumayuda, 50,   (wah) kapatedhan-Dalem patumbas ing celana, 18, sedaya dados 68 réyal,

wah patedhan-Dalem dhateng Bendara Pangéran Dipasonta, 30,   wah kapatedhan-Dalem patumbas ing celana, 17, sedaya dados 47 réyal,

wah patedhan-Dalem dhateng Bendara Pangéran Adiwijaya, 40,   wah kapatedhan patumbas ing celana, 18, sedaya dados 58 réyal,

wah patedhan-Dalem dhateng Bendara Pangéran Panular, 40,   wah kapatedhan patumbas ing celana, 18, sedaya dados 58 réyal,

30r wah patedhan-Dalem dhateng Bendara Pangéran Panengah, 50,   / wah kapatedhan pa-
tumbas ing celana, 18, sedaya dados 68 réyal,

wah patedhan-Dalem dhateng Bendara Pangéran Martasana, 50,   wah kapatedhan-Dalem
patumbas ing celana, 18, sedaya dados 68 réyal,

wah patedhan-Dalem dhateng Bendara Pangéran Wiramenggala, 50,   wah kapatedhan-
Dalem patumbas ing celana, 18, sedaya dados 68 réyal,

wah patedhan-Dalem dhateng Bendara Pangéran Pamot, 40,   wah kapatedhan-Dalem
patumbas ing celana, 18, sedaya dados 58 réyal,

gu(ng)gung patedhan-Dalem dhateng putra-Dalem Kangjeng Gusti, sasentananipun sedaya
dados 2,406 réyal,

gu(ng)gung patedhan-Dalem patumbas ing celana, sedaya dados 321,   anunten kagu(ng)-
gung sedaya, patedhan-Dalem kalebet patedhan-Dalem patumbas-tumbas ing celana, dados
2,727 réyal,

wah patedhan-Dalem yatra dhateng Kangjeng Bendara-Bendara salebet ing kadhaton
130v kalebet abdi-Dalem pa/ra gusti, 2,300,

wah patedhan-Dalem dhateng Bendara Radèn Ayu Jayaningrat sasentananipun Bendara-
Bendara putri,   punika pratélanipun,   patedhan-Dalem dhateng Radèn Ayu
Jayaningrat piyambak, kathahipun yatra 40 réyal,

wah patedhan-Dalem dhateng Bendara Radèn Ayu Danureja, kathahipun 100 réyal,

wah patedhan-Dalem dhateng Bendara Radèn Ayu Sumadiningrat 100, réyal,

wah patedhan-Dalem dhateng Bendara Radèn Ayu Rongga Prawiradirja, 100, réyal,

wah patedhan-Dalem dhateng Bendara Radèn Ayu Natayuda, 15 réyal,

wah patedhan-Dalem dhateng Bendara Radèn Ayu Danukusuma, 25 réyal,

wah patedhan-Dalem dhateng Bendara Radèn Ayu Wiryanegara, 40 réyal,

wah patedhan-Dalem dhateng Bendara Radèn Ayu Wiryadiningrat, 30 réyal,

wah patedhan-Dalem dhateng Bendara Radèn Ayu Wiryawinata, 30, réyal,

wah patedhan-Dalem dhateng Bendara Radèn Ayu Wiryakusuma, 30, réyal,

wah patedhan-Dalem dhateng Bendara Radèn Ayu Rongga Sepuh, 25, réyal,

wah patedhan-Dalem dhateng Bendara Radèn Ayu Sasradiningrat 25, réyal,

wah patedhan-Dalem dhateng Bendara Radèn Ayu Prawirasentika, 30, (réyal),

wah patedhan-Dalem dhateng Bendara Radèn Ayu Prawirayuda, 30, (réyal),

wah patedhan-Dalem dhateng Bendara Radèn Ayu Sasradiwirya, 30, (réyal),

131r / wah patedhan-Dalem dhateng Bendara Radèn Ayu Pringgakusuma, 30, réyal,

wah patedhan-Dalem dhateng Bendara Radèn Ayu Singaranu, 5, réyal, wah patedhan-Dalem dhateng Bendara Radèn Ayu Yudaprawira, 30, réyal,   wah patedhan-Dalem ingkang jajari, 36, réyal, sedaya dados 66 réyal,

wah patedhan-Dalem dhateng Bendara Radèn Ayu Jayawirya, 25, réyal,   wah patedhan-Dalem ingkang jajari, 36, réyal, sedaya dados 61, réyal,

wah patedhan-Dalem dhateng Bendara Radèn Ayu Gondakusuma, 25, réyal,   wah patedhan-Dalem ingkang jajari, 36, réyal, sedaya dados 61 réyal,

wah patedhan-Dalem dhateng Bendara Radèn Ayu Prawirakusuma, 25, (réyal,)   wah patedhan-Dalem ingkang jajari, 36, réyal, sedaya dados 61, (réyal,)

wah patedhan-Dalem dhateng Bendara Radèn Ayu Jayaprawira, 25, (réyal,)   wah patedhan-Dalem ingkang jajari, 36, réyal, sedaya dados 61, (réyal,)

wah patedhan-Dalem dhateng Bendara Radèn Ayu Sasrawijaya, 30, (réyal)   wah patedhan-Dalem ingkang jajari, 36, sedaya dados 61 réyal,

wah patedhan-Dalem dhateng Bendara Radèn Ayu Gondawijaya, 10, réyal,

wah patedhan-Dalem dhateng Bendara Radèn Ayu Jayapuspita, 15, réyal,

wah patedhan-Dalem dhateng Bendara Radèn Ayu Dipakusuma, 15, réyal,

wah patedhan-Dalem dhateng Bendara Radèn Ayu Ranawijaya, 8, réyal,

wah patedhan-Dalem Bendara Radèn Ayu Prawiramantri, 30, (réyal),   wah patedhan-Dalem ingkang jajari, 36, sedaya dados 66, réyal,

f. 131v   / wah patedhan-Dalem Bendara Radèn Ayu Kertadipura, 30, (réyal),   wah patedhan-Dalem ingkang jajari, 36, sedaya dados 66, réyal,

wah patedhan-Dalem Bendara Radèn Ayu Tirtadiwirya, 25, (réyal),   wah patedhan-Dalem ingkang jajari, 36, sedaya dados, 61, réyal,

wah patedhan-Dalem Bendara Radèn Ayu Yudakusuma, 25, réyal,

gu(ng)gung patedhan-Dalem dhateng Bendara Radèn Ayu Jayaningrat sasentananipun Bendara putri sedaya dados 1,385,

gu(ng)gungipun patedhan-Dalem ingkang jajari sedaya dados 484,   anunten sedaya kagunggung dados 1,869,

wah panumbas ing cindhé sembagi, ingkang kunjuk Kangjeng Ratu Ageng, Kangjeng Ratu Anèm, kalebet para gusti,   punika pratélanipun,   ingkang kunjuk Kangjeng Ratu Ageng cindhé alit salirang, apengaos 10, sembagi alit salirang, apengaos 4, sedaya dados apengaos 14, réyal,

wah ingkang kunjuk Kangjeng Ratu Kadhaton, cindhé alit salirang apengaos 4, sedaya dados apengaos 14, réyal,

wah ingkang kunjuk Kangjeng Ratu Anèm cindhé alit salirang apengaos, 10, sedaya dados sembagi alit salirang apengaos 4, sedaya dados apengaos 14, réyal,

f. 132r   /wah patedhan-Dalem patumbas ing cindhé sembagi dhateng Nyai Tumenggung, 10, réyal,

wah patedhan-Dalem patumbas ing cindhé sembagi dhateng Nyai Riya Sugonda, 10 réyal, wah patedhan-Dalem patumbas ing cindhé dhateng Nyai Lurah Pasedhahan abdi-Dalem lurah walu, 23 réyal,

wah patedhan-Dalem Nyai Kaparak Jawi, kalebet Nyai Régol dados abdi-Dalem gangsal, satunggilipun kapatedhan, 2, sedaya dados 10 réyal,

gu(ng)gung patumbas ing cindhé sembagi, ingkang kunjuk Kangjeng Ratu Ageng, Kangjeng Ratu Kadhaton, Kangjeng Ratu Anèm, kalebet lurah para gusti, sedaya dados 104 réyal,

wah patedhan-Dalem patumbas ing celana, dhateng putra-putra-Dalem timur, kalebet patedhan-Dalem yatra, patedhan-Dalem dhateng Bendara Pangéran Balitar, 20, wah patumbas ing celana, 18, sedaya dados 38 réyal,

wah patedhan-dalem dhateng Bendara Pangéran Dipasana, 20, (réyal), wah kapatedhan patumbas ing celana, 18, (sedaya dados 38 réyal),

wah patedhan-Dalem dhateng Bendara Pangéran Danupaya, 20, (réyal), wah kapatedhan-Dalem patumbas ing celana, 18, sedaya dados 38 réyal,

wah patedhan-Dalem dhateng Bendara Radèn Mas Sudarma, 6, réyal,

132v / wah patedhan-Dalem dhateng Bendara Radèn Mas Sabiril, 6, réyal,

wah patedhan-Dalem dhateng Bendara Radèn Mas Citrakusuma, 6, réyal,

wah patedhan-Dalem dhateng Bendara Radèn Mas Martakusuma, 3, réyal,

wah patedhan-Dalem dhateng Bendara Radèn Mas Wongsakusuma, 3, réyal,

wah patedhan-Dalem dhateng Bendara Radèn Mas Cakrakusuma, 3, réyal,

wah patedhan-Dalem dhateng Bendara Radèn Mas Cakradiwirya, 10, réyal,

wah patedhan-Dalem dhateng Bendara Radèn Mas Martadiwirya, 10, réyal,

wah patedhan-Dalem dhateng Bendara Radèn Mas Wiryataruna, 10, réyal,

wah patedhan-Dalem dhateng Radèn Kartakusuma, 3, réyal,

wah patedhan-Dalem dhateng Radèn Citradiwirya, 10, réyal,

wah patedhan-Dalem dhateng Radèn Citrawijaya, 8, réyal,

wah patedhan-Dalem dhateng Radèn Mas Japar, 10, réyal,

wah patedhan-Dalem dhateng Radèn Mas Salikin, 10, réyal,

wah patedhan-Dalem dhateng Radèn Mas Salimin, 10, réyal,

wah patedhan-Dalem dhateng Radèn Mas Selamet, 10, réyal,

wah patedhan-Dalem dhateng Radèn Mas Sabikin, 10, réyal,

wah patedhan-Dalem Bendara putra ingkang Kadospatèn, putra gangsal, ingkang sakawan satunggalipun kapatedhan, 5, ingkang satunggal, 6, sedaya dados 26 réyal,

133r / gu(ng)gung patedhan-Dalem Bendara-Bendara timur kalebet Bendara putra / ing Kadospatèn sedaya dados 268 réyal, wah patedhan-Dalem ingon Welandi, 1,500 réyal,

wah patedhan-Dalem dhateng abdi-Dalem pun Reksanegara, kalih abdi-Dalem pun Resa-praja, kalebet sakancanipun mantri, 500 réyal,

wah patedhan-Dalem pandhèrèk patumbas ing songsong, etèh gendhis batu samanisanipun ingkang dhateng putra sentana Bupati, ingkang sami pancèn kapatedhan, pandhèrèk kathahipun, 800, réyal,　　yen bakda Mulud wewah, dados 1,500 réyal,

wah patedhan-Dalem dhateng Welandi kusir, 20 réyal,

gu(ng)gung yatranipun sedaya dados, 2,820 réyal,

wah patedhan-Dalem yatra bandar dhateng Rahadèn Adipati Danureja, sasentananipun Bupati Jawi Lebet Kiwa Tengen sedaya, kathahipun, 1,041 réyal,

wah patedhan-Dalem patumbas ing celana, dhateng Radèn Adipati, kathahipun 48, réyal,

wah patedhan-Dalem patumbas celana, dhateng Kyai Adipati Purwadiningrat, 24, réyal,

wah patedhan-Dalem dhateng Radèn Rongga Prawiradirja, 24, réyal,

f. 133v　／wah patedhan-Dalem dhateng Radèn Tumenggung Sasradiningrat, 14, réyal,

wah patedhan-Dalem dhateng Radèn Rongga Prawiradirja, sasentananipun Bupati monca-negari, 600, réyal,

wah patedhan-Dalem dhateng Kyai Adipati Purwadiningrat, 100, réyal,

wah patedhan-Dalem patumbas ing celana, dhateng Kyai Pengulu, 14, réyal,

wah patedhan-Dalem patumbas celana, dhateng Tuwan Sarip, 24, réyal,

wah patedhan-Dalem patumbas celana, dhateng Tuwan Sarip Alwi, 20, réyal,

wah patedhan-Dalem patumbas celana, dhateng Tuwan Saripolah, 15, réyal,

wah patedhan-Dalem dhateng Ketib Kemiri, 6, réyal,

wah patedhan-Dalem dhateng Pangéran Balitar, 5, réyal,

gu(ng)gung patedhan-Dalem yatra bandar dhateng Radèn Adipati sasentananipun kalebet Kyai Pengulu, Tuwan Sarip titiga, sedaya dados, 1935 réyal,

wah patedhan-Dalem patumbas ing celana, dhateng Radèn Tumenggung Natayuda, sasentananipun Bupati Jawi Kiwa sedaya, patedhan-Dalem dhateng Radèn Tumenggung Natayuda piyambak, 24, réyal,

wah patedhan-Dalem celana, dhateng Pangéran Adinegara, 14, réyal,

wah patedhan-Dalem patumbas ing celana, dhateng Radèn Tumenggung Martalaya, 4, réyal,

wah patedhan-Dalem celana, dhateng Kyai Tumenggung Wiryanegara, 4, réyal,

f. 134r　／wah patedhan-Dalem patumbas ing celana, dhateng Radèn Tumenggung Danukusuma, 4, réyal, gu(ng)gung patedhan-Dalem patumbas ing celana, dhateng Radèn Tumenggung Natayuda sasentananipun Bupati Jawi Kiwa sedaya, 50, réyal,

wah patedhan-Dalem patumbas ing celana, dhateng Kyai Tumenggung Sindunegara, sasentananipun Jawi sapanengen,   patedhan-Dalem dhateng Kyai Tumenggung Sindunegara piyambak, 24, (réyal),

wah patedhan-Dalem patumbas ing celana, dhateng Radèn Tumenggung Jayawinata, 14, réyal,

wah patedhan-Dalem patumbas ing celana, dhateng Radèn Tumenggung Wiryadiningrat, 4, réyal,

wah patedhan-Dalem patumbas ing celana, dhateng Radèn Tumenggung Wiryakusuma, 4, réyal,

wah patedhan-Dalem patumbas ing celana, dhateng Radèn Tumenggung Reksanegara, 4, réyal,

gu(ng)gung patedhan-Dalem patumbas ing celana, dhateng Kyai Tumenggung Sindunegara sasentananipun Bupati Jawi Tengen, sedaya dados 50,

wah patedhan-Dalem patumbas ing celana, dhateng Radèn Tumenggung Sumadiningrat, sasentananipun Bupati Lebet sedaya,   patedhan-Dalem dhateng Radèn Tumenggung Sumadiningrat piyambak, 24, réyal,

wah patedhan-Dalem patumbas ing celana, dhateng Radèn Tumenggung Purwadipura, 24, réyal,

wah patedhan-Dalem patumbas ing celana, dhateng Kyai Tumenggung Mangundipura, 24, / réyal,

134v

wah patedhan-Dalem patumbas ing celana, dhateng Radèn Riya Sindureja, 14, (réyal),

wah patedhan-Dalem patumbas ing celana, dhateng Radèn Mangunrana, 4, réyal,

wah patedhan-Dalem patumbas ing celana, dhateng Radèn Mangunjaya, 4, réyal,

wah patedhan-Dalem patumbas ing celana, dhateng Radèn Mangunyuda, 4, réyal,

wah patedhan-Dalem patumbas ing celana, dhateng Radèn Sindujaya, 4, réyal,

wah patedhan-Dalem patumbas ing celana, dhateng Kyai Wiraguna, 14, réyal,

wah patedhan-Dalem patumbas ing celana, dhateng Radèn Panji Jayèngrana, 4, réyal,

wah patedhan-Dalem patumbas ing celana, dhateng Radèn Panji Surèngrana, 4, réyal,

wah patedhan-Dalem patumbas ing celana, dhateng Radèn Panji Padmawijaya, 4, réyal,

wah patedhan-Dalem patumbas ing celana, dhateng Kyai Prawirasastra, 4, réyal,

wah patedhan-Dalem patumbas ing celana, dhateng Kyai Tumenggung Reksapraja, 4, réyal,

wah patedhan-Dalem patumbas ing celana, dhateng Pangéran Silarong, 4, réyal,

wah patedhan-Dalem patumbas ing celana, dhateng Pangéran Dipakusuma, 4, réyal, wah patedhan-Dalem patumbas ing celana, dhateng Kyai Sindusastra, 4, réyal,

wah patedhan-Dalem patumbas ing celana, dhateng Kyai Tumenggung Kartadirja, 4, réyal,

wah patedhan-Dalem patumbas ing celana, dhateng Mas Nitipraja, 4, réyal,

wah patedhan-Dalem patumbas ing celana, dhateng Radèn Tumenggung Sasrakusuma, 4, réyal,

gu(ng)gung patedhan-Dalem patumbas ing celana, dhateng Radèn Tumenggung Sumadiningrat sasentananipun salebet sedaya, kalebet wedana prajurit titiga, dados 164 réyal,

f. 135r / wah patedhan dalem dhateng abdi-Dalem prajurit sarèhrèyan Kasurèngranan, patedhan-Dalem dhateng abdi-Dalem Lurah Kawandasa, 8, réyal,

wah patedhan-Dalem dhateng abdi-Dalem Mandhung Tanuastra Maundara, 594, réyal,

gu(ng)gung patedhan-Dalem prajurit rèrèyan Kasurèngranan, sedaya dados 602 réyal,

wah patedhan-Dalem prajurit rèrèyan Kajayèngranan, patedhan-Dalem dhateng abdi-Dalem Mantri Lebet Pinilih, 143, (?),

wah patedhan-Dalem dhateng abdi-Dalem salomprèt Mantri Lebet, 4, réyal,

wah patedhan-Dalem dhateng abdi-Dalem Jagakarya, saselomprètipun, kathahipun 296 réyal,

wah patedhan-Dalem dhateng abdi-Dalem Dhaèng Secadipura, 204, réyal,

wah patedhan-Dalem abdi-Dalem Kanèman Mantri Nirbaya, Jagasura, Jagabaya, Kawan Lurah, 594, réyal,

gu(ng)gung patedhan-Dalem dhateng abdi-Dalem prajurit sarèhrèyan Jayèngranan, dados, rèrèyan 1,241, (?) réyal,

wah patedhan-Dalem dhateng abdi-Dalem prajurit sarèrèyanipun Padmawijayan, patedhan-Dalem dhateng abdi-Dalem Nyutra Trunajaya, kalebet salomprèt, 404 réyal,

f. 135v / wah patedhan-Dalem dhateng abdi-Dalem Sanasèwu, 103, réyal,

wah patedhan-Dalem dhateng abdi-Dalem Belambangan, 358, réyal,

wah patedhan-Dalem abdi-Dalem prajurit dharat sedaya, 1,596, réyal, kalebet tambur sulingipun abdi-Dalem,

wah patedhan-Dalem dhateng abdi-Dalem Miji Pranakawan, 40 réyal,

gu(ng)gung patedhan-Dalem dhateng abdi-Dalem sarèhrèyan Padmawijayan sedaya dados, 2,531 réyal,

wah patedhan-Dalem dhateng abdi-Dalem ing Purwareja Wanacatur, ing Arjawinangun, punika pratélanipun,   patedhan-Dalem dhateng abdi-Dalem ing Purwareja kathahing abdi-Dalem walulas, kalebet lurah bekel, lurah bekelipun kapatedhan, 5, (?), jajaripun nembelas, satunggilipun kapatedhan, 4, (?), sedaya dados, 83 réyal,

wah abdi-Dalem kemitsiti kathahipun sedaya, kalebet bekel kekalih, bekel satunggilipun kapatedhan, 5, (?), jajar wawalu satunggilipun kapatedhan, 4, (?), sedaya dados, 47 réyal, wah patedhan-Dalem patumbas ing Berondong, patedhanipun ulam ing Purwareja kalebet ing Guwa Séluman, 24 réyal, wah patedhan-Dalem patumbas ing Berondong ing Telaga Redi Cendhanasantun, 12, wah patedhan-Dalem dhateng abdi-Dalem ingkang ngreksa sekar melathi, abdi-Dalem gangsal satunggilipun kapatedhan, 4, / sedaya dados, 22, (?), réyal, wah patedhan-Dalem dhateng abdi-Dalem kemitsiti ing Guwa Séluman, abdi-Dalem kekalih, satunggilipun kapatedhan, 4, (?), sedaya dados, 8, réyal, Resawanaresa Pergota, 12, kebayan kalih ngalih réyal, dados 4, réyal, wah patedhan-Dalem dhateng kemitsiti ing Mawatreja tiyang sedasa satunggilipun, 2, (?), réyal, sedaya dados 25,

36r

gu(ng)gung patedhan-Dalem dhateng abdi-Dalem Purwareja Wanacatur Mawatreja, sedaya dados 238, (?), réyal,

wah patedhan-Dalem dhateng abdi-Dalem ing Arjawinangun, abdi-Dalem punggawa kathahipun walulikur, satunggilipun kapatedhan, 4, (?), sedaya dados 126 réyal, wah patedhan-Dalem dhateng abdi-Dalem Nirb(a)ya, abdi-Dalem pitu kalebet bekel satunggil, bekelipun kapatedhan, 5, jajaripun kapatedhan, 4, (?), sedaya dados, 32 réyal, wah patedhanipun kemitsiti kekalih, satunggilipun kapatedhan, 3, sedaya dados 6, réyal, wah patedhanipun Rejawecana, 4, (?), réyal, wah patedhan-Dalem dhateng abdi-Dalem ingkang rumeksa taman ing Arjak(e)tawang, abdi-Dalem sakawan, satunggilipun kapatedhan, 4, (?), sedaya dados 18, réyal,

36v

/ wah patedhan-Dalem dhateng pun Jayanala, sumerep sabin ingkang kapundhut, 5, amalulikur wang kapétang Paréntah dados 5, (?), réyal,

gu(ng)gung patedhan-Dalem dhateng abdi-Dalem ing Purwareja, ing Rejawinangun Wanacatur, sedaya dados 430, (?), réyal,

wah patedhan-Dalem paos ing sabin, dhateng abdi-Dalem Jawi Lebet Gedhong Kiwa Kaparak Kiwa Tengen, punika pratélanipun, ingkang dhateng Jawi Kiwa, sami réyal anigang-dasa wang, kapétang réyal Paréntah, dados, 187, (?), réyal,

wah dhateng Jawi Tengen sami réyalan aningang-dasa wang, kapétang réyal Paréntah dados 148, (?), réyal,

wah ingkang dhateng Gedhong Kiwa, 38, anigang-dasa wang réyalipun kapétang Paréntah dados 43, (?), réyal,

wah ingkang dhateng Gedhong Tengen 40, anigang-dasa wang saréyalipun, kapétang Paréntah dados 46, (?), réyal,

wah ingkang dhateng Kaparak Kiwa, 55, anigang-dasa wang saréyalipun, kapétang Paréntah dados 64, (?), réyal,

wah ingkang dhateng Kaparak Tengen (...) anigang-dasa wang saréyalipun, kapétang Paréntah dados, 65, (?), réyal,

137r

gu(ng)gung patedhan-Dalem paos ing sabin ingkang kapundhut, kapaosa/n, dhateng abdi-Dalem Jawi Lebet Kiwa Tengen sedaya dados anigang-dasa wang saréyalipun, kapétang réyalan Paréntah dados 569, (?), réyal,

wah patedhan-Dalem jujuling sabin dhateng putra sentana, punika pratélanipun, ingkang dhateng Bendara Pangéran Ngabèhi, sumerep sabin ing Juwangi, 14, anigang-dasa wang saréyalipun, wah ingkang dhateng Bendara Pangéran Natakusuma, 2, anigang-dasa wang saréyalipun,

wah ingkang dhateng Bendara Pangéran Mangkubumi, sumerep sabin ing Tegilsantun, 7, anigang-dasa wang saréyalipun,

wah ingkang dhateng Kyai Tumenggung Mangundipura, sumerep sabin ing Bendha, 8, (?), anigang-dasa wang saréyalipun,

wah ingkang dhateng pun Samadipura abdi-Dalem Mantri Jawi, sumerep kikiranganipun sabin kalih jung, 4, anigang-dasa wang saréyalipun,

wah ingkang dhateng Kyai Prawirasastra, liyeran saking Gedhong Kiwa, 2, anigang-dasa wang saréyalipun,

wah ingkang dhateng Mas Kertadipura, liyeran saking Gedhong Kiwa, 2, anigang-dasa wang saréyalipun,

wah ingkang dhateng abdi-Dalem pun Madanasraya, 1, anigang-dasa wang saréyalipun,

wah ingkang dhateng abdi-Dalem pun Ma(ng)kuwijaya, 1, anigang-dasa saréyalipun,

wah ingkang dhateng abdi-Dalem Jiwaraga, 2, anigang-dasa wang saréyalipun,

f. 137v wah ingkang dhateng abdi-Dalem pun Rejawongsa, liyeran saking Kaparak Kiwa, 2, anigang-da/sa wang saréyalipun,

wah ingkang dhateng pun Kertadirana, liyeran saking Kaparak Kiwa, 2, anigang-dasa wang,

wah ingkang dhateng abdi-Dalem pun Sastrawirya, liyeran saking Gedhong Kiwa, 2, anigang-dasa wang saréyalipun,

wah ingkang dhateng Nyai Lurah Kaparak Jawi, liyeran saking Mantri Jawi Kiwa, 4, anigang-dasa wang saréyalipun,

wah jujuling sabin pethalan saking Bendara Pangéran Mangkubumi pethalan Jawi Kiwa, 14, réyal anggris,

gu(ng)gung patedhan-Dalem yatra jujuling sabin dhateng putra sentana, kalebet paos sedaya, dados 53, anigang-dasa réyalipun, kapétang réyal paréntah dados 76, (?),

wah patedhan-Dalem jujuling sabin dhateng abdi-Dalem prajurit, punika pratélanipun, ingkang dhateng pun Jagasura, sumerep sabin ing Gelodhogan 4, anigang-dasa,

wah ingkang dhateng pun Wirabraja, sumerep sabin ing Kertasadu, ing Rujakgadhung, 2, (?), anigang-dasa wang saréyalipun,

wah ingkang dhateng abdi-Dalem pun Jagakarya, sumerep sabin ing Tritis, 2, anigang-dasa wang,

wah ingkang dhateng abdi-Dalem Jagakarya malih, liyeran saking Jawi Kiwa, 2, anigang-dasa wang,

f. 138r wah ingkang dhateng abdi-Dalem pun Jayapramadi, sumerep sabin ing / Beratok, 1, (?), anigang-dasa wang, wah ingkang dhateng abdi-Dalem pun Onang-Onang Manis, sumerep sabin ing Maguwa, 4, anigang-dasa wang,

wah ingkang dhateng abdi-Dalem Katanggel, sumerep sabin Sumbersumyang Pakèntholan, 1, anigang-dasa wang,

gu(ng)gung patedhan-Dalem jujuling sabin dhateng abdi-Dalem prajurit sedaya dados, 17, (?), anigang-dasa wang saréyalipun, kapétang paréntah dados 20, (?),

wah patedhan-Dalem dhateng abdi-Dalem ngajeng, sumerep taker-tedhak angger, 264, (?), réyal,

wah patedhan-Dalem dhateng abdi-Dalem prajurit ing Pacitan, satunggilipun sami kapatedhan, 4, sedaya dados, 160, réyal,

wah patedhan-Dalem dhateng Pangéran Ngabdulngaripin, 15, réyal,

wah patedhan-Dalem dhateng abdi-Dalem pun Resaleksana, 5, réyal,

wah patedhan-Dalem dhateng abdi-Dalem serati, 9, réyal,

wah patedhan-Dalem abdi-Dalem kemasan sumerep patumbas sepuh, 20, réyal,

wah patedhan-Dalem pun Nursalim, 3, réyal,

wah patedhan-Dalem dhateng dhalang pun Kertasana, 5, réyal,

138v /wah patedhan-Dalem dhateng Jigja, 4, réyal,

wah patedhan-Dalem dhateng pandhé Nyutra Miji, 4, réyal,

gu(ng)gung sedaya dados 489, (?), réyal,

wah patedhan-Dalem chaji ing Kawiskunthi, abdi-Dalem tigalikur, ingkang satunggil kapatedhan, 6, ingkang tiga kapatedhan 3, ingkang sangalas kapatedhan 2, satunggilipun, wah merbot sakawan satunggilipun kapatedhan, 2, sedaya dados, 81, (?), réyal,

wah patedhan-Dalem dhateng abdi-Dalem merbot ing Sanasèwu, abdi-Dalem gangsal satunggilipun kapatedhan, 4, (?), sedaya dados 22, (?) réyal,

wah patedhan-Dalem dhateng Bekel Saman ingkang rumeksa pasanggrahan, 8, réyal, wah patedhan-Dalem dhateng abdi-Dalem kemitsiti alun-alun Sanasèwu, tiyang sadasa, satunggilipun kapatedhan, 4, (?), réyal,

wah patedhan-Dalem dhateng kemitsiti salebet ing banon tiyang gangsal lurah, lurahipun kapatedhan 5, jajaripun sakawan satunggilipun kapatedhan 2 réyal, sedaya dados 73, réyal,

139r wah patedhan-Dalem kemitsiti ing Sanapakis abdi-Dalem nemlikur, kalebet bekel tiga, bekel satunggilipun kapatedhan, / 5 jajar satunggilipun kapatedhan, 2, sedaya dados 61 réyal,

wah patedhan-Dalem dhateng kemitsiti Sanapakis tiyang sakawan satunggilipun kapatedhan 3, (?), sedaya dados 14, réyal,

wah patedhan-Dalem dhateng pun Tapsiranom, 4,   wah kancanipun walu satunggilipun kapatedhan, 2, sedaya dados 20, réyal, wah patedhan-Dalem kemitsiti Ambarkatawang, abdi-Dalem walu, ingkang satunggal kapatedhan 3, ingkang pitu kapatedhan, 2, sedaya dados 17, réyal,

wah patedhan-Dalem dhateng kemitsiti ing Telagi, abdi-Dalem nem, satunggilipun kapatedhan, 2, sedaya dados 12, réyal,

wah patedhan-Dalem dhateng kemitsiti ing Prèh, tiyang kalih, satunggilipun kapatedhan 2, sedaya dados 4, réyal,

gu(ng)gung patedhan-Dalem dhateng Kaji Kawiskunthi, kemitsiti Sanasèwu, Ngambar-katawang, Telagi, Ngeprèh, Tepsiranom, sedaya dados 313, réyal,

f. 139v   anunten kagu(ng)gung patedhan-Dalem yatra sedaya, dhateng a/bdi-Dalem ingkang sami pancèn kapatedhan, sedaya, kajawi abdi-Dalem Jagaupa dados 18,508, (?).

2   BL Add. MS. 12341
                                                                              f. 163r–164r

Memo of Kyai Tumenggung Mangundipura I and Radèn Tumenggung Mangundireja listing royal purchases of gold leaf (*praos*), Chinese red paint (*gincu*), ordinary paint (*cet*), best quality indigo (*nilawredi*), lime (*ancur*), Dutch oil (*lisah Welandi*), various types of iron (*tosan*), and various types of cloth (*sangkelat*) in different colours. The end of the document lists various debts incurred to a number of court officials, as well as to a certain Sam (probably a local Chinese merchant or tollgate keeper [*bandar*], see above Section III, Part 1, no. 20). Also mentioned is a payment of 10,000 real *batu* from by the Dutch, almost certainly the yearly '*strandgeld*' for the 'lease' of the Northeast Coast, see above p. 324 n.3. Dated 24 August 1777.

f. 163r   Punika pémut kahula, abdi-Dalem Mangundipura, pun Mangundireja, amémuti pupun-dhutan-Dalem tutumbasan,   puni(ka) pratélanipun sadaya,   ingkang warni praos, kawanlikur banon, apengaos kalih-atus kawan-dasa réyal, ingkang warni gincu sèket bungkus langkung kawan bungkus, apengaos satus wolung réyal, ingkang warni cèt kawan tong, apengaos kalih-atus réyal, ingkang warni nilawredi saepun, apengaos kalihwelas réyal, ingkang warni ancur kalih-èwu gangsal-atus gapit, apengaos tigang-dasa réyal langkung gangsal seka, ingkang warni lisah Welandi tigang gendul, apengaos tiga-tengah réyal, ingkang warni tosan wolulikur tengah dhacin, langkung kalihwelas kati, apengaos tigang-atus tigang-dasa langkung nem seka, ingkang warni paku kawan-tengah dhacin, apengaos wolung-dasa pitu réyal sajampel, ingkang warni s(e)ngkelat cemeng satus sélong langkung katiga-tengah élo, apengaos tigang-atus langkung pitu réyal sajampel, ingkang warni s(e)ngkelat (a)brit, satus kawan-dasa walung élo, apengaos gangsal-atus sangang-dasa kalih réyal, ingkang warni rénda ageng tigang-dasa élo langkung saélo, saélonipun pengaos anggangsal réyal, sadaya pengaos satus sèket gangsal réyal, ingkang warni rénda tepi kalih-dasa élo, saélonipun pengaos anigang seka, sadaya pangaos gangsalwelas réyal,
f. 163v   ingkang warni rénda alit sèket, langkung kawan élo, saélonipun pengaos amitung / seka, sadaya pengaos sangang-dasa kawan réyal sajampel,

gu(ng)gung dados pengaos kalih-èwu satus pitung-dasa nem réyal tigang seka,

wah dhuwung anyar gangsal, sasaputrantènipun apengaos pitung-dasa gangsal réyal tigang seka,   wah sambutan kula dhateng sawarnènipun abdi-Dalem, ingkang sami kapatedhan, kalih-atus pitung-dasa tigang réyal,   wah sambutan kula ingkang rumiyin, dhateng pun Sam kalihpun semaos, apengaos tigang-èwu walulikur réyal tigang seka,

anunten kagunggang sadaya dados apengaos gangsal-èwu gangsal-ratus sèket kawan réyal saseka,

wondéning kagungang-Dalem yatra, sambutan-Dalem saking Kumpni, kathahipun saleksa batu, kapétang amalulikur uwang saréyalipun, dados sangang-èwu tigang-atus pitung-dasa gangsal réyal,   saupami kacawok pundhutan-Dalem tutumbasan, gu(ng)gung apengaos gangsal-èwu gangsal-atus sèket kawan réyal saseka wau punika, sami réyalan amalulikur uwang saréyalipun sadaya, kagungan-Dalem yatra dados kantun tigang-èwu walung-atus kalih-dasa réyal tigang seka,

64r anunten ingkang sèwu lajeng, kapatedhak-patedhakaken, ing/kang sami nuhun nyambut, kagungan-Dalem yatra dados kantun kalih-èwu wolung-atus kalih-dasa réyal tigang seka,

kala dhawah timbalan-Dalem, ingandikakaken angesahi, sawernènipun sambutan kula sadaya, ing dinten Kemis esahipun sadaya ing dinten Ahad tanggal ping kalih-dasa sasi Rejeb taun Dal angkaning warsa 1 7 0 3   [Sunday, 24 August 1777].

3   BL Add. MS. 12341
                                                            f. 37r
                                                      Archive I:150

List of outlays (*patedhanipun*) on buffaloes and rice (*uwos*) for the Yogyakarta Crown Prince (*Kangjeng Gusti*) and tribute money (*bektanipun*) in cash and in kind paid by other Yogya officials. Undated, but possibly pre-July 1787.

4   BL Add. MS. 12303
                                                      f. 156v-157v
                                                      Archive I:171

Memo of money contributed by HB II for the purchase of flowers (*sekar*) for grave sites and other holy places in Java and Madura. Undated, but possibly 22 October 1804.

5   BL Add. MS. 12303
                                                      f. 153r-154r

Memo of royal expenditures for, *inter alia*, the purchase of gold inlaid (kris and sabre) handles (*kerang kencana*) for members of the court. Dated October–November 1796.

153r Punika pémut ing wulan Rabingulakir ing taun Alip angkaning warsa 1 7 2 3 [3 October– 1 November 1796], amémuti patedhan-Dalem yatra, patumbas ing kerang kencana, dhateng putra-putra-Dalem, sentana-Dalem sedaya, punapa déning dhateng abdi-Dalem wangkid kaliwon sapanginggil,   punika pratélanipun,   ingkang dhateng Bendara Pangéran Ngabèhi, Bendara Pangéran Natakusuma, Bendara Pangéran Mangkudiningrat, Bendara Pangéran Mangkubumi, Bendara Pangéran Mangkukusuma, Bendara Pangéran Adikusuma, Bendara Pangéran Demang, Bendara Pangéran Kusumayuda, Bendara Pangéran Adiwijaya, Bendara Pangéran Panular, Bendara Pangéran Panengah, Bendara

f. 153v Martasana, Bendara Pangéran Wiramenggala, Bendara Pangéran Singasari, / Bendara Pangéran Ariya Pamot, Bendara Pangéran Dipasana, dados Bendara nembelas, Bendara satunggilipun kapatedhan, 40 réyal, sedaya yatranipun, 640 réyal,

wah ingkang dhateng abdi-Dalem Bupati, ingkang sami kapatedhan, 50 réyal, kalebet patedhan-Dalem wewah-wewah, ingkang sami anglampahi ayahan-Dalem, kautus dhateng Semawis angadegaken Jéndral, abdi-Dalem pun Danureja, abdi-Dalem pun Mangundipura, abdi-Dalem pun Danukusuma, abdi-Dalem pun Prawirasastra, dados abdi-Dalem sekawan, yatranipun dados 200 réyal,

wah patedhan-Dalem dhateng Radèn Tumenggung Sumadiningrat, Radèn Rongga Prawiradirja, Radèn Tumenggung Mertanegara, Pangéran Dipakusuma, dados abdi-Dalem sekawan, abdi-Dalem satunggilipun kapatedhan 20 réyal, yatranipun sedaya dados 80 réyal,

wah abdi-Dalem Jayawinata kapatedhan 50, réyal, kalebet patedhan-Dalem wewah-wewah,

wah ingkang kapatedhan 25 réyal, Radèn Riya Sindureja, Pangéran Adinegara, Kyai Adipati Purwadiningrat, Radèn Tumenggung Sasradiningrat, Kyai Tumenggung Wiryanegara, Radèn Tumenggung Sasranegara, Radèn Tumenggung Sasrakusuma, Radèn Tumenggung Yudakusuma, Mas Tumenggung Samanegara, Radèn Tumenggung Samadipura, Kyai Ngabèhi Mangundirana, dados abdi-Dalem, 14, yatranipun sedaya dados 350 réyal,

wah patedhan-Dalem dhateng Radèn Tumenggung Prawirayuda, 5 réyal, kalebet patedhan-Dalem wewah-wewah,

f. 154r wah ingkang sami kapatedhan, 20 réyal, Radèn Tu/menggung Natayuda, Radèn Tumenggung Martalaya, Kyai Tumenggung Mendura, Radèn Tumenggung Sumadiwirya, Kyai Tumenggung Mangunnegara, Kyai Tumenggung Wiraguna, Radèn Tumenggung Wiryadiningrat, Radèn Tumenggung Wiryawinata, Radèn Wiryakusuma, Radèn Sasradiwirya, Radèn Tirtadiwirya, Mas Kertadipura, Radèn Panji Surèngrana, Radèn Panji Jayèngrana, Mas Panji Padmawijaya, Kyai Tumenggung Re(k)sanegara, Kyai Resapraja, Radèn Tumenggung Pringgadiwirya, Mas Tumenggung Setrawijaya, Mas Tumenggung Kertadirja, Mas Ngabèhi Sindujaya, Radèn Ngabèhi Mangunjaya, Mas Ngabèhi Mangunyuda, Radèn Ngabèhi Mangunrana, dados abdi-Dalem, 25, yatranipun sedaya dados 750 réyal,

gu(ng)gung abdi-Dalem Bupati Kaliwon sapanginggil, kalebet putra sentana, ingkang sami pancèn kapatedhan patumbasipun kerang kencana, sedaya dados 65,

gunggung patedhan-Dalem dados 2,620 réyal.

6   BL Add. MS. 12303
                                                               f. 154r–155r

List of expenses (e.g. purchase of gold leaf [*jené*] and hire of court scribes) and personal allowances associated with the issuance of the annual 'Gold Tax-Farm Letter' to the *Wedana Bandar*, Kyai Tumenggung Reksanegara. The list details allowances to be paid by Reksanegara to members of the Sultan's family, court officials, mosque officials and kraton *santri*, 560 real in all, of which 295 are paid out in allowances and 265 are to accrue to the Sultan for kraton expenses. Dated 8 March 1799. See further Arsip Nasional, 'Bundel Djokjo Brieven' no. 48, HB II to Kyai T. Reksanegara, 1 Sawal A.J. 1725.

54r Punika pémut kagungan-Dalem jené, ingkang kadamel papan nuwala bandar, wawratipun gangsal tail langkung satangsul, jené apengaos nyalawé réyal satailipun, sedaya dados apengaos, 126, (?), réyal,

ing saben-saben tampènipun kagungan-Dalem bandar, abdi-Dalem pun Reksanegara, kapatedhan nuwala kencana, wondéning lorodanipun papan kencana wau kapundhut, wondéning saosanipun patumbas ing nuwala bandar, abdi-Dalem pun Reksanegara, kathahipun, 560 réyal, lajeng sami kapatedhakaken dhateng putra-Dalem, sentana-Dalem, punapa déning abdi-Dalem ingkang sami pancèn kapatedhan sedaya, punika pratélanipun, Kangjeng Gusti kapatedhan, 20, Bendara Pangéran Ngabèhi, Bendara Pangéran Natakusuma, Bendara Pangéran Mangkudiningrat, Bendara Pangéran Mangkubumi, dados

54v Benda/ra sakawan, Bendara satunggilipun kapatedhan, 8, réyal, wah Bendara Pangéran Adikusuma, Bendara Pangéran Mangkukusuma, Bendara Pangéran Demang, Bendara Pangéran Kusumayuda, Bendara Pangéran Riya Panular, Bendara Pangéran Adiwijaya, Bendara Pangéran Dipasonta, Bendara Pangéran Dipasana, Bendara Pangéran Panengah, Bendara Pangéran Mertasana, Bendara Pangéran Wiramenggala, Bendara Pangéran Pamot, Bendara Pangéran Danupaya, Bendara Pangéran Balitar, dados Bendara kawanwelas, Bendara satunggilipun kapatedhan, 5 réyal,

wah Radèn Adipati (Danureja) kapatedhan, 15, Kyai Pengulu kapatedhan, 5, réyal,

wah Tuwan Sarip titiga, Tuwan satunggilipun kapatedhan, 4, réyal,

wah Radèn Tumenggung Sumadiningrat, Radèn Tumenggung Mertanegara, Kyai Tumenggung Mangundipura, Radèn Tumenggung Natayuda, Radèn Tumenggung Purwadipura, abdi-Dalem satunggilipun kapatedhan, 8,

wah Radèn Riya Sindureja, Pangéran Adinegara, Radèn Tumenggung Jayawinata, dados abdi-Dalem titiga, sami kapatedhan, 5, réyal,

wah Radèn Panji Surèngrana, Radèn Riya Jayèngrana, Mas Panji Padmawijaya, sami kapatedhan, 4, réyal,

wah Radèn Tumenggung Wiryadiningrat, Radèn Tumenggung Wiryawinata, Kyai Tumenggung Wiryanegara, Radèn Tumenggung Mertalaya, Kyai Riya Mendura, Kyai Tumenggung Mangunnegara, dados abdi-Dalem nenem, sami kapatedhan, 2, (?),

wah Kyai Tumenggung Wiraguna, kapatedhan, 4, réyal,

wah abdi-Dalem Kaliwon Lebet sekawan, Mas Tumenggung Kartadirja, Kyai Tumenggung Reksanegara, Kyai Tumenggung Reksapraja, dados abdi-Dalem pitu, sami kapatedhan, 2,

wah abdi-Dalem pun Prawirasastra, abdi-Dalem pun Sastrawirya, sami kapatedhan, 10,

wah abdi-Dalem carik pitu, pun Sastraprawira, pun Wiryawijaya, pun Setrawecana, pun Setradirana, sami kapatedhan, 3,

155r / gu(ng)gung patedhan-Dalem pernataning bandar, ingkang kapatedhakaken dados, 295, kagengan-Dalem dados kantun, 265 réyal,

wah yatra pesangonipun abdi-Dalem anggandhèk, kathahipun 124 réyal, kalebet patumbas cemangan 24 réyal, ingkang kapatedhakaken abdi-Dalem anggandhèk, 80 réyal, ingkang kapundhut 36 réyal, wondéning tampènipun kagengan-Dalem bandar, kawangenan tigang taun, sinerat ing wulan Sawal ing taun Jimawal angkaning warsa, 1725 [8 March 1799].

7

BL Add. MS. 12303
f. 155r–v

Memo listing special allowances for state umbrellas (*songsong*), food, delicacies, and household items to the ruler and various high-placed court ladies (female relatives of the ruler and officials) from the royal orchards and tollgates (*bandar*).

f. 155r   Punika pémut pandhèrèkipun kagengan-Dalem bandar ingkang kunjuk ing Kangjeng Sinuwun,   punika pratélanipun,   awarni songsong ageng seraosan satunggil, songsong jené ageng kekalih, songsong dhara jené satunggil, ingkang pethak sakawan, awarni tèh kalihwelas pun, dados kalih ancak, satu-arum saancak, gambir saancak, kacang cina saancak, klédhung saancak, kamcu saancak, klènth(a)ng saancak, gendhis batu kalih gotongan, gendhis pasir kalih gotongan, cengkuwèh kalih gotongan, gudir kalih gotangan, jeram kalih tongsa sagotongan, lilin satus,   wah ingkang kunjuk Kangjeng Ratu Kadhaton, menawi ing wulan Mulud, songsong pethak palisir satunggil, tèh nem pun dados saancak, satu arum saancak, klédhung saancak, kacang cina saancak, klèngkèng saancak, kamsu saancak, gambir saancak, lilin sèkeb saancak, gendhis batu sagotongan, cengkuwèh gendhis pasir sami nyagotongan, menawi ing wulan Siyam songsongipun jené,

f. 155v   wah ingkang kunjuk Kangjeng Ratu / Bendara, inggih sami kalih, ingkang kunjuk Kangjeng Ratu Kadhaton,   wah ingkang kunjuk Kangjeng Gusti, inggih sami kalih ingkang kunjuk Kangjeng Ratu Kadhaton, nanging kaot mawi gudir sagotongan,   wah ingkang dhateng Nyai Tumenggung, gendhis batu saancak kalih bungkus, cengkuwèh saancak kalih bungkus, gambir sabungkus, tèh kawan pun, lilin sadasa,   wah ingkang dhateng Nyai Kadisana, sami kalih ingkang dhateng Nyai Tumenggung,   wah ingkang dhateng Nyai Pasedhahan, gendhis batu kalih bungkus, cengkuwèh kalih bungkus, tèh kalih pun, lilin walu,   wah ingkang dhateng Nyai Kaparak Jawi Kiwa Tengen, gendhis batu nyabuntel, cengkuwèh sabungkus, tèh angalih pun, lilin angenem,   wah ingkang dhateng Nyai Régol, gendhis batu sabungkus, tèh kalih pun,   wah ingkang dhateng Bendara Radèn Ayu salebet kadhaton, songsong jené sakawan, songsong pethak palisir praos sakawan, kathahing Bendara-Bendara walu, Bendara satunggilipun songsong pethak nyatunggil, manisan anyangang ancak,   wah ingkang dhateng konca kebayan sakawan, ingkang kakalih gendhisipun angalih bungkus, cengkuwèh angalih bungkus, tèh angalih pun, lilin nyadasa, ingkang kakalih gendhisipun nyabungkus, cengkuwèh nyabungkus, tèh nyapun, lilin nyekawan,   wah ingkang dhateng Bok Ajeng Dapa, kalih Mas Ajeng Purwaningsih, gendhis batu kalih bungkus, cengkuwèh kalih bungkus, tèh kalih pun, lilin walu, sedaya kaladosanipun wawrat ngalihlikur réyal.

8

BL Add. MS. 12303
f. 155v–156r

Fragment of a memo of cash payments of royal officials for pepper purchases (*yatra bayar mariyos*) in Lowanu (Bagelèn) and Pacitan to the Dutch Resident (Johannes Gerardus van den Berg, in office, June 1798–July 1803) which also mentions other cash crops (chili pepper [*cabé*], cubeb pepper [*kumukus*], and indigo [*nila*]). Issued at the *Garebeg Mulud* of A.J. 1727, which in that year fell on 4 August 1800.

155v   Punika pémut ing Bakda Garebeg Mulud taun Dal angkaning warsa, 1 7 2 7 [4 August
156r   1800], amémuti patedhan-Dalem yatra bayar, / mariyos, para sakawanipun ingkang saking
Tuwan Uprup, dhateng putra sentana, abdi-Dalem Bupati Mantri sedaya, ingkang sami
pancèn gadhah sabin ladosan mariyos, ing Lowanu Pacitan, kalebet cabé kumukus nila,
kathahipun.

9   BL Add. MS. 14397
                                                 f. 46r

Memo dealing with payments for pepper, chili pepper (*cabé*), and cubeb (*kumukus*) based
on lands of royal relations and court officials.

46r   Punika pémut patedhan-Dalem yatra bayaripun kagengan-Dalem mariyos cabé kumukus
sedaya,

kathahipun, wolung-atus sawelas réyal langkung tigang seka satangsul,   anunten kabagé,
kapara sabin walung-dasa jung, langkung kawan jung, sabin sajungipun kaleresan, sangang
réyal sajampel satangsul sedasa dhuwit,

sabin le(ng)gahipun putra sentana, kathahipun pitulikur jung tigang bau, bagèyanipun
kaleresan kalih-atus sawidak pitu réyal tigang seka, walung dhuwit,

wah sabin lenggahipun abdi-Dalem Bupati Jawi Lebet Kiwa Tengen, kathahipun sèket
jung langkung nem jung sabau, bagèyanipun kaleresan, gangsal-atus kawan-dasa sakawan
réyal setangsul,

dados sampun sumerep patedhan-Dalem yatra walung-atus sawelas réyal langkung tigang
seka setangsul wau punika.

10   BL Add. MS. 14397
                                           f. 16v-17v

Memo concerning royal grants (*paringanipun*) to female relatives (mainly daughters and
sisters) of the HB II married to various *mancanagara* Bupati. Undated, but probably
pre–August 1807, because it refers to HB II´s sister, B.R.A. Sasradiningrat I, who died
on 28 August 1807, and post–1794/6, because of the mention of B.R.A. Purwadipura,
whose husband was appointed in the mid-1790s (see above Section I, Part 1, no. 17).
Javanese tree-bark paper (*dluwang*).

16v   Punika pémut amémuti paringanipun Bendara-Bendara putri ing moncanegari, ingkang
sami kakersakaken kapundhut,   punika pratélanipun,   paringanipun Bendara Radèn
Ayu Wiryanegara, kawan-dasa réyal,   wah paringanipun Bendara Radèn Ayu Pringga-
kusuma, tigang-dasa réyal,   wah paringanipun Bendara Radèn Ayu Prawirasentika,
tigang-dasa réyal,   wah paringanipun Bendara Radèn Ayu Sasradiningrat, tigang-dasa
réyal,   wah paringanipun Bendara Radèn Ayu Yudaprawira, sawidak nem réyal,   wah
paringanipun Bendara Radèn Ayu Sasrawinata, tigang-dasa réyal,   wah paringanipun
Bendara Radèn Ayu Sasranegara, tigang-dasa réyal,   wah paringanipun Bendara Radèn
17r   Ayu Rongga Dhongkol, selawé réyal,   wah paringanipun Bendara / Radèn Ayu
(Y)udakusuma, selawé réyal,   wah paringanipun Bendara Radèn Ayu Pringgalaya,

sewidak réyal,   wah paringanipun Bendara Radèn Ayu Jayaprawira, sawidak réyal,
wah paringanipun Bendara Radèn Ayu Suradirja sadasa réyal,

gu(ng)gung yatranipun sadaya dados kawan-atus langkung kalih réyal,

wah paringanipun Bendara Radèn Ayu Jayaningrat, tigang-dasa réyal, kapundhut
kalih-dasa réyal, Bendara Radèn Ayu Wiryadiningrat, paringanipun kawan-dasa réyal,
kapundhut kalih-dasa réyal,   wah paringanipun Radèn Tumenggung Wiryadipura,
tigang-dasa réyal, kapundhut sadaya,

gu(ng)gung yatranipun sadaya dados kawan-atus pitung-dasa kalih réyal,

f. 17v   wah paringanipun / Bendara Radèn Ayu Purwadipura, sawidak réyal.

11   BL Add. MS. 12341
                                                            f. 45r

Memo concerning gold leaf (*jené*) to be used in the kraton for the filigree (*tatah*) of pikes
(*waos*) and other gold-inlaid weapons by the *abdi-Dalem priya(n)taka*, a corps of special
bodyguard soldiers of the Sultan.

f. 45r   Punika pémut jené, ingkang badhé kadamel da(ng)danan mangun kagengan-Dalem waos
priya(n)taka,   punika pratélanipun kagengan-Dalem waos sadasa, ingkang sampun
katatah pamethukipun gangsal ingkang dèrèng katatah pamethukipun gangsal pamethuk
satunggil kalebet jené, wawrat sapalih tangsul, jené apengaos kawan-dasa réyal satailipun,
pamethuk gangsal, jenènipun kalebet wawrat seka, la(ng)kung sapalih tangsul, dados
apengaos nem réyal la(ng)kung seka,   wah jené ingkang badhé kadamel walagni,
amapag suhing sarungan, waos satunggilipun, kalebet jené, wawrat sajampel, jené
apengaos kalih-dasa réyal satailipun, waos sadasa, kalebet jené wawrat gangsal réyal,
dados apengaos sèket réyal,   wah salaka badhé sopal, waos sadasa, kalebet wawrat
kalih-dasa, réyal apengaos kalih-dasa réyal,

gu(ng)gung ing yatra sadasa, dados pitung-dasa, nem réyal langkung seka.

12   BL Add. MS. 14397
                                                            f. 16r

Memo concerning gold finger rings (*supé seser*) belonging to the ruler. Javanese tree-bark
paper (*dluwang*).

f. 16r   Punika pémut kahula abdi-Dalem Nyai Riya sekaliyan, amémuti kagengan-Dalem supé
seser, wawratipun pitung-dasa réyal, kadamel supé dados satus kawan-dasa kalih, mila
langkung kalih udhun, udhunanipun i(ng)kang kadamel dados kalih, jené wawrat
pitung-dasa réyal wau punika, apengaos kawanlikur réyal satailipun, sedaya apengaos
walung-atus langkung kawan-dasa réyal,

wah kagengan-Dalem jené i(ng)kang awarni lantakan, kathahipun nemlikur, wawratipun
sèket langkung kalih réyal, jené apengaos angawanwelas réyal satailipun, sedaya apengaos
tigang-atus sawidak langkung kawan réyal.

13

BL Add. MS. 12303
f. 161v–162r

Memo, as above no. 12.

161v Punika pémut amémuti kagengan-Dalem supé seser jené sepuh-anèm,   punika pratélan-
ipun,   kagengan-Dalem supé seser jené, ingkang apengaos anigang-dasa réyal satailipun,
kathahipun tigang-dasa kalor, sakaloripun isi anigang-lawé seser, wawratipun tigang tail
langkung nem seka, supé tigang kalor wau punika, dados wrat sèket tail langkung wrat
nem tail sajampel,   wah kagengan-Dalem supé seser ingkang apengaos amalulikur
réyal, satailipun, kathahipun tigang kalor, sakaloripun isi anigang-lawé seser, wawratipun
walulas tail, langkung nem seka, supé tigang kalor, dados wawrat sèket tail, langkung nem
tail sajampel,   wah kagengan-Dalem supé seser, ingkang apengaos angenemlikur réyal
satailipun, kathahipun sakalor, sakalor wau punika isinipun nigang-lawé seser, wawratipun
walulas tail langkung nem seka,   wah kagengan-Dalem supé seser, ingkang apengaos
nyelawé réyal satailipun, kathahipun tigang kalor, sakaloripun isi anigang-lawé seser,
wawratipun walulas tail langkung nem seka, supé tigang kalor wau punika, dados wawrat
sèket tail langkung wawrat nem tail sajampel,   wah kagengan-Dalem supé seser,
ingkang apengaos angenemlikur réyal satailipun, kathahipun tigang kalor, sakaloripun isi
anigang-lawé seser, wawratipun walulas tail langkung nem seka, supé tigang kalor wau
162r punika, dados wa/wrat sèket tail langkung wrat nem tail sajampel,   wah kagengan-
Dalem supé seser, ingkang apengaos ngalihlikur réyal satailipun, kathahipun kawan kalor,
sakaloripun isi anigang-lawé seser, wawratipun walulas tail langkung nem seka, supé
kawan kalor dados wawrat pitung-dasa tail, langkung gangsal tail,   wah kagengan-
Dalem supé seser sakalor, isi tigang-lawé seser, ingkang sawidak seser jené apengaos
amalulikur réyal, satailipun, seser sawidak wawrat gangsalwelas tail, ingkang gangsalwelas
seser, wawrat tigang tail, langkung wrat nem seka, dados jangkep supé tigang-lawé seser,
wawratipun walulas tail, langkung wrat nem seka,

gu(ng)gung wawratipun kagengan-Dalem supé seser, sedaya dados wawratipun tigang-atus
tigang-dasa tail, langkung wrat saréyal.

14

BL Add. MS. 12303
f. 162r–v

Memo on gold finger rings belonging to the ruler, their location in the kraton and Taman
Sari (*Gedhong Umbul Winangun*), and those kraton officials charged with their upkeep.
Various dates are given between 21 August 1794 and 17 October 1796.

162r Punika pémut ing dinten Kemis tanggal ping kawanlikur, sasi Sura ing taun Wawu
angkaning warsa, 1 7 2 1 [Thursday, 21 August 1794], Kangjeng Sinuhun amundhut supé
seser, kathahipun nembelas seser, wawratipun walulas réyal, jené apengaos amalulikur
réyal satailipun, kakersakaken kadamel agemer, pamendhetipun saking Gedhong, ingkang
mundhut pun Partaatmaja, pun Prawirapuspita,

wah ing dinten Rebo tanggal ping sangalikur, wulan Sapar nunggil taun Wawu
[Wednesday, 24 September 1794], Kangjeng Sinuhun amundhut supé seser malih, kathah-
162v ipun kalihlikur seser, wawratipun sawelas réyal, ingkang pitung seser jené apeng/aos
angalihlikur réyal satailipun, ingkang gangsalwelas seser, jené apengaos amalulikur réyal

satailipun, caruk toya dados jené apengaos anyelawé réyal satailipun, wondéning srepipun kadamel sangsangan binggel cacadan, ingkang mundhut kula pun Padmawijaya, kalih pun Padmadikara, pun Minarsa, pun Partaatmaja,

wah ing dinten Senèn tanggal ping gangsalwelas, wulan Rabingulakir ing taun Alip, angkaning warsa, 1 7 2 3 [Monday, 17 October 1796], Kangjeng Sinuhun mundhut supé seser, kathahipun tigang-dasa langkung patang seser, ingkang tigang-dasa seser jené apengaos amalulikur réyal satailipun, ingkang pitung seser jené apengaos anyelawé réyal satailipun, ingkang pitung seser kapatedhakaken abdi-Dalem kemasan, kawewahan patedhan-Dalem jené saking kadhaton, wawrat kawan-tengah réyal, dados wrat pitung réyal, caruk toyanipun dados jené apengaos anigalikur réyal satailipun, srepipun kadamel balongsongipun kagengan-Dalem Kyai Sabet, ingkang tigang-dasa seser jené apengaos amalulikur réyal lajeng kapundhut,

kagengan-Dalem supé seser ingkang taksih, wonten kagengan-Dalem Gedhong Umbul Binangun, dados kantun pitulas kalor, sakaloripun isi anigang-lawé seser.

15 BL Add. MS. 12303
f. 152v
Archive I:170

Memo on division of the tithe payments (*yatra sakat*) made by the court to various groups of religious officials, wandering *santri*, *haji*, members of the Suranatan corps, and those living in tax-free areas (*pradikan*) close to Yogyakarta and royal estates such as Ambarkatawang and Sanasèwu. Dated A.J. 1726 (5 June 1799–24 May 1800). *Dluwang*.

16 BL Add. MS. 14397
f. 7r–8r

Memo concerning special windfall distributions (*baledug*) of dyestuffs (*sekar pulu*), white cotton cloth (*pethakan*), hanks of cotton thread (*tukel benang*), beeswax (*lilin*), and other items from the *mancanagara* which are to be divided up amongst senior officials of the Inner kraton administrative departments (*prayayi Wedana Lebet saKaliwonipun*) and commanders of the Sultan´s bodyguard troops (*wedana prajurit*). The products have been received for distribution at the Danurejan (i.e. Kepatihan). Dated 28 April 1812.

f. 7r Punika pémut patedhan-Dalem baledug moncanegara, bagéyanipun prayayi Wedana Lebet saKaliwonipun kalebet wedana prajurit ingkang warni yatra sèket réyal langkung kawan réyal sajampel kalebet patumbas i(ng) seka(r) pulu katiga tengah, ingkang warni pethakan tigang-dasa kebar sangang kebar, ingkang warni benang satus tukel sangang-dasa tukel, ingkang warni lilin wawrat satus sangang-dasa réyal, nunten kabagi sadaya, Radèn Tumenggung Martalaya, bagéyanipun yatra gangsal réyal, kacowok nem seka, ka(n)tun tigang réyal sajampel, pethakan bagéyanipun gangsal kebar, kacok tigang lirang, tigang kebar salirang, i(ng)kang warni benang bagéyanipun gangsalwelas tukel kacok gangsal tukel katun sadasa tukel, Radèn Tumenggung Jayadipura, Radèn Riya (P)urbakusuma, Radèn Riya Sindureja, bagéyanipun yatra, bagéyanipun pethakan bagéyanipun benang, inggih sami kados bagéyanipun Radèn Tumenggung Martalaya mekaten kathahipun,

f. 7v wah prayayi wedana prajurit gangsal, Radèn Tumenggung Prawirawinata / Radèn Tumenggung Prawiradiwirya, Radèn Riya Bro(ng)takusuma, Radèn Panji Surèngrana, Pangéran Adinegara, bagéyanipun yatra, angalih réyal prayayi satunggilipun, dados yatra sadasa réyal, wah bagéyanipun pethakan anyakebar prayayi satunggilipun dados pethakan gangsal kebar, wah bagéyanipun benang, a(ng)gangsal tukel prayayi satunggilipun dados benang salawé tukel, wah bagéyanipun prayayi kaliwon tetiga, Radèn Ngabèhi Mangunjaya, Mas Ngabèhi Ranawijaya, Radèn Ngabèhi Mangunrana, bagéyanipun yatra angalih réyal prayayi satunggilipun, dipuncowoki anyaseka, prayayi satunggilipun dados kantun amitung seka prayayi satunggilipun, dados yatra gangsal réyal langkung saseka, wah i(ng)kang warni pethakan anyakebar, prayayi satunggilipun, dados pethakan tigang kebar, wah ingkang warni benang, bagéyanipun gangsal tukel prayayi satunggilipun dados benang gangsalwelas tukel, wah bagéyanipun Mas Ngabèhi Sindujaya, ingkang warni yatra tigang réyal kacowok saseka, kantun kalih réyal langkung tigang seka, wah i(ng)/kang warni pethakan tigang kebar, kacowok sakebar, kantun kalih kebar, ingkang warni benang nem tukel kacowok satukel ka(n)tun benang gangsal tukel, wondéné bagéyanipun prayayi wedana sekawan wau punika, gu(ng)gung ing yatra kawanwelas réyal, i(ng)kang warni pethakan gangsalwelas kebar, ingkang warni benang kawan-dasa tukel,

wondéning bagéyanipun Ka(ng)jeng Bendara Radèn Tumenggung Sumadiningrat, i(ng)kang warni yatra kawanlikur réyal langkung sajampel, kalebet patumbas ing sekar pulu, ingkang warni pethakan kawanwelas kebar, wah ingkang warni benang satus tukel langkung kawan tukel,

kala atampi baledug moncanegari wonten Kadanurejan ing dinten Salasa tanggal ping gangsalwelas wulan Rabingulakir ing taun Alip angkaning warsa, 1 7 3 9

[Tuesday, 28 April 1812].

17
BL Add. MS. 12341
f. 90r–91v
(Add. 14397, f. 24r–25v)
Archive I:150–52

Memo listing money, state clothes, gold, jewellery, and other belongings given by HB II to Radèn Ajeng Sulbiyah, possibly a daughter of the Sultan. Total value of the wardrobe came to 1,073 real and may have been given as a wedding trousseau. Undated, but possibly 1803–5.

18
BL Add. MS. 12303
f. 153r

Memo of gifts on occasion of 'first touching of the ground ceremony' (*tedhak siti*) of Radèn Ajeng Timur (HB II's daughter [born *c.* November 1800] by his favourite official wife, Ratu Kencana Wulan), and the ear piercing ceremony (*tetes*) of four unmarried princesses (*Bendara Radèn Ajeng*). The document lists gifts of white cloth (*mari*) and *cindhé* from the Dutch Resident, J.G. van den Berg, (in office, June 1798–July 1803), and the *Kapitan Cina* of Yogyakarta, Qué Jin Sing (in office, *c.* 1793–1803), the father of Tan Jin Sing (post-Dec. 1813, Radèn Tumenggung Secadiningrat). Dated 1 June 1801.

153r   Punika pémut sareng tedhak siti Bendara Radèn Ajeng Timur, kalih tetesipun Bendara Radèn Ajeng sakawan, amarengi ing dinten Senèn tanggal ping walulas wulan Sura ing taun Bé angkaning warsa, 1 7 2 8 [Monday [*sic*] (in fact, Thursday), 1 June 1801], saosanipun pelèmèk Tuwan Uprup, awarni mari sakayuh, cindhé kawan lirang, wondéning saosanipun Kapitan (Qué) Jin Sing, awarni mari sakayuh, cindhé salirang.

19 BL Add. MS. 12341
f. 120r–121v

Memo of distribution of allowances in cash and kind to various kraton officials from the royal toll monies (*yatra bandar*) and tax receipts from royal rice fields (*paos ing sabin*) at the *Garebeg Puwasa* and *Garebeg Mulud*.

f. 120r Punika pémut amémuti ingkang dèrèng kapatedhan, patedhan-Dalem yatra bandar saweg ing Bakda Siyam, kalih ing Bakda Mulud punika, punika pratélanipun, patedhan-Dalem yatra bandar, dhateng Radèn Adipati Danureja, sasentananipun abdi-Dalem Jawi Lebet Gedhong Tengen, ingkang dèrèng kapatedhan patedhan-Dalem saweg ing Bakda Siyam, kathahipun sèwu kawan-dasa réyal langkung saréyal, wah patedhan-Dalem paos ing sabin ingkang dhateng abdi-Dalem Jawi Kiwa, kathahipun satus wolung-dasa pitung réyal langkung seka satangsul, wah ingkang dhateng abdi-Dalem Jawi Tengen kathahipun satus kawan-dasa réyal langkung walung réyal satangsul sapalih tangsul saprapatan tangsul kawan dhuwit, wah ingkang dhateng Gedhong Kiwa, kathahipun kawan-dasa kawan réyal langkung seka sapalih tangsul saprapat tangsul, wah ingkang dhateng abdi-Dalem Gedhong Tengen kathahipun kawan-dasa nem réyal langkung tigang seka satangsul, wah ingkang dhateng abdi-Dalem Kaparak Kiwa kathahipun sawidak kawan réyal langkung seka satangsul sapalih tangsul saprapat tangsul, wah ingkang dhateng abdi-Dalem Kaparak Tengen, kathahipun sawidak gangsal réyal, langkung sajampel satangsul,

gu(ng)gung patedhan-Dalem yatra paosing sabin ingkang sami kapundhut kapaosan sedaya dados gangsal-atus sèket gangsal réyal langkung tigang seka saprapat tangsul,

gu(ng)gung patedhan-Dalem yatra bandar, kalebet patedhan-Dalem paosing sabin, sedaya dados sèwu gangsal-atus sangang-dasa nem réyal langkung tigang seka saprapat tangsul,

wondéning patedhan-Dalem yatra bandar, dhateng Radèn Adipati Danureja, sasentananipun abdi-Dalem Jawi Lebet, Gedhong Kaparak Kiwa Tengen samoncanegarènipun, ingkang dèrèng kapatedhan, ing Bakda Mulud punika, kathahipun sèwu pitung atus kawan-dasa pitung réyal,

f. 120v wah patedhan-Dalem patumbas / ing cindhé sembagi, dhateng Radèn Adipati Danureja, sasentananipun abdi-Dalem Jawi Lebet Gedhong Kaparak Kiwa Tengen, samoncanegarènipun, kalebet wedana prajurit titiga, Kyai Pengulu Tuwan-Tuwan, kathahipun kawan-atus kawan-dasa tiga réyal,

gu(ng)gung patedhan-Dalem yatra bandar, kalih patedhan-Dalem patumbasing cindhé sembagi, dados kalih-èwu satus sangang-dasa réyal,

wah patedhan-Dalem paos ing sabin dhateng abdi-Dalem Jawi Lebet Gedhong Kaparak Kiwa Tengen, ingkang dhateng abdi-Dalem Jawi Kiwa kathahipun satus walung-dasa pitung réyal langkung seka satangsul, wah ingkang dhateng abdi-Dalem Jawi Tengen, kathahipun satus kawan-dasa walung réyal langkung satangsul sapalih tangsul saprapat tangsul kawan dhuwit, wah ingkang dhateng abdi-Dalem Gedhong Tengen, kathahipun kawan-dasa nem réyal langkung tigang seka satangsul,   wah ingkang dhateng abdi-Dalem Kaparak Kiwa, kathahipun nem-dasa kawan réyal langkung seka satangsul sapalih tangsul saprapat tangsul,   wah ingkang dhateng abdi-Dalem Gedhong Kiwa, kathahipun kawan-dasa tigang réyal langsung seka sapalih tangsul saprapat tangsul kawan dhuwit, wah ingkang dhateng abdi-Dalem Kaparak Tengen kathahipun sawidak gangsal réyal langkung sajampel satangsul,

gu(ng)gung patedhan-Dalem paosing sabin ingkang sami kapundhut kapaosan, ing Bakda Garebeg Mulud punika, dados gangsal-atus sèket gangsal réyal langkung tigang seka saprapat tangsul,

gu(ng)gung patedhan-Dalem yatra bandar, kalih patedhan-Dalem patumbasing cindhé sembagi, kalebet patedhan-Dalem paosing sabin, ing Bakda Mulud punika, sedaya dados kalih-èwu pitung-atus kawan-dasa gangsal réyal langkung tigang seka saprapatan tangsul, anunten kagalongaken patedhan-Dalem saweg ing Bakda Siyam wingking punika, sedaya dados kawan-èwu tigang-/atus kawan-dasa kalih réyal langkung sajampel sapalih tangsul,

. 121r

wah patedhan-Dalem jujuling sabin dhateng putra sentana abdi-Dalem, kathahipun pitung-dasa réyal langkung gangsal seka satangsul sapalih tangsul saprapatan tangsul,   wah patedhan-Dalem jujuling sabin dhateng abdi-Dalem prajurit, kathahipun tiganglikur réyal sajampel satangsul sapalih tangsul,   wah patedhan-Dalem dhateng abdi-Dalem Panaka-wan Jagaupa bedhaya, kathahipun tigang-atus selawé réyal langkung sajampel, wah patedhan-Dalem dhateng pun Tumenggung Setrawijaya Pacitan kakersakaken damel prajurit ing Bakda Mulud punika, kathahipun satus sawidak réyal,   wah patedhan-Dalem dhateng pun Tumenggung Reksapraja sèket réyal, patedhan-Dalem dhateng kancanipun mantri gangsal, mantri satunggilipun kapatedhan nyelawé réyal, sedaya dados satus selawé,

gu(ng)gung patedhan-Dalem jujuling sabin dhateng putra sentana abdi-Dalem prajurit Panakawan Jagaupa bedhaya, dhalang, kalebet abdi-Dalem pun Tumenggung Setrawijaya Pacitan pun Tumenggung Resapraja, sakancanipun mantri gangsal, sedaya dados pitung-atus sawidak réyal langkung sajampel satangsul saprapatan tangsul,

anunten kagalongaken sedaya patedhan-Dalem yatra bandar, patedhan-Dalem paosing sabin kalebet Panakawan Jagaupa bedhaya dhalang, Tumenggung Setrawijaya, Tumeng-gung Resapraja sakancanipun mantri gangsal ing Ba/kda Garebeg Mulud punika, kalih ingkang dèrèng kapatedhan ing Bakda Garebeg Siyam wingking punika, sadaya dados kawan-èwu nem-atus walung-dasa réyal langkung satangsul sapalih tangsul saprapat tangsul sami réyalan Paréntah sadaya.

f. 121v

20

BL Add. MS. 12342
f. 107r–113r

Memo concerning deliveries of purchases made by Ngabèhi Jaganegara and his two colleagues, Ng. Wirapatra and Ng. Wongsareja, from the *taker-tedhak ageng* surtax. These comprised various items, including cloths and personal accessories, as well as building materials, tigers and buffaloes for fights on the *alun-alun*, etc. etc. The document appears to date from early in the reign of HB II (1792–1810/1811–12/1826–28) because of the reference to his favourite unofficial wife Bendara Radèn Ayu Sepuh and to various incomplete dates in the text, one of which (Ahad, 2 Rabingulakir *taun* Bé) fits exactly with Sunday, 5 January 1794.

f. 107r Punika pémut kawula abdi-Dalem Ngabèhi Jaganagara, saka(n)ca kula mantri kekalih, Ngabèhi Wirapatra, Ngabèhi Wongsareja, amémuti kagengan-Dalem tetumbasan taker-tedhak ageng, punika pratélanipun kala ing dinten Senèn tanggal kaping sapisan wulan Rabingulakir ing taun Bé, kula ngladosi cenéla kawan rakit ingkang serakit agemipun Kangjeng Gusti, ingkeng tigang rakit agemipun Bendara-Bendara, pengaos nyangang wangser rakitipun ingkeng wudhu Kyai Gagaksemitra, ingkeng dhawahaken Kyai Jagawasita, wah kula ngladosi penjatos sèket kadamel sarang sarupinipun kagengan-Dalem buron wana, pengaos satengah keton ingkeng dhawahaken Radèn Panji Jayèngrana, wah kula ngladosi kawat kuningan wawrat tigang katon pengaos walulas uwang sekatosipun kadamel nyulihi pager kagungan-Dalem bekupon peksi puter pethak ingkang mundhut Kyai Dermaguna, wah kula ngladosi balungan griya limasan ing ngambutan griya satunggil belandar pangeret lakar nenem pengaos gangsal réyal seka nenem pengaos walu saréyal duduk sekawan pengaos ngatiga tèngen molo satunggil pengaos tigang wang,

wah kula ngladosi samak kalih kebar, kadamel nyarungi kagungan-Dalem pedhang pru(ng)gan pedhang selawé, ingkeng sekebar pengaos tiga tengah, ingkeng sakebar pengaos kalih réyal setangsul, ingkeng mundhut Kyai Ke(r)tayuda Jahèd wah ing dinten Kemis tanggal ping selawé, wulan Rabingulakir, kula ngladosi pesangon abdi-Dalem kaca gandhèk ing Surakarta sedasa réyal, wah kula ngladosi gebyag kalih-dasa, kadamel kethak wadhah yatra sedasa réyal pengaos ngalihwelas dhuwit satunggilipun kang mun-

f. 107v dhut Kyai Mrisèn, peng/aos ngalihwelas dhuwit satunggilipun, wah kula anyulihi balungan kampungipun Mas Panji Mangunasmara kekalih, lakaripun kalihwelas pengaos gangsal réyal cagak walu pengaos saréyal, wah balungan èmpèr-Dalem lakar kalih pengaos sedasa wang, saka sekawan pengaos sejampel, wah kula ngladosi balungan kampung pawonipun Bendara Radèn Mas lakar nenem pengaos gangsal saréyal cagak sekawan pengaos sajampel, wah kula ngladosi balungan kampungipun Radèn Wedana, lakar nenem pengaos gangsal saréyal cagak sekawan pengaos sejampel, wah balungan kampung mendhapa belandar pengiret molo lakar kalihwelas pengaos gangsal saréyal cagak walu pengaos saréyal, wah balungan èmpèr-Dalem lakar kalih pengaos sedasa wang, cagak sekawan pengaos sejampel, wah balungan gandhok griya limasan lakar sekawan pengaos gangsal saréyal dudur molo lakar gangsal pengaos saréyal cagak nenem pengaos tigang seka, wah kula anyulih dudur-Dalem lakar sekawan pengaos gangsal saréyal, wah kula ngladosi balungan griya kampungipun Mas Lurah, belandar pangeret molo andir lakar kalihwelas pengaos gangsal saréyal cagak walu pengaos saréyal, wah balungan kampung pawon lakar nenem pengaos gangsal saréyal cagak sekawan pengaos sajampel, wah balungan èmpèr-Dalem lakar kalih pengaos sedasa wang, sedaya pengaos sangalas réyal setangsul, wah kula anyulihi balungan griya limasan sakilènipun Radèn

f. 108r Wedana, blandar pangeret lakar gangsal, wah dudur molo lakar gangsal pengao/s gangsal saréyal, wah cagak walu pengaos saréyal, wah blandar èmpèr kekalih lakar nem pengaos gangsal saréyal, wah cagak èmpèr kekalih pengaos walu saréyal, wah balungan kampung blandar pangeret molo andir lakar nenem pengaos gangsal saréyal, wah cagak sekawan pengaos sajampel, blandar èmpèr lakar kekalih pengaos sedasa uwang, wah cagak kalih pengaos seka, wah balungan kampung pawon blandar pangeret molo andir lakar nenem pengaos gangsal saréyal, wah cagak nenem pengaos tigang seka, sedaya pengaos wolung réyal tigang seka, wah ing dinten Senèn tanggal ping kalih-dasa, wulan (J)umadilawal ngersakaken semuwa ringgitan, kula ngladosi sajèn tumbasan peken kalih ngacadèn tumpeng rabyong kekalih, uwos kalih kendhil, sinjang bangon tulak tigang lirang, pengaos nem seka,   wah kula ngamusaken wacucal sima tutul sakebar, sima lorèk salirang, wacucal lutung wewalu, kadamel kopyah sétanan wiragadipun telas nem seka,   wah kula ngladosi penjatos sedasa kadamel balengker tudhung pengaos kawan uwang, ingkang dhawahaken Nyai Semitaraga,   wah ing dinten Ahad tanggal ping nemlikur wulan (J)umadilawal ngrasakaken ringgitan malih, kula ngladosi sajèn tumbasan peken tigang ancak tumpeng rabyong kekalih, panggang ayam kalih, sinjang bangon tulak tigang lirang, uwos kalih kendhil pengaos nem seka,   wah ing rebonipun kula ngladosi sajèn malih, tumbasan peken saancak sinjang bangon tulak salirang, tumpeng rabyong satunggil uwos sakendhil peng-

108v aos satengah keton,   wah / kula ngladosi samak kawan kebar, kadamel salirang wira-gadanipun kagengan-Dalem buron wana ingkang kalih kebar pengaos tigang réyal, ingkang sakebar salirang pengaos satengah keton ingkang sakebar pengaos saréyal,   wah klinthingan satus pengaos sedasa wang, wacucal pésedasa pengaos nyuwang satunggilipun, wah benang ngabrit tigang tukel pengaos sangan wang, sedaya pengaos pitung réyal setangsul,   wah kula ngladosi samak salirang, kadamel nyarungi pedhang sekawan kalih kadamel kirga kelangenanipun Bendara Radèn Jeng Sepuh, pengaos saréyal, kang mundhut Kyai Gagaksemitra,   wah samak sakebar kadamel kirkas miruga kawan rakit,

wah malih samak tigang lirang, kadamel dados sikirkas kawan-dasa kalih, sepalipidipun ingkang sakebar pengaos sangan seka, ingkang tigang lirang pengaos tigang réyal,   wah malih samak tigang kebar, ingkang salirang kadamel géndongan cathut sèket ingkang sakebar pengaos tiga-tengah réyal ingkang sakebar pengaos sangang seka,   wah kamus jené tigang lirang,, kadamel palipir géndongan cathut sèket pengaos tiga-tengah réyal, wah kamus cemeng sakebar kadamel anggar nenem pengaos saréyal,   wah malih samak salirang kadamel sarungan pedhang nenem pengaos saketon,

wah kula ngladosi cenéla tigang rakit pengaos nyangang wang serakitipun,   wah malih samak sakebar kadamel kuluk jangkangan pengaos pitung seka,   wah kamus jené salirang, kamus pethak salirang, kadamel angar wangkingan gangsalwelas, pengaos nem seka,   wah benang kadamel kulang telas kalih-dasa tukel pengaos ngalihwelas dhuwit satukelipun,   wah lilin pethak kadamel nusur kulang piripun satengah katon ingkang

. 109r mudhut Nyai Gagaksemitra, ingkang dhawahaken Nyai / Semitaraga, kalih Nyai Sana, sedaya pengaos selawé prah réyal sejampel seka setangsul,   wah sakdhatengipun Tuwan Jéndral marengi ing dinten Setu tanggal kaping nembelas wulan (J)umadilakir, kula ngladosi segah memetahan ing dalem kawan dinten telas maesa gangsal langkung sapratigan, pengaos salikur réyal langkung seka,   wah uwos gangsal kapal sekapalipun pengaos satus uwang, langkung sedasa uwang, sedaya pengaos kalihlikur réyal,   wah lisah kalentik sangang-dasa gendul kirang sagendul pengaos ngatiga tèng sagendulipun dados pengaos kanem tengah,   wah kelapa sangang-dasa pengaos pitulikur uwang kahawa sepalih dhacin pengaos kalih réyal mariyos prapatan dhacin pengaos katiga tengah réyal,   wah gelaran pacar kalih-atus pengaos ngalihwelas dhuwit satunggilipun,   wah calupak alih-atus kadamel dilah Srimenganti Kemandhungan pengaos nem uwang,   wah kula ngladosi jembangan tigang-dasa, pengaos tigang-dasa, dilah sèket genthong kalih-dasa, cowèk kawan-atus sumirep dhateng kréndangipun Tuwan Jéndral pengaos gangsal tengah, sedaya dados pengaos pitung-dasa réyal sajampel setangsul,   wah kula ingendikaken yasa pedhang kalih-dasa, wiragadipun samak kadamel sarungak, sakbelongsongipun pengaos sedasa uwang pedhang satunggilipun sedaya pengaos wolung réyal,　wah ing wulan (J)umadilakir kula ngladosi pesangon abdi-Dalem kaca gandhèk

f. 109v　ing Surakerta ingkeng anyumbang sedasa réyal,　wah kula ngladosi penjato/s gangsal-welas kadamel balengker tong, wadhah sendawa pengaos nem wang,　wah samak sakebar kadamel kira kabong wadhah sendawa yèn marengi miyos pepara, pengaos sangang seka, kang mudhut Kyai Kramadiwongsa,　wah ing dinten Kemis tanggal kaping walulikur wulan (J)umadilakir, kula ngladosi pesangon abdi-Dalem kaca gandhèk ing Surakerta ingkeng ngulem-ulemi sedasa réyal,　wah kula ngladosi cenéla kawan rakit, pu(n)dhutipun Kangjeng Gusti, pengaos nyangang wang serakitipun kang mudhut Kyai Gagaksemitra,　wah kula ngladosi kamus jené sasigar lirang, kadamel anggar pudhutipun Kangjeng Ratu Kencana pengaos sangang wang,　wah kula ngladosi wacucal ménda kalih kebar kadamel tamburipun priyayi kaca pirsa dhusun kalih tamburipun kaca Balambangan pengaos kawan-dasa wang, kang mudhut Kyai Nititengara, ingkeng dhawahaken Radèn Tumenggung Prawiranata,　wah ing dinten Senèn wulan Rejep tanggal ping songa, kula ngladosi pesangonipun abdi-Dalem kaca gandhèk ing Surakerta ingkeng dhèrèkaken layonipun Bendara Dèn Ajeng Panengah sedasa réyal, wah kula ngladosi gebyog sedasa, kadamel tutup laréna ing kadhaton wétan pengaos ngalihwelas dhuwit satunggilipun ingkeng dhawahaken Kyai Singadipa kaca kebayan kasepuhan,　wah kula ngladosi balungan èmpèr-Dalemipun Bendara Radèn Ayu Érawati, belandar sekawan pengaos saréyal saka walu pengaos saréyal,　wah kula ngladosi samak salirang kadamel ciripu agem kawan rakit pengaos saréyal kang dhawah-

f. 110r　aken Nyai Semitaraga, / kang tampi Kyai Ke(r)tayuda Jahèd,　wah sepatu kawan rakit pengaos sajampel ingkeng tampi Kyai Gagaksemitra,　wah kula ngladosi dilah ageng nenem ingkang sekawan sumirep Ngrégol Srimenganti, Ngrégol Kemandhungan kalih, pengaos nem wang,　wah kula ngladosi samak sakebar, kadamel kirga ageng gangsal pengaos kalih réyal kang mu(n)dhut Kyai Gagaksemitra,　wah samak salirang kadamel dados silapaka agemipun Bendara Dèn Jeng Timur, pengaos tigang seka,　wah kula ngladosi cenéla nem rakit pu(n)dhutipun Kangjeng Ratu Kencana, pengaos sangang wang serakitipun kang dhawahaken Nyai Sana, kang tampi Kyai Gagaksemitra,　wah kula ngladosi samak salirang kadamel cripu kawan rakit pengaos sajampel kang dhawahaken Bok Ajeng Jebad ingkang tampi Kyai Kertayuda,　wah kula nyulihi belandar gedhogana ing pelataran kekelih, saka andir malonipun gedhogan saking Arjowinangun lakar sekawan pengaos kalih-dasa uwang, cagak kekalih pengaos kawan wang,　wah ing dinten Senèn tanggal kaping tigalikur wulan Ruwah, kula ngladosi belabag salikur, kadamel jirambah mesjid ing kadhaton kilèn kalih kadamel tutup larèn ing kadhaton kilèn pengaos walu saréyal ingkeng dhawahaken Kyai Singadipa bayan kasepuhan,　wah kula ngladosi samak kalih kebar, kadamel lapis kothak wadhah sendawa, yèn amarengi kersa-Dalem miyos pepara, ingkeng sakebar pengaos katiga tengah réyal ingkang sakebar pengaos sangang seka,　wah belabag kajeng surèn kekalih kadamel kothak wadhah sendawa, pengaos walung uwang,　wah samak kalih kebar ingkeng sakebar kadamel lapis kothak

f. 110v　wadhah sedawa malih, pengaos katiga tengah réyal / ingkeng sakebar kadamel gerdhu wadhah enal pengaos kalih réyal sedaya pengaos sedasa tengah réyal ingkeng mu(n)dhut Radèn Sastraatmaja,　wah kula ngladosi gendhèng kawan rakit kadamel gendhèng kagungan-Dalem sumur ing Panepèn kalih sumur ing masjid kilèn katiga sumur ing pelataran-Dalem sekawan kagungan-Dalem sumur ing kadhaton wétan pengaos nyetangsul serakitipun,　wah kula ngladosi penjatos gangsalwelas pengaos gangsal uwang,　wah kula ngladosi dilah ageng tetiga pengaos tigang uwang,　wah kula ngladosi samak sakebar, kadamel kuluk jangkangan penganggènipun priyayi Ma(n)drapratama, pengaos kalih réyal ingkeng mu(n)dhut Kyai Kertayuda, wah kula ngladosi lakar kadamel balungan kagengan-Dalem gedhogan lakar kalihwelas belandar suduk lakar kalihwelas dudur molo lakar gangsal ander lakar nenem tigatiga lakar kalihwelas belandar èmpèr lakar kalihwelas, tigatiga èmpèr lakar selawé prah, wah kula nyuli dedel jahit lakar sekawan, wah balungan gedhogan ingkang wétan lakar sekawan dados lakar sangang-dasa wewalu, pengaos gangsal réyal sedaya pengaos sangalas réyal sejampel setangsul, wah saka èmpèr ingkang lèr sawelas, wah saka èmpèr ngajeng kalihwelas pengaos walu saréyal, wah wuwung gangsal pengaos tigang-dasa wang, wah lemusir belabag enembelas pengaos walu saréyal sedaya pengaos gangsal réyal kirang setangsul, wah kula anyulihi belandar mendhapanipun Bendara Dèn Ayu Érawati, lakar tetiga, wah

111r dudur pengeret lakar sekawan pengaos gangsal réyal, wah dudur penggap penangkur / lakar wewalu pengaos gangsal réyal, wah kula ngladosi samak sakebar kadamel kirga sekawan pengaos saréyal ingkang mu(n)dhut Kyai Gagaksemitra, wah wuwung sanung-gil lemusir sekawan pengaos sajampel, wah kula ngladosi balungan kampungipun Mas Lurah Marja, ing Mijèn belandara pangiret molo pengaos saréyal, wah cagak sekawan pengaos sajampel, wah andir saka satunggil pengaos gangsal wang, wah ing dinten Ahad tanggal ping kalih wulan Rabingulakir ing taun Bé punika [?Sunday, 5 January 1794],

kula ngladosi soga tingi kadamel dadosi ringgit buron wana pengaos nem seka, wah benang gangsal tukel kadamel tetangsul pengaos nem wang, wah edom nem kadhi pengaos tigang wang, wah kula ngladosi segah gandhèk saking Surakerta pengaos kawan réyal, wah kula ngladosi benang sedasa tukel kadamel suri kapalan ringgit pengaos sejampel, wah kula ngladosi lisah jarak sedasa gendul kadamel dhempul telagi ing Wanacatur pengaos kalih-dasa wang, ingkeng nampèni Kyai Resawana, wah kula ngladosi benang abrit gangsal tukel kadamel dados sedipa ringgitan pengaos sejampel, wah kula ngladosi patumbas ing kuningan kadamel dadosi kestul pengaos tigang réyal ingkang tampi Kyai Dipakerti, wah kula ngladosi lisah jarak kawan gendul kadamel dhempul telagi ing kadhaton wétan pengaos wolung wang, wah kula ngladosi benang

. 111v nem tukel kadamel tetangsul kagengan-Dalem kestul / pengaos pitung wang, ingkang dhawahaken Radèn Mas Sasraatmaja, wah kula ngladosi lisah jarak kawan-dasa gendul kadamel dhempula unguma ing Arjawinangun pengaos ngalih wang sagendulipun ingkeng tampi Kyai Rejawecana, wah kula ngladosi benang sedasa tukel pengaos sajampel, wah kula ngladosi kamus salirang kadamel anggar kekalih, anggar carawangsul kekalih, pengaos sajampel,

wah kula ngladosi lisah jarak kalihlikur gendul kadamel dhempul kagengan-dalem telagi ing kadhaton wétan pengaos ngalih wang sagendulipun ingkeng dhawahaken Nyai Secanama, wah ing dinten Setu tanggal kaping tigalikur wulan Jumadilakir ing taun Bé, kula ngladosi segah gandhèk ing Surakerta ingkeng anyumbang pengaos walung réyal, wah kula ngladosi lisah jarak walung gendul kadamel dhempul sarèn laker Prabayeksa pengaos nembelas uwang, ingkang dhawahaken Radèn Wedana, wah kula ngladosi segah gandhèk mantri anama ingkeng ngulem-ulemi, pengaos kawan réyal, wah kula ngladosi dilah ageng gangsal dhateng Nyai Sarèyan tigang ngrégol Kemandhungan kalih, pengaos gangsal uwang, wah kula ngladosi segah gandhèk ing Surakerta ingkeng ngaturi pirsa putra séda pengaos kawan réyal, wah kula ngladosi benang sedasa tukel kadamel dadosi tamburipun priyayi kaca pirsa dhusun pengaos sajampel, wah kula

f. 112r   ngladosi sajèn dhateng kaca / gendhing pengaos sajampel ingkeng tampi Kyai Angon-gendhing,   wah kula ngladosi lisah jarak gangsalwelas gendul kadamel dhempul banon rawi ing Arjawinangun pengaos tigang-dasa wang ingkeng dhawahaken Radèn Wedana, wah kula ngladosi gebyag ageng sangang-dasa, ingkeng kadamel jerambah sakidul ing mesjid kalihwelas kadamel erak ingkeng walulas sumirep Gedhong Patèyèn kalih Gedhong Panggang ingkang sèket kadamel tutup larèn ingkeng sedasa, kadamel ambal jerambah sedasa, pengaos nigang wang satunggilipun sedaya pengaos sewelas réyal langkung seka, ingkeng dhawahaken Radèn Wedana,   wah kula ngladosi lisah jarak kawan gendul, kadamel dhempul undhak-undhakan kalih puri ing kadhaton wétan pengaos walung uwang, ingkeng dhawahaken Radèn Wedana,   wah kula ngladosi kamus cemeng sakebar kadamel ules ageman sasongap pengaos saréyal ingkeng dhawahaken Kyai Gagaksemitra, wah kula ngladosi lisah jarak sèket gendul kadamel dhempul telagi ing Cendhanasa(n)tun pengaos kawan réyal ingkeng dhawahaken Pangéran Dipakusuma,   wah kula ngladosi tembagi wawrat kalih-belah réyal kadamel ruji kalih saka inebipun pengaos tigang réyal ingkeng dhawahaken Radèn Wedana,   wah ing dinten Kemis wulan Siyam tanggal nemlikur taun Bé, kula ngladosi lisah jarak walung gendul kadamel dhempul bedhahan balumbang sakilèn Gedhong Panggung ing kadhaton pengaos nembelas wang, ingkeng dhawahaken Radèn Wedana,

f. 112v   / wah kula ngladosi gendhèng kalih rakit sumirep sumur pemagangan serakit ingkeng serakit sumirep sumur ing Kemandhungan pengaos sajampel,   wah kula ngladosi kamus jené kadamel anggar sekawan pengaos sedasa wang,   wah kula ngladosi badhé sepatu kalihwelas rakit pengaos kalih réyal ingkeng dhawahaken Bak Ajeng Jebad ingkeng tampi Kyai Gagaksemitra,   wah kula ngladosi samak salirang kadamel kirga tiga, sarungan pedhang kalih, pengaos kalihwelas uwang, ingkang tampi Kyai Gagaksemitra,   wah kula ngladosi dilah séla nem katos kadamel girinda dhateng taman pengaos nem seka, ingkeng tampi Mas Panji Padmawijaya,   wah kula ngladosi gendhèng kalih rakit sumirep kagungan-Dalem sumur ing Genthan pengaos sajampel,   wah kula ngladosi lisah jarak kawan gendul kadamel dhempul wuwung mesjid ingkeng anyar pengaos walung uwang, ingkeng dhawahaken Radèn Wedana,   wah kula ngladosi kajeng surèn kadamel geladhog wadhah sendawa mariyem ingkeng dhèrèk wiyos-Dalem pengaos tiga-tengah réyal,   wah kula ngladosi dilah séla walung katos kadamel girinda, pengaos kalih réyal, ingkeng tampi Mas Panji Padmawijaya,   wah kula ngladosi lisah jarak kalihwelas gendul kadamel lisah ilamus pengaos kalih wang sagendulipun,   wah kula ngladosi kamus cemeng sakebar,

f. 113r   kamus jené sakebar, samak sa/kebar, kadamel kirga sagéndhongipun pengaos tigang réyal ingkeng tampi Kyai Gagaksemitra,   wah kula ngladosi saka kalihwelas pengaos nem réyal,   wah kula ngladosi amak sedasa lirang kadamel kirga penganggènipun abdi-Dalem kaca Bugis pengaos nem réyal,   wah kamus cemeng sakebar, kamus jené sakebar, sumirep kadamel géndhong kirga, pengaos kalih réyal ingkang tampi Kyai Kertayuda Jahèd keng dhawahaken Bak Ajeng Jebad,   wah kula ngladosi lisah jarak sedasa gendul kadamel dhempul wuwung Prabayeksa Kadospatèn pengaos ngalih wang sagendulipun ingkeng dhawahaken Mas Panji Jayaminarsa,   wah kula anyulihi saka se-kawan dhateng gedhogan pengaos saréyal,   wah kula ngladosi wungkal selawé pengaos nyuwang satunggilipun,   wah kula ngladosi jabung semut sèket bendhol pengaos nigang wang sabendholipun,   wah ing wulan Rabingulakir sareng tanggal dumugi wulan Dulkangidah punika, kula ngladosi wacucal satus pengaos nyuwang satunggilipun,

gu(ng)gung sedaya apengaos tigang-atus sèket sangang réyal langkung seka.

21   BL Add. MS. 12303
                                              f. 46r

Allowances given by the Sultan for bridge construction. Dated 13 October 1791.

46r Pémut kala kapathedhaken kagengan-Dalem yatra, prabéyan ing kerteg ing dinten Kemis tanggal ping gangsalwelas sasi Sapar taun Jé angkang warsa 1 7 1 8 [Thursday, 13 October 1791],

sèwunipun kabagi sapanengen kadum damel,   yatra tigang-atus sadasa, kabagi kapara-pitu, langkung walung-atus,   sèwunipun kaleresan tigang-dasa, sangang réyal sajampel pitung uwang, satusipun kaleresan tigang réyal langkung salawé prah uwang, sangang dhuwit sasigar,   ingkang dhateng Radèn Tumenggung Natayuda, wetahipun yatra tigang-atus sedasa, kaleresan satus kawan tengah langkung nem dhuwit sasigar, kacowok ingkang sampun kalebet kawan-dasa langkung tigang réyal, dados kantun sawidak langkung walung réyal sajampel nem dhuwit sasigar,   wah ingkang dhateng Radèn Tumenggung Sumadiningrat, satus kalihwelas tengah nem dhuwit sasigar, kacowok yatra ingkang dhateng Radèn Tumenggung Jayawinata, sadasa réyal dados kantun satus langkung saréyal sajampel nem dhuwit sasigar,   wah ingkang dhateng Kyai Tumenggung Sindupati, walung-dasa nem réyal selawé prah uwang uwang tigang dhuwit, kacowok ingkang dhateng Secalegawa gangsal réyal dados kantun walung-dasa, langkung saréyal salawé prah uwang tigang dhuwit.

22   BL Add. MS. 12303
                                              f. 46v

Memo concerning cash outlays on the occasion of a royal (trading?) mission to Semarang.

:. 46v Pémut amémuti kagengan-Dalem yatra ingkang wonten Radèn Tumenggung Sumadiningrat satus réyal,   punika pratélanipun,   kala kula bekta dhateng Semawis ingkang kula sukaken pun Citrapada, sadasa réyal,   ingkang kula sukaken Under-Mayor sadasa réyal,   wah pun Condratruna anedha yatra kawan tengah réyal, kajogaken konca mantri kiwa,   wah kula sukaken Cok(r)apriya kalayan pun Singawecana, sadasa réyal, ingkang kula sukaken konca Kanèman pun Secaleksana sadasa réyal,   ingkang kula sukaken konca Adinegaran pun Wirayuda, gangsal réyal,   ingkang kula sukaken konca Kasindupatèn pun Citrayuda, gangsal réyal,   wah Mas Pakujaya nedha yatra kalih keton sumerep kajogaken konca mantri kiwa,   ingkang kula jogaken konca mantri sapanengen pitulikur réyal,   ingkang kula sukaken Radèn Dipati Wirya, tigalikur réyal,   ingkang teksih sumerep wonten kula sakilur.

23   BL Add. MS. 12341
                                              f. 6r

Cash outlay for repairs to the Sultan's *pasanggrahan* (pavilion/hunting lodge/retreat) at Sanapakis.

f. 6r Punika pémut kahula abdi-Dalem pun Gondadiwirya, amémuti kagengan-Dalem dalem ing Sonapakis ingkang sami risak,   punika pratélanipun,   welitipun kawawarat gangsal-èwu, satusipun pengaos nyadasa uwang, yatranipun kalih-dasa réyal,   wah dudur molo sakawan kawawrat satunggilipun pengaos wolung uwang yatranipun gangsal seka, wah iga-iga empyak pananggap sadaya, satunggilipun kawawrat pengaos wolung uwang, yatranipun tigang réyal satangsul, wah kajang sadaya tigang-dasa lirang kalebet langitan kekalih, ingkang risak kalihlikur lirang, kajang langitan gebyog tarip wiyar, satunggilipun kawawrat pengaos sadasa uwang, tirap ingkang ngadhap satungilipun kawawrat angsal uwang, sadaya kajang yatranipun pitung réyal, wah gedhèg ingkang risak walu, sami gedhèg ingkang ngandhap kimawon, satunggilipun kawawrat rosan kalih lojor sami wulung, salojoripun kawawrat pengaos nyuwang, gedhèg satunggil apengaos kalih uwang, gedhèg walu yatranipun sajampel satangsul,

gu(ng)gung sedaya yatranipun dados tigang-dasa réyal langkung kalih réyal.

24 BL Add. MS. 12303
f. 62r–v

Division of offerings by the Sultan at the *Garebeg Puwasa* to various royal officials, relatives, and retainers.

f. 62r Punika pémut yèn kala Garebeg Siyam, sunatanipun maosa, sedaya kalihwelas, ingkang maosa nenem, dhateng redi jaler kalihwelas, baten mawi redi gepak, ingkang maosa titiga, dhateng bodhagan, ingkang maosa kakalih sami kasunatan Gedhong Kiwa Tengen, ingkang kaolah Gedhong Kiwa, sasigar maosa, ingkang kaolah Gedhong Tengen sasigar maosa, ingkang kaladosaken dhateng Kamangundipuran sasigar maosa, ingkang dhateng Kadipakusuman inggih sasigar maosa, sumerep maosa kalihwelas punika, ingkang kasunatan sawelas dados langkung satunggil, songgomanipun kawanlikur, ingkang dhateng Bupati Lebet sakaliwonipun, songgomanipun gangsal, ingkang dhateng Mesjid Ageng songgoman sangalas, sarampadanipun, wah bodhaganipun walulikur, saulamipun, ingkang dhateng prajurit nembelas, ingkang dhateng Srimenganti Kamandungan Lèr kalih-welas, wondéning redi jaler kalihwelas wau punika, sami isi wos anyangang parah, satunggilipun, saparah punika, isi sadasa tompo, wah wos bodhagan angsuran nembelas, sedaya uwos dados satus parah, langkung nembelas parah, kabagé kaparatiga, ingkang saduman dhateng geladhag, ingkang kalih duman kapara sangalikur èwu, sajawi salebet, kalebet Kadospatèn sahsentananipun, kalebet kalangga wong, anu(n)ten Kyai

f. 62v Kertadimeja apapréntah, pambagènipun redi jaler, punika pratélanipun / ingkang dhateng Bupati Lebet, kalebet kambengga wong, redi kakalih, ingkang kunjuk Kangjeng Gusti kalih Radèn Dipati redi kakalih, ingkang dhateng Bendara Pangéran Ngabèhi, kalih Bendara Pangéran Natakusuma redi kakalih, ingkang dhateng Bendara Pangéran Mangkudiningrat, kalih dhateng Bendara Pangéran Mangkubumi, redi kakalih, ingkang dhateng Kyai Pangulu, kalih Kyai Jaganegara redi satunggil, ingkang dhateng Welandi redi jaler satunggil, ingkang dhateng Bupati Jawi Kiwa Tengen redi jaler kakalih,

wah kagengan-Dalem waos rontèk, ingkang wonten Gedhong Kiwa Tengen, kathahipun sakus pitulikur, umbul-umbulipun sakawan, Gedhong Kiwa Tengen, wedalipun ing alun-alun, ingkang anyeseng kagengan-Dalem waos rontèk, kalih umbul-umbul wau punika, konca sikep taman sikep gamel penandhon, Suranata kriya sandhé.

SECTION V

MISCELLANY

Miscellany

1

BL Add. MS. 12341
f. 78r-v
Archive I:172-73

List of *Haji, kraton santri*, and followers sent to Mecca in February 1806 by HB II. Dated 4 February 1806.

2

BL Add. MS. 12341
f. 36r
Archive I:173-74

Note on the assignment of money for the purchase of camels (*onta*) as a religious offering by various ladies of the Yogyakarta court and their families for the *kraton santri* setting out on the pilgrimage for Mecca (see above no. 1). Undated, but *c.* February 1806.

3

BL Add. MS. 12341
f. 315r
Archive I:175

Instructions concerning the magic formulas (*èsmué*) and repetitive prayers (*dhikr*) to be used by those fasting on rice (*amutih*) for forty days or those engaging on a total fast (*patigeni*) for seven days.

4

BL Add. MS. 14397
f. 29v

Scrap note from Kyai Ngabèhi Brajamenggala on Javanese tree-bark paper (*dluwang*) referring to various miscellaneous items and dates.

29v Punika pémut ingkang layang Kyai Ngabèhi Brajamenggala, amémuti anyakahipun ingkang dipunbucal punika serser sasi Besar tanggalipun .... Legi, gèntèn punika étang tanggal ping tigawelas di(n)tenipun Jemuwah Pon panggihipun Bé ing Keliwon waé tanggal ping gangsal Saw(a)l (?) ...., taunipun taun Bé wulan Besar angkané warsa lumraha sarek ka(n)ca kula sadaya sami-sami yasa ka(n)ca kawula sadaya.

5

BL Add. MS. 14397
f. 54r-v

Note from an anonymous correspondent to Mas Prawirajaya and Kyai Ngabèhi Danukrama apparently referring to one of R.T. Sumadiningrat's subordinates in the Kaparak Kiwa department after his death in battle with the British on 20 June 1812 (see further Carey, *The British in Java*, pp. 242-3 text and p. 419, ns. 94 and 97). Javanese tree-bark paper (*dluwang*).

54r Mas Prawirajaya, Kyai Danukrama, sakonca ijengandika ingkang sepuh-sepuh, punapa déning lurah-lurah sedaya, punapa déné konca ijengandika ingkang sepuh anèm, ingkang sami lepat priksa prakawis punika, adamel lingsem sabawah ing Kasumadiningratan, adamel letuh bumi ing Sumadiningratan, anyamahaken wadining Bendara, adamel corah dhateng ing tetongga, baten wonten rumeksané wadining Bendara, baten ngawel baten rumeksa konca ing wingking-wingking, raosé konca Sumadiningratan punika, kaupamèk-aken kéwan waten ing wana, baten waten ingkang gadhah wana, ijengandika sami kakersakaken katantun kapundhuta unjuk ijengandika piyambak-piyambak, unjuk ijeng-kandika punapa déné konca ijengandika, saking kalepatan ijengandika, angsal ijengandika ambaureksa abdi-Dalem ing Kasumadiningratan, ingkang kepanggih parembagan ijeng-andika sakonca ijengandika ingkang sami priksa prakawis punika ijengandika anyaosi pat-

f. 54v   rapan sèket réyal, / punapa sampun leres wit nalar saking serat ingkang mungel ingajeng wau punika, kalih waten malih konca ijengandika, ingkang rembagan anyaosi patrapan sajung seka, punapa sampun leres wit nalar saking serat ingkang mungel ingajeng wau punika, yèn sampun leres kakersakaken dunungaken margining leres, yèn saupami teksih waten lepatipun, inggih kakersakaken dunungaken mergining lepat yèn sampun kapanggih unjuk ijengandika, ijengandika kakersakaken amangsuli unjuk, kawrata ing serat pémut.

6   BL Add. MS. 12303
                                                                  f. 168v–173v

'*Nenggih usada ing kuda*' i.e. horse medicines. Text, bound upside down at the end of the manuscript, not reproduced.

7   BL Add. MS. 12341
                                                                  f. 88r–89r

Contract and conditions concerning the opium farm in Surakarta signed by the British Resident of Surakarta, Lt.-Col. Alexander Adams (in office 11 November 1811–30 July 1812) in Javanese, Dutch, and Chinese. Dated 17 December 1812. Text on local Chinese-manufactured rice pulp paper (*kertas dhedak*) not reproduced.

8   BL Add. MS. 12342
                                                                  f. 70v–71r

Summary of number of *jung* belonging to an as yet undetermined document, possibly the appanages of Pangéran Arya Dipanagara (died July 1787, the husband of Ratu Bendara I), see Section II, Part 2, no. 3, pp. 145-50 (BL Add. MS. 12342, ff. 67r–70r), which it immediately follows.

f. 70v   [in margin at top] Pènget sarat sarta ing bangsa

gunggung sabin ingkang sampun konjuk sèwu pitung-dasa wolung jung tigang bau sairing, daweg anyaosi yatra pupundhutan sèwu kalih-atus kalihwelas réyal,   dados kantunan wolung-atus sawidak nem réyal langkung tigang seka setangsul sapalih tangsul, gadhah rerimah sabin ingkang dèrèng konjuk saking Ranadirada, sawidak jung langkung kalih jung,   wah pun Pakasuran sanga ng jung,   wah ing Jamus tigalikur jung,   wah angsal-angsalipun Kertanongga Jonggrangan, kalihlikur jung langkung sakikil,   wah undhagi Ranawijaya kawan jung sakikil.

f. 71r   [envelope, blue import paper] kunjukipun ing sasi Ruwah tanggal ping sangalikur taun Jimakir.

APPENDIX I

The Archive of Yogyakarta and Javanese Administrative History

For the student of Javanese history, publication of the hundreds of documents from the plundered Yogyakarta kraton archive dating from between 1772 and 1813 constitutes a new beginning. The government producing the documents had an unassailable pedigree. Although formally established only in 1755 as a result of the division of the realm under the terms of the Treaty of Giyanti, it was in fact heir to the kingdom of Mataram whose governmental traditions stretch back at least to the late sixteenth century and the dynasty's founder Panembahan Sénapati Ingalaga.[1] A comprehensive history of Javanese administration based upon documents continuing a centuries long tradition cannot be adequately realized in the scope of a few pages. What can be put forward here is a short sketch of the basis of the Mataram/Yogyakarta administration. In doing so scholarship is no longer dependent primarily upon literary works of uncertain provenance, cryptic inscriptions, or the second-hand observations of foreigners. For almost the first time in Javanese, and perhaps even in Southeast Asian, history, pre-colonial studies can be based on the activities of local actors themselves documented by their own records.

Organization of this essay roughly follows the contents of the present volume. The first subject to be addressed is the question of administrative staffing. What did this mean in terms of relations to the ruler, official status, and material rewards for state service? Next comes administrative structure, including the nature of official positions and their placement within the governmental hierarchy. Third, the essay is concerned with the functioning of officials who manned the various posts within the royal administration. Important questions here are: upon whose authority did officials act? Did they make decisions on their own via competence delegated by the sovereign or in their capacity as his surrogate? Was the administrative machinery characterized by functional specialization and if so in what areas? The latter questions touch directly on the issue of the rule of law in late Mataram public life.

Staffing the Administration

The fifty-eight letters of appointment contained in Section I are royal appointments. The only exception is that issued by Radèn Ariya Sindureja as head of the *Wedana Jaba* in 1794. Forty concern the core areas of the realm (i.e. the *nagara agung*), the remaining eighteen the outlying areas or *mancanagara*. The language of these letters is highly stylized and follows standardized patterns. It is also Low Javanese, or *ngoko*, as befits a subordinate being addressed by such an elevated personage as the ruler. The point is significant. Appanage registers for the same officials reproduced in Section II are written in High Javanese or *krama*. While the *ngoko* appointment letters were 'given in charge' (*gadhuhaken*) of the appointee, the appanage registers in *krama* were intended from the outset as archival documents for kraton use, hence the elevated language. One letter of appointment from the *nagara agung* and one from the eastern *mancanagara,* as translated by Crawfurd, can be used to illustrate documents in this category.[2]

Nr. 1
Translation
of A Nawolo for the central District.

Let all persons observe This the Royal letter of us the exalted Sultan Hamangku Bowono Senopat-ing-Ngalogo A(b)dul Rahaman Sayad Din Panotogomo Khalifat-ulah[a], we give in charge to our Servant Salikin.

Be it known to you our Servants, chiefs of Djoejocarta Adiningrat whither Bopatis or Mantris and to you our Bopatis & Mantris chiefs of Manchanagoro, that our Royal letter is given in charge to Salikin in order to exalt him. More over we constitute him a Tumungung Miji,[b] and direct that he exercise the functions of his office in concert with Tumungung Sumodiningrat. We bestow upon him the name of Rahadin Tumangung Noto-Yudo with permission to wear such dress as is appointed for a Tumangung-Miji, and we give him for his estate lands (Bumi deso) to the amount of 250 chachas, literally chachah gawening-wong. Of those two hundred are burthened with the accustomed Services. These are the names of the lands.[c] In Katitan Pakahuman Pakunchin Kalisalam Manganti Crechek Kidulan Changal Kesot Kabumen Pakomprengan twelve gawening wong. In Katitan Karak Pamohan Bondolan Changaljurang 20 Gawening-wong. In Palahen 4 Gawening-wong. In Gamaluang 8 Gawe-ning-wong. In Susukan Purbonganti 8 Gawe-ning-wong. In Pyahan 8 Gawe-ning-wong. In Karsanan 4 Gawe-ning-wong. In Woso 8 Gawe-ning-wong. In Duwat 6 Gawe-ning-wong. In Kagungan 8 Gawe-ning-wong. In Pakuwon 2

---

[a]That is the Sultan the Support of the land [*Hamengkubuwana* = 'He who carries the world in his lap'], the commander of the army in war [*Sénapati Ingalaga*], Slave of the most merciful [*Ngabdurrahman Sayidin* = 'Servant of The Most Merciful'], director of religion [*Panatagama* = 'Protector of Religion'], the prince of the faith, and the viceregent of God [*Kalifatolah*].

[b]A Tumungung receiving his orders directly from the prince himself and Subject to no other control.

[c]These are all names of villages.

Gawe-ning-wong. In Krettek 4 Gawe-ning-wong. In Mongang 2 Gawe-ning-wong. In Ngamplak 2 Gawe-ning-wong. In Tangolanging 4 Gawe-ning-wong. In Koripan 12 Gawe-ning-wong. In Kalapu 12 Gawe-ning-wong. In Magulung 24 Gawe-ning-wong[d]. In Lobang 40 Gawe-ning-wong. In Samampir 4 Gawe-ning-wong. In Katundan Kanayan Pajambon 36 Gawe-ning-wong. In Kaliduren 4 Gawe-ning-wong. In Padureeso 4 Gawe-ning-wong. In Kotog 4 Gawe-ning-wong. Total Gawe-ning-wong 250.

Javanese year 1731

Nr.2
Translation of
A Nawolo for the Monchonagoro or Eastern Districts

Let all persons observe This the royal letter of us the exalted Sultan Hamangku Bowono Senopati Heng-ngalogo Abdul Rahaman Sayad Din Panotogomo Khalifat ulah we give in charge to Rongo Prawiro Dirajo.

Be it known to you our Servants chiefs of Djoejocarta Adminingrat whither Bopatis or Mantris and to you our Bopatis and Mantris chiefs of Monchonagoro, that our royal letter is given in charge to Rongo Prawiro Dirajo in order to exalt him. Moreover we prefer our servant to the rank of a Bopati to be chief of the Bopatis of Monchonagoro bearing as heretofore the name of Rahadin Rongo Prawiro Dirajo. We also entitle him to wear such dress as is appointed for the wadono of Monchonagara and we give for his Estate[e] our own royal lands in Madiyon, amounting to ten thousand Chachah gawe-ning-wong. Five thousand seven hundred of these Chachah Gawe-ning-wong are nominal (dead) and five thousand productive (uring [*urip*] = living) of which last, two thousand are assigned for a maintenance and three thousand are charged with rent, to the amount of 1675 dollars annually payable twice a year vizt: at the festival of Maolud 837½ and at the festival of Puwasa 837½ each dollar to consist of 30 wangs, and the whole subject to an office fee of one wang in each dollar.

Moreover we direct that each year an account be rendered to us of the increase or decrease of the Sawahs (rice lands).

The date of giving the royal order is the 12th of Puwasa (Ramzan) Javanese year 1728.

---

[d]The two last places are more than 100 miles distance from each other.

[a]literally 'seat' (*lungguh*).

The appointments' tone emphasizes the nominee's complete dependence on the sovereign. Candidates are referred to by their non-official name, as Salikin, or by appointment name, as Onggadipa, Mangundipura, Sumadiningrat, etc., but without title or indication of rank, even for those enjoying elevated status. The titleless name is prefaced by the particle '*si*' to designate a familiar or subordinated status vis-à-vis the Sultan. This verbal subordination is strengthened by the use of *bocah-Ingsun* ('My child') for commoners. Members of the royal family are referred to by the *krama inggil* form of the term, i.e. *putraningsun*. Through the appointment, the Sultan 'raises' the candidate to a higher plane (*Sun junjung teka ngisor Sun sengkakaken ing ngaluhur*) by making him a *mantri*, a *bupati*, and so on. Only then are they entitled to the dress and other prerogatives belonging to their new rank and position. The extreme distance between sovereign and official in these documents can be interpreted as reflecting standard and possibly archaic chancery usage. Yet the fact that all appointments save one were made directly by the sovereign argues for the existence of centralized control over the appointment process. Regardless of whether the resultant alienation of the realm's resources *in lieu* of salary to the official is small, middling, or great, it is the Sultan who makes it.

This brings up the crucial issue of what was granted the appointee through a letter of appointment. Logically, the sovereign could alienate only what he controlled. Hence the act reveals the nature of royal governmental resources. For the bulk of the *nagara agung,* the appointment letters grant compensation for the office. These vary in quantity from four to ten thousand labour units (*cacah gawéning wong*) each living in the villages listed by the document. As pointed out by Crawfurd in 1813, the term *cacah* '...is of no practical use in the ordinary details of agriculture or Revenue, but it is by this denomination Solely that the public Registers of the lands are kept'.[3]

In the phrase *cacah gawéning wong*, *cacah* simply means number; *gawéning wong* (in *ngoko* the terms mean respectively 'work' = *gawé* and 'person' = *wong*) signifies the labour of human beings. Within the context of the Sultan bestowing *gawéning wong* on newly elevated officials in compensation for services rendered or expected this must mean that the units of work were part of the realm's material resources at the sovereign's disposal. As such the *gawéning wong* is equivalent of *krama* 'damel-Kula' (literally *damel* = 'work'; *Kula* = [the royal] 'We' or 'work on My [royal] behalf') used in many of the appanage registers found in Section II. That this act of bestowing was not a question of whole villages passing to the control of officials is clear from the low numbers entailed. Usually in a village only one to ten *gawéning wong* were assigned to a grantee, figures much too low to have comprised the entire village population. Indeed, it was common for several different Yogyakarta officials to derive a livelihood from respective *gawéning wong* living in one and the same village. Moreover, at least one document lists Surakarta subjects living in villages where the majority of inhabitants were reckoned among *gawéning wong* belonging to the Sultan of

Yogyakarta.[4] Thus material rewards for official service awarded by the letters of appointment found in the archive of Yogyakarta were without exception measured in *cacah gawéning wong*. The few pieces of evidence available suggest that this continued a tradition of earlier agrarian political economy.[5]

The appointment letters' consistent measurement of official emoluments in *gawéning wong* or work units is challenged by the contents of another set of archival documents. Within the registers of the realm's material resources and the various appanage documents found in Section II units are measured in *jung*.[6] The one exception gives an alternative form of the work measure, namely *karya*. Furthermore, these registers and appanage documents—the latter including *nagara agung* and *mancanagara* appanage registers as well as a special type of 'appanage adjustment' documents for the *nagara agung*[7]—are all written in *krama* with frequent use of *damel-Kula* indicating that they were composed on behalf of the sovereign.

This apparent contradiction is partially explained by the fact that different documents had different functions. A case in point concerns the registers of royal resources which open Section II. In this context it is clear that summaries of material resources utilizable by the sovereign and his royal administration are not incompatible with a socio-economic system originally based on control over manpower units. Orchards, tax-producing villages, pepper contingents levied from certain groups, etc., constituted the crown's own resources. Their production was consumed or utilized directly by the Sultan, the royal family, and the kraton.

This still leaves the differences in the measures of economic resources found in appointment letters and appanage documents. These differences reflect a fundamental contrast in the economic underpinnings of the state between manpower (*gawéning wong*, *damel-Kula*, and *karya*) and land power (*jung*). The first point to note is that the appointment letters are consistently dated, whereas appanage documents are rarely so. On the occasion of the appointment, the candidate is raised to the designated position. At that time rank, title, and name are either reconfirmed, elevated, or withdrawn in favour of a new one. By contrast, appanage documents (namely registers of the actual holdings and adjustments thereof) always refer to officials by their current name, rank, and title. The conclusion to be drawn from this is that appanage documents not only post-date appointment letters but also draw on their contents. The lists of villages and their contents contained in appanage documents were most likely written by the Sultan's staff for inclusion in the archive as a means of keeping track of what and how much of the realm's dispensable resources had been alienated, to whom, and under what circumstances. Consequently the appanage adjustment documents must be seen as state instruments for redistributing resource allocation.

If the letters of appointment before us are copies of those given in trust to appointees, then this should be reflected in the sovereign's extant records. Of the forty-odd letters granting land/labour to officials in the *nagara agung* (those for the *mancanagara* do not assign specified units, but give them in a lump sum as in the second example cited by Crawfurd above) a half dozen appanage registers deal with the same official's holdings as the appointment letters. In four of them there is no apparent correlation between the contents of the appointment letter and the appanage documents. In these cases the contents of the appanage documents in fact list obligations belonging to the post rather than to rewards for state service. In the remaining two, namely those for Sumadiningrat of 1794 and Mertalaya I of *c.*1795, villages containing *cacah gawéning wong* specified by the appointment letter are re-listed as containing land measurements (*jung*) in the appanage register.[8] The relation between the former's *gawéning wong* and the latter's *jung* is four *gawéning wong* per *jung* (alternatively 4.16 to 1), a ratio used consistently throughout the archive. The two appanage registers in question then summarize the numbers of *jung* and convert (*kapétang*) them at the same ratio of four (4.16) to one in order to come to the *damel-Kula* units. The calculation brings the figure back to that originally given for *gawéning wong*. Just to make things more complicated, the one appanage document which does not use *jung* and *damel-Kula*—that of Pangéran Dipanagara (a son-in-law of HB I who died in 1787) and his colleagues—employs *karya* (work) as the unit of measurement.

Logically there are three plausible explanations for the presence of both manpower units and land in the respective sets of documents. The first possibility is that the concepts are not mutually exclusive. An official could be awarded both. This would then account for the existence of both *gawéning wong* and *jung* being listed in the same villages as in the above-mentioned holdings of Sumadiningrat and Mertalaya of 1794 and *c.* 1795. Yet this does not explain the striking consistency of the forty-odd appointment letters measured in *gawéning wong* and a like amount of *nagara agung* appanages and royal resources measured in *jung.*

The second and third possibilities are that the two measures are exclusive. One was converted to the other. An additional implication here is that the earlier condition reflected a more traditional method of assessment. In this context historical continuity indicates priority of control over manpower. Limited though they are, the evidence contained in the Yogyakarta documents themselves point in this direction, as does the fact that appanage letters in *jung* were only composed *after* the appointments in *gawéning wong*, most likely copying the former's contents. That such conversion was common is attested by the contents of the appanage letters in which *jung* were routinely converted (*kapétang*) to *damel-Kula*, a manpower unit. However, this process seems to have applied only to the *nagara agung* lands. They could not be expanded because they were hemmed in by the surrounding *mancanagara* holdings. At any rate, the contents of the *mancanagara* appointment letters were given in lump sums rather that individual villages, including the totals of manpower units, families, and monetary obligations.

Although strictly speaking falling outside the archive's contents, Crawfurd's observations are worth quoting at this juncture. In a continuation of his description of agrarian conditions cited above, Crawfurd notes that the '... *cacah* calculation will be found to allude not to the actual measurement of the land, but to the number of labourers or cultivators upon it'.[9] According to Crawfurd, *cacah* actually meant 'measure' as found in the *nawala* or royal appointment letters in the form *gawéning wong* which means 'work or labour of a man' or 'a measure of land estimated by the ordinary labour of an individual'. He also claimed that this system came into being under Susuhunan Amangkurat III of Kartasura (r. 1703–1708) over a century before his own arrival in Java with the British expeditionary force.[10] If so, it would tend to confirm what is indicated in the documents, namely that the original socio-economic system was based on manpower but at some later date was converted to land measurement.[11]

Structure of Public Administration

Of the aspects of Mataram public administration chosen for investigation here–staffing, structure, and function–the second is both the least complicated and the least written about in the archive. The reason for this is clear. Everyone involved with the Yogyakarta administration knew how it was structured and hence had little need to address the subject directly. As we are not so well informed, we can draw upon the classic work of Schrieke, Rouffaer, and Moertono with some modern additions for an overview of the ideal administrative organization.[12]

Yogyakarta Organization

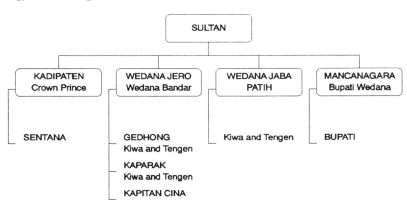

The diagram should not be taken literally. It shows placement of various offices specifically named in the archive of Yogyakarta. It does not attempt to delineate the links between them or trace the relative positions of power. In fact, the ideal diagram would more closely resemble a circle in which all lines of authority reach from the rice-roots to the person of the sovereign.[13] Thus, in principle the sovereign was the state, although that power was mediated by actual circumstances, relative authority of powerful countervailing powers, and a varying number of intermediaries through which the sovereign authority was filtered.

In such circumstances the question of hierarchy becomes crucial. In Yogyakarta, like Mataram before it, the sovereign's direct governmental responsibility was seldom, if ever, delegated to a subordinate official who then exercised autonomous authority over a region or an administrative sector. The central Javanese administration relied on what can be described as a 'stepping-stone' model. At each stage subordinates informed their immediate superior, who, in turn, informed his superior, and so on up the social/status hierarchy ultimately to the sovereign himself. In like manner the Sultan ordered a certain measure to be taken, one which was conveyed to his subordinate, who in turn informed his subordinate, and so on down the scale. This might be termed a hybrid mixture of direct and indirect rule. In principle only the sovereign had responsibility for all that happened within the kingdom: only he could take the necessary steps to correct or better the situation. In practice communication with, and orders from, the Sultan were filtered through a whole series of hierarchically arranged intermediaries. Thus the situation was not unlike the children's game of 'telephone' in which players transmit what they thought they heard to the next player and so on, the final version of the message being almost unrecognizable from the original. Similarly, orders from the Sultan could be modified by the many links in the system, as could the information directed to him. The system was made even more anarchic by the indeterminate number of ministers (*Mantri Miji, Bupati Miji*) who were answerable only to the Sultan.

Just how far this could go is revealed in a letter received by the Yogyakarta Patih, Radèn Adipati Danureja II (in office, 1799–1811), sometime before 1808. In it he was instructed to inform Tumenggung Purwadipura, a *Wedana Jero* (i.e. one of the four Inner Bupati of the court), that the Sultan had forgiven Tumeng-gung Sumadiningrat for not being able to report on an important matter due to the latter's illness. In order that such a situation should not recur, the Sultan had ordered that when he had to be consulted on important matters and Sumadiningrat was indisposed then Purwadipura or Mangundipura or even Mas Panji Padmawijaya, commander of the Sultan's bodyguard, could report the news. However, if it was a matter needing serious discussion (*prakawis kang mawi rembag*) and the former two were indisposed, then it would have to wait.[14] Hierarchy of access to the Sultan was seemingly more important than the efficient dispatch of government business.

Vagueness with regard to the limits of authority was not confined to the link-by-link chain of officials connecting sovereign to subordinates. A similar lack of precision characterized areas of official competence, even affecting subordinates to the government's highest ministers. Appointment of a subordinate official is described simply as 'assisting in the work [of his superior]' (*atunggala agawé lan si ...*), the usage being applied as much to the highest positions as to all other subordinates. Only in the specific case of those in Gunung Kidul who were partaking in the economic interests of the district is the nature of the 'assistance' specified.[15] More commonly, the appointment leaves it unclear as to whether such delegation was of a civil, military, financial, ceremonial, or commercial nature. The Yogyakarta/Mataram governmental system was then in theory an absolute one in that no power or authority was delegated by the sovereign to autonomous administrators. Yet, in practice, it was a 'soft' state due to the underdeveloped nature of its administrative structure and a lack of a functional chain-of-command in the Weberian sense of a rational bureaucratic polity. In broader historical perspectives this meant that the strength or weakness of the kingdom was to a great extent directly dependent upon the character of the sovereign. A strong authoritarian ruler could overcome the centripetal tendencies built into the system, a weak one would fall prey to them.

Function

Not unexpectedly, the highest degree of functional specialization comes from documents relating to the military and ceremonial organization. Here are found the *Kawandasa* (cavalry regiment), *sarageni* (artillerymen/gunners/musketeers), *Brajanala* (infantry regiment), *Jagasura* (bodyguard regiment), and so on. On the civil side we have a whole list of functionaries whose duties are encapsulated in their titles. Examples include *gerji* (clothiers, tailors), *emban* (guardians/nurses), *carik* (scribes), *nongsong* (sunshade bearers), *jurusawah* (wet-rice experts), as well as entertainers such as *dhalang, badhud, talèdhèk,* etc. All are documentable in that they received remuneration for their services.

More problematic are the *Mantri Miji* or *Bupati Miji*. These were ministers-at-large answerable only to the person of the Sultan or to Heads of Departments, e.g. Purwadipura the Second *Wedana Jero*. Precisely what their duties entailed is not known, most probably being *ad hoc* affairs depending upon need and opportunity. In this context one can legitimately wonder what qualifications and specialized training, if any, were possessed by the highest ministers, the *Wedana Jero* (Inner Bupati) and *Wedana Jaba* (Outer Bupati), or even the prime minister or *patih*.[16] At least in respect of finances there seems to have been some specialization. Thus the *Wedana Jero*, especially those of the *Gedhong Tengen* and *Gedhong Kiwa* departments, functioned as a group of senior treasury officials for the kraton. On the lower levels these ministers must have had direct contact with those in charge of taxes such as the *demang* and the *mantri pamajegan*. Likewise officials of the *Kaparak Tengen* and *Kaparak Kiwa* functioned as head of the guards, again with contacts and/or supervision of the many military functions named in the military registers.

From knowledge of other Javanese administrations, the position *par excellence* for functional specialization should have been within the legal administration. Both the fourteenth-century East Javanese kingdom of Majapahit and that of the eighteenth-century Cirebon-Priangan region were characterized by a specialized body of jurors. Trained by experience, as well as in extensive study of contemporary textual tradition in Sanskrit, Old Javanese, or Arabic, these jurors sat as a legal college in judgement on civil cases and partook in consultations concerning criminal ones. Moreover, they were often asked for advise on thorny problems of governmental administration.[17]

Yet expectations of an independent functional judiciary in Mataram as a form of a putative *rechtstaat* are doomed to disappointment. At the very beginning of European contact with the Javanese state, Dutch sources attested to Mataram's preference for one-man rule. Observations on the course of royal justice under Amangkurat I (r. 1646–77) showed the degree of subordination of judges (*jaksa*) to the Susuhunan. According to Rijklof van Goens (1619–82), some 6000 *onder-schouten* or sheriffs, had the task of scouring the realm for evil-doers who were then taken into custody. Subsequently the accused were brought before the sovereign in open court where the *jaksa* acted as prosecutors and the sovereign meted out justice. Formal law codes were known by both king and judges but not used in contemporary judicial procedure. The Sultan was literally the state in the same manner as Louis XIV's famous aphorism 'l'état c'est moi!'. This picture is confirmed in the eighteenth century by Resident J.F. Gobius of Cirebon (in office, 1714–17).[18]

It is not surprising, then, that the *jaksa* are named only a half-dozen times in the relative extensive archive of Yogyakarta. Even when named they are portrayed more as an appendage of less functionally specialized ministers than as independent legal experts or administrators of justice *per se*. In several appointment letters and appanage registers provisions were made for the material support of a *jaksa* as part of the named officials' entourage.[19] Moreover, in the appanage adjustment documents the local *jaksa* seems to have played a subordinate role in the retrenchment of royal lands similar to that of a professional witness or notary public.[20] An 1805 document mentions the appointment of *jaksa* of the civil court (*jeksa ing pradata*). Yet the same document specifies that his tasks were to be subordinated to the will of Tumenggung Sindureja, one of the *Wedana Jero*.[21] The only documentation of what appears to have been a civil trial does not even mention the existence of *jaksa*.[22] In any event, Pangéran Panular's description of the period immediately post-dating that covered by the documents in the archive of Yogyakarta relates just how subordinate the judiciary was to the royal authorities.[23]

Activities of the legal specialists, or lack thereof, raises the issue of the rule of law in the Mataram/Yogyakarta administration. Reference to what must have been a sort of administrative code, the *Yudanagara*, coupled with an excerpt from it and the Islamic law book the *Muharrar* in the archive, attests to the presence of laws and regulations regulating behavior.[24] To these references can be added the traditional legal digests from BL Add. MS. 12303, 'A Journal kept by the late Sultan of Java [Hamengkubuwana II]', along with the literally dozens of examples of the 'standard' law texts, such as the *Surya Alam, Jaya Lengkara,*

Jugul Mudha, Kunthara Manawa etc, which had been part of the second Sultan's collection. As in Mangkurat I's Mataram, lack of situations requiring specialized services of the *jaksa* cannot explain the remarkable absence of activities by legal specialists during the decades covered by the documents under consideration.

One solution to the problem was suggested some seventy years ago by R.A. Kern. Drawing upon materials from Java's entire legal and administrative experience, Kern, in a seminal essay of 1927 referred to earlier, remarked on the overwhelming *pradata* (direct sovereign-led) nature of the Mataram justice, one which provided a striking contrast to the *padu* (collective-delegated) nature of that of both the Cirebon-Priangan region in the seventeenth and eighteenth centuries and that of Majapahit in the fourteenth and fifteenth centuries. Within the broader area of public administration it is our contention that the relative predominance of *padu* (subjects' law) or *pradata* (sovereign's law) competence gives the various kingdoms a respectively authoritarian or collective profile. Hence the Javanese legal categories of *padu* and *pradata* would provide an appropriate analytical apparatus for studying developments in the island's public administration. A succinct consideration of these developments provides the final point in this essay.

Padu derives from the Old Javanese *adu* in its meaning of 'to stand opposite, to face, to meet'.[25] The usage has been retained in both Modern Javanese and *Bahasa Indonesia*. In its noun form of *padu* (*pa + adu*) the term from its very beginnings has meant confrontation between two parties. By the seventeenth century the term in both *ngoko* ('*padu*') and *krama* ('*paben*') had taken on the specific meaning of a (civil) suit between two parties resolved by an authorized body of legal specialists. *Pradata's* etymology is less straightforward. The Old Javanese meaning of the term was 'clear [exposition, story, view]; seeing or understanding clearly; communication, story, explanation'.[26] By the seventeenth century it too had taken on a specific legal meaning, namely a legal judgement in an affair of clearly criminal character. Further developments in the early nineteenth century lead to the paradoxical change in *pradata's* meaning to overlap with that of *padu* in Modern Javanese, namely a civil judgement.

More important than their etymology is the function within Javanese legal administration. *Padu* (*paben*) was equivalent to subjects' law. It encompassed all civil complaints between subjects not touching on the sovereign. These included murder, plunder, wounding, and theft. In those cases where there was clear proof the affair could be subsequently settled by restitution, compensation, or payment of the blood price (*diyat*). Included here were all disputes over property, such as debt and credit, buying and selling, deposits and trusts, as well as agrarian disputes over lands and all quarrels and feuds. *Padu* affairs were handled by a court consisting of a body of jurists—Old Javanese *dyaksa* in Majapahit or Modern Javanese *jaksa* in Cirebon—sitting as a collegial body on the basis of equity and traditional law. Decisions had to be unanimous in order to be legally binding.

Pradata affairs, on the other hand, were equivalent to the sovereign's business. Here belonged all crimes based on suspicion or unproven accusations, as well as all capital crimes, including manslaughter, plunder, wounding, and theft, crimes which lacked proper proof, i.e. ones which the state would have to resolve and provide punishment for the evil doer. The body authorized to handle such affairs was the sovereign (in Mataram) or his delegate (in Cirebon and Majapahit). Such affairs were not so much resolved by weighing up the pros and cons and deciding on the most believable evidence, but were decided and enforced through the will of the sovereign.

The *padu-pradata* dichotomy comprises more than a technique for differentiating between legal affairs. It constitutes two fundamental types of, albeit complementary, administrative thinking. Like the *padu* court, *padu* administration entails delegation of authority, definition of competence, and functional specialization. It also presupposes a number of characteristics of the administrative structure, amongst other things a decision-making process with a degree of self-enforceability, relatively high social status of the jurors, and considerable continuity within tradition, either written or oral. This means that *padu*-type administrations are by definition conservative. *Pradata* administrations within reason tend to be an extension of the sovereign will. It is then a surrogate or stand-in for the sovereign, not an autonomous delegation of authority. Like the royal will, competence is defused and generalized, its practitioner being a sort of jack-of-all-trades like the sovereign himself. Moreover *pradata* administrations could be said to lack roots in tradition and are thus more open to rapid change in administrative and political procedure.

To return to the issue at hand, lack of evidence of characteristic *padu* activities in the archive does not necessarily reflect incomplete documentation. A more realistic explanation is that this absence is an accurate reflection of the character of the Yogyakarta administration, which had continued the tradition of its Mataram predecessors in terms of administrative and legal practices. That is, the legal administration is the product of the *pradata* variety of Javanese public administration. To the extent that this is generally the case, then the archive of Yogyakarta is unique in another sense. It provides the primary source of information for reconstructing the functioning of a *pradata*-type of Javanese administration, one which likely has a millennium behind it.

NOTES

[1]Despite the establishment of Mangkubumi's first kraton at Yogyakarta in 1749 (see Merle C. Ricklefs, *Jogjakarta under Sultan Mangkubumi. A History of the Division of Java* [London: Oxford University Press, 1974], pp. 79-80), 1755 is the date usually accepted as the formal beginnings of the independent Yogyakarta realm. For what little is known of Sénapati, see H.J. de Graaf, *De Regering van Panembahan Sénapati Ingalaga* (The Hague: Martinus Nijhoff, 1954).

[2]They come from the British Library's (ex-India Office Library collection) Mackenzie Collection, Private No. 21, ff. 253-54 and 254-55 respectively. Nr.1 is reproduced in Section I, Part 1, no. 23, and is dated 31 January 1805. Curiously, Nr.2, which is dated 18 January 1802, has not turned up in the archival collection that was transported to England. See further C.O. Blagden, *Catalogue of Manuscripts in European Languages belonging to the Library of the India Office. Volume I: The Mackenzie Collection. Part I: The 1822 and the Private Collection* (London: Oxford University Press, 1916), pp. 110-111.

[3]Mackenzie Collection, Private No. 21, f. 216, 'Copy. The Table of Contents attributes the authorship of this paper to Mr. [John] Crawfurd. A marginal note in pencil dates it 17 May 1813', Blagden, *Catalogue of Manuscripts*, p. 110.

[4]Section II, Part 1, nos. 9 and 10, BL Add. MS. 12342, ff. 100r-102r and 102v-105v, pp. 131-133.

[5]Control of manpower as the state's greatest economic asset is reflected in an early seventeenth century Dutch report based upon information from local Javanese potentates which states that the major source of income came from a poll (head) tax levied on every household in the Mataram realm, see F. de Haan, *Priangan. De Preanger-Regentschappen onder het Nederlandsch Bestuur tot 1811.* (Batavia: G. Kolff, 1910-12), vol. 3, pp. 178-81, par. 301 under '*hoofdgeld*'. For discussion of the poll tax in West Java during the eighteenth century, see Mason C. Hoadley, *Towards a Feudal Mode of Production* (Singapore: Institute of Southeast Asian Studies, 1994), Chapter 2,' Manpower Resources', pp.32ff. A small data-base in Mason C. Hoadley, "Feudalization' of Central Java. A Question of ownership, 1786-1811', in Gun Lauritzon (ed.), *Cooperation East and West Continued* (Lund: Centre for East and Southeast Asian Studies, 1994) pp. 173-80 and 'Periodization, Institutional Change, and Eighteenth-century Java', in Leonard Blussé and Femme S. Gaastra (eds.), *On the Eighteenth Century as a Category of Asian History: Van Leur in Retrospect* (Aldershot: Ashgate, 1998), pp. 83-105, attests to the existence of *cacah gawéning wong* administered by different officials within the same village.

[6]Later estimates by the Dutch set the *jung* at 28,386 m². It seems unlikely that the Javanese had such a precise mathematical notion of a *jung*. Rather it would have varied greatly in size according to the productivity and population of the lands.

[7]Section II, Parts 1, 2, 4 and 3 respectively.

[8]Sumadiningrat was appointed in 13 November 1794, see Section I, Part 1, no. 16 (BL Add. MS. 12342, ff. 266r-267v), pp. 18-21; Mertalaya sometime before 1803, Section I, Part 1, no. 38 (BL Add. MS. 12342, ff. 257r-258r), pp. 62-63. For relevant documents in the appanage registers, see Section II, Part 2, no. 32 (BL Add. MS. 12341, ff. 318r-319r), pp. 180-181; and Section II, Part 2, no.17 (BL Add. MS. 12341, f. 175r-176r), pp. 161-162.

[9]Mackenzie Collection, Private No. 21, f. 217.

[10]*Ibid.*, f. 219.

[11]This is also indicated by the author's study of the original Cirebon-Priangan system which before 1677 constituted a province of Mataram, see Hoadley, *Feudal Mode of Production*, p. 32ff.

[12]G.P. Rouffaer, 'Vorstenlanden', article in *Encyclopaedia van Nederlandsch-Indië*, vol. IV (The Hague: Martinus Nijhoff, 1905), pp. 589-653; Soemarsaid Moertono, *State and Statecraft in Old Java. A Study of the Later Mataram Period, 16th to 19th Century* (Ithaca, N.Y.: Cornell Modern Indonesia Project, 1968); and B.J.O. Schrieke, *Ruler and Realm in Early Java* (The Hague: W. van Hoeve, 1957), esp. Chapter 3, 'The Political Structure of the Realm', pp. 153- 229, to which can be added Willem Remmelink, *The Chinese War and the Collapse of the Javanese State, 1725-1743* (Leiden: KITLV Press, 1994), Appendix II.

[13]Peter Carey, 'Waiting for the "Just King"; The Agrarian World of South-Central Java from Giyanti (1755) to the Java War (1825-30)', *Modern Asian Studies*, 20.1 (February 1986), p 69, fig. 1.

[14]BL Add. MS. 12341: 207r-v, *Archive I*, pp. 154-55, Section III, Part 1, no. 15, p. 304.

[15]Appointments no. 14, 1794; no. 16, 1794; and nos. 26-29 in Section I, Part 1.

[16]See J.M. Winter, 'Beknopte Beschrijving van het Hof Soerakarta in 1824', *BKI*, vol. 54 (1902), pp. 38-40; and Raffles, *History of Java*, vol. I, pp. 255-65, on training given to young Javanese *satria/* noblemen.

[17]See Mason C. Hoadley, *Selective Judicial Competence. The Cirebon-Priangan Legal Administration, 1680-1792* (Ithaca, N.Y.: Southeast Asia Program, 1994).

[18]Noted by R.A. Kern, 'Javaansche Rechtsbedeeling: Een Bijdrage tot de Kennis der Geschiedenis van Java', *BKI* vol. 83 (1927), pp. 316-445, the original Van Goens being reprinted by Darja de Wever (ed.), in *Rijklof van Goens Javaense Reyse. De Bezoeken van een VOC-gezant aan het Hof van Mataram, 1648-1654* (Amsterdam: Terra Incognita, 1995). Algemeen Rijksarchief, The Hague, VOC 1871, Resident J.F. Gobius to Batavia, 26 March 1716, f. 132.

[19]BL Add. MS. 12342, ff. 268r-276v, Section I, Part 1, no. 17, pp 21-35, raising Radèn Panji Jayèngsari to *Bupati Jero* in 1794/96 includes, as part of his entourage, the Yogyakarta magistrate (*jaksa*) 'si Resasemita' with twenty-five *gawéning wong*. Likewise, in 1805, Radèn Mas Salikin was raised to Radèn Tumenggung Natadiningrat in whose appointment letter was included 50 *gawéning wong* as appanage for an unnamed *jaksa*, see BL Add. MS. 12342 ff. 221r-223v, Section I, Part 1, no. 23, pp 42-44.

[20]In the appanage adjustment documents contained in Section II, Part 3, nos. 15 and 6, dated respectively 31 October and 5 December 1789, a *jaksa* played a subordinate role in redistributing lands in Mataram, a role also mentioned in documents no. 10 (Bagelèn) and no. 16 (Pajang) in that section.

[21]BL Add. MS. 12342, ff. 191r-v, Section I, Part 1, no. 25, pp 45-46, dated 23 December 1805.

[22]See Section II, Part 3, documents nos. 24 and 25 which came to existence as a result of a decision of the *Pagelaran* court concerning lands in Kedhu, Mataram, Pajang, and Gunung Kidul.

[23]Panular, author of the *Babad Bedhahing Ngayogyakarta*, published in transcription with a summary of its contents and copious notes by Peter Carey (ed.), *The British in Java, 1811-1816. A Javanese Account* (Oxford: Oxford University Press for the British Academy, 1992) pp. 298-300, 337-352 in Canto XXV and XXXIX-XL, relates how he had tried in vain to get appanage lands restored to him by the appropriate officials. Noteworthy here is the fact that the *jaksa* are not referred to at all.

[24]The *Yudanagara* is mentioned in *Archive I*, p. 80 in connection with the *adat* of Java. A copy of this text and the Islamic law book *Muharrar* is contained in BL Add. MS. 12341, ff. 301r-302v, see Section I, Part 4, no. 1.

[25]P.J. Zoetmulder, *Old Javanese-English Dictionary* (The Hague: Martinus Nijhoff, 1982), vol. I, p. 20, sub: '*adu*'.

[26]Zoetmulder, *Dictionary*, vol. II, p. 1381, sub: '*pradata*'.

APPENDIX II

Manuscript Concordance

BL Add. MS. 12303

BL Add. MS. 12341

BL Add. MS. 12342

BL Add. MS.14397

Glossary of Javanese Words

(Note: The following definitions give only those senses in which the words have been used in the two volumes of *The Archive of Yogyakarta*)

abdi-Dalem	royal retainer
adat	custom, venerated practice
alun-alun	great square to the north and south of the Central Javanese kratons
babad	Javanese text written in chronicle form
bathik	intricately designed wax-dyed fabric
bandar	keeper of a tollgate or customs posts
batur	porter or coolie
Bekel	village tax collector appointed by appanage holders
bekti	tribute, tax payment to the ruler for usufruct of land
bibi	sister, aunt, mother (of low birth in noble families)
Bupati	high administrative official. The title was used for both senior officials within the kraton (see also '*Nayaka*' below) and for those in the provinces. Hence *Kapubatèn*, a Bupati's residence. See also '*Tumenggung*' below.
Bupati Wedana	see below under '*Wedana*'
cacah	number, units of measurement. Applied to both population, as in *cacah gawéning wong,* and land area
carik	scribe
carik-Dalem	royal scribe, copyist in the court
dalem	princely residence
désa	village
dluwang	Javanese tree-bark paper made from the *Broussonetia papyriferia* tree
gamelan	Javanese orchestra
Garebeg	thrice annual Javanese-Islamic festivals, consisting of the *Garebeg Mulud* in celebration of the birth of the Prophet Muhammad; the *Garebeg Puasa* to celebrate the end of the fasting month; and the *Garebeg Besar* to commemorate Abraham's willingness to sacrifice his son and to celebrate the return of the pilgrims from Mecca
gladhag	porters' or bearers' guild
gunung	mountain (also the title of a Yogyakarta police official, 'Gunung')

guru	teacher
haj	pilgrimage to Mecca
Haji	pilgrim who has been to Mecca
jung	measurement of land, usually 600 sq. feet of *sawah* but variable according to the quality of the ground
jurukunci	guardian of the keys of a grave or holy place
Kadipatèn	residence of the Crown Prince in the kratons of Central Java
kali	river, stream
kampung	urban community
Kapitan Cina	head of the Chinese community in Java. There was usually one *Kapitan* (and later a *Litnan*) *Cina* for each province and large urban centre
Kapatihan	residence and office of the Patihs in Central Java (see *'Patih'* below)
kertas dhedhak	rice pulp paper, usually of local Chinese manufacture
Kliwon	official assistant to *Patih* or *Nayaka* at the courts
krama	'High Javanese', one of the two basic forms of Modern Javanese (see also *'ngoko'* below); used to address superiors in age, rank, and birth
kraton	court, residence of a ruler
kris	Javanese dagger with intricate meteorite inlay (*pamor*) on the blade, often considered to possess supernatural powers
Kyai	honorific title for old men, especially teachers of religious and spiritual disciplines
Lurah	chief or head, used especially for village leaders
mancanagara	outer regions or the kingdom, see also *'nagara agung'* below
Mantri	official or lower rank in the kraton and provincial administrations
Mas	title of nobility
mesjid	mosque; hence Mesjid Ageng, the Great Mosques in Yogyakarta and Surakarta
Miji	in connection with administrative titles (*Mantri Miji, Bupati Miji* etc) has the sense of an official without specially defined duties or one owing allegiance directly to the ruler
nagara agung	core regions of the kingdom, the areas surrounding the court (see also *'mancanagara'* above)
Nayaka	adviser to the ruler: in the Central Javanese courts there were usually eight, the four Inner and the four Outer Bupati, see also *'Patih'* below)

ngoko	'Low Javanese', one of the two basic forms of Modern Javanese (see also '*krama*' above); used to address close equals and inferiors in age, birth, and rank
Pangéran	prince
Panji	young man of high nobility; also used as a title for the intimate bachelor advisors of the ruler and for military commanders
Paréntah	royal government
paréntah	order, command
paréntah-Dalem	royal order or command
pasisir	coast, in particular the north coast, also used to indicate regions not in the heartland of Central Java
Patih	chief administrator of the Central Javanese kingdoms; his full title was '*Patih Jaba*' ('Outer' prime minister) to distinguish him from the '*Patih Jero*' ('Inner' prime minister), who had primary administration over affairs inside the kraton
pathok negara	experts in *fiqh* law; usually there were four *pathok* (centres of *ulama* experts in Muslim law) answerable to the *Pengulu* at the centre, thus recalling the five 'pillars' of Islam
payung	state umbrella which served as symbol of office and rank (the colours varied according to official status, the most junior being the black *payung* of provincial *mantri* and the most senior being the pure gold *payung* of the rulers)
pégon	Javanese script written in unvocalised Arabic characters
Pengulu	chief religious functionary
pesanggrahan	pavilion, hunting lodge, travellers' resting place on the main roads
pesantrèn	large religious school
piagem	letter of authority, official proclamation
pradikan	tax-free area, usually set aside by the courts for those engaged in religious pursuits, hence *pradikan ageng*, the head of such a religious group
pratandha	seal
prajurit	soldier, hence *prajurit jero* (soldiers serving 'inside' the court), members of rulers' bodyguard regiments
pranakan	Chinese of mixed Javanese-Chinese descent
priyayi	members of the official class, lit: 'younger brothers' (*para yayi*) of the ruler

pusaka	holy regalia, heirloom
Radèn	title of middle-rank nobility
Radèn Mas	title of higher nobility
Ratu	title given to women of high nobility who were official consorts or close relatives of the Central Javanese rulers
santri	student of religion, follower of a religious way of life
sawah	wet rice-field
selir	unofficial wife
sentana	member of the ruler's family
sikep	Javanese peasant liable for corvée duties by virtue of usufruct of royal or appanage land
tandhu	palanquin, litter
tegal	dry field
Tumenggung	official of high administrative rank. See also '*Bupati*' above.
ulama	religious scholar usually learned in Muslim law
waringin	banyan tree, *Ficus Benjamina L.*
wayang	Javanese puppet theater of which there are several types: the most common are *wayang kulit*, shadow theatre with flat leather puppets; *wayang wong*, a theatre performance using dancers; and *wayang topèng*, a masked dance performance
Wedana	high administrative official; like the title Bupati (see above), it was used both for officials inside and outside the kratons. The title *Bupati Wedana* was also used to refer to the senior administrators of the eastern and western *mancanagara* provinces (see above)
wong cilik	common people

BIBLIOGRAPHY

(Most of these titles refer to literature which has been published since the appearance of of *Archive I* in 1980).

Carey, P.B.R. (ed.). *The Archive of Yogyakarta, vol I. Documents Relating to Politics and Internal Court Affairs.* Oxford, 1980.

―― 'Waiting for the "Just King"; The Agrarian World of South-Central Java from Giyanti (1755) to the Java War (1825-30)', *Modern Asian Studies* 20.1 (1985), pp. 59-137.

―― *The British in Java, 1811-1816. A Javanese Account.* Oxford, 1992.

Darmasoetjipta, F.S. *Kamus Peribahasa Jawa dengan Penjelasan Kata-Kata dan Pengartianya.* Yogyakarta, 1985.

Hazeu, G.A.J. (ed.), 'Tjeribonsch Wetboek (Pepakem Tjerbon) van het jaar 1768', *Verhandelingen van het Koninklijk Bataviaasch Genootschap van Kunsten en Wetenschappen*, 55.2 (1905), pp. 1-187.

Hoadley, Mason C. 'Continuity and Change in Javanese Legal Traditions; the Evidence of the Jayapattra', *Indonesia* 11 (April 1971), pp. 95-109.

――'Sanskritic Continuity in Southeast Asia, the *Sadatatayi* and *Astacorah* in Javanese Law', in Lokesh Chandra (ed.), *The Art and Culture of South-East Asia.* New Delhi, 1991.

―― *Selective Judicial Competency. The Cirebon-Priangan Legal Administration, 1680-1792.* Ithaca, 1994.

―― *Towards a Feudal Mode of Production.* Singapore, 1994.

――'Periodization, Institutional Change, and Eighteenth-century Java', in Leonard Blussé and Femme S. Gaastra (eds.), *On the Eighteenth Century as a Category of Asian History. Van Leur in Retrospect.* Aldershot, 1998.

Jonge, J.K.J. de and M.L. van Deventer (eds.). *De Opkomst van het Nederlandsch Gezag in Oost-Indië: Verzameling van Onuitgegeven Stukken uit het Oud-koloniaal Archief.* 16 vols. 's-Gravenhage, 1862-1909.

Kern, R.A. 'Javaansche Rechtsbedeeling. Een Bijdrage tot de kennis der Geschiedenis van Java', *Bijdragen tot de Taal-, Land- en Volkenkunde* 83 (1927), pp. 316-445.

Moertono, Soemarsaid. *State and Statecraft in Old Java. A Study of the Later Mataram Period, 16th to 19th Century.* Ithaca, 1968.

Remmelink, Willem. *The Chinese War and the Collapse of the Javanese State, 1725-1743.* Leiden, 1994.

Robson, S.O. 'The *Serat Arok*', *Archipel* 20 (1980), pp. 281-301.

Schrieke, B.J.O. *Ruler and Realm in Early Java.* The Hague, 1957.

Soeripto. *Ontwikkelingsgang der Vorstenlandsche Wetboeken.* Leiden, 1929.

Wever, Darja de (ed.). *Rijklof van Goens Javanese Reyse. De Bezoeken van een VOC-gezant aan het Hof van Mataram, 1648–1654.* Amsterdam, 1995.

Zoetmulder, P.J. *Old Javanese-English Dictionary.* 2 vols. The Hague, 1982.

Personal Name Index

The following index notes only the personal names and titles of individuals mentioned within the Javanese texts. Even here uncertainty exists as to whether every occurrence of the same title/personal name applies to the same individual. Hence only in cases where there are relatively strong indications that references are to one and the same person (e.g. Demangs and Bekels, i.e. district and village tax collectors, with the same name having charge of villages in the same district and listed in the same document) are they combined into a single entry. Otherwise they are left as separate entries. Wherever possible cross-references are included to other Demang and Bekel who are listed as having charge of villages bearing the same name in the same area. Abbreviations include: admin. = ad-ministration; aka = also known as; apptd. = appointed; d. = daughter; dept(s). = department(s); HB = Hamengkubuwana; *kr.* = *krama* (High Javanese); m. = married; *ng.* = *ngoko* (Low Javanese); Regt. = Regiment; sub. = subordinate; R.T. = Radèn Tumenggung; R.Ng. = Radèn Ngabèhi; while * indicates information on the person contained in *Archive of Yogyakarta*, vol.I; and + indicates further biographical information in *The British in Java*.

Abdolah (*abdi-Dalem*), 213–4. *See also* Krapyak *and* Bunder

Abdulngaripin, Pangéran (son of HB II), 411. *See also* Adiwijaya II, Pangéran

Abdulwahid, Kyai Haji (*prajurit*/royal bodyguard soldier ? from *Suranata* or *Suryagama* Regt. at Sanasèwu royal retreat), 35, 219

Abid, Anom (*jurukunci*/keeper of keys in Pucung under R.T. Purwadipura *q.v.*), 35

Abid Hasan Besari, *see* Hasan Besari, Abid

Abon, Chinese Bekel of Jawar (Kertasana), 261. *See also* Cao Ting, Ci Ki, Cina, Cu, Guwat, Léku, Mantu, Paduresa, Sam *and* Téga

+Abubakar, Pangéran Muhamad (*c.*1767–1826; son of HB II; pre-Nov. 1810, Pangéran Dipawijaya *q.v.*; pre-Sept. 1805, Bendara Radèn Mas Sabiril *q.v.*), 369, 392

+Adams, Lt.-Col. Alexander (Resident of Surakarta, 1811–12), 434

Adikusuma, Bendara Radèn Ayu (wife of below), 396

+Adikusuma, Pangéran (son of HB I),368, 380, 391, 402, 413, 415. *See also* Prawirakusuma, Radèn Panji

Adinegara, Bendara Radèn Ayu (wife of below), 396–7

*Adinegara, Pangéran (? nephew of HB I; *Bupati Nayaka* of *Jaba Tengen* dept.,

*c.*1794–1811; *Wedana prajurit*, 1811–12; died in office), 84, 290 (troop contingent of), 292 (*ibid.*), 352–353, 355, 361, 365, 377, 382, 393, 406, 414, 415, 421. *See also* Wirayuda

Adisana, Nyai Riya (*Lurah Pasedhahan*/keeper of royal sirih set), 327, 334, 336, 398. *See also* Gumus, Sugonda, Surèng, Pasedhahan *and* Tumenggung

Adisara (sub. of R.T. Purwadipura *q.v.*), 32

Adiwerna, Ngabèhi (*sungging*/decorator of wayang puppets), 155, 200, 220, 398

+Adiwijaya I, Pangéran (son of HB I), *see* Panular, Pangéran

Adiwijaya II, Bendara Radèn Ayu (wife of below), 396

+Adiwijaya II, Pangéran (son of HB II), 196, 218, 369, 380, 402, 413, 415. *See also* Abdulngaripin, Pangéran

Agadipa, Bekel of Pringapus (Gorang-garèng), 254

Agawijaya, Radèn Ngabèhi, 318 (gives cer-tification for lease of lands to Dutch landrenter, Mr de Klerck *q.v.*), 391. *See also* Jagawedana, Mertawijaya *and* Tepasana

*Ageng, Ratu (Tegalreja), 78, 303, 391, 404, 405. *See also* Dipanagara, Pangéran (1785–1855), Singareja *and* Tegalreja

Agrasèna (officer of Nyutra lifeguard Regt.),

infantry Regt.), 212 , 405

Citraleksana (*abdi-Dalem Miji alit*), 345, 371. *See also* Jasembodra, Jejeran (Rongga), Onggadirana *and* Puspawijaya

Citraleksana, Radèn (*abdi-Dalem*), 209

Citramenggala (sub. of R.T. Purwadipura *q.v.*), 29

Citranongga, Bekel of Sekarpethak (Kertasana), 260

Citrapada, 429 (trading mission to Semarang)

Citrapada, Ngabèhi (Mantri of *Kaparak Kiwa* dept.), 212–3, 221

Citrapatèyan (*abdi-Dalem*,? same as below), 204

Citrapati (sub. of R.T. Sumadiningrat *q.v.*), 83

Citratruna, Bekel of Sembuh (Mataram lands under Surakarta admin.), 132

Citrawadana, Mantri of Bayalali, 51, **53** (appanage of). *See also* Surawijaya *and* Surayuda

Citrawarsa, Bekel of Luwara (Madiun), 233

Citrawijaya, Radèn, 405

Citrawongsa, Bekel of Dhudha (Jipang-Panolan), 243

Citrayuda (*Mantri Jaba Tengen*), 377

Citrayuda (Mantri of *Kaparak Kiwa* dept. under R.T. Sindupati *q.v.*), 429

Citrayuda (*gamel*/royal groom), 211

Citrayuda, 18 (Mantri of R.T. Sumadiningrat *q.v.*), 20

Citrayuda, Bekel of Kanèman (Mataram lands under Surakarta admin.), 132

Citrayuda, Bekel of Nginggil (Jipang-Panolan), 242

Citrayuda, Ngabèhi (*Mantri Jaba Kiwa* and member of Priyantaka Regt.), 20, 155, 197, 207, 209

Codhot, Bekel of Padhalangan (Kedhu), 154

Cokrapriya, 429 (trading mission to Semarang). *See also* Condratruna

Condra, Bekel of Kelèpèk (Jipang-Rajegwesi), 252

Condra, Bekel of Paloh (Jipang-Bauwerna-Pasekaran), 245

Condra, Bekel of Wagé (Madiun), 267

Condra, Demang of Butuh, Guyangan, Kapas, Ngaglik *and* Palesungan (Jipang-Rajegwesi), 250

Condradipa, Bekel of Bulu (Jipang-Bauwerna-Pasekaran), 246

Condrajaya (father of Setrajaya *q.v.* from Pasedhahan, Mataram), 130

Condratruna, 429 (trading mission to Semarang). *See also* Cokrapriya

*+Crawfurd, John (Resident of Yogyakarta, 1811–13/1813–14/1816), vii, 104, 306, 309, 316–7, 436, 438, 440–1, 447

Crown Prince, *see* Hamengkubuwana II *and* Hamengkubuwana III

Cu, Nyonyah (Chinese moneylender and holder of *tebas*/advance purchase of crops in Jerangan-Sabung, Kedhu), 111. *See also* Abon, Cao Ting, Ci Ki, Cina, Guwat, Léku, Mantu, Paduresa, Sam *and* Téga

*+Daendels, Marshal Herman Willem (Governor-General, 1808–11), 308, 315 (letter to), 316 (treaty/contract with)

Dajaya, Bekel of Baneran (Goranggarèng), 256

Dajaya, Bekel of Gempol *and* Papringan (Madiun), 233

Dajaya, Bekel of Plasa (Madiun), 270

Damenggala (*emban*: guardian/nursemaid), 220

Danamerta, Bekel of Banjarsari (Jipang-Rajegwesi), 251

Danapuspita (*kamisepuh*/senior village official), 168

Danatruna, Bekel of Pandhéyan (Kertasana), 263

Danes, Bekel of Pandhéyan (Kedhu), 179

+Danukrama, Kyai Ngabèhi (aka Sarip/ Sayyid Alwi; son of Tuwan Sarip Ahmad ('Abd al-Rahim ba'Chaiban) *q.v.*; of Javanese-Arab/Hadhrami descent; pre-June 1812, sub. of R.T. Sumadiningrat *q.v.* in *Kaparak Kiwa* dept.; Mantri of Bojong in Kedhu, 1810–13; post-Dec.

Natayuda I, Bendara Radèn Ayu Sepuh (d. of HB I and wife of below), 166, 343, 395, 403

*Natayuda I, Radèn Tumenggung (Bupati of Kedhu [*Bupati Bumija*], died [? of poison], Nov. 1804), 18–9, 37, 62, 75, 84, 102, 104, 173, 191, 198, 200–2, 206, 209, 210, 213, 215, 221–4, 229, 273, 275, 277, 297, 354, 361, 365, 407, 414–5, 429

Natayuda II, Bendara Radèn Ayu (d. of HB II and wife of below), 166, 369, 381, 395, 397

*Natayuda II, Radèn Tumenggung (*Bupati Miji*; son of above), 44–5 (apptd. *Bupati Miji*), 84, 173 (appanage of), 291 (troop contingent of), 331–2, 371, 382, 392, 392, 406, 436. *See also* Salikin

Nayaburuh (*badhud*/clown; sub. of R.T. Purwadipura *q.v.*) 30, 204

Nayadirana, 388 (appanage in Sumugih, ? Kedhu). *See also* Nayapati *and* Pengalasan

Nayadrana, Bekel of Saba (Kedhu), 185

Nayadirana, Bekel of Menulis (Mataram lands under Surakarta admin.), 132

Nayadiwongsa (Mantri of R.T. Purwadipura *q.v.*), 29, 212

Nayadiwongsa, Bekel of Sembuh (Mataram lands under Surakarta admin.), 132

Nayadongsa (son of Tirtadirana *q.v.*; member of Demang Melaya's *niyaga* dept.), 124

Nayadongsa, Bekel of Bajulan *and* Genengan (Kertasana), 263

Nayadongsa, Bekel of Jati (Madiun), 234

Nayadongsa, Bekel of Langgeng (Kedhu), 155

Nayadongsa, Bekel of Serning (Jipang-Bauwerna-Pasekaran), 246

Nayadongsa, Demang of Sendhang (Kalangbrèt), 238

Nayadrana (son of Singadongsa *q.v.*; member of Demang Melaya's *niyaga* dept.), 128

Nayagati, Bekel of Sambègan (Kertasana), 258

Nayagati, Demang of Giliran (Kalangbrèt), 238

Nayaita (*abdi-Dalem* in charge of labourers/ *sikep* tasked with cleaning *alun-alun*), 201. *See also* Kartawijaya

Nayakusuma, Radèn, 147 (appanage of)

Nayamenggala (Mantri in *Gedhong Tengen* dept. under R.T. Purwadipura *q.v.*), 26

Nayamenggala (*panggendèr*/drum [*gendèr*] player, son of Santak *q.v.*; member of Demang Melaya's *niyaga* dept.), 124

Nayamenggala (son of Nayadongsa *q.v.*; member of Demang Melaya's *niyaga* dept.), 124

Nayapati, 388 (appanage holder in Sumugih, ? Kedhu). *See also* Nayadirana *and* Pengalasan

Nayasuta, Ngabèhi (Mantri of *Gedhong Kiwa* dept. under Mangundipura *q.v.*), 217

Nayataruna (sub. of R.T. Purwadipura *q.v.*), 29

Nayatruna (son of Kudarencasa *q.v.*; member of Demang Malaya's *niyaga* dept.), 124

Nayatruna (father of Wongsatinaya *q.v.* from Tangkilan, Mataram), 128

Nayatruna, Bekel of Lemahabang (Jipang-Bauwerna-Pasekaran), 249

Nayatruna, Bekel of Ngulakan Tepasaran (Kedhu), 185

Nayawijaya, Demang of Kadhadhan (Kedhu), 109

Nayawijaya (father of Dipadrana *q.v.* from Ngupit, Mataram), 125

Nayayuda, Bekel of Kuluhan (Madiun), 271

Nayayuda, Bekel of Kedhungprau (Madiun), 233

Neteg (sub. of Mas Panji Jayèngasmara *q.v.*), 41

Ngabdolah, *see* Abdolah

Ngabdulngaripin, *see* Abdulngaripin

Ngabdul Wahid, *see* Abdulwahid, Kyai Haji

*Ngabèhi, Bendara Radèn Ayu (wife of below), 396

*+Ngabèhi, Pangéran (*c.* 1738–1823; son of HB I), 86, 194, 196, 197, 211, 213–5, 229, 273, 275, 277, 296 (troop contingent of),

Onggadirana (*abdi-Dalem Miji alit*; official of *Gedhong Kiwa* dept. under Mangundipura *q.v.*), 205, 310, 335 (payment of taxes on Tegilan appanage), 371. *See also* Sadirana, Sapatra *and* Setranongga

Onggadita, Demang of Bonturi, Gempol-Grawok, Maosranu, Metaya, Ngrambah, Ngrasih, Ngrawan *and* Padhang (Jipang-Rajegwesi), 250

Onggadiwirya (Mantri of *Kaparak Tengen* dept.), 288, 372, 383

Onggadiwongsa, Bekel of Minggir *and* Sembuh (Mataram lands under Surakarta admin.), 132

Onggadongsa, Bekel of Balongdhondhong (Madiun), 233

Onggadongsa (father of Tirtaleksana *q.v.* from Jatianom), 124

Onggadongsa, Bekel of Jalak (Jipang-Bauwerna-Pasekaran), 249

Onggadongsa, Demang of Kamolan (Jipang-Bauwerna-Pasekaran), 245

Onggadrana, Demang of Sumber (Kedhu), 154. *See also* Candramenggala *and* Ranadipa

Onggadriya, Bekel of Sribid (Mataram lands under Surakarta admin.), 133

Onggadrona, Demang of Sendhang (Grobogan-Wirasari), 265

Onggajaya (sub. of R.T. Sumadiningrat *q.v.*), 83

Onggajaya, Bekel of Bajong Jambon (Kedhu), 155

Onggajaya, Bekel of Trasan (Kedhu), 186

Onggakusuma (*pamethakan magersantun*/man of religion charged with service duties in Seséla), 86. *See also* Prawirasentana, Ranamenggala, Resamenggala, Ronadipa, Samayuda *and* Wongsadikara

Onggakusuma (Mantri of R.T. Sindunegara II *q.v.*), 86, 176–7

Onggamenggala, Demang of Bajang-ngepung (Jipang-Rajegwesi), 252

Onggamurti, Demang of Baga, Galendheng, Gedhangan, Jati, Kalilara, Semandhing *and* Sumbang (Jipang-Rajegwesi), 250

Onggapatra, Bekel of Menulis (Mataram lands under Surakarta admin.), 132

Onggapraya, Bekel of Nglajer (Jipang-Bauwerna-Pasekaran), 246

Onggaresa, Demang of Kuwarungan (Grobogan-Wirasari), 266

Onggaresa, Ngabèhi, 155, 207, 208, 210, 308

Onggatruna (*kemitbumi*/nightwatch under Mas Panji Jayèngasmara *q.v.*), 41

Onggatruna, Bekel of Bitingan, Kalipang, Lèngkong *and* Papringan (Jipang-Rajegwesi), 251–2

Onggatruna, Bekel of Lalu (Jipang-Bauwerna-Pasekaran), 249

Onggatruna, Bekel of Pelang (Jipang-Panolan), 241

Onggatruna, Bekel of Silukdharat (Mataram lands under Surakarta admin.), 132

Onggawijaya, Bekel of Pideksa (Kedhu), 388. *See also* Sutamenggala

Onggawijaya, Ngabèhi (Mantri of Gowong, Kedhu), 222, 223. *See also* Brajaduta, Jayawikrama, Kertawijaya *and* Onggawikrama

Onggawikrama, Ngabèhi (Mantri of Gowong, Kedhu), 222, 288, 371. *See also* Brajaduta, Jayawikrama, Kertawijaya *and* Onggawijaya

Onggawongsa, Bekel of Kertaécan (Madiun), 270

Onggayuda (son of Tatruna *q.v.*; member of Demang Melaya's *niyaga* dept.), 124

Onggayuda (Mantri of R.T. Purwadipura's *Gedhong Tengen* dept., and chief of *ngampil*/royal insignia bearers), 27, 200, 224

Ongsajaya, Demang of Kabunan (Jipang-Bauwerna-Pasekaran), 249

Ontagopa, Ngabèhi, 148 (appanage of)

Ontasetra, Bekel of Gampèng (Jipang-Bauwerna-Pasekaran), 246

Ontawirya, Bendara Radèn Ayu (wife of below; d. of R.T. Natawijaya III *q.v.*), 395–6

Ontawirya, Radèn, *see* Dipanagara, Pangéran (1785–1855)

*Overstraten, P.J. van (Governor of Java's

of Sekaran, dismissed Jan. 1811), 294 (troop contingent of), 304, 352, 358–60, 363–4, 378, 383, 414

Prawita (*abdi-Dalem pambelah*/royal butcher), 196. *See also* Ograsemita, Tanutengara *and* Trunabaya

Praya (father of Setrapenatas *q.v.* from Kemejing, Mataram), 129

Praya, Bekel of Maor, Pacul *and* Tlatok (Jipang-Rajegwesi), 251–2

Prayadirona, 87

Prayadita, Bekel of Bajo (Jipang-Panolan), 242

Prayadita, Bekel of Bukal *and* Nglèngkong (Jipang-Bauwerna-Pasekaran), 250

Prayadita, Bekel of Kacepitan (Mataram lands under Surakarta admin.), 132

Prayadiwongsa (member of *Gandhèk Kiwa*/ court couriers), 195

Prayadiwongsa, Bekel of Pranti (Mataram lands under Surakarta admin.), 133

Prayadongsa (sub. of Mas Panji Jayèngasmara *q.v.*), 41

Prayadongsa, Bekel of Bangéran *and* Panggangkilèn (Jipang-Rajegwesi), 251–2

Prayadongsa, Bekel of Gendhingan (Kertasana), 261

Prayadongsa, Bekel of Putih (Madiun), 233

Prayadrana, Bekel of Belabur (Jipang-Bauwerna-Pasekaran), 249

Prayadrana, Bekel of Pancur (Jipang-Rajegwesi), 251

Prayaduta (father of Suwaraménda *q.v.*, from Pandelegan, Mataram), 130. *See also* Pandelegan, Demang

Prayagati, Bekel of Keluwih (Goranggarèng), 256

Prayaguna, Bekel of Ontalan (Jipang-Bauwerna-Pasekaran), 249

Prayalata (*badhud*/clown, son of Jayasuwrena *q.v.*; member of Demang Melaya's *niyaga* dept.), 126

Prayamenggala, Bekel of Sona (Kertasana), 261

Prayatruna, Bekel of Bisu (Jipang-Panolan), 242

Prayatruna, Bekel of Menyunuk *and* Ta-

wangsari (Jipang-Bauwerna-Pasekaran), 246, 248

Prayawijaya, Bekel of Jaha (Kedhu), 109

Prayawijaya, Ngabèhi, 187

Prayawongsa, Bekel of Tales (Jipang-Rajegwesi), 253

Prejita (sub. of R.T. Purwadipura), 32

Primram, Amad (*abdi-Dalem panelawé*), 388

Pringgadiwirya, Radèn Ayu (wife of below), 396

Pringgadiwirya, Radèn Ngabèhi (Mantri of *Jaba Tengen* dept.; post-Jan. 1811, Joint Bupati of Lowanu with title of Radèn Tumenggung), **51**, **54–5** (appanage of), 209, 281, 381, 414. *See also* Mangundiwirya

Pringgakusuma, Bendara Radèn Ayu (wife of below), 381, 395, 397, 403, 417

*+Pringgakusuma, Radèn Tumenggung (post-Dec. 1813, R.T. Pringgadiningrat; Bupati of Rawa, 1811–12 and *Kliwon*/ Assistant to the Joint Bupati Wedana of Madiun, Pangéran Dipakusuma *q.v.*; First Inner Bupati [*Patih Jero*], 1812–15; died May 1815), **73–4** (apptd. Bupati of Rawa, June 1811), 99, 294 (troop con-tingent of), 352, 358, 363, 370, 378, 383, 393. *See also* Kartayuda *and* Tondha-wijaya

*+Pringgalaya, Pangéran (son of HB II; post-Aug. 1792, Pangéran Mangkudiningrat *q.v.*), 207, 222

+Pringgalaya, Bendara Radèn Ayu (d. of HB I and wife of below), 370, 381, 417

*+Pringgalaya, Radèn Tumenggung (Bupati of Kertasana, *c.* 1803–12), 257, 294 (troop contingent of), 352, 366, 378, 383

Pringgataruna, Bendara Radèn Ayu, 395

Pringgawinata, Bekel of Tegaron (Kertasana), 261

Priyadita, Bekel of Pesèn (Jipang-Bauwerna-Pasekaran), 250

Priyamenggala, Bekel of Nglandur (Jipang-Bauwerna-Pasekaran), 246

Proyatruna, Demang of Bringin (Grobogan-Wirasari), 266

Pujaasmara (sub. of R.T. Purwadipura *q.v.*),

rice field overseer in Krapyak), 308. *See also* Kertamenggala, Resawéya, Resawinata, Samadirana *and* Sasrawijaya

Ragamerta, Demang of Pandansari (Kalangbrèt), 239

Ragatruna (sub. of R.T. Sumadiningrat *q.v.*), 84, 388 (appanage in Tambak, Pajang)

Ragatruna, Bekel of Dhasilan (Mataram lands under Surakarta admin.), 132

**+Rahmanodin (aka Rahmanudin), Kyai (pre-1812 *jurukunci*/keeper of keys at Banyusumu-rup, the traitors' graveyard near Imagiri; Pengulu of Yogyakarta, 1812-23), 34

Raja Putra Naréndra, *see* Hamengkubuwana III

Rajeg, Bekel of Bama (Jipang-Bauwerna-Pasekaran), 249

Rambyang, Bekel of Bara (Kertasana), 260

Ranadigdaya, 155

*Ranadiningrat, Radèn Tumenggung, *see* Jayèngrana, Radèn Panji

Ranadipa, Bekel of Nglajer *and* Pelem (Kertasana), 260, 262

Ranadipa, Demang of Jajar (Kalangbrèt), 238

Ranadipa, Demang of Sumber (Kedhu), 332, 388. *See also* Candramenggala *and* Onggadrana

Ranadirada, 434

Ranadiwirya, Ngabèhi (officer of Mantri Jero infantry Regt.), 197

Ranadiwongsa, Bekel of Kiyaran (Mataram lands under Surakarta admin.), 132

Ranadongsa (son of Ranujaya *q.v.*; member of Demang Melaya's *niyaga* dept.), 129

Ranadongsa, Bekel of Giyanti (Kedhu), 179

Ranadongsa, Bekel of Guntur (Kedhu), 155

Ranadongsa, Bekel of Salam (Kertasana), 262. *See also* Nalajaya

Ranadongsa, Bekel of Tulung (Goranggarèng), 254

Ranamenggala (*pamethakan magersantun*/man of religion charged with service duties in Séla), 86. *See also* Onggakusuma, Prawirasentana, Resamenggala, Ro-

nadipa, Samayuda *and* Wongsadikara

Ranamenggala (appanage holder in Babadan *and* Barubuh), 388

Ranamenggala, Demang of Lipura (Mataram), 330. *See also* Cakrasentika

Ranapati, Bekel of Kundhir (Kertasana), 262

Ranapengawat (sub. of Mas Panji Jayèngasmara *q.v.*), 40

Ranaprabajaya, Ngabèhi (officer of Mantri Jero infantry Regt.), 205

Ranapuspita, 141 (appanage of)

Ranasuta, Bekel of Sekaran (Goranggarèng), 256

Ranatruna, Bekel of Ngujung (Kertasana), 260

Ranawijaya (*gendhi*/royal water bearer), 167

Ranawijaya (*undhagi*/carpenter, craftsman), 434

Ranawijaya, Bendara Radèn Ayu (wife of below), 404

Ranawijaya, Mas Ngabèhi (sub. of R.T. Sumadiningrat *q.v.*), 83, 141, 155, 211-2 (as officer of Mantri Jero infantry Regt.), 282, 352-3, 393, 421

Ranawinata, Bendara Radèn Ayu (wife of below), 346

Ranawinata, Radèn Ngabèhi, *see* Sasrawinata III, Radèn Tumenggung

Ranayuda (Mantri of R.T. Nataningrat *q.v.*), 42, 44

Ranayuda, Bekel of Nrerangan (Kedhu), 108

Rangga, Radèn Rangga Prawiradirja, *see* Rongga Prawiradirja II *and* Rongga Prawiradirja III

Ranujaya, Bekel of Kademangan (Kedhu), 178

Ranujaya (father of Ranadongsa *q.v.* from Wedhi, ? Bagelèn), 129

Ranutruna, Bekel of Puwungan (Madiun), 271

Ranuwijaya (sub. of R.T. Sumadiningrat *q.v.*), 83

Ranuwita, Radèn Ngabèhi (*jeksa negari*/chief magistrate), 202, 204, 206

213

Udamerta, Bekel of Séla (Mataram lands under Surakarta admin.), 133

Udatruna (member of Singanegara infantry Regt./royal executioners), 204. *See also* Resawongsa *and* Wiryadikara

Udawijaya, 157 (appanage in Bagelèn)

Udawikrama, Bekel of Ngawisan (Kedhu), 185. *See also* Patrawijaya *and* Wiradipa

Ugrabanu (member of Nyutra infantry Regt.), 209

Ujumanuk, Ngabèhi (Mantri of *Kaparak Kiwa* dept.), 220

Unangunamanis (sub. of Mas Panji Jayèngasmara q.v), 39

Urip, Bekel of Belabag (Goranggarèng), 256

Usup Saléman, Amad (sub. of R.T. Sumadiningrat *q.v.*), *see* Saléman, Amad Usup

Uyun, Bekel of Pacing (Jipang-Rajegwesi), 252

Wader, Bekel of Timang (Goranggarèng), 256

Wanadipa, Bekel of Ngasem (Jipang-Panolan), 241

Wanadipa, Ngabèhi (*Mantri Pamajegan/* senior tax official in Gunung Kidul), **12–3** (apptd., Jan. 1790). *See also* Resawijaya, Resawinata *and* Resayuda

Wanadirana (sub. of R.T. Purwadipura *q.v.*), 31

Wanadriya, Ngabèhi, *see* Wonadriya

Wanaganggu, 142 (appanage in Bagelèn)

Wanagati, Bekel of Suru (Kertasana), 261

Wanaita (sub. of R.T. Purwadipura *q.v.*), 31

Wanajaya, Bekel of Nguleng (Jipang-Panolan), 240

Wanajaya, Bekel of Sélajaler *and* Singkal (Kertasana), 261

Wanamenggala (Mantri of Gunung Kidul), 229–30. *See also* Cakrama, Mertagati, Setrayuda, Surawedana, Wonadriya, *and* Wonayuda

Wanasantika (*pamburi/*assistant to Ngabèhi

Wanadipa *q.v.*), 12–3

Wanaseganten (father of Suwaradenta *q.v.* from Wanaseganten, Tanah Penthongan), 130

Wanatruna, Bekel of Kepanjèn *and* Kulutan (Kertasana), 261

Wanawijaya (Mantri of Gunung Kidul in charge of timber supplies), 224 (appanage in Gunung Kidul), 229-30. *See also* Wanayuda *and* Wiradipa

Wanayuda (Mantri of Gunung Kidul in charge of timber supplies), 224 (appanage in Gunung Kidul), 229-30 (*ibid.*). *See also* Wanawijaya *and* Wiradipa

Wanèngpati, Radèn Rongga (senior court official [? *Bupati Miji*] in early 1790s), 274

Wangsakerta (father of Demang Melaya *q.v.* from Wedhi, Mataram), 123

Wangsamenggala (Mantri of *Gedhong Tengen* dept. under R.T. Purwadipura *q.v.*), 21, 23

Waradipa, Bekel of Gempolwuju (Jipang-Bauwerna-Pasekaran), 245

Waridin, Bekel of Pagutan (Madiun), 272

Warijan (*abdi-Dalem*), 111–9 (report on yields of royal fruit orchards)

Wasèngrana (member of Dhaèng Secadipura Regt.), 217

Wasèngsari, Radèn (*prajurit panakawan/* member of corps of armed intimate retainers), 201, 372, 392. *See also* Jara *and* Samad

Wedana, Radèn (official in charge of building works in kraton), 424, 427–8

Wéla, Demang of Gebang (Kalangbrèt), 237

Werganaya (member of *Gandhèk Tengen*: court couriers), 209

Wida, Nyai (*abdi-Dalem para gusti/*female attendant for male children of ruler), 206. *See also* Sugita, Nyai

Wignyawijaya (head of *abdi-Dalem tukang/* craftsmen), 372

Wijatmaka (sub. of R.T. Purwadipura *q.v.*), 32

Wilada (sub. of R.T. Purwadipura *q.v.*), 32

Winkelman, Colonel F.C.P. von (aka

Place-Name Index

The following index lists only those place-names which are readily identifiable in terms of location and historical importance. No attempt has been made to include the many thousands of villages and hamlets referred to in the appanage grants and other documents whose location is unclear or which can no longer be traced in the colonial records or in W. F. Schoel's *Alphabetisch Register van de Administratieve (Bestuurs-) en Adatrechtelijke Indeeling van Nederlandsch-Indie. Deel I: Java en Madoera* (Batavia: Landsdrukkerij, 1931) or Ch. F. H. Dumont's *Aadrijkskundig Woordenboek van Nederlandsch Oost-Indië* (Rotterdam: Nigh & Van Ditmar's, 1917). Special abbreviations have been used as follows: aka. = also known as; *kr.* = *krama* (High Javanese); *ng.* = *ngoko* (Low Javanese) and nr. = near.

Subject index

The Archive of Yogyakarta, Volume II

ERRATA

List of Plates l.2 *should read* '... Hamengkubuwana V (1822–55).'

p.7 l.8 from bot. *should read* '... ing Ka/baturan'

p.78 doc.11 ll.1–7 *should read* 'Order of Hamengkubuwana II to Radèn Tumenggung Purwadipura, who had been previously promoted to official assistant (*Kliwon*) of Radèn Adipati Danureja II and Head (*Wedana*) of the *Gedhong Tengen* department (1794/96). The order instructs Purwadipura on the proper care of the realm, counsels cooperation with Radèn Adipati Danureja, and cautions him with regard to indulging in trade and commercial activities. It ends with the admonition not to oppose (*anerajang*) the orders of the Sultan, see further Section I, Part 1, no. 17; *Archive I*, pp. 189–90; and Carey, *British in Java*, p. 441 ns. 206, 209. Dated 30 August 1810.'

p.203 doc.7 l.2 from bot. *should read* '... sataun dados [satus] sèket réyal ...'

p.227 l.9 from bot. *should read* '... ing [G]ombangkalèsan ...'

p.277 l.9 *should read* '... Kamangundirjan ...'

    doc.3 l.8 *should read* '... (Kalangbrèt).'

p.302 doc.3 l.3 from bot. *should read* '... kalih rèngrèng ...'

p.334 doc 3 l.3 from bot. *should read* '... Gedhong Jawi, ...'

p.350 l.15 from bot. *should read* '... abdi-Dalem prajurit Kawan Wedana, ...'

p.430 l.3 from bot. *should read* 'satus pitulikur, ...'